João Cabral de Melo Neto

Uma biografia

Ivan Marques

João Cabral de Melo Neto

Uma biografia

todavia

A Adilson Miguel

A meus pais, Nelcina e Manoel (in memoriam)

Secretas luas ferozes
Quebrando sóis de evidência

Sophia de Mello Breyner Andresen

1. Poeta novo **11**

2. Menino de engenho **22**

3. O futuro grande atleta **37**

4. Jardins enfurecidos **57**

5. Poesia ao norte **83**

6. *Machine à émouvoir* **99**

7. *Riguroso horizonte* **125**

8. Sarampão marxista **152**

9. Abridor de caminho **175**

10. Kafka no Itamaraty **201**

11. Duas águas **241**

12. Don Juan **266**

13. Bafo de depressão **285**

14. Cemitérios gerais **309**

15. Paz *bernoise* **339**

16. Severino de fardão **367**

17. Poeta-monumento **396**

18. Civil geometria **428**

19. A suave pantera **453**

20. Picasso cego **474**

Agradecimentos **496**

Notas **498**

Referências bibliográficas **514**

Índice remissivo **529**

Créditos das imagens **557**

I.
Poeta novo

No Carnaval de 1940, quando fez sua primeira viagem ao Rio de Janeiro, João Cabral de Melo Neto acabara de completar vinte anos. Estava longe ainda de publicar um livro de poesia. Seu interesse pela atividade literária era recente, contava menos de dois anos. Poeta verdíssimo e totalmente desconhecido fora do meio recifense, experimentava então seus primeiros passos, em busca de conselho, exemplo e estímulo. Embora tímido, tinha lá seus atrevimentos. Na curta temporada carioca, conseguiu ser recebido por um poeta de enorme calibre e crescente influência na literatura nacional. De repente, estava cara a cara com Carlos Drummond de Andrade, que era também o poeta de sua maior admiração.

O encontro aconteceu num fim de tarde do mês de fevereiro, numa confeitaria da Cinelândia. Foi Murilo Mendes quem apresentou um ao outro. Como João Cabral, a quem tinha conhecido poucos dias antes, não parava de falar de Drummond, do seu desejo de conhecê-lo, Murilo decidiu levá-lo até o chefe de gabinete do ministro Gustavo Capanema, ao final do seu expediente sempre cheio de ocupações. O Ministério da Educação e Saúde também ficava na Cinelândia. Enquanto avançava a construção do moderno edifício projetado por Lúcio Costa e Oscar Niemeyer, no aterro do morro do Castelo, iniciada em 1937, os funcionários da pasta de Gustavo Capanema trabalhavam, em condições precárias, no 16º andar do Edifício Rex, à rua Álvaro Alvim, apinhados em estreitos compartimentos. No andar térreo funcionava o badalado Cine Rex.

Depois de alguma hesitação, o visitante pernambucano apertou a mão de Carlos Drummond. Estava impecavelmente arrumado, escanhoado e penteado. O cuidado com a aparência, o fato de jamais sair de casa sem paletó e gravata, a preferência pela cor branca, o uso do gel nos cabelos curtos e repartidos com precisão — tudo nele, mais do que o simples desejo de parecer elegante, expressava contenção e pudor. A coisa que mais detestava era chamar a atenção. Tinha horror de se abrir, de ver sua intimidade devassada e dada em espetáculo às outras pessoas. Ao contrário dos líricos de sua geração, que se consideravam seres excepcionais, João tivera sempre acanhamento de ser poeta. Não por acaso, só aos dezoito anos começara a escrever poemas, enquanto a maioria costumava inventar rimas e quadrinhas desde a infância.

O gosto pelo equilíbrio se refletia em seu próprio nome com forma de verso, João Cabral de Melo Neto — um perfeito verso octossílabo, como tantos que apareceriam em sua obra. Um conjunto de quatro nomes, três deles com quatro letras, enquanto o maior, Cabral, somado à preposição "de", totalizava oito letras. Para torná-lo ainda mais preciso, o poeta tomou a resolução de simplificar o sobrenome Mello, recusando a grafia familiar e passando a escrevê-lo com um único "l", de modo a evitar que houvesse um vocábulo de cinco letras perturbando a ordem do conjunto. Assim, seu nome seria composto apenas de palavras com números pares de letras.

Na sede do ministério, quem visse o rapazote magro e pálido, postado diante do poderoso auxiliar e amigo de Capanema, provavelmente não pensaria que se tratava de um poeta. Parecia mesmo um burocrata em início de carreira, ou um estudante vindo do Nordeste em busca de favores do ministro. Seria difícil também adivinhar que o moço ao mesmo tempo polido e seco passava seus dias sob o efeito permanente de aspirinas. Uma observação mais atenta, porém, não deixaria escapar os sinais que seu corpo manifestava de seu temperamento nervoso e inquieto: a expressão facial contraída; a mania de apertar os lábios; o hábito de tirar os óculos e apoiar a testa na mão; a necessidade de confirmar — "compreende?" —, a cada duas ou três frases, se o interlocutor ouvia e acompanhava suas falas; e, sobretudo, a neurose do tempo, a obsessão com o relógio. Se marcava um encontro com alguém, passava o dia inteiro controlando o tempo, olhando a cada instante o relógio para ver se já estava na hora. Além do exterior sóbrio, seco e limpo, havia, portanto, uma desordem interior igualmente visível.

"João Cabral escreveu um poema em sua homenagem, Carlos", informou Murilo Mendes, logo ao fazer as apresentações, na tentativa de reduzir a distância e a formalidade. "O título é 'Carlos Drummond de Andrade'."

O poema, na verdade, se chamava "C. D. A.". Escrito aos dezoito anos, permaneceria inédito por várias décadas. Além de trazer no título as iniciais de Drummond, fazia alusão a uma das célebres anedotas do livro de estreia do poeta mineiro. Em "Política literária", dedicado a Manuel Bandeira, Drummond escrevera: "O poeta municipal/ discute com o poeta estadual/ qual deles é capaz de bater o poeta federal.// Enquanto isso o poeta federal/ tira ouro do nariz". Com uma visão menos satírica e ainda presa da tradição poética que depois iria renegar, o escritor aprendiz transformou a piada em composição lírica: "Uma imensa ternura disfarçada/ chegara de Belo Horizonte/ pelos últimos comboios/ e os versos do poeta municipal/ que viúvos traziam entre flores/ vinham em aeroplanos/ e invadiam os arranha-céus federais".

Foi no Modernismo de Mário de Andrade, Manuel Bandeira, Jorge de Lima e, sobretudo, Drummond que João Cabral encontrou resposta para suas primeiras inquietações no campo da poesia. No Recife, nas conversas com os amigos da roda literária de Willy Lewin, que se estendiam pelas madrugadas, João repetia sempre que, à exceção de Augusto dos Anjos, a tradição lírica brasileira, com seus poetas românticos e parnasianos, não lhe despertava o menor interesse. Alegando não saber rimar nem metrificar, considerava-se incapaz de escrever poesia. No entanto, tudo mudou a partir da leitura dos primeiros livros de Drummond, *Alguma poesia* e *Brejo das almas*, publicados respectivamente em 1930 e 1934, quando o autor ainda vivia em Belo Horizonte. Da leitura insistente desses livros, descobertos no final da adolescência e logo transformados em cartilha, João extraiu um aprendizado importante: a poesia não tinha necessariamente de ser lírica, podendo também acolher a prosa e a ironia. Drummond o impressionou porque era um confesso antilírico, um antiparnasiano exemplar — poeta de "língua presa" que passava ao largo da cesura e da métrica. Impulsionado por seu exemplo, animou-se a tentar a poesia.

"Ponho-me a escrever o teu nome/ com as letras do macarrão" — esses versos estavam entre os mais admirados. "Estás a sonhar? Olha que a sopa esfria!", advertia o poema ironicamente intitulado "Sentimental", publicado por Drummond em 1925 na revista carioca *Estética*, mas excluído da primeira edição de *Alguma poesia* (em 1942, ao serem incorporados no livro, os versos apareceriam modificados). A conversão do "romântico trabalho" em sopa fria, "cheia de escamas", encantou João Cabral. Descobriu que era possível escrever um poema sobre letras de macarrão, sem sentimentalismo ou metafísica, e que um poeta não precisava ser sonhador. O que desejava agora, em sua visita ao mestre, era solicitar uma melhor orientação.

Tinham espíritos muito parecidos, percebera o jovem aspirante a poeta em seu convívio inicial, no Recife, com o Carlos feito de letras e papel. Era o que podia confirmar agora, em seu encontro com o poeta mineiro. Assim como ele, Drummond era um sujeito que parecia viver insulado em si mesmo. Dificilmente se entregava, menos ainda num primeiro contato.

Para o escritor Lúcio Cardoso, tratava-se de um "raro exemplar de falta de calor humano". Já o poeta Vinicius de Moraes, que várias vezes precisou de seus favores no ministério, achou-o desde o início um homem estranho, intratável — "parecia um estilete, e não um chefe de gabinete". Drummond era a própria encarnação de sua poesia descarnada e lúcida. Segundo Vinicius, somente no bar, à noite, depois de alguns chopes, é que sua máscara se rompia num riso silencioso, numa alegria rápida, que encantava a todos.

Do prédio do ministério, João, Murilo e Carlos desceram para continuar a conversa. Estavam nas costas do bar Amarelinho, situado à praça Marechal Floriano. Drummond, porém, não gostava de ambientes movimentados. Preferia estar a sós com seu interlocutor, sem sofrer interrupções, e por essa razão se dirigiram a um lugar mais tranquilo, a confeitaria A Brasileira. Ali, enquanto caía a tarde, tomariam apenas chá. E a primeira conversa, como era previsível, devido à timidez de ambos e à enorme expectativa do poeta mais novo, não fluiria com tanta naturalidade.

O Carnaval carioca que João Cabral conheceu em 1940, entre os dias 3 e 6 de fevereiro, era famoso pelos bailes de gala do Theatro Municipal e pela apresentação, na avenida Rio Branco, das velhas sociedades, fundadas no século XIX, que surgiam anunciadas por clarins e intenso foguetório. O cortejo prosseguia com carros alegóricos e automóveis abertos, cobertos por serpentinas. Na praça Onze de Junho, a popular praça Onze, a atração era o desfile das escolas de samba, que naquele ano foi vencido pela Mangueira, com o enredo "Prantos, pretos e poetas", de autoria de Carlos Cachaça.

Esse espetáculo esfuziante, as largas avenidas, as luzes da Cinelândia, os suntuosos palácios em estilo art déco, os modernos edifícios construídos sobre a antiga cidade colonial demolida, tudo isso João pôde ver e desfrutar nessa primeira visita ao Rio. Mas não estava sozinho num Carnaval sem regras, desimpedido para aventuras, e sim tomando parte numa comportada viagem familiar. Seu pai, Luiz Antonio Cabral de Mello, aproveitando uma viagem de trabalho como diretor da secretaria da Associação Comercial de Pernambuco, resolveu levar ao Rio praticamente toda a família: Carmen, sua mulher, os filhos mais velhos, Virgínio e João, e os dois caçulas, Maria de Lourdes e Evaldo. Em Pernambuco, ficaram apenas Maurício e Cláudio, os filhos do meio.

Apesar da guerra, a família viajou de navio. O embarque, no porto do Recife, ocorreu em 13 de janeiro, no vapor *Araraquara*, da companhia Lloyd Nacional. Ao anunciar a partida, o *Diário de Pernambuco* acrescentou que

Luiz Cabral viajava em missão importante, para representar os interesses do estado junto ao governo federal, sem informar que a família o acompanhava e que a viagem também tinha como objetivo conhecer o Carnaval do Rio.

Os viajantes ficaram hospedados no Grande Hotel, perto do largo da Carioca. Um registro fotográfico da viagem mostra João Cabral acompanhado da mãe e dos irmãos mais novos, num salão vazio, encostados à parede, ao pé da soleira de mármore. Escondido atrás de Carmen, de terno claro, pose empertigada e séria, o olhar fixo na câmera, o poeta destoava completamente da mãe, que vestia cor escura e adotava uma postura relaxada, e também dos irmãos, formando uma dupla à parte, com seus trajes infantis e sorrisos marotos.

Evaldo tinha apenas quatro anos, mas guardaria uma forte impressão da viagem e dos passeios ao largo da Carioca, onde era vendido "o melhor suco de laranja do Rio de Janeiro". Nessa ocasião lhe deram de presente *O touro Ferdinando*, clássico infantil lançado nos Estados Unidos pelo escritor Munro Leaf. Evaldo, que por vários anos detestaria a escola e o convívio com os colegas, logo se identificou com a história do novilho arredio, que gostava de viver no seu canto, cheirando flores, evitando os outros bezerrinhos chatos. Dezesseis anos mais novo, já dava mostras de ter um temperamento parecido com o do irmão.

O chefe da família era leitor de Eça e Euclides, entre outros, e gostava de incentivar nos filhos o gosto pela literatura. Apesar disso, ninguém sabia — nem mesmo o irmão mais velho, Virgínio — que João escrevia versos. Enquanto Luiz Cabral desempenhava suas tarefas no Rio, o jovem poeta fazia discretos passeios pela cidade para cuidar dos próprios interesses, do seu incipiente e ainda clandestino projeto literário.

O primeiro poeta federal que João conheceu foi Murilo Mendes. Trazendo nas mãos uma carta de apresentação escrita por Willy Lewin, seu mestre pernambucano, o rapaz foi procurá-lo à rua Marquês de Abrantes, no Flamengo. Murilo alugava um quarto no lugar conhecido como "pensão das russas", pertencente a uma baronesa e à filha de um embaixador russo, que desde a Revolução Bolchevique haviam se fixado no Brasil. O velho casarão estava situado entre árvores, no centro de um jardim silencioso e acolhedor. Por ali transitavam inquilinos de estirpe — artistas, escritores e músicos, escolhidos a dedo pelas duas severas damas. De uma delas, Murilo contava uma história fabulosa: Tolstói, que gostava de caçar na propriedade de sua família, certa vez quase morrera num acidente, quando confundiram a pena de seu chapéu com a plumagem de um pássaro.

O casarão tinha escadas largas, portas e janelas amplas. Como as senhoras também eram costureiras, o corredor estava sempre cheio de manequins. João Cabral achou a casa misteriosíssima, um típico ambiente surrealista. Os visitantes eram recebidos com reserva e submetidos a um interrogatório, metade em francês, metade em português. O quarto de Murilo Mendes ficava no fundo do corredor e podia ser facilmente identificado pelo retrato de Mozart na porta. Era um quarto bastante amplo, abarrotado de quadros, livros e discos. Sobre a imensa cômoda, o poeta ostentava um busto grego de gesso. A figura, como se decorasse um baile de Carnaval, estava fantasiada com uma máscara roxa.

Ao contrário do sisudo pernambucano, Murilo apreciava — e muito — provocar escândalos. Desde a infância, em Juiz de Fora, fazia questão de viver poeticamente, de maneira anarquista e lunática. Era tão natural nele a tendência para a teatralidade e as atitudes fora do comum que muitos o consideravam, sem pestanejar, um louco varrido. Em tempo de guerra, só em sua cabeça passaria a mirabolante ideia de telegrafar a Hitler, apresentando-se como amigo de Mozart, que havia lhe aparecido vestido de sobrecasaca azul. Os amigos, porém, mesmo quando censuravam suas extravagâncias, o viam sobretudo como um sujeito puro, de bom coração.

"Ele chegou um dia à minha casa no Rio de Janeiro: um jovem magro, seco, de palavras exatas", evocaria mais tarde Murilo Mendes. A recepção que concedeu a João Cabral foi simpática e calorosa. Por meio dele, o rapaz pôde ter acesso a outras figuras importantes do meio literário, a começar por Jorge de Lima. Médico de ótima reputação, Jorge atendia desde 1930 num consultório também situado na Cinelândia, no último pavimento do prédio do bar Amarelinho. Procurado por numerosos doentes, o local funcionava também como salão literário. Havia duas salas de espera: uma para os pacientes, outra para os amigos escritores, sobretudo jovens poetas que apareciam constantemente em busca de conselho. Esta última era a mais espaçosa e ali, nos intervalos das consultas médicas, eram atendidos os clientes da literatura. Assim, por intermédio de Murilo Mendes e Jorge de Lima, João viria a conhecer Lúcio Cardoso, Jorge Amado e Álvaro Moreyra, entre outros escritores.

Unidos no projeto de restauração da "poesia em Cristo", Murilo Mendes e Jorge de Lima constituíam as principais referências do grupo de poetas surgidos em Pernambuco no final da década de 1930. Em virtude de suas ligações com o também católico Willy Lewin, era natural que fossem os primeiros escritores a serem procurados por quem vinha ao Rio. Nascido em Alagoas, Jorge parecia ainda mais próximo. Seu irmão, Matheos de Lima, que também era médico e poeta de prestígio, morava no Recife e a qualquer momento podia ser visto andando pelas ruas.

Para João Cabral, um encontro ainda mais factível nessa sua primeira temporada carioca — além de mais desejado — teria sido com o autor do livro *Libertinagem*, que tanto o impressionara. Manuel Bandeira tinha se transferido de Pernambuco para o Rio havia bastante tempo. Dali a poucos meses, em agosto de 1940, seria eleito para a Academia Brasileira de Letras. Era seu parente, pelo lado paterno, e tinha apreço pelas relações de família. Mas naquele Carnaval João não pôde encontrá-lo. Bandeira estava ausente, veraneando em Petrópolis.

Murilo Mendes demorou pouco na confeitaria. Quase não participou da conversa. Levantou-se da mesa de repente, disse que tinha um compromisso, despediu-se e saiu. Da rua, agitou mais uma vez os braços compridos — "longos braços dançarinos", no dizer de Vinicius de Moraes —, acenando reiteradamente com o chapéu e a mão enorme. Era seu modo efusivo de dar adeus, de exprimir a ânsia de comunhão com os amigos. Saudava-os sem parar, gritando coisas de longe. "A gente pode até não gostar da poesia do Murilo", comentou Drummond, "mas não gostar da poesia da pessoa dele é impossível." Para João Cabral, a figura vista da janela parecia a de um fantasma. Imagem impressionante, que se gravou para sempre em sua memória. Também nunca pôde esquecer o comentário de Drummond. Realmente, o amigo de Mozart parecia mais poético do que a própria poesia.

Grudado numa xícara de chá, Carlos Drummond estava diante dos seus olhos, ao alcance das mãos. Falava pouco, baixo, olhando sempre para o chão. Quando ficaram a sós, sentiu-se mais à vontade. Preferia sempre estar e conversar com apenas um interlocutor. Se estivesse com alguém e chegasse outra pessoa, costumava ir embora. Pelo telefone, falava desbragadamente. O que mais gostava era da conversa à distância — quanto mais longe, melhor se comunicava. Mário de Andrade, seu grande amigo epistolar, morava desde 1938 no Rio e, apesar do convívio tão íntimo e prolongado nas cartas, raramente se encontravam.

Para João Cabral, a comunicação pessoal era também muito difícil. Ainda assim, durante algum tempo conversaram sobre poesia. Drummond, poeta-funcionário, atuando havia quase seis anos no primeiro escalão de um governo que tinha articulado um golpe para permanecer no poder, naquele ano de 1940 publicaria seu terceiro livro, *Sentimento do mundo*. Seus novos poemas, que desde 1935 vinham aparecendo nos jornais, já mostravam que ele não se enquadrava inteiramente no regime e que seria mesmo capaz de desafiá-lo. O período era de guerras, ascensão do totalitarismo, censura e perseguição política. Mas o poeta mineiro não temia lutar abertamente contra a opressão do sistema capitalista — queria poder "dinamitar a ilha de Manhattan", como escreveu no poema "Elegia 1938". Graças à poesia social, julgava estar superando a alienação e o individualismo de sua primeira poesia — a mesma poesia irônica e de "língua presa" que João tanto admirava.

Além da composição "C. D. A.", mencionada por Murilo, João tinha escrito em 1938 outro poema dedicado a Drummond, "O momento sem direção", com diversas alusões ao contexto histórico. O uso de palavras como "elevadores", "jornais", "telégrafo", "suicídios" — típicas do imaginário inicial de Drummond — se associava a referências do mundo bélico, como "cidades ameaçadas", além das que apareciam no poema "Guerra", escrito no mesmo ano. Nesse havia uma nota otimista: "A poesia circula livremente entre os bloqueios". Invariavelmente, o que se via era a sombra drummondiana, pairando sobre as criações do jovem poeta.

Diante do poeta mais velho, recusando-se a tomar chá — bebida que não lhe agradava —, João deixava visível, como em seus poemas, o mal-estar de principiante. Estaria condenado a ser um eterno aprendiz, um poeta diluidor, um pálido Carlos Drummond? Ansioso por alguma resposta, entregou ao mestre as folhas em que tinha passado a limpo seus primeiros poemas.

Uma palavra de estímulo viria a público poucas semanas depois, veiculada pelo periódico literário *Dom Casmurro* — uma nota elogiosa, escrita não por Drummond, mas por Murilo Mendes. Fundado em 1937, *Dom Casmurro* era um "jornal esquerdista" de alta tiragem e circulação nacional, concorrente da *Revista Acadêmica*. A redação, na Cinelândia, era rotineiramente visitada por escritores de passagem pelo Rio. O time de colaboradores reunia Drummond, Jorge Amado, Marques Rebelo, Graciliano Ramos, José Lins do Rego, Aníbal Machado e outras grandes figuras do meio literário. Mas a principal estrela, segundo Joel Silveira, jornalista do semanário, era Murilo Mendes, que ali estamparia seus ataques ao integralismo.

Publicado com o título "Poeta novo", o breve artigo de Murilo, acolhendo e celebrando a chegada de João Cabral, saiu na edição de 2 de março de 1940:

> E hoje aparece-nos, vindo pelo último navio de Recife, o poeta de vinte anos João Cabral de Melo Neto. É um poeta sem cor local. Tanto pode ser de Recife, como de Marselha ou Shangai. Este nasce atento aos sinais marcantes da nossa época, aos prodígios telegráficos, à mitologia quotidiana que habita os cinemas, as ruas, os transatlânticos, os jornais, as lojas baratas etc. [...] No plano propriamente literário, as influências que ele mais acusa são as de Bandeira e Drummond, portanto está acertando com o caminho. Todo poeta novo deve ser muito bem recebido, pois é portador de uma grande esperança e traz ainda os primeiros vestígios da revelação mágica, ainda não contaminada pela análise destruidora.

Dom Casmurro publicou ainda, na mesma edição, duas composições de João Cabral: um poema sem título — inserido com poucas alterações em 1942 no livro *Pedra do sono* como "Homem falando no escuro" — e outro intitulado "Poema". Esse par de textos, encimado pelo título "Noite com a miss", foi a primeira publicação nacional da poesia cabralina. O conjunto formado pelos poemas e pela nota de Murilo Mendes parecia uma espécie de cartão de visita, ou melhor, uma certidão de nascimento. Murilo fez soar as trombetas: era preciso ter olhos para o poeta recém-chegado do Recife — nordestino, mas estranhamente sem cor local. Poeta novo e moderníssimo, ainda não contaminado pela razão demolidora. Por ironia, a procura dessa interferência racional, contrária à noção de poesia como "revelação mágica", passaria logo a constituir a principal batalha do jovem poeta.

A edição de *Dom Casmurro* serviu também para revelar aos parentes de João Cabral o que até então era uma atividade secreta. Lendo o artigo de Murilo, Virgínio ficou sabendo que o irmão escrevia poesia. Quando saiu a notícia, a família já tinha retornado ao Recife. O embarque no porto do Rio ocorreu em 23 de fevereiro, a bordo do vapor *Pedro II*. O poeta de vinte anos, que não cursava nenhuma faculdade e se encontrava perdido, vivendo um "momento sem direção" — "dentro da noite dentro do sonho", como exprimiam os versos publicados no jornal —, fez a viagem de volta decidido a se transferir definitivamente para a capital do país. Estava interessado na carreira do Itamaraty. Seus parentes no Rio, como o desembargador Diogo Cabral de Mello, tentaram convencê-lo a ficar de uma vez. Mas o pai de João foi categórico: "Não, ele volta ao Recife e mais tarde vem prestar o concurso".

Depois da conversa na Cinelândia, João não voltou a encontrar Drummond. Na véspera de sua partida para o Recife, entregaram-lhe no hotel um bilhete de despedida:

> Meu caro poeta:
> Não pude arranjar alguns minutos realmente meus, para ir ao hotel procurá-lo. E soube por Murilo que v. está embarcando para Pernambuco. Assim, não tenho remédio senão mandar-lhe por portador os seus belos poemas, que acusam no autor uma tão aguda capacidade de captar as vibrações do nosso tempo e de interpretá-las liricamente.

Carlos Drummond também deixou no hotel, de presente para João, um exemplar do seu "velho livro de versos" — provavelmente *Alguma poesia*, cuja publicação estava completando uma década —, despedindo-se com um abraço cordial do "seu já amigo Carlos Drummond de Andrade". A respeito da nova poesia oferecida pelo pernambucano, afirmou apenas, de modo mais lacunar e seco, o que diria a nota pública de Murilo. Em ambos os comentários, sobressaía a observação de que o autor sabia captar e interpretar poeticamente as "vibrações do nosso tempo". O elogio, bastante genérico, poderia ser feito a qualquer poeta modernista — ao primeiro Drummond, ao primeiro Murilo, a todos os que tinham sido "delirantemente modernos" na geração anterior.

Além de soar como um pedido de desculpas, uma vez que se esquivou de comentar pessoalmente e com mais detalhe a produção do jovem poeta, o fato de juntar aos "belos poemas" do outro seu próprio volume inicial de poesia, "de interesse apenas arqueológico", podia parecer uma ironia. Era como se Drummond insinuasse que a nova poesia, evasiva e individualista, cheia de telégrafos e aeroplanos, já nascia datada, excessivamente marcada por cacoetes do Modernismo.

João Cabral levou quase nove meses para dar prosseguimento ao diálogo epistolar — demora que revelaria certa decepção com as palavras e a atitude de Drummond. Só a 30 de outubro de 1940 é que despachou uma resposta, cheia de evasivas e em tom formal:

Meu caro Carlos Drummond de Andrade,

Eu estava para lhe escrever desde a minha volta ao Recife. Não o havia feito até agora, porém, não só com o receio de provocar uma correspondência que bem sei importuna, como também por adivinhar que não me poderia ver livre, nem mesmo numa carta, de certa dificuldade de comunicação que me é particularmente penosa, principalmente tratando-se de uma das pessoas com quem mais no mundo eu gostaria de vê-la desaparecer.

A dificuldade de comunicação, segundo João Cabral, era o principal tema da poesia de Drummond, ocupando sem exagero metade de sua obra. Era também, como ele confessava agora em sua primeira carta ao mestre, um dos traços essenciais do seu próprio temperamento. Em encontros futuros, Cabral e Drummond teriam a oportunidade de conversar mais e de estreitar a amizade. Todavia, as tensões que envolveram a primeira tentativa de diálogo — assim como a timidez e o silêncio de pedra, quase ríspido, que a ambos caracterizavam — jamais se dissolveriam.

2.
Menino de engenho

O rio Capibaribe nasce no sertão, na serra dos Jacararás, em terras secas do município de Jataúba. Em sua lenta descida rumo ao litoral, atravessa três diferentes regiões do estado de Pernambuco, topando com os municípios de Caruaru, Bezerros, Gravatá, Toritama, Surubim e dezenas de cidades e povoações. Capibaribe, nome de origem tupi, significa "no rio das capivaras". No entanto, devido ao seu percurso difícil, descendo aos trancos por cima das pedras, o Capibaribe também viria a ser considerado o rio dos retirantes. Quando chega à planície do Recife, juntando-se com outros rios menores, o humilde rio sertanejo se alarga e aumenta consideravelmente de volume. O que era leito de pedras se transforma em lençol de areia. A aridez dos cactos e das macambiras dá lugar ao verde úmido da vegetação do brejo. O Capibaribe torna-se então o rio da cidade, íntimo dos habitantes, especialmente dos pobres que vivem na lama.

Foi em Pernambuco, na várzea do Capibaribe, que primeiro se consolidou a cultura da cana-de-açúcar no Nordeste. Ali fixou raízes a primeira aristocracia de senhores de engenho, que se manteve poderosa até meados do século XIX, quando começou a entrar em decadência. Também à beira do rio nasceu e cresceu João Cabral de Melo Neto, descendente da "nobreza da terra". Poucos poetas brasileiros foram tão identificados com uma paisagem como ele foi com a do Capibaribe. Não por acaso, um dia resolveria apresentar num longo poema a geografia e a história do rio, que se confundia com sua própria história.

A respeito da data de seu nascimento, pairava sempre uma dúvida. De acordo com a certidão, o segundo filho do casal Luiz Antonio Cabral de Mello e Carmen Carneiro Leão nasceu em 6 de janeiro de 1920. Como Virgínio, o irmão mais velho, João nasceu no Recife, na casa do avô materno, situada à rua da Jaqueira, depois renomeada como Leonardo Bezerra Cavalcanti. Entretanto, o aniversário em sua casa seria sempre festejado no dia 9 de janeiro. Carmen insistia em dizer que o nascimento fora nesse dia e ficava irritada quando via a certidão. Como tinha sido possível aquele equívoco? O avô, sempre atento, logo que um neto nascia escrevia as informações num papel, chamava o criado e mandava fazer o registro no cartório do Poço da Panela. João nunca soube a razão do mal-entendido. Com o passar do tempo, ele aprenderia a brincar com a existência das duas datas, pregando peças em quem viesse parabenizá-lo. Se recebia cumprimentos no dia 9, afirmava que tinha nascido no dia 6, e vice-versa.

A casa da Jaqueira dava de frente para o Capibaribe. Por determinação do avô, Virgínio Marques Carneiro Leão, todos os netos eram obrigados a nascer ali, em sua residência. Primo da mãe de João Cabral, Gilberto Freyre se lembrava da casa como um lugar quase sagrado. Embora construída nos arredores do Recife, parecia uma casa-grande de engenho. Ali também aconteciam os noivados e casamentos. Também eram frequentes as festas que Virgínio oferecia a seus alunos, todos vestidos com fraque. Havia recitativos e piano tocado por bons artistas. Certa tarde, contava o sociólogo, um dos meninos caiu no rio e até que o salvassem foi um deus nos acuda — Esther, Albertina, Carmen, a tia Marieta, a avó Francisca e as demais mulheres da casa rezando desesperadas no quarto dos santos, diante do altar que, segundo Freyre, era quase de igreja.

O ilustre dono da casa possuía um dos principais escritórios de advocacia do Recife, onde havia nascido em 1865. Virgínio Marques por algum tempo atuou como deputado federal e durante quase toda a vida foi professor da Faculdade de Direito do Recife. Antes tinha fundado o Instituto Pernambucano, localizado na rua da Matriz, do qual foi semi-interno Manuel Bandeira, no final do curto período em que esteve de volta ao Recife, entre 1892 e 1896. O poeta, então um menino de nove anos, simpatizava bastante com o dono do colégio, a primeira pessoa, segundo ele, que o impressionou pela qualidade da distinção. Era suave e sóbrio, ao contrário do irmão, Manoel Marques, o desalmado lente de primeiras letras de quem os alunos se pelavam de medo. O irmão mais moço, Pedro Augusto, também professor, ficaria famoso por saber *Os lusíadas* de cor e por atormentar gerações de alunos com análises lógicas de Camões.

Na Faculdade de Direito, que também chegou a dirigir, Virgínio tinha reputação de ateu. Entretanto, segundo Gilberto Freyre, tratava-se de um ateu que, toda noite, era o primeiro a acender as velas do altar. Na sua imensa casa vieram ao mundo João Cabral e toda uma geração de primos e irmãos. Ninguém se atrevia a contrariar a vontade do insigne professor. Todos os netos tinham de nascer na Jaqueira. Seu zelo era tamanho que ele chegava a ceder o próprio quarto para que fossem feitos, com o maior conforto, os partos das mulheres da família. Não fosse essa imposição, os filhos mais velhos de Luiz Cabral e Carmen teriam nascido no Poço do Aleixo, onde viviam. Nesse caso, porém, Virgínio era ainda mais exigente. Jamais poderia admitir que a filha desse à luz no engenho, de modo bárbaro, sem higiene adequada.

Quando sentiu as primeiras dores, Carmen aprontou-se rapidamente para a viagem até o Recife. A distância entre o Poço e a Jaqueira não era longa — cerca de vinte quilômetros —, mas as condições eram precárias e o deslocamento, sobretudo em seu estado, se fazia penoso. No final da tarde, chegaram à Jaqueira. Mas os sinais pareciam ainda imprecisos, e o médico garantiu que o parto não aconteceria antes de dois ou três dias. Por essa razão, Carmen ficou provisoriamente no quarto dos santos, enquanto era preparado o mais nobre aposento da casa. Todavia, não foi preciso esperar tanto. Às seis horas da manhã do dia seguinte — não no quarto do avô, mas no aposento dos santos —, surpreendendo a todos, nasceu João Cabral.

O quarto dos santos era uma tradição muito comum nas casas-grandes dos engenhos, como relata Gilberto Freyre. Instalados desde o século XVI, os engenhos — a maioria já portando nomes sagrados, como os de Santo Antônio, São Francisco, São Cosme e Damião — possuíam sempre um aposento reservado para o oratório e as imagens. Além das preces feitas à hora das refeições e em outros momentos do dia, à noite os homens e sobretudo as mulheres rezavam o terço e a salve-rainha, acompanhados dos escravos.

Luiz Cabral havia nascido em engenho. João lamentava não ter tido a mesma sorte do pai. Foi parido no Recife — e não no engenho do Poço, onde passaria a primeira infância —, mas chegou contrariado. Daí a atitude inconveniente de nascer no quarto errado, como se, ao apressar o parto, a criança estivesse cometendo uma espécie de profanação. É o que sugere o poema "Autobiografia de um só dia", do livro *A escola das facas*: "Parido no quarto-dos-santos,/ sem querer, nasci blasfemando".

Tratava-se, segundo o poema, de um duplo sacrilégio. O recém-nascido veio sujar com sangue a "freirice de lírios" que havia no espaço sagrado da família — insulto que mais tarde ele associaria ao fato de não professar religião. Porém, o mais grave foi a petulância de quebrar uma tradição respeitada por todos os descendentes de Virgínio Marques. Desde os primeiros instantes de vida, o menino parecia disposto a espernear "contra o ritual daquela Corte". Além do aspecto pitoresco, o que impressiona nesse acontecimento inaugural é sua ambiguidade: se mesmo no quarto errado o nascimento ocorreu na casa do avô, o desvio, afinal, teria sido incompleto. Na Jaqueira, frente à maré do Capibaribe, com ou sem reclamações, cumpria-se, mais uma vez, a tradição familiar.

João Cabral de Melo Neto cresceria com obsessão por árvores genealógicas. Sabia os nomes de todos os seus ancestrais — predominando intelectuais pelo lado da mãe, Carneiro Leão, e senhores de engenho pela linhagem paterna, dos Cabral de Mello. Podia descrever com precisão, estendendo-se por horas, as relações de parentesco que o ligavam a Gilberto Freyre, Manuel Bandeira, Joaquim Nabuco, Mauro Mota, Olegário Mariano, Múcio Leão e tantas outras figuras importantes. Envaidecia-se de ter nascido num meio de gente que pensava e atuava — parentes que se distribuíam pelos ramos familiares Carneiro Leão, Carneiro da Cunha, Souza Leão, Gonsalves de Mello e Cabral de Mello. Tinha orgulho de estar enraizado numa família cuja história se confundia com a da própria civilização do açúcar.

O vínculo com a terra e o passado canavieiro parecia inscrito até mesmo no sobrenome Mello, fazendo lembrar os substantivos "mel", "melado", "melaço". O sobrenome estava duplamente presente na árvore genealógica de João Cabral, aparecendo tanto na linhagem paterna como na materna. O avô Virgínio era casado com Maria Olindina Gonsalves de Mello. Segundo o autor de *Casa-grande & senzala*, cujo nome completo era Gilberto de Mello Freyre, o sobrenome vinha dos tempos remotos da capitania de Duarte Coelho, época em que viveu José Gomes de Mello, um dos primeiros senhores de engenho de Pernambuco. Pelo lado materno, Mello era, portanto, um nome "pernambucaníssimo", "plurissecular".

A respeito de José Antônio Gonsalves de Mello, seu trisavô — cujo nome depois, já no século XX, batizaria também o historiador de *Tempo dos flamengos* —, João Cabral contava uma história engraçada. No *Diário de Pernambuco*, fundado em 1825, havia uma seção chamada "Há cem anos", que um dia publicou a seguinte notícia: "Ontem foi dado um banquete em homenagem ao professor José Antônio Gonsalves de Mello, ponto do Teatro Santa Isabel". A família ficou surpresa com a revelação: como o eminente professor poderia ter sido ao mesmo tempo ponto de teatro? Encarregado de esclarecer o mistério, Gilberto Freyre descobriu que o antepassado se oferecia para exercer a função porque era dado a cômicas, nome que naquele tempo se atribuía às atrizes. Assumindo a tarefa de assoprar o texto, ele tinha a oportunidade de conhecer todas as que apareciam no célebre teatro do Recife.

Já na família do pai de João Cabral, o sobrenome Mello possuía uma história mais recente e uma origem bem distinta. O primeiro Cabral de Mello chegou a Pernambuco no final do século XVIII. Chamava-se João de Mello Azevedo e tinha nascido na ilha de São Miguel, nos Açores. Esse português teria vindo para o Recife clandestinamente, pois, segundo diziam, não queria ser padre, destino imposto pela família. Com medo de que o descobrissem, embrenhou-se no interior, vivendo em São Lourenço e depois em Tracunhaém, onde construiu um sobrado que João e seus irmãos, na companhia do pai, chegaram a conhecer.

Na memória familiar, esse ancestral açoriano tinha fama de sovina. Certa vez, chegou a desmanchar a sociedade feita com um pernambucano porque este, ao cozinhar uma galinha, havia botado fora os miúdos. O episódio mais curioso, porém, tinha relação com o sobrenome Azevedo, que por sua própria conta havia sido abreviado para Azedo — não por economia, mas porque ele falava rápido, engolindo as letras. Segundo João Cabral, a amputação do nome talvez pudesse ser explicada pelo temperamento áspero do trisavô.

João de Mello acabou se fixando na Paraíba, onde enriqueceu, comprou vários engenhos e veio a se casar com Tereza Cabral de Vasconcelos. A família Cabral de Mello formou-se, então, a partir do casamento de um português dos Açores com uma sertaneja paraibana. Um dos frutos dessa união foi o capitão Francisco Antonio Cabral de Mello, que subtraiu, dessa vez por inteiro, o Azevedo do sobrenome. Outro filho do casal foi Tomás Cabral de Mello, o dono do engenho Santa Fé que inspirou o coronel Lula de Holanda, célebre personagem do romance *Fogo morto*, de José Lins do Rego.

Francisco Antonio e sua mulher, Ângela Felícia Lins de Albuquerque, foram os bisavós paternos de João Cabral. Ângela Felícia era irmã de Maria Cândida, a avó de Manuel Bandeira. O poeta de *Libertinagem* era, portanto, primo em segundo grau do pai de João Cabral.

Entre os antepassados com atuação relevante no campo intelectual, desponta, também pelo lado paterno, o nome de Antonio de Moraes Silva, um dos primeiros dicionaristas da língua portuguesa. Autor do clássico *Dicionário Moraes*, publicado pela primeira vez em 1789, esse quarto avô de João Cabral era também senhor de engenho na vila de Muribeca, próxima do município de Moreno. O filólogo teve ainda atuação política relevante em Pernambuco. Nos seus domínios, manifestava total desprezo pela religião e chegava a ponto de impedir que sua mulher, filhos e escravos ouvissem missa ou jejuassem nos dias de preceito. De acordo com Evaldo Cabral de

Mello, Antonio de Moraes Silva obrigava os pretos a trabalharem nesses dias não só para aumentar os ganhos, mas também por considerar a missa "coisa inútil e irrisória". A capela do engenho estava relegada ao abandono.

Ermelinda de Moraes, neta do dicionarista, se casou com o bacharel Felipe de Souza Leão, bisavô de João Cabral. Dessa união nasceu Maria Rita de Souza Leão, que se tornaria esposa de João Cabral de Mello. Nascido em 1856, esse avô de quem João herdou o nome era um dos quinze filhos do casamento de Francisco Antonio Cabral de Mello com Ângela Felícia. Além de senhor de engenho, bacharelou-se na Faculdade de Direito do Recife, que na época fornecia advogados para todas as regiões — além dela, no país, só existia a Faculdade de Direito de São Paulo. Convidado para ser juiz no Rio Grande do Sul, João Cabral de Mello abandonou por um tempo seu engenho. Mas não gostou da mudança de ares e optou por regressar a Pernambuco, onde continuou a plantar cana.

De todos os ancestrais de João Cabral de Melo Neto, o título de mais excêntrico caberia sem dúvida ao bisavô Francisco Antonio Cabral de Mello, do engenho Tabocas, localizado em São Lourenço da Mata. Em suas terras, seu Mello, como era conhecido, sempre falava aos berros, com estupidez. Por uma ninharia, saía esbravejando com todos. Era tão malcriado que também o chamavam de Azedo, em referência a seu nome de família.

O padre italiano Donato Barruco viveu em Pernambuco e foi capelão do engenho Tabocas. Em sua narração da viagem, de acordo com Evaldo Cabral de Mello, o padre faz muitos elogios a dona Ângela Felícia e conta seus passeios a cavalo com João Cabral de Mello, ainda mocinho. A respeito de seu Mello, o relato é sem eufemismos: era muito tosco. Um ótimo pai de família, zeloso pela educação dos filhos, mas irascível com os escravos e os colonos de sua vasta propriedade.

Francisco Antonio Cabral de Mello gostava de tudo fiscalizar: o corte de cana, o ponto de açúcar, o alambique, a senzala, os cavalos e tudo o mais. No poema "Seu Melo, do engenho Tabocas", do livro *Agrestes*, João Cabral relatou o famoso episódio em que apareceu em Tabocas um francês para mascatear. A filha mais velha, Candinha, que estudava no Recife, estava passando as férias no engenho. Seu Mello gabou-se da moça, que falava francês, e a convocou para conversar com o gringo. Mas ficou por perto, sem desgrudar os olhos da cara da filha. A explicação veio depois, conforme narrou Mauro Mota, numa crônica chamada "O bisavô": "Eu não sei francês. Se a menina ouvisse alguma safadeza, corava. E se ela corasse eu reduzia a pó de osso as costelas do galego".

Outra história lendária, registrada nos anais da família, diz respeito a um leilão de escravos ocorrido no Paudalho. Seu Mello era inimigo pessoal do juiz de direito da comarca e compareceu ao leilão apenas porque soubera que o sujeito planejava sigilosamente vender e despachar para longe o próprio filho, nascido da união com uma escrava. Teve o topete de oferecer o lance mais alto. Depois de arrematar a "peça", mandou que o escrivão lavrasse imediatamente a carta de alforria. Em seguida fez questão de desmascarar o juiz: "Se o senhor tem vergonha de tê-lo como filho, eu também tenho de tê-lo como escravo".

Durante a segunda metade do século XX, o desbocado seu Mello das Tabocas foi, no dizer de Mauro Mota, um "semeador de pitoresco" na Zona da Mata pernambucana.

Passadas algumas semanas do nascimento de João Cabral na Jaqueira, no Recife — parto inesperado, sem data precisa e em quarto errado, de um indivíduo profundamente enraizado na aristocracia da terra —, Carmen pôde voltar para casa. O engenho do Poço do Aleixo ficava em São Lourenço, próximo de onde vivera e reinara seu Mello das Tabocas. Ali João passou os primeiros anos de sua vida. Se não pôde nascer no Poço, era de lá que provinha sua lembrança mais remota. Sentado na varanda da casa-grande, no lugar mais alto, perto de onde ficava o gado que transportava a cana, o menino tinha diante dos olhos toda a paisagem do engenho. Na frente da casa, corria o Tapacurá, afluente da margem direita do Capibaribe.

"Fui menino de engenho", dizia, com satisfação, João Cabral. Tivera a mesma infância livre e alegre, cheia de descobertas e aventuras, que pudera desfrutar o pai, também nascido em engenho da Zona da Mata, na virada do século, e, antes dele, inúmeros antepassados.

Filho mais moço do casamento de João Cabral de Mello com Maria Rita de Souza Leão, Luiz Cabral nasceu em 1894. Fez seus estudos no mais antigo e tradicional estabelecimento de ensino do Recife, o Ginásio Pernambucano, localizado na rua da Aurora. A princípio, como revelam os boletins divulgados no *Jornal do Recife*, não se esforçava muito para conseguir boas notas. Mas quatro anos mais tarde, em 1912, obteve um "plenamente grau 8" e recebeu aplausos por seu discurso como bacharelando. Nesse mesmo ano, no mês de junho, morreu seu pai, João Cabral de Mello, deixando a mulher e sete filhos.

Anos depois, Luiz Cabral ingressou na Faculdade de Direito. Foi contemporâneo do romancista José Lins do Rego, que em 1915 passou a morar no Recife, depois de começar o curso ginasial em João Pessoa. José Lins iniciou o curso quando Luiz Cabral já estava se formando. Nesses dias de juventude, segundo o depoimento de um colega chamado Antônio Freire, o pai de João Cabral também se aventurava a escrever poemas — versos românticos e merencórios, "dedicados a uma Julieta pálida e esgrouvinhada".

Luiz e Carmen se casaram em dezembro de 1917, mas desde muito antes já se conheciam. O pai de Carmen chegou a atuar como advogado de seu sogro. Antes que eles se casassem, Esther, a filha mais velha de Virgínio Marques, já tinha contraído matrimônio com João Cabral de Mello Filho, um dos irmãos de Luiz Cabral. O casamento dos pais de João Cabral foi, portanto, a segunda união entre membros das duas famílias, já entroncadas por outras relações do passado. A árvore genealógica dos Mello, dos Freyre, dos Cavalcanti, dos Carneiro da Cunha, entre outros ramos, era cheia de laços endogâmicos, conforme observou Gilberto Freyre.

Nos primeiros anos do casamento, os pais de João Cabral moraram no Poço do Aleixo. A mãe de Luiz Cabral, Maria Rita, estava viúva e não tinha habilidade para os negócios. Os irmãos mais velhos haviam todos se fixado no Recife, com carreiras na burocracia ou na magistratura. Coube ao caçula, que logo estaria também formado e iniciando a vida como promotor, o encargo de administrar o engenho da família. Já àquela época o Poço era apenas fornecedor de cana. Antes de ser liquidada, na crise do açúcar, e absorvida pela Usina Tiúma, a propriedade foi dividida entre os irmãos. O anúncio da venda do Poço foi publicado no *Diário de Pernambuco*, em meados de 1930, por João Cabral de Mello Filho:

> Vende-se um magnífico engenho, no município de São Lourenço da Mata, na zona da Usina Tiúma, muito próximo da capital, com safra, gado e utensílios de trabalho. A tratar com o dr. João Cabral, na Faculdade de Direito ou na avenida Manoel de Almeida, 56.

Após a experiência de viver no Poço do Aleixo com a família — até então composta apenas dos filhos mais velhos, Virgínio e João, nascidos respectivamente em 1918 e 1920 —, Luiz Cabral resolveu arrendar outros dois engenhos, localizados no município de Moreno, também na Zona da Mata: o engenho Pacoval, que durou pouco tempo, e, em seguida, Dois Irmãos. Nessas propriedades, igualmente próximas do Recife (a pouco mais de vinte quilômetros de distância), a família passava os fins de semana e as férias de final de ano. Em 1924, morreu prematuramente, com apenas dois anos, a terceira filha do casal, Leda. Dessa irmã, nascida também na Jaqueira, João Cabral depois se lembraria apenas por fotografia.

Os engenhos da Zona da Mata, região tributária do Recife que na verdade sustentou o crescimento da cidade, eram construídos ordinariamente nas várzeas dos rios. Tendo nascido defronte ao Capibaribe, João Cabral passou a primeira infância banhando-se no Tapacurá, cujas águas desembocam em São Lourenço. Pouco se lembrava do Poço, o primeiro engenho, e desse "rio entre pedras, a assoviar", no qual um dia quase se afogou — "Lembro? Ou alguém me contou?", pergunta-se no poema "Menino de três engenhos". A história do afogamento era de fato confirmada por Carmen. Outro acidente do tempo da infância deu-se com o gume afiado de uma cana que quase o cegou, como também relata no livro *A escola das facas*. O corte lhe deixou não simplesmente uma cicatriz superficial, desaparecida com o tempo, mas uma marca profunda, segundo ele, constitutiva de sua formação como indivíduo e poeta.

Os filhos de Luiz Cabral tinham tudo que desejavam e viviam às soltas. João Cabral — apelidado de Joca e, mais tarde, de Jó — possuía carneiro e cavalos: além da égua Rainha, um macho chamado Carioca. Virgínio ganhou do vizinho, que era dono do engenho Una, um belo animal chamado Presente. Ambos tinham permissão para andar a cavalo pelo engenho. Por outros animais domésticos, como gato e cachorro, João não se sentia atraído. Gostava apenas de bois e cavalos. Nessa época, Luiz mandou construir um engenho em miniatura para que os filhos aprendessem a fazer açúcar. Joca era louco por açúcar, que consumia vorazmente, através dos furos que costumava fazer nas sacas.

Outra lembrança antiga: na frente da casa, havia um terreno com grama, chamado de revezo, com uma pequena inclinação. Naquele espaço jogavam futebol, dois contra um — João e seu pai ficavam na parte baixa, Virgínio posicionava-se no alto. Havia também brincadeiras perigosas. Uma vez, Joca atirou uma faca no rosto do irmão mais velho, deixando-lhe uma cicatriz.

Com os irmãos mais novos, que os chamavam de Jó e Gi, ambos eram cuidadosos. É o que se nota nas fotografias que registram passeios de João e Virgínio, no engenho Pacoval, com Maurício e Cláudio — o primeiro nascido em 1925, o segundo, três anos depois. As poses, os penteados e os trajes vistos nas fotos comprovam o excesso de mimo que se aplicava à criação dos meninos, desde tempos antigos, nos engenhos da Zona da Mata. Com a chegada de Maria de Lourdes, em 1929, subiu para cinco o número de irmãos. Evaldo, o caçula, só nasceria sete anos mais tarde, em 1936. Leda foi a última a nascer na Jaqueira, o que indica não apenas que as leis do avô Virgínio estavam se afrouxando, mas também o fato de que a família, na segunda metade dos anos 1920, se estabelecia cada vez mais no Recife.

No poema "Menino de três engenhos", ao reconstituir os engenhos de sua infância, João Cabral assumiu sua preferência pelo Pacoval — "onde a memória ainda me sangra". Era um engenho de fogo morto, dos mais humildes, em cuja bagaceira ele e Virgínio jogavam futebol. No Pacoval era permitido estar sempre com os pés no chão — o contrário da assepsia do engenho Dois Irmãos, que, apesar de igualmente improdutivo e decadente, era um "engenho de sala", onde "já se acordava de sapato". Na verdade, segundo o poeta, em nenhum dos três engenhos havia o luxo atribuído às propriedades que existiram no tempo da colônia. Nenhum deles tinha luz elétrica. Quando caía a noite, as empregadas punham os candeeiros sobre a mesa e os acendiam um por um, pendurando-os em diferentes partes da casa.

Na década de 1920, os velhos engenhos, os banguês, não mais fabricavam açúcar e tinham passado a abastecer de cana as usinas. Da mesma maneira, a aristocracia dos senhores de engenho que colonizaram terras, enfrentaram índios agressivos e expulsaram os holandeses do norte do Brasil, essa nobreza de outros tempos estava também devastada. No engenho, "ser-para-ruína", destinado a ser fornecedor da usina, os sinais da decadência pareciam instalados desde sempre. É o que sugere o poema "Fotografia do engenho Timbó", ao descrever a casa-grande "quase senzala", menor que a moita do engenho, sufocada pela cana: "Entre urinóis, escarradeiras,/ um murcho, imperial, brasão", conclui o poema também inserido em *A escola das facas*. Por toda parte, nas recordações da infância ou do passado remoto, frequentemente desponta a melancolia de cemitério abandonado, produzida, segundo José Lins do Rego, pelo engenho que parou de moer. Essa era uma das histórias tristes contadas pelo Capibaribe, testemunha da decadência, conforme escreveu João Cabral: "A história é uma só/ que os rios sabem dizer:/ a história dos engenhos/ com seus fogos a morrer".

Quando ia ao Recife, João hospedava-se na casa do avô Virgínio, sempre cheia de parentes, uma festa de primos e primas, muitos doces, algazarra o dia inteiro. Nos terrenos abandonados da Jaqueira, os meninos passavam a tarde jogando futebol. Depois do banho, penteados e limpos, ficavam à espera do avô para o jantar. Enquanto Virgínio Marques não chegava, permaneciam quietos, espiando as águas do Capibaribe. Diante da casa, no meio do jardim, havia um pé de tamarindo, onde João se demorava horas. Atrás, no quintal, Maria Olindina cultivava ainda seu jardim pessoal — oculto das visitas, tratado com a pureza "de quem faz diário para a gaveta", como evoca o poema "O jardim de minha avó", do livro *Agrestes*. Quando o avô chegava, a alegria enchia a casa. Brincalhão, contador de histórias, Virgínio se divertia com os netos. Foi a grande figura da infância de João Cabral.

Joca trazia sempre livro e lápis nas mãos. Muito pequeno tinha aprendido a identificar sinais gráficos. O psiquiatra Ulysses Pernambucano, filho do primeiro José Antônio Gonsalves de Mello, ficava impressionado com a inteligência do menino de apenas dois anos. Casado com Albertina, uma das filhas de Virgínio Marques, Ulysses era ao mesmo tempo primo e cunhado de Carmen. Quando encontrava Joca no casarão da Jaqueira, gostava de exibi-lo aos demais. Pegava-o no colo, abria um jornal e pedia que ele dissesse as letras. Às vezes o menino era posto em cima da mesa para responder às perguntas. João respondia a tudo, diante dos olhos embasbacados da plateia. Fazia tudo que lhe pediam. Como diria mais tarde, quando criança tinha sido um bobo. Se alguém dizia "João, chora", João chorava.

Era, sobretudo, tímido. Esse era o principal traço de seu temperamento, revelado já nos primeiros anos. A irmã mais nova de sua mãe, Eunice, gostava muito do sobrinho, a quem chamava apenas de Jó. Um dia entraram no automóvel com destino a Olinda. João se acomodou no colo de Eunice. Em seguida, um dos filhos mais moços de Virgínio, o corpulento tio Humberto, ocupou seu assento, apertando sem querer a mão do menino contra o encosto. Qualquer um teria reclamado, mas João se calou, com receio de pedir ajuda e incomodar as pessoas. Permaneceu todo o trajeto, da Jaqueira até Olinda, suportando a dor em silêncio. Quando chegaram, o tio desceu do carro e só então perceberam os dedos roxos da criança, o rosto em lágrimas.

Ninguém sabia explicar a razão daquele modo de ser. Por que tanto acanhamento e insegurança, se o ambiente em casa era dos mais tranquilos e favoráveis? Pessoa transparente e tolerante, Luiz Cabral criava os filhos sem temores, com máxima liberdade. Enquanto todos, naquela época, eram obrigados a tratar o pai e a mãe por "senhor" e "senhora", Joca e os irmãos tinham autorização para usar o pronome "você". Na hora das refeições, o pai dizia: "Vamos brincar de bem-educados?". Não impunha disciplina rígida nem aplicava correção nos filhos. Carmen, embora fosse menos tolerante que o marido, estava longe de ser uma mãe intransigente. João teve, assim, uma formação aberta e democrática, longe dos caprichos e rigores associados à família patriarcal rural.

Na Jaqueira, o menino entretinha longas conversações com o rio. Chamava-o em casa de "a maré". Ali, onde tinha nascido, fez seus primeiros aprendizados importantes, como revela, em *A escola das facas*, o poema "Prosas da maré na Jaqueira": "Maré do Capibaribe,/ em frente de quem nasci,/ a cem metros do combate/ da foz do Parnamirim". João ficava horas ouvindo a voz do rio. Em sua retina imprimia-se uma profusão de imagens. Mas tudo lhe chegava lentamente, com passo bovino, no "celuloide opaco", no discurso "monótono e mudo" das águas. A maré era seu colégio, sua "leitura e cinema". A mesma referência visual aparece no poema "O rio": "um menino bastante guenzo/ de tarde olhava o rio/ como se filme de cinema".

A residência do avô Virgínio era um daqueles casarões que, passados os áureos tempos do rio, lhe haviam dado as costas. Mas Joca, desde criança, sentia atração pelas "coisas de nada ou pobreza" que o rio continuamente oferecia. O espetáculo daquela "água sem azuis,/ água de lama e indigente" foi decisivo, segundo ele, para a formação de sua sensibilidade. Naquele convívio com belezas não convencionais, teria aprendido a ser "antipoeta". E a perceber a passagem do tempo.

Rio íntimo, doméstico, o Capibaribe entrava pelas casas — a do avô e as dos tios que também habitavam na Jaqueira. Naquele trecho familiar, o rio era visto por João como um "cão que me segue sem temor". Essa cumplicidade foi ressaltada no poema "Porto dos Cavalos", no qual, entre irmãos e primos, por ser o menos falante, por saber ouvir o rio, o garoto Joca se considerava escolhido como amigo do rio. Porto dos Cavalos era um ponto de remanso próximo à Jaqueira, situando-se depois da casa dos tios e do muro da velha Roda dos Expostos, que acolhia recém-nascidos enjeitados. João tinha apenas quatro anos quando a roda foi retirada e a instituição, extinta, mas por muito tempo as mães desamparadas continuariam a deixar seus filhos nos corredores da casa, iludindo a vigilância.

O Porto dos Cavalos, igualmente, há muito deixou de existir. Data de um tempo em que era comum o transporte de mercadorias ao longo do Capibaribe. Naquele lugar de descanso, o menino se sentia ainda mais próximo do rio, que "em sesta" falava a seu amigo. A partir dali se impregnaram em sua memória "fumos não sagrados", a saber, os cheiros "da lama, folhas de ingazeira,/ monturo de lixo, da Jaqueira".

Seja na casa recifense do avô, seja nos engenhos do pai, a infância de João transcorreu perto dos rios e, por extensão, de suas imundícies. Se o nascimento havia oscilado entre a ordem (familiar, religiosa) e a blasfêmia, a meninice, embora tímida, confirmou a atração por coisas mundanas: a lama, o lixo, o "suor de vida" que o movimento da maré sempre descobria — em intenso contraste com sua origem aristocrática, a boa educação recebida em casa, a roupa branca, a camisa lavada. Entre os dois espaços, transitava o menino magro, de dedos finos — "guenzo" como Severino, o célebre personagem que viria a criar. Menino que, apesar da infância feliz, conservava-se sempre triste. Foi o que revelou no desconhecido poema "O papel em branco", escrito nos anos 1940 e jamais publicado em livro durante a vida de João Cabral: "Os cabelos nos olhos/ Não deixavam ver/ Que era menino triste/ Sempre por chorar".

Quando havia seca prolongada no sertão, os retirantes, imitando o percurso do Capibaribe, chegavam aos bandos em busca de trabalho nas usinas. João via os sertanejos passarem, descendo para o Recife. Criado na Zona da Mata, o menino não viveu a experiência da seca. Naquele período, seu conhecimento do sertão se limitava ao contato com os retirantes. Seu Mello das Tabocas, o bisavô, sim, fora um sertanejo. Por sua causa, houve sempre na família uma valorização do homem do sertão e de seu caráter. Porém, a respeito da condição severina dos sertanejos e cassacos, quase não há referências na poesia memorialística de João Cabral. Suas lembranças do tempo da infância — com a recorrência de personagens marginais, fantasiosos, ou de narrativas em que a rotina penosa se abre para o imaginário — estão mais próximas do sertão mítico de Ariano Suassuna.

Prova disso está no episódio envolvendo o passarinheiro Horácio, que frequentava os engenhos de Moreno. Terminadas as férias, antes de voltar a contragosto para a cidade, João e Virgínio deram a ele um "dinheiro menino" para que cuidasse dos passarinhos que estavam criando. Mal podiam imaginar que, em vez de comprar alpiste, Horácio fosse gastar o dinheiro com cachaça e nem sequer se desse o trabalho de substituir a água. A decepção é narrada no poema "Horácio": "Poucos dias depois/ as gaiolas sem língua/ eram tumbas aéreas/ de morte nordestina".

Se esse sujeito com "alma de passarinho" tinha nome de poeta romano (e filósofo epicurista), muito diferente era o caso de um agregado do "casão-avô" da Jaqueira. Antigo estivador, era tratado simplesmente por Cento-e-Sete, número de sua matrícula no porto. Ninguém lhe sabia o nome, assim como ele próprio parecia não saber quem era, nem o que antes fizera.

João Prudêncio era também passarinheiro. Vivia pela várzea do Tapacurá, saltando de engenho em engenho e parando sempre onde houvesse menos trabalho. Ninguém conseguia lhe armar uma arapuca, isto é, obrigá-lo a trabalhar no eito. Já Severino Borges era um homem comportado e seco. Porém, transformava-se inteiramente quando chegava o pastoril. Jogava por noites seguidas, apostando dinheiro e as próprias peças de roupa, para depois se entregar, nu, à polícia.

João Cabral relembrava ainda o primeiro operário de fábrica que conheceu, um funileiro chamado Antônio de Siá Teresa. Tinha vindo de Moreno a pé, o que o deixou intrigado. Usava paletó, gravata, chapéu e sapatos, mas não possuía cavalo. Até então, para ele só havia duas classes de pessoas: a dos senhores de engenho, à qual pertencia, e a dos trabalhadores descalços. Não conseguia compreender como aquele visitante tinha dinheiro para comprar chapéu e não possuía um cavalo. Estranhou vê-lo adentrar a casa e comer na mesa. Essas histórias são contadas no poema "Claros varones", do livro *Serial*. Avessos a regulamentos, tais personagens populares, cuja sabedoria é valorizada, parecem refletir uma inquietação do próprio João: seu conflito, inaugurado já na infância, com o protocolo familiar.

Manuel Bandeira, quando menino, ouvia as histórias de Rosa. José Lins do Rego escreveu páginas inspiradas sobre a velha Totonha, que "andava léguas e léguas a pé, de engenho a engenho, como uma edição viva das *Mil e uma noites*". Vivia de contar histórias de Trancoso para a meninada. João Cabral conheceu Siá Floripes, que, para seguir contando histórias aos filhos de Luiz Cabral, acompanhou a família do Poço para Pacoval e Dois Irmãos. Se a velha Totonha, além de exibir um prodígio de memória, sabia atribuir a seus casos uma deliciosa cor local, a narradora evocada no poema "A imaginação do pouco" era mais comedida. Sabia apenas meia dúzia de histórias, todas ambientadas no céu dos bichos. Os animais, mesmo os estranhos, ela representava com precisão. Já o céu tinha descrição vaga, o que obrigava o menino Joca a lhe atribuir figurações concretas: igreja, bagaceira.

João Cabral não deixou relatos envolvendo amizade com filhos de trabalhadores. Os antigos senhores de engenho davam liberdade a seus filhos para andar com os moleques da bagaceira, com quem eles aprendiam de tudo, inclusive os segredos do sexo. No engenho do Poço, Joca não convivia com os meninos pobres. Brincava apenas com o irmão mais velho. Depois, de modo inesperado e clandestino, passou a ter mais contato com os trabalhadores, com quem chegou a partilhar experiências decisivas.

Durante a semana, em meio à lida diária, os cassacos vinham chamá-lo na casa-grande e lhe cochichavam em segredo: "João, no domingo vamos à feira. Dizem que saiu um romance novo". Quando voltavam, ao final do dia, o menino lia em voz alta para eles os folhetos de cordel. Tinha aprendido a ler muito cedo. No Recife, depois que a família deixou de morar no Poço do Aleixo, João e Virgínio tiveram aulas particulares. Antes de sua entrada no colégio, foram alfabetizados por dona Natália, uma professora contratada por Luiz Cabral. Era durante as férias nos engenhos de Moreno, provavelmente no Pacoval, que os empregados o procuravam. Às vezes o menino também lhes dava dinheiro para a aquisição dos romances. Depois se acomodava na roda do velho carro de boi e, às escondidas da família, fazia a aguardada leitura. Os cassacos ficavam em volta, sentados no chão.

A história foi evocada no poema "Descoberta da literatura". Os enredos eram sempre mirabolantes: aventuras de cangaceiros, crimes, amores, proezas e peripécias. Durante a leitura, os ouvintes faziam silêncio absoluto. A tensão era tão profunda que o menino se alarmava. Tinha medo de que os analfabetos, misturando a fantasia e a realidade, acabassem em brigas ou que o confundissem — a ele, mero "alto-falante" — com o autor dos folhetos.

A superioridade de quem domina as letras, realçada pela posição do garoto na roda; a necessidade de não apenas ler, mas explicar as narrativas; a tensão e o deslocamento experimentados durante o ritual, tudo isso punha em evidência a distância social e cultural que separava João dos trabalhadores. O Pacoval estava longe da fidalguia dos velhos engenhos, mas a assimetria entre os espaços da casa-grande e da "senzala" continuava a existir. Ao mesmo tempo, o fato de ler escondido, transgredindo as regras familiares, indicava também o deslocamento do garoto em relação à própria classe.

Um dia a prática foi descoberta pelo irmão mais velho e denunciada aos pais. Luiz e Carmen chamaram o filho e o repreenderam por misturar-se aos cassacos do eito. Como podia dar-se "ao desplante/ de ler letra analfabeta"? Como tinha coragem de trocar os livros da biblioteca de casa, escritos em linguagem culta, pelo caçanje dos cegos de feira, "muitas vezes meliantes"? João foi proibido de continuar aquelas leituras. Para além da descoberta da literatura e do poder mágico das palavras, seu contato com o cordel na infância significou também a revelação das intransponíveis barreiras existentes numa sociedade ainda dividida entre "senhores" e "escravos". Nascia ali uma consciência social que tantas vezes, no futuro, o faria criticar o comportamento de sua casta — sem jamais abrir mão, todavia, dos valores de seu passado histórico e familiar.

3.
O futuro grande atleta

Em outubro de 1930, deu-se a reviravolta política. Ao longo da década de 1920, Luiz Antonio Cabral de Mello se dividira entre as atividades de senhor de engenho, a advocacia e o exercício de cargos político-administrativos. Em 1927, assumira o posto de delegado do 3º Distrito Policial do Recife, nomeação comemorada com um jantar oferecido por altos funcionários da Polícia Civil. Em discurso em sua homenagem, Antônio Freire, ex-colega da Faculdade de Direito, ressaltou que nele se equilibravam facetas opostas: o lado Luiz Cabral, caracterizado pela bondade de coração, beirando a ingenuidade, e o lado Cabral de Mello, feito de energia e coragem — "calibre de delegado, que não gosta de conversa nem tem medo de caretas". Como agradecimento, o homenageado arriscou, sem muita originalidade, uma série de imagens poéticas. Disse que na jornada da vida "nem sempre as margens são floridas", que havia desertos inóspitos e caminhos perigosos, que ele, no entanto, pretendia trilhar "em linha reta, sem quebras, sem curvas".

No início de 1930, o pai de João Cabral foi transferido para a delegacia do 1º Distrito do Recife. Em abril, passou a exercer, interinamente, o cargo de chefe de polícia, no qual duraria pouco tempo. Como era da situação, imediatamente se tornou alvo de perseguição. O engenho Dois Irmãos foi invadido e assaltado. Disseram que havia na propriedade um depósito de armas, porém nada foi descoberto. A única arma que o dono possuía era uma espingarda Winchester — muito usada pelos cangaceiros, conhecida no Brasil como fuzil de papo amarelo.

A família estava no Recife quando houve a invasão. Rebentaram tudo, incendiaram a casa-grande de Dois Irmãos — uma casa enorme, embora não "histórica", como escreveu João Cabral no poema "Menino de três engenhos". Era cerimoniosa, ambígua, uma mistura de campo e cidade, à semelhança da vida ainda feliz que o garoto levava aos dez anos, dividida entre a capital e o engenho que se localizava em Moreno. Profundamente ambígua foi também a Revolução, chamada na última parte do poema, com ironia, de a "salvadora", "a primeira de muitas outras".

Não encontraram nada no engenho, nem fuzil, nem amante, segundo o poeta, "mas Doutor Luiz, Melo Azedo,/ foi devassado e, mesmo, preso". A denúncia tinha sido feita por um professor do Ginásio Pernambucano que lhe havia ensinado as primeiras letras. Pouco importava a existência do crime ou da conspiração. Além de sofrer a prisão, o delegado de polícia perdeu os vencimentos e o cargo simplesmente porque trabalhava para o governo anterior, cujo chefe de gabinete era Gilberto Freyre.

Nesse período, conheceu Antônio Silvino, o mais célebre líder de cangaço do Brasil antes de Lampião, que estava preso na Casa de Detenção desde 1914. Os relatórios do governador Estácio Coimbra vinham comemorando o combate ao banditismo, "flagelo do sertão", e o desaparecimento de vários bandos de "perigosos facínoras". Ao contrário de Lampião, de origem humilde, Antônio Silvino se gabava de ser filho de fazendeiro rico. Dizia que tinha se tornado cangaceiro por causa de uma injustiça cometida contra sua família. Como chefe de polícia, Luiz Cabral recebeu uma carta de Antônio Silvino em que ele fazia dois pedidos: queijo do sertão e a transferência para o Recife de um companheiro preso em Fernando de Noronha. Só a primeira solicitação teria sido atendida.

O aborrecimento com a prisão levou Luiz Cabral a se desfazer dos engenhos. "Desgostado, ele esquece a Cana./ Vai politicar. Tem diploma", escreveu João Cabral no final do poema "Menino de três engenhos". Foi então que a família se fixou definitivamente no Recife. Para o poeta, a Revolução de 1930 teve, portanto, um efeito decisivo: o término do ciclo dos engenhos na história familiar.

Depois de uma rápida ascensão, o pai de João Cabral viu seus caminhos serem subitamente bloqueados. O que parecia uma floresta se transformou em deserto sem árvore, em "areal intérmino", segundo a imagem do próprio delegado. A articulação revolucionária que passou a persegui-lo em Pernambuco teve início no sul do país, logo após a eleição presidencial, a última da República Velha, realizada em março. Mas o fato que fez eclodir o movimento aconteceu no Recife — o Nordeste foi uma das bases de sustentação política do governo de Getúlio Vargas. Em 26 de julho de 1930, na Confeitaria Glória, foi assassinado o governador da Paraíba, João Pessoa, candidato a vice-presidente na chapa da Aliança Liberal. Motivado por intrigas pessoais, o crime causou forte comoção e acabou sendo investido de significação política. João Pessoa foi elevado a herói da Revolução.

Na Paraíba, a adesão aos revolucionários foi quase absoluta. A partir dessa base, formou-se no Nordeste, sob o comando de Juarez Távora e José Américo de Almeida, um bloco consistente de apoio político. No dia 4 de outubro, poucas horas depois de sua eclosão em Porto Alegre e Belo Horizonte, ocorrida na noite anterior, a insurreição teve início nas capitais da Paraíba e de Pernambuco. No Recife, o levante encontrou certa resistência, mas em 5 de outubro a vitória já estava garantida, com forte apoio popular. As ruas se tornaram cenário de guerra. Os revoltosos incendiaram residências e estabelecimentos comerciais. Tomaram o depósito de armas do Exército e o quartel-general da Polícia Militar.

O governador Estácio Coimbra fugiu para Salvador, que ainda estava sob o controle da situação. Da Bahia, embarcou finalmente para o exílio na África e em Portugal, tendo Gilberto Freyre como companheiro de viagem. Em seu diário de mocidade, o sociólogo deixaria registrado o impacto sofrido com a Revolução: "Que posso dizer, sob a impressão da notícia que me acabam de dar: a de que a casa da minha família foi saqueada e queimada. Que escrever sob a incerteza do destino de papéis, livros, relíquias para mim tão preciosas?". A mesma experiência foi vivida pelo marido de sua prima Carmen, o delegado perrepista que, naquele turbulento mês de outubro, os revoltosos puseram atrás das grades.

Luiz Cabral foi encarcerado em 11 de outubro na Casa de Detenção. Mas a prisão não durou nem quatro dias. Virgínio Marques, um dos líderes intelectuais da Revolução, imediatamente interveio a favor do genro. A família estava, pois, dividida. Virgínio, Ulysses Pernambucano e João Cabral de Mello Filho, entre outros, ficaram do lado dos revolucionários. Em 16 de outubro, o avô de João Cabral foi nomeado diretor da Faculdade de Direito por José Américo de Almeida, chefe do Governo Central Provisório do Norte do Brasil.

De acordo com Rubem Braga, aos dez anos de idade, indo contra o pai, João se declarou favorável aos revoltosos. Teria feito isso apenas porque, desde criança, nas palavras do cronista, era um "espírito de porco". A verdade, porém, é que os filhos mais velhos de Luiz e Carmen foram profundamente afetados pela Revolução. Virgínio completava doze anos no dia em que o pai foi preso. Durante muitos anos, sempre que se aproximava a data do seu aniversário, ficava perturbado pela lembrança. João, por sua vez, ao ironizar a Revolução "salvadora", não deixaria dúvida: o desgosto sentido pelo pai foi experimentado com a mesma intensidade pelo menino de engenho, condenado, dali por diante, a viver unicamente na cidade.

Nos primeiros anos do governo de Getúlio Vargas, que coincidem com o período da adolescência de João Cabral, a família enfrentou apertos e dificuldades. Luiz Cabral teve que recomeçar a vida. A decisão de se desfazer do engenho Dois Irmãos foi motivada também pela crise financeira. Não lhe faltassem os recursos, teria reconstruído a propriedade. Passou então a trabalhar apenas como advogado, realizando atividades temporárias. Como era perseguido pelo novo governo de Pernambuco, não conseguia emprego nem mesmo com particulares. Se alguém o empregasse, ficava malvisto pelo governador. Carlos de Lima Cavalcanti, nomeado interventor, a princípio foi truculento, reconfigurando as estruturas políticas e os esquemas de dominação oligárquica. Os decretos multiplicavam-se.

Nesse rearranjo, alguns se deram muito mal, a exemplo de Luiz Cabral. Outros, como João Cabral de Mello Filho, conseguiram cavar uma série de nomeações. Considerado na família e nos círculos forenses um magistrado exemplar, dono de notável cultura jurídica, o irmão mais velho de Luiz Cabral tinha ainda outra vocação: gostava de arquitetura e se especializou em criar residências, no Recife, inspiradas nas casas-grandes dos engenhos — talento que, segundo Gilberto Freyre, teria feito inveja a Niemeyer. A relação de João Cabral com esse tio homônimo não era das melhores. A birra começou por conta de um episódio banal. Certa vez, o menino rabiscou numa calçada do Recife a frase "João Cabral de Mello esteve aqui". O tio não gostou da brincadeira. Afinal, não era nada conveniente que as pessoas associassem aquele vandalismo infantil ao nome do juiz ilustrado, de alta reputação. Desde então, Joca não se deu mais com ele.

Entre os tios, seu preferido era Manuel José da Costa Filho, casado com Mercês, a irmã única de seu pai. Com o tio Costinha, como era chamado, manteve estreita amizade. No poema "Tio e sobrinho", qualificou-o como "o tio-afim, mais afim/ que outros de sangue e de texto". Cearense de Barbalha, Costinha era dono da Usina Pumaty, uma grande propriedade situada em Palmares, a 120 quilômetros do Recife. Depois da invasão do engenho Dois Irmãos, os filhos de Luiz Cabral passaram ali alguns períodos de férias. João recebia do parente a mesma atenção oferecida aos adultos. O menino, de ordinário contemplativo — "tímido e guenzo", apreciando "mais livro que brinquedo" —, na companhia do tio Costinha se soltava e, sempre "perguntadeiro", atrevia-se a longas conversas. Antes do almoço, quando voltava dos seus engenhos — que percorria em trajes impecáveis, usando linho, gravata e chapéu-chile —, o tio lhe contava histórias do Cariri, do sertão desconhecido que havia atrás da Zona da Mata. Uma das anedotas registradas pelo sobrinho foi a do defunto cachaceiro que estava sendo transportado ao cemitério numa rede — "acordou gritando: 'Água!'/ e fez derramar-se o enterro". A contribuição de Costinha foi decisiva para João Cabral — "lhe dando o Sertão, seu osso,/ deu-lhe o gosto do esqueleto".

Do Colégio Marista, restaram somente lembranças desagradáveis. Quando, já adulto, passava pela avenida Conde da Boa Vista, no Recife, João não sentia nenhuma saudade ou emoção especial. Apenas aborrecimento. Chegava a dar a volta para não passar diante do colégio. Uma das piores recordações era a da missa cantada. Uma vez por semana, os alunos tinham de ir à igreja para ouvir canto sacro. Mais que tédio, a experiência significava um tormento. João ficava parado, ouvindo a música de órgão, os padres cantando, e dentro dele nada acontecia, nenhum interesse despertava.

No colégio também eram obrigados a cantar o Hino Nacional, o Hino à Bandeira e o Hino de Pernambuco. O menino não sabia distinguir ritmos. Tinha péssimo ouvido e era muito desentoado. Nisso havia puxado ao pai, que em casa jamais ouvira cantando ou assobiando qualquer coisa. O maior sofrimento ocorria na hora de formar o coral. A classe inteira era convocada a participar. João, a contragosto, se posicionava no meio dos colegas, já sofrendo com o vexame. Antes da cantoria, porém, sem meias palavras, o professor lhe fazia sempre a mesma advertência: "Você entra, mas não canta. Você é da classe, por isso fica no coro. Mas só faz que canta, não canta".

João não emitia uma única nota, com medo de sair do tom e ganhar uma repreensão. O tormento era múltiplo. Impunham-lhe, ao mesmo tempo, ouvir a música tediosa, participar dela, mesmo em silêncio, e ainda prestar-se ao ridículo, engolir a humilhação. Para um garoto tímido, não era preciso mais nada. João era bom aluno, mas detestava o colégio. Quando estava entre os colegas, sentia-se inferiorizado. Em todas as classes, era sempre o menor e o mais novo. A timidez o atrapalhava muito. Invejava o irmão, que por mau comportamento costumava ser posto para fora da sala. Ele, ao contrário, era tão disciplinado e quieto que jamais receberia castigo dos maristas.

Durante as aulas, assim como ao ouvir música, tinha dificuldade de concentração. Nada lhe entrava pelos ouvidos. Escutava as explicações do professor, mas pensando no futebol. Depois, porém, lia no bonde e em casa os livros escolares, antecipando a matéria do dia seguinte. Assim, como já sabia a lição, enquanto o professor falava ele podia se dar ao luxo de ficar distraído.

Para João Cabral, o colégio acabou virando, literalmente, um pesadelo. Havia um sonho ruim que sempre se repetia: contrariado, o menino estava no caminho de volta para a cidade, deixando a liberdade do engenho pelas obrigações da vida escolar. Esse pesadelo persistiria por muitos anos, mesmo na idade adulta. Para ele, o Recife significava o colégio, ao passo que o engenho era o lugar das férias. Os sonhos de felicidade eram sempre ambientados no Poço do Aleixo ou em Dois Irmãos.

A formação escolar de João Cabral, encerrada aos quinze anos, se deu totalmente pelas mãos dos maristas. Foram sete anos de convívio. Depois do aprendizado da leitura, feito em casa, João e Virgínio frequentaram o curso primário no Colégio São Luís, que funcionava na avenida Rui Barbosa, no velho sobrado da Ponte d'Uchoa, pertencente aos irmãos maristas. Depois continuaram os estudos no novo estabelecimento, que se destinava apenas ao curso secundário, inaugurado em 1924 com o nome de Colégio Marista da Imaculada Conceição. Os anúncios ressaltavam as instalações modernas do edifício construído na avenida Conde da Boa Vista, "obedecendo aos preceitos da pedagogia e da higiene escolar". Divulgavam ainda como atrativos a ginástica sueca, obrigatória em todos os cursos, e as aulas de música vocal e instrumental, tão maçantes e sofridas para João.

O Colégio Marista ficava próximo da igreja matriz da Boa Vista e do Grupo Escolar João Barbalho — onde Clarice Lispector, também nascida em 1920, fez seus primeiros estudos. Em 1931, a instituição obteve do ministro da Educação, Francisco Campos, sua equiparação ao Colégio Pedro II, do Rio de Janeiro, modelo de educação de qualidade no país. Algum tempo depois, uma inspeção federal considerou excelentes as instalações didáticas do Marista. Segundo o relatório, datado de 1934, o estabelecimento dispunha de laboratórios, gabinetes e até museus aparelhados para o ensino experimental. Naquele ano, os nomes de João Cabral e Virgínio ainda constavam entre os 586 alunos matriculados. Outro que também aparecia na lista era Antônio Maria Araújo de Moraes. O futuro cronista e locutor esportivo, que faria sucesso no Rio entre as décadas de 1940 e 1960, também era descendente do dicionarista Moraes. Seu pai era senhor de engenho e a mãe, filha de usineiro. Antônio Maria estava um ano atrás no colégio, mas seu primo estudava na turma dos filhos de Luiz Cabral. Como gostavam de futebol, tornaram-se amigos. Maria, segundo João, se transformaria em *speaker* e compositor, entre outros talentos, apenas para se consolar de seu fracasso como goleiro.

42

No ano de 1934, um dos formandos do curso secundário foi o cientista José Leite Lopes. Fascinado por química, já no ano seguinte ele ingressaria na Escola de Engenharia de Pernambuco. João Cabral também chegou a se interessar por química. Em 1932, quando estava na segunda série, sua nota mais alta, 90, foi obtida em ciências. Os resultados dos exames, publicados no começo do ano seguinte no *Diário de Pernambuco*, foram bons para João. Em inglês, história e geografia, sua nota foi 85. Logo abaixo vinham as avaliações obtidas em português, 80, francês e desenho, 75. Em 1933, os melhores resultados apareceram em geografia, história natural e história — respectivamente, 99, 95 e 94. A pior nota, 56, foi obtida, surpreendentemente, em português. Em compensação, houve sensível melhora em matemática: um salto de 50 para 85, entre a segunda e a terceira séries. Nos dois anos, a pontuação de Virgínio, cursando as mesmas séries, ficou bem abaixo. Enquanto as médias finais de João chegaram a 80 e 84, as do irmão não ultrapassaram 70 e 58.

Com os maristas, João aprendeu inglês e francês, além de adquirir uma boa formação científica. Se não obteve naqueles anos nenhuma iniciação literária, guardou ao menos uma lição importante, que no futuro estaria ligada aos fundamentos de sua prática poética. Numa aula do curso primário, no sobradão da Ponte d'Uchoa, o professor ensinava a diferença entre palavras concretas e abstratas. Para não deixar dúvida, explicou que um vocábulo concreto — "maçã", por exemplo — poderia ser apreendido pelos sentidos. Mas isso seria impossível no caso de uma palavra abstrata como "tristeza". Entre os alunos, logo surgiu uma piada. Perguntava-se: "A palavra 'leão' é abstrata ou concreta?". Alguém respondia: "Claro que é concreta". E o outro fazia a correção, caindo na risada: "Não, é abstrata porque você não pode apreender o leão".

Mais corriqueiro, porém, foi o aprendizado negativo, pelo avesso, das coisas que, apesar de testemunhadas no colégio, não deveriam ser assimiladas. No curso secundário, João teve aulas de apologética — cujo significado nunca pôde compreender ou apurar, como relata no poema "Teologia marista", do livro *Agrestes*. O problema é que, pela razão, o padre não conseguia ter êxito na tarefa de comprovar a fé. Falava a esmo e no final, encerrando bruscamente a preleção, dizia: "As provas são estas". A existência de Deus era dada como um fato inegável.

Os pais de João Cabral eram católicos. Todos os filhos foram batizados, fizeram a primeira comunhão e estudaram em colégios religiosos. Mas Luiz e Carmen não eram fervorosos a ponto de frequentar a igreja. Foi na escola que os meninos conheceram a imposição severa da religião. Se não fossem à missa, teriam pontos descontados. Boa parte do dia era passada na igreja, rezando, cantando. Com o tempo, aquela rotina passou a dar enjoo. Para o resto da vida, João teria horror a padres. Tomaria ódio da moral repressora, da purificação ensinada em todas as aulas, como relatou em outro poema do volume *Agrestes*: "à alma davam a água sanitária/ que nunca usavam nas latrinas". Sair do colégio foi uma libertação. Finalmente estava livre de ir à missa, de confessar e comungar toda semana. Livre da teologia marista, das aulas maçantes, dos hinos religiosos, do odiado coral.

João e Virgínio terminaram o curso secundário em 1935. Os estudos coincidiram com a fase mais difícil da vida familiar. Enfrentando longos períodos sem trabalho, Luiz Cabral se viu obrigado a atrasar o pagamento das taxas escolares. O Marista era um dos colégios mais caros da cidade. Nas últimas séries, chegava a custar, por aluno, 750 mil-réis anuais, praticamente o mesmo valor cobrado na época pela Faculdade de Medicina do Recife. Os estudantes mais ricos, mesmo que fossem relapsos, eram sempre os mais bem tratados.

Por falta de pagamento, João e Virgínio não receberam do Colégio Marista o certificado de conclusão do curso. Apesar de ser um dos melhores alunos de sua turma, João teve medo de ser barrado e nem compareceu ao último exame. Anos depois, Virgínio se dispôs a pagar a dívida e tentou recuperar os documentos. Os padres, porém, disseram que, à época do término do curso, não havia sido informada ao Ministério da Educação a existência dos dois formandos. Por causa dessa falha ou indisposição, os filhos mais velhos de Luiz e Carmen ficaram oficialmente sem diploma. Os demais não estudaram no Marista.

Depois que saiu da escola, João Cabral se tornou declaradamente ateu e materialista. Entretanto, nunca pôde se libertar do que lhe incutiram os padres, sobretudo o temor do inferno. Para fazer medo aos alunos, os irmãos maristas descreviam um inferno anedótico, um espetáculo terrível, com caldeira e tridente. Viviam martelando na cabeça dos meninos aquela imagem aterrorizante. João ficou tão impressionado que jamais deixaria de crer no que eles descreviam, por mais ridículo que lhe parecesse. No céu ele não acreditava. Em conversas com a irmã Lourdinha, ironizava os beatos que sonhavam com a recompensa celeste, pois "lá em cima", segundo ele, não existia coisa alguma. Sua crença se limitava apenas àquele inferno de menino, cheio de diabos empunhando espetos, caldeirões de água fervente, fogueiras eternas. Esse foi o legado mais duradouro do seu tempo de estudante.

* * *

"Parece um navio avoando nos ares", escreveu o poeta Ascenso Ferreira em maio de 1930, quando o Recife foi sobrevoado pelo *Zeppelin*. Cenário de um incipiente progresso urbano e industrial, a cidade, desde o início da década de 1920, vivia tempos de festa. Havia intensos debates sobre reformas urbanas, saúde pública, erradicação de mocambos. Aterraram-se mangues, abriram-se ruas e avenidas, urbanizou-se a praia de Boa Viagem. Quando a família de João Cabral ali se fixou definitivamente, a população, bastante expressiva para a época, somava 313 mil habitantes. Do bairro do Recife, o visitante que chegava de navio podia avistar avenidas com imponentes estabelecimentos comerciais, em meio a ruas curtas, acabando-se em pontes, praças, palacetes.

Antes da chegada dos holandeses, no século XVII, o Recife era apenas um porto. A vida urbana se concentrava em Olinda, que permaneceu capital de Pernambuco até o século XIX. Foram os holandeses que construíram o Recife — a cidade mítica onde, em tempo glorioso, sob o comando de Maurício de Nassau, floresceram pintores, cientistas, eruditos. A rua do Bom Jesus era a "rua dos judeus", que detinham o monopólio do comércio do açúcar. Depois da expulsão dos holandeses, vieram outras guerras e insurreições. No século XIX, surgiria o "Recife das revoluções libertárias", nas palavras de Manuel Bandeira, desafiando as regras impostas pelo poder central. Ao longo de sua história, a cidade, muito plana, foi várias vezes devastada. Não se conservou como Salvador. Mas o imaginário de lutas e rebeldias se manteve forte, alimentado pela memória de líderes como Frei Caneca.

Nas décadas de 1920 e 1930, a passagem dos aviões, a circulação dos bondes, o ruído dos automóveis, o som dos jazz-bands, todas as invenções da modernidade já estavam sendo assimiladas pela população. Não era mais possível ouvir nas ruas os velhos pregões de vendedores ambulantes, que datavam dos tempos coloniais. Estavam abafados por alto-falantes e buzinas, lamentou Gilberto Freyre ao publicar, em 1934, seu *Guia prático, histórico e sentimental da cidade do Recife*. Entretanto, segundo o autor, o visitante ainda encontrava motivos para se deleitar com a vista da cidade. Apesar de ter perdido as feições coloniais, o Recife ainda encantava com seus rios, pontes, conventos, igrejas magras, sobrados estreitos, palmeiras, sapotizeiros, jaqueiras. Em novembro caíam as "chuvas de caju". Refrescada por uma brisa constante, a cidade cheirava a flor e a fruta madura. Os nomes das ruas — Aurora, Sol, Saudade, Soledade, entre outros — pareciam títulos de poemas.

No Recife, a família de João Cabral residiu em diversos endereços, pois Carmen tinha o costume de viver mudando de casa. Eram casas grandes, com plantações no quintal, situadas sempre em torno do Capibaribe, em bairros como Monteiro, Jaqueira e Casa Forte. Na rua do Futuro, no bairro das Graças, Carmen deu à luz sua única filha, Maria de Lourdes, perto do casarão em que haviam nascido os filhos mais velhos. Na década de 1930, após o nascimento de Evaldo, também se tornariam comuns as longas temporadas em Olinda, que por vezes se estendiam por mais de um ano.

Durante toda a sua infância, Lourdinha teve o irmão Joca como companheiro. Era ele que a levava e a buscava no colégio. De vez em quando também a chamava para estudarem francês ou fazerem passeios no Alto da Sé, em Olinda. Ficavam então contemplando, lá embaixo, a cidade do Recife, limitada a ocidente por uma cadeia de montanhas. Cidade anfíbia, construída numa planície encharcada, formada por ilhas, alagados, mangues. Numa perspectiva aérea, era possível ver o rio entrando nos quintais das casas. Plantadas sobre o Capibaribe e o Beberibe, espalhavam-se as pontes, algumas do tempo do Império, que deram à cidade sua fisionomia particular.

João atravessava essas pontes todos os dias, transitando entre os bairros da região central do Recife. Sobre elas escreveria mais tarde o poema "História de pontes", inserido no livro *Crime na Calle Relator*, relatando um caso de assombração que lhe contaram quando era menino. De madrugada, ao cruzar a ponte Maurício de Nassau, um sujeito havia se defrontado com uma horrível aparição, que o fez correr em disparada pela cidade. João conheceu bem essa atmosfera noturna das pontes desertas — a solidão absoluta de atravessá-las quando não havia mais movimento nas ruas. O silêncio era tanto que se podia ouvir a duzentos metros de distância os passos de alguém que viesse em sentido contrário. Numa situação dessas, pensava ele, o sujeito poderia tranquilamente enfiar-lhe uma faca. "A noite na ponte é sem diques,/ mais, numa ponte do Recife."

Uma tradição recifense da qual João participava todos os anos era o Carnaval. Sempre gostou dos bailes, do corso, do frevo — a única música que não lhe desagradava aos ouvidos. Desde muito pequeno, os pais o fantasiavam para que fosse brincar nas matinês. Uma dessas festas foi noticiada em 16 de fevereiro de 1926 pelo *Diário de Pernambuco*. A nota informava que "numerosas crianças, trajando belas e variadas fantasias, enchiam os salões do Internacional", um clube de elite localizado na rua da Aurora. Entre as crianças que levaram à festa sua "ruidosa alacridade" foi mencionado "João

Cabral de Mello", então com seis anos. A primeira vez que seu nome apareceu na imprensa foi como um inocente folião de Carnaval.

Na década de 1930, já rapazinho, João participou também das festas de rua. Naquele tempo, quase não havia Carnaval em Olinda, todo o movimento se concentrava no Recife. Os corsos mais animados eram os das ruas da Imperatriz e Nova, que se conectavam pela ponte da Boa Vista. Os automóveis passavam com as famílias sentadas nas capotas. Não existiam os blocos carnavalescos, havia apenas as troças. Ao som dos frevos e das marchinhas de Capiba, João se divertia no meio da multidão, animado pelo éter, que o curava momentaneamente de sua timidez. Recusava-se, porém, a usar fantasia. Mesmo no Carnaval, fazia questão de usar paletó. Depois de algum tempo, parou de repente de brincar. Segundo Maria de Lourdes, por uma razão curiosa: não ter que enfrentar a Quarta-Feira de Cinzas.

Para rapazes inseguros e acanhados, o fascínio do Carnaval não poderia ser dissociado da liberdade para os namoros, sempre favorecidos pela folia — na época, eram inclusive divulgados em notas diárias nas colunas sociais. Nos poemas, porém, João praticamente não faria alusões a assuntos ligados à sua intimidade de adolescente. Numa das raras evocações, registradas no poema "Aventura sem caça ou pesca", ele descreveu a lama do Parnamirim, no Recife, e o prazer que sentia, ainda menino, de percorrer o "leito sensual e morno", a lama que possuía "carinho de carne de coxa". No poema em prosa *Os três mal-amados*, Joaquim, o mais autobiográfico dos personagens, a certa altura apresenta uma síntese do temperamento, da figura e dos hábitos de João em sua infância e adolescência no Recife:

> O amor roeu minha infância, de dedos sujos de tinta, cabelo caindo nos olhos, botinas nunca engraxadas. O amor roeu o menino esquivo, sempre nos cantos, e que riscava os livros, mordia o lápis, andava na rua chutando pedras. Roeu as conversas junto à bomba de gasolina do largo, com os primos que tudo sabiam sobre passarinhos, sobre uma mulher, sobre marcas de automóvel.

O amor — visto como potência de destruição, assim como a doença ou o tempo — teria comido ainda, entre tantas outras coisas, "o futuro grande atleta". Aqui o poema faz alusão a um dos maiores sonhos do garoto João, do qual ele acabaria abrindo mão aos dezesseis anos de idade: o projeto de ser jogador de futebol.

***

Em 1935, no único campeonato juvenil de que chegou a participar, o talentoso center-half do América do Recife realizou um feito praticamente impossível no futebol: a proeza de jogar tanto para o lanterninha como para o vencedor do torneio. Nas primeiras partidas, o jogador defendeu seu time de origem. Mas o América estava muito ruim naquele ano e teve que se conformar com o último lugar entre a meia dúzia de clubes. Por ironia do destino, o Santa Cruz, que chegou à final, estava desfalcado, precisando justamente de um médio-volante. Assim, no desfecho do campeonato, o jovem atleta foi convidado — ou melhor, praticamente obrigado — a vestir a camisa do adversário. O tricolor do Arruda chegou à decisão empatado com o Torre, um clube que depois seria extinto. Na melhor de três, reforçado pela entrada do novo jogador, o Santa Cruz venceu por três a zero. Foi assim que João Cabral se tornou, aos quinze anos, campeão juvenil de futebol.

Em casa, porém, a façanha do molecote produziu um episódio dramático, quase um conflito familiar. Naquele tempo, os clubes pertenciam a famílias. Os Cabral de Mello eram diretores e jogadores do América. Luiz Cabral era diretor. O time tinha chegado a ser uma potência, ganhando vários campeonatos. Depois entrou em decadência, não teve fôlego para enfrentar o profissionalismo do Sport, do Náutico, do Santa Cruz, do Tramway.

O campo do América se localizava no bairro da Jaqueira. Ali jogavam todos os primos de João. Era natural que ele também, desde criança, fosse um torcedor do clube alviverde, fundado praticamente dentro de sua casa. O garoto cresceu pensando em futebol e em ser jogador do América. Dos oito anos, quando ganhou seu primeiro par de chuteiras, até a adolescência, vivia com a bola nos pés. Todos os domingos ia ver os jogos. A caminho do campo, perto da capelinha da Jaqueira, os meninos costumavam brincar na pedra onde havia sido preservada uma múmia, conforme relata um dos poemas de *Crime na Calle Relator*. Sobre o silêncio da pedra e da múmia, ensaiavam dribles, imitavam chutes sem bola.

No Colégio Marista havia um campo de futebol. Logo seria inaugurado também no estabelecimento da Ponte d'Uchoa um pequeno estádio para a prática de vários esportes. Durante os sermões dos maristas, não pensava em outra coisa. Seus amigos eram sempre os últimos da classe, os que também gostavam de futebol. De outros colégios, também apareciam companheiros para jogar no campo do Marista, como Nestor de Holanda, futuro escritor e jornalista, que estudava no Ginásio do Recife, na mesma avenida Conde da Boa Vista, e se tornou próximo de João. Aluno indisciplinado,

Nestor acabou expulso — só o aguentaram por alguns anos porque o mau elemento era bom de bola e sua saída desfalcaria o time escolar.

Depois de destacar-se no time do colégio, o filho de Luiz Cabral ingressou no América, no mesmo elenco amador em que jogavam seus primos Marcelo e Romero. Sua posição, center-half, correspondia mais ou menos à do cabeça de área, cobrindo a defesa. Na época, era comum o time jogar mais adiantado, usando o esquema tático 2-3-5 (dois beques, três halfs e cinco atacantes), e os jogadores não tinham números nas costas. Apesar do corpo franzino, João praticava um jogo violento. Segundo Virgínio, que também se dedicava ao futebol, a maior habilidade do irmão era o desarme. Com os adversários, ainda que fossem mais encorpados, ele se mostrava destemido, um verdadeiro trator.

Embora fosse o clube da família, o América não era unanimidade dentro de casa. Carmen não frequentava campos de futebol, mas, por pertencer à família Carneiro Leão, era cruzeirense fanática. Na final do campeonato de 1935, a preciosa informação chegou aos ouvidos do Santa Cruz. Os diretores, em comissão, se apressaram a visitá-la, aproveitando um momento em que seu marido, dirigente do América, não estava em casa. Explicaram-lhe que, para vencer o campeonato, o time carecia desesperadamente de um center-half. Pediram-lhe que desse autorização para o filho jogar. O processo não era tão simples. João deveria cancelar sua inscrição pelo América para poder disputar a melhor de três pelo Santa Cruz.

Carmen resolveu que o assunto era de sua competência: "Tragam a petição que eu resolvo". Na hora do jantar, apresentou ao marido a inscrição que mudaria a camisa do filho para a grande final. "Mas, Carmen, isso é uma imoralidade", disse Luiz Cabral ao ler o papel. Ela bateu o pé: "Não tem importância, vamos autorizar". Insistiu tanto que, mesmo contrariado, o pai de João se deu por vencido. Na última hora, porém, tomou-se em brios e exigiu que algo mais fosse acrescentado ao documento: a informação de que ele, Luiz, não tinha conhecimento de que o filho ia jogar pelo Santa Cruz.

Para agradar à mãe, João disputou a final com as cores do time adversário. Apesar da pequena traição — que praticou sem vontade, mas também sem dor na consciência —, como torcedor, ele nunca deixaria de ser fiel ao América. Nem mesmo depois que o time perdeu o campo da Jaqueira e decaiu de vez. Fora de Pernambuco, no Rio ou em qualquer lugar onde houvesse um time com esse nome, seria sempre seu preferido. João ficaria experiente no "desábito de vencer", como exprime o poema "O torcedor do América F. C.", da coletânea *Museu de tudo*.

Entre os craques juvenis do América, destacava-se Newton Cardoso, o Pim-Pom, idolatrado pela torcida. Um dos poemas do livro *O engenheiro* foi escrito em homenagem ao jogador, que saía ao encalço da bola "como lembrança/ que se persegue", que saltava para alcançá-la "como a uma fruta/ alta num galho". O menino João se orgulhava do amigo, invejava suas "mãos lavadas", o amor ao sol, que nele era natural.

O mais notável dos jogadores pernambucanos surgidos na década de 1930 também foi companheiro de João Cabral. Dois anos mais novo, Ademir Menezes se tornaria o orgulho daquela geração. Jogava no Sport e insistiu muito para que João o acompanhasse, mudando de time. Como detestava o Sport, Carmen vetou a transferência. Depois, nos anos 1940, já no Rio de Janeiro, o atacante, apelidado Queixada, se tornaria uma das glórias do Vasco da Gama. E ainda seria artilheiro, com nove gols, na Copa do Mundo de 1950. No livro *Museu de tudo*, o jogador foi descrito como "vivo, arisco", "ambidestro do seco e do úmido/ como em geral os recifenses". João se considerava o fã número um de Ademir e se gabava porque o América, ao menos uma vez, tinha derrotado o time do amigo. Dizia que gostaria de ter sido atleta, como Ademir. Às vezes fazia piada, afirmando que devia a ele o fato de haver abandonado o futebol.

Na verdade, o motivo que levou João Cabral a largar o futebol foi a descoberta de um problema de saúde insolúvel, que o acompanharia por praticamente toda a vida. Na idade crítica de dezesseis anos, logo depois de vencer o campeonato amador pelo Santa Cruz, ele passou a sentir fortes dores de cabeça. Bastava começar a correr e a dor, inexorável, aparecia. O incômodo, acreditava-se, teria começado no dia em que, ao disputar uma partida pelo América, o rapaz teve a infelicidade de levar uma bolada na cabeça. A causa nunca foi devidamente esclarecida. O tormento, porém, tornou-se crônico. Não havia tratamento que lhe desse jeito. Foi-se embora então o sonho do grande craque.

Ao longo da década de 1930, os jornais noticiariam outros acontecimentos importantes da história familiar de João Cabral. O primeiro deles foi a morte da avó paterna, Maria Rita Cabral de Mello, aos 68 anos, ocorrida em 1931 em sua casa, em Parnamirim. Dois anos depois, a família sofreu um novo golpe: a morte precoce de Marita Cabral de Mello, a única filha do casal João Cabral de Mello Filho e Esther Carneiro Leão. A prima de João contava apenas dezenove anos de idade. Segundo Gilberto Freyre, era um encanto de menina-moça.

Em 1934, na casa da Jaqueira, faleceu o patriarca da família Carneiro Leão. Virgínio Marques estava com 69 anos. Antes de se aposentar, tinha ocupado o cargo de diretor da Faculdade de Direito, nomeado pelo governo Vargas. No ano seguinte, foi a vez da viúva, Maria de Mello Carneiro Leão — a última a morrer entre os quatro avós de João Cabral.

Na política, os tempos continuavam agitados. O levante comunista de 1935, embora reprimido, propiciou a criação de espaços de resistência. Em 1937, o que inicialmente era Governo Provisório se reafirmou e radicalizou com a criação do Estado Novo. Getúlio Vargas afastou o governador de Pernambuco e nomeou um de seus ministros, Agamenon Magalhães, como novo interventor. A partir dessa reviravolta, inverteram-se as posições na família de João Cabral. Enquanto os que tinham apoiado a Revolução de 1930 se afastaram do governo, os que haviam sido perseguidos passaram finalmente a se dar bem na política. Luiz Cabral conhecia o novo governador da época do Ginásio Pernambucano e da Faculdade de Direito do Recife. Eram amigos. Depois de anos enfrentando dificuldades, o pai de João se estabilizou no cargo de secretário da Associação Comercial. Mais tarde se tornaria também deputado estadual e secretário de Saúde e Educação.

Perseguido pela Revolução de 1930, Gilberto Freyre não se aproximou de Agamenon. Ulysses Pernambucano, tio de João, conhecido como modernizador do tratamento psiquiátrico no Recife, se posicionou contra o novo governo. O sobrinho, admirado por ele desde a infância, também ficou na oposição. Em novembro de 1937, quando houve o golpe, a família morava numa casa muito grande, localizada na praça do Monteiro, perto da estrada do Arraial, entre os bairros de Apipucos e Casa Amarela. Luiz Cabral fez de tudo para conseguir ouvir pelo rádio o discurso do presidente, mas a transmissão estava péssima, com muito ruído. Para não ouvir Getúlio Vargas, que passou a detestar, João tinha cortado o fio da antena do rádio.

Apesar de recifense, como costumava brincar, João Cabral não se formou advogado. Ao contrário de seus tios e primos, recusou-se a ingressar na Faculdade de Direito. Achava que não tinha vocação nem para o direito nem para a medicina. Estudar na Escola de Engenharia, onde o poeta Joaquim Cardozo era professor, exigiria conhecimentos de matemática, disciplina em que, apesar dos esforços, nunca se considerou bom. Afirmava saber apenas as quatro operações e a regra de três: "Resolvo tudo com ela". No tempo do Colégio Marista, motivado pela infância no engenho, seu desejo era ser agrônomo e viver longe das cidades. Antônio Maria tinha o mesmo projeto, mas depois de terminar o secundário se limitou a um curso de técnico de irrigação, optando em seguida pelo trabalho de locutor na Rádio Clube de Pernambuco.

João nem sequer chegou a frequentar o curso pré-universitário, decisão inusitada para um jovem de sua origem e condição social, além de bom aluno do Marista. O interesse científico da época de estudante, conforme diria mais tarde, talvez fosse mera decorrência do desinteresse causado pela literatura e suas velharias, que os professores lhe empurravam no colégio. A razão que o impedira de seguir carreira no futebol, a terrível dor de cabeça, foi também invocada como justificativa para a interrupção dos estudos. Esquivando-se uma vez mais da tradição familiar, viu-se metido em um impasse. Demorou a tomar um rumo profissional, o que só ocorreria em meados da década de 1940, no Rio de Janeiro. Enquanto viveu no Recife, até a idade de 22 anos, sua rotina foi exercer pequenos ofícios, migrando de emprego assim como o passarinheiro João Prudêncio saltitava entre os engenhos de São Lourenço da Mata, pouco disposto a trabalhar.

Quando saiu do colégio, pensou em ser jornalista. Luiz Cabral chegou a levá-lo à presença do amigo Aníbal Fernandes, diretor do *Diário de Pernambuco*. Com quinze anos, porém, ninguém poderia se empregar numa redação. "Ele é muito moço para ser jornalista", disse Aníbal, "deixa passar uns anos que ele vem trabalhar aqui." A solução foi procurar uma ocupação mais modesta. Conseguiu seu primeiro emprego, aos dezesseis anos, na companhia de seguros Aliança da Bahia. João trabalhava oito horas por dia por um salário baixo: 200 mil-réis por mês. Batia à máquina e fazia serviços de escritório. Não gostou nada da função, mas tinha receio de dizer ao pai que não queria mais trabalhar. Todos os dias levava broncas e se sentia menosprezado pelo gerente. Na ocasião, ficou abatido. O sentimento de inferioridade e incompetência o atacou em cheio. Mais tarde, chegaria à conclusão de que trabalhava bem. O problema era a loucura do chefe.

Ao fim de um ano, João deixou a companhia de seguros para trabalhar com o pai. Ajudava-o fazendo pequenos serviços, como a revisão da revista da Associação Comercial. Em julho de 1938, o *Jornal Pequeno* noticiou sua nomeação como escriturário da secretaria da Federação Pernambucana de Desportos. Sete meses depois, atribuíram-lhe mais um encargo. Foi designado para servir também, em regime de comissão, como secretário do Conselho Superior da federação. Nesse período, passou ainda pela experiência do tiro de guerra, também prejudicada pelas dores de cabeça.

52

Finalmente, João trabalhou no Departamento de Estatística do estado. Por uma jornada de seis horas, embolsava 400 mil-réis por mês. Em 1939, fez uma viagem de serviço a Belém do Pará, onde passou alguns dias. O retorno a Pernambuco foi feito em hidroavião. Durante o percurso, olhando do alto, o rapaz teve a impressão de que a única verdadeira cidade de toda aquela região era o Recife. O resto não passava de pequenas aldeias. Quando desembarcou, estavam à sua espera o pai e o irmão caçula, que assistiram à aeronave descer no rio Capibaribe.

Como funcionário do Departamento de Estatística, João passou ainda alguns meses fazendo pesquisas em Carpina, cidade ao norte da Zona da Mata, onde Luiz Cabral compraria um sítio. Por causa dessas viagens e andanças, que ocorriam desde a infância e agora eram motivadas pela vida profissional, chegou a conhecer todos os engenhos do interior de Pernambuco — assim como conhecia, de longas caminhadas, todos os bairros do Recife.

Com as finanças nunca lidou bem. Quando recebia o salário, entregava todo o dinheiro à mãe, que ficava responsável por lhe fornecer, ao longo do mês, a quantia necessária para os gastos diários. Era totalmente desapegado. Mas Carmen reclamava que, no final das contas, o que ele lhe pedia acabava sendo muito mais do que o dinheiro que passava às suas mãos.

Não foi apenas em pequenos empregos que João Cabral consumiu seus anos de mocidade no Recife. Autodidata, paralelamente ele investia em sua formação intelectual. Em alguns períodos, como o da Associação Comercial, o trabalho mais leve lhe deixava tempo de sobra para leituras, que fazia voluptuosamente na casa do Monteiro.

Quando percebeu que seu destino não era o futebol, o rapaz logo passou a se interessar por literatura. Na verdade, João e os livros eram companheiros inseparáveis. Desde que aprendera a ler, andava sempre com algum volume na mão. Devorava o que surgia pela frente: romances, livros de história, geografia, química. Lia antecipadamente, de um fôlego só, todo o material que Luiz Cabral comprava para ele e o irmão estudarem durante o ano, simplesmente pelo prazer da leitura. Era também devorador de jornais. Já aos treze anos, apreciava as crônicas de Assis Chateaubriand, o fundador dos Diários Associados, cuja prosa achava inconfundível. Lia tudo o que ele escrevia no *Diário de Pernambuco*, até os textos sobre economia. Adorava o português coloquial que o autor empregava. Por ter a doença da leitura e o vício da linguagem, o rapaz ganhou a pecha de "crânio" da família.

Da infância, a lembrança literária mais remota de João Cabral era um livro de Benjamim Costallat, escritor carioca de romances populares. Devia ter uns oito anos quando viu a capa de *Mademoiselle Cinema*, um dos maiores sucessos editoriais da década de 1920 — obra que foi acusada de pornográfica, chegando a ser apreendida. No Colégio Marista, João leu os livros de aventuras da coleção Terramarear, publicada pela Companhia Editora Nacional, de Monteiro Lobato. A partir de 1933, quando foi criada, apareceram inúmeros títulos: *As aventuras de Tarzan*, *A volta ao mundo em 80 dias*, *As minas do rei Salomão*, *A ilha do tesouro*, uma enxurrada de clássicos da literatura estrangeira, em novas traduções assinadas por Manuel Bandeira, Godofredo Rangel, Álvaro Moreyra e outros escritores de renome. A arte das capas também colaborou para o sucesso da coleção, que encantava as crianças.

Por imposição dos maristas, João leu ainda Camões e outros clássicos portugueses, mas sem qualquer orientação. Na época, teve profundo horror àquela literatura antiga: as antologias, os sonetos, tudo lhe parecia peça de museu. O grande estímulo para a leitura vinha não da escola, mas da sua própria casa. Homem culto, Luiz Cabral possuía uma boa biblioteca. Era maníaco por Eça de Queirós. Também gostava de Euclides da Cunha, Graça Aranha e Medeiros de Albuquerque. Da literatura contemporânea, não perdia os romances publicados por José Lins do Rego. Na adolescência, João se esbaldou na biblioteca do pai. Abria *Os sertões*, não entendia a metade, mas ficava fascinado. De Eça, além dos romances, conheceu também o livro póstumo *O Egito* — relato da viagem realizada pelo autor para escrever uma reportagem sobre a inauguração do canal de Suez. Foi sua primeira leitura de não ficção.

Por Machado de Assis, a família não tinha entusiasmo. O único volume que Luiz Cabral possuía era *Relíquias de casa velha*, a última coletânea de contos do autor, publicada em 1906. Entre os tios bacharéis de João, reinava o mesmo desprezo. Até o final da década de 1930, quando a comemoração do centenário de Machado deu início ao culto de seu legado literário, essa foi uma tendência forte em todo o meio intelectual brasileiro. Na Faculdade de Direito do Recife, Eça de Queirós estava disparado na frente. A sátira de *As farpas*, a esculhambação de Portugal, as personagens inúteis, como o protagonista de *A ilustre casa de Ramires*, tudo em Eça era motivo de encanto para os tios de João. Esses juízes de direito também liam, no original, literatura francesa — obras como *Souvenirs d'enfance et de jeunesse*, de Ernest Renan. De Machado, porém, ninguém falava nada.

João Cabral só leria a obra machadiana depois de se mudar para o Rio de Janeiro. Mas o primeiro contato se deu ainda no Colégio Marista. Quando estava na quinta série, a última, os professores propuseram aos estudantes a criação de uma "academia de letras". Cada cadeira possuía um patrono, e o candidato, para ser admitido, deveria escrever um trabalho a respeito de sua obra. Como João era bom aluno, acharam que deveria participar. Por coincidência, naquele mesmo ano de 1935, seu primo Múcio Leão foi eleito no Rio para a Academia Brasileira de Letras. Ao folhear a revista *O Malho*, o rapaz ficaria impressionado ao ver a fotografia do primo escritor envergando o fardão, com espada e chapéu bicorne.

Abertas as inscrições para a academia do Marista, um colega, de quem ele não gostava, candidatou-se à cadeira de Machado. Para contrariá-lo, imediatamente João fez um trabalho sobre o autor de *Dom Casmurro*. O rival mudou de ideia e resolveu pleitear a cadeira de Rui Barbosa. João não desistiu da pirraça. Chamou o irmão mais velho, que era menos estudioso, e tratou de convencê-lo a disputar um lugar entre os literatos do colégio. "Vamos entrar nessa academia", insistiu. "Mas eu não quero fazer o trabalho", respondeu Virgínio. Joca então se dispôs a ajudá-lo: "Você vai entrar na cadeira de Rui Barbosa. Deixa que eu faço o trabalho". Virgínio concordou e, apresentando o texto escrito pelo irmão, conseguiu ingressar na academia. Logo depois, a tramoia foi descoberta. João acabou mesmo como ocupante da cadeira de Machado, movido não por interesse literário, mas pelo desafeto pessoal. Para Luiz Cabral, que preferia o filho na cadeira de Euclides, o resultado foi uma decepção.

Concluído o curso secundário, João Cabral, por sua própria conta, passou a se envolver com a discussão de assuntos literários. Duas contribuições foram decisivas. A primeira foi a leitura do suplemento literário que o *Diário de Pernambuco* publicava todo domingo, com textos de Tristão de Ataíde, Otávio Tarquínio de Sousa e Agripino Grieco. A crítica literária lhe despertou a atenção, especialmente o colunismo ágil e versátil de Grieco, crítico que para ele significou a revelação do Modernismo. Redator-chefe do *Boletim de Ariel*, Grieco escrevia também uma coluna semanal para os Diários Associados. Dele João leu ainda *Evolução da poesia brasileira* e *Evolução da prosa brasileira*, livros publicados respectivamente em 1932 e 1933. Grieco foi um dos maiores nomes da crítica impressionista no Brasil. Elogiava Drummond, Murilo Mendes, Jorge de Lima, mas se exprimia à moda antiga, conforme a estética passadista, da qual só em aparência se mostrava demolidor. Mas foi com Agripino Grieco que João percebeu a importância dos autores modernos. Lendo sua coluna literária, aprendeu que estavam longe de ser burros ou cretinos.

A segunda descoberta, após a saída do colégio, foi a *Antologia da língua portuguesa*, lançada em 1933 pelo ex-padre gaúcho Estêvão Cruz, a primeira no Brasil a incluir escritores modernos. Aos quinze anos, João percebeu que poesia não era somente aquela coisa tediosa que havia visto na escola. Como as antologias daquele tempo só abrangiam até o Parnasianismo, ele lia os versos de Olavo Bilac, Raimundo Correia, Alberto de Oliveira, além dos poetas românticos, e sentia profunda aversão. Estudava-se de preferência a literatura portuguesa. A produção nacional era desprezada nos livros escolares, como se fosse apenas uma espécie de acidente colonial.

A antologia de Estêvão Cruz, além de destinar à literatura brasileira a maior parte de suas 840 páginas, também inovava ao dedicar as primeiras cem à "literatura contemporânea". Na seção inicial, estudava-se a "crítica moderna" de Agripino Grieco. Depois, na parte intitulada "Movimento modernista", reproduziam-se textos teóricos de Graça Aranha; um fragmento de *Macunaíma* e o longo poema "Noturno de Belo Horizonte", de Mário de Andrade; os poemas "Não sei dançar" e "Os sinos", de Manuel Bandeira; e, finalmente, duas composições de Jorge de Lima, "Essa negra Fulô" e "Boneca de pano". Outra seção era consagrada ao "movimento espiritualista". Em seguida, os capítulos abordavam os períodos anteriores da literatura em língua portuguesa, recuando até a "escola quinhentista".

Lendo "Essa negra Fulô", que apreciou pela temática nordestina e familiar, "Noturno de Belo Horizonte", que não chegou a compreender, e, sobretudo, "Não sei dançar", João Cabral finalmente começou a se interessar por poesia. "Uns tomam éter, outros cocaína./ Eu já tomei tristeza, hoje tomo alegria", diziam os versos de Manuel Bandeira. O rapaz experimentou um choque, uma abertura de horizontes. Deslumbrado pela poesia moderna, resolveu contar o aprendizado ao pai. Para sua surpresa, Luiz Cabral lhe disse que Manuel Bandeira era membro da família.

As principais descobertas ocorridas após a conclusão dos anos antiliterários do colégio estavam, portanto, ligadas à revelação essencial do Modernismo — que naquele tempo ainda era alvo de escândalos, como provou a reação moralista à antologia de Estêvão Cruz. Na segunda edição, o ex-padre lamentou a censura que o obrigou a excluir textos como "Carnaval", de Graça Aranha. Com humor tipicamente modernista, encerrou o prefácio desejando estar amparado das pedradas — "das maiores só, porque as pequenas nos divertem".

4.
Jardins enfurecidos

O "descobridor" de João Cabral foi um poeta onze anos mais velho, líder da roda literária que se encontrava no Café Lafayette, célebre reduto boêmio. No meio cultural pernambucano, os anos 1930 foram a década de Willy Lewin. Judeu católico, descendente de ingleses, o poeta e crítico literário era filho de um dos sócios da joalheria Krause, localizada bem em frente ao Lafayette. Nos tempos da Faculdade de Direito, frequentava eventos da alta sociedade e adquiriu fama como "cronista mundano", que muitos consideravam esnobe. Depois aproximou-se da Igreja, abandonando a vida frívola e festiva da juventude. Uma das excentricidades do seu tempo de rapaz foi a criação do grupo Willy Lewin e Suas Girls. Era então o "poeta sem versos" que arrancava aplausos ao imitar os crooners americanos, executar foxtrotes ou entoar canções como "Saint Louis Blues". No final dos anos 1920, em viagem ao Rio, tornou-se amigo de Murilo Mendes.

No *Diário da Tarde*, Willy Lewin publicava crônicas de um sabor diferente, usando neologismos e palavras inglesas. Em 1931, colaborou com a revista *Novidade*, de Maceió, para a qual enviava poemas, crônicas, crítica literária e crítica de cinema. Pelo deslumbramento com os signos modernos e também pela liberdade formal, seus textos faziam lembrar os primeiros tempos do Modernismo. Leitor do cineasta e teórico Jean Epstein, achava admirável o cinema por sua capacidade de expressar o mundo dos sonhos. No Recife, era considerado um dos poucos que realmente conheciam o assunto.

No final da década de 1930, com seus trinta anos ainda incompletos, Willy Lewin assumiu a responsabilidade de orientar uma roda literária, composta de Breno Accioly e Lêdo Ivo, que tinham chegado de Alagoas, e outros escritores como Antônio Rangel Bandeira, Benedito Coutinho e Otávio de Freitas Júnior, todos com menos de vinte anos. João Cabral passou a frequentar as reuniões em 1937. O pintor Vicente do Rego Monteiro, de regresso a Pernambuco, fugindo da guerra na Europa, também se tornaria presença importante no grupo.

O café mais importante da história do Recife, espécie de coração da cidade, se localizava na esquina da rua do Imperador com a Primeiro de Março. Inicialmente, fora batizado de Continental. Entretanto, como aquela esquina tinha abrigado no passado o depósito da fábrica de cigarros Lafayette, o antigo nome se impôs e prevaleceu. Em meados da década de 1920, diversos poetas já haviam transformado o Lafayette num centro de reuniões literárias. Autor do livro *Catimbó*, de 1927, "o primeiro fruto do espírito moderno nordestino", em suas próprias palavras, Ascenso Ferreira foi um deles. Com seus quase dois metros de altura, paletó enorme e chapéu de abas largas, era visto frequentemente, tarde da noite, tomando sua cerveja gelada.

Diretor da *Revista do Norte*, Joaquim Cardozo ia ao Lafayette todas as noites, após o jantar. Embora não tivesse livros publicados, era visto como grande poeta pelos companheiros que ouviam a recitação de poemas inteiros que ele guardava de memória, sem a preocupação de registrá-los no papel. Entre as figuras que encontrava no Lafayette estavam José Maria de Albuquerque Melo, Gilberto Freyre, Benedito Monteiro, Cícero Dias, Luís Jardim, além de escritores de outros estados, de passagem pela cidade. Esse foi o grande período da boemia literária no Recife — quando se debatiam apaixonadamente as oposições entre o Modernismo e o regionalismo.

Passada mais de uma década, as tertúlias no Lafayette resistiam. Os encontros sob a regência intelectual de Willy Lewin aconteciam praticamente todos os dias, sempre no período da tarde. Lewin tinha publicado apenas a plaquete intitulada *Quinze poemas*, em 1936. Permaneceria sempre como poeta irrealizado, bissexto. É curioso que tenha sido, para moços como João Cabral, um professor de poesia — inteiramente devotado ao cultivo das artes e das letras, atento como um radar às novas tendências e aos talentos que surgiam —, ao mesmo tempo que, por modéstia ou desleixo, descurava da própria obra, instaurando uma espécie de silêncio em torno de si mesmo.

Ao evocar o mestre, João Cabral não poupava superlativos: "cultíssimo, informadíssimo, inteligentíssimo", dono de um conhecimento "estupendo" da literatura francesa moderna. A produção poética, porém, além de escassa, não tinha a seu ver maior importância. E mesmo nos ensaios, Willy também parecia perder a profundidade. Considerava-o sobretudo um *causeur* — conversando, se mostrava superior a todos. Argumentava como ninguém, com uma inteligência aberta, ao mesmo tempo racionalista e mística. Por ser católico, tinha grande admiração por Jorge de Lima, Murilo Mendes e Augusto Frederico Schmidt. Possuía uma biblioteca enorme, que se tornou a única fonte de informação atualizada para os poetas e críticos do grupo, na época da guerra. Sob a orientação do mestre, João teve a chance de ler no original poetas como Mallarmé, Rimbaud, Valéry, Apollinaire, Paul Claudel e Pierre Reverdy. Na casa de Willy Lewin, os jovens também descobriram as obras de François Mauriac, Julien Green, Bernanos, Giraudoux, D. H. Lawrence, Joyce, Virginia Woolf e outras novidades preciosas.

O dono da biblioteca transmitiu aos discípulos especialmente o gosto pelos poetas surrealistas — Breton, Cocteau, Desnos e Aragon —, que demorariam a chegar ao Brasil. Botou em suas mãos o livro *De Baudelaire au Surréalisme*, lançado em 1933 na França por Marcel Raymond, e a tradução espanhola de *A metamorfose*, de Kafka, que tinha acabado de ser publicada na Argentina. João leu os surrealistas, mas ficou encantado sobretudo pelas obras do arquiteto Le Corbusier. Com essa formação refinada, variada e rigorosamente em dia com os *derniers cris* da cultura europeia, o rapaz não teria dúvidas em considerar a biblioteca de Willy Lewin como o curso universitário que não chegou a fazer.

Para João Cabral, Willy significou sobretudo a revelação da poesia. O primeiro encontro — ou choque — tinha acontecido com Manuel Bandeira e os poetas modernistas. A princípio, João não pensava em seguir por esse caminho. Por não possuir educação musical, achava que seria incapaz de escrever poemas. Quando começou a se interessar de verdade por literatura, seu sonho era tornar-se crítico. Rapidamente, porém, passou a duvidar da viabilidade de suas intenções. Um sujeito de dezessete anos, sem experiência ou formação sólida, poderia mesmo exercer a crítica?, perguntava-se.

Encorajado por Lewin, João escreveu seus primeiros poemas. Se dependesse de sua vontade, talvez ficasse apenas lendo os livros emprestados pelo mestre. Mas precisava justificar sua presença naquele círculo do Lafayette e, para não parecer intruso, arriscou-se a fazer o que todos ali faziam, escrever versos, supondo que isso seria também uma maneira de se preparar para a crítica literária. Durante muitos anos, repetiria que a decisão de escrever poesia decorrera apenas da circunstância de haver se metido numa roda de poetas. Se fosse um grupo de prosadores, talvez tivesse se transformado em romancista do Nordeste. Em outras palavras, jamais teria sentido um "chamado" para o exercício poético. Nenhuma razão fabulosa o teria movido a compor versos. Enquanto a maioria escrevia desde criança, seu caso era diferente: antes de se enturmar com poetas, jamais havia rabiscado um poema, um soneto, uma quadrinha que fosse.

Seu desejo, desde o princípio, era escrever "a poesia de um não poeta", projeto novo e arriscado, para o qual teria que reunir forças. O acontecimento decisivo foi a descoberta da obra de Carlos Drummond de Andrade. Com ele aprendeu que a poesia não precisava ser lírica, melosa, sentimental. Os livros *Alguma poesia* e *Brejo das almas* lhe chamaram imediatamente a atenção por seus versos brancos, sem melodia ou decassílabos rançosos, pelo desrespeito às normas, por ser uma espécie de poesia antipoética. Foi só então que se convenceu de que poderia escrever versos. Willy Lewin acompanhou de perto esse alvorecer do poeta. Conforme exprimiria mais tarde João Cabral num poema em sua homenagem, ele foi o primeiro a testemunhar o nascimento incerto dos seus versos: "foste ainda o fantasma/ que prelê o que faço,/ e de quem busco tanto/ o sim e o desagrado".

O primeiro trabalho literário foi a composição de uma série de quatro poemas chamados "Sugestões de Pirandello", feita em 1937, poucos meses após a morte do escritor italiano. Depois de ler o romance *O falecido Mattia Pascal* na tradução de Sousa Júnior — a primeira para a língua portuguesa, publicada em 1933 pela Livraria do Globo —, João comprou no Recife uma versão francesa do teatro de Pirandello, editada pela Gallimard. O contato com o mundo inusitado e intrigante de *Seis personagens à procura de um autor* foi uma revelação. As influências de Pirandello e Proust — cujos livros ele leu no sítio do pai, em Carpina, tomados de empréstimo da biblioteca de Lewin — foram muito marcantes na década de 1930. Havia um grande fascínio por ideias como relatividade, abstração do tempo e fragmentação da personalidade, em sintonia com as descobertas de Freud e Einstein.

Os poemas de João Cabral faziam eco às suas leituras. "A paisagem parece um cenário de teatro"; "todos passam indiferentes/ como se fosse a vida ela mesma"; "as nuvens correm no céu/ mas eu estou certo de que a paisagem é artificial", escreveu em uma de suas composições pirandellianas. Em outra, o sujeito poético se inclui dramaticamente na cena: "Eu era um artista fracassado/ que correra todos os bastidores"; "serei um frade/ um carroceiro e um pianista/ e terei de me enforcar três vezes". Da série inicial, esses foram os dois únicos poemas preservados. Nenhum deles apareceu na época em jornal ou foi incluído nos primeiros volumes da obra de Cabral. A figura de Pirandello também sumiria por completo do seu arco de referências.

"Junto a ti esquecerei" é o título de outra produção dessa primeiríssima leva cabralina, também datada de 1937: "Esquecerei os teus convites de fuga./ As coisas presentes serão absolutamente insignificantes./ Sentir-me-ei em

60

tua presença como o primeiro homem/ que se ia apoderando de todas as formas desconhecidas". A exemplo de inúmeros iniciantes daquele tempo, João tentava imitar o modelo de Augusto Frederico Schmidt, ligado à vertente espiritualista e avesso às piadas e trivialidades do Modernismo. Todos os cacoetes schmidtianos apareciam em sua poesia de então: o verso longo, próximo da prosa, o ritmo largo, a dicção majestosa, a valorização dos grandes temas, a procura do sublime. Tudo que depois seria objeto de sua ferrenha recusa.

Encantado com esses primeiros versos, Willy Lewin não via neles semelhança com Schmidt ou qualquer outro poeta. João, porém, não estava convencido dessa originalidade e julgava necessário se aventurar mais em outros poetas. Mais tarde, em carta ao crítico Lauro Escorel, reconheceria que sua poesia de adolescente, "essa mistura desconhecida", teria resultado da influência de Schmidt aliada a seu "natural pouco schmidtismo".

O tom discursivo continuou presente nos anos seguintes, em especial nos poemas em prosa. Mas em 1938 surgiu uma novidade: a influência do Surrealismo. O poema "Episódios para cinema" surpreende de saída o leitor: "Eu pedia angustiadamente o auxílio do cavalo de Tom Mix". A narrativa segue fragmentada, como se mimetizasse um roteiro de filme, uma montagem de caráter experimental, feita à base de associações insólitas, cruzando personagens e planos diversos: ao lado do célebre ator de western americano, aparecem Napoleão, anjos, aviadores, inválidos de guerra, acrobatas de circo, entre outras figuras. Tanto a atmosfera surrealista como o imaginário cinematográfico, muito marcantes nesses poemas iniciais de Cabral, estavam diretamente conectados ao magistério de Willy Lewin.

Além de certos lugares-comuns, soluções fáceis, movimentos tateantes, próprios de quem está começando, o que mais chamava a atenção era a busca da "atmosfera sobrenatural da poesia", a exaltação da "voz imensa que dorme no mistério". A uma composição de 1938, o autor deu o título "A poesia da noite", espécie de divisa da sua produção poética de juventude. Noite propícia ao sono e ao sonho, logo, também à produção de uma imagética surrealista. Noite que ecoava ainda o clima ameaçador do Estado Novo e da Segunda Guerra, ambos deflagrados no período em que João começou a fazer poesia. Aqui e ali, surgiam alarmes abafados — alusões a bloqueios, generais, combatentes, trincheiras, ao peso de uma "enorme ameaça", de uma "catástrofe iminente". A despeito de partilhar o ideal de fuga da realidade, comum à sua roda recifense, João Cabral logo também passou a revelar — decerto por influência de Drummond — a preocupação de se acercar das "coisas visíveis" e inclusive do seu tempo histórico.

O último e mais convincente poema da série composta entre 1937 e 1940, "A asa", expunha a contradição e deixava no ar uma advertência: "Eu não alcanço a asa/ a serenidade da asa/ o voo da asa.// Ou a asa do retrato na parede/ a asa dos sonhos/ a asa dos navios.// Eu nunca penso na asa/ com que jamais despertei/ nenhuma manhã". Manhã: a última palavra de um conjunto de poemas noturnos, sombrios, melancólicos. Estava instaurada, desde a origem, uma das principais tensões da poesia cabralina.

O pintor modernista Vicente do Rego Monteiro desembarcou no Recife, a bordo do navio *Astrida*, em janeiro de 1938, acompanhado da esposa, Marcelle. Estivera em Paris, cidade na qual costumava viver por longos períodos. O pavor da guerra apressou o retorno à terra natal. Vicente também escrevia poesia. Era homem muito culto, tinha uma vasta biblioteca e trouxe na bagagem uma coleção de livros sobre pintores modernos. A convite de Willy Lewin, passou a frequentar as reuniões do grupo do Lafayette. Embora não fosse surrealista, possuía uma grande quantidade de documentos e reproduções de pintores dessa corrente, que era a principal moda em Paris no final dos anos 1930. Para João Cabral, foi outro informante privilegiado, numa época em que, por causa da guerra, livros editados na França deixariam de chegar ao Brasil. Iniciado na literatura por Lewin e nas artes plásticas por Rego Monteiro, o poeta começou a escrever ao mesmo tempo que tomava contato com informações atualizadas sobre a produção artística e cultural.

Vicente frequentava os círculos artísticos parisienses desde a adolescência. Foi o primeiro artista brasileiro a se filiar ao Cubismo, antes da Primeira Guerra Mundial. No final da década, realizou exposições no Recife, em São Paulo e no Rio. Decepcionado com a incompreensão do público, em 1921 fez as malas e voltou a residir em Paris. Antes da viagem, deixou com Ronald de Carvalho uma série de oito trabalhos que seriam expostos em fevereiro de 1922 na Semana de Arte Moderna — quadros de estilo cubista ou expressionista, incluindo representações de temática indianista, com preferência por formas grandiosas, volumosas e dinâmicas.

Dessa vez, a permanência de Vicente na França seria bem mais longa, estendendo-se até o início da década de 1930. Para compensar a ausência de compradores para suas telas, o pintor sobreviveu como dançarino do café La Rotonde, no bairro de Montparnasse. Também desenhou cenários e figurinos para balés. Oswald de Andrade e Tarsila do Amaral costumavam visitá-lo em seu ateliê — uma pobre água-furtada, de acordo com Gilberto Freyre —, localizado na Rue Gros, a mesma rua onde morava Apollinaire. Em 1930, porém, Vicente recusou o convite de Oswald para filiar-se à Antropofagia, alegando que não poderia participar como seguidor de um movimento do qual se considerava, na verdade, um precursor.

Em 1932, obrigado pela crise econômica a retornar a Pernambuco, Vicente resolveu abandonar a arte e jurou não mais pintar. Adquiriu, nos arredores de Gravatá, a oitenta quilômetros do Recife, um engenho denominado Várzea Grande. Ali se instalou com Marcelle e passou a fabricar uma sofisticada aguardente. O negócio não deu certo, mas a cachaça ficou famosa e seria mencionada por João Cabral no auto *Morte e vida severina*.

No decorrer da década de 1930, Vicente tomou parte em diversas ações políticas. Num contexto de forte polarização, escolheu o partido mais conservador. Como secretário da Ação Monarquista Brasileira em Pernambuco, redigiu o "Manifesto aos artistas do Brasil pró-Restauração Monárquica", lançado em 1936. De maneira incisiva, o texto considerava a democracia uma "filha dileta da desordem". Condenava não apenas o "suprarrealismo", mas todas as "aberrações" surgidas na arte do século XX, resultantes do ideal republicano que havia destruído a tradição, produzindo uma "dispersão niveladora": "A arte, por ser uma elevação do espírito, só poderá florescer com a existência de uma elite culta e tradicional". Difícil acreditar que tais palavras tivessem sido escritas por um homem de vanguarda como Vicente do Rego Monteiro.

O pintor tornou-se ainda um dos principais colaboradores da revista católica e nacionalista *Fronteiras*, criada no Recife pelo escritor Manoel Lubambo. *Fronteiras* se apresentava como veículo atualizado das ideias de direita: ordem, hierarquia, autoridade, nação, propriedade, família. Lubambo fazia elogios ao "sólido pensamento fascista" que vicejava na Itália e em outros países da Europa. Entre os alvos de suas denúncias, o grupo incluiu até mesmo o livro *Casa-grande & senzala*, tachado de "anticatólico, antibrasileiro, obsceno, pornográfico". Vicente chegou a propor a queima do livro em praça pública, o que levou Gilberto Freyre a romper a amizade com ele.

Recém-convertido, Willy Lewin também participou ativamente como colaborador desse periódico fascista, além de ser representante em Pernambuco da revista católica *A Ordem*, fundada no Rio de Janeiro por Jackson de Figueiredo. Em 1935, na comemoração do aniversário do príncipe Luís de

Orléans e Bragança, realizada pelo movimento dos "patrianovistas" pernambucanos, Lewin fez um discurso em defesa de um governo forte e de uma república antiliberal. Se antes circulava em lugares mundanos e festivos, agora ministrava conferências na Congregação Mariana e participava de eventos políticos em prol da restauração da monarquia.

Em 1936, os novos escritores do Recife foram saudados por Tristão de Ataíde no artigo "Gente do Norte", publicado no *Diário de Pernambuco*. Diretor do Centro Dom Vital e, desde a morte de Jackson de Figueiredo, da revista *A Ordem*, o crítico afirmou então que em nenhuma parte do Brasil existia uma turma "intelectual-católica" como aquela. Por trabalhar num ambiente de fortes tensões políticas, fazendo oposição aos comunistas e ao bloco "extremo-esquerdista" de Gilberto Freyre, o grupo de *Fronteiras*, concluía Tristão, significava de fato uma trincheira.

Após a decretação do Estado Novo, os católicos se deram bem em Pernambuco, e muitos foram recrutados para os quadros oficiais. No governo de Agamenon Magalhães, coube a Manoel Lubambo o cargo de secretário da Fazenda. Vicente do Rego Monteiro foi nomeado diretor da Imprensa Oficial e professor de desenho do Ginásio Pernambucano. Willy Lewin, por sua vez, participou de uma comissão nomeada pouco antes da proclamação do novo regime, com a finalidade de rever os catálogos das bibliotecas escolares e a ordem expressa de destruir todos os livros de temática comunista. Anos depois, seria também diretor da Imprensa Oficial.

Naquele tempo, todos eram "de direita" e torciam pela vitória do fascismo, conforme escreveu Vinicius de Moraes, referindo-se aos escritores e poetas que se juntaram no Rio de Janeiro em torno de Schmidt e de Octávio de Faria. A atração pelas ideias autoritárias tinha vindo à tona logo após a Revolução de 1930. Fundada em 1932, a Ação Integralista Brasileira crescera bastante, organizando-se em todas as regiões do Brasil. O fascismo, que depois viria a ser considerado uma ameaça terrível, era visto na época com bons olhos pelas classes dominantes, adeptas de um Estado poderoso e livre do comunismo, que estava sendo derrotado na Espanha.

As cadeias do Estado Novo encheram-se tanto de comunistas quanto de integralistas. A polarização política, radicalizada no início da década, já não era tão importante no meio literário. O esgotamento do romance social do Nordeste, num contexto também marcado pela cooptação de intelectuais, e a consolidação de escritores como Octávio de Faria, Cornélio Penna e Lúcio Cardoso contribuíam para um aumento de visibilidade do chamado "romance psicológico", parente da "poesia em Cristo", inaugurada ou "restaurada" pouco antes por Jorge de Lima e Murilo Mendes. Octávio de Faria foi, mais do que simples reacionário, um teórico do fascismo. Sua atuação literária na década de 1930 foi tão decisiva quanto a de Jorge Amado, militando no campo oposto. No Recife, Willy Lewin e seus discípulos estavam sob o arco dessa poderosa influência. Eram fascinados pelo ideal de "poesia pura", profética, "extratemporal", sem ligação com a "vida vivida", nos termos propostos por Jorge de Lima, em sintonia com Schmidt e Vinicius.

João Cabral assistiu certa vez a uma conferência de Willy no Círculo Católico de Pernambuco. Aos seus olhos, ele era um homem profundamente espiritualista, bem mais religioso do que Vicente, que lhe parecia um católico mais de atitude. A palestra fazia uma comparação entre as obras de Claudel e Valéry. Os dois eram grandes poetas, dizia Willy, mas faltava ao segundo uma dimensão maior, que era dada exatamente pelo espiritualismo. João, porém, se sentia inteiramente atraído por Valéry. Não conseguia se interessar por religião e, ao contrário de Lêdo Ivo e outros rapazes do grupo, desde cedo se revelou incapaz de transcendência. Decepcionado, Lewin não demorou a perceber que a poesia do seu discípulo iria provavelmente evoluir num sentido materialista.

"Eu estava para lhe escrever desde a minha volta ao Recife." Assim João Cabral iniciou seu diálogo epistolar com Carlos Drummond de Andrade, em 30 de outubro de 1940. A solicitação dizia respeito ao I Congresso de Poesia do Recife, que estava sendo organizado por ele, Vicente do Rego Monteiro, Willy Lewin e José Guimarães de Araújo. Aberto a colaborações de outros estados, o evento, antes mesmo de ser realizado, despertou polêmica. Bastou a divulgação de seu manifesto para que reações e protestos fossem veiculados pela imprensa, inclusive no Rio de Janeiro.

Segundo o texto assinado pelos quatro organizadores, pela primeira vez iria se reunir no Brasil um congresso destinado a debater "problemas de ordem exclusivamente poética". Como na Semana de Arte Moderna realizada em 1922 em São Paulo, diversas linguagens estariam representadas. Haveria uma exposição de pinturas e desenhos, uma montagem teatral e uma mostra de filmes "poéticos" da fase heroica do cinema. A intenção era reunir mentalidades menos "lógicas" do que "mágicas". A poesia, defendia o manifesto, não é instrumento nem propaganda. É coisa inútil, que nada resolve: "A poesia é um mistério amável".

A ideia do congresso nasceu nos encontros que ocorriam regularmente na casa alugada por Vicente do Rego Monteiro no Recife. Ali o grupo se demorava a contemplar a pequena pinacoteca do anfitrião. As conversas eram regadas a *pernods*, finos conhaques franceses e a cachaça fabricada e engarrafada em Gravatá. Afastado da produção pictórica, Vicente se dedicava cada vez mais à atividade poética. Praticamente inéditos, seus poemas tinham um forte caráter visual, combinando a disciplina formal com a experimentação e o gosto pela brincadeira. O interesse em tipografia, adquirido na França, também contribuiu para que o artista passasse a investir nas atividades de articulista e editor.

Depois de *Fronteiras*, Vicente dirigiu a revista *Renovação*, à qual se atribuía, segundo o texto do manifesto, a iniciativa do Congresso de Poesia. A redação funcionava na rua do Bom Jesus, no bairro do Recife. Lançado em setembro de 1939, o periódico nasceu como um órgão da Ação Educacional Proletária, engajado na colaboração com o governo. Os editoriais traziam frequentes elogios ao Estado Novo e à "grandeza da pátria". Por obra de seu diretor, *Renovação* se inclinou cada vez mais para o campo literário. Em suas páginas apareceram as teses (comunicações) do Congresso de Poesia e os primeiros textos críticos de João Cabral — publicados mais de um ano depois da divulgação, no jornal carioca *Dom Casmurro*, dos poemas apresentados por Murilo Mendes.

Quando tiveram a ideia do congresso, os organizadores não esperavam o barulho que seria causado pelo projeto. Impressionado com a repercussão negativa veiculada pela revista *Vamos Ler!*, do Rio, João então resolveu pedir o apoio de Drummond, na carta enviada da rua Fernandes Vieira, 158, seu endereço na época. Estava aborrecido com o fato de o periódico ter ouvido opiniões de pessoas que, a seu ver, eram "incompatibilizadas com o espírito do Congresso". Assinada por Luís do Nascimento, correspondente da revista e do jornal *A Noite* no Recife, a reportagem, logo na abertura, estampava uma opinião desfavorável ao congresso — "o primeiro do Brasil e, possivelmente, do mundo inteiro" —, cuja realização parecia inoportuna numa "época atormentada de guerra no outro lado do Atlântico, com a vida cara e difícil".

Para comentar a iniciativa, foram convidados apenas poetas da "velha guarda". Austro-Costa questionou a realização do congresso, que para ele não seria de poetas, mas apenas de poesia — ou de magia. Israel Fonseca também desqualificou o encontro no qual não haveria poetas, conforme se podia ver pelos nomes dos jovens que subscreviam o "manifesto". O terceiro entrevistado, Esdras Farias, também foi irônico, dizendo temer que a cidade do Recife passasse a ser vista como "uma perigosa célula de ideias inéditas". Uma semana depois, *Vamos Ler!* voltaria ao assunto, publicando um texto favorável de Sérgio Soares e outro contrário, escrito por Álvaro Gonçalves e intitulado "Acudam, senhores, acudam a pobre poesia!".

Esses ataques, escreveu João a Drummond, não seriam respondidos. Entretanto, ele achava temível a "enorme incompreensão" que provocavam, uma vez que já começava a se esboçar no Recife outro movimento contrário, chefiado por Gilberto Freyre — "ditador intelectual desta boa província" —, com base no slogan segundo o qual "os tempos não estão para poesia". Embora fosse primo de sua mãe, Freyre não era frequentado por João. Quando começou a escrever, o rapaz percebeu que o autor de *Casa-grande & senzala* pouco tinha a lhe oferecer. Estava interessado em poesia, não em sociologia. Era leitor do romance nordestino, mas naquele tempo tinha inclinação bem maior para a literatura francesa.

Na carta a Drummond, Cabral lamentou ver a poesia ser relegada ao plano de simples divertimento, indigno das "duras horas que estamos vivendo". Seu receio era que possíveis colaboradores do congresso se afastassem por conta de alguma má impressão. Daí o pedido para que o poeta mineiro os ajudasse a conseguir adesões, salvando o evento das sabotagens que vinha sofrendo numa "terra de sociólogos".

A resposta de Drummond chegou com cinco meses de atraso, em março de 1941, mas ainda antes do congresso, cuja realização havia sido adiada. A seu pedido, o periódico *Dom Casmurro* tinha veiculado o manifesto dos organizadores. Já a revista *Vamos Ler!* se recusara a fazê-lo, sem dar explicações. Na carta, muito breve, o poeta também perguntava se João havia recebido seu volume *Sentimento do mundo*, publicado em 1940, com tiragem de 150 exemplares. O livro chegara em novembro. O rapaz foi obrigado a se desculpar. Alegou que desejava, a princípio, publicar uma nota sobre a obra e acabou por emitir um juízo rápido sobre o "grande livro" de Drummond, que vinha reconciliar os leitores com a língua portuguesa, a poesia e o "nosso tempo", compensando a existência de sociólogos e ditadores. Em sua "solidão de indivíduo", cada dia mais agravada, perguntou se um dia seria capaz de aprender a linguagem da lírica social drummondiana.

No dia 24 de abril, finalmente foi aberto o congresso. A primeira sessão ocorreu na casa de Vicente do Rego Monteiro. Ao iniciá-la, o pintor e poeta frisou que o evento não perseguia nenhum dos fins geralmente buscados por encontros desse tipo. Na revista *Renovação*, ele havia publicado, em tom de blague, o texto "Banco Turístico do 1º Congresso de Poesia do Recife", no qual dizia que seriam aceitas "todas as transações de valores simbólicos, românticos, plásticos, expressionistas, futuristas, ilusionistas e suprarrealistas cotados ou não cotados". A insolência do grupo ficou clara na segunda sessão, realizada no início de maio no bar British Shipchandler, situado a dois passos do porto do Recife e frequentado por prostitutas e comerciantes. As comunicações eram lidas em tom de conversa, cada participante bebericando seus drinques preferidos.

No dia 5 de maio, João enviou um telegrama a Drummond: "Congresso realizando-se solicito colaboração ilustre amigo exemplo poemas ou artigo resposta". A resposta foi lida duas semanas depois, na terceira reunião dos congressistas, para a qual Willy cedeu sua casa, no bairro das Graças. Drummond pediu desculpas, disse não dispor de texto inédito "que pudesse interessar ao Congresso", mas que via com simpatia toda afirmação de valores do espírito "no difícil momento presente". Na mesma noite, foi lido o telegrama enviado por Jorge de Lima e Murilo Mendes a Otávio de Freitas Júnior: "Nossa parte confraternizamos congresso poesia frisando todos tempos são oportunos".

Iniciando os trabalhos da quarta reunião, também realizada em sua casa, Willy leu a tese "Homenagem a Rimbaud". Segundo ele, o objetivo do poeta era "chegar ao desconhecido", iluminar "as zonas ocultas do Mistério absoluto, do Conhecimento total". Apesar das alusões às vanguardas europeias, a maioria das teses extraía suas lições dos poetas franceses do século anterior — além do autor das *Iluminações*, os favoritos eram Baudelaire e Verlaine. Já a quinta e última sessão, realizada no dia 31 de maio na residência de Otávio, foi aberta com a leitura da tese "Mobiliário interior da poesia, estilo e quadricromia", de Vicente do Rego Monteiro. Um dos aforismos dizia: "O absurdo é o senso comum dos artistas, dos poetas e dos loucos".

Lêdo Ivo apresentou uma tese de título igualmente zombeteiro: "Propriedades gerais do subsolo poético e as inculturas fecundas". O poeta alagoano contava apenas dezessete anos, mas já tinha dois romances escritos e um conto premiado, em concurso da revista *Carioca*. Aos catorze anos, publicara em Maceió uma resenha de *Vidas secas* que foi lida e conservada por Graciliano Ramos. Aos dezesseis, enviou versos a Manuel Bandeira e dele obteve uma resposta estimulante: "Há muita magia verbal em seus poemas". Era apaixonado por Rimbaud, possuía uma vasta cabeleira e fazia poemas até nas mesas do Lafayette. Escrevia com a mesma facilidade com que disparava a rir, parecendo uma "cloaca desvairada", na definição de Breno Accioly.

Em vez de ler uma tese, Antônio Rangel Bandeira — Bandeirinha, como era chamado na roda — apresentou um longo poema intitulado "O fim do mundo". O autor era filho de músicos e desde 1935 frequentava os meios literários da cidade, escrevendo artigos sobre música e cinema. Poemas de sua autoria foram publicados em *A Ordem* e na *Revista do Brasil*. Em 1941, editou em plaquete o ensaio "Meditação sobre o sentido metafísico da História". Nesse mesmo ano se casou e passou a trabalhar como promotor em Vertentes, no interior de Pernambuco.

A tese do crítico Otávio de Freitas Júnior, "Notas sobre o fenômeno poético", não compreendia a poesia como forma, mas como experiência, algo que transcende a lógica: "qualquer poesia, surrealista ou não, é suprarreal". Ainda em 1941, Otávio publicou seu livro de estreia, *Ensaios de crítica de poesia*, que seria premiado pela Academia Brasileira de Letras. Como um dos capítulos tratava de *Sentimento do mundo*, o autor, antes da impressão, solicitou a João Cabral que o enviasse a Drummond. João atendeu ao pedido, mas em sua carta fez questão de observar que o texto o decepcionara por sua dureza de "cientista". No início de 1942, ao resenhar o livro para o *Diário de Pernambuco*, ele acrescentaria que discordava da aplicação a poetas de princípios de crítica literária. Considerava um erro levar ao pé da letra o que diz um poeta, numa "redução a pensamento da música (portanto, da pureza) do poema".

Das 23 teses apresentadas, apenas nove foram reproduzidas no número sobre o Congresso de Poesia que *Renovação* publicou em junho de 1941. A de João Cabral aparecia logo nas primeiras páginas. O título anunciado antes da abertura do encontro, "Os estranhos suicídios pelos instrumentos de ótica e seus sucedâneos na poesia", foi substituído por outro menos provocativo, mas também enigmático: "Considerações sobre o poeta dormindo". Ao contrário dos companheiros, João não discorreu sobre o sonho, tão explorado por Freud e pelos surrealistas. Em sua primeira manifestação intelectual, preferiu falar, com clareza diurna, a respeito do sono e de suas possibilidades poéticas. Não lhe interessava a discussão da "super-realidade". O que o intrigava era o sono, "uma aventura que não se conta", espécie de poço em que estamos ausentes, simultaneamente vivos e mortos. Pela abstração do tempo, esse estado, segundo ele, poderia predispor à poesia. "O sono, um mar de onde nasce/ Um mundo informe e absurdo", diziam os versos de Willy Lewin utilizados como epígrafe do texto, que foi publicado também como separata. No final de julho, agradecendo o envio de exemplares da tese, Drummond comentou: "Seu trabalho tem um pensamento sutil e trai a rica intuição do poeta, que você é".

Um poeta dormindo. Não poderia haver imagem mais expressiva para o lirismo que buscavam aqueles jovens apadrinhados por Lewin e lançados por Vicente do Rego Monteiro nas páginas de *Renovação*. Uma poesia pura, descolada da realidade, conforme a velha tradição simbolista, ou já deslizando para o Surrealismo. Este, no entanto, era compreendido apenas nos limites do seu primeiro manifesto, publicado por André Breton em 1924, que propunha a exploração do inconsciente e experiências com o sono hipnótico, sem abarcar a poesia de agitação social, com princípios marxistas, que sobreveio na segunda fase. Os congressistas lamentaram publicamente, aliás, que o movimento surrealista tivesse abandonado a "sondagem poética" para assumir aspectos "desagradavelmente doutrinários". Essa lição de poesia, que "repugna aos espíritos excessivamente 'críticos' e 'lógicos'", era o que admiravam. Daí afirmarem a plenos pulmões: "Seremos, pois, *surréalistes* como o foram Lautréamont, Blake, Baudelaire, Rimbaud, Edgar Poe, inúmeros gravadores ou pintores da Idade Média, os arquitetos e decoradores italianos do *Settecento* com as suas fabulosas construções fantasistas e os seus oníricos interiores *trompe l'oeil*".

A revista *Renovação* também reproduziu artigos sobre o congresso publicados nos jornais. No *Diário da Manhã*, o evento recebeu elogios por ser uma espécie de demonstração de neutralidade, reunindo homens de "espírito puro", que se abriam aos mistérios da poesia, livres da agitação política. Para uma geração formada na ditadura, com absoluta indiferença à política, como diria mais tarde João Cabral, era muito difícil ter qualquer ideia social ou o desejo de falar da miséria do país.

Entre as críticas feitas ao encontro, a mais furiosa foi a do jornalista Mário Melo, apresentado como "secretário perpétuo do Instituto Histórico, da Academia Pernambucana de Letras e da Federação Carnavalesca". Logo após a abertura dos trabalhos, ele publicou uma nota no *Jornal Pequeno*, do Recife, afirmando que o evento era uma pilhéria de desocupados, uma reunião de charlatães e profanadores da poesia: "Li a relação das pessoas que compareceram ao chamado Congresso de Poesia. Catei o nome dum poeta como se cata ouro na praia. Não vi nem um".

Publicada pelos jornais de Pernambuco e reproduzida em *Renovação*, a lista dos congressistas presentes na sessão inaugural curiosamente não incluía o nome de João Cabral — dado que causa estranheza, tendo sido ele um dos organizadores do evento. A verdade, porém, é que seu nome àquela altura também não fazia parte da relação de poetas, mesmo inéditos, que pudessem ser reconhecidos. Essa situação mudaria em pouco tempo, com o aparecimento do seu primeiro livro, *Pedra do sono*, inteiramente sintonizado com suas ideias propostas no Congresso de Poesia.

Passados alguns meses, Gilberto Freyre causou surpresa ao publicar no jornal carioca *Correio da Manhã* o artigo "Um grupo novo". Depois de reprovar a iniciativa do congresso, apresentou com simpatia os jovens poetas e críticos do Recife, comparando-os aos rapazes da revista *Clima*, de São Paulo. A motivação do texto, escrito em outubro de 1941, foi o novo projeto do grupo, a série Cadernos de Poesia. Um dos títulos programados para edição era *Um homem pulando no escuro*, de João Cabral de Melo Neto — poeta "invulgar", no dizer de Freyre, "que já atraiu a atenção de mestres esquivos como Carlos Drummond de Andrade". A lista de obras divulgada em primeira mão pelo sociólogo foi reproduzida em dezembro pela *Revista Brasileira*, da Academia Brasileira de Letras. Àquela altura, porém, o poeta já tinha escolhido outro título para o livro: *Pedra do sono*, conforme anunciou em carta a Drummond, datada de 23 de novembro.

A série teve início antes do Congresso de Poesia, com a publicação de *Poemas de bolso*, de Vicente do Rego Monteiro. A pedido do diretor de *Renovação*, João reuniu seus poemas, dos quais mandou uma cópia a Drummond: "Como escrevi seu nome na dedicatória pensei ser de minha obrigação lhe mostrar os poemas antes de publicados". O plano de Vicente era publicar os livros da série na revista, tirando-se depois uma separata, ideia que João recusou. O jovem autor exigiu que a publicação fosse subordinada à opinião de Drummond, o que foi comunicado na carta e, na verdade, era um modo de forçá-lo a dar uma resposta imediata. Também informou que planejava passar pelo Rio, em meados de dezembro, a caminho de Santos, onde ficaria algum tempo, para consultar médicos de São Paulo.

Quero que me desculpe por ter escrito esta carta apenas para falar em mim. É que a perspectiva de publicação desse livro me tem deixado num estado quase de pânico. Sinto que não é esta a poesia que eu gostaria de escrever; o que eu gostaria é de falar numa linguagem mais compreensível desse mundo de que os jornais nos dão notícia todos os dias, cujo barulho chega até nossa porta; uma coisa menos "cubista".

A respeito do livro de Monteiro, *Poemas de bolso*, Drummond, sob o pseudônimo de "O Observador Literário", já havia opinado desfavoravelmente na revista *Euclydes*, definindo seu autor como "o cavalheiro que adormeceu em 1922, na batalha modernista, e acordou em 1941 perguntando por Graça Aranha". Sobre os poemas de *Pedra do sono*, o poeta mineiro, em sua resposta enviada três meses depois, em janeiro de 1942, foi bem mais reticente: "Sou de opinião que tudo deve ser publicado, uma vez que foi escrito". Disse ainda que a poesia de João, mesmo hermética, poderia ser oferecida ao povo. Ao mesmo tempo, deu a entender que o hermetismo e as associações ilógicas não eram do seu agrado. O jovem poeta estaria, a seu ver, numa fase de transição: "você, com métodos, inclusive os mais velhos, está procurando caminho". Ao modo eufórico de Mário de Andrade, concluiu que "o essencial mesmo é viver". Somente no P. S. é que se lembrou de agradecer a dedicatória.

João não fez a viagem para tratamento da saúde nem teve seu livro de estreia publicado nas páginas de *Renovação*, que parou de circular por alguns meses. *Pedra do sono* acabou saindo em edição autônoma, custeada por seu pai. Em casa, o rapaz, por muito tempo, manteve trancada na gaveta sua produção literária. No entanto, depois da viagem com a família ao Rio em 1940, ao ler o artigo publicado por Murilo Mendes em *Dom Casmurro*, Virgínio desvendou o segredo. Bisbilhoteiro, descobriu onde o irmão mais novo escondia seus escritos e revelou tudo a Luiz Cabral. Este chamou o filho. O jovem explicou que havia omitido o fato por não saber qual seria sua opinião a respeito. De um pai que gostava de livros, porém, o incentivo era mais do que esperado. Luiz gostou dos poemas, disse que não fazia nenhuma objeção e posteriormente ajudou João a editar seu primeiro livro.

A impressão de *Pedra do sono*, feita nas Oficinas Gráficas de Drechsler & Cia., terminou em maio de 1942. Foram produzidos duzentos exemplares fora de comércio e quarenta em papel Buetten para subscritores. O livro foi dedicado aos pais, a Willy Lewin e a Carlos Drummond de Andrade. Trazia um desenho de Vicente do Rego Monteiro. Na capa, de autoria do pintor Manoel Bandeira, além do ano, aparecia a palavra "Pernambuco", que João preferiu por ser mais longa do que Recife, dando mais equilíbrio à composição.

A edição dos exemplares de luxo — ideia extravagante para um livro de estreia — foi sugerida a João como maneira de aproveitar o papel alemão que sobrara da edição de *Olinda*, o guia publicado em 1939 por Gilberto Freyre. A intenção era vender esses livros para "primos ricos", usineiros de açúcar, o que permitiria pagar a edição dos outros duzentos exemplares a serem distribuídos aos amigos. Em telegrama enviado a Drummond no mês de março, João se arriscou a perguntar se o amigo poderia arranjar alguns subscritores no Rio. O poeta mineiro se safou do pedido justificando que era pouco indicado para esse tipo de consulta — "questão de temperamento, que de resto se parece com o seu". Mas frisou que gostaria de ter seu exemplar reservado: "quero ter a *Pedra do sono* em bom papel, gostoso de se pegar".

João despachou o livro em junho, por intermédio do pintor Eros Martim Gonçalves, companheiro da roda do Lafayette. Para o endereço de Drummond, enviou também outros exemplares, que deveriam ser distribuídos no Rio. Um dos presenteados foi Manuel Bandeira, que lhe mandou como resposta um cartão com felicitações, agradecendo "muito penhorado" a oferta do livro.

Os 29 poemas reunidos em *Pedra do sono* foram escritos no período de 1939 a 1941. A apresentação do livro foi feita por Willy Lewin, retribuindo o texto introdutório que João Cabral fizera em janeiro de 1942 para *Museu da poesia*, de sua autoria, publicado em *Renovação*. Nas palavras do jovem crítico, Willy era um "poeta de atmosfera", cujos versos, embora pudessem parecer "inconsistentes", revelavam o "enorme prazer de comunicar uma descoberta de ordem poética". O texto lamentava que a personalidade do autor o tivesse levado a destruir outros tantos belos poemas, que jamais seriam conhecidos.

Ao pagar a dívida, Willy Lewin lembrou os quatro anos de convívio diário com seu discípulo e o "ponto quase extremo de entendimento poético" a que haviam chegado em suas conversas sobre a poesia e seu mágico poder de transfiguração. "Preocupado com o valor extrarracional dos vocábulos em poesia, é claro que João Cabral de Melo Neto adora um Mallarmé ou um Valéry", observou o prefaciador de *Pedra do sono*. A influência mallarmeana aparecia já na epígrafe do livro — *Solitude, récif, étoile...* (Solidão, recife, estrela...). Com esse verso do poema "Salut", o autor pretendia indicar o território da "poesia pura" em que vinha se inserir sua obra de estreia. Segundo o artigo "Prática de Mallarmé", escrito naquele ano por João Cabral para um número especial de *Renovação*, a grande lição do poeta francês havia sido conceber a poesia como arte, linguagem isolada, semelhante ao som musical. Sua escrita punha em relevo não o domínio racional da expressão, mas "a tentativa de apreender as ressonâncias secretas de sua matéria".

A respeito do título da coletânea, informou Lewin:

Funcionário do Departamento de Estatística, descobriu e escolheu, creio que numa "Tábua Itinerária", o nome de uma pequena cidade do interior de Pernambuco: Pedra do Sono. Mas essa pedra tem outras funções. Amarrada ao pescoço do poeta, arrasta-o às profundidades onde se encontram muitos dos poemas que se seguem.

Pedra do Sono desapareceu do mapa. Era um arruado próximo da cidade de Limoeiro, no Agreste pernambucano, onde houve, no passado, uma estação de trem. Antes de João Cabral, outros poetas brasileiros haviam intitulado seus livros com nomes de pequenos municípios. Em 1930, Mário de Andrade se inspirou numa localidade da Amazônia para batizar sua coletânea *Remate de males*. À imitação do mestre, Drummond deu ao seu segundo livro, publicado em 1934, o título de *Brejo das almas*, nome de uma pequena cidade do norte de Minas. Por causa do exemplo drummondiano é que João viria a desistir do seu título anterior. A escolha final, sem deixar de adequar-se à estética surrealista, fazia ao mesmo tempo uma alusão dissimulada à influência dos modernistas em sua primeira produção poética. De maneira análoga, a presença do termo *récif* na epígrafe também podia ser lida como uma referência à sua terra natal.

A primeira notícia sobre o livro surgiu em 23 de maio de 1942, na coluna "Cousas da cidade" do *Diário de Pernambuco*, assinada com o pseudônimo "Z", possivelmente usado por Aníbal Fernandes. O texto, muito breve, referia-se menos aos poemas do que ao seu autor: "Já uma vez tive ocasião de exprimir minha admiração por esse poeta estranho, mórbido, por vezes obscuro, que se perde inteiramente nos seus devaneios e nos seus sonhos acordados". Para o colunista, seria inútil chamá-lo à realidade e conduzi-lo ao mundo exterior. Os tempos eram muito duros para poetas como João Cabral, lamentou.

Dois meses depois, *O Jornal*, do Rio, veiculou uma resenha assinada por José César Borba. Para o jornalista, se dependesse da tiragem do livro e do interesse do público por versos, a "pobre e desconhecida" cidade de

Pedra do Sono continuaria a desfrutar anonimamente "a paz de sua poesia". Mas reconheceu na dedicatória a aprovação de um "altíssimo poeta", Drummond, a um jovem cheio de qualidades. A seu ver, Cabral estava submetido simultaneamente a duas influências: o simbolismo e a "poesia suprarrealista", por ele considerada decadente. Com agudeza, o resenhista observou na construção dos poemas uma "anulação do próprio poeta", talvez responsável por seu lirismo "sem exuberância", sintético, "de uma matemática de subtração". Outras resenhas apareceram em jornais de Fortaleza e Natal, enfatizando o poder de sugestão e condensação dos versos, bem como a distância do mundo real, palpável, que tornava difícil sua leitura.

Pedra do sono é um livro repleto de imagens vagas e indefinidas — nuvem, sonho, vulto, fantasma —, de vocábulos referentes ao sono, ao sonho, à noite e à morte. "Sou o vulto longínquo/ de um homem dormindo", afirma o sujeito poético, em estreita consonância com a tese apresentada por João Cabral no Congresso de Poesia. "Eu me sentia simultaneamente adormecer/ e despertar para as paisagens mais quotidianas", diz o poema "Homem falando no escuro" — título bastante próximo ao que de início nomeou a coletânea. O indivíduo que a tudo assiste passivamente parece estar sempre situado "dentro da perda da memória", numa situação de alienação e inconsciência. Matéria-prima do livro, o sonho, porém, frequentemente se transforma em pesadelo, ameaça e perturbação: "As vozes líquidas do poema/ convidam ao crime/ ao revólver".

A todo momento, surgem figuras e objetos fragmentados, inconsistentes, fantasmagóricos, construídos à base de associações insólitas — "telefone com asas", arcanjos "de patins", "jardins enfurecidos", "frutas decapitadas", "automóveis como peixes cegos". No Brasil, o mestre dessa imagética surrealista, povoada de encontros impossíveis, era Murilo Mendes. Para além da aproximação de elementos contrários, visando ao intercâmbio dos planos e à busca da totalidade, o autor de *Pedra do sono* encontrou em Murilo uma concepção da palavra poética como algo essencialmente concreto e sensorial. Com ele, aprendeu que a função do poeta é "dar a ver" e que a imagem não seria apenas um equivalente simbólico da realidade observada, mas um valor em si — ideia que se confirmaria depois com a leitura do poeta francês Pierre Reverdy.

No Surrealismo de João Cabral, nada visionário, há um momento contraditório em que "os sonhos cobrem-se de pó". Diante do espetáculo onírico, o poeta mantém uma atitude constante de distanciamento, recusando-se a participar do que descreve. Sua visão lúcida, expressa por meio de interrogações e ironias, impede a total imersão no inconsciente. O poeta dorme, mas de olhos abertos — "espiando minha alma/ longe de mim mil metros".

Livro ambíguo, na definição do próprio poeta, *Pedra do sono* fingia Surrealismo. Como Willy Lewin e os frequentadores do Lafayette se alinhavam com essa corrente, João achou que, para continuar na roda, deveria forjar um tipo de Surrealismo. Cada poema oferecia ao leitor um "buquê de imagens", mas estas eram sempre montadas de maneira organizada. Uma poesia construída, apenas de aparência surrealista, tal como a de Reverdy.

Presente em todo o livro, o envolvimento com as artes plásticas foi ressaltado em dois poemas dedicados a pintores: "Homenagem a Picasso" e "A André Masson". Este último era um surrealista francês, de formação cubista, de quem pouco se falava no Brasil. Nos versos dedicados a ele, aparecem "peixes e cavalos sonâmbulos", entre outras imagens reveladoras de forte tumulto interior, mas os versos se organizam disciplinadamente, à maneira cubista. O contato com reproduções das colagens de Picasso e Braque também forneceu a ideia para o poema "Espaço jornal". Assim, enquanto recebia do Surrealismo a inspiração para exprimir obsessões e fantasias, o poeta também sentia, desde o princípio, a atração do Cubismo, visto como uma espécie de contrapeso, um modo de controlar as imagens caóticas, submetendo-as ao rigor da geometria.

O fascínio pela pintura moderna não se manifestaria apenas na obra poética, mas também nos quadros pintados por João Cabral em seu período de formação no Recife. Essa produção só viria a conhecimento público cinquenta anos depois, quando seu primo Fernando Cabral de Mello, ao vasculhar coisas antigas, encontrou duas telas de formato pequeno, que o poeta lhe dera de presente no início dos anos 1940. Um dos quadros era abstracionista; o outro, mais próximo do Surrealismo, continha traços da pintura metafísica de Ismael Nery e do italiano Giorgio de Chirico. Por meio das telas, percebia-se o conhecimento atualizado do autor sobre as vanguardas europeias, o que teria sido impossível sem a amizade de Vicente do Rego Monteiro.

De acordo com sua irmã, João vivia à época enfurnado no quarto, todo sujo de tinta. A mania se estendeu por um período de dois anos. O trabalho era feito em cima de uma mesa, sem uso de cavaletes. Lourdinha certa vez o questionou: "Você só pinta essas coisas esquisitas, que ninguém entende". A resposta veio rápida: "Se for para pintar igual à natureza, eu fotografo", rebateu o irmão. O primo Fernando, companheiro de infância e adolescência, ia sempre à casa da família, no bairro de Parnamirim. Um dia João colocou em suas mãos os dois quadros sem molduras e disse: "Toma pra você". Antes da descoberta das obras, o poeta chegara a dizer que não poderia ter sido pintor porque era muito preguiçoso, não conseguiria realizar diariamente o esforço continuado que a pintura exigia. No entanto, a firmeza do traço e a sóbria combinação de cores nos dois quadros revelavam perícia com pincéis. O uso de tela importada era outro indício a comprovar a seriedade do seu interesse pela pintura. É possível que outros quadros tenham sido criados e talvez destruídos.

O Sanatório Recife, localizado na rua Padre Inglês, no bairro da Boa Vista, foi fundado por Ulysses Pernambucano de Mello em 1936, o mesmo fatídico ano em que surgiram as dores de cabeça de João Cabral. Nos meses que precederam a publicação de *Pedra do sono*, foi lá que viveu o poeta, na companhia do tio, em busca de solução para o problema que o infernizava. A dor o incomodava do lado esquerdo, afetando o olho e a testa. Um médico diagnosticara um desvio de septo. João se submeteu a uma cirurgia no nariz para corrigi-lo, que de nada adiantou. Para aliviar a dor, chegaria a ingerir seis aspirinas por dia. Mesmo durante a noite, era obrigado a se levantar para tomar o remédio.

A longa internação foi decidida no final de 1941. Ao vê-lo cada dia mais nervoso e agitado, Luiz Cabral exigiu que, antes da viagem ao Rio, de onde seguiria para tratamento em Santos, o filho fosse ter uma conversa com o célebre psiquiatra da família. Além de primo, Ulysses Pernambucano era cunhado da mãe de João, pois se casara com Albertina, uma de suas irmãs.

"Isso aí deve ser alguma coisa neurótica", sentenciou o médico, "você fica aqui e eu faço um tratamento em você." Joca não opôs resistência. Era adorado pelo tio, davam-se bem desde sua primeira infância e, devido a essa proximidade, a existência de loucos nunca o havia impressionado. Para curar seu *nervous breakdown*, na expressão de Rubem Braga, o poeta internou-se uma semana antes do Natal, em 17 de dezembro, e só deixou o hospital em 8 de junho de 1942, após a aguardada estreia literária. Na verdade, sua condição era de semi-interno. Desfrutava de total liberdade e não deixava de almoçar com a família aos domingos. De vez em quando os parentes também iam vê-lo. O caçula Evaldo, então com seis anos, acompanhou o pai em algumas dessas visitações.

No sanatório, João foi instalado no primeiro pavilhão, onde ficavam os "loucos mansos". Dormia sozinho no quarto número 2, cuja janela dava para o exterior, permitindo-lhe ver as árvores. Ali permanecia quase todo o tempo, lendo e escrevendo. Segundo anotações feitas no prontuário por seu primo Jarbas Pernambucano, que seguiria a profissão do pai, Joca não apresentava perturbações de atenção e memória nem nenhum distúrbio de percepção. No entanto, se o deixassem sem a cafiaspirina, ficava profundamente irritado e nervoso. Sentia angústia, falta de apetite, e só melhorava com a presença de um médico em quem confiasse.

Ulysses morava numa construção ao lado dos pavilhões. Todos os dias, João tomava café, almoçava e jantava na sua casa. Naquele período cheio de crises, não poderia haver para ele melhor companhia. Além de conceituado psiquiatra, Ulysses Pernambucano de Mello era um homem de cultura, possuidor de ótima biblioteca. Depois de se formar em medicina no Rio — onde foi discípulo e amigo de Juliano Moreira, um dos pioneiros dos estudos de psiquiatria no Brasil —, resolvera voltar para sua terra natal. No Recife, dirigiu o maior hospital psiquiátrico da cidade, localizado na Tamarineira, no qual exerceu por muito tempo a função de alienista.

A energia e o entusiasmo de Ulysses Pernambucano não conheciam obstáculos. Quando chegou, ainda moço, à Tamarineira, os doentes mentais eram tratados como bichos, a ferro e a fogo. Na descrição de José Lins do Rego, tratava-se de um "hospital presídio" com grades de ferro, masmorras, camisas de força. Enfrentando muitos opositores, o psiquiatra propôs tratamentos modernos e lutou para reformar a instituição. Embora situado num bairro bonito do Recife, a Tamarineira era um lugar sombrio, que deixava todos apavorados. Em suas mãos, de acordo com Gilberto Freyre, transformou-se num "doce hospital". Além de libertar os doentes, Ulysses criou ao redor do velho hospício uma paisagem florida, cheia de jaqueiras e mangueiras, na qual eles praticavam a laborterapia. Com essas medidas, acabou por inscrever seu nome entre os pioneiros no país de uma nova escola psiquiátrica, com preocupações sociais. Ulysses também militou pelo direito das religiões africanas à existência legal, o que lhe rendeu mais um combate com setores da Igreja e do governo. Em 1935, foi preso por dois meses na Casa de Detenção. Não se deixou amedrontar e, uma vez solto, reiniciou logo em seguida suas atividades, com a fundação do Sanatório Recife.

João Cabral tinha grande admiração pelo tio. O que mais o atraía era sua lucidez, como diria mais tarde no livro *Museu de tudo*. Outra referência aparece no poema "História de pontes", de *Crime na Calle Relator*. Movido por loucura ou terror, o personagem da anedota corre disparado para a Tamarineira, onde "cura-o de todo tio Ulysses", que na verdade ainda nem havia nascido. Já a dor de cabeça e o nervosismo de João, a despeito de sua boa vontade, Ulysses não conseguiu curar nem de todo nem parcialmente. Ao fim dos seis meses de internação, a conclusão dos médicos foi que só mesmo no Rio ou em São Paulo ele teria alguma possibilidade de cura.

Ulysses Pernambucano achava que tudo era, na verdade, criação de sua cabeça. Chegou a dar ao sobrinho uma caixa de remédios que continha placebos. Nos fins de semana, quando ele visitava a família, Lourdinha via o irmão examinando a aparência dos comprimidos. Havia descoberto a tramoia do tio e, como suas dores não eram de fantasia, queria evitar o risco de tomar cápsulas de açúcar. No sanatório, todas as técnicas foram experimentadas: de sonoterapia a tratamento com injeções, que às vezes lhe causavam convulsões. Nada produziu efeito.

Apesar de tudo, o poeta considerou agradável o tempo que passou no hospital. Os efeitos benéficos da experiência ficaram registrados não apenas no prontuário, mas também em duas composições de *Pedra do sono*, "Poesia" e "Poema de desintoxicação", escritas logo nas primeiras semanas de internação. Com o título "Dois poemas", esse par foi estampado no *Diário de Pernambuco* em 5 de abril de 1942, um mês antes da publicação do livro — o segundo poema, acompanhado de dedicatória a Jarbas Pernambucano. Os versos terminavam com a indicação explícita, na última linha, do lugar onde haviam sido compostos: "Sanatório Recife, 1941". A informação, depois excluída do livro, inicialmente lhe pareceu importante, do contrário o poeta, sempre tão discreto, não teria desejado inseri-la, enfrentando o risco de despertar preconceitos e mal-entendidos.

Lêdo Ivo uma vez foi visitá-lo no hospital. Chegou expansivo, cheio de alegria e saúde, e se surpreendeu ao ver o amigo, o "poeta do sono", usando a roupa da casa. Achou que sua presença efusiva destoava do clima hospitalar. Depois viu que estava diante do João Cabral de sempre, com os cabelos bem penteados, falando aos borbotões e interrompendo as frases a cada instante para perguntar: "compreende?". Ficou imaginando o amigo recolhido em seu quarto, com a janela aberta para a paisagem que lhe trazia o mistério da noite. Assim, supunha Lêdo, teriam nascido os versos de "Poesia":

Ó jardins enfurecidos
pensamentos palavras sortilégio
sob uma lua contemplada;
jardins de minha ausência
imensa e vegetal;
ó jardins de um céu
viciosamente frequentado:
onde o mistério maior
do sol da luz da saúde?

Por meio da metáfora dos "jardins enfurecidos", o poeta aludia a todas as imagens obsessivas, obscuras, caóticas que visitavam sua mente, quando em "estado de poesia", e lhe causavam forte angústia. Na imagem também cabiam suas enfermidades, o tumulto e a desorganização pessoal que precisaria vencer para construir uma poesia solar e diurna. A percepção desperta, alheia às alucinações, seria capaz de produzir um "mistério maior" do que o do sonho. O poema parecia anunciar claramente a direção que o poeta tomaria depois de publicado o primeiro livro — daí sua posterior valorização por diversos críticos. E foi no hospital psiquiátrico que se manifestou, de modo pioneiro, essa aspiração do poeta pela lucidez, pelo equilíbrio e pela saúde.

Já o "Poema de desintoxicação" — que também dialoga com Drummond, ecoando a última composição do seu livro de estreia, "Poema da purificação" — põe em evidência a consciência que o autor tinha do seu falso Surrealismo. Os versos "Eu penso o poema/ da face sonhada" apontavam claramente para a poética que adotaria em poucos anos, mais próxima da arquitetura e do Cubismo. O poema tóxico, vicioso, com seus jardins fantasmagóricos, já começava a ser questionado por João Cabral antes mesmo da publicação do seu livro "surrealista".

Em abril, mês em que os dois poemas foram publicados na imprensa, João Cabral teve ainda no sanatório a companhia de outro amigo, Breno Accioly, internado com um quadro bem mais agudo. O rapaz frequentava a roda do Café Lafayette e, sem apresentar tese, estivera presente também nas reuniões do Congresso de Poesia. Sua vocação, porém, era o conto, no qual ele combinava a observação do cotidiano com a exploração do inconsciente e da irracionalidade, alinhando-se à ficção psicológica de Lúcio Cardoso e Adonias Filho. Segundo Lêdo Ivo, o talentoso jovem era um solitário que carregava "no corpo desengonçado e na alma crispada" um sem-número de fantasias e fantasmas. Na adolescência, ainda em Maceió, Breno manifestara os primeiros sintomas de esquizofrenia. Em suas crises, tornava-se agressivo. Otávio de Freitas Júnior foi ao Sanatório Recife lhe entregar uma carta de Mário de Andrade e depois resumiu, para o escritor paulista, a triste situação do amigo:

> Coitado, não resistiu à crise dele, e está numa casa de saúde fazendo choque insulínico. João Cabral de Melo Neto também está. Nem sei se o Breno já pôde ler a sua carta, porque quando levei ele estava tendo uma alucinação, vendo um anjo e uma coisa incompreensível.

Anos depois, morando no Rio de Janeiro, Breno Accioly ouviria com frequência uma pergunta indiscreta, feita maldosamente por seu conterrâneo Lêdo Ivo, nas ocasiões em que escritores próximos se reuniam: "Oh, Breno, é verdade que você passou um tempo num hospício no Recife?". A resposta, rápida, era sempre a mesma: "É verdade, mas João Cabral também esteve por lá". Os amigos, então, gargalhavam em dobro.

Dez dias depois de deixar o hospital de Ulysses Pernambucano, João retomou sua correspondência com Drummond. Datada de 18 de junho, a carta foi escrita em papel timbrado da Associação Comercial, o que indicava seu regresso às atividades como assistente do pai. Nessa ocasião, João fez um comentário a respeito da edição, prevista para o mesmo ano, das obras completas de Drummond. Disse ter ficado alegre com a notícia, "apesar de todas as nevralgias". Esperava encontrar no volume composições que admirava, como "Viagem na família", divulgada em 1941 pela *Revista do Brasil*, ou o velho poema "Sentimental", que não fora incluído em *Alguma poesia*. Este seria de fato integrado na reedição desse primeiro livro de Drummond, que faria parte do volume *Poesias*, lançado em 1942 pela editora José Olympio. Em setembro, agradecendo o envio da obra, João desculpou-se mais uma vez por ter de adiar o estudo que gostaria de escrever sobre a poesia de seu mestre e amigo.

Quase um ano depois, estava de novo com viagem marcada para o Rio. Dessa vez, não apenas em busca de tratamento, mas visando a uma transferência definitiva, com a qual finalmente havia concordado Luiz Cabral. Pouco antes de sua partida, fez um passeio a Maceió em companhia de Lêdo

Ivo e Breno Accioly. Guiado pelos amigos alagoanos, João visitou o povoado do Trapiche da Barra e ficou impressionado com o aspecto primitivo da comunidade de pescadores e tecelões. No trajeto entre a cidade e o povoado, feito a pé, pela praia, também chamou sua atenção um pequeno cemitério construído em cima de uma duna — o Cemitério Novo de Maceió. Assim como Valéry, de quem eram leitores entusiasmados, tanto João como Lêdo escreveriam no futuro poemas sobre cemitérios marinhos. O projeto dos rapazes era dormir no Pontal da Barra. Ao anoitecer, porém, em meio ao ataque dos maruins, os mosquitinhos-do-mangue, Breno sofreu uma perturbação mental que os obrigou a voltar para Maceió.

Antes de se transferir para o Rio, João teve ainda um primeiro encontro, no Recife, com Vinicius de Moraes. O poeta carioca, então com 29 anos, passou quarenta dias no Nordeste a convite do escritor norte-americano Waldo Frank, de quem era guia e também "guarda-costas" — para proteger o amigo estrangeiro, intelectual de esquerda que estava sob o risco de um suposto ataque de extremistas argentinos, Vinicius viajou armado de revólver. Em Pernambuco, Waldo Frank se encantou com o candomblé e as festas populares. Já o poeta cicerone, ao conhecer os mocambos recifenses, descobriu a miséria brasileira. Mais tarde diria: "Saí do Rio um homem de direita e voltei um homem de esquerda".

Foi numa mesa de bar, acompanhado de jovens intelectuais da terra, que ele viu pela primeira vez seu futuro amigo João Cabral. Nunca poderia desconfiar que aquele "menino magro e tímido" se tornaria um dos maiores poetas do Brasil. Já o conhecia de nome, como autor de um livrinho de poemas herméticos, mas ainda não sabia que poderiam ser até parentes, ambos descendentes, como Antônio Maria, do velho Moraes do dicionário. Uma década depois, ao evocar esse primeiro encontro, Vinicius compôs um retrato expressivo do jovem poeta pernambucano:

Tratava-se de João Cabral de Melo Neto em seus primórdios: a mesma cara de hoje, cabelo bem nascido; sobrancelhas marcantes; olhar um pouco apagado e ausente, mas calmo e bom, iluminado às vezes por lampejos de sarcasmo; narigão descentrado, personalíssimo; boca bem desenhada; queixo voluntarioso; barba cerrada. Um rosto magro, entalhado com sofrimento e um pouco de raiva em cima de um corpo mediano, leve e silencioso.

5.
Poesia ao norte

Em novembro de 1942, às vésperas de completar 23 anos, João Cabral deixou sua terra natal com destino ao Rio de Janeiro. Depois de muita aporrinhação, finalmente conseguira do pai a permissão para fazer a mudança, com o pretexto do tratamento de saúde. O principal motivo da viagem, porém, era mesmo o "desejo de aventura", conforme confessou a Drummond. Não se tratava apenas da ambição literária. Ainda sem profissão definida, o jovem autor de *Pedra do sono* tinha sobretudo a urgência de escolher uma carreira. Daí a decisão de migrar, realizando o projeto concebido no Carnaval de 1940. Mal podia imaginar então a extensão que esse deslocamento tomaria no futuro. Só voltaria a colocar os pés em Pernambuco onze anos depois, em 1953.

Carmen não queria de modo algum que o filho saísse de casa. Na época, a família estava morando na rua do Sol, em Olinda. Lourdinha presenciou as ameaças feitas pela mãe. Carmen dizia que, se João fosse embora, ela nunca lhe escreveria uma só linha. Dito e feito. Quem se correspondeu com o rapaz desde o começo foi somente Luiz Cabral. A verdade, porém, é que Carmen não gostava de cartas e, em qualquer situação, a função de escrever para os filhos caberia exclusivamente ao pai. Não por acaso, Luiz seria, ao longo de décadas, praticamente o único destinatário da correspondência enviada pelo poeta.

Antes de partir para o Rio, João esteve duas vezes com a viagem marcada. Na primeira, no final de 1941, o adiamento fora provocado pela internação no sanatório de Ulysses Pernambucano. Em julho de 1942, um mês depois de receber alta, de novo o rapaz deixou de embarcar, por haver sido convocado para o Exército. Foi dispensado provisoriamente por motivo de saúde, mas os médicos militares consideraram curável sua doença, diagnosticada como "nevralgia do trigêmeo". Disseram-lhe que ele deveria se curar para engrossar as fileiras. Caso não fizesse nenhum tratamento, corria o risco de ser incorporado mesmo doente. A hipótese o deixou apavorado.

Tudo isso João relatou a Drummond numa carta, "cheia de medicinas", enviada em setembro de 1942. Esgotados todos os tratamentos possíveis no Recife, o único recurso era transferir-se rapidamente para o Rio. Por essa razão, vencendo o pudor, pedia a Drummond que o ajudasse a conseguir uma colocação, mesmo provisória. Apesar das dores de cabeça, sentia-se em condições de assumir qualquer serviço. O chefe de gabinete de Gustavo Capanema estava mais do que acostumado com essas solicitações. Recebia-as quase diariamente no Ministério da Educação e Saúde. João não obteve resposta. No início de novembro, mesmo sem emprego, partiu em direção ao Rio, numa viagem longa e quase tão dificultosa como a dos retirantes que retrataria mais tarde em sua obra.

Na primeira vez, viajara com a família de navio. Em 1942, porém, depois que o Brasil declarou guerra aos países do Eixo, vinte navios mercantes brasileiros foram torpedeados por submarinos alemães. Para evitar a costa brasileira, o poeta foi obrigado a se deslocar por terra — numa viagem que se arrastou por treze dias e envolveu três meios de transporte. Para sair do Recife, usou o trem. Em Maceió, tomou um ônibus que o levou a Penedo, no interior de Alagoas. Dali, foi conduzido pelo rio São Francisco numa barca. Chegando a Propriá, em Sergipe, rumou de trem para Salvador, onde procurou o poeta pernambucano Odorico Tavares, que era diretor dos Diários Associados. O ônibus para o sul do país só saía uma vez por semana, não de Salvador, mas de Jequié, cujo prefeito, por coincidência, estava na capital. Odorico então lhe pediu que adiasse por 24 horas a partida do ônibus, para que João pudesse embarcar. Depois de atravessar o Recôncavo de barca, o rapaz pegou um trem até Jequié. Quando chegou, teve de enfrentar a irritação dos passageiros, que, por sua culpa, esperavam partir desde o dia anterior. Dali viajaram por três dias até a cidade mineira de Montes Claros.

Para João Cabral, foi uma viagem de descoberta, a primeira oportunidade que teve de conhecer o interior do país. A aventura não foi solitária. O poeta contou com a companhia de um intelectual paulista, Dirceu Buck, um dos membros da Sociedade de Etnografia e Folclore, criada em 1936, por iniciativa de Mário de Andrade, e extinta três anos depois. Decidido a tentar outra carreira, Dirceu tinha sido aprovado em um concurso do City Bank e trabalhado por um período no Recife, onde se tornara amigo de João. Mas logo decidiu retornar à terra natal. Durante a penosa viagem, contou ao poeta que conhecia em São Paulo um crítico literário importante da *Folha da Manhã*, de nome Antonio Candido, a quem ele deveria enviar seu livro de estreia. João transportava na bagagem um pacote de exemplares de *Pedra do sono*. Autografou um dos volumes e o confiou a Dirceu. Este prometeu entregá-lo pessoalmente ao crítico, de quem havia sido colega na Universidade de São Paulo (USP).

Em Montes Claros, no alto sertão mineiro, uma coincidência veio alegrar a viagem. Pernoitando na cidade, João teve um encontro inesperado com Eustáquio Duarte, médico pernambucano que se tornara amigo dos frequentadores do Café Lafayette. Eustáquio não escrevia, mas dominava como Willy Lewin a arte da conversa. Adorava Proust e vivia em bibliotecas, devorando livros de história. De olhos arregalados, ouvia atentamente os rapazes discorrerem sobre suas obras em construção. Por conta do emprego em uma companhia de seguros, estava sempre viajando pelo interior do Brasil. E foi assim que apareceu de repente diante dos olhos de João Cabral, agitando o charuto, ávido por uma confabulação.

No percurso pelo norte de Minas, João Cabral passou também por Brejo das Almas, a cidadezinha que deu título ao segundo livro de Drummond. Aproveitou a rara oportunidade — nem o próprio poeta mineiro conhecia o lugar — para lhe enviar um telegrama, datado de 15 de novembro: "De passagem Brejo das Almas Abraço caro amigo". Abaixo da identificação do remetente, vinha registrado o nome recém-adotado pela cidade, Francisco Sá. Na abertura de seu livro, Drummond reproduzira um fragmento de jornal, informando que o município, cada vez mais próspero, cogitava da mudança de nome: "Não se compreende mesmo que fique toda a vida com o primitivo: Brejo das Almas, que nada significa e nenhuma justificativa oferece".

O périplo se completou com mais duas viagens de trem: de Montes Claros a Belo Horizonte e, finalmente, da capital mineira até o Rio de Janeiro. Nos últimos dias de novembro, já instalado no bairro de Santa Teresa, na casa do tio-avô Diogo Cabral de Mello, desembargador no Rio, João recebeu uma carta de Willy Lewin. O mestre estava sedento por notícias. Por intermédio de Luiz Cabral, soubera que a viagem tinha sido uma façanha, um recorde para o ativo do João *"sportsman"*. Willy perguntou por Dirceu Buck, chamando-o de bom sujeito, e elogiou Santa Teresa como um dos mais invejáveis lugares do Rio: "Você está começando tudo otimamente". Pediu notícias de Joaquim Cardozo, Murilo Mendes e dos demais amigos. Mandou-lhe um poema, solicitando comentário, e disse que todos no Recife estavam desolados com sua ausência.

Logo na abertura de sua carta, Willy Lewin fez alusão a um artigo de Gilberto Freyre, publicado em *A Manhã* em 7 de novembro. Enquanto o poeta iniciava sua viagem, era, sem saber, objeto de consagração pública, no dizer de Lewin, ao receber loas do "eminente sociólogo". Luiz Cabral já tinha se apressado em enviar ao filho o recorte do jornal. Intitulado "Cícero Dias e seu nonsense", o texto defendia o pintor da "ausência de senso" que frequentemente lhe era atribuída, afirmando que sua obra estava plena de sentido poético. No meio do texto, Freyre dedicou um parágrafo a João Cabral:

> Ainda há pouco apareceu neste mesmo Recife triste mas surpreendente de Cícero Dias o livro de um poeta de vinte anos. João Cabral de Melo Neto — que é outra negação magnífica de senso: de toda a espécie de senso convencional. Sua poesia é das que não têm senso convencional nenhum. Mas é da verdadeira, da boa e às vezes até roça pela grande.

Depois de fornecer papel de luxo para *Pedra do sono*, Gilberto Freyre se encarregava de fazer a propaganda do livro. A seu pedido, o poeta também havia levado para o Rio uma carta endereçada a José Lins do Rego, que se tornaria amigo de João Cabral e o apresentaria a muitos escritores.

Os primeiros meses na nova cidade foram complicados. O rapaz não arranjou emprego e teve que viver à custa do pai. Logo expressou o desejo de voltar para o Recife, ideia prontamente recusada. "Você resolveu ir para o Rio, agora vai ficar e fazer carreira aí no Rio", ordenou Luiz Cabral. Nesse período, João trabalhou até como corretor e chegou a intermediar negócios feitos no Rio por Willy Lewin, que ironicamente o chamou de *"businessman"*.

Seu principal objetivo era prestar concurso para o Itamaraty. Enquanto aguardava, acabou sendo aprovado em outro e, em julho de 1943, passou a trabalhar como assistente de seleção no Departamento Administrativo do Serviço Público (Dasp), que controlava todos os exames e concursos. Ali conheceria Stella, a futura esposa. Sua permanência no órgão se estenderia por mais de dois anos. Somente em dezembro de 1945 o Ministério das Relações Exteriores abriria o esperado concurso para ingressantes na carreira diplomática.

Dirceu Buck cumpriu a promessa. De volta a São Paulo, visitou Antonio Candido em sua casa, no bairro da Aclimação, e lhe entregou o exemplar de

Pedra do sono assinado pelo poeta: "Para Antonio Candido Mello e Souza, oferece João Cabral de Melo Neto". O portador disse que era amigo do autor, mas não sabia se seus versos eram bons ou ruins. Uma única informação foi dada ao crítico: o poeta sofria de uma dor de cabeça terrível. Como titular de uma coluna de crítica literária, Candido recebia todos os dias uma enxurrada de livros. Tinha o hábito de deixá-los dormindo por um tempo. Entretanto, o caso do jovem pernambucano, que ninguém conhecia em São Paulo, despertou sua curiosidade. Ao abrir o volume, tomou um choque. Registrou o impacto em "Poesia ao norte", o primeiro artigo importante sobre a obra de João Cabral e também o primeiro a ser produzido por um crítico de fora do Nordeste.

Dois anos mais velho que o poeta, Antonio Candido fazia parte de um grupo de intelectuais da USP, egressos das primeiras turmas da Faculdade de Filosofia, Ciências e Letras, que em 1941 fundaram a revista *Clima*. Depois do seu lançamento, os rapazes, apelidados de *chatoboys* por Oswald de Andrade, começaram a receber convites para trabalhar na grande imprensa. Candido assumiu o rodapé semanal "Notas de crítica literária", na *Folha da Manhã*, em janeiro de 1943, poucos meses depois do aparecimento de *Pedra do sono* e precisamente na época em que João Cabral, recém-chegado ao Rio, se concentrava em seus primeiros esforços para conquistar o sul do país.

Publicado em 13 de junho de 1943, o artigo "Poesia ao norte" revelava aspectos característicos do trabalho intelectual preconizado pelo grupo paulista, tais como o apego ao concreto, a recusa de abstrações e a busca da profundidade por meio da simplicidade. De acordo com o crítico, *Pedra do sono* constituía a grande revelação na poesia da "geração novíssima" — a melhor estreia da década que acabara de iniciar. Enquanto outros reproduziam os cacoetes de Schmidt, o jovem pernambucano já se apresentava em plena posse de seus meios de expressão, com a "riqueza de uma incontestável solução pessoal". As duas principais características dos textos foram apontadas de saída: a valorização plástica das palavras, que dava aos poemas um caráter de composição pictórica, e o consequente hermetismo. Os vocábulos permaneciam soltos, sem articular um significado. O resultado, que Antonio Candido visivelmente lamentava, era a construção de um "mundo fechado".

Ao trabalhar com imagens materiais, ordenadas como valores plásticos, o autor revelava uma "tendência construtivista". Porém, apesar de rigorosa, a construção não era racionalista, advertiu o crítico, pois tinha como base o "material caprichoso" do sonho e da associação livre, isto é, os dados espontâneos da sensibilidade: "Não o chamo, porém, de cubista, porque ele não é só isso. O seu cubismo de construção é sobrevoado por um senso surrealista da poesia". Estava aí, na visão de Candido, a solução pessoal do poeta, capaz de englobar em si mesmo duas correntes diversas.

Em certos momentos, as composições lhe pareciam naturezas-mortas. Exagerando a experimentação, o autor acabava "despoetizando demais as suas poesias". Na visão do articulista, essa desumanização era empobrecedora, "ressecando a vida". Por essa razão, aquele "livrinho de moço" se revelava uma aventura arriscada, ainda que pessoalmente bem-sucedida. Os novos tempos, segundo Candido, exigiam uma poesia comunicativa, e não o hermetismo construído pelo "sr. Cabral de Melo", resultante de "um cúmulo de individualismo, de personalismo narcisista". O poeta estaria ainda na idade da "autocontemplação". A esperança do crítico, expressa ao final do artigo, era que viesse a "aprender os caminhos da vida", transformando sua poesia em "valor corrente entre os homens".

A exemplo de Drummond — cujo livro *Sentimento do mundo* foi mencionado como modelo de poesia afeita ao "sentido de comunicação" —, Candido identificava nos versos cabralinos uma espécie de lirismo "menor", recorrente entre os jovens poetas, incapazes de uma "totalização da experiência humana". Naquele tempo, ao falar do Surrealismo, o crítico também torcia o nariz. Considerava-o uma atitude irracionalista, individualista, romântica e, sobretudo, deslocada no contexto brasileiro, onde não passaria de uma "planta estrangeira".

João soube com atraso da existência do artigo, que produziu enorme repercussão em sua trajetória. Foi pelas mãos de Drummond que teve acesso ao texto. De imediato, impressionou-se com o fato de, sem nunca tê-lo visto pela frente, o crítico "adivinhar" que seu livro era cubista, construído, e não surrealista como se pensava. A partir daí, sentiu-se estimulado a desenvolver seu construtivismo. Três anos depois, numa entrevista para *O Jornal*, afirmaria que o "artigo inteligentíssimo" de Antonio Candido, ao destacar o trabalho de construção, o livrara de um sentimento de inferioridade, pois até então ele sofria por julgar que sua escrita era pouco espontânea.

Para João Cabral, o crítico de *Clima* previra tudo que ele iria escrever no futuro. Com efeito, ao fixar como contradição básica da poesia cabralina o que depois chamou de "fantasia disciplinada", Candido teria encontrado um bom modo de defini-la, para além dos limites de *Pedra do sono*.

A negação obstinada do Surrealismo foi um dos efeitos da inflexão vivida naquela altura pelo poeta, com a decisiva colaboração do crítico. Mais tarde, outras lições do artigo seriam oportunamente postas em prática e em discussão: o combate ao intimismo e ao isolamento; a defesa da comunicação, contra o hermetismo; a inclinação para a poesia social, com referência em dados concretos da realidade, em paisagens e figuras humanas — nos termos de Antonio Candido, a busca de uma "poesia maior".

Logo que chegou ao Rio, João Cabral voltou a procurar Drummond. A formalidade do primeiro encontro, em 1940, repleto de embaraços e silêncios, seria então compensada pela possibilidade de um convívio amistoso, íntimo, que durante mais de quatro anos se desdobraria em conversas, telefonemas, cartas e bilhetes. Como trabalhavam próximos — João no Dasp, no prédio do Ministério da Fazenda, que achava horrendo, e Drummond no Ministério da Educação e Saúde, cujo projeto contou com a consultoria de Le Corbusier —, encontravam-se diariamente. Todas as tardes, desciam para tomar lanche num café chamado Itahy, na esquina das ruas Araújo Porto Alegre e Graça Aranha. Era o lugar preferido do poeta mineiro, por ser mais adequado para a concentração na conversa, longe da agitação.

Em março de 1943, João enviou os originais do seu novo livro ao mestre e amigo. Dessa vez, tratou-o simplesmente por Carlos e não mais pelo nome completo, como sempre fazia nas cartas. Escrito nas longas horas vagas de seu período inicial de adaptação ao Rio, ainda sem emprego fixo, o livro foi concebido como uma peça de teatro baseada no poema "Quadrilha", de *Alguma poesia*, do qual foram extraídas as personagens. O Drummond modernista, com sua dicção seca e irônica, continuava a lhe interessar mais do que a poesia social drummondiana, que àquela altura seguia de vento em popa.

O texto não estava concluído. João escrevera apenas "a primeira parte do ato", composta das falas das três personagens masculinas do poema, e pretendia acrescentar ainda os monólogos das três mulheres. Drummond gostou do que leu e incentivou a continuidade do trabalho. Apesar do encorajamento, João acabou desistindo da ideia teatral. A resolução foi tomada quando enfim constatou "a incompatibilidade entre o poemático e o dramático", que, levada aos palcos, poderia causar na plateia "reações muitas vezes perigosas para a vida dos intérpretes". Essa explicação apareceu na nota que acompanhou a divulgação do texto, sob o título *Os três mal-amados*, no último número da *Revista do Brasil*, em dezembro de 1943. A publicação foi sugerida pelo próprio Drummond. Na epígrafe, apareciam destacados os versos iniciais de "Quadrilha": "João amava Teresa que amava Raimundo/ que amava Maria que amava Joaquim que amava Lili/ que não amava ninguém".

Essa segunda obra acabou tomando a forma de poema em prosa, gênero já experimentado por João em sua produção anterior a *Pedra do sono*, ao qual ele nunca mais retornaria. Em sua paráfrase indisfarçada, ele transformou o poema-piada de Drummond numa cadeia de monólogos de denso lirismo, tratando não propriamente de relacionamentos amorosos, mas da discussão de modalidades de expressão poética.

Ecoando o clima de *Pedra do sono*, o personagem visionário que carrega o nome do autor reflete sobre o estado onírico — o sonho "que ainda trago em mim como um objeto que me pesasse no bolso". Joaquim é uma espécie de eu mutilado e passivo, perseguido pela ideia de destruição: "O amor comeu na estante todos os meus livros de poesia. Comeu em meus livros de prosa as citações em verso. Comeu no dicionário as palavras que poderiam se juntar em versos". Por fim, Raimundo opta pela lucidez, por um mar "sem mistério e sem profundeza", pelas coisas ao "alcance da mão". Para Raimundo, Maria é uma "folha em branco, barreira oposta ao rio impreciso que corre em regiões de alguma parte de nós mesmos". Se João e Joaquim estavam próximos do poeta de *Pedra do sono*, o monólogo de Raimundo indicava o João Cabral do futuro — o poeta das coisas claras, da emoção contida, da subjetividade controlada.

Os três mal-amados serviu, mais uma vez, para que ele confessasse a ligação de seu nascimento como poeta à matriz drummondiana. Naqueles anos, vivendo na mesma cidade, João se aproveitou como pôde da sombra oferecida pelo mestre, que "caceteava diariamente por telefone", como diria em uma de suas cartas, consultando-o sobre os mais diversos assuntos. Drummond ainda não tinha, na época, a notoriedade de que passaria a desfrutar pouco tempo depois. Sua eleição como grande poeta brasileiro e principal influência de um estreante promissor causaria certa surpresa.

Um dia, conversando com Manuel Bandeira, que também passara a frequentar, João ouviu uma declaração entusiasmada: "Esse nosso país é um grande país!". Quis saber o motivo da euforia. O autor de *Libertinagem* explicou: "Um país que dá um pintor como Portinari, um escultor como Brecheret, um prosador como Gilberto Freyre, um arquiteto como Lúcio

Costa, um poeta como Augusto Frederico Schmidt...". Ao que João retrucou: "Estou inteiramente de acordo com você, mas o grande poeta brasileiro é Carlos Drummond de Andrade".

As visitas a Manuel Bandeira ocorriam sempre nas manhãs de domingo. Depois de viver em Santa Teresa e na Lapa, o poeta, recém-eleito para a Academia Brasileira de Letras, tinha acabado de se mudar para o edifício Maximus, na praia do Flamengo. No apartamento composto apenas de sala, quarto e cozinha — tudo minúsculo —, Bandeira recebia o primo pernambucano. Dava-lhe boas-vindas sempre de braços abertos e sorriso à mostra. Um assunto recorrente nas conversas eram os parentes. Como havia saído muito cedo do Recife, Bandeira sempre perguntava por pessoas da família. O que mais discutiam, porém, era literatura.

A declaração de João Cabral a respeito de Drummond deixou Bandeira espantadíssimo. Naquele tempo, Schmidt, imitado por todos, era reputado como o grande nome da poesia. Seguidores de Murilo Mendes, Cecília Meireles ou do próprio Manuel Bandeira também podiam ser encontrados, mas Drummond ainda não influenciava os mais moços. João repetiria diversas vezes que tinha sido o primeiro em sua geração a conceder ao poeta mineiro, lido então por uma minoria, a importância que lhe era devida. Com efeito, os livros iniciais de Drummond, que eram os preferidos de João, ainda não haviam lhe garantido nenhum lugar especial. Sua consagração como "poeta maior" só aconteceria após a publicação, em 1945, de *A rosa do povo*, ponto culminante da sequência de livros de poesia participante, voltada para a "vida presente", iniciada com *Sentimento do mundo*.

João Cabral acompanhou de perto esse processo. Além de manterem conversas diárias, os dois tinham o hábito de despachar bilhetes um para o outro, versando não apenas sobre poemas e livros, mas também acerca de assuntos corriqueiros da rotina burocrática. Numa dessas mensagens, Drummond fez uma exclamação irônica: "E viva a burocracia, nosso pão e nosso câncer!". Mais afeito ao ambiente da repartição, era ele quem mais se valia desse expediente da troca de bilhetes, sempre transmitindo ao amigo "o abraço afetuoso do Carlos".

Nessa mesma época, João lhe encaminhou um poema escrito no papel timbrado do Dasp: "Difícil ser funcionário/ Nesta segunda-feira./ Eu te telefono, Carlos,/ Pedindo conselho". Sentindo-se emparedado, o poeta pernambucano lamentava "a dor das coisas", o regimento que proibia "assovios, versos, flores", o convívio forçado com "tanta roupa preta", com os arquivos que pareciam túmulos. "Carlos, dessa náusea/ como colher a flor?", perguntava-se ao final do poema, que também mencionava de passagem, em contraste com a fúnebre seção burocrática, uma moça "em forma de lembrança". Enviados ao amigo em setembro de 1943, esses versos durante muito tempo seriam dados como perdidos.

O poema "A Carlos Drummond de Andrade", inserido em 1945 no livro *O engenheiro*, também foi enviado ao mestre. Em versos cheios de negativas, que traziam o mesmo cheiro de repartição, o assistente de seleção do Dasp voltou a lamentar: "Não há guarda-chuva/ contra o tédio:/ o tédio das quatro paredes, das quatro/ estações, dos quatro pontos cardeais". Nesses poemas, parecia operar-se uma curiosa mescla das vozes drummondiana e cabralina. João se identificava plenamente com aquela poesia prosaica, antirromântica, desarmônica, cheia de lances inusitados. Admirava sobretudo o modo como essa poesia não poética fazia a crítica do lirismo convencional, revelando-se avessa à tradição lacrimosa e sentimental da lírica em língua portuguesa.

No poema "América", que faria parte do livro *A rosa do povo*, havia um verso sobre um cão "cheirando o futuro" que o deixava deslumbrado. Gostava da maneira como, por meio de dois vocábulos concretos — "cão" e "cheirando" —, o autor fora capaz de concretizar a palavra "futuro". Em Drummond, João encontrou uma importante orientação para sua própria poesia: para vivificar as palavras, segundo o autor de *Os três mal-amados*, era preciso buscar uma linguagem que se dirigisse, por meio dos sentidos, à inteligência do leitor.

À medida que ia escrevendo os poemas políticos de *A rosa do povo*, Drummond fazia questão de submetê-los à apreciação do amigo. Chamava o contínuo da seção e despachava os textos, acompanhados por bilhetinhos, para o edifício ao lado do Ministério da Educação e Saúde. Antes da publicação do livro, que a princípio se chamaria *A flor e a náusea*, João foi responsável pela revisão e leitura final dos originais.

Uma tarde, ele descia a avenida Rio Branco com Mário Calábria, jovem bacharel que também se preparava para o concurso do Itamaraty. De repente, na esquina da Biblioteca Nacional, surgiu Drummond. Havia acabado de escrever o "Canto ao homem do povo Charlie Chaplin", a longa composição que encerraria *A rosa do povo*. Depois de trocarem algumas palavras, o poeta mineiro entregou o manuscrito ao amigo e se despediu. João se enfiou numa confeitaria da Cinelândia e, na companhia de Mário

Calábria, imediatamente deu início à leitura. Enquanto lia o poema saído do forno, ia repetindo: "Muito bom, muito bom...".

Em seus encontros vespertinos, os amigos acabariam indo além do Itahy e, na expressão do poeta mais velho, também passariam a "vadiar" por outros cafés do Castelo. Frequentemente iam também ao cinema. Quando começava a projeção, Drummond mergulhava em silêncio profundo. Era como se desejasse criar, na sala escura, um espaço exclusivamente seu, de máxima concentração, pensava João Cabral.

Um dia o rapaz resolveu presenteá-lo com uma lembrança de Pernambuco. Escreveu ao pai, pedindo que lhe arranjasse um punhal oriundo de Pasmado — lugarejo perto da fronteira da Paraíba onde eram fabricados bonitos punhais que, seguindo a moda, as pessoas traziam à cintura. Mais tarde, num dos textos do volume *Novos poemas*, de 1948, Drummond faria alusão a essa "faca pernambucana". A faca: futuro símbolo da poesia de João Cabral — emblema de sua fala cortante e contundente, que tanto se nutriu da áspera dicção de Drummond.

Nos últimos anos da guerra e da ditadura do Estado Novo, o ambiente literário vivia uma fase movimentada, com farta publicação de suplementos, estreito convívio entre os escritores e estreias importantes em diversos setores, tanto na poesia como na prosa e no teatro. João Cabral circulava por quase todas as rodas, e suas notícias cariocas chegavam por vários meios ao Recife, causando alegria, curiosidade e também ressentimento.

Ao perceber a expansão do universo literário do discípulo, Willy Lewin não conseguiu conter o ciúme. Nas cartas que enviou a João entre novembro de 1942 e agosto de 1943, era nítida a dor de cotovelo. Willy cobrava respostas e as pedia longas, com notícias de todos os amigos e principalmente do poeta, que antes de voar para o sul do país se escondia sob suas asas. Depois confessava seu fastio com a grande quantidade de fatos comunicados. Ou o espanto que lhe causava saber que João em tão curto período estava íntimo de tanta gente famosa. "Eu ficaria tonto", resmungou no final de uma carta. Aqui e ali, fazia questão de manifestar desacordo com as novas ideias de João Cabral, especialmente "o seu cada vez mais azedume contra o pensamento católico".

Em dezembro de 1942, Willy contou que José Maria de Albuquerque Melo, editor da *Revista do Norte*, pretendia fazer uma experiência tipográfica com sua coletânea *Museu da poesia*. Perguntou então se, "em face dos últimos acontecimentos", João se sentiria "gauche", ou melhor, se ainda aprovaria a introdução que havia escrito para a primeira edição do livro, publicada no início do ano em *Renovação*. João não aprovou a reprodução do texto, mas ficou cheio de dedos ao manifestar a recusa. Lewin observou que ele parecia "aperreado". "*Simplicitas*, João, *simplicitas!*", recomendou. Em seguida, lançou uma provocação: "Que tal a palavra LUA?". Essa pergunta, segundo ele, soaria como uma besteira — "agora que para você a Lua é Lua e para mim é Lua e... outras cousas. Ou melhor, outras visagens".

Insatisfeito com as raras cartas que chegavam do Rio, Willy sentia-se traído e menosprezado como "resto". Em março de 1943, reclamou que soubera por acaso, num encontro casual com o pai de João, da sua ideia de escrever uma peça baseada em "Quadrilha". Tomou o silêncio como expressão de "pouco-caso" e lamentou ainda o fato de não receber seus novos poemas, que acabava conhecendo por intermédio de outros. Embora estimulasse o amigo a persistir na construção minuciosa dos poemas que comporiam o livro *O engenheiro*, Willy sabia que sua influência estava sendo definitivamente ultrapassada. "Não saberia, creio, imitá-lo — ao menos por enquanto — nessa determinação vigilante, nesse enérgico espírito de plano", admitiu, "pobre de mim que sou um bicho inquieto e pulador de galhos, um simples e intermitente anotador de 'motivos' poéticos ou não."

De Pernambuco, outros rapazes logo chegariam para tentar a vida no Rio. Em poucos meses, praticamente todos os integrantes do grupo do Café Lafayette e da revista *Renovação* já tinham se transferido para a capital. Um dos primeiros foi Lêdo Ivo, que logo no início de 1943, com dezenove anos, prestou os exames da Faculdade Nacional de Direito da Universidade do Brasil. Como não queria ser advogado, pouco ia às aulas. Antes de arranjar emprego em jornal, sem ter o que fazer, passou um tempo no consultório de Jorge de Lima, organizando sua correspondência. Ali, no meio das prateleiras, com um sorriso na boca dizia ter encontrado vários exemplares de *Pedra do sono*, enviados pelo autor, que Jorge não se dera ao trabalho de remeter aos destinatários.

Assim como João Cabral, Lêdo foi introduzido no circuito poético por Murilo Mendes, autor do artigo "Simples apresentação", publicado no *Diário de Notícias*. Em 1944, lançou seu primeiro livro, *As imaginações* — segundo Mário de Andrade, "uma estreia deslumbrante". A respeito do livro, seu amigo Breno Accioly, fazendo piada, escreveu que o poeta em quatro anos crescera dois centímetros e que havia derrubado os cachos numa barbearia. Entretanto, continuaria sempre irrequieto — na definição de Otto Lara Resende, um "linguarudo eclético", que de todos, sem distinção, e até de si mesmo falava sempre maldosamente, explodindo em risadas.

No curto intervalo entre a transferência de João Cabral, em novembro de 1942, e a de Lêdo Ivo, em fevereiro de 1943, também se fixaram no Rio Eustáquio Duarte, que João encontrara no norte de Minas, e Breno Accioly. Este saiu de Pernambuco em dezembro de 1942, um mês depois de seu companheiro do Sanatório Recife. Apesar dos problemas psiquiátricos que o atormentavam desde a adolescência, concluiu o curso na Faculdade de Medicina, em São Cristóvão. Também deu para fumar charutos. Ao acendê-los, dizia euforicamente para João e Lêdo: "Vamos conquistar o Rio e expulsar a pontapés esse pessoal que está aí". Referia-se aos grupos de escritores que haviam se apoderado dos jornais e suplementos literários. A exemplo de Lêdo Ivo, Breno não demorou a publicar sua primeira obra, o livro de contos *João Urso*, com prefácio de José Lins do Rego. Sua prosa lírica, estranha e perturbadora receberia muitos elogios e seria até imitada por Drummond, como confessou o poeta mineiro em carta a João Cabral.

Em julho de 1943, influenciado pelo exemplo dos amigos, Antônio Rangel Bandeira jogou para o alto a carreira de magistrado no interior de Pernambuco e também se abalou para o Rio. Enquanto se transferia, Gilberto Freyre publicou um artigo em *A Manhã*, intitulado "Um promotor à procura da 'rua lírica'", no qual celebrava a revolta do rapaz e sua decisão de rasgar a fantasia de "promotor triste no meio de autos e processos" para se dedicar ao jornalismo e à poesia.

Complementando essa segunda leva, juntamente com Antônio Rangel Bandeira, migraram ainda o cenógrafo e artista plástico Eros Martim Gonçalves e o poeta Benedito Coutinho. Em setembro de 1943, o próprio mestre Willy Lewin deixaria Pernambuco para iniciar uma nova carreira na capital. Em dezembro, estavam todos presentes no enterro de Ulysses Pernambucano de Mello, que poucos meses antes também havia decidido morar no Rio, onde morreu de doença cardíaca. Sobre o tio, escreveria mais tarde João Cabral no livro *Museu de tudo*: "O rosto do único defunto/ que eu ousei escrutar na vida:/ não só vivia mas guardava/ a lucidez que me atraíra".

Nas cartas que precederam a mudança de Willy Lewin para o Rio, o rancor se tornou mais evidente. O poeta se dizia assustado com os boatos de que João Cabral havia sofrido "uma grande transformação", que incluía roupas, hábitos e até o modo de ser. Na última carta, em agosto de 1943, ao comunicar que estava prestes a se mudar do Recife, Willy reiterou suas desconfianças e o temor de que o "amigo do peito" o tivesse incluído numa possível "lista negra", organizada por motivos ignorados. *I'm getting something in the air*", disse por fim. Esperava que, ao reencontrá-lo, João viesse "iluminar essas sombras".

Lewin chegou ao Rio de Janeiro acompanhado de Belinha, sua mulher, e da filha, Lúcia. Passou a residir em Ipanema, onde seria visto aos domingos pedalando e tirando fotografias, com um volume de poesia inglesa debaixo do braço. Quando desembarcou, a primeira coisa que disse, ainda no aeroporto, foi que não queria frequentar escritores, pois julgava que João não fizesse outra coisa. Entretanto, acabaria se tornando uma das presenças mais constantes nas rodas literárias.

No Recife ficaram apenas o crítico Otávio de Freitas Júnior e o pintor Vicente do Rego Monteiro. Este, cada vez mais empenhado em sua carreira literária, continuou a editar *Renovação* até 1946. Nesse ano, finda a guerra, voltou a morar em Paris, depois de realizar um segundo congresso de poesia no Recife. Em sua última fase, marcada por dificuldades financeiras, a revista passou a ter formato menor, de bolso, e era feita pelo próprio Vicente em uma prensa manual. Mesmo à distância, João, Willy e os demais integrantes da roda continuaram a colaborar com poemas e artigos.

Transferido para o Rio, o grupo se incorporou de imediato à fauna de escritores, intelectuais e artistas que, numa época cheia de acontecimentos e debates, se encontravam o tempo todo em bares e livrarias. Nos primeiros tempos, a turma do Recife vivia precariamente, sem a garantia do emprego, hospedando-se em pensões ou de favor na casa de parentes, como era o caso de João Cabral. Em compensação, tinham tempo suficiente para as frequentações literárias. Um dos principais pontos de encontro era a Livraria José Olympio, na rua do Ouvidor, perto da avenida Rio Branco. Do outro lado, ficava a Livraria Garnier, "escura como uma gruta", no dizer de Lêdo Ivo, representando o passado literário. Graciliano Ramos, José Lins do Rego, Rachel de Queiroz, Álvaro Lins, Otto Maria Carpeaux, Bandeira, Drummond, Murilo, Schmidt, todos preferiam a modernidade da José Olympio, onde durante as tardes conversavam demoradamente, à vista de incontáveis anônimos e aspirantes à literatura.

Da livraria, muitos seguiam para o Amarelinho, na praça Marechal Floriano, um dos pontos mais célebres da Cinelândia — uma atraente mistura de bar, restaurante, lanchonete e choperia. João Cabral, Lêdo Ivo, Breno Accioly e Antônio Rangel Bandeira se viam praticamente todos os dias no Amarelinho. A essa roda se juntaram, a partir de 1944, os mineiros Fernando Sabino e Otto Lara Resende, que resolveram também se instalar no Rio. De acordo com Sabino, o almoço costumava ser no restaurante Maranguape, na Lapa, onde o talharim à bolonhesa custava uma ninharia.

Para Lêdo Ivo, o Amarelinho era um segundo endereço. Antes de voltar, ao cair da noite, para sua pensão na rua dos Inválidos, ele participava de longas conversas com Lúcio Cardoso e Octávio de Faria. Habitualmente, o aristocrático Octávio, que vivia de rendas, era quem pagava a conta. Certa vez, quando João Cabral também estava na mesa, o garçom veio lhes confidenciar que, na noite anterior, Lúcio Cardoso e um bando de amigos haviam se retirado sem pagar. Com toda a fineza, João sacou a carteira e disse: "Eu pago". Sua atitude tampouco era surpresa. Em bares, ele seria sempre um mão-aberta — e viria mesmo a adquirir o costume de alegar uma ida ao banheiro somente para poder, às escondidas, quitar a despesa. No dia seguinte, ao saber do ocorrido, Lúcio comentou: "O João Cabral é um diplomata perfeito". Na época, porém, o rapaz mal tinha começado a servir no Dasp.

Outro ponto boêmio, formado a partir de 1942 no centro do Rio, era o Vermelhinho, tendo como fundadores Vinicius de Moraes, Rubem Braga e Moacir Werneck de Castro. Localizado na rua Araújo Porto Alegre, a mesma do café Itahy, em frente à Associação Brasileira de Imprensa, o lugar estava mais sintonizado com os anseios democráticos e o ideário de esquerda. Oscar Niemeyer era um de seus principais frequentadores. Mesmo os mais "enrustidos", dizia Vinicius, referindo-se a Bandeira e Drummond, também apareciam às vezes no Vermelhinho. Outros habitués eram o pintor Carlos Scliar e o jornalista Joel Silveira, que em 1944 foram convocados, juntamente com Rubem Braga, para acompanhar a ação da Força Expedicionária Brasileira (FEB) na Itália. Do cronista capixaba, João Cabral tornou-se grande amigo. Antes do seu casamento, em 1946, os dois chegaram a dividir a mesma casa. Quem os apresentou foi Vinicius, a quem João sempre visitava no Leblon.

Através de Murilo Mendes, que continuava residindo na pensão das russas, no Flamengo, João Cabral conheceu a pintora portuguesa Maria Helena

Vieira da Silva. Um dia ela lhe pediu um exemplar de *Pedra do sono*. Após a leitura, fez um comentário que para ele soou surpreendente: "O que me impressiona em seu livro é a ausência terrível de Deus".

Maria Helena era casada com o pintor húngaro de origem judaica Arpad Szenes. No início da Segunda Guerra, a ameaça de invasão da França pelas tropas alemãs obrigara o casal a se refugiar no Brasil. No Rio de Janeiro, por intermédio de Murilo Mendes, eles passaram a ocupar um dos quartos do casarão das russas, que foi transformado num vasto ateliê. Povoada de artistas, a pensão abrigava também um estúdio de balé. Todas as tardes, Murilo realizava em seu quarto sessões musicais dedicadas a Mozart e Bach. Mas a vida, especialmente para o casal de exilados, não estava nada fácil. Segundo a também portuguesa Maria da Saudade Cortesão — que Murilo conheceu em 1940 e se tornaria, em poucos anos, sua esposa —, a atmosfera da casa era uma mistura de requinte, boemia artística e "aristocrática pobreza".

Em meados de 1943, os amigos de Murilo amiudaram as visitas por causa da tuberculose que o imobilizou em seu quarto. Abatido, o poeta os recebia de pijama e permanecia deitado na cama, com as mãos cruzadas sobre o peito. Na presença do visitante, continuava a ouvir, de olhos fechados, seus discos de música clássica. Enfrentar a doença em plena época de guerra foi uma experiência dolorosa para Murilo. Seus livros desse período — *As metamorfoses*, de 1944, e *Mundo enigma*, publicado no ano seguinte — revelaram-se sensíveis às atrocidades do tempo. "Sou terrivelmente do mundo", escreveu o autor. Jorge de Lima, seu companheiro de "poesia em Cristo", declarou no mesmo período que toda a sua obra literária era "social", porque sempre falava do homem e de sua presença no mundo. Nessa época, como observou o escritor Aníbal Machado, os poetas "saíram todos de suas nuvens para o encontro com os acontecimentos, se é que os acontecimentos não foram buscá-los ao reino do sonho". A frase poderia resumir também o que estava sendo experimentado por João Cabral — seu desejo de escapar do sonho, de sair das nuvens, de descer à realidade.

6.
Machine à émouvoir

"Uma fraca saúde fez que fracassassem todas as suas tentativas de entrar na vida prática", informou o diário carioca *A Manhã* em uma "Nota sobre João Cabral de Melo Neto", publicada em 3 de outubro de 1943. O suplemento Autores e Livros estampou, na série "Antologia da literatura brasileira contemporânea", treze poemas de sua lavra, ocupando duas páginas inteiras. Quatro composições foram extraídas de *Pedra do sono*: "A André Masson", "Espaço jornal", "Os manequins" e "Janelas" — este aparece também numa versão manuscrita, na caligrafia do autor. Como estava sem exemplares do livro, João pediu a Drummond que copiasse à máquina os poemas — tarefa que foi delegada à filha do poeta, Maria Julieta.

Os outros poemas traziam ao final a indicação da coletânea, ainda inédita, na qual seriam inseridos: *O engenheiro*. Dois ficariam de fora: "A lição de desenho", dedicado a Luís Jardim, e "O papel em branco", do qual alguns versos seriam depois reaproveitados no volume *Psicologia da composição*. A nota, de autoria não informada, resumia os dados biográficos de João Cabral. "Quase nunca colabora em jornais ou revistas", informava o texto. Como ilustração, o jornal publicou um desenho do frágil poeta feito por Eros Martim Gonçalves.

Fundado por Cassiano Ricardo para difundir a ideologia do Estado Novo, *A Manhã* dispunha de dois suplementos dominicais, Autores e Livros e Pensamento da América, dirigidos respectivamente por Múcio Leão e Ribeiro Couto. Criado em 1941, Autores e Livros defendia o "antipartidarismo" e a difusão de escritores de todos os estados, tanto acadêmicos como "modernistas". Parente de João pelo lado materno, Múcio Leão também acolheu no suplemento os jovens pernambucanos — Lêdo Ivo, Breno Accioly e, principalmente, o autor do inédito *O engenheiro*, que seria fartamente divulgado em suas páginas.

Em março de 1945, João Cabral entregou os originais do novo livro à Livraria Agir Editora, fundada no ano anterior por Alceu Amoroso Lima (o Tristão de Ataíde) com o objetivo de promover obras de escritores católicos.

Em maio, outros quatro poemas foram divulgados em Autores e Livros: "A bailarina", "As nuvens", "A moça e o trem" e "A paisagem zero", que já tinha aparecido em 1943 na revista *Renovação*. Em junho, o suplemento informou que o livro seria publicado por uma nova editora, Amigos da Poesia. A nota ressaltou sua contribuição original para a poesia da "novíssima geração". Citando observações de Antonio Candido sobre a mescla de Surrealismo e Cubismo, o texto concluía com a informação de que o poeta agora buscava "construir uma poética puramente consciente".

O dono da editora Amigos da Poesia era Augusto Frederico Schmidt. Inicialmente, João mostrou os originais ao crítico e diplomata Lauro Escorel, que tomou a iniciativa de levá-los às mãos de Schmidt. Além de ser, naquele período, o nome mais influente da poesia brasileira, o autor de *Pássaro cego* era um empresário de sucesso. Na década de 1930, fundara a Editora Schmidt, que marcou época, lançando escritores como Graciliano Ramos, Jorge Amado, Marques Rebelo e Lúcio Cardoso, entre outros. Também fora responsável pela primeira edição de *Casa-grande & senzala*, de Gilberto Freyre. Nas ruas, era admirado como amigo de presidentes, que tinha livre acesso ao Palácio do Catete. Depois de ler os poemas de João Cabral, Schmidt mandou chamá-lo e disse: "Esse livro vai me fazer um grande mal, mas é excepcional e vou editá-lo. Procure uma gráfica, mande imprimi-lo e envie a conta para o meu escritório". João mandou imediatamente os originais para a Gráfica Econômica, localizada na rua Luís de Camões.

Entre os pernambucanos, o preferido de Schmidt era Lêdo Ivo. Certa vez, numa demonstração de afeto desajeitada, o corpulento escritor chegou a ponto de pegá-lo no colo. "É o Rimbaud brasileiro", disse então para Eros e João Cabral, que assistiam à cena. A poesia magra e contida de *O engenheiro* situava-se no extremo oposto. Não obstante, com seu faro de poeta e editor, Schmidt percebeu a força do livro e previu que sua entrada em cena seria capaz de alterar os rumos da poesia nacional. Com efeito, o reinado de Schmidt estava próximo do declínio. A chegada do novo poeta vinha confirmar que as obras de Manuel Bandeira — "chefe da poesia do 'cotidiano'", no dizer de Vinicius — e, sobretudo, Drummond constituíam os principais pontos de irradiação da poesia moderna no país. O livro de Cabral seria o estopim de uma drástica revisão de valores.

Por ironia, o volume custeado por Schmidt seria dedicado, mais uma vez, ao poeta mineiro. Em sua obra de estreia, este havia escrito as palavras "A Mário de Andrade, meu amigo". João reproduziu a dedicatória: "A Carlos

Drummond de Andrade, meu amigo". Além de revelar uma necessidade de afirmação, natural em escritores jovens, o gesto também servia para indicar a consciência de uma espécie de continuidade entre os três poetas — o mesmo efeito produzido anteriormente pela sequência dos títulos *Remate de males*, *Brejo das almas* e *Pedra do sono*. Todavia, a dedicatória e a reiteração do elo de amizade não excluíam a consciência de que o livro pudesse, em alguma medida, desagradar ao mestre. O receio já tinha sido confessado por João em agosto de 1943, quando enviou a Drummond o poema que daria título à coletânea: "Carlos, este é o 'Engenheiro' que lhe apresento, sem saber se você fará dele um seu amigo".

João Cabral estava ainda no Recife quando começou a escrever os poemas do novo livro. Desde a publicação de *Pedra do sono*, já tinha praticamente pronto em sua cabeça o projeto literário que guiaria seus futuros passos. Os amigos se impressionavam com o discernimento crítico e a consciência que ele, aos 25 anos, manifestava a respeito da própria obra. Sua nova orientação consistia em considerar a composição do poema um trabalho intelectual de experimentação com as palavras — uma "criação pura do intelecto", nas palavras de Mallarmé. Daí a decisão de trocar a atmosfera mórbida e noturna da primeira coletânea por outra solar e clara. "A inteligência desconfia da noite", diria o poeta.

A ideia de construção constituía o nervo da proposta. Antes de se mudar para o Rio, onde conheceu Niemeyer e Lúcio Costa, João Cabral já havia se interessado pela teoria da arquitetura moderna. No final da década de 1930, convivera com um grupo de arquitetos, discípulos de Joaquim Cardozo na Escola de Engenharia, que estavam participando no Recife de uma das primeiras experiências brasileiras com arquitetura funcional, inspirada em Le Corbusier. Esses amigos lhe deram para ler os livros do arquiteto franco-suíço. Paralelamente ao contato com o Surrealismo, desde os dezoito anos o poeta teve a oportunidade de absorver uma espécie de antídoto: a teoria arquitetônica corbusiana, que, antes de Valéry, lhe ensinou que arte era construção. O arquiteto se tornaria, assumidamente, a principal influência de sua vida — sinônimo de construtivismo, encarnação da lucidez e da inteligência.

No livro *Quand les Cathédrales étaient blanches* [Quando as catedrais eram brancas], sobre sua viagem aos Estados Unidos em 1936, Le Corbusier definiu o Surrealismo, que detestava, como uma arte fúnebre, feita por videntes que cultuavam Rimbaud. Ao ler essa condenação, João sentiu um enorme alívio. O arquiteto lhe dava coragem para ir na direção oposta à que haviam tomado seus amigos do Café Lafayette.

Le Corbusier significou para João Cabral a revelação do Cubismo. No Rio de Janeiro, o poeta ampliou seu contato com as artes plásticas. Em julho de 1943, na companhia de Luís Jardim, visitou uma exposição de Portinari no Museu Nacional de Belas Artes. Depois, num artigo publicado pelo *Diário de Pernambuco*, fez elogios à nova fase do pintor, enfatizando seu recente interesse pelo Cubismo, o "movimento para a criação de uma realidade plástica". Concluiu o artigo dizendo que suas lições eram "não somente profissionais, para pintores", mas "sobretudo estéticas".

A dívida com Le Corbusier foi registrada na epígrafe de *O engenheiro* — "*machine à émouvoir*" —, extraída de um ensaio sobre pintura escrito pelo arquiteto. Uma máquina de emocionar — essa seria, em essência, a concepção cabralina de poesia. A exemplo da casa, definida pelo arquiteto como "*machine à habiter*", o poema seria uma máquina, algo inteiramente funcional. Os preceitos corbusianos — planejamento racional, claridade, economia de recursos, uso de formas geométricas simples, entre outros — passavam a constituir também os fundamentos de sua construção poética. As inovações formais de *O engenheiro* estavam ligadas justamente à concisão do vocabulário, à precisão da linguagem, ao equilíbrio das estruturas, à nomeação de "coisas claras".

Se o livro foi dedicado a Drummond, o poema-chave, que lhe deu título, era dedicado "a Antônio B. Baltar" — o mais próximo de João dentre os arquitetos que ele conheceu no Recife. Ainda estudante da Escola de Engenharia, Baltar havia trabalhado na pioneira experiência arquitetônica desenvolvida em Pernambuco antes do Estado Novo, entre 1934 e 1937, sob a liderança do arquiteto e urbanista carioca Luís Nunes. Discípulo de Lúcio Costa, Nunes comandou a construção de dezenas de obras públicas. Com ele trabalharam Joaquim Cardozo e Burle Marx, que projetou na ocasião seus primeiros jardins.

Antônio Baltar participou da última fase do projeto, mais influenciada pelos postulados de Le Corbusier. Finda a experiência, e morto precocemente seu diretor, em 1941 o amigo de João veio a trabalhar na construção da sede da Secretaria da Fazenda, então o prédio mais moderno do Recife, cujas paredes internas ganhariam painéis de Cícero Dias. Esse era o edifício que João transportou para o poema "O engenheiro": "A água, o vento, a claridade,/ de um lado o rio, no alto as nuvens,/ situavam na natureza o edifício/ crescendo de suas forças simples". O engenheiro que "sonha coisas claras", pensando o "mundo justo", que "nenhum véu encobre", era o próprio Baltar. Além de jogar tênis, como indica o poema, era estudioso de história da arte recifense e tinha preocupação com as injustiças sociais numa cidade cheia de mocambos, cuja população já beirava 400 mil pessoas.

No Rio de Janeiro, trabalhando de frente para o Ministério da Educação e Saúde, João contemplava todos os dias o edifício, modelo de um amplo programa construtivo — influenciado, como *O engenheiro*, pelas teorias de Le Corbusier — que culminaria, vinte anos depois, na edificação de Brasília. Esse "milagre" arquitetônico brasileiro, de repercussão internacional, teve a participação decisiva de Joaquim Cardozo. Expulso de Pernambuco após a decretação do Estado Novo, Cardozo passara a residir no Rio de Janeiro, onde trabalhou no Serviço do Patrimônio Histórico e Artístico Nacional (Sphan). Semanalmente, comparecia às reuniões do chamado "Grupo do Patrimônio" na casa de Rodrigo Melo Franco de Andrade, que depois também seriam frequentadas por João Cabral. Em 1941, foi convidado por Oscar Niemeyer para trabalhar na construção da igreja da Pampulha, em Belo Horizonte. Em vinte anos de cooperação, enfrentando todos os desafios, realizaria os cálculos dos projetos de Niemeyer em várias cidades brasileiras.

Joaquim Cardozo fazia suas contas em toda parte, até em caixas de fósforos. Como poeta, estava ainda inédito. Na verdade, só escrevia à força, comumente não se dava o trabalho de registrar os versos que compunha. Preferia ler a escrever, sabia quinze idiomas e devorava compulsivamente vários livros ao mesmo tempo. Para Niemeyer, era o brasileiro mais culto que conhecia. João Cabral o admirava desde o Recife, mas os dois só se aproximaram no Rio. Depois de Willy Lewin, Cardozo seria, segundo ele, sua segunda "universidade", valendo por toda uma faculdade de letras e filosofia.

Encontravam-se quase diariamente, à hora do jantar, num restaurante da avenida Treze de Maio. João também o visitava no escritório e em casa, de onde sempre trazia uma braçada de livros. Solitário, Cardozo não frequentava os meios literários. Se não o procuravam, ficava quieto em seu canto. Mas era amável com os amigos e gostava de conversar até altas horas. Suas ideias eram sempre fantásticas — por exemplo, gravar os ruídos do mar e compor com eles uma poesia radiofônica. Nos meses de inverno, costumava vestir, sobre a camisa, dois suéteres grossos. Era muito friorento e, para se proteger, lançava mão de soluções extravagantes. João Cabral ficou surpreso, num dia chuvoso, ao vê-lo todo molhado, com jornais amassados por debaixo do paletó. "Para que esses jornais?", perguntou. O amigo respondeu que sua intenção era deixar o corpo aquecido, prevenindo resfriados.

Em seus primeiros tempos no Rio, Joaquim Cardozo morou num prédio na rua do Riachuelo, num quarto alugado por algumas senhoras. Quando elas se mudaram de pavimento, ele as acompanhou. Depois elas se transferiram para o largo do Machado, e de lá para a praia do Flamengo. O poeta sempre ia junto. Era mais prático, já que elas cuidavam de tudo e sabiam encaixotar seus livros. Como ele era incapaz de comprar estantes, os volumes ficavam espalhados em pilhas pelo quarto.

Seu escritório era muito simples. Além da mesa, possuía unicamente duas cadeiras. Certa feita, Cardozo estava conversando animadamente sobre poesia com João Cabral quando apareceu um português que lhe havia encomendado cálculos. O engenheiro pediu que ele aguardasse e continuou a conversa, deixando-o em pé na porta do escritório. Depois de algum tempo, o português voltou a reclamar, dessa vez aos gritos. Cardozo resolveu então dar atenção ao cliente aflito. Contrariado, virou-se para João e disse: "Você vê? Já não se pode conversar sobre poesia".

Quando prestou concurso para o Dasp, o poeta contou com a ajuda do amigo, que lhe ensinou fórmulas básicas de matemática — uma pedra no sapato desde os tempos do Colégio Marista —, contribuindo para sua aprovação. Cardozo também foi responsável pela orientação gráfica do livro *O engenheiro*, além de desenhar a lira que seria estampada na capa. Sua dupla condição de poeta e engenheiro era motivo de enorme fascínio para João. Assim como o impressionava a presença pernambucana em sua poesia, o que mais tarde seria igualmente uma obsessão cabralina. "A cidade que não consegues/ esquecer, aflorada no mar: Recife", escreveu num dos poemas de *O engenheiro*.

Outro pernambucano homenageado no livro foi Vicente do Rego Monteiro, que motivou dois poemas. "A paisagem zero", na abertura do livro, fazia referência a uma tela do pintor, cujas imagens inquietantes ecoavam o mundo onírico e mórbido de *Pedra do sono*. Já o poema "A Vicente do Rego Monteiro", que aparecia entre as últimas composições, ressaltava o trabalho de construção que fazia o artista se assemelhar ao próprio engenheiro: "É inventor,/ trabalha ao ar livre/ de régua em punho,/ janela aberta/ sobre a manhã".

A sequência de homenagens, depois de passar por Drummond, Joaquim Cardozo, Vicente do Rego Monteiro e Newton Cardoso, se encerrava com Valéry, já perto do fim do livro, ocupando posição simétrica à de Le Corbusier. O escritor francês, que João admirava mais como pensador do que como poeta (achava sua obra poética hermética e "perfumada"), teoricamente era partidário da disciplina intelectual e crítico da inspiração. No final dos anos 1930, Valéry também havia comparado o poema a uma máquina, feita para produzir, através de palavras, uma certa disposição. Morto em julho de 1945, um mês depois da publicação de *O engenheiro*, o poeta era mania antiga de João, desde quando vivia no Recife. Nas conversas com Drummond, ele estranhava nunca falarem de Paul Valéry, Francis Ponge e outros europeus. O poeta engajado de *A rosa do povo* parecia só ter olhos para Neruda.

Na contramão do verso livre e declamatório, João Cabral propunha uma linguagem reduzida — "vinte palavras sempre as mesmas", ressaltou em "A lição de poesia". Encerrando a coletânea, logo após a homenagem a Valéry, ele estampou sua "Pequena ode mineral", o poema mais importante do livro. Enquanto no volume de estreia havia uma equivalência entre pedra e sono, os dois termos que compunham o título, no último poema de *O engenheiro* a pedra representava, ao contrário, os ideais de lucidez intelectual, contenção emocional e perfeição geométrica: "Procura a ordem/ que vês na pedra:/ nada se gasta/ mas permanece". Ao buscar uma suspensão do tempo, o poeta se mostrava avesso a toda a tradição lírica.

Com o símbolo da pedra, João Cabral manifestava, a partir de *O engenheiro*, uma atitude de extremo intelectualismo. A verdade, porém, é que o projeto não foi plenamente realizado nessa coletânea de 1945. As primeiras composições do livro estavam ainda impregnadas de influência surrealista. A substituição do sonho pelo pensamento, proposta no poema-título, e a adoção de uma linha construtivista não afastaram de todo as imagens do inconsciente — "o pesadelo do adolescente atormentado", na expressão de Lauro Escorel, que mais tarde faria um estudo psicológico da obra do amigo, procurando verificar como, através da criação estética, ele procurava restaurar sua harmonia psíquica. *O engenheiro* seria uma obra de transição, dando continuidade ao embate entre sonho e razão iniciado em *Pedra do sono*. Por trás da forma geométrica e equilibrada, agitava-se uma desordem anterior da qual o poeta não conseguia se livrar e que parecia mesmo fasciná-lo, conforme notou a crítica já na época da publicação do livro.

O engenheiro teve farta repercussão na imprensa. Entre junho e dezembro de 1945, apenas no suplemento de *A Manhã* foram publicados cinco artigos. Outros jornais do Rio, de São Paulo e do Recife divulgaram textos críticos. A começar pelo título, o livro causou susto e estranhamento. No *Diário de Pernambuco*, o colunista de pseudônimo Z escreveu uma nota comentando que nada poderia soar mais "antipoético" do que aquele nome. Mas a escolha, a seu ver, não destoava do temperamento daquele "estranho e admirável poeta", que no Recife já chamava a atenção por sua esquisitice e pelas intensas dores de cabeça. Em seu artigo para *O Jornal*, o escritor Genolino Amado disse que o livro, com base no título, "nada anunciava de poesia". Contou que chegou mesmo a achar que o opúsculo tratava de áridos assuntos técnicos e que depois teve uma surpresa, ao descobrir a força poética do "livro esguio", de capa "branca e inocentíssima".

No curioso artigo "O Dasp e o poeta", publicado em *A Manhã*, Guerreiro Ramos — futuro diretor do Instituto Superior de Estudos Brasileiros (Iseb), que na época era colega de trabalho de João Cabral — contou que a repartição estava cheia de rapazes sensíveis. Entre os funcionários do Dasp havia, segundo ele, um desenhista, um violinista, um cantor de fox, um artista de cinema, um ator de teatro, um romancista e, claro, um grande poeta. Por fora, dizia o articulista, "o técnico é um pequeno tirano, um burocrata rígido, insensível e frio". Mas isso era ilusão. Os poemas de *O engenheiro* revelavam "um mundo espiritual requintadíssimo", em luta contra o endurecimento burocrático.

As opiniões contraditórias veiculadas nas resenhas davam uma ideia clara da hesitação em que se encontrava o poeta e do problema que ele criara para os críticos. Para alguns, sua poesia falava de coisas prosaicas, para outros, conduzia a mundos imaginários, em sintonia com a linhagem simbolista. Enquanto uns viam nos poemas a expressão de um sentimento de angústia, outros destacavam a recusa da emoção e a "fuga da personalidade" de um poeta que seguia a trilha de T.S. Eliot.

Depois de apontar o impasse entre Surrealismo e Cubismo em *Pedra do sono*, Antonio Candido comentou *O engenheiro* em sua coluna no *Diário de S. Paulo*. A despeito do ideal construtivista, o que o crítico detectou na nova coletânea foi "uma aventura lírica muito mais significativa" e um conteúdo emocional mais rico que o da obra de estreia. Contrariando os preceitos de Valéry e Le Corbusier, o texto insistia em ressaltar "os valores da inspiração". Tudo, porém, de modo consciente, como afirmou Carlos Drummond de Andrade em texto publicado na revista *Rio Magazine*: "Nenhuma concessão à emotividade fácil, que transforma o poema em coisa anedótica ou sentimental".

O jornal comunista *Tribuna Popular*, do qual Drummond era um dos diretores, publicou um comentário curto, sem assinatura, lamentando o hermetismo. Pelo estilo, João supôs que a nota tivesse sido escrita por algum redator que, respeitando a dedicatória, não teria desejado falar mal do livro. O texto acusava a forte influência drummondiana, referindo-se à secura e à "autocrítica desesperada" do poeta mineiro em sua primeira fase. O problema, segundo o autor, era que a obra do poeta-engenheiro estava afastada dos homens, "ausente demais das coisas, dos seres, do sangue, desta vida tão revolucionariamente poética que é a nossa".

Para João Cabral, sua poesia não era hermética — *O engenheiro* lhe parecia um livro claríssimo. No entanto, a mesma acusação foi feita por outros críticos e mais enfaticamente por Sérgio Milliet, em janeiro de 1946, no *Diário de Notícias*. Essa foi a crítica mais dura que ele teve de amargar na época. Milliet afirmou que, por causa da idade, seus poemas careciam de consistência, não passando às vezes de "jogos abstratos". Os melhores momentos, em sua opinião, eram aqueles em que ele esquecia o trabalho artístico, o controle racional e se entregava às imagens diretas. Seu intelectualismo, advertiu Milliet, poderia "matar nele a fonte melhor da poesia". A crítica de Álvaro Lins na *Folha da Manhã*, publicada em fevereiro, seguiu direção semelhante, considerando hermética a produção poética de Cabral, além de "insuficiente e muito limitada". No mesmo mês, numa enquete sobre os livros publicados em 1945, Tristão de Ataíde, ignorando a existência anterior de *Pedra do sono*, opinou que, "entre os estreantes", o volume de poemas mais notável do ano tinha sido *O engenheiro*.

Dentre os poetas da nova geração, tanto Sérgio Milliet como Álvaro Lins tinham nítida preferência por Lêdo Ivo. Por essa razão, acompanharam em seus artigos os argumentos da resenha de julho de 1945 do poeta alagoano, que desde o Recife vivia em eterna disputa com João Cabral. Os dois eram de fato antípodas e em tudo se diferençavam. Enquanto um adorava Rimbaud, o outro preferia Valéry. O primeiro apresentava, em contraste com o nome curtíssimo, um verso longo, torrencial; já o segundo, apesar do nome alongado, possuía um verso breve, conciso.

A resenha de Lêdo, na verdade, era uma réplica. Depois de ter sido criticado pelo amigo no ano anterior, no mesmo jornal, *A Manhã*, ele estava com sede de vingança. Ao escrever sobre sua obra de estreia, *As imaginações*, João havia sido impiedoso, acusando o "esmagamento do poeta pela poesia" e chamando o livro de "longo e exaltado monólogo", provocado por uma "tirania da desordem". Apesar de sua convivência diária com a poesia — Lêdo produzia incontáveis cadernos de versos —, a poesia não lhe era familiar, afirmou. Era uma força indomada, não uma "função do espírito".

Em seu contra-ataque, o autor de *As imaginações* fustigou a "escassa produção" reunida por João — em três anos de trabalho, apenas 22 poemas. Disse que *O engenheiro* era um livro prejudicado pelo "drama da precariedade", pelo ritmo sempre igual e cansativo, "num fluxo e refluxo de maré pequena". Afirmou que a disciplina jamais levaria seu autor a "grandes alturas" e, contraditoriamente, acusou-o também de habitar uma torre de marfim, um mundo construído "a tinta e a lápis", longe das preocupações sociais. Lêdo Ivo estava de fato com os dentes à mostra, atacando em todas as direções. No desfecho do artigo, insinuou que o amigo havia errado de profissão: "Seu mundo poderá ser o mundo de um engenheiro, e não de um poeta". De maneira precisa, ainda que precoce, sua conclusão fixou a posição deslocada de João Cabral não apenas na "novíssima geração", mas dentro da própria tradição poética brasileira: "Trata-se de um marginal".

Na literatura brasileira, além de Drummond, uma das poucas referências importantes para João Cabral de Melo Neto era Graciliano Ramos. Embora admirasse a prosa de Gilberto Freyre e José Lins do Rego, o autor de *São Bernardo* era quem mais o impressionava, por sua linguagem seca e contundente. Entretanto, no período em que ambos viveram no Rio de Janeiro, o poeta e o romancista se conheceram apenas de vista e não trocaram uma única palavra.

Homem severo e ríspido, o escritor que em breve se tornaria membro do Partido Comunista do Brasil (PCB) por razões políticas se recusou a receber João Cabral. O relato foi feito por Lêdo Ivo, seu conterrâneo, que o visitou na Tijuca logo que chegou ao Rio. Na época seus livros estavam esgotados. Ainda não plenamente reconhecido, Graciliano enfrentava dificuldades para sobreviver. Ao se despedir, Lêdo disse que gostaria de trazer João

Cabral para conhecê-lo. "Não, não traga", rejeitou Graciliano, "dizem que esse rapaz é fascista, ligado aos católicos." A qualificação caberia mais a Lêdo, mas este se livrou da excomunhão por conta da amizade de sua mãe com Heloísa, esposa de Graciliano, que franqueara a ele as portas da casa. João Cabral o via com frequência na Livraria José Olympio, mas nunca ousou lhe dirigir a palavra. "Me disseram que ele não gosta de poesia", justificou-se, uma vez, com um funcionário.

Um desacerto semelhante se deu com Oswald de Andrade, cuja poesia, também pela concisão, João possuía em alta conta e considerava superior à do outro líder modernista, Mário de Andrade. João e Oswald avistaram-se apenas duas vezes. No *Diário Carioca*, chegaram a posar para a mesma fotografia, ao lado de Prudente de Morais Neto, o diretor do jornal, e outras figuras. Porém, foi na casa de Aníbal Machado que ocorreu uma experiência vexaminosa. Quando o anfitrião fez as apresentações, Oswald comentou: "Já li um livro dele. Frio, não é?". Referia-se, provavelmente, a *O engenheiro*. A demonstração de indiferença levou João a concluir que, dentre os novos poetas, ele era o menos compreendido pela geração modernista — a mesma que, paradoxalmente, o havia motivado a escrever.

Essa impressão se fixou a partir do contato decepcionante que tivera com Mário de Andrade. Numa de suas visitas ao Rio, em 1944, o autor de *Macunaíma* se hospedou no Hotel Natal, na Cinelândia. Convidado por Breno Accioly, João foi até lá visitá-lo. Quando foram apresentados, o escritor paulista o cumprimentou com amabilidade, mas não fez referência ao livro *Pedra do sono*, que ele lhe enviara, do Recife, com dedicatória. Àquela altura João Cabral já tinha publicado também *Os três mal-amados* e diversos poemas na imprensa carioca. Mário, porém, jamais havia feito qualquer comentário sobre sua poesia. Quando o encontrou pessoalmente, não disse palavra. João ficou decepcionadíssimo. Sentiu-se tratado com descaso. Dizia ser o único poeta brasileiro de sua geração que nunca recebeu uma carta de Mário de Andrade. Jamais engoliu a desfeita.

Quem não recebia carta de Mário não entrava para a literatura — esse era um pensamento comum, na época, entre os moços. Para João Cabral, o comportamento do escritor paulista só podia significar que ele havia detestado seu primeiro livro. Por ser um homem generoso e gentil, mesmo sem ter gostado Mário encontraria algo para dizer, ainda mais sabendo que o poeta era amigo de Drummond. Com efeito, Mário estranhou algumas novidades da década de 1940, como Clarice Lispector, Breno Accioly ou

Murilo Rubião, mas se interessou pelos jovens escritores e desejou apontar perspectivas para essa nova literatura. Com Vinicius de Moraes, de quem se tornou amigo, a despeito de não gostar tanto de sua poesia, ele se estendia em comentários meticulosos. No princípio, nada quisera com ele. Quando se conheceram no Rio, Mário "fazia um ar, meu Deus, vaguíssimo", escreveu Vinicius numa crônica — a mesma indiferença de que tanto reclamava João Cabral.

Depois João passou a suspeitar que o volume tivesse se extraviado. Conforme relatou a Manuel Bandeira, depois de despachar, do Recife, exemplares do seu primeiro livro, ele verificara que a maioria dos amigos não o tinha recebido. No caso de Mário de Andrade, é provável que tenha sido esse o caso. O exemplar de *Pedra do sono* existente no Instituto de Estudos Brasileiros da USP, que guarda o acervo do escritor paulista, não contém dedicatória. De João Cabral, Mário recortou e guardou o texto "As imaginações", sobre o livro de estreia de Lêdo Ivo, que chamou de "finíssimo artigo" em carta enviada ao poeta alagoano, na qual enfatizou sua concordância com as críticas de Cabral. "Porque eu temo, Lêdo Ivo, que você esteja versejando apenas, e não ainda fazendo poesia", explicou.

Em meados de 1944, João e Mário apareceram juntos entre os colaboradores de um número especial da *Revista Acadêmica* em homenagem a Lasar Segall. Em julho, em sua correspondência com Drummond, Mário fez diversos comentários sobre seu novo livro, *Lira paulistana*. João teve acesso às cartas e, juntamente com o poeta mineiro, acompanhou o processo de criação dos poemas. Como a correspondência estava toda manuscrita, ofereceu-se para datilografá-la. O que o espantou na ocasião foi perceber que a poesia drummondiana, que descendia da de Mário de Andrade, não era lida por este com tanto entusiasmo.

Com o tempo, convenceu-se de que os poetas da geração modernista não haviam mesmo entendido a novidade que ele, João Cabral, introduzia. A razão do silêncio de Mário nunca foi esclarecida. O resultado foi uma indisposição cada vez maior do pernambucano em relação ao paulista, de quem não apreciava nem a obra poética nem o ideário marcado pela obsessão com o Brasil e a identidade nacional. Mais tarde, chegaria mesmo a chamá-lo de parnasiano — "pachola, tipo dom parnasiano mulato". Era ríspido, às vezes, ao falar do desafeto, e seus insultos não se distinguiam das opiniões pouco lisonjeiras sobre Mário emitidas por Gilberto Freyre, José Lins, Graciliano e outros confrades nordestinos.

Mário de Andrade teria mais poucos meses de vida. Em fevereiro de 1945, um mês depois da realização do I Congresso da Associação Brasileira de Escritores (ABDE), em São Paulo — passo importante no movimento de oposição ao governo ditatorial —, o escritor morreu repentinamente, aos 51 anos. Durante o congresso foi visto com amigos, despreocupado, bebendo nos bares. Nos últimos dias sentia-se bem e estava cheio de projetos.

Passados dois meses, Drummond registrou em seu diário uma cômica tentativa de diálogo com a alma do escritor. Num domingo à noite, ele estava com João Cabral e Vinicius de Moraes no apartamento de Fernando Sabino. Depois que João saiu — foi o primeiro a se retirar —, Vinicius começou a relatar com entusiasmo experiências mediúnicas que vinha fazendo em casa. Foi quando Drummond teve a ideia de invocar o espírito de Mário de Andrade, o que foi feito com toda a seriedade pelo poeta carioca, que enunciava ao mesmo tempo as perguntas e, em outro tom de voz, as respostas do falecido, tomando aqui e ali seus goles de cerveja. De madrugada, esfomeados, foram os três para o Alcazar. No dia seguinte, Drummond relatou os acontecimentos da noite a João Cabral. Este respondeu que a mulher de Vinicius, Tati, materialista convicta, diante do estado de transe do marido, já o havia aconselhado a deixar de besteiras e ir dormir.

Entre os últimos meses de 1944 e os primeiros de 1945, a política alimentou muita paixão e conspiração. "Fala-se e respira-se política", anotou Drummond em seu diário. Como a colaboração com o Estado Novo passara a ser muito malvista, uma parte significativa dos intelectuais começou a cortar vínculos com o governo. No início de março, Murilo Mendes escreveu a Drummond, informando que havia deixado de ser colaborador do jornal *A Manhã*. Estava gostando da função e da gaita, "mas o governo excedeu-se" e "divorciou-se por completo das aspirações populares". Na mesma semana, Drummond, Rachel de Queiroz e Pedro Nava, entre outros, desligaram-se da *Folha Carioca*, por discordarem da sua "orientação política" pró-Vargas — até Willy Lewin estava incluído na lista dos demitidos. No dia 13 de março, o oficial do gabinete de Gustavo Capanema deixou o posto no Ministério da Educação e Saúde. Em seu diário, registrou que se tratava de um "desfecho natural da situação criada pela volta das atividades políticas no país".

No primeiro dia de abril, o *Correio da Manhã*, o *Diário Carioca* e *O Jornal* publicaram o poema escrito a toque de caixa por Drummond para a campanha pela anistia, intitulado "Poema de março de 45": "Mal foi amanhecendo no subúrbio/ as paredes gritaram: anistia./ Rápidos trens chamando os operários/ em suas portas cruéis também gritavam:/ anistia, anistia [...]". Ao todo eram doze estrofes, martelando sempre o mesmo estribilho. Em conversa com o amigo, João Cabral comentou que, no lugar de "anistia", ficariam bem os vocábulos "melhoral" ou "aspirina".

No final de abril, foi anunciada a rendição incondicional da Alemanha. Acompanhado da filha, Drummond saiu para a rua. Na porta do Alcazar, encontraram Cabral e Lauro Escorel, ansiosos por participar das comemorações populares. Mas logo saiu o desmentido da notícia e o grupo ficou mesmo no bar da avenida Atlântica. Alguns dias depois, seria de fato celebrado na Europa o cessar-fogo.

Derrotado o nazismo, não havia como manter a ditadura no Brasil. No final de outubro, depois de quinze anos, Getúlio Vargas foi forçado a deixar o governo. A queda do Estado Novo, o fim da Segunda Guerra e a morte de Mário de Andrade, embora fossem acontecimentos de ordem distinta, pareciam indicar o término de uma era. Em carta a Hélio Pellegrino, enviada em junho de 1945, Fernando Sabino comentou que a geração nascida na década de 1920 deveria agora ocupar a ribalta, construir os novos tempos. Depois de uma longa apreensão, que consumira quase toda a sua mocidade, podiam enfim respirar. Não por acaso, essa geração novíssima — também chamada à época de pós-modernista — era composta de "poetas de ritmo livre", conforme observou José Lins do Rego. Tal era o ambiente cheio de esperanças vivido nos últimos meses de 1945.

Um dos primeiros a observar os "sinais" de uma nova geração foi Lúcio Cardoso, em artigo sobre o romance *Perto do coração selvagem*, publicado em março de 1944 no *Diário Carioca*. Além de Clarice Lispector, elogiada por sua lenta e obstinada sondagem interior, o escritor ressaltou o surgimento de vários autores, como Adonias Filho, Lêdo Ivo, João Cabral de Melo Neto, Breno Accioly, Fernando Sabino e outros sem livro publicado. Em 1943, ano da estreia de Clarice, também tinham aparecido *Vestido de noiva*, de Nelson Rodrigues — cuja montagem, dirigida por Ziembinski, se tornou um dos marcos do teatro moderno no país —, e os romances mais elogiados de José Lins do Rego e Jorge Amado, respectivamente, *Fogo morto* e *Terras do sem fim*. Em 1945, Murilo Mendes publicou *Mundo enigma* e Drummond, *A rosa do povo*. Em 1946, seria a vez da impactante estreia de Guimarães Rosa, com os contos de *Sagarana*.

O período foi de intensa atividade literária, especialmente na poesia, com o aparecimento de um grande número de autores. A impressão era que, na esteira da dissolução do regime, a poesia soltara igualmente as amarras, desligando-se, sobretudo, dos valores cultivados durante o ciclo modernista. Os novos poetas eram leitores de Paul Valéry, Jorge Guillén, T.S. Eliot, Rainer Maria Rilke e Fernando Pessoa, cuja obra só então começou a ser editada. De Rilke, notadamente, é que lhes vinha a atração pelo invisível e pela transcendência. "Sem o sublime que é o poeta?", indagava Lêdo Ivo. Na opinião de Álvaro Lins, seria ele "o mais completo e poderoso" integrante da geração.

Embora o grosso dos estreantes da década de 1940 fosse formado por poetas, João Cabral pensava que o gênero preferido da nova geração era o romance, o que denunciava, em sua opinião, um desprezo pelo "instrumento de precisão que pode ser o poema". Sentia-se igualmente incomodado com o fato de os novos poetas atribuírem valor literário à espontaneidade, entendendo a experiência poética como "passiva prática espiritual e nunca como o domínio sobre os materiais do ofício". Essas declarações foram dadas em julho de 1944 à *Revista do Brasil*. Contrariamente aos modernistas, que para destruir o passado criaram uma série de estéticas particulares, a nova geração, a seu ver, convertera a falta de estética em "vaga e imprecisa estética".

A princípio, a nova coletânea de Drummond se chamaria *A flor e a náusea*. Após a morte de Mário de Andrade, o título foi alterado para *A rosa do povo*. Na contramão da fria "estética mineral" de João Cabral, o poeta mineiro dava asas ao seu projeto ardente e enfático de poesia social, divulgando-o em textos e palestras desde o início de 1944. Em maio de 1945, publicou o veemente artigo "Livros assassinados", no qual afirmou que a censura tinha feito murchar o romance social. Quando veio a redemocratização, os novos romancistas deram preferência à fantasia e à introspecção, e os novos poetas se inclinaram para a valorização da "poesia pura" e da vida psíquica.

Depois de deixar o cargo no Ministério da Educação e Saúde, Drummond atirou-se de braços abertos à causa política. Quando foi libertado, o líder do PCB, Luís Carlos Prestes, fundou um jornal, a *Tribuna Popular*, e o convidou a fazer parte da diretoria. Nas páginas do periódico, o poeta mineiro assumiu um tom polêmico e até se meteu em uma briga com Tristão de Ataíde. Quando da visita de Pablo Neruda ao Brasil, fez questão de buscá-lo no aeroporto, integrando a comitiva formada por Jorge Amado, Astrojildo Pereira e Vinicius de Moraes.

Logo, porém, surgiram desentendimentos. Em novembro, o poeta apresentou uma carta solicitando que seu nome fosse retirado do expediente. Em janeiro de 1946, chegavam às livrarias os exemplares de *A rosa do povo*, publicados pela editora José Olympio. Nenhuma linha sobre o livro apareceu nas páginas da *Tribuna Popular*. A coletânea onde levou a cabo seu projeto de "poesia social" veio a público, por ironia, justamente no momento em que o autor havia se desencantado da ação política. Para os membros do partido, Drummond seria considerado, a partir de então, um intelectual traidor do povo, um "inimigo mortal do comunismo".

Nesse meio-tempo, um movimento em direção contrária se operou na trajetória de João Cabral. Por influência de Drummond, com quem diariamente conversava, o poeta considerado fascista por escritores de esquerda, como Graciliano Ramos, acabou se tornando ele próprio um "materialista--ateu-marxista-leninista-comunista-stalinista". Era a fórmula compósita e enfática que usava em suas discussões com Lêdo Ivo. Sua aspiração política passou a ser o "mundo justo" com que sonhava, de maneira abstrata, o engenheiro do seu livro.

Na ocasião em que *A rosa do povo* chegou às livrarias, João Cabral, ao escrever para Stella — a arquivista do Dasp, com quem estava prestes a se casar, frequentemente viajava em acampamentos —, comentou que andava numa boa fase de leituras políticas. Ressaltou, com entusiasmo, o volume *Introdução ao estudo do marxismo*, de Friedrich Engels e outros autores, que acabara de ser traduzido no Brasil — segundo ele, um "grande livro", uma "verdadeira revelação". Para não aborrecer a noiva, que não gostava desses assuntos, evitou falar mais a respeito. Por ela, seria "capaz de inventar uma conversão católica, um misticismo qualquer, uma poesia em Cristo", acrescentou em tom de brincadeira. A militância de João Cabral deixou memórias no Rio. Duas décadas depois, ainda circulavam comentários sobre o tempo em que, já diplomata, ele andava de automóvel pelas ruas, distribuindo panfletos comunistas.

Nos últimos tempos de solteiro, João voltou a morar em Santa Teresa, dividindo casa com Geraldo Silos, seu futuro colega no Itamaraty, e Antônio Rangel Bandeira. Na vizinhança, também residia Breno Accioly. O bairro montanhoso que no passado abrigara salões ilustres — e onde vivera Manuel Bandeira — já não tinha grande frequência literária. O Hotel

Internacional, casarão do século XIX no qual haviam se hospedado artistas famosos como Nijinski e Sarah Bernhardt, estava em decadência, transformado em Pensão Internacional. Para lá se transferiram os pintores Arpad Szenes e Maria Helena Vieira da Silva, depois de deixarem a pensão das russas no Flamengo. O casal perdeu a companhia de Murilo Mendes, mas ganhou, em compensação, a vizinhança de João Cabral e dos seus colegas de moradia.

Sobre o convívio dentro de casa, o poeta relatou a Stella um caso engraçado, o episódio do "duelo de sabonetes". Geraldo e Bandeirinha resolveram usar marcas diferentes e mais de uma vez lhe pediram para decidir, cheirando-os, qual dos dois tinha o melhor perfume. Para evitar o aborrecimento, João passou a sair de casa todos os dias mais cedo, antes que eles acordassem.

O primeiro livro de Antônio Rangel Bandeira, *Poesias*, chegou às livrarias em 1946. Numa enquete feita por *O Jornal*, João Cabral votou nos poemas do amigo e nos contos de Guimarães Rosa como melhores livros do ano, dizendo que ambos lhe pareciam bons exemplos de aproveitamento do "animal-linguagem". Na poesia do seu conterrâneo, elogiou o gosto da palavra isolada — "animal solto", não domesticado pela sintaxe —, na contramão do "discursivo metafísico". A verdade, porém, é que não havia gostado do livro. Em carta a Stella, ao comentar os poemas de Bandeirinha, chegara a escrever uma pequena maldade: "O tipógrafo se esqueceu de botar a poesia no livro, só saíram versos".

Entre a chegada de João Cabral ao Rio de Janeiro e a realização do seu antigo plano de ingressar no Itamaraty, decorreram longos três anos. A nomeação que deu início à sua carreira diplomática foi publicada seis meses depois do aparecimento de *O engenheiro*, em 15 de dezembro de 1945. Os exames, cuja realização era esperada desde 1943, por causa da guerra e do volume de funcionários que eram admitidos sem concurso, "pela janela", só começaram em agosto do ano seguinte. Depois da aprovação, o Itamaraty levou ainda uma vida para dar posse aos novos diplomatas.

Enquanto aguardava o concurso, o funcionário do Dasp, apelidado por um jornal carioca de "a casa das almas torturadas", fez uma segunda tentativa de entrar para o jornalismo e procurou o dono dos Diários Associados. A ideia partira de Waldemar Carneiro Leão, irmão mais velho de sua mãe, que havia trabalhado com Assis Chateaubriand no Recife. "Por que você não vai trabalhar no jornal do Assis?", perguntou ele em sua passagem pelo Rio. De posse de uma carta de apresentação, o poeta correu aos Diários Associados e foi recebido calorosamente pelo jornalista. Conversaram durante duas horas — ou melhor, apenas Chateaubriand falava, contando casos de sua mocidade e da campanha civilista. Quando finalmente foi indagado sobre o motivo da visita, João disse: "Quero trabalhar no jornal". A reação de Chatô foi imediata: "Meu filho, você tem prática em jornal?". O rapaz não quis mentir, confessou que nunca havia trabalhado em redação. "Que pena, meu filho. Se você tivesse prática, eu o nomeava aqui para os Associados." João pensou em dizer algo como "não fui jornalista, mas sei escrever". Calou-se, porém, achando que seria falta de modéstia. Deram por encerrado o encontro e ele voltou a se concentrar nos estudos para o Itamaraty.

Como não tinha curso superior, nem jeito para o comércio, o poeta estava convencido de que o serviço público era o único caminho que lhe restava. Múcio Leão, que lhe havia aberto as portas do suplemento literário de *A Manhã*, trabalhava como fiscal do Imposto de Consumo e sugeriu que ele prestasse concurso para a mesma carreira, prestigiosa e bem paga. Mas a escolha de João estava definida. Embora o exame do Itamaraty fosse mais difícil, a diplomacia pagava ainda melhor. Ademais, o trabalho seria mais interessante, conforme argumentou, sem meias palavras, ao parente: "Se eu for fiscal do consumo, vão me mandar para Oeiras, no Piauí, e se for diplomata, vão me mandar para Cádiz. Eu prefiro ir para Cádiz que para o interior do Piauí".

Desde 1943, dois amigos de João já trabalhavam no Itamaraty, Lauro Escorel e Vinicius de Moraes. Formado em direito pela Universidade de São Paulo, Lauro era professor de literatura brasileira e pertenceu, com Antonio Candido, ao grupo da revista *Clima*. Dele João se tornaria cada vez mais próximo. Em sua casa em Ipanema, as conversas se estendiam até a madrugada, por puro prazer intelectual. Foi Lauro quem estimulou Vinicius a prestar pela segunda vez o concurso, depois de sua reprovação, em 1940, simplesmente por ter assinado indevidamente uma das provas. Encontravam-se diariamente para estudar juntos. Vinicius também teve aulas de português com Antônio Houaiss, que era professor de um cursinho preparatório no centro do Rio.

Na época, os exames para a admissão de diplomatas eram organizados pela Divisão de Seleção do Dasp, no Ministério da Fazenda. João Cabral participou do último concurso antes da criação do Instituto Rio Branco, que a partir de 1945 ficaria exclusivamente encarregado da seleção dos quadros do Itamaraty. O concurso exigia uma sólida formação em história, geografia e, sobretudo, português e línguas estrangeiras. Em 1944, incluindo João, houve 120 candidatos inscritos, mas apenas oitenta se apresentaram na primeira prova. Para os menos preparados, a maratona era um enorme desafio. Desistências ocorriam com frequência.

As provas estavam marcadas para o início de 1944, mas acabaram proteladas para o segundo semestre. Com o adiamento, muitos candidatos aproveitaram o tempo para frequentar um curso preparatório situado na praça Tiradentes, ao lado do *Diário Carioca*. João Cabral conheceu ali futuros colegas, como Alarico Silveira Júnior e Mário Calábria. Este relataria mais tarde sua primeira conversa com o poeta. Depois das aulas, descendo juntos a rua da Carioca, João lhe falou com entusiasmo de Picasso e Masson e perguntou se ele se interessava por pintura moderna. Mário, que vinha de Corumbá, onde fora amigo de infância de Manoel de Barros, respondeu que se julgava conservador, pois seu conhecimento não ia além dos pintores oitocentistas. Sobranceiro, o poeta comentou: "Já é alguma coisa, trate agora de ingressar no século XX". Começava ali uma íntima amizade, cujas consequências para a vida de João Cabral dentro do Itamaraty, no entanto, posteriormente se revelariam desastrosas.

A serviço do Dasp, o poeta passou dois meses, maio e junho, na cidade de Goiânia. Tinha viajado para acompanhar provas do ensino secundário, mas a temporada se estendera mais que o previsto. Como faltava pouco para os exames do Itamaraty, aproveitou as horas de solidão para estudar inglês, a matéria que mais lhe fizera medo no primeiro concurso.

Quando o exame já estava bastante próximo, teve a sorte de dividir casa em Santa Teresa com Antônio Houaiss, que durante anos havia preparado candidatos para o Itamaraty, ensinando-lhes português e literatura. Era também colaborador permanente do Dasp na elaboração de provas de português para o serviço público. Em 1943, recém-casado, Houaiss teve a experiência de viver em Montevidéu, dando aulas a convite do Ministério das Relações Exteriores. Foi quando resolveu tentar ele próprio uma vaga na diplomacia. Estimulado pela mulher, Ruth, inscreveu-se no concurso e foi obrigado a voltar sozinho ao Rio para fazer as provas. De ordinário, elas duravam no máximo vinte dias, mas naquele ano, devido a enfermidades de membros da banca examinadora, estenderam-se por mais de dois meses. Os candidatos varavam noites estudando, e João pôde fazê-lo na companhia auspiciosa de Antoninho.

117

Em dezembro, foram divulgados os resultados. Dos oitenta candidatos, 24 obtiveram a aprovação. Em primeiro lugar ficou Ramiro Saraiva Guerreiro, futuro ministro das Relações Exteriores. Em segundo, Pedro Braga, seguido por Antônio Houaiss. A quarta posição coube a João Cabral. Os dois primeiros classificados foram rapidamente empossados pelo Itamaraty. Em meados de 1945, quando terminava a Segunda Guerra, veio a nomeação de Houaiss. Os demais aprovados tiveram que esperar ainda mais seis meses. A poucos dias do Natal, foram finalmente apresentados ao chanceler Leão Veloso, que fez um discurso exortando os novos cônsules de terceira classe — posição inicial da carreira — a sempre ter em mira "os altos destinos da pátria" e o prestígio do país no estrangeiro.

Começava, então, a última espera, que no caso de João Cabral se estenderia por mais um ano: a expectativa pela definição do primeiro posto diplomático. Antes de serem deslocados, os novos funcionários eram distribuídos pelas divisões do ministério, que ocupava um palacete cor-de-rosa, de estilo neoclássico, situado à avenida Marechal Floriano. Não havia espaço e mesa para todos. Os mais bem classificados no concurso eram alocados nos departamentos mais importantes. João foi logo designado para o Departamento Político e Cultural. Dois andares abaixo, na biblioteca, Mário Calábria trabalhava sob as ordens de Guimarães Rosa, o chefe do Serviço de Documentação, que estava desde 1934 no Itamaraty. Naquele tempo, já segundo secretário, o escritor travava um combate sem fim com os editores de *Sagarana*. Até o livro ser publicado, as provas passaram por um total de onze revisões.

Mal assumiu o cargo, João Cabral começou a reclamar do tédio no Itamaraty. Nas cartas enviadas para a noiva em janeiro de 1946, o poeta falava dos colegas e das constantes mudanças de atribuições. Essas notícias, por ele denominadas de "Itamaratyanas", terminavam sempre com queixas. "Nada mais me resta que dedicar-me à diplomacia, esta perfumada coisa", lamentou. "De tanta burocracia diplomática que tenho escrito, o estilo já se automatizou", voltou a resmungar quando ainda não havia completado um mês de casa.

No final do ano, depois de passar pela Comissão de Organismos Internacionais, João voltou à "tediosa Divisão Cultural", onde passava horas sem ter o que fazer. O retorno foi motivado por "uma comprida história de doenças", uma icterícia que o deixou mais de um mês afastado do trabalho. Depois de vinte dias de cama, para recuperar-se, passou outros doze em Itaipava, nos arredores de Petrópolis, e teve ainda mais uma semana de folga, frequentando os cinemas do Rio. O relato foi feito em sua correspondência com Lauro Escorel, que então vivia em Boston, seu primeiro posto no exterior. "Esse Itamaraty está tão chato", escreveu em novembro de 1946. "Não posso compreender como certos sujeitos podem se limitar a isto. Creio que se não tivesse outras preocupações morreria."

O outro grande amigo de João Cabral no ministério também tinha sido deslocado para os Estados Unidos. Antes de assumir seu posto em Los Angeles, Vinicius de Moraes deixara Tati, mãe de seus dois filhos, para casar-se com Regina, sobrinha do poeta Mário Pederneiras, por quem tivera uma paixão fulminante. A moça era quase dez anos mais nova e trabalhava como arquivista no Itamaraty. A aventura não durou muito. Depois de alguns meses, o casal se desentendeu. Na hora do almoço, em seus papos confidenciais com João, o poeta carioca se desfazia em lágrimas. Para o pernambucano, ouvir as lamúrias do interlocutor — situação oposta à que ele rotineiramente vivia — tinha o efeito de aguçar seu caráter antissentimental. Uma vez, no meio da choradeira, como se parodiasse os versos de Drummond — "Está sonhando? Olhe que a sopa esfria!" —, João disse ao amigo: "Come pelo menos um bifezinho para se alimentar. Depois do bife, você pode chorar à vontade".

Quando João Cabral apareceu na casa dos Barbosa de Oliveira, situada na rua Conde de Irajá, em Botafogo, em frente a uma fábrica de chapéus, e foi apresentado como namorado de Stella, ficaram todos curiosos. Agnes, ou Baby, como era conhecida sua mãe, quis logo saber quem era o rapaz. Suspirou aliviada ao ouvir que alguém na família conhecia o desembargador Diogo Cabral de Mello, o tio-avô com quem ele residira em Santa Teresa. Após o jantar, Stella o acompanhou até o ponto de ônibus. De repente passou alguém e fez estardalhaço: "Bonito, hein, namorando!". João se enfureceu. "Quem é esse homem?", perguntou. Stella deu risada. Era Renato, um dos seus irmãos, um ano mais velho do que ela.

Em meados de 1944, quando começou o namoro, o poeta estava morando com Antônio Houaiss. Nessa época, sofreu um problema na garganta e teve que ser operado. Baby fez questão de visitá-lo — jamais permitiria que a filha entrasse sozinha na residência de dois rapazes — e insistiu para que ele fosse morar com a família, até que estivesse curado. João gostou muito dos dias passados em Botafogo. Tornou-se amigo do pai de Stella, Antônio Américo, que era formado em direito no Rio, mas tinha origem baiana e a mesma ascendência de Rui Barbosa. À noite conversavam horas, fazendo brincadeiras um com o outro, enquanto o pai da namorada fumava seu charuto.

Nascida no Rio de Janeiro em 4 de novembro de 1920, Stella Maria Barbosa de Oliveira era quase um ano mais nova do que João Cabral. Foi sempre muito ativa e dinâmica. Além de trabalhar no Dasp, era engajada em projetos sociais e educativos, devotando-se com afinco às atividades do Movimento Bandeirante, do qual chegaria a ser uma das comandantes na região do Rio. O poeta embirrava com seu catolicismo, mas respeitava suas escolhas e lhe tinha grande admiração. As qualidades da moça que mais o impressionavam eram a lucidez e a inteligência. Depois do casamento, entregaria tudo em suas mãos. Por ser um homem desajeitado e pouco prático, João encontraria nela seu braço direito. Stella tomaria conta de tudo e, com enorme paciência, saberia respeitar as vontades, as manias, a solidão do marido. Desde o início da relação, até mesmo de assuntos literários ela passou a cuidar, sempre muito prestimosa e organizada.

Entre as escoteiras, era conhecida como "chefe Stella". Fundado na Inglaterra, o movimento das Girl Guides ou Girl Scouts existia desde 1919 no Brasil, onde, com inspiração na história local, as moças de famílias da alta sociedade foram chamadas de bandeirantes. Na década de 1940, a busca de integração com outras regiões impulsionou viagens pelo país e também pela América Latina. Stella foi uma das monitoras da excursão ao Paraguai promovida pela Federação de Bandeirantes do Brasil. Em janeiro de 1945, cinquenta moças partiram do Rio com destino ao sul do país. A viagem, feita de trem, incluiu visitas às cataratas do Iguaçu e a outros locais pitorescos. Maria Julieta, a filha de Drummond, também era bandeirante. Não tinha completado dezessete anos, mas em breve publicaria seu primeiro livro, *A busca*. Na viagem ao Paraguai, integrou o mesmo grupo de Stella.

Para o desespero de João, que já vivia dependente de Stella, as bandeirantes só regressaram ao Rio em meados de fevereiro. Uma semana sem ver a noiva já foi suficiente para que ele, com péssimo humor, se queixasse do tédio. Usando uma respeitosa forma de tratamento, "Professora", o poeta inicialmente advertiu que o "uso mineral da escrita" lhe tornava penosa a tarefa de escrever as cartas. Tinha dificuldade para falar de coisas indiferentes, estendendo a epígrafe de Le Corbusier à noção de uma "*machine à rapporter des nouvelles*". Por essa razão, despejava-lhe seu "miúdo tédio", que o levava a cumprir certos atos que Stella havia tornado "os mais detestáveis do mundo". Referia-se ao fato de frequentar o Vermelhinho: "Tenho me perdido horas inteiras em conversas com a literatura nacional, a futura diplomacia nacional, a futura política nacional etc.". Reclamou da falta de notícias, dizendo que os sertões do Sul eram parecidos com o de Pernambuco — "mesmo solo impróprio para a cultura de postes telegráficos" — e que duvidava até mesmo da existência do Paraguai, país pelo qual estava tomado de antipatia. Procurava as pessoas, mas o tempo inteiro se sentia estúpido: "Creio que acabarei voltando a escrever poemas, estudando seleção de pessoal, ou aderindo à arte social, farfalhante, lacrimejante etc.".

Um ano depois, outra viagem de Stella repetiu a tortura da separação, com duas circunstâncias agravantes: foi mais longa, estendendo-se até Cuba, e ocorreu quando faltava apenas um mês para o casamento. A princípio, ela iria apenas à Bahia para participar do III Congresso das Bandeirantes. No dia 11 de janeiro de 1946, mais de cem moças seguiram de navio para Salvador, acompanhadas pela chefe nacional, Maria de Lourdes Lima Rocha, fundadora da Companhia do Sagrado Coração de Jesus, em Botafogo. O regresso do grupo ocorreu no início de fevereiro. Stella, porém, decidiu estender a viagem até Havana, integrando uma missão especial, ao lado da chefe Lourdes, que era odiada por João.

Já na primeira carta, decorrido apenas um dia de separação, o poeta acusava seu "desarvoramento psicológico", por culpa de "dona Lourdes e do Bandeirantismo". Depois de deixar Salvador, onde visitou familiares, Stella fez nos últimos dias de janeiro uma escala no Recife, onde teve a oportunidade de conhecer os parentes do noivo. Seguiu então para Trinidad e Havana, por mais nove dias. Quando voltou ao Rio de Janeiro, faltava pouco mais de uma semana para o casamento.

Nos últimos dias da viagem, as cartas de João se tornaram mais frequentes e cada vez mais distantes do desejo, manifestado durante a viagem anterior, de fazê-las "impessoais" e "minerais", a exemplo da *machine à émouvoir* de *O engenheiro*. Seu estado de espírito era sempre o de um poeta romântico vivendo exaltações, "em plena véspera de poema", como disse a Stella. Na carta de 25 de janeiro, confessou uma reviravolta: em matéria de poesia, já não conseguia mais crer em seus mestres. A literatura, afirmou, resultaria de um "desequilíbrio orgânico, moral ou fisiológico. Nunca puramente de uma atitude saudável como quer Valéry". As linhas que escrevia a Stella, sempre com "feias coisas", continuamente lhe mostravam o quanto estava distante da sua persona de poeta-engenheiro. Sentia-se tomado por um tal espírito "Canção do exílio" que receava se ver transformado em "poeta lírico".

> Acabarei mau poeta como Bandeirinha, Lêdo Ivo, Schmidt ou qualquer romântico. Acabarei, nem sei, o que acabarei. Digamos: fazendo hai-kais, escrevendo livros chamados "coração dorido", acabarei litúrgico, acabarei patético, acabarei cardíaco.

O sentimento de "exílio", causado pela distância da noiva, ameaçava levá-lo à mais completa ruína, deixando em frangalhos até mesmo seu projeto poético. Longe dela, percebia-se à deriva, perdido de si mesmo, desprovido de identidade. Ficava horas em casa, sem querer nada, ou às vezes andava pela rua "tal e qual uma alma penada". Com espírito masoquista, procurava fazer "as coisas mais chatas", como ir ao Vermelhinho, ir ao teatro, ler os rodapés de Álvaro Lins, ler Tristão de Ataíde, Osório Dutra — "Como tenho lido Osório Dutra!", relatou em 28 de janeiro. Empregando um vocabulário de "crítico católico de poesia", disse que, para obter a "sublimação da ausência", costumava reler as cartas e olhar os retratos de Stella. Demorava-se especialmente em um deles, tirado aos dez anos, que lhe dava a certeza do "célebre sentimento" (expressão usada por Drummond, em *A rosa do povo*, para definir o amor). A carta foi encerrada com "abraços e saudades (esse sentimento tão pouco mineral) do ex-companheiro, ex-valeryano, ex-mineral João". A profusão de comentários revelava a cumplicidade adquirida pelo casal e a intimidade de Stella com as referências literárias.

Às sextas-feiras, João ia sempre jantar em Botafogo, na casa dos Barbosa de Oliveira. Os pais e os irmãos de Stella não compreendiam que ele aparecia, sobretudo, para matar a saudade. Permanecia alguns minutos olhando para seu quarto ou, às vezes, no meio dos amigos, abria a carteira, como se fosse retirar dinheiro, e ficava passando em revista os retratos que guardava.

Afora os danos sentimentais, a ausência de Stella também gerava transtornos por causa do mundaréu de resoluções, providências e preparativos exigidos para a realização do casamento. Apesar da sua inexistente habilidade para lidar com assuntos práticos, João teve que cuidar da emissão dos papéis, da expedição dos convites, da compra de utensílios, pijamas e até do vestido de noiva. Como se não bastasse, precisou ainda acalmar a ansiedade de Drummond, um dos padrinhos, que lhe pedia orientações a respeito da cerimônia. O noivo explicou que haveria ainda um "ensaio geral" — casamento religioso, a seu ver, era uma mistura de balé e parada.

Quando foi à igreja apanhar a licença, o padre lhe disse: "O senhor vai entrar numa família muito piedosa". Todavia, como "bom materialista", fez questão de lembrar que só daria atenção ao casamento civil. Ao comentar com Stella a apresentação do pedido de licença no ministério, mencionou, por brincadeira, o desapontamento das moças da Divisão do Pessoal: "Quando a notícia se espalhar, decepção geral do elemento feminino do Itamaraty".

Na última carta, enviada em 4 de fevereiro, João pediu que a moça falasse com o piloto para que ele apressasse a volta. O voo estava marcado para 12 de fevereiro. As derradeiras palavras do noivo foram inspiradas e eufóricas: "No dia 12, às 4h30, ao passar por cima do Cristo veja se há um vulto pousado na mão dele. Se distinguir não é um pássaro. Sou eu, que depois virei correndo para o aeroporto".

Dez dias depois, na manhã de 22 de fevereiro de 1946, realizou-se finalmente o casamento de João Cabral e Stella na igreja de Santa Teresinha, em Botafogo, situada na boca do que viria a ser o Túnel Novo. A fotografia do casal foi publicada do jornal *A Manhã*. De acordo com a nota da coluna Mundo Social, a cerimônia contou com a presença de figuras de relevo e grande número de escritores. Os padrinhos por parte do noivo foram Carlos Drummond de Andrade e Lauro Escorel, com suas respectivas mulheres, Dolores e Sarah; e, por parte da noiva, Oswaldo, um dos irmãos dela, e, para o desgosto de João Cabral, a srta. Maria de Lourdes Lima Rocha — a famigerada chefe bandeirante.

O casamento foi celebrado pelo monsenhor Leovigildo Franca, pároco da igreja e assistente eclesiástico das bandeirantes. A missa, na época, era rezada em latim. Após a cerimônia, o pai de Stella ofereceu um grande almoço para os convidados. A mesa foi decorada com utensílios de prata e cristal pertencentes à família, enfeitados com doces e flores. Foi essa a única vez que João comeu na companhia de Drummond. O poeta mineiro fugia dos banquetes. Achava que comer era um ato obsceno, que não deveria ser feito em público. Quando recebia um convite, era capaz de chegar mais tarde, dizendo que, por distração, havia almoçado em casa, como João viu acontecer uma vez. Como era o padrinho, naquela ocasião não teve por onde escapar. Drummond guardaria no seu acervo o livro da "Missa de casamento", de João Cabral e Stella Maria, "unidos em Cristo".

O único membro da família de João que veio do Recife para participar da festa foi seu pai. Depois da viagem familiar de 1940, Carmen não quis mais sair de Pernambuco. Luiz Cabral chegou a perguntar se os noivos não preferiam ir ao Recife, em viagem paga por ele. Mas para isso seria preciso um navio que coincidisse com o dia das núpcias. Acabaram declinando da oferta.

Stella abriu mão do seu sobrenome para se tornar apenas Cabral de Melo. Achou que, se mantivesse o Barbosa de Oliveira, seu nome ficaria muito extenso. Em maio de 1946, foi publicada sua exoneração como arquivista do Dasp. Deixou de trabalhar por determinação do Itamaraty, que também negou a João Cabral um pedido de representação, justificado pelas dificuldades financeiras advindas do casamento. Os dois despachos causaram um baque nas expectativas do casal relativas a dinheiro.

Entre o casamento e o nascimento do primeiro filho, em dezembro de 1946, decorreram apenas onze meses. Nesse período, João e Stella moraram num apartamento na rua Jardim Botânico, ao lado do Parque Laje. Era um prédio de três andares, chamado Solar das Hortênsias. Durante a gravidez, Stella não perdeu a boa disposição e chegou a participar de um acampamento das bandeirantes. No início de dezembro, o casal se transferiu para Botafogo, à espera dos primeiros sinais. No dia 5, no início da tarde, nasceu Rodrigo, assim batizado em homenagem ao diretor do Sphan. João não era tão próximo de Rodrigo Melo Franco de Andrade, mas ouvia tanto seus melhores amigos — Joaquim Cardozo, Drummond, Bandeira — falarem dele como criatura excepcional que decidiu batizar com seu nome o primeiro filho. O parto foi sofrido e demorado. Em carta a Lauro Escorel, o poeta explicou que os músculos de Stella estavam muito enrijecidos, em razão do seu passado de nadadora e alpinista. Descreveu ainda os principais traços fisionômicos do primogênito: cabeça de nortista, mãos compridas e orelhas pontudas como as de Mallarmé.

7.
Riguroso horizonte

Depois de duas semanas em um navio, João Cabral desembarcou em Barcelona, seu primeiro posto no exterior, no dia 23 de março de 1947. Os últimos tempos antes da partida tinham sido difíceis para o jovem diplomata. O estado de espera, para ele insuportável, lhe causava constante irritação. As crises de ansiedade se agravavam também pela falta de dinheiro. Com a remoção, e o consequente aumento da renda, esperava poder sustentar com mais folga a casa e a família. Apesar do seu horror a viagens, não via a hora de estar no vapor, longe da vida apertada do Brasil e também da Comissão de Organismos Internacionais, o setor do Itamaraty onde fora alocado nos últimos meses para tratar de assuntos ligados à Organização das Nações Unidas para a Educação, a Ciência e a Cultura (Unesco).

Somente em fevereiro de 1947 saiu o decreto de sua nomeação, ex officio, para o cargo de vice-cônsul em Barcelona. A decisão foi motivada por um convite de Osório Dutra, cônsul-geral do Brasil na cidade, além de poeta, a quem João, reservadamente, atribuía uma série de defeitos. Falou mais alto, porém, a atração pelo flamenco, ouvido pela primeira vez no Rio de Janeiro. No início de março, a família embarcou no navio *Jaceguai*. Entre os amigos que foram ao cais do porto para as despedidas estava o padrinho Carlos Drummond de Andrade.

A viagem de quinze dias teve duas escalas: a primeira, nas ilhas Canárias, e a outra, por 24 horas, em Lisboa. Conduzidos pelo guia do navio, os viajantes aproveitaram o tempo de parada para visitar pontos turísticos. Entretanto, logo no início do itinerário, João perdeu a paciência: no mosteiro dos Jerônimos, depois de exibir o túmulo de Vasco da Gama, o guia disse com orgulho aos turistas: "E aqui está o túmulo de Luís de Camões, o célebre autor dos *Lusíadas*". Ao ouvi-lo pronunciar daquela maneira o título da obra (que, de resto, sempre odiara), João disse à mulher: "Vamos ver Lisboa por conta própria". Tomaram um táxi e foram até o Rocio e a Cidade Alta. Não puderam, contudo, ver muita coisa. Rodrigo, que contava apenas três meses, tinha ficado no navio, sob os cuidados da empregada, e a cada três horas eram obrigados a voltar, para que Stella o amamentasse.

Em Barcelona, durante várias semanas, João Cabral continuou a se sentir como um turista. Explorou museus e ruínas romanas, visitou casas antigas, admirou frontões e, sobretudo, frequentou *corridas* de touros. Como a cidade era muito concentrada, achou fácil percorrê-la. Gostava de andar sem rumo pelas ruas tortas do Bairro Gótico, o "Casco". Causou-lhe espanto o contraste das enormes casas medievais com as vitrines modernas e os anúncios luminosos. Já a parte nova, com ar parisiense, era geometricamente traçada, com ruas largas e arborizadas. Ali, em edifícios alinhados, abrigavam-se os cinemas, as livrarias, o comércio de luxo. Em carta enviada a Lêdo Ivo, João comentou, à maneira jocosa de Oswald de Andrade, que esse era o setor de Barcelona "'onde' o barcelonês não literato acha muito bonito e o estrangeiro acha muito confortável". Em suma, tratava-se de uma bela cidade, que o atraiu por inteiro, embora estivesse, como frisou na carta, vivendo na "Espanha-não" do poema "No vosso e meu coração", de Manuel Bandeira, que bradava contra a ditadura: "A Espanha de Franco, não!".

O célebre anarquismo dos catalães, visível em artistas como Salvador Dalí e Pablo Picasso, que lá viveu sua mocidade, também o deixou impressionado. Antes da Guerra Civil Espanhola, a cidade era boêmia e tinha cafés que nunca fechavam — foi o que lhe contou um idoso garçom. Quando começou o conflito, no meio de um tiroteio, os funcionários do café onde ele trabalhava resolveram fechar a porta. Só então descobriram que não havia porta — detalhe do qual nunca tinham se dado conta, pois o estabelecimento estava sempre aberto aos clientes.

Outra anedota que João contava era sobre um episódio envolvendo Dalí na Federação Anarquista Ibérica. Seus dirigentes — homens seríssimos, sempre de terno e gravata — o haviam convidado para proferir uma conferência. Ao sentar-se à mesa, o pintor abriu um embrulho e enterrou a cabeça numa bisnaga de pão. Depois, fez um sinal à mulher, e ela abriu a camisa, exibindo os seios. Em meio a protestos, Dalí ainda teve a coragem de mostrar um desenho chamado "Orgasmograma", que havia feito com a mão esquerda, enquanto se masturbava com a direita. A noite quase terminou em pancadaria, contava João Cabral.

Antoni Gaudí também era visto por ele como expressão artística desse anarquismo, que havia durado do final do século XIX até a Guerra Civil. Mas a arquitetura do Modernismo catalão, que se tornou a principal marca de Barcelona, esteve longe de cair nas suas graças. João achava absurdo que Gaudí tivesse o hábito de começar a construir pela fachada, que em arquitetura, a seu ver, deveria ser a última preocupação, o resultado da estrutura. Para conhecer de perto a Sagrada Família, subiu as torres, e achou que a criação improvisada de Gaudí, juntando cacos de louça, era a coisa mais anticorbusiana do mundo. Ainda assim, admirava a pureza do arquiteto, avesso a regras, que chegou a pedir esmolas, já velhinho, para concluir sua igreja, terminando por morrer atropelado.

A princípio, João residiu na casa do chefe — "fabulosamente hospedado", contava em suas cartas —, levando uma "vida de sala de visitas". A hospitalidade de Osório Dutra surpreendeu o casal. "Chegamos mesmo a ficar engasgados", confidenciou o poeta em carta a Lauro Escorel. Com o tempo, perceberia que, embora fosse chato e aproveitador, o cônsul-geral possuía qualidades que faziam esquecer seus defeitos. Era impossível ser indiferente ao carinho que ele e a mulher, Margot, dispensavam aos hóspedes.

Nos primeiros dias de maio, João e Stella já estavam instalados no próprio domicílio. O belo apartamento, não menos fabuloso que o do chefe, ficava na Carrer de Muntaner, 444, na parte moderníssima da cidade. Tinha duas salas de visita, uma sala de jantar, cinco quartos — e, o mais impressionante, corredores enormes que, segundo a descrição de João Cabral, equivaliam, só eles, a muitos apartamentos do tipo carioca. Em poucos dias, o novo lar determinou um novo modo de vida. Em vez de bater perna pela cidade ao final do expediente, João adquiriu o hábito de passar as tardes lendo no divã do seu escritório, que dava vista para o Parc de Monterols — "um bosque onde não canta o sabiá", como disse a Escorel.

Em meia hora de caminhada, chegava-se ao prédio do consulado-geral do Brasil, situado na Rambla de Catalunya, paralela ao movimentado Passeig de Gràcia. O horário de trabalho era outro grande privilégio. O expediente começava às dez horas e às duas da tarde já havia terminado. Às três, horário de Barcelona, era servido o almoço. O resto da tarde podia então ser dedicado a leituras. Os vencimentos também compensavam. Depois dos apertos no Rio, João agora se dava ao luxo de andar de táxi sempre que quisesse, podia entrar em livrarias e sair de mãos cheias. Daí ser pródigo com os amigos, a quem sempre oferecia préstimos. "Não tenha cerimônias porque o livro aqui é barato", escreveu a Manuel Bandeira. "A vida é boa, quando nos chega em dólares", suspirou, machadianamente, em carta a Lêdo Ivo.

Não era de lamentar que a carreira diplomática fosse tão ruim, observou João em seu diálogo epistolar com Lauro Escorel. Assim o funcionário era dispensado de gastar tempo e cérebro — "o sujeito pode dedicar-se a outras coisas: do álcool à literatura". As horas livres lhe permitiam também exercer outras atividades. Antes mesmo de fixar residência e desencaixotar os livros, o poeta aceitou dar um curso de literatura brasileira na Faculdade de Filosofia e Letras da Universidade de Barcelona. Seguindo o modelo de Estêvão Cruz, que lhe apresentara no Recife os poetas contemporâneos, resolveu começar as aulas pelo Modernismo. Orgulhava-se de apresentar aos alunos nomes como Clarice Lispector e Lêdo Ivo, entre outros jovens autores. Mas decepcionou-se profundamente com o "espírito estudantil" que atribuía mais valor a rótulos e dados biográficos do que às próprias obras literárias. Nessa experiência de professor, o mais espantoso para ele foi perceber a aparente seriedade dos alunos enquanto o ouviam. "Nunca pensei que o ar de interesse que eu costumava fingir no colégio podia tão bem parecer verdadeiro", comentou em carta a Sarah, mulher de Escorel.

Ao enviar para os padrinhos o retrato de "Don Rodrigo", feito por um fotógrafo de Barcelona, João Cabral comentou que o achava parecido consigo, mas somente por ser rechonchudo — "porque risonho, sobretudo em criança, nunca fui". Quando os primeiros dentinhos despontaram, Rodrigo aprendeu a dizer "papai". Perto de completar um ano, e já com meia dúzia de dentes, descobriu o prazer de andar. E muito cedo aprendeu também a "tourear", divertindo-se com o pai, que ficava de quatro para se fingir de touro.

Já nesse primeiro ano na Espanha, Stella ficou grávida do segundo filho. A ótima instalação em Barcelona acabou saindo caro, sobretudo porque o casal havia contratado quatro empregadas. Além da despesa com a aquisição dos móveis, João era obrigado a gastar uma fortuna no mercado paralelo para comprar gêneros alimentícios, sem submeter-se ao racionamento decretado pelo governo. Se os livros lhe custavam uma pechincha, a comida tinha preços altíssimos. Mesmo assim, o salário em dólares lhe permitia ainda alguns luxos, como a compra de desenhos de Picasso, Van Gogh e Modigliani. As obras eram adquiridas de um agiota a quem refugiados franceses recorriam quando precisavam de dinheiro, explicou João em carta a Manuel Bandeira. A coleção — depois acrescida de um pastel de Degas, um óleo grande de Juan Gris e pequenos óleos de Picasso, Cézanne e Bonnard — impressionava os visitantes. Até mesmo o pintor Joan

Miró, de quem João se aproximou pouco depois de se instalar na cidade, ficou, segundo ele, bestificado.

Após o término da Guerra Civil Espanhola, muitos adversários do regime de Franco foram mortos ou exilados. A queda de Barcelona, em fevereiro de 1939, significou não apenas o fim do Estado democrático, mas também o esmagamento da revolução social que florescia em grande parte do país. Naquele período, importantes poetas espanhóis, como Federico García Lorca, Antonio Machado e Miguel Hernández, perderam a vida. Por ser estrangeiro e diplomata, João Cabral não se sentiu ameaçado. Estava a salvo das restrições e das leis locais, livre do risco de perseguição, e por isso não se incomodou com o clima opressivo, conforme admitiu a Lauro Escorel: "Não sinto também (em mim, bem entendido) a presença do fascismo".

Foi essa condição privilegiada que lhe permitiu ter acesso a Joan Miró, artista silenciado pela ditadura franquista, que descobriu no jovem poeta brasileiro um interlocutor. Apesar da diferença de idade de 27 anos, construíram uma amizade que foi importante para Miró, naquele momento em que suas relações sociais estavam proibidas, e decisiva para Cabral, constituindo mesmo o grande acontecimento de sua primeira temporada na Espanha.

Fazia cinco anos que Miró estava de volta a Barcelona. No longo exílio na França, além de estreitar relações com Picasso, havia conhecido escritores e pintores surrealistas. Quando os nazistas ocuparam Paris, ele se deslocou para o sul. Depois, quando os alemães tomaram o resto da França, achou menos horrível viver sob Franco do que sob Hitler e conseguiu atravessar de volta a fronteira. A polícia do generalíssimo permitiu o regresso, mas impôs condições severas. Além de não poder expor suas obras, Miró teria que viver isolado, sem circular na companhia de outros artistas ou recebê-los em casa. Quando João Cabral o conheceu, sua produção plástica ainda era ignorada na Espanha, embora já começasse a obter reconhecimento nos Estados Unidos. Mesmo os artistas jovens — como os que formaram o grupo vanguardista Dau al Set, dos quais o poeta também ficaria próximo — ainda não davam o devido valor à sua obra. João teve o privilégio de ver, em primeira mão, os quadros que Miró vinha produzindo nos cinco anos que sucederam seu retorno à Espanha.

O primeiro encontro foi motivado por uma encomenda que o poeta recebeu de um primo, o diplomata Josias Carneiro Leão, dono de uma coleção de arte que ele costumava visitar no Rio. Josias se apaixonara por uma tela de Miró — *O galo*, pintada na França em 1939, logo após a Guerra Civil —, que vira reproduzida numa revista. Ao saber que João estava indo para a Espanha, o primo lhe fez um pedido: "Você diga ao Miró que eu quero comprar esse quadro". A incumbência não lhe desagradou. Assim que pisou em Barcelona, o poeta destemidamente se apressou a procurar o artista catalão. Nisso foi ajudado por Joan Prats, chapeleiro, colecionador de arte e grande amigo de Miró, que ele conhecera em suas andanças pelas galerias da cidade. A primeira tentativa não deu certo. Desde fevereiro de 1947, Miró se encontrava nos Estados Unidos, de onde só voltaria em outubro, impressionado com Nova York e a força do expressionismo abstrato.

João Cabral tratou logo de visitá-lo. Tirando proveito de sua condição de vice-cônsul, foi recebido para jantar em sua casa. Estava acompanhado do pintor Ramón Rogent, a quem havia sido apresentado por Joan Prats. Miró residia na Passatge del Crèdit, próxima às Ramblas e à Carrer de Ferran. Era a casa da família, na qual nascera. No térreo do pequeno edifício, funcionava a serralheria do pai, que morava no primeiro andar, equipado com móveis dos séculos XVIII e XIX. No segundo, morava o artista e, no terceiro, ficava seu ateliê.

A recepção dos visitantes, a princípio cheia de cerimônia, aconteceu no andar que pertencia ao pai. Depois, à medida que deslanchou a conversa, Miró os convidou para seu apartamento, que era mais arejado e tinha mobiliário moderno. A mudança chamou a atenção pelo choque temporal. Pelos cantos da casa e do ateliê, havia muitas telas inacabadas — pássaros, olhos, fantasmas, formas de todas as cores e feitios. O artista tinha o hábito de pintar ao mesmo tempo dezenas de trabalhos. Uma vez terminados, não se interessava mais pelos quadros. Nos seus aposentos, o que saltava à vista eram os objetos extravagantes: raízes, pedras, pedaços de ferro velho, entremeados com esculturas populares e móbiles de Calder. A seleção, assim como suas próprias obras, revelava sua expressão pessoal. "Reconheci toda a pintura de Miró, ou melhor, seu mundo, num pequeno museu que ele tem em casa", observou João em carta a Manuel Bandeira.

Em contraste com toda aquela excentricidade, o pintor se mostrava um sujeito formal. Gordo e de estatura pequena, andava sempre de paletó e gravata, bem penteado, e tinha o costume de falar baixinho. Mas abria-se com facilidade, deixando à vontade seu interlocutor. João não obteve sucesso na missão que lhe fora confiada. Miró informou que não poderia vender a tela, pois era obrigado, por contrato, a destinar metade de sua produção à Galerie Maeght, que o representava comercialmente, enquanto a outra metade pertencia a Pilar, sua mulher. O galo colorido e desafiador, que naquela altura era também a expressão de um protesto político, estava incluído nessa segunda categoria. Carneiro Leão ficou de mãos abanando. Porém, graças ao primo, João conquistou algo mais importante: a amizade de Joan Miró. Por ele se iniciava sua fecunda rede de contatos com o combalido meio intelectual de Barcelona.

Semanalmente, o poeta ia visitá-lo em seu ateliê no Bairro Gótico. Ali mantinham longas conversas sobre Picasso e os amigos surrealistas de Miró — André Breton, Louis Aragon, Paul Éluard, Max Ernst e André Masson, a quem João havia homenageado em *Pedra do sono*. Àquela altura, porém, embora ainda confiasse bastante no instinto, Miró já se sentia desligado dos surrealistas, que, segundo ele, nada entendiam de pintura. Considerava-se instintivo, mas não pintava automaticamente, procurando sempre equilibrar emoção com lucidez. A criação, a seu ver, não podia dispensar a ordenação racional posterior. A afinidade com a poética do engenheiro, que também havia depurado e organizado seu Surrealismo, não se restringia a essa defesa da razão. Assim como Cabral, Miró se dizia ainda bastante concreto e totalmente desinteressado da pintura abstrata. Era atraído por outras coisas, como a arte primitiva espanhola, recolhida no Museu Nacional de Arte da Catalunha, em Montjuïc. Quando se sentia desesperado e sem confiança em sua arte, confessou a João Cabral, bastava tomar o bonde e correr a Montjuïc para que adquirisse, num passe de mágica, uma enorme coragem de criar.

Miró costumava contar histórias engraçadas. De ordinário, porém, falava pouco, e sempre se calava quando a conversa adentrava em algum debate mais teórico. Nesses momentos, cravava em João Cabral seus olhos arregalados, como se o assunto não tivesse nenhuma conexão com seu universo. Admirava o interlocutor mais jovem e, diversas vezes, convidou-o para passar o dia em sua casa de campo em Mont-roig, situada a cem quilômetros de distância, na província de Tarragona. Nesse passeio rural, às vezes tinham a companhia do chapeleiro Joan Prats. Do alto da torre da propriedade, o poeta contemplava a planície verde, cujos volumes, sob o sol, pareciam ter "agudeza de lâmina", como escreveu no poema "Campo de Tarragona". Dali também se avistava o mar "sem mistério" da Catalunha, e mesmo as igrejas, com suas torres octogonais, eram "igrejas, mas calculadas".

O que também contribuiu para o perfeito entendimento entre Cabral e Miró foi o gosto do pintor pela poesia. Leitor de Rimbaud e San Juan de la Cruz, Miró era também poeta bissexto. Foi por seu intermédio que João teve acesso ao livro *Paroles*, publicado em 1946 por Jacques Prévert. Em sua correspondência com Manuel Bandeira, o volume foi mencionado como uma grande descoberta. Lendo Prévert, ele percebera como, após a Segunda Guerra, o gosto dos poetas se aproximava de certa linhagem da poesia brasileira — oposta a Schmidt, Jorge de Lima e à corrente espiritualista —, ao desprezar a retórica e buscar um "contato direto com a coisa", até então desconhecido pelos europeus.

O retorno de Joan Miró a Barcelona foi possível graças a uma abertura cultural simulada pelo general Franco, em resposta ao bloqueio diplomático e econômico das democracias europeias, que pediam sua destituição. Em 1948, outro pintor que obteve permissão para voltar à Espanha foi Salvador Dalí, mas este não teve dificuldade para acomodar-se ao regime franquista. João Cabral chegou a vê-lo pessoalmente. Além de repudiá-lo, tanto por sua estética como por sua ética, achava-o tão apalhaçado que se sentia incapaz de se aproximar dele. Com Miró, entretanto, adquiriu uma intimidade que renderia muitos frutos. Entre 1947 e 1950, o catalão produziu dezenas de pinturas, desenhos e esculturas. Foi um período de efervescência e depuração estética que João teve a oportunidade de acompanhar de perto — experiência que também foi importante para os desdobramentos de sua obra literária.

Manuel Rodríguez Sánchez, o Manolete, um dos maiores toureiros da Espanha, o último grande clássico das *corridas*, morreu em 29 de agosto de 1947, dias depois de completar trinta anos. Seu último combate se deu com o touro Islero, da *ganadería* miura, uma raça especial e difícil de enfrentar, que teve a proeza de levar à morte Pepete, Mariano Canet, Pedro Carreño e uma porção de toureiros famosos. Na tourada — tradição espanhola vista, durante a era franquista, como encarnação mística do caráter nacional —, o que mais impressionava era a presença real e constante da morte.

Manolete era cordobês e lutara ao lado de Franco na Guerra Civil. Quando lhe perguntavam se não tinha medo de uma chifrada, respondia sempre que achava a fome bem mais violenta: "*Más cornadas da el hambre*". Em Barcelona, João Cabral só chegou a vê-lo tourear duas vezes, em abril e maio de 1947. Nessas ocasiões, teve a impressão de ver "Paul Valéry toureando". Foi o comentário que fez, ainda sob o impacto de sua morte, em carta escrita a Manuel Bandeira uma semana depois da trágica *corrida* realizada na praça monumental de Linares, na Andaluzia. No dia fatídico, além de Manolete, o veterano Gitanillo de Triana e o madrilenho Dominguín enfrentaram seis touros bravíssimos da raça de don Eduardo Miura Fernández. Um desses animais era o agressivo Islero, cuja força brutal terminaria por vencer a inteligência de Manolete. Esgotada sua fúria, o touro tombou inerte para um lado da arena, e o toureiro caiu morto para o outro.

Para João Cabral, a atração pela arte de *torear* se revelou muito poderosa. Já no primeiro domingo que passou em Barcelona, o poeta foi à praça de touros para ver o espetáculo que muitos consideravam bárbaro e horrendo. Na ocasião, não conseguiu entender o que se passava na arena. Depois, recebeu informações detalhadas — um verdadeiro curso sobre o toureio — do diplomata Carlos de Ouro Preto e, a cada nova *corrida*, seu entusiasmo só crescia. Stella também gostou da novidade. Nos primeiros meses, não perderam uma só tourada. Os passeios de fim de semana eram interrompidos porque faziam questão de estar na cidade aos domingos, para ver os touros mais bravos. Às quintas-feiras, assistiam ainda às novilhadas. Para satisfazer o vício, eram capazes até de enfrentar ameaças de bombas e petardos.

Os touros acabaram se tornando uma parte essencial da nova vida. Assim como o flamenco, que deixou o poeta maravilhado. Os catalães não eram apreciadores do canto flamenco, mas havia tablados em Barcelona, dos quais ele se tornou frequentador. Tanto o flamenco, de origem gitana, como a *corrida* de touros eram tradições andaluzas, não constituíam fenômenos da Catalunha. No entanto, por ser uma cidade grande, Barcelona tinha uma oferta de espetáculos melhor que a de Sevilha. Após as *corridas*, João se dirigia a um restaurante especializado em *toros de lidia*, os bravos touros sacrificados na arena. Ali conheceu toureiros, *bailaoras*, músicos, e se tornou amigo do garçom Pepe Martínez, a quem daria de presente um livro de Federico García Lorca.

Por entender a tourada, a exemplo de Hemingway, como uma forma de arte, Cabral mergulhou em estudos sobre tauromaquia. A leitura de livros como a antologia *Los toros en la poesía*, publicada em 1944 em Madri, o inspirou a conceber o projeto de um volume semelhante, reunindo poemas de autores espanhóis modernos. Nas margens de um poema de Rafael Alberti, registrou: "Traje de luzes é o nome poético-corrente da roupa de toureiro".

Passou meses compondo notas explicativas sobre imagens e termos desconhecidos do leitor brasileiro. Achava que, sem os comentários, muita coisa ficaria incompreensível. Depois começou a fazer anotações para a escrita de um ensaio sobre a estética do toureiro. Como explicou a Lauro

Escorel, estava convencido de que a tauromaquia, como a arte, possuía um caráter de expressão pessoal, além de conter um "elemento moral" que só a ela pertencia: o risco. Na mesma época, planejou ensaios sobre a poesia catalã e o realismo na literatura espanhola. Procurava aprofundar ao máximo esse seu primeiro contato com uma civilização estrangeira. Mas os ensaios eram tão meditados que não saíam do plano das notas.

A exposição à morte era o que mais o atraía no toureio. De um momento para outro, o sujeito podia levar uma cornada. Vencido o combate, se o matador tivesse toureado bem, o público, agitando lenços, exigia que ele cortasse a orelha do touro e a exibisse em sua volta triunfal na praça. Tudo era muito rápido. O tempo de uma *lidia* — o intervalo desde o instante em que o animal saltava na arena, ofuscado pela luz repentina, investindo furiosamente, até o desfecho daquela impressionante coreografia diante da morte — não costumava ir além de cinco minutos. Ao mesmo tempo, a lentidão era sufocante. À medida que estudou a arte de tourear, João percebeu que o mais importante não era a luta da vida contra a morte, mas o embate da inteligência do toureiro contra a força bruta do touro.

Depois de Juan Belmonte, que inovara a técnica de *lidiar* touros, ao atribuir-lhe um sentido plástico e dramático — entendendo que seu papel era mandar no touro, e não apenas se defender dele —, Manolete soube levar às últimas consequências essa revolução. Foi ele quem introduziu o modo de tourear "parado e escultural". Aproximava-se destemidamente do touro, "domando-o como a um cachorrinho". Tudo isso foi relatado por João Cabral, em novembro de 1947, numa longa carta a Lauro Escorel.

No final do ano, com a suspensão da temporada de *corridas*, que só recomeçariam em março, João fez planos de viajar a Salamanca ou à Andaluzia. Queria conhecer as *tientas* — provas em que os *ganaderos* testavam a bravura de novilhos, selecionando animais para a futura temporada — e disse a Escorel que aproveitaria a ocasião para testar sua própria aptidão como toureiro. Pouco tempo depois, em nota intitulada "Furo de reportagem", o *Diário de Pernambuco* informou que o poeta estava tão contagiado pelo esporte espanhol que resolvera treinar para ser toureador: "Que os touros sejam mansos e cordiais com os estrangeiros, é o que desejam os amigos de João Cabral".

Na Espanha, o poeta conheceu vários toureiros famosos, como Julio Aparicio, que viu em Madri e de quem se tornou amigo e quase protetor. Em suas idas a Barcelona, esse matador ainda jovem, casado com a bailarina Marlene, era convidado a jantar em sua casa, onde conversavam longamente sobre touros. João aproximou-se ainda de Mario Cabré, toureiro catalão que era também ator e poeta e tinha amizade com Joan Miró.

No poema "Alguns toureiros", João Cabral mencionou ainda Manolo González, Pepe Luis, Miguel Báez e Antonio Ordóñez. Nenhum deles, porém, podia ser equiparado a Manuel Rodríguez, Manolete, "o toureiro mais agudo,/ mais mineral e desperto" — traços que também serviam para definir a concepção cabralina de poesia.

Manolete sabia como ninguém desviar o touro com seu pano vermelho. Ficava estático na arena e conseguia a proeza de fazer o touro se desviar dele. Era um homem de origem humilde, mas com enorme curiosidade intelectual. Quando estava diante de escritores, ouvia-os com a máxima atenção, sem dar uma palavra, pois tinha medo de dizer besteiras. O garçom Pepe era amigo de Manolete e tinha prometido apresentá-lo a João, quando o toureador voltasse a Barcelona. Achava que se tornariam amigos, porque tinham o mesmo temperamento retraído, calado. No dizer de Pepe, as duas personalidades "rimavam".

Manolete não gostava de florear, como fazia o espalhafatoso Manuel Benítez, que, para atiçar a plateia, era capaz de ficar de costas para o touro. Dentre todos os toureiros, era o mais "asceta", "o que à tragédia deu número,/ à vertigem, geometria". Sua morte causou comoção nacional. Para João, ele tinha morrido por excesso de honestidade, atacado por um touro desleal, que não investiu como o esperado. Depois de tourear com perfeição Islero, em vez de matá-lo de qualquer jeito, Manolete fez o que nenhum outro faria. Quis eliminar o touro com estilo, dando-lhe uma estocada perfeita, conforme exigiam os espectadores, apesar de saber que o animal poderia ser morto daquela maneira. O toureiro, pensava João, temia menos o touro do que a vaia do público. Quando se lançou contra Islero, no choque entre os dois corpos, levou a chifrada que lhe rompeu o fêmur, espargindo o sangue na areia. Horas depois estava morto. Nas duas vezes em que João o vira *lidiar*, Manolete havia liquidado quatro touros. Na visão do poeta, se a plateia em Linares não exigisse que ele matasse bem o touro, Manolete não teria morrido. Islero se tornara, para ele, um touro impossível, o touro de sua morte.

Apesar da mudança de ares e do entusiasmo por viver na Espanha, o velho problema de saúde não lhe deu sossego um único dia. Na praça de touros ou nos tablados de flamenco, João Cabral podia estar se divertindo muito, falando e gesticulando com os novos amigos, e de repente o semblante franzia. Era a dor de cabeça que vinha aporrinhá-lo. Com o tempo, passou a crer que ela resultava do seu hábito de atravessar muitas horas lendo. A leitura o imobilizava, não o deixava fazer exercícios.

Com efeito, ao consultar um médico em Barcelona, o conselho que recebeu foi praticar atividades físicas ou, pelo menos, executar um trabalho manual. Apesar do passado de esportista, o poeta não se animou com a ideia. "Mas eu só sei escrever", disse ao médico. "Muito bem, faça letras", ouviu como resposta. Foi então que, para escapar à ginástica, resolveu comprar uma prensa manual e o equipamento necessário à impressão de plaquetes de luxo. Queria começar o trabalho de "artesão tipógrafo" com uma edição independente dos doze poemas de *José*, inseridos por Drummond em 1942 no volume *Poesias*, ou com o inédito *Suplemento 1946*, primeiro título da coletânea *Novos poemas*, que o poeta mineiro publicaria em 1948.

Paixão antiga, a tipografia era um velho sonho que tornava a assaltá-lo, como relatou a amigos. Desde a infância, habituara-se a ver prelos na casa de familiares. Dentre os amantes dessa arte, lembrava-se sempre de Vicente do Rego Monteiro e José Maria de Albuquerque Melo, professor da Escola de Belas Artes do Recife e editor da *Revista do Norte*. Tipografia era, por excelência, coisa de pernambucano, uma das tradições de sua terra natal.

João escolheu uma pequena Minerva, leve de manejar e transportar, de cujo tamanho nem era mais fabricada. Todo o material foi adquirido, de segunda mão, na filial espanhola da Neufville, a famosa fundição alemã. Para realizar o negócio, teve o auxílio de Enric Tormo, tipógrafo e gravador que cuidava das litografias de Joan Miró, além de ser vinculado aos jovens artistas do grupo Dau al Set. Com ele, o poeta aprendeu a compor os textos e a lidar com a prensa. Mais tarde, contrataria também um funcionário para ajudá-lo a imprimir os livros. A colaboração principal, porém, seria mesmo a do mestre Tormo, a quem, por amizade e gratidão, João desejou livrar de dificuldades econômicas vividas na Espanha. Quando Ciccillo Matarazzo esteve de passagem por Barcelona, fez questão de levá-lo ao porto para que o empresário paulista, notável incentivador das artes plásticas, viesse a conhecê-lo. Achava que o tipógrafo poderia fazer escola no Brasil.

Enquanto esperava a chegada do equipamento, João elaborou um programa editorial. O primeiro livro seria o de Drummond. Depois pretendia imprimir uma seleção de textos poéticos de Joaquim Cardozo e um ensaio de Lauro Escorel sobre a obra de Góngora. Mais adiante, pensava em editar seu novo livro de poesia, *Psicologia da composição*, e uma antologia comentada de poemas sobre tauromaquia. O problema é que nenhum dos textos chegava às suas mãos, nem os que solicitara aos amigos, nem as composições poéticas sobre touros, algumas de difícil acesso. "A tipografia vai mal", relatou a Escorel em agosto de 1947. Por falta de material, disse que acabaria inaugurando a editora com "alguma coisa do Bandeirinha" ou com traduções de Stefan Zweig.

Os utensílios tipográficos também custaram a chegar. Só em outubro, quatro meses depois da compra, a fundição entregou os tipos e todo o material de impressão. Uma das razões da demora foi o atraso no fornecimento da ortografia portuguesa. João conseguiu adquirir dois tipos de letra: um para prosa e outro para poesia. Em novembro, finalmente chegou o item mais importante: a prensa. A longa espera pela máquina lhe deu tempo para leituras sobre a teoria do "livro puro" e os aspectos materiais da tipografia.

A prensa, a caixa de madeira, onde as letras ficavam guardadas em pequenas gavetas, e os demais "apetrechos de imprimir" foram instalados num dos cômodos do amplo apartamento da Carrer de Muntaner. Para batizar a editora, João escolheu o nome O Livro Inconsútil. "A palavra luxuosa está aí tomada em seu sentido mais material: sem costura", comentou em carta a Vinicius de Moraes. Gostava do nome por sua precisão, já que pretendia adotar em seus livros esse sistema comum na Espanha. Divertia-se ao pensar que o nome poderia irritar, ao mesmo tempo, como disse a Escorel, "duas classes extremas de bobocas: o pessoal 'em Cristo', por causa do emprego prosaico do adjetivo, e o pessoal do prosaico que o achará luxuoso e místico".

O primeiro a atender, com entusiasmo, ao convite do tipógrafo foi Manuel Bandeira. Ao receber o pedido, para publicação, dos "poemas onomásticos" que vinha organizando, ele imediatamente começou a datilografar os textos. O livro seria composto de três partes: "Jogos onomásticos", "Lira do brigadeiro" e "Outros poemas". Para intitular o conjunto, Bandeira pensava em duas opções: *Mafuá do malungo* ou *Versos de circunstância*. Na primeira página, queria pôr uma dedicatória: "A João Cabral de Melo Neto". Em sua resposta, João disse que, entre os títulos, seu preferido era *Jogos onomásticos*: "jogo, porque é meu conceito de poesia; e onomástico porque é bonito". A escolha final, porém, seria *Mafuá do malungo*.

João Cabral apresentou em detalhes o projeto de edição. Defensor do "livro puro", não queria saber de ilustrações. Seu plano era criar uma portada simples, que lembrasse os grandes tipógrafos — Ibarra, Bodoni, Baskerville —, e para isso havia comprado clichês com vinhetas antigas. Para os títulos, usaria o tipo Bernard fino, e o texto seria impresso num Mercedes. Deixaria para trás *Psicologia da composição*, que já estava meio composto, porque desejava inaugurar com Manuel Bandeira sua coleção artesanal. Disse também ter escrúpulo em aceitar a dedicatória oferecida pelo amigo. Este, ao responder à carta, elogiou o frontispício e não apenas insistiu em manter a dedicatória como também resolveu ampliá-la: "A João Cabral de Melo Neto/ Impressor deste livro e magro/ Poeta, como eu gosto, arquiteto,/ Ofereço, dedico e consagro".

Escolher papéis, estilos, conceber a parte plástica, a composição, a paginação, tudo isso para João Cabral era trabalho muito prazeroso. Quando, porém, chegou à etapa mais difícil, o trabalho de impressão, apanhou tanto que até pensou em desistir. Folhas e mais folhas foram danificadas sem que conseguisse obter a perfeição desejada. Foi então que tomou a decisão de retirar da prensa as páginas de Manuel Bandeira e retomar a produção de *Psicologia da composição*. "Este livro meu será feito em papel corrente e o estrago inevitável deste período de aprendizado custará mais barato", justificou. Já o volume de Bandeira seria feito com papel de linho especial, que o cônsul-geral Osório Dutra, talvez interessado em candidatar-se à Academia Brasileira de Letras, segundo Cabral, insistia em ajudar a pagar — oferta prontamente recusada pelo autor de *Libertinagem*.

Assim, para não prejudicar o livro do primo, o tipógrafo resolveu aprender a arte da impressão colocando na prensa seus próprios poemas. O primeiro "livro inconsútil", terminado nos últimos dias de 1947, acabou sendo mesmo o quarto volume de poemas de João Cabral. Além dos cem exemplares em papel Alpha, inferior, no qual esperava que os defeitos ficassem menos visíveis, o poeta fez também uma tiragem em papel de linho Guarro, de Barcelona. A portada lhe agradava pelo ar antigo, de livro do século XVII. Em carta a Clarice Lispector, que na época vivia na Suíça, João comparou a portada do livro com as lojas da rua Larga, no Rio, que traziam todas as mercadorias penduradas na porta. Tinha pensado em colocar apenas o título geral da obra, *Psicologia da composição*. "Mas depois me veio algum impulso antigo de mouro e compus a portada com o anúncio completo de toda minha pobre mercadoria." Nomeando as três partes do livro, o título passou a ser *Psicologia da composição com a fábula de Anfion e Antiode, poemas de João Cabral de Melo Neto*. Entusiasmado com os elogios de Lauro Escorel, primeiro leitor dos poemas e incentivador da publicação, o autor observou que o ofício o seduzia sobretudo pela possibilidade de criar coisas plásticas: "A composição tipográfica tem muito de arquitetura: é uma distribuição de negros numa superfície branca, como a arquitetura é o equilíbrio de volumes na luz".

Terminada a impressão de sua coletânea de poemas, João voltou a se ocupar do *Mafuá do malungo*. Para aperfeiçoar o trabalho, adquiriu outra prensa, de funcionamento mais rápido — a primeira era uma prensa de tirar provas —, que tornaria menos tediosa a produção de uma tiragem de cem exemplares. O equipamento, porém, era mais difícil de dominar e exigiu um novo período de aprendizagem — "tendo o seu livro de cobaia", confessou a Manuel Bandeira. O que o fazia apanhar da máquina era o papel, de ótima qualidade, mas muito duro. Um impressor alemão, ao visitar seu ateliê, criticou-o por haver começado o trabalho por "uma natureza tão difícil como a desse papel".

Só em abril de 1948, quatro meses após a estreia da coleção, é que João Cabral terminou a confecção de seu segundo livro inconsútil. "Aqui vai o bicho", escreveu ao primo, pedindo desculpas pela má qualidade da impressão. "Na verdade, andei meio irresponsável pedindo um livro seu antes de ter o pleno domínio do maquinismo." Mais de uma vez havia pensado em refazer tudo do começo, mas o próprio autor, alegando a "beleza das coisas imperfeitas", preferiu que ele não o fizesse. Dos 110 exemplares em papel de linho, 82 foram enviados, por navio, ao Itamaraty, em nome do cônsul Mário Calábria. Admirador de Bandeira, este fez questão de levar os exemplares à sua casa.

O autor ficou encantado com o livro. Dois meses depois, comentou com João a receptividade entusiástica de *Mafuá* e contou que os amigos não paravam de lhe pedir exemplares. Nos jornais, a obra foi elogiada por Carlos Drummond de Andrade, Paulo Mendes Campos e José Lins do Rego, entre outros. "No magnífico papel de linho, no tipo sóbrio da imprensa, cuidado, lá está em corpo e alma o autêntico poeta de *Estrela da manhã*", escreveu José Lins. Ao verificar o sucesso da sua tipografia, João fez uma brincadeira. Diante de tantos pedidos, disse que estava decidido a pôr no seu próximo livro o seguinte título: "Poesias/ de João Cabral de Melo Neto,/ Impressor/ De Manuel Bandeira, etc.".

O primo não deixou por menos e lhe enviou algumas quadrinhas que havia posto, como dedicatória, em exemplares oferecidos aos amigos. Para Rachel de Queiroz, escreveu: "À grande e cara Raquel/ Mando este livro, no qual/ Ruim é a parte do Manuel,/ Ótima a do João Cabral". E no livro dedicado a Prudente de Morais Neto anotou: "Malungo Manuel envia/ Isto ao malungo Prudente:/ Sei que é mofina a poesia,/ Mas que papel excelente!".

A escrita dos poemas que integram *Psicologia da composição* começou no Rio de Janeiro em fins de 1946, mas só foi concluída em meados de 1947, sob o impacto da experiência espanhola. João Cabral se divertia ao pensar que esse título — assim como o da coletânea anterior, *O engenheiro* — soaria irritante para um livro de poemas.

A respeito da estética do toureiro, conforme comentou em carta a Lauro Escorel, o poeta achava que muito poderia ser dito de "psicologia da composição". No seu caderno de anotações, registrava diversas ideias, como, por exemplo, a verificação de que "o touro não é tão passivo como o papel". Também achava importante o fato de não se assistir, numa *corrida*, a "uma obra elaborada antes", após inúmeros ensaios, e sim a "uma obra que se está fazendo no mesmo momento".

Psicologia da composição foi dedicado a Escorel. Depois de três livros de extração drummondiana, dois deles oferecidos ao poeta mineiro, a dedicatória revelava uma novidade: a importância adquirida naqueles anos por outro interlocutor, seu grande amigo de Ipanema, a quem João considerava não apenas seu "crítico mais bondoso", mas o próprio "padrinho do livro".

A correspondência entre os dois era frequente e alentada. Com suas habilidades de arquivista, Stella organizava as cartas de amigos recebidas pelo marido. O material foi distribuído em três pastas: uma para os nomes de A a K, outra para os de L a Z e uma única pasta para a correspondência que chegava de Boston, enviada por Escorel. Além de Stella, Lauro foi a única pessoa a ler os originais do novo livro. Em setembro de 1947, ele enviou a João Cabral uma longa análise, que se estendia por seis folhas manuscritas. O poeta, por sua vez, também expedia longos comentários sobre a fatura dos poemas e sua interpretação.

A primeira notícia sobre o livro foi dada ainda no Brasil, em novembro de 1946. Nos últimos tempos de vida carioca, João conseguira dar início a uma pequena série de poemas, então batizada de "Temas de Amphion". Para diminuir a expectativa do amigo, fez questão de escrever uma ressalva: "Nada de novo: pelo contrário, o mesmo realejo". Referia-se ao fato de que os poemas tratavam do "eterno assunto da criação poética". Entretanto, havia começado a escrever simultaneamente outra composição, que pretendia chamar "Sobre a natureza da poesia" e lhe parecia bem diferente. "É uma espécie de espinafração na poesia em geral, com algumas blasfêmias e diversas palavras que você nunca leu em coisas minhas."

Naquele período, o tempo escasso e sobretudo o "medo do 'trabalho'" o impediram de seguir adiante. O que João temia era verificar a própria impotência, o "despeito em ver que o trabalho literário é imprevisível". Até então vinha procurando fazer, à imitação de Valéry, uma composição construída conscientemente. Mas desconfiava que nem sempre havia obedecido às exigências "arquitetônicas" da construção poética. Os poemas, durante meses, ficaram interrompidos.

No primeiro verão em Barcelona, com a decisão de adquirir a prensa manual, veio também a coragem de retomar a escrita. Em maio, ocorreu-lhe a ideia do título, *Psicologia da composição*. Lauro Escorel recebeu e elogiou uma parte dos versos. Entretanto, como desejava sair da pura teoria, o poeta se incomodou com uma observação do amigo sobre a dificuldade que a leitura do poema de Anfion causaria aos leitores não iniciados. Em agosto, comunicou a resolução de adiar por alguns meses a publicação. No mês seguinte, porém, quando veio de Boston a análise minuciosa de Anfion, João mudou radicalmente de ideia. Disse que aceitaria a sugestão de editar o livro, sem consultar mais ninguém.

A carta de Lauro chegou às suas mãos num sábado, quando a família estava numa casa de campo de Els Hostalets de Balenyà, a sessenta quilômetros de Barcelona. A correspondência foi levada por Osório Dutra, que também lá fora passar o fim de semana. O poeta se viu obrigado a fazer sala, guardando a carta no bolso. Como a ansiedade era enorme, lembrou-se de Rimbaud e sua *calme fresque des latrines*, pediu licença e se trancou no banheiro. Só então pôde se deleitar com a leitura da interpretação de Escorel, que lhe pareceu "corretíssima". O plano do livro foi, então, estabelecido. Primeiro, viria a "Fábula de Anfion", depois uma série de oito poemas denominada "Psicologia da composição" e, por fim, o discurso sobre a natureza da poesia, ou melhor, visando à "esculhambação da poesia", agora designada como "Antiode". Para as três partes, João escolheu epígrafes extraídas, respectivamente, de Jorge Guillén, Rafael Alberti e Rimbaud. No final, restaria apenas, como única epígrafe da obra, a expressão *riguroso horizonte*, de Guillén.

Na primeira parte, o mito grego foi livremente aproveitado, em diálogo com as versões escritas por Valéry no seu melodrama *Amphion* e no ensaio

"Histoire d'Amphion". Nas palavras de João Cabral, o poema atribuía ao personagem tudo que era caro ao poeta: o deserto, o sol, a claridade — "coisas que eu tenho no Nordeste, mas que é mais literário descobrir na Grécia".

Já a seção seguinte, "Psicologia da composição", fazia alusão ao ensaio de Edgar Allan Poe sobre seu método racional de construção do poema "O corvo", *The Philosophy of Composition*. Nessa parte central, a última a ser concebida, foram aproveitados versos do poema "O papel em branco", de vinte estrofes, publicado em 1943 no suplemento literário de *A Manhã* e, mais tarde, classificado pelo autor como "longo bestialógico". A primeira estrofe se manteve sem alterações: "Esta folha branca/ me proscreve o sonho;/ me incita ao verso/ nítido e preciso".

A segunda parte do livro, na visão de Cabral, trazia certo ar de programa ou de teoria para si mesmo. Mas a última investia com um tom mais quente e escarnecedor "contra a poesia dita profunda" — palavras depois acrescentadas como subtítulo. "Poesia, te escrevia:/ flor! conhecendo/ que és fezes. Fezes/ como qualquer." Na quarta seção da "Antiode", o poeta explicitava sua recusa da poética do mistério, sublime e metafórica: "Flor é a palavra/ flor, verso inscrito/ no verso, como as/ manhãs no tempo". Era o ponto de radicalização de sua proposta antilírica e da negação da tradição pós-romântica, muito forte na poesia brasileira.

"Vou publicar aquelas coisas e quem não gostar, coma pouco", disse a Lauro Escorel em outubro. Na verdade, continuava cheio de dúvidas, preocupado com a opinião dos leitores, e só por medo de rejeição é que não quisera mostrar os poemas a ninguém, nem mesmo a Joaquim Cardozo. Desconfiava que o enorme trabalho investido em sua escrita poética era causado por um "excesso de escrúpulo e amor-próprio", que poderia fazê-lo perder o contato com o "espectador" e a noção do que era comunicável. Tinha receio de correr riscos. A menor incompreensão, confessaria a Lauro, ainda que viesse de um crítico menosprezado como Elói Pontes, seria suficiente para levá-lo a rasgar tudo que escrevera.

Para a surpresa de João Cabral, o aparecimento de *Psicologia da composição* despertou muito entusiasmo: Manuel Bandeira, Murilo Mendes, Vinicius de Moraes, Clarice Lispector, Antônio Houaiss e Raul Bopp, entre outros, ficaram encantados com o livro. "Está, de longe, o melhor de todos esses novos", disse Vinicius em carta a Bandeira. Este comentou com João que não importava se "o impressor ainda não chegou ao *riguroso horizonte*", pois o livro era "comovedoramente lindo". A despeito dos elogios, o autor insistia em dizer que poucos haviam gostado. Achava que estavam "tardando a digeri-lo", o que talvez fosse uma vantagem, mas que não bastava para consolá-lo.

Com efeito, se *Psicologia da composição* fora visto como depuração dos volumes anteriores e conquista de uma absoluta precisão formal, por outro lado, não faltava quem o considerasse hermético, duro — "poesia para poetas, de um sabor técnico difícil", escreveu Sérgio Milliet em abril de 1948 no *Diário Carioca*. O poeta José Paulo Moreira da Fonseca escreveu que a "castidade arquitetônica" de "Anfion" seria inatingível, que o rigor não poderia sobrepujar a vida, feita de mescla, conflito e incerteza. Lêdo Ivo comentou que a depuração alcançada por Cabral seria mesmo pouco compreensível no Brasil — ou então causaria revolta nos que a entendessem, como dizia ser o seu caso. De Barcelona, o autor respondeu: "Já tenho notado em outras pessoas essa irritação pelo meu regime alimentar".

João buscava traduzir suas ideias sobre poesia em termos concretos, usando exemplos materiais, conforme observou em carta a Lauro Escorel. Gostava de "pensar com coisas", a exemplo do que pretendia fazer em seus poemas, dando primazia às palavras concretas e recusando aquelas que, antes de entrar no poema, já eram vistas como "poéticas", o que era uma tarefa mais arriscada. Ocorria-lhe então a lembrança de Juan Belmonte. Ao vê-lo se posicionar com ousadia diante do touro, Joselito, toureiro mais experiente, gritou: "Muchacho, aí não que ele te pega". Belmonte não lhe deu ouvidos, foi ao chão várias vezes, mas insistiu em sua técnica de aproximar-se perigosamente do touro, até conseguir vencê-lo. "Eu sabia que ele ia me derrubar, mas o mérito estava em dar por ali", explicou a Joselito. "Uma coisa semelhante eu gostaria de fazer com as palavras", acrescentou João Cabral, ao encerrar a história contada a Escorel.

Depois de publicar *Psicologia da composição*, João não conteve a crise. Achou que deveria se calar, atirar a flauta ao mar como fizera Anfion — o que Manuel Bandeira, em abril de 1948, chamou de "traição a si próprio, aos seus amigos e admiradores". Talvez pressentisse que seu antilirismo, depois de operar tantas recusas, deveria dar ainda outro passo no sentido de se abrir para o real concreto. Era preciso, afinal, ampliar os temas de sua poesia, como aconselhava Lauro Escorel. Naquela altura, o prazer do indivíduo, "sem justificação social", ainda lhe parecia suficiente e imprescindível. Logo, porém, mudaria essa visão, incitado, entre outras coisas, pela vivência na Espanha.

A produção do selo O Livro Inconsútil, com tiragens diminutas e disputadíssimas, seguiu a todo vapor. Na escolha dos títulos, o editor deixava evidente seu interesse em divulgar nomes da poesia moderna do Brasil e da Espanha. Logo depois de *Mafuá do malungo*, saiu o volume *Pequena antologia pernambucana*, como homenagem ao cinquentenário de Joaquim Cardozo, completado no ano anterior. João Cabral fez novamente a impressão em papel de linho, utilizando o tipo Bodoni, do princípio da tipografia, que considerava ao mesmo tempo o mais clássico e o mais moderno.

Em agosto de 1947, o *Diário de Notícias* anunciou a produção do pequeno volume, então batizado de *Poemas antigos*, no qual o vice-cônsul brasileiro em Barcelona pretendia reunir textos que conseguira "arrancar" de Joaquim Cardozo. Ao fazer cinquenta anos, o poeta pernambucano, para espanto de todos, continuava inédito. Até então, os únicos poemas seus que existiam em livro eram os que Manuel Bandeira havia divulgado na sua *Antologia de poetas brasileiros bissextos contemporâneos*. Os textos eram guardados na memória ou corriam de mão em mão, datilografados e copiados por outras pessoas. "Tem muito poema que eu compus e que depois me esqueci", dizia. Incomodado com aquele longo silêncio, antes de sair do Brasil João Cabral tomou a iniciativa de organizar para publicação as criações poéticas do amigo. Em várias ocasiões, foi à sua casa para ouvir e registrar os textos. De lápis em punho, escutava-o lembrar-se de velhas composições. Preocupou-se ainda em recolher versões datilografadas, cedidas por amigos, e submetê-las ao autor, para que corrigisse os erros. Quando saiu do Rio, Cardozo ainda estava fazendo esse trabalho.

Meses depois, ao ver que poderia finalmente editar o livro em sua prensa, João descobriu que outra publicação estava sendo preparada no Brasil, pela editora Agir. Intitulada *Poemas*, a coletânea apareceu nas livrarias em março de 1948, com capa de Santa Rosa e prefácio de Carlos Drummond de Andrade. Reunia pela primeira vez as 43 composições que Joaquim Cardozo havia produzido entre 1924 e 1947. A iniciativa de publicar o volume coube a Eustáquio Duarte, Evaldo Coutinho e Luís Jardim, que também desenhou as ilustrações. A edição de O Livro Inconsútil sairia apenas no final do ano, coligindo, dentre os que constavam da edição da Agir, os poemas mais diretamente pernambucanos.

Ao enviar o volume para Clarice Lispector, João lembrou que fora o responsável por fixar e estabelecer os textos das "poesias completas, arrancadas do autor", que haviam aparecido no Rio. Confessou ainda que a antologia feita em Barcelona estava saindo sem contar com a participação do amigo: "O próprio Cardozo não sabe de nada, nem da estrutura que dei ao livro (um tanto especial) nem do próprio livro. A ver se lhe agradará". Foi assim que Joaquim Cardozo, estreante no próprio cinquentenário, ganhou de uma só vez, praticamente à sua revelia, duas edições de seus poemas. Obra que Cabral admirava pela teimosia de falar de coisas brasileiras, mantendo, em plena voga da poesia espiritualista, "os pés plantados no chão".

No Brasil, as produções artesanais da tipografia de João Cabral eram admiradas como tesouros para bibliófilos. O sucesso da coleção acabou despertando a vaidade de Osório Dutra. Autor de versos de estilo parnasiano, o cônsul-geral sugeriu ao tipógrafo a edição de suas traduções de Baudelaire. Como não podia desagradar ao chefe, João, a contragosto, incluiu o livro em sua primeira leva de impressões. Nas cartas que escrevia, fazia frequentes desabafos sobre a falta de inteligência de Osório, retratando-o como um sujeito inculto, esnobe e afetado. Quando estava diante de sua biblioteca, tinha a impressão de que os livros, para ele, não passavam de ostentação. Podia ter obras de Mallarmé e Valéry, mas o que lia mesmo era Anatole France.

Intitulado *Cores, perfumes e sons: Poemas de Baudelaire*, o livro de traduções de Dutra saiu em formato maior (28 × 21 cm), em comparação aos demais volumes inconsúteis (21 × 14 cm, em geral). Seu valor literário, na opinião do editor, era nulo. Como não podia se furtar àquela obrigação, João resolvera, então, dela tirar partido. Por "molecagem", confessou em carta a Manuel Bandeira que, embora não gostasse de ilustrações, fez o chefe pagar pela encomenda de desenhos do artista Francesc García Vilella. As ilustrações de corpus nus, distorcidos, com tonalidade erótica e fantástica, que nada tinham a ver com o temperamento do tradutor, foram impressas em folhas soltas, encartadas no volume. Por trás da pequena desforra havia ainda um ato de generosidade. Era uma maneira encontrada por Cabral de ajudar o pintor catalão, de quem se tornara amigo, a ganhar algum dinheiro.

"Tome cuidado, senão é possível que você entre na literatura como impressor, o que será uma calamidade", gracejou Lêdo Ivo em junho de 1948, ao enviar para Barcelona seu caderno de sonetos, que lhe havia sido encomendado. O livro *Acontecimento do soneto*, título sugerido por João Cabral, saiu em novembro, tendo como vinheta um "gravado" popular catalão do século

XVIII, representando uma mulher com seu cântaro. Na opinião do editor, era o melhor trabalho até então realizado por sua tipografia.

Lêdo Ivo sempre lembrava que fora em resposta a um desafio proposto por João que passara a escrever sonetos. O autor de *O engenheiro* achava que, por ser um poeta da abundância e do desperdício, ele seria incapaz de escrever usando métrica e rima. O desafio era uma tentativa de disciplinar sua criação poética, assunto que, no convívio dos dois poetas, vinha sempre à tona em discussões e brincadeiras. João gostava de repetir que o alagoano deveria ter morrido aos vinte anos, o que lhe daria uma posteridade semelhante à de Rimbaud. À maneira antiga e satírica, chegara mesmo a escrever, em 1947, um epitáfio para o amigo: "Aqui repousa,/ livre de todas as palavras,/ Lêdo Ivo,/ poeta,/ na paz reencontrada/ de antes de falar,/ e em silêncio, o silêncio/ de quando as hélices param/ no ar". Ao receber o livro de Barcelona, Lêdo se confessou "alegríssimo, transbordante", e depois disse que, pelo menos graficamente, se sentia dignificado.

As despesas com o correio eram muito elevadas, o papel ia se tornando cada vez mais "raro e caro". Ainda assim, João Cabral insistia em manter a tipografia. De Los Angeles, Vinicius de Moraes prometeu lhe enviar um velho manuscrito, o poema dramático *Cordélia e o peregrino*. O editor sugeriu ainda que ele escrevesse um roteiro de cinema com adaptação de partes do poema épico espanhol *Cantar de Mio Cid*. No entanto, o que acabou sendo impresso, sem que o autor soubesse, foi uma pequena edição, em papel de fio, de apenas 55 exemplares — uma "plaquetinha de surpresa", no dizer de Vinicius —, do poema *Pátria minha*. Em novembro de 1949, ao descrever o livro, João comentou com Lauro Escorel que achava formidável a recriação feita por Vinicius da linguagem mais coloquial brasileira, sem ser pernóstico como Mário de Andrade, que, a seu ver, cheirava a folclore e etnologia.

Diversas publicações de escritores brasileiros foram anunciadas, mas não vingaram, como os livros *Suíte barbacenense*, de Marques Rebelo, e *O arranha-céu engolido*, de Teodomiro Tostes. Um plano que entusiasmou João Cabral foi a edição de uma revista trimestral, chamada *Antologia*, sem "programa formulado" e sem caráter jornalístico, que apresentaria uma seleção rigorosa de textos para "dar um balanço no numeroso contemporâneo", como informou a Manuel Bandeira. Os diretores ou "escolhedores" seriam, além do próprio editor, Lauro Escorel e Antonio Candido. No primeiro número, programado para sair em março de 1948, haveria poemas do catalão Carles Riba, traduzidos por Cabral, e um ensaio de Antônio Houaiss sobre a poesia de Drummond, entre outras colaborações.

Antonio Candido se empolgou com a ideia da revista. Mesmo sendo de esquerda, achava que os defensores da literatura participante, sobretudo os comunistas, àquela época, estavam muitos exagerados. Por brincadeira, sugeriu a Lauro Escorel que a publicação adotasse o provocativo título de *Torre de marfim* e tivesse uma capa azul-celeste, com a imagem de uma torre branca e o nome em letras pretas. Mas o crítico logo esqueceu o assunto, e o próprio Cabral, decepcionado com a indiferença dos possíveis colaboradores, decidiu abrir mão do projeto. Ao comunicar a decisão a Escorel, resmungou contra os escritores que, em busca de brilho imediato, davam mais valor aos "nauseabundos" suplementos literários do *Correio da Manhã* e de *O Jornal*.

Uma das edições inconsúteis mais acalentadas foi a do livro de Clarice Lispector. A romancista e o editor chocaram a ideia durante muitos meses, desde a rápida visita de Clarice a Barcelona, em novembro de 1947, a caminho de Madri. Na ocasião, mal puderam conversar, mas ela prometeu lhe mandar alguns poemas para sua prensa.

Os dois tinham vivido na mesma época no Recife, mas foi apenas no Rio de Janeiro que se conheceram. O primeiro encontro aconteceu em julho de 1944, na casa de Lauro Escorel, que escrevera um artigo elogioso ao romance *Perto do coração selvagem*. João prestava os exames para ingressar no Itamaraty e Clarice, recém-casada com o diplomata Maury Gurgel Valente, estava prestes a embarcar para a Itália. Cinco anos depois, João lembraria à amiga o curioso diálogo que haviam mantido, num café carioca, perto do cinema Odeon. Após ouvir pacientemente todo o seu "valeryanismo delirante", ela fizera um curto comentário: "É a adolescência". Desde então tinham se dado muito bem e por toda a vida seriam "bons camaradas", no dizer do poeta, que via em Clarice uma mulher extraordinária — escritora de primeiro plano, dizia, "que poucas vezes o Brasil terá dado".

Assim que chegou a Berna, Clarice revirou as gavetas à procura de um texto inédito e esquecido que pudesse enviar para a "tipografia mágica" de João Cabral. O que descobriu foi uma curta peça de teatro sobre uma mulher queimada viva, escrita aos quinze anos, cuja leitura a decepcionou: "A peça não presta mesmo", escreveu ao amigo. "Ela tem, é verdade, um coro de anjos que me enche de orgulho. Mas bastará coro de anjo? Essa é a questão." Prometeu, então, que mais tarde enviaria a primeira coisa que produzisse, afora o romance que estava terminando de escrever.

João, porém, ficou interessado em publicar o texto — "o seu coro de anjos que me deixou de orelhas em pé". Restava-lhe esperar que um dia ela cumprisse a promessa e que seus "belos romances" deixassem tempo para "essas coisas portáveis" que ele pretendia imprimir. Em meados de 1948, depois de enviar o original de *A cidade sitiada* para o Brasil, Clarice retomou a escrita da peça de teatro. Estava grávida do primeiro filho, que nasceria em setembro. No final do ano, o editor continuava à espera de que o "Coro de anjos" viesse engrossar as "rarefeitas edições inconsúteis". A respeito da sua nova mania, fez então uma confissão: "A tipografia continua me absorvendo. Gosto por ela ou fuga do desagradável ato de escrever? Os livros me encantam como objetos e me amedrontam como coisa a escrever".

No início de 1949, com seu terceiro romance ainda inédito, Clarice também mergulhou em desânimo. Em 5 de fevereiro, lamentou que João e Stella houvessem desistido de visitá-la na Suíça. Esperava que a presença do amigo a fizesse despertar da apatia. "Cada vez mais acho, como você, que romance não é literatura", escreveu. Uma semana depois, aprofundou o desabafo fazendo uma comparação entre os problemas vivenciados por ela e João Cabral:

> Não, não tenho riqueza nenhuma, não tenho nenhuma escolha. E você não tem pobreza. Só que o que eu "invento" vem cercado de mil bobagens com boa aparência, e o que você "inventa" já é o essencial. Meu luxo é triste, sua pobreza é farta.

Apesar do desalento, Clarice afirmou que ainda pretendia voltar a trabalhar na cena teatral, que via como "puro divertimento", de um mau gosto que a encantava, e ao mesmo tempo como uma "coisa grandiloquente e ridícula". João respondeu que a maneira como ela, fabulosamente, se referia ao "coro dos anjos" só fazia aumentar sua expectativa. O tipógrafo, porém, não teve a alegria de imprimir o texto. A "tragédia" de Clarice ficaria inédita até 1964, quando foi incluída, como "fundo de gaveta", na primeira edição de *A legião estrangeira*, com o título "A pecadora queimada e os anjos harmoniosos".

Dentre as decepções sofridas pelo criador do selo O Livro Inconsútil, nenhuma pôde se comparar à que lhe foi imposta por Carlos Drummond de Andrade. Se o volume não editado de Clarice Lispector rendeu, em compensação, um diálogo íntimo, caloroso, estreitando o laço de amizade, no caso do padrinho e companheiro de tantas conversas, o que se deu após o envio, em junho de 1947, do convite para abrir a coleção de plaquetes foi o mais completo silêncio. João Cabral, além de desapontado, ficou surpreso. "Quanto ao Carlos, que me havia prometido o 'Suplemento 46', encolheu--se e não me disse nada", comentou em setembro daquele ano na correspondência com Manuel Bandeira. Passados mais seis meses, o poeta mineiro permanecia mudo. O que teria acontecido? Foi o que perguntou em outra carta ao primo:

> E o Carlos Drummond, depois de mais de um ano de minha saída do Rio, nunca encontrou um minuto para me responder. Confesso que esse procedimento, da parte dele, que sempre tive por meu amigo, me espanta. Só uma razão posso dar: alguma intriga. Mas quem teria interesse nisso?

Desde que fixara residência em Barcelona, João dizia sempre que, da vida brasileira e da "literatura nacional", nada sabia nem queria saber. Tinha acesso a jornais do Rio, comprados por Osório, e a algumas revistas do consulado, mas afirmava não ter curiosidade pelas notícias. Após o primeiro ano longe do Brasil, insistia em declarar que não sentia "saudade". Em contrapartida, era constantemente informado de que o Brasil não parava de falar de João Cabral. "Na ausência, você está se tornando uma figura legendária em nossas letras", escreveu Lêdo Ivo em junho de 1948. Um mês depois, à sua maneira enfática, acrescentou: "Os suplementos gritam por seu nome!". Capitaneado por ele, iniciou-se então um movimento para que o livro *Psicologia da composição* recebesse o Prêmio Graça Aranha. João se esquivou e nem sequer enviou exemplares para a campanha. Por ironia, os prêmios daquele ano foram parar nas mãos do próprio Lêdo e de outro integrante do grupo do Recife, Antônio Rangel Bandeira.

Na crise que antecedeu a publicação do livro, o poeta manifestou, em carta a Lauro Escorel, uma queixa exaltada contra os "papas" da literatura brasileira, que não compreendiam sua obra. Para ele, Bandeira, Drummond e Murilo, com quem havia aprendido a escrever versos e que reconhecia como "o melhor" das letras nacionais, pareciam gostar mais de poetas como Lêdo Ivo e Alphonsus de Guimaraens Filho. "Por que publicar ainda se não sei fazer o que eles fazem?", perguntava-se com ressentimento.

Recordou-se, então, de uma breve nota escrita por Drummond na revista *Sombra*, por ocasião do lançamento de *O engenheiro*: "João Cabral se despoja de tudo ou quase tudo; restam apenas algumas palavras e objetos, com que ele faz seu jogo arriscado". Ali, segundo ele, estava resumida a questão. O problema consistia em seu afastamento em relação aos modelos. "Eles reconhecem, apenas, um desenvolvimento de seu processo, levado a um extremo que não exploram porque sabem que ali não há mais possibilidade de poesia." Pouco tempo depois desse "desabafo de vaidade não realizada" no diálogo com Escorel, aconteceria a publicação do "desabafo da Antiode".

A ressalva contra *O engenheiro* foi reafirmada por Drummond — sem meias palavras, mas sob pseudônimo — em maio de 1948, no jornal *A Manhã*. Em sua coluna no suplemento Letras e Artes, na qual se fazia passar por um "leitor incógnito", de nome Policarpo Quaresma Neto, Drummond publicou a nota "Um poeta hermético", com críticas a *Psicologia da composição*. Disse que o título era "rebarbativo" e que o poeta, contrário à emotividade romântica, nem sempre conseguia dominar "a fria natureza da palavra escrita", como escrevera em seu livro. Repetiu, então, a frase que deixara Cabral irritado: "Este jogo, com seus encantos, tem seus riscos". Segundo Drummond, sua mineralidade às vezes o tornava "rígido, incomunicável". A nota também elogiava a potência de algumas passagens do volume, dizendo que "seus achados não lembram os de nenhum outro poeta brasileiro". Mas se encerrava, à maneira modernista, com uma blague: "Edição raríssima: está à disposição de seu dono, na redação deste suplemento, o exemplar com dedicatória, que tivemos a fortuna de achar num lotação de Copacabana".

O tom galhofeiro não se repetiria, dois meses depois, em julho de 1948, na primeira carta enviada por Drummond a Barcelona. Dirigindo-se ao "querido João" e identificando a si mesmo como "o seu aparentemente infiel amigo Carlos", o autor de *A rosa do povo* disse que, no íntimo, mantinha "comércio intenso" com o poeta pernambucano e que o novo livro tornara mais viva sua presença — "você está abrindo um caminho para a nossa poesia empacada diante de modelos já gastos. Deu-me uma grande alegria o diabo do seu livro, tão rigoroso, de uma pureza tão feroz". Por fim, observou que a poesia de Cabral estava adquirindo um "valor didático" e, por convidar ao esforço e à pesquisa, seria um exemplo proveitoso para "os rapazes desorientados de cá". "Você precisa comunicar-se regularmente com os nossos índios", advertiu ao final. Ao responder, com quase três meses de atraso, João disse que não estava aborrecido, mas lamentou o fato de sua editora não haver publicado nenhuma obra drummondiana.

Uma nova carta só apareceria um ano e meio depois. Apesar do afastamento, Drummond ressaltou que os "velhos afetos" perduravam com a mesma intensidade em seu "peito itabirano". Àquela altura, os dois poetas ensaiavam uma mudança drástica de posição. Enquanto Drummond abandonava a poesia do "tempo presente" para experimentar uma dicção mais clássica e sublime, Cabral se esforçava para deixar de ser exclusivamente o "poeta puro" que Oswald de Andrade havia tachado de "simbolista" e considerado tão "velho" como seus colegas de geração. Entre os amigos João Cabral e Carlos Drummond, antes unha e carne, a correspondência se tornou mais rara e rala — e a discordância, cada vez maior.

8.
Sarampão marxista

Joan Miró era incapaz de teorias, mas ficou pasmo quando ouviu pela primeira vez comentários de João Cabral a respeito do dinamismo de sua pintura. As ideias nasceram ao acaso das conversas, durante as visitas do poeta ao ateliê. Desde quando vivia no Recife, João era intrigado com a obra de Miró. O convívio íntimo em Barcelona e o privilégio de ver os quadros do artista, numa época em que não podiam circular, aguçaram sua imaginação crítica e lhe deram o impulso para escrever seu primeiro ensaio sobre pintura.

Miró, por sua vez, ao ver os livros artesanais saídos da prensa de Cabral, ficou entusiasmado com as possibilidades plásticas da composição tipográfica. De partida para a França, onde estava prestes a inaugurar uma exposição, o pintor lhe propôs, então, que fizessem em parceria alguns trabalhos, depois que voltasse de Paris. Em junho de 1948, João Cabral anunciou o esboço do estudo que pretendia fazer sobre sua composição pictórica, que seria ilustrado por imagens do artista. A ideia era apontá-lo como o criador de uma nova plástica. "Ele mesmo me confessou que ninguém o tinha visto por esse ponto de vista", contou a Lauro Escorel.

Joan Prats era da mesma opinião. Amigo de infância de Miró, o chapeleiro fornecia dados para a pesquisa e, igualmente espantado com as ideias do poeta, achava que o livro seria a melhor coisa já escrita sobre o pintor. Apesar do interesse e da confiança de ambos, João às vezes era atacado pela insegurança e ameaçava abandonar o projeto. Naqueles momentos, Prats arregalava os olhos e chegava a implorar para que continuasse.

Depois de alguns meses tomando e sistematizando notas, em outubro de 1948 João começou a escrever o texto — "com ódio pela prosa e pela técnica da crítica", conforme confessou a Carlos Drummond de Andrade. Na correspondência com Lauro Escorel, as crises eram esmiuçadas. Um dos seus temores era que, sendo Miró um artista de renome internacional, o livro ganharia facilmente edições na França e nos Estados Unidos. E, nesses países, acreditava que seu estudo ficaria "relegado a um plano de 'prefácio' de um sujeito qualquer", que ninguém sabia de onde viera. Por vezes lhe ocorria a ideia de imprimir a obra em português, numa tiragem pequena, como a de suas edições inconsúteis, e "sem nenhuma ilustração".

Outro desabafo foi registrado em carta a Lêdo Ivo: "Estou escrevendo um pequeno ensaio de cem páginas sobre o pintor Miró e isso me tem trazido na ponta dos nervos". Em dezembro, as queixas foram parar também nos ouvidos de Clarice Lispector: "Há uns dois meses comecei como um leão um pequeno livro sobre o pintor Miró, hoje arrinconado num lugar qualquer e do qual procuro me esquecer". No entanto, movido pela empolgação de Miró e Prats, João retomou o trabalho no início de 1949. Seis meses depois, conseguiu pôr nele o ponto-final. Estava tão exausto que precisou de férias para se recompor.

A grande contribuição de Miró para a história da arte, segundo o estudo crítico de João Cabral, era a recuperação do dinamismo perdido pela pintura desde o Renascimento. Para criar a ilusão da profundidade, a arte renascentista exigia a fixação do espectador num ponto de observação. A perspectiva determinava o centro do quadro e a hierarquização de seus elementos, tornando a imagem estática. A pintura cubista, no entender do poeta, apesar de não ser figurativa, seguia ainda os princípios de composição do Renascimento. Já a arte de Miró, completamente livre, feita de dentro para fora, com linhas e cores que desbordavam dos limites do quadro, teria devolvido à superfície seu antigo papel: "ser receptáculo do dinâmico".

Na segunda parte do estudo, João investiu na tese do artista consciente, "fabricante", cujo "trabalho de criação", de espírito fortemente artesanal, se opunha, na visão do crítico, ao automatismo da estética surrealista, caracterizada como "desprezo pela forma". Nos subtítulos dessa seção, o autor utilizou duas vezes a expressão "psicologia de sua composição". Anteriormente, também ressaltara, por meio de subtítulo, a expressão "Miró contra a pintura". Essas coincidências sugeriam uma aproximação entre a estética do pintor e a do poeta da "Antiode". Alguns diriam mais tarde que Cabral havia racionalizado em excesso o universo onírico, infantil e irracional de Miró. Era como se lhe interessasse, por meio do ensaio, falar mais de si mesmo e defender o próprio construtivismo.

Para ajudá-lo a escrever o estudo, Miró lhe emprestou toda a sua bibliografia. João, porém, leu tudo por alto e se arriscou a escrever um ensaio usando apenas as próprias ideias: "O Valéry deu-me sempre a coragem de pensar por mim", observou em carta a Escorel. Seu plano era produzir um livro objetivo, uma interpretação materialista e dialética, baseando-se em dados concretos que pôde observar no ateliê do pintor. Quando queria elogiar alguma coisa, Miró dizia "vivo", palavra que, para ele, significava a qualidade do que vai contra o hábito. Ao ver que essa ruptura era o que ele pretendia realizar em seus quadros, João procurou teorizar sobre isso, mas sem montar em livros ou documentos, como um historiador. Seu método seria escrever sempre "eu penso, eu acho", evitando o discurso erudito de professores, que em sua opinião serviam apenas para arrumar o que já existe, sem promover avanços. Em outras palavras, longe de produzir um artigo científico, João confessou que pretendia mesmo, imitando Valéry, escrever literatura.

Joan Miró recebeu os originais do ensaio durante um jantar oferecido por Cabral em seu apartamento na Carrer de Muntaner. "Você tem um dicionário português?", perguntou. João emprestou o dicionário e, a duras penas, o pintor conseguiu completar a leitura. Poucos dias depois, disse que havia gostado muito do texto e que pretendia publicá-lo. Na verdade, João desconfiava que Miró nem entendera o ensaio. Achava-o muito inteligente e se admirava com os achados verbais que era capaz de pronunciar no meio da conversa — frases reveladoras, como "a pintura está em decadência desde a época das cavernas". Todavia, longe de ser um "pintor literário", ele pintava naturalmente, sem a preocupação de refletir sobre o que fazia — era muito mais um operário da pintura.

A princípio, o livro seria traduzido para o francês e publicado em Genebra pela Trois Collines, a editora de Paul Éluard e Jean Paulhan. Também havia o projeto de uma edição em inglês, em Nova York. "Como você vê, andaram me metendo em altas cavalarias", brincou João em carta enviada a Lauro Escorel em junho de 1949. Com orgulho, o poeta comparava o entusiasmo de Miró por seu ensaio com a indiferença com que o artista encarava outros livros sobre sua obra, que estavam saindo naquele mesmo ano. Na Espanha foram lançados dois estudos, assinados por Alexandre Cirici Pellicer e Juan-Eduardo Cirlot, e nenhum deles estava sendo traduzido. Era evidente sua preferência pelo trabalho de Cabral, que para ele sobrepujava inclusive os livros *Joan Miró*, de Clement Greenberg, e *Joan Mirò ou le poète préhistorique*, de Raymond Queneau, recém-publicados nos Estados Unidos e na França.

Terminada a tradução para o francês, Miró refez os planos e enviou o texto a um editor de Paris. Este, porém, sugeriu que se produzisse antes uma edição na língua original. João já havia solicitado a Lêdo Ivo que procurasse editores no Brasil, com a promessa de que o ensaio teria imagens inéditas do pintor. Ninguém se animou a editar o volume. Para resolver o impasse, Miró propôs que o livro em português fosse feito em Barcelona mesmo, por Joan Prats, Enric Tormo e outros amigos com experiência na produção de edições clandestinas de livros catalães. Foi concebido, então, o projeto de uma edição de grande luxo, com pequena tiragem, acompanhada de gravuras originais do pintor, feitas especialmente para o livro.

Miró também achava importante que o texto saísse primeiro em português, para fixar a data e a "paternidade de certas ideias". Para João Cabral, sobrou então o árduo trabalho de revisão. Como ninguém sabia português, era preciso redobrar a vigilância. Depois do exaustivo processo de escrita, o poeta se sentiu novamente esgotado após a revisão das provas.

Os 125 exemplares numerados de *Joan Miró* foram impressos pela Edicions de l'Oc, em papel de fio Guarro, no final de 1949, mas no colofão constou a data de 30 de abril de 1950. A realização tipográfica foi assinada por Enric Tormo. Inicialmente, cada exemplar, encadernado em lona e assinado por Cabral e Miró, seria vendido por dez dólares. Entretanto, o editor de outras obras com desenhos e gravuras do artista achou que o livro estava muito barato. A pressão teve como resultado um aumento gigantesco: o preço subiu para cem dólares. João lamentou a dificuldade que isso representaria para o leitor brasileiro, que mais lhe interessava.

Essa edição, com as primeiras xilogravuras em madeira produzidas por Miró, despertou o interesse de Aimé Maeght, marchand do pintor na França. Para que ele pudesse comercializar o livro, a Edicions de l'Oc acrescentou um folheto com a tradução do texto em francês, feita por Henri Moreau. A Galerie Maeght acabou por adquirir a maior parte da tiragem, que foi revendida a bibliófilos. Como lhe restaram poucos exemplares dessa edição de luxo, João só pôde enviar aos amigos brasileiros o folheto impresso em francês. Em carta enviada a Manuel Bandeira de Los Angeles, em maio de 1950, Vinicius de Moraes, com uma pontinha de despeito, comentou: "O negócio parece que saiu tão bom que o Miró suspendeu a distribuição até o livro ser exposto em vitrine especial numa exposição das últimas coisas dele a ser inaugurada em Paris". Vinicius não sabia então que Bandeira tinha sido um dos poucos felizardos a receber o cobiçado volume.

Els Hostalets de Balenyà: pequena aldeia, com casas do século XV, localizada no sopé dos Pireneus, a sessenta quilômetros de Barcelona. Nesse lugar, onde não era raro nevar no inverno, João Cabral se hospedou muitas vezes durante sua temporada na Espanha. Surpreendido pelo calor de Barcelona, ele logo resolveu alugar uma casa de campo, isolada e confortável, que pertencia a Ramón Ibáñez, funcionário do consulado. O contrato era de um ano. Sempre solícito e muito competente nas tarefas, Ramón, além de prover a casa, também se encarregava de executar todo o serviço, permitindo que o cônsul e o vice-cônsul fizessem constantes escapadas. "Uma mão na roda" ou, mais precisamente, "uma mão no nosso turismo", contou João a Lauro Escorel. Em Hostalets, Stella e Rodrigo passaram todo o verão de 1947, enquanto o poeta fazia cansativas viagens de ida e volta a Barcelona. Depois a família continuou visitando o refúgio em fins de semana.

Nos primeiros tempos, por não disporem de automóvel, as viagens ficaram restritas à Catalunha. Osório Dutra possuía um imponente Chrysler, com chofer, e algumas vezes se juntou a João e Stella em excursões pelos arredores. Segundo o poeta, mal prestava atenção nos lugares por onde passavam. Tinha olhos somente para o próprio carro; a única coisa que lhe interessava, durante o passeio, era ser visto como o proprietário do Chrysler. Em 1948, por causa da gravidez de Stella, as férias do consulado foram antecipadas para janeiro. Na ocasião, João se isolou com a família, por mais de uma semana, numa praia deserta da ilha de Mallorca.

Em 24 de abril Stella deu à luz. Como no caso de Rodrigo, o parto foi longuíssimo. O pai imaginava que a criança seria do sexo masculino e se chamaria Afonso. Veio uma menina, "com cabelo negro azulado, como uma gitana", informou ele em carta a Baby, sua sogra. Stella também escreveu à mãe, relatando as quase doze horas de parto: "João portou-se muito bem, pois ficou comigo durante todo o tempo". A menina foi batizada de Inez, "nome castiço", de sabor lusitano, escolhido, segundo o poeta, apenas por sua beleza. Para Drummond, foram enviados dois cartões em papel rosa, presos por uma fita, o menor com o nome da filha impresso, o maior com a comunicação do nascimento.

Em maio, a notícia da morte da cunhada Vera, no convento onde se internara por mais de dois anos, em São Paulo, causou um forte abalo. Uma fase dificílima, relatou ele: "À exceção de ir às *corridas* de touros e de trabalhar na tipografia, nada me agrada". Nesse período, o consolo que tiveram foi a visita de Antônio Houaiss e sua mulher, Ruth, em longas férias na Espanha. Em julho, para escapar mais uma vez do calor, a família se deslocou para a casa no *pueblo* dos Pireneus. O ar de montanha trouxe melhoras. Em Hostalets, João podia ler e escrever no jardim, em paz, sem encontrar turistas. Sentia falta dos touros, mas divertia-se com a leitura de novelas picarescas.

De volta a Barcelona, retomou os trabalhos com a tipografia. A prensa podia ser uma distração, mas esteve longe de aplacar suas dores de cabeça. Em outubro, depois de dez anos consumindo seis cafiaspirinas por dia, João iniciou um regime para libertar-se do remédio. A falta de cafeína, porém, o deixava de mãos trêmulas. No mês seguinte, Lêdo Ivo escreveu: "Sua carta, recebida às vésperas do Dia dos Mortos, me deixa melancólico. Gostaria de vê-lo mais fecundado pela alegria, diretamente beneficiado pela claridade do Mediterrâneo".

Um acontecimento que o animou foi a compra de um Citroën, graças a um empréstimo arranjado na Suíça, por intermédio de Houaiss. Com uma máquina daquelas, poderia correr a Espanha e ver as *corridas* de touros das feiras que se sucediam de março a outubro. Todas estariam ao alcance de suas rodas. Faltava apenas aprender a dirigir. As providências para obtenção da carteira de motorista foram tomadas no fim de 1948. Em janeiro de 1949, o poeta foi à França para comprar o carro, pois ainda não havia indústria de automóveis na Espanha. "Andei uns dias em Paris, chateado quase sempre e sem me achar", contou a Lauro Escorel. O único lugar que lhe agradou foi um cassino onde tocavam e bailavam música espanhola. O que sentiu então foi uma quase pena da França: "Deu-me a impressão — desculpe a imagem automobilística — de um carro que desce uma ladeira no ponto morto e se move apenas pela lei da inércia". Era justamente o que pensava da literatura francesa.

Nos meses seguintes, voltou a se sentir desanimado e inapetente. O diagnóstico de sua doença foi *desgana*, problema do fígado agravado pelo consumo excessivo de aspirina. Em 28 de julho, Stella deu à luz o terceiro filho. Cheio de ocupações e "amolentado pelo calor e o fígado", João demorou mais de dez dias para comunicar aos amigos o acontecimento. O recém-nascido tinha a cara de Rodrigo — "moreninho, cabeça chata", informou à sogra — e recebeu o nome do avô, Luís. "A raça se vai apurando", observou na carta enviada a Escorel, ao comentar os pesos e as medidas das crianças. Rodrigo havia nascido com 48 centímetros de altura e 3500 gramas; Inez, com cinquenta centímetros e 3850 gramas; e, por fim, Luís ultrapassara os irmãos, medindo 52 centímetros e pesando 4250 gramas.

Depois do nascimento do terceiro filho, João e Stella contrataram uma cozinheira portuguesa, chamada Adela Sánchez. Vinte anos mais velha que os patrões, Adela morava havia muitos anos em Málaga, onde tinha se casado com um espanhol. Cansada de apanhar do marido, resolvera fugir para

Barcelona. No começo, por conta de um mal-entendido, pensou que iria trabalhar na casa do cônsul da Inglaterra. Estranhou a língua utilizada pelo casal e achou que João Cabral tentava falar com a esposa em espanhol. Desfeito o engano, alegrou-se ao saber que eram brasileiros. Mas continuou a se comunicar com Stella em espanhol — ou melhor, falava um português arrevesado, misturando as duas línguas, que soava ainda mais confuso quando ficava zangada.

Por influência das empregadas, pensava João, seu filho mais velho adquiriu o hábito de colocar a língua entre os dentes ao falar, como os espanhóis. Em casa, o poeta não admitia outro idioma senão o "brasileiro", o português do Brasil, "a língua do ão". Não podia conceber a ideia de viver, no trabalho e nas relações sociais, cercado de uma língua estrangeira e depois, ao chegar em casa, não falar a própria língua com a mulher e os filhos.

Falasse qualquer língua — espanhol, francês ou inglês —, João Cabral conservaria sempre o sotaque pernambucano. "Penso como Eça que devemos falar patrioticamente mal qualquer língua estrangeira", comentou com Lauro Escorel. Stella, apesar de não conhecer como ele o léxico e a gramática do espanhol, falava com fluência. Em carta a Manuel Bandeira, João contou que conversava com os amigos catalães num "engasgado castelhano". Apesar do vocabulário rico, o sotaque era tão forte que seu espanhol soava como português. No consulado ou na tipografia, falava mesmo "brasileiro", com uma sonoridade que Enric Tormo achava muito bonita. Em compensação, o tipógrafo também usava habitualmente a própria língua e, apenas quando havia necessidade, recorria ao espanhol. Joan Miró, por sua vez, apesar de ser catalão, falava sempre castelhano com Cabral.

Em agosto de 1949, fugindo mais uma vez do úmido calor de Barcelona, João e Stella foram passar férias na Costa Brava, uma Côte d'Azur espanhola. Alugaram uma casa na praia de Santa Cristina, num ponto paradisíaco, no alto de uma montanha e com um bosque de pinheiros à vista. No inverno, por causa da umidade de Barcelona, Inez contraiu uma broncopneumonia, e os dois meninos tiveram bronquite, o que motivou o aluguel de uma casa de verão em Castelldefels, na época ainda com poucas residências. Todos os dias, para ir ao trabalho e voltar à praia, João fazia duas viagens de automóvel, totalizando oitenta quilômetros. Logo passou a se queixar da rotina cansativa.

"Estou cada dia mais magro e mais *desganado*", escreveu em outubro de 1949 a Lauro Escorel. Para ele, a falta de ânimo e de apetite também estava ligada à dor de cabeça. Por causa do "entorpecimento aspirínico", não conseguia fazer nada, nem mesmo trabalhar, sem tomar também metanfetaminas. "Necessito da aspirina para que me adormeça a dor e necessito de um excitante para que me desperte do adormecimento", disse ao amigo. Daí a decisão de se submeter a uma cirurgia na cabeça — "uma trepanação, como Apollinaire, apenas menos perigosa", explicou em carta a Vinicius de Moraes. O objetivo era entorpecer o lado esquerdo do rosto.

Em novembro, João fez uma operação na carótida. Três semanas depois, sofreu outra intervenção cirúrgica, em cima do olho esquerdo. As duas não deram o resultado esperado e, em meados de dezembro, "com um humor de *perro*", o poeta contou a Lêdo Ivo que estava juntando coragem para arriscar uma terceira operação. Em sua correspondência com Manuel Bandeira, Vinicius, espantado, observou:

> Para mim, é um mistério como é que, com aquela dor de cabeça permanente, pode escrever alguma coisa, inda mais poesia. Anda fazendo operações seriíssimas, cortando nervos na cabeça, coisas por dentro do olho, um negócio de arrepiar — tudo com a maior serenidade.

No seu trigésimo aniversário, em janeiro de 1950, João encontrou ânimo para fazer uma segunda viagem a Paris, agora acompanhado de Stella. Na ocasião teve felizes encontros com Rubem Braga e Guimarães Rosa. Pela primeira vez, admitiu a possibilidade de estreitar laços com a "cidade luz apagada". Braga estava em Paris como correspondente do *Correio da Manhã*. Rosa trabalhava na Embaixada do Brasil, situada na Avenue Montaigne. Obcecado por seres bovinos, o autor de *Sagarana* havia recebido de João Cabral, no ano anterior, o livro *Los toros de Iberia*, de Rafael García Serrano. "Fossem as touradas assunto teuto ou anglo-saxão, e choveriam sobre o público milhares de estudos", comentou em sua carta de agradecimento. Segundo Rosa, era estranho que não houvesse, além de tratados sobre a anatomia do touro, volumes sobre "psicanálise e metafísica dos cornúpetos", que considerava "imperiais bovinos". Estranhava também que, em torno deles, não se formassem lendas. "Não há um poema para celebrar o Islero, que liquidou com Manolete?", perguntava o escritor mineiro. Para aliviar a curiosidade do amigo, depois do encontro em Paris João Cabral lhe enviou ainda os quatro volumes de *Los toros: Tratado técnico e histórico*, lançado em 1945 por José María de Cossío.

Nas duas viagens à França, o poeta aproveitou o Citroën para "palmilhar esta fabulosa Espanha". Além de conhecer Madri, atravessou as regiões de Aragão e Mancha, impressionando-se com a secura que lembrava o sertão nordestino. Aprendeu que existiam muitas Espanhas e que, a rigor, não havia diferença essencial entre Espanha e Portugal — muito mais hispânico, em sua opinião, do que a Catalunha. Ao passar pela paisagem de Castela, evocou mais uma vez o Nordeste do Brasil, por conta da difícil sobrevivência dos seus habitantes, limitados ao essencial. A observação seria registrada, anos depois, no poema "Imagens em Castela": "E mais: por dentro, Castela/ tem aquela dimensão/ dos homens de pão escasso,/ sua calada condição".

Nos arredores de Barcelona, João Cabral já havia notado a existência de áridas paisagens. Por mais diferente que fosse do resto da Espanha, a Catalunha também o fazia lembrar suas origens. De imediato experimentou a sensação de um regresso a Pernambuco, o que foi possível mesmo entre as montanhas de Els Hostalets de Balenyà, conforme relatou a Lauro Escorel:

> Aqui, acabaram de colher o trigo e os campos estão descampados como os engenhos de Pernambuco. Há gente para quem uma bonita paisagem é uma paisagem frondosa; para mim, um descampado tem seus encantos. E esta paisagem da Catalunha, tão clássica, tão descampada, tem mil encantos.

Os efeitos da ditadura de Franco, sobretudo na Catalunha, onde a vida era mais difícil, se sentiam em toda parte. Para quem podia, como João Cabral, frequentar livrarias, as estantes vazias causavam uma enorme decepção. Os livros dos grandes poetas modernos da Espanha — García Lorca, Jorge Guillén, Rafael Alberti, Pedro Salinas, Luis Cernuda, entre outros — estavam proibidos de circular. Os que haviam escapado à morte tinham de viver exilados. Para aplacar sua fome de leituras, a solução que restou ao vice-cônsul foi recorrer às antologias. Encontrou-as com facilidade e se esbaldou nelas. Não as devorava como seletas de diversos autores, mas escolhia, cada dia, um único poeta e passava horas a lê-lo, saltando de antologia em antologia.

O interesse pela poesia moderna o conduziu, em primeiro lugar, aos integrantes da chamada Geração de 27, que associavam o aproveitamento das correntes de vanguarda, especialmente o Surrealismo, com a retomada de grandes autores da tradição espanhola, como Luis de Góngora. Dentre esses poetas nascidos no final do século XIX, destacava-se Lorca, cuja genialidade, para Cabral, se comprovara a partir do *Romancero gitano* e do *Poema del cante jondo*. Embora o considerasse excessivamente "amável" e "decorativo", sentia-se fascinado por sua obra.

Guillén foi descoberto somente em 1947. Para ler seu único livro, *Cántico*, que sempre aumentava a cada nova edição, João teve que ir a uma biblioteca de Barcelona. Com ele, adquiriu certo gosto pela simetria, por estruturas mais rígidas e toda a dimensão construtiva do trabalho poético. Pertencente à linhagem de Mallarmé e Valéry, o poeta espanhol, ao menos no aspecto formal, foi uma influência decisiva. Na época, vivia exilado em Boston, dando aulas de literatura, e Lauro Escorel teve a oportunidade de conhecê-lo. Quando publicou *Psicologia da composição*, João fez chegar um exemplar às suas mãos, para que visse a epígrafe com o verso *riguroso horizonte*. Guillén não só gostou das produções de O Livro Inconsútil como também lhe pediu que fizesse uma pequena edição de seus poemas. No final de 1948, João recebeu a seleção e o índice enviados pelo autor. Alguns meses depois, porém, abatido pelos problemas de saúde, desistiu da empreitada.

O poeta da Geração de 27 de que Cabral mais gostava era Rafael Alberti. O poema "El Niño da la Palma", sobre o célebre toureiro andaluz Cayetano Ordóñez, era um dos seus preferidos. Já no seu primeiro ano de Barcelona, João esboçou o poema "Fábula de Rafael Alberti", que seria recolhido três décadas depois no livro *Museu de tudo*. Seu projeto era celebrar a adesão do poeta à Revolução — enfatizar que, naquela altura, de uma "poesia de anjos", ele havia passado a uma "poesia de homens". Enquanto Guillén era sempre igual, construindo quase todos os seus poemas de uma mesma forma, Alberti foi apontado por ele, em carta a Escorel, como um "sujeito fabuloso". Mas seus livros da década de 1930, com poesia participativa, como *El poeta en la calle*, estavam proibidos de circular na Espanha. João teve de encomendá-los em Buenos Aires.

Com tantas restrições envolvendo autores modernos, era natural que seu interesse se movesse em direção à literatura espanhola antiga. Até então, conhecia basicamente a produção literária moderna da França e do Brasil, nunca havia estudado os clássicos. Lembrava-se sempre de Mário de Andrade, que, apesar de liderar o movimento modernista, havia chamado a atenção para o excessivo fascínio dos jovens pelo moderno, como se este não possuísse raízes no passado. Para suprimir essa falta de formação clássica, resolveu então ler sistematicamente a literatura espanhola desde os primórdios. Começou pelos compêndios de história literária, valendo-se, sobretudo, do volume *Historia de la literatura española*, de Ángel Valbuena Prat. Em seguida, passou a ler diretamente autores da Idade Média e do período renascentista, estudando ao mesmo tempo as leituras críticas dos textos. Além de reler *Don Quijote*, enfronhou-se nas novelas picarescas, desde *Lazarillo de Tormes* até as obras desse gênero escritas por Quevedo e autores do Século de Ouro. Engoliu muita história e geografia da Espanha, conforme relatou a Escorel. Tornou-se versado em épicas, líricas, romanceiros, estilo plateresco e *mester de clerecía*, gênero literário produzido por clérigos medievais, entre outros assuntos.

A principal revelação foi o épico medieval *Cantar de Mio Cid*, o poema mais antigo da literatura espanhola, que teve sua primeira cópia manuscrita em 1207 por Pedro Abade. João ficou impressionado com o ritmo e o realismo do poema. Para ter acesso a bons comentários, como os do filólogo e medievalista Menéndez Pidal, comprou três edições da obra. Apaixonou-se também por Gonzalo de Berceo, monge beneditino que cantou Alexandre, o Grande, e por outros textos do *mester de clerecía*, como o *Poema de Fernán González*. "Há uma 'Espanha-sim' realmente indestrutível", escreveu em carta a Manuel Bandeira. "Nessa estou mergulhado desde que cheguei: *Mio Cid*, Fernán González, Berceo, Arcipreste de Hita, Góngora, Góngora, Góngora etc."

Os autores do Século de Ouro despertaram seu interesse bem mais do que Camões. Além de Cervantes, Quevedo e Lope de Vega, leu muito Góngora, revalorizado na Espanha pelos poetas e críticos da Geração de 27. Admirava a construção formal e o realismo áspero do poeta barroco, a quem Lauro Escorel havia dedicado um estudo, lido em primeira mão por João Cabral. Em seu comentário sobre o ensaio, no qual o amigo teorizava também sobre a literatura contemporânea, o poeta sugeriu que a obscuridade de Góngora estava na raiz das obscuridades modernas, "puramente sensoriais e que não têm chave a procurar".

Uma surpresa para João Cabral foi descobrir a semelhança linguística entre o espanhol arcaico e o português. A coleção de clássicos da editora Espasa-Calpe, de Madri, trazia notas de rodapé indicando a forma moderna do castelhano antigo. Para ele, essas notas eram desnecessárias. Percebeu, então, que um brasileiro encontrava mais facilidade do que os próprios nativos para ler *Mio Cid* e Berceo. O que estava de acordo com outra observação importante que havia feito: na Espanha só entendiam o português as pessoas que conheciam o castelhano pré-clássico. "Ao que parece, os espanhóis foram eliminando as palavras sinônimas, enquanto nós ficamos descobrindo outras", comentou com Escorel.

Quando se deu conta da preferência dos autores antigos pelo vocabulário concreto e pela descrição visual das coisas, João sentiu uma identificação ainda maior com essa poesia primitiva que, para ele, era a verdadeira literatura do país. Autores muito subjetivos ou que pendiam para a atitude mística, de abstração da realidade, como Frei Luis de León e San Juan de la Cruz, lhe pareciam pouco autênticos. Aos seus ouvidos, o espanhol soava como a língua do concreto. Não era a língua abstrata da ciência, mas uma espécie de falar "com coisas", o idioma usado por Berceo para se comunicar com os camponeses. Um exemplo que o deliciava: no poema *Vida de santa Oria*, a freira, carregada por anjos quando estava dormindo, ao chegar ao céu o encontrou fechado, pois à noite, como nas cidades medievais, o céu também cerrava suas portas. Essa descrição concreta do céu, ideia abstrata, o deixava admirado. Também gostava da imagem cinematográfica empregada em *Cantar de Mio Cid* para narrar a morte dos cavaleiros no choque entre mouros e cristãos — "muitos cavalos correram sem seus donos" —, imagem direta, visual, como se houvesse uma máquina filmando os animais em atropelo.

Esse traço da poesia primitiva havia se conservado e renovado na escrita de modernos como Lorca. Na língua portuguesa, mais introspectiva, assim como na francesa, muito mais rígida e acadêmica, já não ocorria essa predominância da palavra concreta. Graças ao estudo sistemático da literatura espanhola, João se sentia cada vez mais liberto da influência francesa que marcara sua formação literária, em Pernambuco. Ao contato daqueles textos, seu materialismo saía fortalecido.

O que tornava a literatura espanhola, no seu entender, a mais realista do mundo era o fato de ter bases profundamente populares. Em clássicos como Cervantes e Quevedo, e mesmo em Góngora, era marcante a presença do povo. Em todas as épocas, os poetas bebiam na fonte do romanceiro castelhano. Até nos tempos modernos eles cultivaram a rima toante — aquela em que só coincidem as vogais tônicas, excluindo-se as consoantes —, antiga tradição abandonada em Portugal. Na Espanha, João Cabral assimilou esse tipo especial de rima que parecia não ser mais percebida pelos ouvidos do português e do brasileiro. Todavia, os vestígios da rima toante ainda podiam ser encontrados na poesia popular nordestina, que pertencia à tradição ibérica. Viver na Espanha permitiu ao poeta conhecer suas próprias raízes, além de incentivá-lo a incorporar em sua obra, de caráter ainda tão erudito, uma dimensão mais popular.

Uma indagação de Manuel Bandeira sobre poetas da Catalunha, completamente ignorados no Brasil — "Você conhece essa gente? Que tais são?" —, deixou João Cabral em silêncio e coberto de vergonha. Enfronhado em livros antigos, estava longe ainda de poder dar uma resposta. Foi o bastante para que tomasse a resolução de estudar a língua catalã exclusivamente para ler seus poetas.

No ano seguinte, orgulhou-se de informar ao primo que havia encontrado "enormes coisas": no século XIX, Verdaguer, Costa i Llobera, Alcover, Maragall; posteriormente, Josep Carner, Guerau de Liost, López-Picó, Josep Maria de Sagarra, Carles Riba. Lista que não coincidia absolutamente com os nomes incluídos, por sugestão do crítico Otto Maria Carpeaux, na nova edição de *Noções de história das literaturas*, de Bandeira. "Evidentemente, o Carpeaux não consultou uma boa enciclopédia", comentou João, "alguns dos nomes que ele lhe deu são os Menottis daqui." Ao perceber o desconhecimento dos brasileiros em matéria de literatura catalã, armou-se de gramáticas e dicionários e começou a traduzir ele próprio os poetas "interessantíssimos" que havia descoberto.

Entretanto, superada a etapa da surpresa, sobreveio um desapontamento. Após um estudo metódico, o poeta concluiu que, em contraste com a literatura castelhana, fabricada com as mãos, a da Catalunha, dando preferência a ideias e sentimentos, era feita com palavras abstratas. Na verdade, doía-lhe constatar que, naqueles anos posteriores à Guerra Civil, a tendência ao subjetivismo havia se alastrado por toda a Espanha.

Um dos presentes enviados a Manuel Bandeira foi a *Antología de poetas españoles contemporáneos en lengua castellana*, de mais de oitocentas páginas, recém-publicada em Barcelona por César González-Ruano. Outro exemplar foi dado a Carlos Drummond de Andrade, acompanhado de um comentário nada elogioso: "Como se vê, o que aqui sobrou da Revolução não foi grande coisa. E os mais jovens estão muito entregues à poesia em Cristo e ao inanido ar de sacristia que se respira aqui". Anteriormente, ele já tinha avisado a Drummond que a antologia incluía "até os Lêdos Ivos da poesia espanhola".

Quando João Cabral viveu em Barcelona, à exceção de Dámaso Alonso e Vicente Aleixandre, que estava muito doente, toda a grande literatura espanhola se fazia no exílio. Dentro do país, praticamente só haviam restado os poetas da linhagem metafísica — Luis Felipe Vivanco, Leopoldo Panero, Luis Rosales —, que não lhe agradavam nem um pouco. "A poesia espanhola pós-franquista é profundamente reacionária: é em Cristo, metafísica, existencialista, enfim, profundamente subjetiva", escreveu em carta a Manuel Bandeira. Assim, interrompia-se uma longa tradição realista, que constituía o cerne da literatura na Espanha.

Nessa geração da Guerra Civil, a única exceção era Miguel Hernández, de origem humilde, opositor do governo de Franco, que havia lutado em favor da Espanha republicana. Condenado como "poeta da revolução", o autor de *Viento del pueblo* e de poemas impactantes, como "El hambre", morreu na prisão, em 1942, vítima de tuberculose. Para João Cabral, foi o único grande poeta surgido naquele período no país.

Seus contatos pessoais com jovens escritores começaram na Universidade de Barcelona. A maioria dos estudantes não se interessava pelo curso de literatura brasileira. Um deles, porém, se destacava pela inteligência. A princípio, foi a única pessoa com quem ele pôde ter conversas literárias em Barcelona. Chamava-se Juan Ruiz Calonja e nunca havia publicado seus poemas. Seu volume de estreia, *Alma a la luna*, apareceu em meados de 1948, já na primeira leva de livros inconsúteis impressos pelo editor.

Outro poeta catalão que na mesma época passou por sua prensa foi Juan-Eduardo Cirlot, estudioso de religiões que se tornaria famoso por seu *Dicionário de símbolos*. Na ocasião, era funcionário da Librería Editorial Argos, que Cabral frequentava. Cirlot manifestava interesse por conhecer a literatura brasileira e também queria apresentá-lo a outros poetas de Barcelona. A plaquete *El poeta conmemorativo*, de Cirlot, foi editada numa pequena tiragem de cinquenta exemplares. Imprimir simultaneamente em duas línguas exigia do tipógrafo atenção redobrada. Era impossível evitar a contaminação. Quando Lêdo Ivo comentou os erros de revisão de seu livro, João pediu desculpas pelos castelhanismos: "Nos livros em castelhano tenho posto portuguesismos e assim a coisa se equilibra", brincou.

Em Els Hostalets de Balenyà, no verão de 1948, João dedicou bastante tempo às traduções de poesia catalã. Algumas delas seguiram anexadas em cartas a Drummond, Lêdo Ivo e Manuel Bandeira: poemas curtos de López-Picó, Maragall e Carles Riba. Deste último, a seu ver o maior poeta catalão vivo, ele verteu para o português uma grande quantidade de epigramas ou *tankas*, entre os quais "Eugenia", que achava excelente: "Direi limões,/ maçãs rosadas, rosas,/ sal e conchas,/ e pensarão que passas/ entre os jardins e a onda".

Professor e tradutor de grego, Carles Riba tinha a mesma idade de Joan Miró e diversos livros publicados. Era um dos mestres dos jovens poetas da revista *Ariel*, fundada em 1946 com a intenção de promover a retomada da tradição cultural catalã, reprimida após a Guerra Civil. De início, o plano de João era recolher suas traduções num volume de O Livro Inconsútil. "Os catalães têm toda minha simpatia pelo que a atitude deles significou, nestes últimos anos, de resistência", escreveu a Manuel Bandeira. A edição não saiu, mas uma pequena antologia acabou aparecendo em fevereiro de 1949 nas páginas da *Revista Brasileira de Poesia*, recém-fundada em São Paulo por Domingos Carvalho da Silva e Péricles Eugênio da Silva Ramos. Intitulada "Quinze poetas catalães", a série reunia apenas autores nascidos no século XX. No texto introdutório, João Cabral descreveu a difícil situação daqueles poetas obrigados a viver numa "posição de defesa, defesa tensa, da língua catalã". Pondo de lado as restrições feitas anteriormente, dessa vez o que procurou ressaltar foi o grau de consciência da nova geração, chamando a atenção para o fato de os catalães terem sido impelidos, com a perseguição iniciada em 1939, a uma "posição materialista diante da criação poética".

Para divulgar aqueles poetas e sua cultura junto aos intelectuais do Brasil, João Cabral chegou a planejar, com amigos de Barcelona, uma "revista clandestina catalã brasileira", conforme relatou a Clarice Lispector. Estava interessado em estabelecer uma via de mão dupla, ajudando também a divulgar na Catalunha autores brasileiros, a começar pela própria Clarice. A pedido do amigo, a escritora enviou um exemplar do seu romance *O lustre* para que fosse traduzido em língua catalã. A tarefa ficaria a cargo de Alfonso Pintó, cujo primeiro livro de poemas, *Corazón en la tierra*, havia sido impresso pelo editor em 1948. "Ajudarei no que o português dele for deficiente", prometeu João. No entanto, o livro acabou não saindo. Foi mais uma parceria malograda de João Cabral com Clarice Lispector.

Os serviços de Alfonso Pintó como tradutor foram aproveitados em outro projeto, que veio a lume em setembro de 1949: a *Antología de poetas brasileños de ahora*, uma das últimas edições da tipografia de João. Poemas de Drummond, Murilo Mendes, Cecília Meireles, Vinicius de Moraes e Augusto Frederico Schmidt foram vertidos para o espanhol, com seleção do próprio tradutor. Em vez de recolher os textos num único volume, João Cabral produziu uma caixa com cinco fascículos e imprimiu os poetas em plaquetes autônomas.

Atuando simultaneamente como editor, tipógrafo, tradutor e professor de literatura, João não economizou esforços seja para difundir os poetas catalães no Brasil, seja para ampliar o conhecimento da cultura brasileira na Espanha. Ao comparar as novas gerações dos dois países, concluiu que havia semelhanças entre a reação contra os modernos, da parte dos jovens aglutinados desde 1943 na revista *Garcilaso*, e a posição defendida no Brasil por autores como Lêdo Ivo e Alphonsus de Guimaraens Filho. Estes, em sua opinião, pretendiam "voltar a uma poesia de simples descrição de estados de espírito", deixando de lado "o poema como uma força própria em si", observou na correspondência com Lauro Escorel. Em *Psicologia da composição*, ele havia imposto a si mesmo a disciplina do trabalho intelectual. Já no Brasil, por mais que se falasse em domínio da "técnica", o que predominava, a seu ver, era a poesia com "caráter de coisa acontecida", sinônimo de acaso — súbita inspiração em meio à rotina de escritores funcionários ou jornalistas. Numa época marcada, em todos os planos, pela ampliação da consciência, por que adotar um estado de espírito da era "metafísica"? Era a pergunta que ele gostaria de fazer aos novos poetas do Brasil e da Espanha.

Para ajudar os amigos catalães em sua luta contra o franquismo, e também para orientá-los em termos literários, João Cabral persistiu na ideia de imprimir a "revista clandestina". Transformou-a, porém, num projeto de âmbito maior, cobrindo todo o universo cultural ibérico, apresentado em julho de 1949 ao poeta português Alberto de Serpa. A publicação seria dedicada apenas à poesia — "dada a preguiça do impressor para compor textos em prosa" — e teria acentuado caráter político, empenhando-se na resistência ao autoritarismo.

Alberto de Serpa aceitou prontamente a ideia de participar da direção da publicação e logo se tornou, em suas próprias palavras, "possesso dela". O poeta morava no Porto, mas no final dos anos 1930 havia participado em Coimbra da última fase de *Presença* e fundado, com Vitorino Nemésio, a *Revista de Portugal*, periódicos que faziam a divulgação do Modernismo lusitano e brasileiro. Também foi o responsável pela organização da coletânea *As melhores poesias brasileiras*, publicada em 1943 em Lisboa. Dele partiu a sugestão do título, *O Cavalo de Todas as Cores*, e a proposta de que o desenho da capa, "um Pégaso formoso", fosse encomendado a Almada Negreiros ou Cícero Dias.

João Cabral havia pensado em utilizar o título da revista *Algol*, editada por jovens artistas catalães e de circulação proibida pelo regime franquista. Mas acolheu a sugestão de Alberto de Serpa, dizendo-lhe que estava de acordo com a ideia de ver a poesia como um cavalo livre, sem cores fixas. A inspiração veio de um texto do fundador da revista *Presença*, José Régio, no qual a poesia, chamada de "alado cavalo furta-cores", foi definida como inclinação para a Eternidade e o Absoluto, com maiúsculas: "Não lhe ponham antolhos que não lhe pertencem! Não lhe deem rédeas que não aceita". Esse texto seria publicado no primeiro número da revista, assumindo, de acordo com Cabral, uma conotação menos metafísica do que política.

Em suas cartas, Serpa se revelou cada vez mais entusiasmado com *O Cavalo de Todas as Cores*: "Já o vejo a correr por aí fora — terras, mares, ares — com as suas asas poderosas". Além de ânimo e sugestões, também enviou conselhos: "Será bom o meu Amigo ver com atenção, aí, a subordinação da Revista aos serviços da Censura". Para evitar problemas com a censura portuguesa, julgava ainda necessário indicar na capa que a impressão fora feita em Barcelona.

Desafiar a repressão parecia ser, contudo, a principal motivação de João Cabral. Logo de início, ele deixou claro que não gostaria de limitar o conteúdo da revista às literaturas do Brasil e de Portugal. Seu propósito era apoiar a literatura catalã, boicotada pelo franquismo. Estava otimista e não acreditava que a ditadura em Portugal duraria para sempre. "Se alguma dificuldade a revista me pode criar, futuramente, no caso de designação para um posto em Portugal, correrei com o risco", escreveu em carta enviada a Alberto de Serpa em setembro de 1949.

A impressão da revista teve início no mês seguinte, mas se arrastou por alguns meses. Serpa mal continha a impaciência: "Os livreiros, aqui, abriram já assinaturas, e pedem *Cavalos* como nos restaurantes se pedem *beefs*", brincou. As cirurgias sofridas por Cabral empurraram para o final do ano o envio das primeiras provas. Ao recebê-las, Serpa passou a chamar a revista de "Bicho".

O Cavalo de Todas as Cores foi impressa com data de janeiro de 1950. Embora fosse uma revista, possuía o mesmo formato dos demais livros inconsúteis de João Cabral. O pégaso da capa foi desenhado por Francesc García Vilella. As duas colaborações portuguesas, a cargo de Serpa, foram "Poesia", o ensaio poético de José Régio, e "Nove canções católicas", de Pedro Homem de Mello. Para representar o Brasil, a revista estampou um texto inédito de Vinicius de Moraes, "A bomba atômica" — poema inserido em sua *Antologia poética*, pronta desde 1949, mas publicada pela primeira vez em 1954. Motivada pelo tema político, a escolha logo se veria duplamente justificada. Em carta enviada a Rubem Braga poucas semanas depois do aparecimento de *O Cavalo de Todas as Cores*, Vinicius anunciaria seu retorno ao Brasil, acusado de adesão ao comunismo. Estava iniciada a caça às bruxas no Itamaraty.

Da Espanha, participaram da publicação dois amigos de João Cabral: Rafael Santos Torroella e Enric Tormo. O poema "Cuatro poetas", de Torroella, era uma homenagem a Federico García Lorca, Miguel de Unamuno, Antonio Machado e Miguel Hernández, todos mortos na ditadura de Franco. De Tormo, foi estampado o texto que fechava a revista, "Xilografía popular en Cataluña", ilustrado com gravuras do século XVIII pertencentes à coleção particular do tipógrafo.

"Não há dor de cabeça que possa com você", comentou Lêdo Ivo quando soube da notícia do lançamento. Alberto de Serpa, ao receber os exemplares, elogiou a beleza da publicação: "A quem tenho mostrado, fica de boca aberta, pois aqui não se está habituado a tanto luxo e a tão bom gosto". João Cabral, porém, não se mostrou tão satisfeito com a obra realizada. Antes mesmo de ser impressa, a revista lhe pareceu "mais de poetas que de poesia", muito acadêmica, rígida e semelhante, afinal, a todas as outras do gênero, "sem nada de descoberta, sem nada de antigo, de popular". Por essa razão, aliás, tinha reservado o quinto caderno para as gravuras de Enric Tormo. A despeito da ótima repercussão e da insistência de Alberto de Serpa, a produção foi bruscamente interrompida. *O Cavalo de Todas as Cores*, que deveria correr o mundo com suas asas, morreu, sem fôlego, no primeiro número.

A experiência cultural de João Cabral na Catalunha se tornou ainda mais viva e efervescente depois que apareceu, em Barcelona, o primeiro grupo de artistas de vanguarda da Espanha. Entre seus fundadores estavam o poeta Joan Brossa, o filósofo Arnau Puig e os pintores Antoni Tàpies, Joan Ponç, Modest Cuixart e Joan-Josep Tharrats, todos em início de carreira. Em setembro de 1948, eles lançaram o número inaugural da revista *Dau al Set* — título de inspiração surrealista que, na língua catalã, significa "o dado no sete", a sétima face do dado. A intenção de Brossa, criador do nome e membro mais influente da publicação, era assinalar, de modo espirituoso, a valorização da novidade e da invenção como traço essencial do grupo.

Tal como a primeira revista, *Algol*, que alguns daqueles rapazes haviam criado em 1946, *Dau al Set* era clandestina. A circulação de periódicos em catalão continuava proibida — apenas livros eram permitidos, mas em edições pequenas, fora do comércio. João Cabral conheceu o grupo pouco antes do lançamento da publicação. Cansado da poesia espanhola da época de Franco, interessou-se por aqueles jovens artistas, "ávidos de intercâmbio", empenhados em fazer chegar a outros lugares sua "cultura ameaçada", conforme as palavras que utilizou em carta a Manuel Bandeira.

O primeiro a se tornar seu amigo foi Joan Brossa. Acompanhados por ele, os demais integrantes do grupo Dau al Set passaram a frequentar o apartamento da Carrer de Muntaner. As visitas ocorriam depois do almoço ou no final da tarde, hora em que João Cabral costumava trabalhar na sua tipografia. Às vezes ficavam horas observando a composição cuidadosa dos textos. Quando o tipógrafo se cansava, aproveitavam a pausa para tomar café e conversar. Brossa e seus jovens companheiros estranhavam a bebida brasileira, muito forte, e sobretudo o hábito do anfitrião de tomá-la com aspirina, alegando que apenas essa mistura lhe dava alívio para a dor de cabeça.

Essas conversas foram decisivas não só para o grupo, mas para a trajetória individual de cada um dos seus fundadores. À exceção de Joan Brossa, nascido em 1919, os membros do Dau al Set eram um pouco mais jovens do que João Cabral. No deserto cultural em que havia se tornado a Espanha, praticamente tudo lhes faltava — não só o conforto material, mas também o acesso a livros e ideias novas. A censura não permitia que tivessem diálogos com o mundo exterior. Desconheciam até mesmo a poesia espanhola feita no exílio — foi João que apresentou a eles os livros de autores como Rafael Alberti e Luis Cernuda. Estavam impedidos também de manter contato com Joan Miró, a quem devotavam grande admiração.

João Cabral também distinguia com afeição pessoal a figura de Joan Brossa, o poeta do grupo. Gostava do seu jeito simples, bonachão e do encanto que demonstrava por tudo que era popular. Brossa havia lutado na Guerra Civil, ao lado das tropas republicanas. Na época, quase perdera a visão. Na frente de batalha, tinha escrito seu primeiro trabalho literário. Em 1941, travara contato com Enric Tormo, Joan Ponç e os outros artistas que formariam o Dau al Set. Apenas em 1949, graças à tipografia de João Cabral, teve seu primeiro livro publicado, *Sonets de Caruixa* — seleção de sete poemas impressa em setenta exemplares.

Em contrapartida, nesse mesmo ano três composições de *O engenheiro* — "As nuvens", "A paisagem zero" e "A bailarina" — foram vertidas para o catalão por Joan Brossa e publicadas na revista *Dau al Set*. Os integrantes do grupo ficaram entusiasmados com os poemas, o que levou seu autor, em carta a Lauro Escorel, a reiterar o atraso cultural em que viviam os catalães: "Sabe você quais são os poemas? Os três primeiros do *Engenheiro*, aqueles em que se nota ainda a atmosfera de Surrealismo organizado de *Pedra do sono*".

Com efeito, o que chamava a atenção nas obras de Tàpies, Ponç, Cuixart e Tharrats era a obsessão pela estética surrealista. Na falta de conexões com o mundo e desconhecendo as contribuições dos seus antecessores na Espanha, eles tinham sido obrigados a construir por si mesmos seu Surrealismo. Estavam atrasados, mas, na opinião de Cabral, faziam poesia e pintura com qualidade. Naquele grupo juvenil e inconformista, era possível evocar os traços de sua própria formação em Pernambuco.

Além de imprimir o livro de estreia do poeta do Dau al Set, João foi responsável por apresentar os pintores do grupo na primeira exposição coletiva que fizeram em Barcelona, inaugurada em dezembro de 1949 no Instituto Francês. O texto que escreveu para o catálogo ressaltava a influência decisiva de Miró. Sem abandonar a moldura, Antoni Tàpies, Modest Cuixart e Joan Ponç revelavam em seus quadros uma liberdade de composição e um desrespeito pelos limites da tela que pareciam dar continuidade às investidas de Miró contra a pintura de origem renascentista. No catálogo, junto ao texto de apresentação, apareciam dados biográficos e fotografias dos três artistas, feitas por Enric Tormo, além dos nomes dos colecionadores das obras, entre os quais figuravam os de João Cabral e Joan Prats.

A aquisição dos trabalhos de Tàpies começou de maneira inusitada. Na época, o artista fazia uma pintura a óleo, bastante diluída, em que as figuras e os objetos flutuavam no espaço, à semelhança das imagens compostas por Miró e Paul Klee. Com frequência ele ia ao apartamento de João Cabral para conversar. Certa vez, chegou aflito, portando vários desenhos, e praticamente impôs que o poeta os comprasse naquele dia. Seu pai, que era advogado respeitado, exigia que o filho seguisse a mesma carreira e lhe dera um ultimato: se Antoni não vendesse seus trabalhos em menos de 24 horas, seria obrigado a abandonar a pintura e retomar o curso de direito. João não hesitou em comprar os desenhos e, para salvar a carreira do jovem Tàpies, logo passou também a colecionar os quadros. Faria o mesmo com García Vilella, Ponç e Cuixart. Em sua partida de Barcelona, boa parte dessas obras foi dada de presente a amigos — generosidade da qual mais tarde ele viria a se arrepender.

Logo após a exposição no Instituto Francês, a apresentação dos três pintores foi publicada em versão espanhola na revista *Cobalto*, dirigida pelo poeta e crítico de arte Rafael Santos Torroella, outro frequentador das conversas literárias promovidas por João Cabral. Os encontros eram quase diários. Deles participavam não apenas os artistas do Dal au Set, mas também os apoiadores do movimento, como Rafael, sua noiva, Maite, e Juan-Eduardo Cirlot, que João já havia editado em sua prensa. Sempre muito acolhedor, o poeta os recebia em toda parte: no consulado, no apartamento da Carrer de Muntaner e até mesmo na casa de verão, alugada em Castelldefels, onde mais de uma vez os convidou para jantar. Em qualquer situação, a recepção era simpática e cordial. João se interessava de fato pelos convidados e se atirava de bom grado à conversa. Outros encontros também ocorriam num bar chamado Bagatel.la e em livrarias de Barcelona, especialmente a Argos, onde trabalhava Cirlot.

A *Cobalto* não era clandestina, mas, por estarem proibidas as revistas, teve que se valer de uma artimanha para driblar os censores: circulava como se fosse um fascículo de enciclopédia sobre arte. A convite de Santos Torroella, João participou da Associação Cobalto 49, campanha lançada para conquistar aliados à causa cultural da Catalunha e da Espanha. O poeta brasileiro foi chamado a participar de um dos grupos de trabalho, e seu nome, grafado em espanhol — Juan Cabral —, chegou mesmo a figurar na ata de uma reunião realizada em novembro de 1949. Graças a Cabral, com quem se deu muito bem, Torroella descobriu a poesia brasileira, da qual faria posteriormente inúmeras traduções para o espanhol, sobretudo de Drummond e dos modernistas.

Na estreita convivência com os rapazes do Dau al Set, o que saltava aos olhos de todos, por vezes de modo constrangedor, era a disparidade entre a folgada situação financeira do vice-cônsul do Brasil e a penúria em que viviam os catalães. Desde o começo da Guerra Civil, em 1936, as dificuldades haviam se generalizado, especialmente para os que ainda estavam em período de formação. Estes chegavam a passar fome ou não conseguiam se alimentar o suficiente, muito menos com a comida que apreciavam. Joan Brossa, por exemplo, não consumia outra coisa a não ser ovos fritos e pão com tomate — até na casa de João Cabral, por modéstia ou em respeito ao racionamento que todos enfrentavam em Barcelona, era capaz de pedir sempre esse mesmo prato. Não era simplesmente um sujeito frugal e básico, vivendo à margem do dinheiro, como diria mais tarde seu amigo brasileiro. Satisfazia-se com pouco porque se habituara a não ter mais.

Uma experiência impactante foi vivida na casa de Cabral por Arnau Puig. Recém-formado em filosofia, o rapaz de 22 anos era um dos teóricos do Dau al Set. Na primeira vez em que esteve na casa de Castelldefels, conduzido até lá de carro pelo próprio anfitrião, Arnau ficou chocado. Na hora do jantar, sentaram-se apenas os dois à mesa. O visitante suspeitou que a mulher de João, por ser católica, preferia se ausentar a ter que participar de uma conversa em que fatalmente entraria a política. A mesma atitude foi notada por Enric Tormo. Frequentador da casa do poeta, o tipógrafo quase não via Stella, de quem só costumava ouvir um simples bom-dia.

"*Señor, ¿ya se puede servir la comida?*", perguntou a criada. João respondeu que sim. Apareceu então uma segunda criada, encarregada apenas de servir a mesa, costume que ao jovem catalão pareceu antigo e "colonial". Com a bandeja nas mãos, ela ofereceu o prato. "Que é isso?", perguntou João, que, ao ouvir a resposta, não aceitou a comida. Apesar da fome, Arnau, diante da recusa do anfitrião, achou que devia fazer o mesmo: "*¡Yo tampoco!*". Quando a criada voltou com outro prato, João novamente fez uma careta: "Não, não me apetece". Por acanhamento, o rapaz também recusou a comida pela segunda vez, imaginando que, se tinha ido lá para comer, acabaria saindo de barriga vazia. Nesse momento o dono da casa lhe disse: "Coma, coma. Eu posso me permitir não gostar".

Para o jovem, tudo era desconcertante: em plena metade do século XX, o jantar naquela casa era servido à la carte e, no esforço de agradar aos patrões, as criadas preparavam diversos pratos. A cena e o ambiente se contrapunham fortemente ao tema das conversas, a relação entre arte e política. Naqueles encontros, o poeta brasileiro, que desde seus últimos tempos no Rio, vinha mostrando um interesse cada vez maior pela teoria marxista, se entusiasmava ao defender o compromisso social e a arte engajada. Para convencer Puig, que acabara de fazer estudos em Madri sobre Ortega y Gasset, a aderir ao marxismo, deu-lhe de presente livros de filósofos marxistas, como Georges Politzer, e um volume reunindo discursos de Stálin. O mesmo trabalho foi feito com os demais integrantes do grupo Dau al Set. João Cabral estava em pleno "sarampão marxista", no dizer de Antoni Tàpies e, naquele momento de luta contra a ditadura, não teve dificuldade para transmiti-lo àqueles jovens artistas, ainda muito tomados na época pelo Dadaísmo e pelo Surrealismo.

Para Tàpies, uma das grandes contribuições de Cabral foi mostrar que fazer arte com consciência social não implicava seguir a cartilha do realismo socialista. Entre os intelectuais catalães que se opunham ao franquismo, predominava uma visão muito dogmática do engajamento artístico. Com

João Cabral, puderam assimilar uma concepção mais aberta, segundo a qual cada artista teria liberdade para definir a própria estética. Joan Brossa aprendeu que a poesia deveria fazer crítica social, mas sem jamais se submeter a qualquer teoria. A ideologia não poderia sufocar a personalidade do artista. Essa abertura seduziu os inquietos rapazes do Dau al Set.

João Cabral talvez visse nos jovens catalães, como pensava Arnau Puig, a oportunidade de colaborar para o progresso do marxismo na Espanha. Era um "comunistoide", na expressão de Enric Tormo, que graças à imunidade diplomática não temia expressar em Barcelona ideias que levariam à cadeia os perseguidos artistas locais. A atração pela Rússia soviética foi registrada com ênfase numa carta escrita no início de 1948 a Lauro Escorel: "Confesso que hoje a única coisa capaz de me entusiasmar é o Polit Bureau. Coisa que lhe escrevo com todas as letras, sem medo da censura espanhola ou da norte-americana".

No Brasil, com o início da Guerra Fria, o governo chefiado por Eurico Gaspar Dutra, além de perseguir comunistas, chegou a romper relações diplomáticas com a União Soviética. Nada disso, porém, parecia atemorizar o vice-cônsul em Barcelona. Em 1949, João Cabral ficou sabendo que Osório Dutra, o cônsul-geral, durante uma viagem a Paris, dissera a colegas do Itamaraty que seu subordinado era um bom funcionário, mas com uma ressalva: "Pena que seja comunista".

Em Pernambuco, Luiz Cabral começou a temer pelo filho, que em suas cartas andava manifestando ideias muito esquerdistas. "Olha a besteira que você está dizendo nas cartas", advertiu ele depois de receber o chamado para comparecer ao correio no Recife. Uma das cartas de João Cabral tinha sido aberta. "Não escreva mais essas besteiras", insistiu.

João não lhe deu ouvidos. Depois da experiência em Barcelona, decisiva sob tantos aspectos, viveria ainda por algum tempo seu "sarampão marxista". Professado com ardor no diálogo com o grupo Dau al Set, o interesse pelo comunismo o levaria a submeter sua própria poesia a uma crítica radical. Os efeitos dessa guinada política seriam amplos e devastadores.

9.
Abridor de caminho

A bordo de um navio italiano, embarcaram em agosto de 1950 para o Rio de Janeiro os exemplares do novo livro de poesia de João Cabral de Melo Neto, *O cão sem plumas* — a última obra impressa em Barcelona com o selo O Livro Inconsútil. O destinatário era Lêdo Ivo, que se encarregara de distribuí-los entre escritores e críticos. O pacote foi despachado poucas semanas antes da transferência do poeta para Londres, onde assumiria, como vice-cônsul, seu segundo posto diplomático. Com apenas 41 páginas, o volume trazia uma única composição — um poema de longa-metragem, como anunciara o jornal *A Manhã* — a respeito do rio Capibaribe. O livro significava uma enorme reviravolta na carreira do autor.

"Cão nunca teve plumas", resmungou Rubem Braga. No seu entender, o título, de "enjoado mau gosto", só podia ser explicado por alguma confusão com o espanhol. João queria dizer "pelos" e escreveu "plumas", pensou o cronista. Houvesse o poeta conservado o primeiro título escolhido, o estranhamento teria sido maior. Desde a primeira notícia sobre o poema, comunicada em outubro de 1948 a Drummond, até o final do ano seguinte, as cartas enviadas de Barcelona sempre chamavam a obra de *Como e por que sou romancista*. "Gostaria de lhe falar de um poema que estou arquitetando e que seria uma espécie de explicação de minha adesão ao comunismo", informou João ao amigo. Como nunca havia escrito um romance, o que pretendia, ao plagiar o título da autobiografia de José de Alencar, era de fato deixar os leitores intrigados. Ao mesmo tempo, a escolha se justificava porque a ideia era escrever um poema "em verso longo, ou em prosa, para desanimar os que gostam do meu verso curto".

A construção do livro se arrastou por todo o ano de 1949, prejudicada pelo ensaio sobre Miró, cuja escrita corria paralela. Em outubro, João revelou a Lauro Escorel o assunto do poema: uma evocação do rio pernambucano — "um rio especial, mais lama que água" —, em cujas margens ele havia nascido e vivido, em diferentes casas, até a adolescência. Dali sairia "um João Cabral um pouco surpresa". No início de dezembro, foi a vez de Manuel Bandeira receber a surpreendente notícia:

> Ando com muita preguiça e lentidão trabalhando num poema sobre o nosso Capibaribe. A coisa é lenta porque estou tentando cortar com ela muitas amarras com minha passada literatura gagá e torre de marfim. Penso botar como epígrafe aqueles seus dois versos: "Capiberibe/ — Capibaribe".

O poeta se referia ao poema "Evocação do Recife", de *Libertinagem*. A carta deixou Bandeira curioso pela "virada de pé com a cabeça" anunciada pelo primo. Em abril de 1950, o livro, já com o título *O cão sem plumas*, foi noticiado no *Diário de Pernambuco*. Segundo o jornal, o autor, "abandonando a linha estética", estava agora investindo na "linha da poesia participante". De Los Angeles, Vinicius de Moraes comentou com Bandeira sua expectativa em relação ao livro: "Eu tenho uma fé filha da égua no João. Me parece, de longíssimo, o melhor poeta novo brasileiro e com tremendas possibilidades para crescer".

O cão sem plumas foi a primeira incursão de João Cabral na temática pernambucana. Anteriormente, o Recife aparecia apenas de modo incidental, em versos sobre Joaquim Cardozo, ou nas palavras do personagem Joaquim, de *Os três mal-amados*, que na verdade aludiam à ausência de Pernambuco em sua poesia: "O amor comeu meu estado e minha cidade". Os mangues, os canaviais, o cheiro de maresia, tudo havia sido destruído: "Comeu até essas coisas de que eu desesperava por não saber falar delas em verso".

Um dia, porém, ao folhear no consulado em Barcelona a revista *O Observador Econômico e Financeiro*, o poeta sofreu um choque. Um dos artigos informava que a expectativa de vida no Recife não ia além de 28 anos, ao passo que na Índia era de 29. Quando era menino, as senhoras do Recife faziam tricô e enviavam donativos para socorrer flagelados na Índia. Aquele devia ser o lugar mais pobre do mundo, imaginava João. Agora se dava conta de que, em sua terra natal, a miséria era maior.

Do exterior, a exemplo de outros brasileiros, ele redescobriu a própria terra. Enquanto pernambucano de classe privilegiada, achou que tinha o dever de fazer alguma coisa. Resolveu então escrever um poema de cunho social, um protesto contra aquela realidade. Foi essa decisão que o salvou da crise que se seguiu à publicação de *Psicologia da composição*. O deserto idealizado da "Fábula de Anfion" e a sátira à poesia feita na "Antiode" pareciam impor como consequência o silêncio. João estava certo de que não iria mais escrever poesia. Achava que tinha chegado a um tal intelectualismo que não havia sentido em seguir por aquele caminho. Paralelamente, as leituras de obras marxistas e da literatura espanhola impulsionavam sua preocupação com a comunicação, a utilidade e o caráter sociológico da obra de arte. Até *Psicologia da composição*, sua poesia era cosmopolita. Agora ele a modificava drasticamente, substituindo a abstração poética pela redescoberta da realidade humana, social, geográfica e histórica.

Na dedicatória de *O cão sem plumas* — "A Joaquim Cardozo, poeta do Capibaribe" —, o autor deixou registrado seu tributo ao amigo a quem devia o encorajamento para escrever sobre Pernambuco. Além de Cardozo, porém, havia outros inspiradores: os romancistas da década de 1930. "Se houve um romance do Nordeste não haverá uma poesia do Nordeste?", perguntou ele em carta escrita a Lauro Escorel. Recuperar o exemplo daqueles autores seria um modo de rejeitar "a poesia idealista reacionária, poesia em Cristo, metafísica, schmidtiana etc." que, no seu entender, havia tomado o primeiro plano no Brasil após o golpe do Estado Novo.

No processo de criação de *O cão sem plumas*, o principal interlocutor de João Cabral foi Antônio Houaiss, com quem manteve uma correspondência quase diária. Estimulado não só pela amizade, mas também pela afinidade ideológica, o poeta expunha minuciosamente seus planos a Houaiss. Este ficava impressionado com a agilidade mental e a capacidade "sofística" que ele tinha de defender seus pontos de vista.

Inaugurada uma nova fase, de rejeição da poesia anterior, era natural que um novo interlocutor viesse substituir Lauro Escorel, cuja opinião, na verdade, era temida por João Cabral. Quando o livro saiu da prensa, em junho de 1950, ele logo enviou um exemplar para Boston. Advertiu, porém, que o novo caminho dificilmente agradaria ao amigo, que tinha horror à literatura regionalista. Para sua surpresa, o crítico fez grandes elogios ao livro, lembrando que ele mesmo havia sugerido a João que ampliasse os temas de sua poesia. Ressaltou que o regionalismo presente em *O cão sem plumas* não contrariava os traços essenciais da obra cabralina: a construção formal, o racionalismo, o materialismo.

Com Drummond, não foi menor o receio de incompreensão. Quando lhe enviou o poema, João confessou que tinha indisposição física — "a caneta me pesa, mais do que nunca" — e sobretudo espiritual para falar de suas novas inquietações. As coisas que lhe diria eram as mesmas que aprendera com o autor de *A rosa do povo*, naquelas conversas em que ele se "encastelava num racionalismo esquemático e radical". Entretanto, sabia que os interesses do amigo estavam mudados: "Ora, você hoje está preocupado por outras coisas, já muito mais adiante, por exemplo: a 'quadratura' do verso". Por essa razão, achava que ele ficaria indiferente às preocupações de sua nova obra.

Nas duas primeiras partes de *O cão sem plumas*, João Cabral descreveu a paisagem do Capibaribe: "A cidade é passada pelo rio/ como uma rua/ é passada por um cachorro;/ uma fruta/ por uma espada". O Capibaribe é apresentado como um rio escuro, feito de flores negras, caranguejos, lodo e ferrugem: "Aquele rio/ era como um cão sem plumas". Uma realidade espessa em nítido contraste com as "coisas claras" que, no livro de 1945, constituíam o sonho do engenheiro. A metáfora central, que incomodou Rubem Braga, servia tanto para o rio como para o homem miserável que vive às suas margens. "Um cão sem plumas/ é quando uma árvore sem voz./ É quando de um pássaro suas raízes no ar./ É quando a alguma coisa/ roem tão fundo/ até o que não tem."

A terceira parte, intitulada "Fábula do Capibaribe", descreve a formação do Recife pelo rio. Em comparação com os mapas antigos, do tempo dos holandeses, a área da cidade se tornara visivelmente maior por conta do Capibaribe. Nessa parte — lembrando, por contraste, a "Fábula de Anfion" —, ocorre um embate entre o rio e o mar, que rejeita a matéria impura. Desmontando o ideal ascético de Anfion, os versos ironizam a assepsia do mar, sempre lavando suas praias e seu esqueleto de areia, "poeta puro/ polindo esqueletos", "tão puro/ professor de geometria". O que era objeto de culto, em *Psicologia da composição*, agora se convertia em alvo de crítica.

"Aquele rio/ é espesso/ como o real mais espesso", escreveu o poeta na quarta e última parte, "Discurso do Capibaribe". "Aquele rio/ está na memória/ como um cão vivo/ dentro de uma sala." O vocábulo "vivo", sempre reiterado por Joan Miró, foi também determinante para a construção de *O cão sem plumas*: "O que vive/ não entorpece". O dinamismo e a liberdade compositiva que Cabral valorizou nas telas do pintor catalão acabaram por se tornar também elementos estruturadores do seu poema.

Essa desenvoltura causou estranheza em Manuel Bandeira: "cão sem plumas" e "espada cortante" lhe pareceram imagens muito distintas e até opostas em relação ao rio. Mas o que era louvável, em sua opinião, era João Cabral finalmente haver conseguido "fazer a técnica servir ao seu sentimento". Lêdo Ivo, por sua vez, confessou que, ao iniciar a leitura, teve medo de que o poeta, "pulando de um gabarito tão alto para cair num rio, não realizasse completamente a proeza". Mas admirou o fato de a atmosfera suja do livro ter sido apresentada com "uma estrutura de poeta puro". O que Lêdo considerava um elogio, para o poeta soaria como advertência. Apesar dos avanços em direção a uma poesia realista e comunicativa, *O cão sem plumas* fora escrito numa linguagem ainda metafórica, que não se distinguia da que o autor empregara anteriormente. Nas obras seguintes, João tentaria resolver essa ambiguidade: uma linguagem hermética, a seu ver, não poderia ser a forma ideal para protestar contra a miséria e o capitalismo.

"Cheguei ótimo encantado Londres Saudades João", escreveu o diplomata, transferido a contragosto da Espanha, no telegrama enviado a Stella em 28 de setembro de 1950, um dia após seu desembarque na Inglaterra. O novo posto era excelente, mas, se dependesse de sua vontade, teria continuado no país de Cervantes, Góngora e Berceo. Publicado o decreto de remoção, Manuel Bandeira logo enviou os cumprimentos. Lêdo Ivo comentou que a transferência fora noticiada com destaque pelos jornais do Rio — mais uma prova, segundo ele, da posição de "ídolo e mito" conquistada por João Cabral.

Eram dez e meia da manhã quando o voo saído de Barcelona, depois de uma escala na França, finalmente chegou ao seu destino. Durante vinte minutos, a aeronave sobrevoou a capital inglesa. Vista do alto, a cidade lhe pareceu mais impressionante do que Paris. No aeroporto, o novo vice-cônsul foi recebido pelos colegas de trabalho: Décio Martins Coimbra, cônsul-geral, Beata Vettori, consulesa-adjunta, e o terceiro secretário Francisco de Assis Grieco, filho do crítico Agripino Grieco, que João admirava na adolescência.

Após duas noites dormindo num hotelzinho de baixa categoria, João resolveu se mudar para o White Park Hotel, a um quarteirão do Hyde Park. Resolvido o problema da hospedagem, passou a procurar casa para a família. Os primeiros dias foram de sol, o que favoreceu as caminhadas. A imagem que ele tinha de uma cidade enorme e movimentada se confirmou plenamente. A surpresa foi descobrir que a Londres dos romances policiais, conforme relatou a Lêdo Ivo, era também uma "cidade belíssima". Na companhia de Francisco Grieco, que alugara um carro, João fez passeios mais longos, fora do centro, e uma visita a Cambridge. Entusiasmado, quis ainda viajar de trem a Liverpool. "O campo inglês é uma maravilha. Ainda mais amável e arrumado que a paisagem francesa", escreveu em carta a Stella.

Como os carros na Inglaterra eram pequenos, opinou então que deveriam conservar o Citroën e adiar para o futuro, quando estivessem no Brasil, o sonho de possuir um *American car*.

Outra surpresa para ele, sempre tão inapetente, foi a comida, que lhe agradou em cheio. Na verdade, menos a comida do que o hábito de alimentação dos ingleses, que, em vez de encher a barriga, como os brasileiros, no almoço e no jantar, comiam regularmente quatro vezes ao dia, sempre a mesma quantidade. "Café reforçado, almoço de um prato, chá reforçado, jantar de um prato. Isso é o ideal", comentou João. O número quatro, em qualquer circunstância, lhe causava sempre boa impressão.

"Estou gostando de Londres. Mais da cidade que do povo", escreveu ao primo Manuel Bandeira. Com Stella, porém, queixava-se de solidão: "Isso de estar aqui sozinho é profundamente chato. Nada tenho lido. Só um pequeno guia de Londres". Além da necessidade de encontrar uma casa, havia outros motivos para que tivesse viajado sozinho, antes da mulher e dos filhos. Como tinha medo de voar e estava certo de que morreria num desastre de avião, o poeta jamais admitia que todos embarcassem juntos. Além disso, queria se livrar da incumbência de organizar a mudança e resolver pendências e inúmeras questões práticas que o deixavam ansioso e que, por essa razão, ficavam sempre a cargo de Stella. A família permaneceu ainda algumas semanas na Espanha. O belo apartamento da Carrer de Muntaner, com todos os móveis, foi transferido para seus amigos Rafael Santos Torroella e Maite, que haviam acabado de se casar e tiveram ainda a sorte de herdar quadros pintados pelos artistas do Dau al Set.

Nas cartas enviadas de Londres, o poeta não se cansava de fazer pedidos e recomendações. Que Stella não se esquecesse de levar manteiga, açúcar, chocolate, presunto, palitos de dente e outros itens que ainda estavam sob racionamento na Inglaterra. Que as crianças viajassem com roupa pesada, pois fazia frio no avião — Luís deveria vir no colo de Adela, e os mais velhos, sempre grudados na mãe. E que Stella não insistisse em ser uma "Barbosa de Oliveira" e carregar mil maletas. "Você sabe Adela como é atarantada e como é, nesses casos, um motivo a mais de trabalho."

Depois de um ano com a família, a cozinheira portuguesa se tornara babá dos meninos, que tinham grande afeição por ela, e logo seria também a governanta da casa. Não queria continuar vivendo em Barcelona e se encheu de alegria quando a patroa perguntou se gostaria de ir com eles para a Inglaterra. Antes do embarque, Stella teve uma surpresa. Ao pedir o passaporte de Adela, esta lhe entregou um documento expedido em Portugal, com o nome Alda Sánchez Pinto Coelho. "Mas você, afinal, é portuguesa, e esse tempo todo me fez falar em espanhol", disse Stella. "A senhora não perguntou", limitou-se a responder a criada.

Arranjar casa em Londres não foi fácil. Os apartamentos, além de pequenos, custavam os olhos da cara. João foi aconselhado a procurar nos arredores, onde havia casas com jardim, situadas em meio a campos e florestas, e com preços bem mais baixos. Decidiu então fechar negócio com o proprietário de uma casa em Putney, no sul da cidade, a quinze quilômetros do consulado brasileiro, que ficava na Aldwych House. Próximo do Richmond Park, Putney foi apresentado a Stella como "o arrabalde mais grã-fino de Londres".

A casa fora construída no meio de um terreno, com jardim e garagem na frente, e atrás havia outro ótimo jardim, com relvados, canteiros e bancos de sentar. Como todo o terreno estava cercado, ali poderiam soltar sem medo os "porquinhos", disse à esposa. Na parte de baixo, havia duas salas, hall, cozinha-copa, quarto, banheiro e depósitos. Em cima, quatro quartos e mais dois banheiros completos. Moderna, clara e confortável, a residência nem parecia inglesa, mas "casa americana, cinematográfica". Além dos móveis, o proprietário deixava para os inquilinos telefone, vitrola, rádio e, pelo número de exclamações, algo que deixou o poeta exultante: "!!!!!!aparelho de televisão!!!!!". Em suma, haviam tirado a sorte grande: a nova residência em Putney era muito melhor do que a casa de verão de Castelldefels. Embora tudo em Londres fosse caríssimo, João ainda contratou os empregados que já trabalhavam na casa: uma *nurse*, um jardineiro e uma mulher de serviço.

Instalados no novo endereço, os filhos de João Cabral encararam como uma grande novidade o jardim localizado nos fundos. Stella, acostumada aos acampamentos, armou para eles uma barraca. Também adorava filmá-los com uma câmera Super-8. As crianças se divertiam ainda com as histórias narradas por Adela. Até as broncas da criada soavam de modo engraçado. Se Inez, por ciúme, maltratava o caçula, ela ameaçava com palmadas: "Cada vez que seu irmãozinho chorar, a menina vai ganhar *un culo nuevo*".

Em 9 de janeiro de 1951, Adela deu de presente ao patrão, escritos com letra bonita e desenhada, dois poemas de aniversário. "Don João na terça-feira/ Creio que sim, que faz anos", dizia o primeiro poema. Com a sabedoria de pessoa mais velha, a autora dos versos se permitiu dar um conselho. Que João pensasse bem e não fizesse mais anos, senão logo estaria velhinho — "E um velho rabugento/ Ninguém gosta de aturar". Vinha, então, a proposta matreira: "Diga-lhe o senhor ao tempo/ Que anos não quer fazer/ Para novinho sempre estar". No outro poema, recolhendo a advertência, a criada investiu na ideia tradicional e contrária: "Quero que ainda mil anos/ E outros mais faça o senhor...".

Poucos meses depois, uma apendicite por pouco não levaria João Cabral a atender, com apenas 31 anos, à primeira sugestão de Adela. Após a operação, realizada às pressas, ele passou mais uma semana em casa com a cicatriz aberta. "O meu apêndice revoltou-se", escreveu a Lauro Escorel. Drummond também recebeu um breve relato da "crise inesperada que podia ter despachado este seu amigo".

Depois do encantamento inicial, Londres se tornou alvo de queixas rotineiras. "A cidade é melhor na primeira semana. Depois fica insuportável", relatou o poeta a Lauro Escorel. "Não a cidade, aliás, o povo é que é insuportável." O clima também lhe pareceu opressivo. No inverno, anoitecia às quatro horas. Terminado o expediente, ele era obrigado a se recolher. "Passo minha vida trabalhando e viajando do consulado para casa e de casa para o consulado", reclamou em carta a Lêdo Ivo. Em comparação com a folgada rotina de Barcelona, o trabalho em Londres era extenuante.

Em agosto de 1951, João Cabral foi promovido a cônsul-adjunto. Com a saída de Beata Vettori e o afastamento de outros funcionários, a quantidade de serviço mais que dobrou. O consulado, cuja sede mudara para a Green Street, em Mayfair, era o segundo mais movimentado do mundo. Só perdia para o de Nova York. "Tenho trabalhado como um louco", queixou-se João. Num ofício dirigido ao cônsul-geral, ele reclamou do desfalque de auxiliares e chamou a atenção para os perigos que poderiam advir da situação: "Obrigados a trabalhar das dez da manhã às seis da noite, com prejuízo da saúde, não é de estranhar que algum equívoco possa ocorrer uma ou outra vez".

Feitas as contas, era evidente que João "gostava mais de estar entre os catalães do que entre os *beef-eaters*", brincou Manuel Bandeira. Com efeito, o excesso de trabalho e a falta de diversão não davam margem para dúvidas. Londres tinha as livrarias — ele gostava especialmente da Foyles, em Charing Cross Road —, mas os livros eram muito caros. As artes plásticas, que tanto o atraíam, viviam naquele período uma situação de marasmo. Havia a National Gallery, que abrigava um de seus quadros favoritos, *Vênus ao espelho*, de Velázquez. O Museu Britânico, porém, lhe pareceu menos interessante que o de Montjuïc. Dava a impressão de ser um depósito arqueológico, não era vivo como o de Barcelona.

Frequentemente, o poeta tinha ataques de saudade da Catalunha e se trancava em casa para ouvir discos de flamenco. O que o salvou foram as leituras e o cinema clássico, novidade londrina pela qual ficou apaixonado. Habituou-se a ver filmes desde os primeiros dias na Inglaterra, quando, morando em hotel, a falta de "lar" e a detestável "vida de meio-de-rua" o empurravam para as salas de cinema. Depois se tornou viciado nos cineclubes, onde passou a ver sistematicamente filmes antigos. "Tenho tirado a forra é em cinema", relatou a Lauro Escorel. "O cinema é a grande arte nova, e Chaplin o seu grande artista", diria pouco tempo depois em entrevista a Vinicius de Moraes, que era aficionado da sétima arte.

João se tornou sócio de sete cineclubes, o que lhe permitia assistir, a cada dia, a uma película diferente. Assim como fizera quanto à literatura espanhola, tomou a resolução de adquirir cultura cinematográfica começando do princípio. Viu Lumière, Griffith, outros pioneiros franceses, ingleses e, notadamente, russos. Uma das salas que frequentava, o Left Club, exibia apenas filmes comunistas. Raramente ia ver lançamentos no circuito comercial. Uma das exceções foi *O rio sagrado*, rodado na Índia por Jean Renoir e lançado em 1951. No Brasil, como os filmes eram legendados, João costumava acompanhar o cinema contemporâneo. Mas na Europa, por detestar as dublagens, havia deixado de fazê-lo. Em compensação, conheceu obras raras e até inacabadas de Eisenstein, para ele o maior dos diretores, de quem apreciava também os textos teóricos. "Fui um cineasta, não de fazer filmes, mas de assistir filmes", diria mais tarde.

No cinema clássico russo, o poeta encontrou o realismo que procurava em sua escrita. Pela mesma razão, sentiu uma forte atração pelo cinema documentário inglês. Um dos mestres desse gênero, Alberto Cavalcanti, tinha voltado naquela época ao Brasil para trabalhar na companhia paulista Vera Cruz e convidou Lêdo Ivo para colaborar com ele como roteirista. Ao saber da novidade, João ficou curioso, deu vivas ao *script-writer* e se ofereceu para enviar de Londres diversos livros sobre como escrever roteiros cinematográficos. Lêdo dispensou a ajuda, alegando preferir as lições do próprio Cavalcanti. Este, porém, após vários desentendimentos com a direção do estúdio, resolveu regressar para a Europa, onde era bastante renomado, embora poucos conhecessem sua nacionalidade. Na Inglaterra, João ficou pasmo ao assistir a uma conferência sobre Alberto Cavalcanti na qual ele era chamado de *French editor*.

Para os amantes de documentários, Londres era um paraíso. No Instituto de Cinema Britânico, o visitante podia escolher na hora o documentário a que gostaria de assistir. Cabral acreditava ser essa a vocação do cinema, sua forma legítima. A ficção, vista nas telas, era cópia do romance, e nada o enjoava mais do que assistir a histórias de amor. Na sua opinião, a essência do cinema estava na fotografia, na imagem imediata. Por que, então, os filmes falseariam a realidade? Ao mesmo tempo, considerava o cinema, dentre todas as expressões artísticas, a mais próxima da literatura. Ambos se desenvolviam simultaneamente no tempo e no espaço, algo impossível para a música e as artes plásticas. A exemplo do cinema, o poema e o romance, no seu entender, eram uma sucessão de imagens em movimento. A influência da linguagem fílmica sobre os poetas modernos, para ele, era inequívoca. Alguns pedaços de sua poesia, por exemplo, lhe pareciam ser puro cinema.

A nova concepção estética de João Cabral de Melo Neto, em defesa do realismo e da poesia social, foi exposta pela primeira vez no prefácio que escreveu para o livro *Em va fer Joan Brossa* [Fez-me Joan Brossa], de autoria do poeta catalão, publicado depois de sua saída de Barcelona. "O realismo não é uma questão de forma. É essencialmente uma questão de substância, de assunto", enfatizou Cabral. Para ele, os poemas prosaicos de Brossa, feitos com base "na realidade mais humilde, no léxico da cozinha, da feira de praça e de fundo de oficina", constituíam um notável esforço de tornar a poesia mais comunicativa e humana, isto é, menos individual. Tendo iniciado sua obra numa "atmosfera impregnada de magia", Brossa teria vivido um processo exemplar, que o prefaciador se dizia "orgulhoso de ter podido compartilhar", semelhante ao que ele mesmo experimentara até a virada de *O cão sem plumas*.

Com efeito, as conversas sobre arte e política, na espécie de território livre em que se transformara, para os jovens catalães, a residência do vice-cônsul brasileiro, foram uma contribuição decisiva para a escrita do livro de Joan Brossa. O diálogo prosseguiu mesmo após o deslocamento de Cabral para Londres. Em carta de maio de 1951, Brossa lhe agradeceu o envio de um livro de Nazim Hikmet, poeta turco cuja obra era popular e socialmente comprometida. Por conta desse intercâmbio de livros e ideias, seria natural que pedisse ao amigo um texto para a introdução do seu volume de poemas.

Joan Miró, por sua vez, ficou devendo a João Cabral um incremento da difusão de sua obra no Brasil. O sucesso internacional do ensaio publicado em Barcelona despertou muita curiosidade entre os intelectuais brasileiros. "Quando vou poder ler o livro sobre o Miró?", perguntou Guimarães Rosa em agosto de 1951. "Quando poderei ler novos poemas, daqueles grandes, puros, que você faz com água e sol?", acrescentou.

Na opinião de Sérgio Milliet, o estudo sobre Miró havia alçado João Cabral "a um nível crítico incomum no Brasil". No ano seguinte, por iniciativa de Simeão Leal, foi publicada a edição brasileira do ensaio, integrando a série Cadernos de Cultura, do Ministério da Educação e Saúde. Em maio, um dos exemplares aportou em Londres. João não o achou feio, mas se queixou da inserção aleatória, sem que ele fosse consultado, de duas reproduções de gravuras, diferentes das originais. Ainda assim, na dedicatória ao diretor dos Cadernos de Cultura, o poeta escreveu: "A Simeão Leal, meu primeiro editor".

No campo literário, a atuação de João Cabral na Espanha também produziu resultados significativos. Graças à sua intermediação, uma antologia de Drummond foi traduzida para o espanhol por Rafael Santos Torroella e publicada em 1951, com o título *Poemas*, pela Ediciones Rialp, de Madri. O tradutor da pequena antologia brasileira impressa por Cabral também viria a aprofundar seus laços com o Brasil. Alfonso Pintó traduziu *Cobra Norato e outros poemas*, de Raul Bopp, volume publicado, em sua nova fase, pelo grupo Dau al Set, com vinheta da capa de autoria de Miró. Nos seus últimos meses em Barcelona, sempre sensível às dificuldades dos amigos catalães, João arranjou trabalho para Alfonso no consulado. Depois, já morando na Inglaterra, para ajudar Arnau Puig a sair da Espanha, produziu um documento atestando que ele seria contratado como secretário no Consulado do Brasil em Londres. Porém, só um ano mais tarde, graças a uma bolsa do governo francês, Arnau conseguiria se mudar para Paris.

Fora da Espanha, João Cabral não estabeleceu novas relações com artistas e escritores. A prensa o acompanhou em Londres, mas ele não encontrou tempo nem disposição para colocá-la em atividade. Quem não se conformou com esse abandono da tipografia foi seu parceiro na revista *O Cavalo de Todas as Cores*, cujos exemplares esgotaram rapidamente em Portugal. Ao saber de sua partida para a Inglaterra, Alberto de Serpa já havia lamentado: "Assim, lá mais longe, que vai ser do *Cavalo*?". Mais tarde, Serpa voltou a insistir na ideia de que *O Cavalo* deveria ser reanimado: "Eu queria muito, pois atirei-me para o seu lombo cheio de entusiasmo". Em maio de 1951, jogou a última cartada, propondo que se lançasse, ao menos, um número de despedida. "Toda a gente me pergunta pelo *Cavalo*", alegou a João Cabral. "E eu dou-o, umas vezes, por afundado em mares tumultuosos, outras, fugido para as nuvens, deste mundo sem Poesia, horrorizado."

No mês seguinte, o suplemento literário de *A Manhã* noticiou a estreia de Alberto de Serpa como editor, em Portugal, com o lançamento de um livro de poemas de José Régio. A editora foi batizada de As Velas e os Ventos: "Formoso título, todo ele enfunado e pairante", comentou o crítico português João Gaspar Simões. E logo veio a lembrança da parceria de Serpa com Cabral. *O Cavalo de Todas as Cores* "apresentou-se ricamente ajaezado", escreveu o articulista. "Infelizmente, não foi além das 'cortesias'. A praça ficou deserta, e a corrida poética não teve seguimento."

No Brasil, Geir Campos e Thiago de Mello fundaram em Niterói uma editora chamada Hipocampo. A presença do cavalo, dessa vez marinho, podia ser mera coincidência. Entretanto, ao imprimir livros inconsúteis, que eles mesmos compunham, em bom papel e com tiragem limitada, era indiscutível que estavam seguindo as pegadas do tipógrafo de Barcelona.

"Os hipocampos estão fazendo uns livrinhos bonitos imitados dos seus", escreveu Manuel Bandeira em julho de 1951. A coleção teve sua estreia com Drummond — feito do qual não pudera se orgulhar a editora de Cabral —, que lhes cedeu "A mesa", poema incluído nesse mesmo ano em *Claro enigma*. Depois vieram obras de Schmidt, Lêdo Ivo e do próprio Thiago de Mello. De Bandeira, a editora lançou *Opus 10*. Por ironia, a publicação ocorreu na mesma época em que o autor de *Libertinagem* andava às turras com a nova geração de poetas, numa discussão que envolvia diretamente João Cabral.

Tudo começou com uma enquete veiculada no *Diário Carioca*, por iniciativa de Prudente de Morais Neto. Primeiro a ser entrevistado, Manuel Bandeira disse "meia dúzia de lérias que arranharam grandemente a Geração de 45", conforme relatou em carta ao primo. No depoimento, divulgado em 8 de julho de 1951, confessou sua dificuldade de entender "esses poetas novos". Pôs sob suspeita seu formalismo e declarou que a impressão de rigor que transmitiam se devia unicamente ao fato de terem abandonado o versículo bíblico da poesia anterior por um verso mais curto, de distribuição arbitrária. "Esse geometrismo, como já o chamaram, tem um mestre na nova geração — João Cabral de Melo Neto. Os outros vêm dele", sentenciou. Para completar, deu mais uma alfinetada, acusando a falta de novidade desse processo que, em sua opinião, já ocorria desde o Modernismo, em poetas como Drummond.

O primeiro a reagir foi Lêdo Ivo. Em seguida, outros "novos" vieram a público expressar sua irritação. Nas páginas do mesmo *Diário Carioca*, Darcy Damasceno acusou Bandeira de não esconder "seu despeito pela preocupação de estudo e pesquisa". Péricles Eugênio da Silva Ramos criticou a ideia de que a poesia de 45 derivasse de Cabral, embora este representasse, a seu ver, talvez como o caso mais típico, "o lado estético da geração". Na revista *Orfeu*, fundada no Rio em 1947, Afonso Félix de Sousa contestou, com mais virulência, o depoimento do autor de *Estrela da manhã*, apontado como "opinião de um velho que já não sabe o que diz".

Na correspondência com Cabral, Manuel Bandeira fez mais de uma alusão à dor de cotovelo dos novos poetas, perguntando-se que interesse esses "chatinhos" teriam para o primo que vivia longe, "nessa imensa Londres, perto de Eliot e outros gigantes". Ao lado da má vontade contra os mais velhos, que chamavam "os gagás de 22", o que mais chamava a atenção nessa geração "ávida de firmar-se", segundo ele, era o despeito com o primado do autor de *O cão sem plumas*. Essa situação, no entender de Bandeira, era que os deixava doentes: "Você está longe daqui, fora completamente da *mêlée*, e no entanto o seu nome não sai das seções literárias dos jornais e é opinião quase geral que você foi o abridor de caminho".

Em carta a Lêdo Ivo, João Cabral já havia afirmado que as novas revistas, enviadas por Marques Rebelo, o deixavam em pânico. Ao lado de *Orfeu* e da *Revista Brasileira de Poesia*, mencionou também as publicações *Quixote*, *Joaquim* e *Meia-Pataca* — todas, segundo ele, fazendo muita onda e confusão. Em sua resposta, Lêdo confessou que estava inscrito entre os maiores ativistas da nova geração. "Desconfio que ela vai terminar sendo o meu ganha-pão", acrescentou. Com efeito, no lugar de João Cabral, ele fora apresentado por Domingos Carvalho da Silva como o grande poeta entre os "novíssimos". Depois, Lêdo fez questão de lembrar as divergências que o separavam de *Orfeu*. Como sua poesia era muito verborrágica, ele seria diversas vezes expulso do grupo. Apesar de maldizer os companheiros, nunca deixaria, porém, de reiterar seus laços com a nova poesia: "Eu inventei a Geração de 45 e considero esta a minha melhor blague", diria numa entrevista ao *Diário Carioca*.

"Parece que a literatura pegou fogo", ironizou João Cabral em sua correspondência com Lauro Escorel. "Há uma tal quantidade de jovens, define-se tanto a nova geração que vou começar a aumentar a idade para fugir dela." Inútil: nos primeiros tempos, a tendência da maioria dos críticos foi mesmo considerá-lo um representante autêntico da "família dos construtivistas e essencialistas". Estes, no entender de Sérgio Buarque de Holanda, não constituíam simplesmente um "campo contrário ao Modernismo". Eram avessos às próprias "tradições poéticas luso-brasileiras, no seu natural desordenadas e incontinentes", escreveu o crítico e historiador no *Diário de Notícias*.

Até meados de 1950, a obra cabralina continuaria a ser destacada como exemplo de poesia bem construída, do amor à simetria e às formas puras, da busca de um "mundo justo", livre da desordem natural. Tudo isso, na expressão de Sérgio Buarque, parecia sintetizar o esforço das novas gerações por "introduzir na poesia brasileira uma elaboração mais atenta e zelosa". Em agosto de 1950, nas páginas do *Diário Carioca*, o crítico novamente dispôs lado a lado os combatentes de *Orfeu*, com suas "finuras formais" e seus "êxtases mitológicos", e o autor de *Psicologia da composição*. Um ano depois, foi lançado no Rio o *Panorama da nova poesia brasileira*, antologia que estava sendo organizada desde 1948 por Fernando Ferreira de Loanda. Entre os 24 nomes selecionados figurava o de João Cabral. Por ironia, o poeta compareceu no livro justamente com sua polêmica "Antiode", já acompanhada do subtítulo "contra a poesia dita profunda".

Na ocasião, Lêdo Ivo perguntou se o amigo recebia em Londres os jornais brasileiros e se sabia que sua obra estava sendo descoberta e louvada. "Não, ninguém me manda recortes das chuvas de elogios porque não há tais chuvas. Minha poesia é um verdadeiro Ceará", respondeu João com mau humor. Lêdo prometeu lhe enviar os recortes, especialmente os artigos de Sérgio Buarque de Holanda, que se tornara um dos seus mais entusiásticos leitores. "Você, que é plagiado até em Guaratinguetá, ocupa hoje um lugar de grande relevo na poesia brasileira", enfatizou. A admiração de Sérgio Buarque já havia sido mencionada nas cartas de Manuel Bandeira. "Fique tranquilo: não é verdade que haja aqui o gosto de desancar o primo", dissera, por ocasião do lançamento de *O cão sem plumas*, em reação às crises de desconfiança experimentadas por João Cabral.

O impacto causado pelo novo livro e pela mudança da poesia cabralina fez com que houvesse também uma reviravolta na recepção crítica. Na série de artigos publicados por Sérgio Buarque, ao longo de 1951, a diferença ficou nítida. Em fevereiro, retornando ao assunto da Geração de 45, o crítico acusou o retrocesso por trás da onda de restauração do "poético" e passou a distinguir a expressão concisa e a disciplina de Cabral não somente do movimento "terrorista" de 22, mas também da "literatura neorrococó", retórica, dos rapazes de *Orfeu*.

Três meses depois, ao comentar o tradicionalismo da nova geração e sua "linguagem poética e alevantada", Sérgio Buarque fez alusão a um artigo no qual Domingos Carvalho da Silva criticava o vocabulário de *O cão sem plumas*. No entender do poeta paulista, era inadmissível o uso das palavras "fruta" e "cachorro", tachadas como apoéticas, quando a língua oferecia formas mais nobres como "fruto" e "cão". Já o crítico considerou que o último livro de Cabral havia cumprido a "superação efetiva do Modernismo", com a qual tanto sonhara a Geração de 45. Era o que também mostravam, a seu ver, os jovens poetas Décio Pignatari e Haroldo de Campos, revelações dos Cadernos do Clube de Poesia de São Paulo: um Pós-Modernismo afirmativo, e não um movimento contrarrevolucionário, "simples atitude de reação".

Quando conversaram pelo telefone, João Cabral não conteve o riso. Naquela manhã, um retrato de corpo inteiro de Zélia Gattai fora estampado num jornal sensacionalista. "Bela espiã russa desembarca em Londres", dizia a manchete. A missão era arriscada. A pedido de Jorge Amado, Zélia se deslocara da Tchecoslováquia, onde o casal estava exilado, até a Inglaterra, com o objetivo de providenciar a renovação do passaporte do marido, proibida pelas autoridades brasileiras. Para fazer a viagem, usou como justificativa o II Congresso Mundial da Paz, realizado em Sheffield em novembro de 1950. Ao desembarcar, com o passaporte camuflado no bolso do casaco, teve a sorte de não ser revistada.

Ao meio-dia, João Cabral foi buscá-la para almoçar, dirigindo seu Citroën, e lhe mostrou um exemplar do jornal. Quando entraram na Oxford Street, o carro de repente empacou. João tentou várias vezes reiniciar a partida, sem sucesso. Zélia conseguiu convencê-lo a permanecer no volante, ao passo que ela empurraria o carro. Foi inútil o esforço, em plena rua movimentada. O que os salvou foi a ajuda de um policial, que deu o empurrão decisivo para o motor voltar a funcionar.

Ao saber o objetivo da viagem, João Cabral disse que infelizmente não poderia ajudar. A circular recebida em Praga, proibindo a concessão do passaporte a Jorge Amado, também fora enviada ao Consulado do Brasil em Londres. O poeta teve a ideia de telefonar para Liverpool, onde estava lotado seu amigo Jatir de Almeida Rodrigues. No dia seguinte, Zélia tomou o trem. O que a esperava, porém, era uma nova decepção, pois ali também havia chegado o comunicado do Itamaraty. Depois de tantas peripécias, foi obrigada a sair da Inglaterra de mãos vazias.

Nessa época, uma visita que João Cabral recebia quase toda semana era a de Clarice Lispector. Em Londres, o convívio entre os dois escritores se tornou mais íntimo. De outubro de 1950 a fevereiro de 1951, Clarice e Maury Gurgel Valente residiram em Torquay, no Sul da Inglaterra, às margens do canal da Mancha — cidade pequena e tediosa onde todo mundo, segundo a romancista, usava chapéus horríveis. Mas o país lhe agradava. Um de seus maiores gostos era passar os fins de semana em Londres. Além de frequentar teatros, podia desfrutar da companhia de João Cabral. Antes de regressar ao Brasil, o casal permaneceu na capital inglesa ainda mais de vinte dias, à espera do navio.

Grávida do segundo filho, a escritora teve em Londres um aborto espontâneo e chegou a correr risco de vida. Foi levada desmaiada a um hospital e horas depois, quando abriu os olhos, sentado ao seu lado, estava João Cabral. Tinha "cara de santo", conforme diria já no final da vida, ao recordar o acontecimento em conversa com o jornalista Edilberto Coutinho. "Você já reparou que todo João é bom?", perguntaria. Para ela, a presença do amigo lhe fazendo companhia num momento difícil se tornou uma imagem inesquecível. Indagado sobre o episódio, o poeta, contudo, não endossaria o depoimento, preferindo dizer, curto e grosso, que não se lembrava de Clarice Lispector em hospital.

A literatura inglesa, por causa da fama de seus poetas românticos, era até então desconhecida e mesmo evitada por João Cabral. Em meados dos anos 1940, ele havia traduzido o conto "The Daring Young Man on the Flying Trapeze", de William Saroyan, ao qual deu o título de "O ousado rapaz do trapézio suspenso", publicado na antologia *Os norte-americanos* — uma breve narrativa dividida em duas partes, "Sono" e "Vigília", em sintonia com as preocupações do poeta naquele período. Também chegara a participar de uma antologia de poetas dos Estados Unidos, publicada no Brasil pelo vice-cônsul americano Charles Edward Eaton, traduzindo um dos poemas do organizador. Segundo Lauro Escorel e Guimarães Rosa, a versão em português era melhor que o original.

Em Londres, começaram as leituras mais aprofundadas, tendo como ponto de partida os poetas modernos. Em seguida, incentivado por eles, Cabral recuou até os clássicos. Leu Geoffrey Chaucer, poeta medieval considerado o pai da literatura inglesa, e interessou-se, sobretudo, pelos metafísicos, que, a seu ver, de metafísicos não tinham nada. John Donne, contemporâneo de Shakespeare, foi o que mais o marcou. Com eles, assimilou um processo que seria cada mais vez utilizado em sua própria obra: a análise e a discussão da metáfora apresentada, em cada poema, ao leitor.

Assim como fizera na Espanha, João Cabral tirou proveito em Londres dos livros de história literária, que o guiavam na escolha das leituras, e da facilidade em adquirir os clássicos. Todos estavam à mão nas livrarias. Apesar dos preços altos, não abandonou o hábito de oferecer livros aos amigos. Para Lêdo Ivo, que naquele período também estudava a literatura inglesa, enviou diversos volumes, especialmente de autores novos ou pouco conhecidos, como o poeta Wilfred Owen, morto na Primeira Guerra, e os romancistas William Sansom, Doris Lessing, Gwyn Thomas e Denton Welch. Entre os poetas modernos, um dos preferidos era W. H. Auden. A poesia desse inglês naturalizado americano, que não tinha limitações de gênero ou assunto, constituía, no entender de João Cabral, um exemplo fecundo para os poetas brasileiros, cuja obra estava restrita a dois ou três temas e a um punhado de palavras consideradas "poéticas".

No tempo em que Cabral morou em Londres, o grande nome da poesia era T.S. Eliot. Dentre suas obras, considerava *A terra desolada* e *Quatro quartetos* livros fundamentais da poética moderna. A convite da colega Beata Vettori, bem relacionada no campo das letras inglesas, ele chegou a participar de um almoço em homenagem a Eliot, mas não houve aproximação entre os dois. Nesse evento, um *aboyeur* à porta anunciava os convidados, informando o nome e a profissão de cada um. João se divertiu ao observar que, mesmo diante de nomes importantes da poesia inglesa, Eliot permanecia imóvel. Entretanto, quando apareciam as damas da *high society*, rapidamente se levantava e corria, solícito, para o beija-mão.

Uma das maiores influências sofridas pela linguagem poética de Cabral veio do imagismo inglês e americano. Ezra Pound, o fundador do movimento, lhe parecia um tanto irregular e inconsequente — ora "poeta crítico", ora "poeta de celebração", incapaz de cumprir seus próprios manifestos. Mas um poeta, influenciado por Pound, que lhe agradou bastante foi William Carlos Williams. Com ele João tinha muitas afinidades: o racionalismo da composição, o gosto pelas artes visuais, a tendência a descrever objetos e examinar suas relações. Passou então a ver a poesia dos Estados Unidos como a mais importante do século XX. Outras grandes descobertas foram Wallace Stevens e, notadamente, Marianne Moore, que seria homenageada em diversas passagens de sua obra.

A exemplo da espanhola, a literatura de língua inglesa lhe pareceu uma das mais ricas do mundo. Ambas o atraíam pela concretude e pela objetividade. A mudança para Londres não interrompeu o convívio com a cultura descoberta em Barcelona. João continuou a estudar o *romancero* e as formas populares antigas da literatura espanhola.

Em abril de 1951, o jornal *A Manhã* noticiou que o autor de *O cão sem plumas* estava escrevendo um novo poema longo. "O poema que estou chocando, 'Juízo final do usineiro', se arrasta", relatou João a Escorel. Em 1930, Cícero Dias havia pintado uma aquarela com o título *Condenação dos usineiros*. O poeta pretendia fazer algo semelhante e cultivaria por alguns anos esse projeto, sem levá-lo adiante, talvez com receio da reação de seus primos usineiros de Pernambuco.

Em Londres, rascunhou ainda "pequenas coisas inconfessáveis", sobre temas de interesse popular e usando linguagem clara, com as quais pensava em compor uma espécie de *romancero*, inspirado na poesia popular de cordel de Pernambuco. A essa informação, fornecida em maio a Escorel, somou-se outra, enviada a Manuel Bandeira em dezembro de 1951: "Quando o tenha terminado mandarei um poema que estou acabando a respeito da Espanha". Sob o impacto da greve geral de Barcelona, ocorrida em fevereiro daquele ano, João havia começado a escrever o poema que, segundo ele, seria obrigado a publicar sob pseudônimo — "formalmente, inspirado no 'Bicho', procurei uma expressão direta e dura", complementou, referindo-se ao famoso poema do livro *Belo belo*.

Em carta a Lêdo Ivo, o poema foi dado como acabado, porém impublicável: "As 'democracias ocidentais' andam em tal namoro com o Franco que é arriscado agora ser antifranquista", declarou. Segundo Cabral, além de ser a coisa mais clara e direta que havia escrito, era também "a melhor e a mais realizada". Nenhum "poema longo sobre a Espanha" seria incluído posteriormente em sua obra. Tal como o "Juízo final do usineiro", esse e outros escritos concebidos na Inglaterra desapareceram sem deixar vestígios — ou reapareceriam depois, com outra roupagem, em sua obra participante dos anos 1950.

Em junho de 1951, Cabral apresentou a Escorel sua nova concepção de materialismo: "Ser materialista é reconhecer a realidade, a matéria, como causa primária, mas, *também*, saber agir sobre essa realidade". Preocupava-o o "espírito de classe" da poesia burguesa, derivado de um "individualismo extremado", que privava de arte a maior parte da população. Não queria mais o materialismo que simplesmente refletia a decadência de sua classe. Agora desejava "passar à revolução", confessou. Via com outros olhos o conceito de "literatura de partido". Para ele, "o verdadeiro espírito de crítica é o espírito de partido".

Dois meses depois, em outra carta a Escorel, João fez alusão à crise da poesia brasileira, exposta tanto nos sonetos de Drummond como na eterna repetição — "num realejo de fazer pena" — de poetas como Schmidt, Murilo Mendes e Cecília Meireles. Quanto à nova geração, esta tinha provado sua indigência "por uma antologia que é de fazer desesperar", acrescentou, em alusão ao *Panorama da nova poesia brasileira*, publicado pela revista *Orfeu*.

No final do ano, em carta a Manuel Bandeira, Cabral defendeu a criação, sob a liderança do poeta mais velho, de uma campanha contra o cosmopolitismo dos intelectuais. A ideia surgiu como resposta a uma confissão feita por Bandeira, ao comentar a arenga com os poetas mais novos, a respeito da sua dificuldade para compreender a arte abstrata. "Numa coisa eles estão muito certos: é que estou ficando velho", afirmou.

De Londres, o primo retrucou que o problema não era a idade, pois também ele, com apenas 31 anos, não conseguia entender e aceitar o abstracionismo. Na sua opinião, essa corrente, já superada, havia chegado com atraso ao país. "Da Europa é que pude descobrir como o Brasil é pobre e miserável", escreveu. Em face dessa realidade, achava que ser abstrato era "trágico e ridículo". Depois de notar o entusiasmo dos estrangeiros por autores como Mário de Andrade e o próprio Bandeira, pudera finalmente compreender o empobrecimento que significava, para qualquer artista, deixar de ser brasileiro para ser "universal". Tudo que ele próprio tinha namorado, antes de ir para a Europa, agora lhe parecia inaceitável. Daí a sugestão feita a Manuel Bandeira para que ele, "com sua autoridade", tomasse a frente de um movimento contra o abstracionismo na pintura, o atonalismo na música e o "neoparnasianismo-esteticismo da Geração de 45".

O autor de *Estrela da manhã* não esqueceu a provocação. Mais de um ano depois, em janeiro de 1953, o *Diário Carioca* divulgaria a seguinte nota:

Manuel Bandeira vai promover um movimento de reação contra o abstracionismo nas artes plásticas, lançando uma revista intitulada *A Figura*, que terá como epígrafe esta frase de Toulouse-Lautrec: *"Rien n'existe que la figure"*.

Na sua última passagem de ano na Inglaterra, João Cabral teve hóspedes em casa. O colega de concurso Mário Calábria, um de seus amigos no Itamaraty, aceitou o convite para, com a mulher, passar o réveillon em Londres. Colecionador de arte e mapas antigos, o diplomata estava servindo em Frankfurt, na Alemanha. Tornara-se próximo de Guimarães Rosa e também se arriscava às vezes em "pecados literários", como dizia. Na noite de 31 de dezembro de 1951, o plano era participar da comemoração no Royal Albert Hall, com a presença de membros da família real. À tarde, Stella passava a ferro as roupas que usariam logo mais na festa, enquanto, na sala ao lado, João e Mário conversavam sobre política.

Depois de quatro anos de distância, o visitante mal pôde reconhecer o amigo. Desde o primeiro dia, percebera nele uma mudança radical. Naquela tarde, ao longo de horas de conversa, praticamente só João falava, fazendo de tudo para convencê-lo a aderir à sua causa. Predizia o tempo inteiro a ruína do capitalismo, dos bancos, do imperialismo norte-americano, e a vitória próxima do comunismo de Stálin. "Qualquer pessoa com um pouco de inteligência percebe isso", repetia ao seu espantado interlocutor.

O poeta contou ainda a Mário Calábria que tinha passado a dar aulas a jovens de Londres, em sua própria residência, a respeito da luta contra a miséria em países como o Brasil. Ao ouvir a referência aos alunos ingleses, Stella protestou no cômodo vizinho, dizendo que as aulas andavam perturbando a paz doméstica. Sem se importar com as queixas, João persistia em seu trabalho militante. Achava que o amigo deveria fazer a mesma coisa com os jovens alemães. E chegou a mencionar nomes de outros diplomatas que partilhavam o mesmo pensamento de esquerda, revelação que aguçou a curiosidade de Calábria.

Alguns meses depois, na primavera, Stella fez uma viagem de carro — dirigindo ela mesma o Citroën, na companhia de uma colega bandeirante — para participar de um congresso em Roma. João Cabral, por seu turno, esteve em Dublin, de onde trouxe macacões de verão, pequenos demais, para as crianças. Adela disse que não prestavam e que só serviam para vestir bonecos. Em comemoração do aniversário de quatro anos de Inez, o poeta comprou ainda uma porção de brinquedos para os filhos. O que mais os alegrou, porém, foi o balanço que o jardineiro encontrou, remexendo na garagem, e que armou no jardim, o que fazia lembrar a casa de verão em Castelldefels.

"Hoje está um dia fabuloso de sol. O cheiro de Hyde Park vem até aqui", escreveu João em abril à esposa, a quem chamou de "luz de minha vida".

Naquela semana, ele havia iniciado um novo tratamento para as dores de cabeça, a ionização com histamina. No dia da aplicação, a cabeça parecia doer ainda mais, e o alívio só aparecia no dia seguinte. Mas ele tinha esperança na melhora e, como o verão prometia, estava empenhado em reservar hospedagem em Bournemouth, na costa sul da Inglaterra, para as férias da família.

Além do cargo de cônsul-adjunto em Londres, para o qual fora promovido no ano anterior, João Cabral também assumiu em 1952 o posto de encarregado do consulado-geral em Liverpool. Apesar do excesso de trabalho, as viagens de automóvel pelo interior do país, como na Espanha, se tornaram corriqueiras. A paisagem dos campos ingleses, que mesmo nos dias sem névoa mantinha o "aspecto algodoento", apareceria mais tarde num de seus poemas.

Fazendo pilhéria, Lêdo Ivo sugeriu que ele mandasse correspondência para os jornais sobre cadáveres encontrados no rio Tâmisa e outros casos impressionantes. Todavia, o ar de mistério não era o que atraía João Cabral. Nisso ele estava de acordo com Clarice Lispector, que gostou muito da cidade de Londres — menos "evidente" do que Paris, conforme relatou às irmãs —, mas não a achou propriamente misteriosa.

Um traço que ele admirava nos ingleses era o gosto pelo rigor e pela precisão. Foi assim com o amigo que seria recordado no poema "Conversa em Londres, 1952". Interessado em saber mais sobre o Brasil, "como a nenhum britânico/ convence conversa impressionista", o sujeito exigiu que o diplomata lhe oferecesse dados objetivos e, não satisfeito, também fez estudos por conta própria, até concluir que o Brasil seria uma espécie de Império Britânico, e o Nordeste, sua colônia, embora dotada de história.

Admiração também lhe despertou o carteiro que trabalhava no arrabalde de Putney. Todos os dias o funcionário recolhia a correspondência pontualmente às oito e meia da manhã. Uma vez, de sua casa, João ficou intrigado ao vê-lo na rua deserta, paralisado junto à caixa do correio. Estava de olho no relógio, esperando que chegasse a hora exata.

Seis meses depois da conversa com Mário Calábria, uma bomba explodiria nas mãos de João Cabral. No dia 27 de junho de 1952, a *Tribuna da Imprensa*, de Carlos Lacerda, veiculou uma reportagem furiosa com o título "Traidores no Itamaraty", estampando na primeira página uma carta dirigida pelo poeta a outro colega, Paulo Cotrim, vice-cônsul em Hamburgo. Segundo o jornal, o documento comprovava a existência de uma "infiltração comunista" na administração pública, envolvendo diplomatas a serviço da Rússia. Essa foi a primeira de uma série de reportagens — campanha violenta e sem tréguas, que alcançaria grande repercussão no país.

Na carta, João Cabral solicitava ao amigo economista a produção de um artigo, "sob pseudônimo, é claro", sobre a disputa de mercados no Brasil por ingleses, alemães e japoneses, com uma análise econômica da situação. Seria uma colaboração para um jornal de esquerda do qual o poeta participava em Londres. Para a *Tribuna da Imprensa*, a parte mais comprometedora da carta era o final:

> Não me diga que não tem tempo porque não acredito. Também não tenho e estou me desobrigando de outras tarefas. É interessante que se agite os problemas do Brasil aqui — eles não conhecem nada. Nem mesmo o seu sobrinho Luís Carlos. Agora estão pensando, nos altos organismos, em criar um comitê para a América Latina no qual eu seria uma espécie de *adviser*. Mas sem a colaboração de vocês eu não poderia *advise* nada.

Segundo o jornal, uma cópia da carta — datada de 8 de janeiro de 1952 e trazendo ao final a assinatura "seu (a.) Cabral" — fora enviada três meses antes ao Estado-Maior do Exército. Uma segunda cópia também tinha sido despachada para o ministro das Relações Exteriores, João Neves da Fontoura. Embora não fosse assinado, o artigo da *Tribuna da Imprensa* fazia ilações bastante subjetivas e era contundente em suas afirmações. As meias palavras do missivista, suas alusões enigmáticas, o nome Cotrim riscado e substituído pela palavra "amigo", tudo foi interpretado como disfarce ou precaução de quem temia que a carta pudesse cair em mãos estranhas.

Como uma metralhadora, o artigo disparava uma sucessão de perguntas: em que consistiam as tarefas executadas por João Cabral? De qual comitê sul-americano ele seria informante? Por que o amigo deveria usar um pseudônimo? "É razoável dizer que o Luiz Carlos a que ele se refere é o sr. Luís Carlos Prestes", arriscou o articulista. Segundo ele, não era possível outra conclusão: o cônsul-adjunto estaria vinculado aos círculos comunistas de Londres, aos quais servia diretamente, sem se subordinar ao PCB.

Na apresentação do autor da carta, o repórter se mostrava bem informado e fazia as vezes de crítico literário:

João Cabral de Melo Neto, diplomata brasileiro, era no Rio, há tempos, um poeta dos chamados herméticos. Sustentava que a poesia era simples junção de palavras encontradas ao acaso no dicionário. Seguia Valéry, detestava os poetas sociais, os engajados, era rigorosamente adepto da poesia pura. E era considerado, com justiça, um bom poeta.

Em seguida, o breve perfil biográfico incluía referências à mudança de João Cabral para Barcelona, à pequena tipografia comprada, por conselho médico, "para curar dores de cabeça diárias" e às pequenas edições de livros muito elogiadas nos suplementos de domingo "pelos raros a quem ele as enviava".

Eis, porém, que foi removido para Londres, como cônsul do Brasil. Ali, em pouco tempo, transformou-se. A tipografia passou a servir para imprimir boletins dos seus novos "amigos". Valéry já lhe parece uma expressão da burguesia decadente. E quando Moscou, pela boca de Aragon, mandou adorar Victor Hugo, ele passou a considerar Victor Hugo o seu mestre, o seu modelo. Seus versos estão agora repletos de alusões, são panfletários, ardentes e, por sinal, ruins.

As palavras do repórter faziam eco ao estranhamento sentido por Mário Calábria no réveillon em Londres. Alguns dias depois, a mesma reação se repetiu no texto publicado no *Correio Paulistano* por Domingos Carvalho da Silva. "Conheço pessoalmente João Cabral de Melo Neto e nem sequer poderia suspeitar de que ele fosse comunista", escreveu o poeta, lembrando que, em artigo anterior, havia até criticado o "indiferentismo político" dos seus primeiros livros. Agora não conseguia entender como ele estava prestes a se tornar o bode expiatório de uma campanha anticomunista.

"Isso é coisa da CIA", diziam os amigos de João Cabral. Nos Estados Unidos, em 1952 estava em alta Joseph McCarthy. O senador, antes obscuro, ganhara fama ao denunciar, em fevereiro de 1950, a infiltração de uma rede numerosa de diplomatas-espiões no Departamento de Estado. Dois anos depois, o mesmo tipo de campanha era promovida no Brasil pela *Tribuna da Imprensa*. Desde 1947, ano em que o PCB fora posto na ilegalidade, os efeitos da Guerra Fria vinham sendo cada vez mais sentidos no país. A paranoia anticomunista havia sido plenamente importada.

O destinatário da carta de João Cabral, conforme lembrava a reportagem, era membro de uma organização criada por funcionários do Itamaraty, a célula "Bolívar", denunciada pelo jornal *O Globo* em maio de 1947. Ainda segundo o artigo, Paulo Cotrim e seu concunhado Itajuba de Almeida Rodrigues, também vice-cônsul em Hamburgo, frequentavam reuniões do Partido Comunista e visitavam com frequência a zona soviética. A irmã de Itajuba, Dália de Almeida Rodrigues, era funcionária do mesmo consulado. Foram todos apontados como "traidores lotados no Itamaraty", peças de uma engrenagem internacional que trabalhava para a União Soviética.

Como responsável por esses desmandos, a *Tribuna da Imprensa* acusou o chefe do Departamento de Administração do ministério, Orlando Leite Ribeiro, apresentado como amigo pessoal de Luís Carlos Prestes e confidente de Getúlio Vargas, a quem Carlos Lacerda fazia oposição. Por fim, o jornal cobrava uma atitude do ministro João Neves da Fontoura. Invocando seu patriotismo, exigia que os funcionários comunistas fossem afastados de seus postos.

Paulo Cotrim, em seu depoimento, contestou as acusações, disse que não era comunista e que a tal carta jamais lhe chegara às mãos. Quem a teria enviado às autoridades brasileiras e, por fim, divulgado à imprensa? Como tivera acesso ao documento? Por ser amigo de Carlos Lacerda e por ter sido hóspede recente de João Cabral em Londres, o nome de Mário Calábria apareceu de imediato. Stella achava que a carta, ainda no rascunho, havia sido surrupiada de dentro de casa. Outra hipótese, na qual acreditava o poeta, era que ela fora interceptada em Hamburgo e enviada a Mário Calábria, em Frankfurt. Num encontro com o diplomata José Maria Bello Filho, rival de Cotrim que trabalhava em Bonn, Calábria, depois de ouvir suas queixas, teria dito: "Não se preocupe, porque tenho um documento contra ele que deixa você bem". De acordo com essa versão, o principal alvo da intriga não teria sido Cabral, mas o vice-cônsul de Hamburgo.

O Estado-Maior do Exército, que primeiro recebeu a carta, não deu importância à denúncia. O ministro das Relações Exteriores também fez vista grossa e não abriu inquérito. Inconformado, Mário Calábria recorreu a Carlos Lacerda, que estava de passagem pela Europa. Forneceu-lhe o documento e os dados necessários para a denúncia. Líder da oposição ao governo Vargas, o jornalista construiu a acusação e promoveu o escândalo.

No Recife, foi Evaldo Cabral de Mello quem levou, no dia 27 de junho, a má notícia para casa. Na época, os aviões que transportavam os jornais do Rio pousavam na cidade apenas no final da tarde. Quando caiu a noite, caminhando por uma rua movimentada, o irmão caçula de João Cabral, então com dezesseis anos, encontrou um amigo que lhe disse: "Rapaz, vai ali na esquina e compra a *Tribuna da Imprensa* que seu irmão é manchete". Evaldo imaginou que se tratava de uma reportagem favorável à carreira de João e teve uma enorme surpresa. Luiz Cabral, por sua vez, ficou tão preocupado que resolveu se deslocar de imediato para o Rio.

Depois de detonar a bomba, a *Tribuna* seguiu alardeando quase diariamente que o Itamaraty estaria empanturrado de comunistas. "Desmascarados os que servem a Moscou nos quadros do Itamaraty", dizia a manchete de 28 de junho. Nos dias seguintes, foram acrescentados à lista os nomes de Antônio Houaiss, encarregado de negócios em Atenas — e sempre visto com maus olhos no Itamaraty por suas posições de esquerda —, e Jatir de Almeida Rodrigues, que de Liverpool havia sido removido para Dublin. Este, além de ser irmão de Itajuba e Dália, era suspeito por sua amizade com João Cabral.

Devido à repercussão do caso, o Itamaraty se viu obrigado a desengavetar o processo. Em 3 de julho, o ministro João Neves da Fontoura determinou a abertura de um inquérito administrativo para apurar as responsabilidades do autor da carta. O embaixador Hildebrando Accioly, encarregado de presidir o inquérito, informou que em poucas semanas João Cabral viria ao Brasil para responder às acusações. O decreto da remoção do poeta para a Secretaria de Estado, com a assinatura do presidente Getúlio Vargas, foi publicado em 14 de julho no *Diário Oficial*. Carlos Lacerda não se deu por satisfeito e continuou fazendo carga contra os outros funcionários "comprovadamente comunistas" do Itamaraty, pelo menos nove na conta do jornal, que deveriam também ser removidos. O chefe do Departamento de Administração rechaçou a denúncia, alegando que, se fosse verdadeira, os serviços secretos da Inglaterra e dos Estados Unidos já teriam soado o alarme. Orlando Leite Ribeiro declarou ainda que não via inconveniente no fato de que pessoas com ideias de esquerda servissem no Itamaraty.

Luiz Cabral também saiu, publicamente, em defesa de João. Numa entrevista reproduzida em *O Jornal*, declarou que tudo não passava de uma "campanha de elementos fascistas contra o seu filho", que ingressara na vida pública através de um brilhante concurso, sem apelar para "o calor estimulante dos pistolões". Fez então um ataque direto ao homem que estava por trás da denúncia. Disse que se tratava de um filho de fascistas e que seu nome completo, Mário Mussolini Calábria, fora modificado após a derrota dos italianos na guerra, com a exclusão do sobrenome comprometedor.

Ao escrever suas memórias, Mário Calábria daria uma explicação para o "nome do meio" — acrescentado por um padrinho, em Corumbá, que adorava personagens históricos — e também para a decisão de se livrar dele. Na Faculdade de Direito, os colegas costumavam chamá-lo de Mussolini, e a alcunha se tornara pejorativa. Calábria negaria não apenas a acusação de ter furtado a carta de João Cabral, mas também seu próprio envolvimento na denúncia. A carta teria chegado a ele, de maneira misteriosa, duas semanas após o réveillon em Londres. Resolvera então enviá-la para a embaixada em Bonn, por julgar que aquele comportamento era inadmissível para um funcionário diplomático. Em Bonn, o documento teria sido roubado e enviado a Carlos Lacerda por José Maria Bello Filho, com a intenção de prejudicar o adversário Paulo Cotrim. Já a resolução de expedir uma cópia ao Estado-Maior do Exército teria sido tomada pelo coronel Orlando Rangel, a quem Mário Calábria havia pedido conselhos.

No final de julho de 1952, o Itamaraty instalou a comissão de inquérito. A *Tribuna da Imprensa* persistiu na campanha. No mês seguinte, já de volta ao Brasil, o poeta teve uma nova surpresa. Sem relacionar os casos, o jornal publicou uma reportagem sobre falsificadores de passaportes demitidos por Raul Bopp do Consulado do Brasil em Barcelona. O chefe da quadrilha era Ramón Ibáñez, o funcionário que alugava a João Cabral sua casa de campo em Els Hostalets de Balenyà. Segundo a reportagem, ele e seus cúmplices haviam feito fortuna visando centenas de passaportes que permitiam a transferência de falsos trabalhadores para o Brasil. Por essa razão, Ramón estava sempre viajando pela Europa e possuía, além da casa nos Pireneus, dois apartamentos luxuosos em Barcelona. Sua dedicação ao trabalho no consulado, que recebera elogios do poeta, estava enfim explicada.

10.
Kafka no Itamaraty

O vapor *Argentina Star* aportou na baía de Guanabara em 16 de agosto de 1952, manhã de sábado, trazendo de volta ao Brasil João Cabral, Stella e os três filhos pequenos. Mais uma vez, Adela acompanhou os patrões na mudança. A viagem foi feita de navio porque as passagens aéreas estavam muito caras. Além disso, se viessem de avião, o poeta, por superstição, não consentiria que viajassem todos juntos.

Ao longo da travessia, o nervosismo não lhe deu sossego. Já na primeira noite a bordo, seu estado de permanente irritação chegou aos ouvidos da tripulação. Stella foi encarregada de reservar uma mesa discreta no restaurante, longe do burburinho. Na hora do jantar, enquanto se dirigiam ao lugar escolhido, João ouviu uma advertência do maître: "Por favor, esta mesa está reservada para um velho diplomata brasileiro, algo neurastênico". Stella esclareceu que ela mesma havia feito o pedido e que seu marido — embora tivesse apenas 32 anos — era o diplomata em questão.

"Chegou o cônsul Cabral" — a notícia apareceu em destaque na primeira página da *Tribuna da Imprensa*. Naquele tempo, era comum jornalistas irem de barco até os navios para entrevistar personalidades. Lêdo Ivo, que também escrevia para a *Tribuna*, acompanhou o colega encarregado de fazer a cobertura. Foi o único amigo de João Cabral a recebê-lo em sua chegada. Ao vê-lo dentro do navio, percebeu de imediato que ele estava aterrorizado e procurou acalmá-lo. Cláudio, irmão de João, também viera do Recife para dar apoio e, antes que o navio atracasse, lhe entregou uma carta do governador Agamenon Magalhães. A família tinha receio de que ele pudesse ser preso logo ao pôr os pés no Brasil.

Ainda a bordo do *Argentina Star*, Cabral disse que recebera ordens para não dar declarações antes de depor na comissão de inquérito instaurada pelo Itamaraty. Diante da insistência dos repórteres, negou que fosse comunista e afirmou que jamais faltara com seu dever de lealdade ao país. Quando lhe perguntaram se havia mesmo escrito a carta de teor subversivo, respondeu que, por desconhecer o texto divulgado, não podia ainda confirmar nem desmentir sua autenticidade.

João se lembrava da carta dirigida a Paulo Cotrim. Não guardava na memória os termos exatos do que escrevera, mas considerava incabível a interpretação fantasiosa que fora construída. O fato de ser marxista e ter feito, sobretudo na Espanha, amizade com pessoas de esquerda não o transformava em conspirador ou violador da segurança nacional. Os amigos não podiam entender que o poeta, sempre tão discreto, jamais tendo se filiado ao Partido Comunista, fosse agora o principal acusado de uma denúncia de subversão, tomado como prova do "esquerdismo" infiltrado no Itamaraty. Para eles, o que ocorria, lamentavelmente, era uma exploração política do caso.

Quando estava em Londres, tampouco João podia imaginar que seu retorno ao Brasil se daria em tais circunstâncias. A remoção era esperada desde o início do ano. Findo seu período no exterior, seria obrigado a servir por dois anos no Rio de Janeiro, ganhando o parco salário dos que trabalhavam na Secretaria de Estado. "Terei de escrever para ganhar a vida", escrevera então a Lêdo Ivo.

Fazia quase dois anos que ele e Stella se preparavam para a volta. Em outubro de 1951, haviam fechado a compra de um apartamento no edifício modernista construído em Botafogo pelo Instituto de Previdência e Assistência dos Servidores do Estado (Ipase). Mas realizar o negócio não foi simples. Como morava no exterior, João estava impedido de fazer a aquisição, a menos que conseguisse, com o apoio do ministro das Relações Exteriores, uma abertura especial da carteira de empréstimos. Trabalhavam no Ipase na ocasião Eustáquio Duarte, Cyro dos Anjos e o próprio Lêdo Ivo, que se encarregou de coordenar os esforços. A ajuda decisiva veio de José Lins do Rego. Sem ver o apartamento, o poeta efetivou a compra — tendo a sogra como procuradora — e finalmente se tornou um "faranista", no dizer de Lêdo Ivo, que acabara de adquirir um apartamento no mesmo prédio.

Situado na rua Fernando Ferrari (antiga Farani), número 61, o edifício tinha um projeto arquitetônico arrojado, criado pelo escritório MMM Roberto. Todos os apartamentos eram duplex, uma novidade naquele tempo. Cada módulo da fachada, com pé-direito duplo, correspondia a uma unidade residencial. Os dois blocos do edifício de sete andares estavam voltados para a praia de Botafogo. Na época, era possível avistar toda a enseada. Havia amplas varandas, por onde entrava a brisa do mar, e a temperatura interna se mantinha sempre amena. Outro atrativo era o jardim, projetado por Burle Marx. João e Lêdo moravam no mesmo bloco, apartamentos 309 e 710, respectivamente. Murilo Mendes também adquiriu uma das unidades.

Além de chamar a atenção por sua novidade arquitetônica, o edifício da rua Farani ficaria famoso como "o prédio dos poetas".

O retorno ao Rio de Janeiro, depois de cinco anos no exterior, foi decepcionante para João Cabral. A sujeira da cidade o deixou espantado. A quantidade de automóveis e de gente nas ruas também lhe pareceu excessiva. Essas impressões foram comunicadas ao semanário *Comício*, célebre e efêmero tabloide dirigido por Rubem Braga e Joel Silveira. Sem mencionar o inquérito no Itamaraty, o entrevistador — provavelmente, o próprio Braga — quis saber de sua vida na Inglaterra. Salvo pelos clubes de cinema e pelas paisagens do escritor Thomas Hardy, concluiu que o país não havia interessado muito ao poeta. Observou, porém, que a experiência europeia, como um todo, o levara uma compreensão melhor dos assuntos nacionais. João disse que estava convencido de que a poesia brasileira deveria se orientar para os romances e baladas. Limitar-se à técnica poética, sem aplicá-la a alguma coisa, conduziria o poeta a um beco sem saída. "Acho atualmente que quanto mais se vender um livro de poesia, melhor", declarou ao redator de *Comício*.

No *Diário Carioca*, o suplemento Letras e Artes, dirigido por Prudente de Morais Neto, também noticiou a chegada de João Cabral sem fazer alusão aos motivos que precipitaram sua remoção. No entanto, ao comentar a "posição literária" do autor de *O cão sem plumas*, a nota ressaltou que ele permanecia "fiel à 'linha de Valéry', não tendo fundamento a maliciosa insinuação de que se bandeara para a 'linha Victor Hugo'". Ao final, o redator dava informações sobre sua rotina doméstica: a nova residência em Botafogo, a língua falada pelas crianças, mistura de espanhol e inglês, e a ajuda que os filhos de Lêdo Ivo vinham dando na sua adaptação. As três seriam matriculadas na Escola Edna Gama, também localizada na rua Farani, que ensinava inglês em todas as classes, inclusive no jardim de infância, o que era raro naquele tempo.

João foi recebido ainda, com todas as honras, por três artigos de Sérgio Buarque Holanda publicados em agosto no *Diário Carioca*. "Desconheço pessoalmente o sr. João Cabral de Melo Neto, mas ficaria sinceramente admirado se o soubesse na vida profissional, de funcionário consular, bem diferente da imagem transmitida pelo poeta", escreveu o crítico no primeiro texto da série. Na sua opinião, o rigor, a dignidade intelectual, o senso de responsabilidade, o zelo e a devoção ao trabalho não definiam simplesmente a poética cabralina. A afirmação de que "a estética [...] assentava sobre uma ética" valia também como defesa do homem que sofria perseguição política.

Nos artigos seguintes, o autor enfatizou a originalidade da poesia cabralina, que, pela primeira vez no Brasil, dera ao "trabalho da inteligência" uma posição privilegiada na criação artística. Apesar da influência de Drummond, sua "poesia mental" já não cabia, segundo o crítico, nos padrões estabelecidos pelos modernistas. A obra do poeta pernambucano encontrava-se, assim, numa "posição de nítido antagonismo não apenas com a de toda a sua geração, mas, ainda, com toda a tradição de nossa poesia".

Mais consagradora foi a recepção obtida em São Paulo. Convidado por Domingos Carvalho da Silva, João Cabral deu uma das aulas de um curso promovido pelo Clube de Poesia. Sua chegada, acompanhado de Stella, foi tratada como "um acontecimento na vida literária do planalto". Na noite de 13 de novembro, uma plateia ávida e seleta assistiu à sua conferência na Biblioteca Municipal de São Paulo, intitulada "Poesia e composição: a inspiração e o trabalho de arte".

A exposição foi impactante. Fazendo eco à observação de Sérgio Buarque de Holanda, o poeta enfatizou que o "trabalho da inteligência" era uma atitude rara na poesia brasileira. Todos acreditavam na inspiração, à maneira romântica, e concebiam o poema como expressão pessoal, tradução de um estado de espírito. Em contraste com essa concepção, o "trabalho artístico", defendido pelo conferencista, tinha como finalidade desligar o poema da pessoa do criador, dando-lhe vida objetiva. De acordo com João Cabral, o esforço racional da composição não se limitava a um mero retoque, ao olho crítico aplicado apenas posteriormente à obra — conforme defendera, no início da década de 1920, Mário de Andrade —, mas constituía "a origem do próprio poema".

Terminada a conferência, o Clube de Poesia ofereceu um jantar em sua homenagem numa residência da rua Xavier de Toledo. O poeta foi rodeado por todos durante a noite inteira, e os debates se estenderam até a madrugada. Outras celebrações ocorreram no Clube dos Artistas e na Sociedade Brasileira de Cultura Inglesa. Os paulistas conheciam o "mito João Cabral", mas não o homem, observou a escritora Maria de Lourdes Teixeira em reportagem publicada pela *Folha de S.Paulo*. Os dias foram curtos para atender a todos os convites. Durante toda a visita, João foi ciceroneado pelos membros do Clube de Poesia. Além de Domingos Carvalho da Silva, estiveram sempre do seu lado Edgard Braga, Péricles Eugênio da Silva Ramos, Cyro Pimentel e Geraldo Vidigal, entre outros poetas. Antônio Rangel Bandeira também fazia parte do grupo. Desde 1949 — após tentar o suicídio no Rio, movido pela paixão por uma cantora lírica — Bandeirinha residia em São Paulo, trabalhando como redator de propaganda e crítico de música.

Dez dias depois da conferência e do frisson causado aos paulistas, João publicou no *Diário Carioca* o primeiro de uma série de quatro artigos sob o título "A Geração de 45". Precisava de dinheiro, pois o salário fora drasticamente diminuído, e não podia dispensar os "500 mil-réis" que o jornal oferecia por cada contribuição. "Uma geração pode continuar outra", escreveu ele. Os poetas de 1945 haviam encontrado "uma determinada poesia brasileira, em pleno funcionamento, com a qual era impossível não contar". O papel da nova geração não era a "invenção de caminho". Aparecendo depois dos inventores — Bandeira, Mário, Drummond e Murilo, entre outros —, o desafio dos mais jovens, segundo Cabral, era encontrar a própria identidade, cada um selecionando, na geração anterior, as conquistas que pretendia aprofundar. O último artigo da série foi publicado em 21 de dezembro.

Em poucos meses, o clima mudou. Após a festiva recepção em novembro, o Clube de Poesia passou a manifestar uma reação diversa, e até mesmo hostil, à obra de João Cabral. Cyro Pimentel fez críticas à sua "poesia sem poesia". Geraldo Vidigal desejou expulsá-lo da Geração de 45. Domingos Carvalho da Silva não chegou a tanto, mas rejeitou a teoria cabralina de que os poetas de 45 descendiam diretamente dos modernistas de 22 e 30. Eleito presidente do clube, faria depois uma advertência pública aos "seguidores da bitola" de Cabral que andavam fabricando "poesia em pílulas, de versos curtos e raquíticos", pretendendo "transformar a lírica nacional numa farmácia de manipulação".

Os integrantes da Geração de 45 insistiam que sua poesia não era mais modernista, e sim moderna — não representava uma continuidade, "mas o prenúncio, a vanguarda de uma nova corrente". Embora seu nome ainda fosse apontado nos jornais como "chefe de fila da Geração de 45", João Cabral se sentia cada vez mais distante daquele grupo de poetas. Estava preocupado em aproximar sua obra da realidade brasileira. Desprezava o idealismo, o esteticismo, as palavras abstratas, a busca do sublime. Desejava introduzir na sua poesia o vocábulo prosaico, que considerava "pesado de realidade". Por esse caminho, estreitavam-se seus laços com a tradição modernista. "Na verdade, as possibilidades do terreno aberto pelo Modernismo longe estão de esgotadas", escreveu na série do *Diário Carioca*.

Mais tarde, João Cabral voltaria a repetir que sua inclusão naquele grupo se devia unicamente à data de nascimento:

> Quando Lêdo Ivo inventou a Geração de 45 eu estava na Espanha. [...] Sou da Geração de 45 porque todos os que se consideram assim são meus contemporâneos. Mas se meus pais tivessem me perguntado se eu queria nascer, eu indagaria se havia algum risco. Eles me responderiam: "Vão inventar a Geração de 45". Então, eu pediria — "Faz Evaldo nascer em meu lugar. Deixa eu nascer daqui a dezesseis anos".

Nos seus primeiros meses de repatriado, João Cabral assumiu funções na Divisão Cultural do Itamaraty. Vinicius de Moraes, também transferido para a Secretaria de Estado, trabalhava na Comissão de Organismos Internacionais, com o jovem Afonso Arinos, que acabara de ingressar na diplomacia. Afonsinho, como era chamado, acompanhava sempre o colega em peregrinações pelos bares de Copacabana. Um dia, no meio do expediente, reclamou da ressaca: "Estou com dor de cabeça. Você tem um analgésico?". Vinicius não tinha, mas disse que, na seção vizinha, havia um grande amigo, atormentado pela enxaqueca, cuja gaveta estava cheia de aspirinas, já que era obrigado a engolir um comprimido a cada quatro horas.

Devido ao inquérito no Itamaraty, as dores de cabeça do poeta se tornaram mais intensas. Para uma pessoa assumidamente masoquista como ele — que se deixava envenenar até mesmo por uma grosseria ouvida no táxi —, a campanha liderada por Carlos Lacerda só podia resultar numa enorme angústia. Para se defender, João repetiu várias vezes que havia escrito por brincadeira as linhas estampadas na *Tribuna da Imprensa* e que, ao falar em Luiz Carlos, estava mesmo se referindo ao sobrinho de Paulo Cotrim. Em outros momentos, manifestava arrependimento e admitia que fora tolice escrever a carta.

No final de setembro, a *Tribuna* informou que João Cabral, no depoimento à comissão de inquérito, teria finalmente confessado ser comunista e que vinha trabalhando para o regime soviético em Barcelona e Londres. A notícia circulou nos corredores do Itamaraty, mas, como advertia o próprio jornal, ainda carecia de confirmação. Outros relatos, feitos posteriormente, ressaltariam uma atitude mais firme por parte do poeta e até mesmo presença de espírito diante dos inquisidores. Ao ouvir a famosa pergunta feita a Prestes — "Numa guerra entre o Brasil e a União Soviética, que lado o senhor escolheria?" —, João, sem hesitar, teria respondido que escolheria o Brasil, acrescentando que, se a guerra fosse entre Pernambuco e o resto do Brasil, ficaria com Pernambuco: "É questão de filosofia: prefiro sempre o particular ao geral".

Dois meses depois, em artigo assinado, Carlos Lacerda lamentou a "punição" do cônsul Mário Calábria — que, posto à margem no Itamaraty, em vez de ir para Roma fora transferido para Damasco —, enquanto o traidor denunciado por ele seguia sem o devido castigo: "João Cabral de Melo Neto passeia no Rio a sua impunidade". Em dezembro, o jornal protestou contra a promoção dada ao vice-cônsul Itajuba de Almeida Rodrigues. Lamentou ainda que, até então, apenas o poeta tivesse sido ouvido no processo que corria "em segredo e sem solução". No final do ano, João tomou a iniciativa de enviar uma mensagem natalina a Lacerda, na tentativa de sensibilizá-lo. A informação foi dada por Lêdo Ivo, a quem o jornalista havia mostrado, sem comentários, o telegrama de Cabral.

A punição tão aguardada por Lacerda não tardou a acontecer. Em 20 de março de 1953 — por coincidência, dia da morte de Graciliano Ramos —, o *Diário Oficial* publicou o decreto de Getúlio Vargas. Acolhendo o parecer do Conselho de Segurança Nacional e a proposta do Ministério das Relações Exteriores, o presidente colocou em disponibilidade inativa, sem remuneração, os diplomatas Amaury Banhos Porto de Oliveira, Antônio Houaiss, Jatir de Almeida Rodrigues, João Cabral de Melo Neto e Paulo Cotrim Rodrigues Pereira. A funcionária Dália de Almeida Rodrigues foi transferida para o Ministério da Fazenda. Segundo o parecer, a acusação de que eles faziam parte de uma rede de agentes comunistas, trabalhando contra o Brasil, tivera sua veracidade demonstrada. A carta de Cabral foi considerada como prova de um plano de ajuda ao proscrito PCB.

No dia em que saiu o decreto, o poeta ficou bastante atormentado. Em carta a Clarice Lispector, Rubem Braga relatou que um amigo fora visitá-lo de manhã e o encontrara "todo alegre, rindo à toa". Para se acalmar, havia tomado uma porção de comprimidos e estava meio bêbado. Disse que tinha planos de ir a Pernambuco. "Ele é muito doente, tem família e não tem muita facilidade de ganhar a vida", escreveu o cronista. Três dias depois, outra tristeza se abateu sobre a família: o falecimento do pai de Stella, Antônio Américo Barbosa de Oliveira. Na mesma semana, Drummond enviou a João uma mensagem de pesar, lembrando a "impressão de grande simpatia e interesse humano" que seu sogro lhe havia despertado.

Além do processo administrativo, os funcionários do Itamaraty tiveram que responder a um inquérito policial no Departamento de Ordem Política e Social (Dops), no qual foram apontados como autores de crimes contra a segurança nacional. No dia do depoimento, Otto Lara Resende ofereceu carona ao poeta. Ao final da manhã, deixou-o no prédio do Dops, localizado na rua da Relação, na Lapa. O depoimento demorou seis horas. Quando saiu, já no final da tarde, João se espantou ao ver o companheiro sentado, à sua espera. Otto resolvera aguardá-lo porque sabia do seu nervosismo e achava que ele poderia precisar de um advogado. Outros amigos se viram igualmente envolvidos. No depoimento, João fez referência a Manuel Bandeira. Este também foi chamado ao Dops para ser ouvido no inquérito. Duas cartas enviadas a Barcelona por Bandeira foram anexadas aos autos.

A Justiça criminal examinou o processo e concluiu que, apesar do teor conspiratório da carta escrita por Cabral, não existiam razões para considerá-lo culpado. As investigações não produziram nenhuma prova. O cônsul não foi identificado como comunista militante pelas polícias da Inglaterra e da Alemanha. Os demais acusados tampouco foram reconhecidos como ativistas depois que o PCB havia sido posto na ilegalidade. O despacho judicial determinou, então, o arquivamento do processo.

João pensava que Getúlio resolvera afastar os funcionários do Itamaraty porque tinha medo de Carlos Lacerda. Ouviu dizer que, depois de colocá-los em disponibilidade, o presidente teria enviado um recado ao seu opositor da *Tribuna da Imprensa*: "Os rapazes já foram punidos". Como diria o jornalista Joel Silveira, no artigo "Kafka no Itamaraty", publicado dois anos mais tarde no *Diário de Notícias*, a desventura dos rapazes vinha provar que a história relatada em *O processo* não era irreal. Depois de passar por todas as investigações, eles tinham sido punidos, com uma lei que inexistia, por crimes que não haviam cometido. Por um longo período, estariam todos, injustamente, no olho da rua.

Joel Silveira foi um dos principais parceiros do poeta nesse tempo de vacas magras, incertezas e intensa agitação política. Sem o salário do Itamaraty, os diplomatas foram obrigados a se virar em outras funções profissionais. Para sustentar a família, João Cabral fez traduções, arranjadas por amigos, assumiu modestas incumbências literárias e até pôs novamente em atividade sua prensa manual, agora não mais por diversão ou terapia. Pela primeira vez, viveu ainda a experiência de pegar no batente num jornal — desejo acalentado desde a adolescência no Recife que enfim se realizava, por força das circunstâncias.

Em abril de 1953, Samuel Wainer, proprietário da *Última Hora*, que então vivia seu auge, lançou um semanário sofisticado, em cores, intitulado *Flan*. Seu diretor era Joel Silveira, egresso de *Comício*, periódico que, embora se declarasse antivarguista, também era rodado nas oficinas do jornal de Wainer. Entre os colaboradores de *Flan* estavam Rubem Braga, Vinicius de Moraes, Otto Lara Resende, Hélio Pellegrino, Nelson Rodrigues e Dorival Caymmi.

Foi na redação de *Flan*, num clima de alegre camaradagem, que João Cabral teve seu primeiro emprego como jornalista. O tabloide atingiu uma tiragem de 150 mil exemplares e chegou a desbancar a revista *O Cruzeiro*, dos Diários Associados. A experiência, porém, durou pouco. Devido à campanha encabeçada por Carlos Lacerda contra a *Última Hora*, Samuel Wainer foi investigado numa Comissão Parlamentar de Inquérito e teve sua prisão decretada em junho de 1953. Wainer conseguiu rapidamente o habeas corpus, e a circulação do jornal não foi interrompida. A publicação de *Flan*, no entanto, foi suspensa em setembro de 1954. O tabloide sucumbiu antes de completar dois anos.

Em sua fase final, *Flan* estava sob o comando de Marques Rebelo. A Rádio Clube do Brasil, adquirida por Samuel Wainer, também esteve sob a direção do escritor carioca. Além de produzir versões radiofônicas de obras literárias, uma de suas iniciativas foi a criação de uma série de programas culturais. Um deles, intitulado *Falam os Críticos*, contou desde a estreia, em janeiro de 1953, com a participação de João Cabral. O programa era transmitido toda sexta-feira, às onze da noite. A função do poeta, como a dos demais críticos — Adonias Filho, Santa Rosa, Reynaldo Jardim e Flávio de Aquino —, era comentar os acontecimentos da semana. O sucesso do programa e a necessidade de embolsar mais alguns trocados o levaram a assumir também a produção de outro programa, *Sala de Leitura*, sobre personagens do mundo literário.

A parceria com Joel Silveira também fez João Cabral retomar sua atividade de artista gráfico. O velho prelo de mão e a coleção de tipos Bodoni, adquiridos em Barcelona, permaneceram durante meses encaixotados. Em maio de 1953, a *Última Hora* noticiou que o poeta decidira reativar o equipamento. Seu projeto era imprimir uma edição de luxo dos sonetos de Vinicius de Moraes, inaugurando uma nova série de publicações. Os planos do tipógrafo incluíam ainda um livro de poemas de Joel Silveira, uma novela inédita de Aníbal Machado e outra coletânea de sonetos, de autoria de Murilo Mendes.

O único que vingou foi o volume de Joel Silveira. Na ocasião, o jornalista vivia dias de arrocho financeiro. Sabendo que o poeta estava na mesma situação, resolvera lhe mostrar seus versos guardados na gaveta. Dos trezentos poemas, João selecionou uma trintena. A composição e a impressão foram feitas entre maio e setembro, na minúscula oficina gráfica improvisada no apartamento da rua Farani. Em nota na *Tribuna da Imprensa*, Sérgio Porto confessou sua surpresa ao saber que o livro, intitulado *O marinheiro e a noiva*, não era de crônicas, mas de versos. "Sim, de versos", confirmara Joel ao ex-colega de *Comício*. "O Manuel Bandeira vai ficar boquiaberto."

Feita em papel Victoria e ilustrada com cinco gravuras de Darel, a edição de luxo teve duzentos exemplares. "Uma joia, senhores, uma joia", comentou a escritora Eneida de Moraes em outubro, no *Diário de Notícias*. O dinheiro das vendas, dividido equitativamente entre impressor, ilustrador e poeta — ou "amador de poemas", como ressaltava o frontispício do livro —, permitiu a eles certo desafogo. Durante três meses, puderam viver à custa dessa "transação poético-comercial", no dizer de Joel Silveira. *O marinheiro e a noiva* foi o único volume impresso por Cabral no Brasil — o último de sua carreira de editor.

Como tradutor, um dos primeiros trabalhos de João Cabral foi a versão da peça *A sapateira prodigiosa*, de García Lorca. A encomenda veio de Maria Clara Machado, diretora de O Tablado. Fundado em 1951, o grupo experimental tinha entre seus integrantes um dos amigos pernambucanos do poeta, o cenógrafo Eros Martim Gonçalves, que também assinava a direção de algumas montagens. A princípio, O Tablado fazia teatro para adultos, encenando Jean Cocteau, Molière e Gil Vicente, com forte incentivo de Aníbal Machado. A pedido da filha, o próprio escritor mineiro traduziria para o grupo textos de Tchékhov, Bernanos e Kafka. Drummond e Cecília Meireles também aceitaram encomendas de traduções.

"Ninguém melhor do que João Cabral de Melo Neto estaria indicado para a versão brasileira da *Sapateira prodigiosa*", escreveu Aníbal no programa da peça. Somente ele, pela intimidade adquirida com a Espanha, seu povo e suas raízes, que havia "penetrado como poeta", poderia transmitir as cores, a naturalidade e o ritmo do texto original. Nas palavras do tradutor, a peça escrita no final dos anos 1920 tinha grande importância na trajetória de Lorca como autor teatral. Naquela "farsa violenta" em dois atos, ele teria realizado pela primeira vez uma "incursão no puramente dramático", livrando o texto de uma dicção muito próxima de sua poesia.

O Tablado se apresentava no palco do Patronato da Gávea, situado em uma rua escura, de difícil acesso, perto da lagoa Rodrigo de Freitas. Apesar dos assentos incômodos, a sala estava sempre lotada. *A sapateira prodigiosa* estreou em 10 de agosto de 1953, com muitos arranjos musicais, violões e castanholas. Os cenários e figurinos foram criados por Eros Martim Gonçalves. A direção coube a Maria Clara Machado, que também interpretava a protagonista. A montagem recebeu elogios no *Correio da Manhã* e na revista *O Cruzeiro*, não só pela qualidade da tradução, mas também pela atuação vibrante da fundadora do grupo. A foto de João Cabral, acompanhado de Eros e Maria Clara, apareceu nas páginas da *Última Hora*. Uma nota divulgada por *Flan* também aplaudiu a estreia, dizendo que o próprio teatrinho O Tablado, com seu "desconforto pitoresco", colaborava para enriquecer o espetáculo.

Naquela altura, o poeta já não trabalhava no semanário de Samuel Wainer. A convite de Joel Silveira, acabara de deixar o cargo de redator de *Flan*, especializado na área internacional, para assumir o posto de secretário de redação de *A Vanguarda*, "aderindo definitivamente ao jornalismo", conforme noticiou no início de agosto o *Diário Carioca*. Um dos seus planos, segundo o jornal, era criar uma seção diária de livros, assinada alternadamente por seis escritores.

Fazia tempo que *A Vanguarda* — publicação que, apesar do nome, era partidária do integralismo — tinha parado de circular, depois de acumular dívidas com a prefeitura do Rio. Como estava sem emprego — havia brigado pela terceira ou quarta vez com Samuel Wainer —, Joel Silveira aceitou o desafio de reerguer o jornal. A oficina estava conservada: uma velha Marinoni, 23 linotipos e alguns prelos de mão. Ficava na rua do Rosário, quase esquina com a Uruguaiana. A redação era ampla e possuía grandes janelas que se abriam para a avenida Rio Branco. Joel ficou encantado com o ambiente. O problema era a falta de dinheiro para remunerar colaboradores. Seria preciso encontrar pessoas que estivessem desempregadas e não fizessem altas exigências salariais. O primeiro nome anotado na lista foi o de João Cabral.

O poeta aceitou meio temeroso o convite para ser secretário de redação. Mas o amigo argumentou que haveria muito pouco o que chefiar. A redação teria no máximo umas dez pessoas. Entre elas estavam Vinicius de Moraes, Tati de Moraes, Artur Seixas e o ilustrador Darel. Outro convidado foi Ibrahim Sued, que até então era apenas fotógrafo e dava seus primeiros passos como cronista social. O português de Ibrahim era terrível, conforme relatou Joel Silveira, mas graças a João Cabral, que fazia o copidesque dos textos, a coluna saía um primor.

Para alimentar suas páginas, o jornal recorria ainda às sobras fornecidas por amigos que trabalhavam em outros veículos. Ao poeta cabia revisar e reescrever praticamente tudo o que ia para a oficina. Também eram de sua lavra os furiosos editoriais contra o governo de Getúlio, dos quais Joel Silveira costumava extrair a manchete do dia. João chegava à redação pontualmente às nove da manhã e trabalhava até as cinco da tarde. Ao longo do expediente, ingeria pelo menos dez comprimidos de aspirina.

Graças a João Cabral, *A Vanguarda* conseguiu realizar algumas proezas gráficas. A velha oficina não ajudava muito, mas o secretário de redação, com sua experiência de tipógrafo, vasculhava a coleção de tipos e propunha soluções criativas para alguns títulos e reportagens especiais. Ao fim dos seus quatro meses de existência, o jornal atingiu uma surpreendente tiragem de 5 mil exemplares. No entanto, sofria com a falta de anúncios. O dinheiro que entrava mal dava para pagar a impressão. Para o pessoal da redação sobravam poucos trocados, distribuídos toda sexta-feira à tarde. Segundo Joel Silveira, ninguém se importava. Estavam numa redação confortável, dispondo de mesa e telefone, com amigos em volta, todos à espera de tempos melhores. *A Vanguarda* para eles era como um intermezzo, um tempo de festa.

Uma plateia curiosíssima, formada por cerca de 2 mil mulheres — a maior até então registrada em eventos no Copacabana Palace —, assistiu em junho de 1953 ao badalado desfile de moda de Darcy Penteado. Na coleção do jovem cenógrafo e figurinista de São Paulo, que começava a se destacar no Teatro Brasileiro de Comédia (TBC), o que chamou a atenção foram os nomes que batizavam os vestidos, todos inspirados em obras de poesia. "Psicologia da composição" era um vestido branco de coquetel, muito justo no corpo e protegido por uma ampla capa grená. A mesma elegância podia ser vista em criações como "Opus 10", "Sentimento do mundo" e "Estrela solitária", exibidas nas páginas de *Manchete*. Entretanto, por mais que gostasse de poesia, o artista estava longe de encontrar, para as obras literárias, "uma perfeita interpretação em pano, agulha e linha", conforme advertiu com sutileza o redator da revista.

João Cabral não gostou. Por ironia, em 23 de junho, três dias depois da publicação da reportagem, os jornais haviam divulgado os resultados oficiais do Prêmio José de Anchieta de Literatura, instituído pela Comissão do IV Centenário da cidade de São Paulo, a ser comemorado no ano seguinte. No gênero Poesia, seu novo livro, *O rio*, fora o escolhido pela comissão julgadora, composta de Drummond, Antonio Candido e Paulo Mendes de Almeida. O prêmio, no valor de 100 mil cruzeiros, era o maior já concedido no Brasil. A ironia estava no forte contraste entre a linguagem prosaica de *O rio*, "tecida em grosso tear", na expressão do poeta, e o refinamento de sua obra pregressa, homenageada no desfile no Copacabana Palace.

"Os requintados vão achar que é decadência e os leitores de Rilke irão jogar meu livro no fogo", declarou João Cabral em entrevista ao *Diário Carioca*. Radicalizando o que fora apenas esboçado em *O cão sem plumas*, ele havia dedicado um novo livro ao Capibaribe. Se o volume anterior estava ainda cheio de metáforas, *O rio*, a começar pelo título, se apresentava completamente seco e desplumado.

Inspirado na poesia primitiva espanhola, o autor experimentou ali, pela primeira vez, a dicção do verso popular. "O livro foi mal escrito de propósito, está cheio de cacófatos que fiz questão de não tirar e não existem nele imagens indiretas", afirmou. Em entrevista a Vinicius de Moraes, publicada logo depois em *Manchete*, confessou ainda que estava irritado com sua fama de poeta técnico, civilizado, que produzia para "almas sutis" poemas amáveis e obscuros. "Busquei conscientemente uma qualidade de juta, de aniagem, de pano de saco", acrescentou. Por essa razão, ao comentar o prêmio conquistado em São Paulo, emendou uma brincadeira: "Só desejo é que no próximo desfile de modas por lá não o usem como nome de nenhum vestido, como fizeram com *Psicologia da composição*".

Os quase duzentos escritores que disputaram o prêmio do IV Centenário inscreveram suas obras sob pseudônimo. Entre os concorrentes na categoria de poesia estavam Cecília Meireles, Hélio Pellegrino, José Paulo Moreira da Fonseca e Ferreira Gullar. No final de maio, o *Correio Paulistano* informou que o prêmio fora concedido a uma obra chamada *O rio*, assinada por Pedro Abade. Como descrevia o curso do Capibaribe, desde logo houve a suspeita de que o autor fosse João Cabral de Melo Neto. Ao mesmo tempo, o que se comentava era que o livro só poderia ter saído da pena do poeta pernambucano se no seu "espírito e estilo se tivessem processado transformações radicais".

Segundo o *Diário Carioca*, um dos juízes do concurso de poesia revelou que ficara surpreso ao saber que o livro era de João Cabral, pois destoava dos seus volumes anteriores. A votação foi unânime. Drummond enviou seu voto do Rio, por escrito. O semanário *Flan* também noticiou antecipadamente a vitória: "O Capibaribe comoveu o Tietê". Curiosamente, o rio aparecia também no livro vencedor do gênero romance, *Os escorpiões*, do também pernambucano Gastão de Holanda, sobre aventuras de adolescentes na cidade do Recife.

O vultoso prêmio de cem contos — o primeiro de sua carreira — apareceu na hora certa e deu uma boa folga a João Cabral. Na época, o dinheiro quase dava para comprar, na planta, um apartamento de quarto e sala no centro do Rio. "Depois disso, nunca mais poderei me queixar que literatura não rende", disse o poeta a Jorge Laclette, do *Diário Carioca*. Na conversa com Vinicius de Moraes, João lembrou que havia começado a escrever *O rio* pensando num concurso de poemas sobre o Recife, aberto por um jornal carioca. Depois, graças ao amigo, resolvera mandá-lo para o concurso paulista do IV Centenário. Ao escrever a reportagem, Vinicius confirmou que fizera bastante pressão para que o poeta inscrevesse seu livro e que ele mesmo, pessoalmente, fora responsável por levar os originais a São Paulo.

A peça *Orfeu da Conceição* — apresentada com sucesso três anos depois no Theatro Municipal do Rio de Janeiro, com música de Antonio Carlos Jobim — também foi inscrita no concurso. Para terminar a adaptação do mito grego ao ambiente da favela carioca, iniciada em 1942, Vinicius levara quase uma década. Ao ler os originais, João Cabral tinha elogiado os dois primeiros atos e criticado o terceiro, que, em seu juízo, deveria ser reescrito. Sugeriu também o título da peça, e tudo fora prontamente acatado pelo amigo. Um marco na carreira de Vinicius, *Orfeu da Conceição* em 1953 recebeu, contudo, apenas uma menção honrosa. Por falta de consenso, a comissão julgadora não concedeu a nenhuma obra o primeiro lugar na categoria de teatro.

Vinicius também estava presente no almoço, ocorrido no Itamaraty, durante o qual João teve a ideia de escrever um segundo poema longo sobre o Capibaribe. Sua colega Beata Vettori — cuja inteligência ele admirava desde o convívio que tiveram em Londres — fez um elogio a *O cão sem plumas*, dizendo que percebia no livro "coisas violentas". João respondeu: "Beata, você não viu nada, você vai ver quando o rio falar". Desse comentário é que surgira, segundo ele, o projeto de escrever o monólogo do Capibaribe. Pouco tempo depois, o poeta recebeu uma carta do primo José Antonio Gonsalves de Mello, filho de Ulysses Pernambucano, pedindo-lhe que procurasse em bibliotecas cariocas uns mapas antigos do rio. Foi o contato com esse material que o impulsionara a escrever. João não sabia de cor todos os afluentes do Capibaribe. Além de consultar inúmeros mapas, tomou emprestado na biblioteca do Itamaraty o *Dicionário corográfico, histórico e estatístico de Pernambuco*, escrito no século XX por Sebastião Galvão, que foi uma de suas principais fontes.

A composição do poema levou apenas dois meses, entre dezembro de 1952 e fevereiro de 1953, quando se encerravam as inscrições para o prêmio do IV Centenário. Apesar da pressa, a escrita, pela primeira vez, fluiu de modo fácil. João chegava do Itamaraty no final da tarde, por volta das cinco horas, e se fechava no quarto para escrever. Afastado por longo tempo de Pernambuco, tinha grande prazer em mergulhar nas memórias da infância.

Seguindo a tradição do poeta barroco Manuel Botelho de Oliveira, João Cabral quis fazer um poema geográfico, no qual o próprio Capibaribe descreveria a paisagem ao longo do seu curso, contando sua história desde o nascimento no sertão de Pernambuco até o encontro com o litoral. "Sempre pensara em ir/ caminho do mar./ Para os bichos e rios/ nascer já é caminhar", dizem os versos da abertura. A matéria do livro está clara desde o título comprido e de sabor seiscentista: *O rio ou relação da viagem que faz o Capibaribe de sua nascente à cidade do Recife*.

O rio-narrador descreve o Agreste, a Zona da Mata, com seus engenhos dominados pelas usinas, e a miséria dos mocambos nos arredores da capital. Solidário com os retirantes, chega a ponto de alterar seu ritmo: "Rio lento de várzea,/ vou agora ainda mais lento,/ que agora minhas águas/ de tanta lama me pesam". Há também alusões a pessoas como Joaquim Cardozo, Manuel Bandeira, Cícero Dias, além de referências ao Poço do Aleixo, ao Tapacurá, ao Recife pitoresco de Apipucos e do Monteiro e outras paisagens conhecidas do poeta. Às margens do Capibaribe, João havia nascido e crescido. Além de geográfico, o livro parecia fortemente autobiográfico, carregado de memória sentimental.

Ao mesmo tempo, *O rio*, com sua linguagem de romanceiro, estava bastante impregnado da experiência espanhola. Não por acaso, o pseudônimo adotado na competição do IV Centenário foi Pedro Abade, nome do frade que no século XIII fez a única cópia conhecida de *Cantar de Mio Cid*. O desejo de Cabral era descer às raízes populares mais profundas, a exemplo do que fizera um dos seus mais admirados poetas espanhóis modernos, objeto de um breve artigo, "Nota sobre a poesia taurina de Rafael Alberti", publicado por ele no *Diário de Pernambuco* em dezembro de 1952, poucos dias antes de iniciar a composição de *O rio*. A epígrafe do poema — *Quiero que compongamos io e tú una prosa* — foi extraída de Gonzalo de Berceo. Em substituição ao discurso cifrado e metafórico de *O cão sem plumas*, a citação indicava o propósito de usar uma linguagem mais direta — somente palavras "em situação dicionária", visando ao pleno entendimento dos leitores.

Se tivesse empregado o verso de sete sílabas, João Cabral teria ficado mais próximo da poesia popular recitada nas feiras do Nordeste, que em sua infância ele lia para os trabalhadores do engenho. Mas a redondilha foi dispensada porque deixaria o poema muito rápido. Em seu lugar, entrou uma forma tradicional da Espanha, o *verso de arte mayor*, no qual em cada unidade, constituída por dois versos, a primeira parte tem medida variável e a segunda é sempre fixa. Era o verso responsável pelo ritmo aparentemente grosseiro de *Mio Cid*, que jamais lhe saíra do ouvido. Procurou reproduzi-lo em *O rio*, mas fazendo uma alteração importante: a primeira parte, composta dos versos ímpares, se manteve fixa, com seis sílabas, enquanto os versos pares podiam ter qualquer extensão, terminando quase sempre com uma rima toante espanhola.

A despeito da escrita apressada, do vocabulário simples e do tom de improviso, *O rio* teve uma construção rigorosa. A procura da simetria e da ordem — representada pelo número quatro — é marcante na estruturação do livro. Das sessenta estrofes, todas contendo dezesseis versos, vinte foram ambientadas no Agreste, vinte na Zona da Mata e vinte na cidade do Recife. Entretanto, quando o livro foi premiado, o que mais chamou a atenção foi o esforço do autor para, indo além da superação da "poesia pura" e individualista, já realizada em *O cão sem plumas*, inventar uma expressão poética que pudesse falar diretamente ao leitor comum. A empreitada o distinguia, de uma vez por todas, da poesia que se fazia àquela época no Brasil. E também o afastava do lirismo cada vez mais refinado de Drummond, que, ironicamente, fora um dos responsáveis pela honrosa premiação.

Durante o período de avaliação das obras enviadas ao concurso do IV Centenário, Drummond esteve desaparecido. A atitude, no entender de João, teria sido motivada pelo receio da indiscrição dos conhecidos. Em carta a Cyro dos Anjos, o poeta mineiro considerou o resultado não apenas justo — segundo ele, não havia livro melhor —, mas também "simpático, dada a situação moral de João, perseguido no Itamaraty". Na sequência, acrescentou uma nota arisca:

> Menos simpática me pareceu a atitude dele diante do prêmio. Deu umas entrevistas um tanto cheias de fumaça, gabando os defeitos do livro, que dizia intencionais. Enfim, talvez seja ainda reação da sensibilidade ferida pelos aborrecimentos da carreira.

Embora o rio Capibaribe fosse tema corriqueiro na poesia pernambucana, a carta revelava que o estilo inconfundível de Cabral fora percebido pelos jurados. Não bastasse a superioridade estética do livro, também pesara na decisão uma motivação política: o desejo de prestar solidariedade ao poeta injustiçado. Apoio que Drummond já havia manifestado por carta a João Cabral, logo que saiu o decreto de afastamento dos diplomatas investigados pelo Itamaraty:

> Quem, como eu, conhece e estima você há longos anos, não pode desejar senão isto: que acima das paixões ou dos cálculos políticos se repare o dano infligido à carreira pública de um dos homens mais puros e dignos do nosso país. Confio nessa reparação e desejo vivamente que ela não tarde. Se a amizade deste velho companheiro puder revestir-se de qualquer préstimo para você, João, confio em que não a porá de lado. Pelo menos, saiba de minha solidariedade, que o acompanhou em todo o desenrolar deste episódio.

Um mês depois, Drummond tornou a escrever a Cabral, reproduzindo palavras de simpatia e alento enviadas de Barcelona por Rafael Santos Torroella, com quem passara a manter correspondência, e sua mulher Maite. Finalmente, como jurado do maior prêmio literário do país, deu-lhe uma manifestação pública de apreço e reconhecimento. Nada disso, porém, amainou a "sensibilidade ferida" de João. No seu modo de ver, o autor de *A rosa do povo*, ex-poeta participante que se desentendera com o PCB, havia decidido se afastar do amigo acusado de subversão. Pensava que, por suas ligações com pessoas influentes, Drummond poderia ter feito alguma coisa em seu auxílio. Mas o que percebia, ao contrário, era uma atitude de abandono, da qual se ressentiria por muitos anos.

Fazia seis ou sete anos que as relações de Drummond com o Partido Comunista estavam estremecidas. Depois de romper com o grupo por discordar de sua férrea disciplina, o poeta mineiro, além de se afastar dos temas sociais, viera a se tornar um ferrenho anticomunista. João Cabral não compreendia sua reviravolta política.

Quando estava em Londres, um artigo publicado por Drummond no *Correio da Manhã*, em agosto de 1950, despertara sua irritação. O autor fazia elogios ao poeta mineiro Alphonsus de Guimaraens Filho, celebrando a "altura poética" a que o teria elevado seu "sentimento místico da vida". Ao bater os olhos no texto, João se sentiu deslocado, "fora de tudo", conforme confessou em carta a Lêdo Ivo: "Porque se poesia é o que Alphonsus de Guimaraens Filho faz, o que eu faço não o é". Meses depois, recusou o convite para apresentar a obra drummondiana numa coleção de livros de poesia idealizada por Cassiano Ricardo, alegando que, por ter sido por ele influenciado, Drummond era o poeta sobre o qual tinha mais dificuldade de falar tecnicamente. "E sentimentalmente não interessa que eu fale dele: nem a ele, nem a mim, nem à coleção."

Ao fazer o balanço literário de 1950, nas páginas do mesmo *Correio da Manhã*, Drummond destacou "o pequeno e secreto e admirável" *O cão sem plumas*. O livro continha, para ele, uma "essência de Brasil que muita obra pretensamente nacional não seria capaz de revelar-nos". Em junho de 1951, João agradeceu o envio a Londres dos *Contos de aprendiz*, dizendo que, se tivesse coluna em jornal, aproveitaria a ocasião para escrever um balanço da obra de Drummond. "Você — e isso já desde alguns anos atrás — chegou àquele ponto invejável num artista, em que é possível transformar tudo em Carlos Drummond de Andrade. Até o Código Civil, se você o reescrevesse." Se o poeta mineiro conquistara uma dicção pessoal, nítida e marcante, o elogio enviesado também aludia à dificuldade de renovação, ao comodismo de quem teria cristalizado uma maneira de escrever versos.

O exemplar de *Claro enigma* também foi enviado a Londres, em janeiro de 1952, com uma dedicatória: "A João e Stella, muito queridos, e sempre lembrados, com um abraço do Carlos". Entretanto, as inúmeras diferenças entre *Claro enigma* e *O cão sem plumas* acusavam nitidamente a distância atingida pelos dois poetas. Como diria mais tarde Drummond, entre eles não havia somente uma discordância estética, mas também uma inversão no itinerário ideológico: quando um era comunista, o outro se comprazia no individualismo; depois, as posições se inverteram.

Para Cabral, Drummond havia recuado duas vezes: primeiro à linguagem discursiva e retórica de *A rosa do povo*, quando o poeta, a princípio seco e contido, teria, sob a influência de Neruda, se desbocado e soltado a língua; posteriormente, recuara à poesia "classicizada" de *Claro enigma*, cheia de sonetos e decassílabos, que ecoavam o espírito regressivo da Geração de 45. À exceção do poema "Oficina irritada", que admirava por ser um soneto desarmônico, contrário à tradição, nada lhe agradava na coletânea.

Na conferência "Poesia e composição", apresentada em São Paulo, ao distinguir os poetas em duas famílias — a dos que se entregavam ao "trabalho de arte" e a dos que simplesmente exprimiam "emoções" —, João Cabral fez referências explícitas ao poema "Procura da poesia", de *A rosa do povo*. Em sua opinião, entre a maioria dos poetas brasileiros predominava uma atitude passiva e resignada: "É a atitude do poeta que espera que o poema aconteça, sem jamais forçá-lo a 'desprender-se do limbo'".

No entanto, por mais que se tornasse evidente, a divergência estética não teria bastado para separar os poetas. Entre os melhores amigos de João, sempre estiveram poetas líricos, como Manuel Bandeira, Vinicius de Moraes e Lêdo Ivo, por exemplo, com os quais não tinha nenhuma afinidade. Segundo a famosa boutade de Bandeira — que Drummond, para contestar Cabral, chegaria a repetir —, a inspiração seria necessária para tudo, até para atravessar uma rua e não ser apanhado por um automóvel.

No conflito com o mestre, o fator decisivo foi a necessidade do poeta mais novo de adquirir independência criativa e demarcar seu território poético — fundando, por assim dizer, uma nova linhagem. Por sua vez, ao ouvir as restrições tornadas públicas pelo discípulo — outras farpas, ditas à boca pequena, também chegavam a seus ouvidos —, Drummond se sentia profundamente contrariado. Esse desentendimento, porém, jamais foi objeto de uma conversa. Ambos possuíam um orgulho excessivo, diria mais tarde João. "No fundo nós éramos muito parecidos."

A primeira e única ida de João Cabral à casa de Drummond ocorreu no mesmo ano de 1953, quando da premiação de *O rio*. O poeta mineiro vivia recolhido e raramente recebia visitantes. Amigos próximos, como Manuel

Bandeira, se ressentiam de nunca terem sido convidados. Mas o irmão caçula de João estava passando férias no Rio e disse que desejava muito conhecê-lo. O encontro não pôde acontecer durante o expediente de Drummond na diretoria do Patrimônio Histórico e Artístico Nacional. Por essa razão, a visita se deu à noite. Após o jantar, João e Evaldo chegaram ao apartamento situado na rua Joaquim Nabuco, em Copacabana, a duas quadras da praia. O rapaz, porém, mal conseguiu desfrutar da conversa. A comida feita por Adela lhe pesava sempre no estômago e, naquela noite, vencido pelo sono, em pouco tempo ele adormeceu no sofá da sala de Drummond.

Evaldo cursava então o colégio, mas já tinha dois livros publicados. Era um dos integrantes da novíssima geração literária surgida na década de 1950 no Recife, da qual faziam parte, entre outros, Carlos Pena Filho, Eduardo Portella e Félix de Athayde. Nas férias escolares, Luiz Cabral consentia que o filho adolescente viajasse ao Rio, para passar um ou dois meses no apartamento do irmão. Em janeiro e fevereiro de 1953, Evaldo testemunhou a criação do poema *O rio*. Quando concluiu a escrita, depois de passar semanas grudado no volumoso dicionário de Sebastião Galvão, João lhe pediu que levasse o manuscrito à casa de Joaquim Cardozo, na rua Constante Ramos. Estava ansioso para ouvir a opinião do amigo sobre o livro.

Evaldo também o acompanhou à Central do Brasil, na tarde em que o irmão entregou os originais a Vinicius de Moraes, que estava indo para São Paulo, para inscrever o poema no concurso do IV Centenário. Os dois amigos sempre se visitavam. Uma noite, estavam todos na casa de Vinicius, na rua Nascimento Silva, em Ipanema. Apesar do desinteresse de João, o "poetinha" começou a mostrar as primeiras parcerias musicais que estava fazendo, ainda na pré-história da bossa nova. Entre outras canções, apresentou o "Poema dos olhos da amada": "Ó minha amada/ Que olhos os teus/ São cais noturnos/ cheios de adeus...". João ouvia entediado, achando tudo chatíssimo. Evaldo, por sua vez, atacado pela sonolência posterior ao jantar, mais uma vez dormiu durante a visita. Vinicius não gostou da desfeita e botou a boca no mundo. Mais tarde, ao ser apresentado no Recife a Antônio Maria, Evaldo ouviria uma inesperada pergunta: "Ah, você é o irmão do João Cabral que dorme na casa das pessoas?".

Em casa, o poeta indicava leituras para o irmão: "Você precisa ler o livro de Stálin sobre a linguagem". Em 1950, o *Pravda* havia publicado uma série de textos — depois reunidos no livro *Marxismo e problemas de linguística* — que foram atribuídos ao líder soviético. Evaldo, apesar de bem mais novo, pensou logo que João era muito ingênuo. Como seria possível que o governante de um país daquele tamanho pudesse ter tempo para ser um grande linguista? Passados poucos dias, Stálin veio a falecer. Apenas anos depois seria divulgada a informação de que os trabalhos elogiados por João tinham sido escritos, na verdade, por outros linguistas.

Em abril de 1953, o *Correio da Manhã* divulgou uma nota sobre Evaldo, o pernambucano de dezessete anos que escrevia "melhor do que muitos maiores de cinquenta". Dois meses mais tarde, lá estava ele de novo hospedado no apartamento da rua Farani. Dessa vez, a *Última Hora* chegou a noticiar sua estadia no Rio, apresentando-o como "o escritor mais moço do Brasil".

Ao contrário do irmão mais velho, que só se interessara por poesia no final da adolescência, Evaldo desde muito cedo demonstrou pendor literário. O filho temporão de Luiz Cabral e Carmen aprendeu a ler com menos de cinco anos. A princípio, tal como os irmãos, estudou em casa com professora particular. Apenas aos dez anos, quando já não podia mais fugir, é que encarou pela primeira vez os bancos escolares.

O garoto gostava mesmo era das viagens ao sítio do Tambor, adquirido pelo pai no município de Carpina, Zona da Mata. Os mais velhos falavam o tempo inteiro do Poço e dos outros engenhos que haviam pertencido à família no passado. Evaldo se sentia excluído da história. Era o único dos seis filhos que não conhecera o engenho. Seu consolo era poder ler os romances de José Lins do Rego. Luiz Cabral possuía uma estante cheia de livros no sítio. Quando saía para passear, o menino de oito anos corria às prateleiras e lia escondido obras como *Fogo morto*. O pai, ao descobrir o hábito clandestino, não o repreendeu. Ao contrário, mandou comprar os demais livros de José Lins, tomando o cuidado de pedir ao filho Maurício que riscasse as partes apimentadas. Bobagem. Evaldo dava um jeito de ler a página contra a luz e decifrava num átimo o conteúdo censurado.

Antes de completar doze anos, o menino publicou um poema intitulado "Infância perdida". O *Diário de Pernambuco* também estampou na íntegra seu conto "Poço", no qual, fazendo um pastiche de José Lins, ele contava sua experiência imaginária de menino de engenho. Por coincidência, a mesma edição trazia, em outra página, um retrato recente de João Cabral com bigode e envergando paletó e gravata escuros.

Nessa mesma época, Evaldo participou do I Salão de Poesia do Recife, organizado por Aderbal Jurema. Murilo Mendes viajou a Pernambuco e se impressionou com os poemas do irmão mais novo de João Cabral. Lêdo Ivo comentou que se tratava de "um novo discípulo, saído do próprio seio familiar". Para Evaldo, que desde cedo, acompanhando o pai, preferiu usar dois *ll* no sobrenome Mello, não cabia falar em influência. Quando o irmão saíra do Recife, ele contava apenas seis anos. Só quando João voltou ao Brasil é que tiveram a oportunidade de conviver.

A escolha de Evaldo não recaiu, contudo, sobre a poesia. O escritor precoce se interessou cada vez mais por história. O que o fez se bandear, desde cedo, para a história pernambucana foi a influência do primo José Antonio Gonsalves de Mello, autor do livro *Tempo dos flamengos*. Considerava-o mais seu irmão do que João, Virgínio ou qualquer um dos outros. Passou também a frequentar a casa de Apipucos. Promovido a assistente de Gilberto Freyre, ficou responsável pela datilografia dos originais de *Assombrações do Recife velho*. Em 1951, com apenas quinze anos, Evaldo publicou seu primeiro ensaio, *Aspectos da descaracterização do Recife*, com prefácio de Freyre. Esse estudo sobre os sobrados recifenses era ao mesmo tempo literário e sociológico, lembrando de perto o estilo do mestre. No ano seguinte, deu à luz uma segunda obra, *Recife: Uma introdução ao estudo das suas formas e das suas cores*, novamente prefaciada por Freyre.

Ao menos uma vez por semana, Evaldo tomava o bonde até o arrabalde de Apipucos. Para chegar ao sítio de Gilberto, subia a pé uma rua à margem do Capibaribe, cheia de mangueiras e jaqueiras. A casa ficava no alto de uma colina, defronte do rio. Ao chegar, o visitante encontrava o escritor no meio dos seus livros ou passeando entre as árvores do sítio. Às vezes, os poetas Carlos Pena Filho e Félix de Athayde o acompanhavam nessas visitas, deliciando-se todos com a sabedoria e o licor de pitanga oferecidos pelo dono da casa.

Já a relação de Gilberto Freyre com João Cabral seguia pouco amistosa. Logo que saíram as primeiras notícias da premiação do livro *O rio*, o sociólogo, em um artigo para *O Jornal*, mencionou com entusiasmo a adesão de João Cabral ao regionalismo de base popular que ele vinha defendendo desde a década de 1920. Nas novas edições do seu *Guia prático, histórico e sentimental da cidade do Recife*, passaria a chamá-lo de "o poeta por excelência do Capibaribe". Em *O cão sem plumas*, porém, e, mais enfaticamente, nos versos de *O rio*, o que o autor fazia era alfinetar a "gasta aristocracia" do açúcar e seu orgulho da história doméstica, "que estuda para descobrir, nestes dias,/ como se palitavam/ os dentes nesta freguesia". Alvo reiterado de uma ironia pesada, a sociologia de Freyre e seu "Recife pitoresco,/ sentimental, histórico", dando as costas para o rio, opunham-se drasticamente à cidade anfíbia, miserável, cheia de "casas de lama negra".

No final de 1953, depois de onze anos de ausência, João Cabral voltou a pôr os pés em Pernambuco. Arquivado o inquérito policial, como ainda continuava afastado de suas funções como diplomata, o poeta decidiu passar uns tempos no Recife com Stella e os filhos, vivendo às custas do pai. Mas viajou separado das crianças, que embarcaram de avião, sob o comando de Adela. Desejoso de rever muitas paisagens — e num arranco de "temerário heroísmo", como frisou *O Jornal* —, ele preferiu fazer a viagem de automóvel.

Tal como em 1942, quando chegara ao Rio pelo interior, depois de inúmeras baldeações, João resolveu percorrer todo o caminho de volta por terra, pilotando, em revezamento com Stella, o Ford trazido de Londres. Acompanhavam-nos mais dois passageiros, o amigo João Condé e o primo Haroldo Carneiro Leão. A viagem foi penosa, com estouros de pneus e imprevistos desvios de rota. Na cidade baiana de Cipó, na divisa com Sergipe, tiveram que parar por dois dias, em virtude de um desarranjo num dos eixos do carro. A única saída foi alugar um caminhão, o que não era tarefa simples, e rebocar o veículo até o Recife. Durante todo o tempo, João maldizia a sorte. Em alguns momentos, entrava mesmo em desespero. Dizia então à mulher e aos companheiros de viagem que seu destino era morrer na estrada, sem tornar a ver Pernambuco.

Luiz Cabral tinha preparado uma recepção para o filho, que chegaria em 16 de outubro. Em cima da mesa, havia um bolo de tamanho gigante, reproduzindo a capa de *Pedra do sono*. Caiu a noite, todos à espera, ansiosos, e nada de os viajantes aparecerem. Os convidados foram embora. Ficaram apenas os de casa, cheios de preocupação. Mais tarde, para surpresa geral, finalmente chegou o caminhão, transportando o Ford. Dentro do carro enguiçado, sofrendo com o desconforto, foram então avistados os quatro passageiros, exauridos após quinze dias de aventura.

A família do poeta vivia num casarão com quintal enorme, na rua João Fernandes Vieira, no Parque Amorim. Luiz Cabral havia sido nomeado oficial do Cartório do Protesto de Letras da cidade e mantinha ainda o cargo de secretário da Associação Comercial. Desde o primeiro dia, tomou-se de amor pelos netos, especialmente Inez, de quem satisfazia todas as vontades.

Já a avó, sempre mais seca, não abriu o coração para as crianças. Carmen jamais perdoara João por ter abandonado Pernambuco e não disfarçava sua preferência pelos filhos de Virgínio, nascidos no Recife e não em lugares distantes. Passava horas a fio com o corpo pequeno aninhado na cadeira de balanço. Enquanto fazia seus bordados, despachava ordens para a empregada na cozinha.

Em novembro, João realizou conferências no Instituto Brasileiro de Cultura Hispânica do Recife. Também foi recebido em sessão solene pela Câmara Municipal. Em janeiro de 1954, acompanhado de Stella, viajou de avião a São Paulo para receber o prêmio do IV Centenário. A cerimônia foi realizada na Biblioteca Municipal. Contrariando suas manifestações anteriores de oposição aos novos poetas, João declarou então ao *Correio Paulistano* que estava alegre por ter sido premiado "um dos integrantes da 'geração de 45', da nova poesia que nasceu do esforço coletivo de intelectuais radicados em São Paulo". Cada autor teria direito a uma edição de 2 mil exemplares de sua obra custeada pelos organizadores do concurso. Por esse motivo, o poeta permaneceu por três semanas na cidade, a fim de rever as provas do livro. Nesse período, participou de uma badaladíssima festa comemorativa do IV Centenário. Entre os convidados, estavam os poetas Domingos Carvalho da Silva e Hilda Hilst, o arquiteto Gregori Warchavchik, a atriz Cacilda Becker e os críticos Lourival Gomes Machado e Mário da Silva Brito. Ao lado da escritora Dinah Silveira de Queiroz, João posou para uma foto diante do bolo, decorado com o brasão de São Paulo e quatrocentas velinhas.

De volta ao Recife, para livrar-se da chateação das homenagens, decidiu permanecer a maior parte do tempo em Carpina. Os nove meses passados em Pernambuco, entre outubro de 1953 e julho de 1954, foram de descanso e também de fermentação literária. No sítio do Tambor, localizado numa estradinha de terra que dava acesso ao engenho Canadá, Luiz Cabral criava suas vaquinhas. Jamais perdera a nostalgia da vida rural. Dentro da propriedade havia um açude onde as crianças brincavam. À noite, por causa dos bichos, fechavam-se todas as portas e janelas, e os cômodos eram iluminados por lampiões.

[na página anterior] Retrato do poeta em agosto de 1974.

João Cabral e o irmão mais velho, Virgínio, no Recife, 1926.

Em 1935, ano de sua formatura no Colégio Marista.

No começo dos anos 1950 com a primeira esposa, Stella Maria.

Com a esposa, Stella, e os filhos Luís, Inez e Rodrigo, em Carpina, Pernambuco, onde João Cabral passou longas temporadas entre outubro de 1953 e julho de 1954.

A bordo do navio *Argentina Star* com a filha Inez, em agosto de 1952, quando João Cabral foi obrigado a regressar ao Brasil, acusado de subversão.

João e Stella com os filhos Luís, Inez, Rodrigo e Isabel, nascida em janeiro de 1955.

Com a filha Inez, na década de 1970.

Com a esposa, Stella Maria, em 1985.

Com a segunda esposa, a poeta Marly de Oliveira, e, atrás, Inez Cabral e as filhas do primeiro casamento de Marly, Mônica e Patrícia, nos anos 1990.

Primeiras edições de alguns livros de João Cabral.

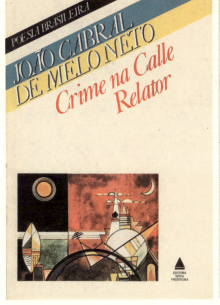
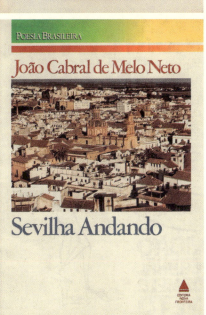

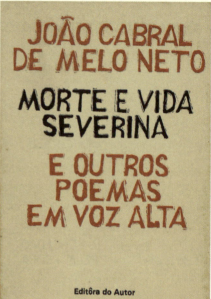

Capas de *Morte e vida severina*.

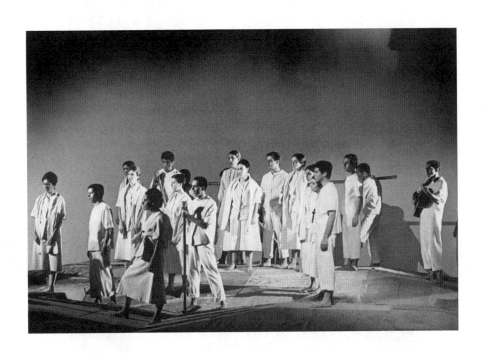

Cena de *Morte e vida severina*, montagem do Teatro da Pontifícia Universidade Católica de São Paulo (Tuca), premiada em abril de 1966 no Festival Mundial de Teatro Universitário de Nancy (França).

Posse de João Cabral na Academia Brasileira de Letras, em 6 de maio de 1969. Em seu discurso, o poeta homenageou o jornalista Assis Chateaubriand.

Com o governador de Pernambuco, Joaquim Francisco, em março de 1990.

Geir Campos, João Cabral, Manuel Bandeira e Lêdo Ivo, em 1955.

Lêdo Ivo, Stella, Leda (esposa de Lêdo) e João Cabral, no sítio
São João, na região de Teresópolis, anos 1970.

Com o diplomata Lauro Escorel, ao centro, e Stella, na Cidade do México, em 1981.

Com o poeta Ferreira Gullar, em setembro de 1987, na varanda do apartamento de João Cabral, na praia do Flamengo, Rio de Janeiro.

Com o crítico Antonio Candido, no badalado lançamento da *Obra completa* de João Cabral, em junho de 1994, em São Paulo.

[na página seguinte] João Cabral em março de 1991.

II.
Duas águas

Vinte e quatro de agosto de 1954. João Cabral estava na redação da *Última Hora*, onde passara a trabalhar como redator e comentarista internacional, na manhã do fatídico dia. Às oito horas e trinta minutos, com um tiro no coração, Getúlio Vargas suicidou-se no Palácio do Catete. O silêncio foi absoluto quando surgiu a notícia da morte, anunciada pelo *Repórter Esso*. O presidente, acuado, convertera em fato a manchete dada no dia anterior pelo jornal de Samuel Wainer — "Só morto sairei do Catete!". Com esse gesto fatal, que muitos consideraram um golpe de mestre, transformou seu poder enfraquecido em um mito inabalável.

"Saio da vida para entrar na história", escreveu o presidente ao final de sua carta-testamento, reproduzida nas páginas da *Última Hora*. A frase também foi posta na abertura do obituário que João Cabral escreveu para a edição extra que circulou no mesmo dia. Partidário do governo, o jornal só tinha getulistas em sua redação. Ficaram todos baratinados com a notícia e, não fosse a frieza de João e do chefe de reportagem, Paulo Silveira — irmão de Joel Silveira —, a edição nem teria sido rodada. Naquele dia, porém, as máquinas não podiam parar. Uma multidão exaltada, vinda da Central do Brasil, se concentrou diante da sede do jornal. Havia filas de jornaleiros na boca das rotativas, à espera dos exemplares.

Foi com lágrimas nos olhos que Samuel Wainer pediu ao poeta que escrevesse o artigo. João tinha birra de Getúlio desde o período do Estado Novo, mas compôs às pressas o obituário. Intitulado "Um homem", celebrava a grandeza do sacrifício — palavra repetida três vezes — que vinha dar "à sua figura de político e de chefe popular uma autenticidade trágica". Publicado ao lado da carta de Vargas, o texto ressaltava que aquele testamento, além de comovente, mostrava ao povo brasileiro que seu líder havia tombado vítima dos "inimigos do Brasil", que sobre ele desencadearam "a sanha alugada de agitadores e demagogos desclassificados, sempre prontos a servir a seus propósitos de traição nacional e opressão dos humildes".

Getúlio Vargas já tinha um posto na História, ao lado dos grandes líderes populares do Brasil. Mas sua morte, autenticando a pureza de seus ideais nacionalistas e populares, vem colocá-lo naqueles lugares especiais que a História reserva para os grandes idealistas que reafirmam com a própria vida o sentido de sua ação, lugares onde já se encontram Tiradentes, Frei Caneca e Felipe dos Santos.

O artigo não trazia assinatura. Todavia, a referência a Frei Caneca, o herói pernambucano, não deixava dúvida quanto à identidade do autor. Para João Cabral, tomar a defesa de Getúlio, naquelas circunstâncias, não foi difícil. Os inimigos referidos em seu texto eram os políticos da União Democrática Nacional, a UDN, em especial o jornalista responsável pelo escândalo que causara sua própria ruína no Itamaraty. Desde a eleição, em 1950, Carlos Lacerda não dava trégua a Vargas em sua *Tribuna da Imprensa*, acusando-o de "gerente-geral da corrupção no Brasil". Com a mesma paixão, o presidente era defendido pelo jornal de Wainer, que faria até colar o apelido "Corvo" em Lacerda. Após o atentado sofrido pelo udenista no início de agosto, na rua Tonelero, a crise política se agravara, precipitando o trágico desfecho do dia 24.

"Só morto sairei do Catete!" A palavra de Getúlio se cumprira. Como o título da véspera já estava composto na oficina, Samuel Wainer tomou a decisão de reimprimi-lo. Poucas horas após o suicídio, rodou-se a edição histórica da *Última Hora*. Poeta de um número reduzido de leitores, João Cabral teve na ocasião a glória de ver um texto de sua autoria devorado por mais de 1 milhão de pessoas. Em pouquíssimo tempo, a comoção havia modificado por completo a opinião popular, que até a véspera era contrária a Vargas. "Mataram o velhinho", dizia-se em toda parte. O texto de João Cabral foi fixado em postes pela cidade. No fim do expediente, quando voltava para casa, em Botafogo, o poeta se sentou no lotação ao lado de um homem que, ao ler o obituário, não conteve o choro. A cena o deixou constrangido. Mesmo que o texto estivesse assinado, dificilmente alguém poderia apontá-lo como o autor. Ainda assim, encolheu-se no banco, com receio de ser reconhecido.

Fazia poucas semanas que João estava trabalhando na *Última Hora*. Após a prolongada estadia no Recife, o poeta tivera que continuar dando duro para sustentar a família. Além do emprego no jornal, outra fonte de renda de que se valeu na época foram as traduções. Arranjados por amigos como Joel Silveira, os trabalhos eram feitos clandestinamente, sem que seu nome aparecesse. Nem todas as encomendas eram simples, e algumas lhe exigiram bastante tempo e fôlego. Foi o caso da tradução de *A montanha dos sete patamares*, autobiografia do frade trapista Thomas Merton, de quase quinhentas páginas. No volume publicado em 1954 pela editora Mérito, o nome que constava como o responsável pela tradução era o de José Geraldo Vieira. Mas o verdadeiro tradutor — ou *ghost-translator* — tinha sido João Cabral de Melo Neto. Evaldo chegou a ouvir queixas do irmão a respeito do trabalho interminável, dizendo que não aguentava mais as religiosidades daquele frade.

Fundada em 1951, a *Última Hora* chamava a atenção por suas inovações gráficas, que constituíram um marco no jornalismo brasileiro. Outra inovação introduzida por Wainer foi a valorização dos profissionais, que recebiam salários três vezes superiores aos que eram pagos por outras redações. Era um jornal de sucesso, que atraía volumosas verbas publicitárias, o que só fazia aumentar a ira de Carlos Lacerda. Entre os colegas de João Cabral, estavam Otto Lara Resende, Vinicius de Moraes e Marques Rebelo, além de outros amigos. No final da tarde, João acompanhava Wainer e demais companheiros de redação nas idas ao bar Vermelhinho, na Cinelândia. Nas madrugadas, o endereço era outro: o restaurante Alcazar, na avenida Atlântica, em Copacabana. Nessas ocasiões, também sempre estava presente Rubem Braga.

Foi ainda na *Última Hora* que João Cabral comentou o aparecimento de uma novidade relevante no meio literário: o livro *A luta corporal*, do poeta maranhense Ferreira Gullar, cuja primeira versão também havia concorrido, no ano anterior, ao prêmio do IV Centenário. O texto era pródigo em elogios, mas se referia menos à arte poética do jovem autor do que à "arte da tipografia" observada por João no volume modesto, que o fazia lembrar suas edições inconsúteis de Barcelona. Segundo ele, o trabalho gráfico atestava uma compreensão correta do livro, não como objeto de adorno, mas como meio de transmissão de mensagens, subordinado ao texto. Essa compreensão, a seu ver, se justificava pela própria natureza das pesquisas levadas a cabo pelo estreante — experiências "ligadas à matéria da palavra", que ele associou aos *Caligramas*, de Apollinaire, e ao célebre *Um lance de dados*, de Mallarmé.

Ferreira Gullar morava havia poucos anos no Rio. Dividia um quarto com dois amigos numa modesta pensão situada perto do Palácio do Catete. A publicação do artigo de João Cabral o encheu de orgulho — sobretudo o comentário sobre a integração do poema na página, lembrando Mallarmé. Decidiu então visitar o mestre em seu apartamento em Botafogo. João o recebeu, mas na ocasião estava assustadíssimo. Enquanto conversavam, o tempo inteiro lançava os olhos para o corredor, querendo verificar se havia alguém escutando. Estava visivelmente traumatizado por tudo que acontecera.

O texto sobre *A luta corporal* saiu na "Conversa literária", uma das seções da página dedicada a livros na *Última Hora*. Quando obteve de Samuel Wainer permissão para fazer uma página literária aos sábados, Marques Rebelo anunciou que pretendia restaurar o clássico rodapé de crítica, desaparecido dos jornais cariocas. Para assiná-lo, escolheu um certo Reinaldo Dias, cuja identidade permaneceria em segredo. A razão, segundo Rebelo, era que assim ele estaria preservado de pressões e de pedidos. No longo texto de estreia, intitulado "Prestígio do rodapé", o crítico misterioso se apresentava como "provinciano" e "tímido".

João Cabral não gostou da escrita do tal Reinaldo Dias e, logo pela manhã, perguntou ao jornalista Mauritônio Meira, que ficara responsável pela página: "Como é que você pode lançar um crítico literário na sua página nessas condições? O cara escreve certo, mas escreve muito ruim. Ninguém entende nada. É uma moxinifada". No sábado seguinte, repetiu o protesto. O segredo, porém, não podia durar eternamente. Na terceira semana, revelou-se a identidade do crítico: Antônio Houaiss. João não podia mais espinafrar seu amigo íntimo e companheiro de infortúnio no Itamaraty. Passou então a elogiar o autor dos rodapés por sua inteligência e grande senso crítico. Algumas semanas depois, para seu maior constrangimento, a coluna seria dedicada a ele mesmo. Sem saber que fora alvo de zombaria, o signatário do texto, intitulado "As nascentes de *O rio*", encheria de louvores a poesia cabralina.

Noite fria em São Paulo. No quintal de sua residência modernista, o arquiteto Gregori Warchavchik armou uma imponente fogueira. Em torno das chamas se reuniam os convidados da festa — os participantes do Congresso Internacional de Escritores, realizado na Biblioteca Municipal entre os dias 9 e 15 de agosto de 1954 pela Comissão do IV Centenário. De repente, abandonando a seriedade dos debates, todos caíram na dança. Emílio Moura ensaiou passos de dança russa. Marques Rebelo exibiu poses complicadas. Já na roda do crítico português Adolfo Casais Monteiro, o clima era de Carnaval carioca. "Vi em festas muito maior número de escritores do que no salão da Biblioteca", relatou Lúcio Cardoso em maliciosa reportagem publicada na *Revista da Semana*.

Com efeito, a parte social esteve bastante animada, com passeios a Cubatão e Santos, visitas ao túmulo de Mário de Andrade e à residência de Oswald de Andrade, que, apesar de doente e acamado, teimava em ir aos encontros literários. Na casa de José Geraldo Vieira, uma recepção contou com a presença de estrelas internacionais, o poeta Robert Frost e o romancista William Faulkner, que em 1949 tinha recebido o prêmio Nobel. Houve um momento em que todos pararam para ver a entrada de duas jovens de beleza deslumbrante: Hilda Hilst e Lygia Fagundes Telles. Por conta das libações alcoólicas, Faulkner quase não participou do congresso. Só saía do quarto para se dirigir à patuscada dos salões paulistas e, mais de uma vez, teve de ser carregado até o luxuoso Hotel Esplanada, onde era visto tropeçando pelos corredores.

O *Diário Carioca* publicou uma fotografia de João Cabral de Melo Neto em São Paulo, conversando com Marques Rebelo e os poetas Emílio Moura e José Paulo Moreira da Fonseca. A Seção de Poesia foi a mais produtiva do congresso. Apresentada no dia 13 de agosto, sob o título "Da função moderna da poesia", a tese de João Cabral foi a mais comentada do evento. O crítico Mário da Silva Brito propôs sua aceitação como uma "valiosa síntese sobre o problema da comunicação suscitado pela cultura contemporânea", conforme ficou registrado nos anais do encontro. Para tornar o poema compatível com o leitor moderno, Cabral propunha tanto o uso de instrumentos dados pela ciência e pela técnica quanto o aproveitamento de gêneros antigos, como a poesia narrativa, da canção popular e da poesia satírica. Nesse novo ataque ao individualismo e ao lirismo elitista da Geração de 45, o poeta "apavorou", no dizer do redator de *Flan*, os herméticos poetas paulistas.

A defesa de uma "literatura brasileira", comprometida com a realidade social e dirigida a uma ampla comunidade de leitores, era um dos pontos pelos quais combatia João Cabral, desde que regressara ao país. Se o processo de natureza política a que ele respondia, afastado de suas funções no Itamaraty, aguçava seu temor de perseguição, nada era capaz de arrefecer seu ânimo para exaltar, tanto em artigos como em entrevistas, a temática social e o engajamento literário. A tese "Da função moderna da poesia" era o coroamento de um período de intensa atividade crítica. Em 1952, Cabral já dava como morto o movimento de 45, conforme declarou em depoimento a Eduardo Portella, publicado pelo *Diário de Pernambuco*. A causa mortis, segundo ele, era a falta de contato com o popular, com o mundo real, que também resultara na proliferação de "introspectivos abstratos". Na ocasião, lamentou que no Brasil os escritores desprezassem o leitor, escrevendo para as classes mais cultas da França e da Inglaterra.

Uma literatura realista e regionalista, nos moldes da que fora praticada na década de 1930, lhe servia de parâmetro na reformulação do seu projeto poético. Desejava fazer em poesia o que José Américo de Almeida, Jorge Amado e José Lins do Rego haviam feito no romance. Naquele momento, segundo ele, a literatura brasileira tinha vivido como "literatura", e não como clube de escritores. Era lamentável, em sua opinião, que tivesse ocorrido a "desintegração do romance pelo lirismo e pela vagueza psicológica". Em todos os gêneros, passara a predominar o lirismo, presente tanto nas fantasias arbitrárias de Murilo Rubião como nas pesquisas com a linguagem realizadas por Clarice Lispector, conforme observou no artigo "Esboço de panorama", publicado em abril de 1953 pelo tabloide *Flan*.

Em São Paulo, além de apresentar a tese "Da função moderna da poesia", o poeta tomou parte de uma discussão com o sociólogo francês Roger Bastide, cuja comunicação foi discutida por ele no texto "A América vista pela Europa", também incluído nos anais do evento. Outro vestígio de sua intervenção ficou gravado na "Declaração de princípios" elaborada pela Seção de Poesia, que serviu de base para o documento final dos escritores reunidos em São Paulo. Composto a seis mãos por João Cabral, Mário da Silva Brito e Péricles Eugênio da Silva Ramos, o texto manifestou a convicção de que as conquistas formais modernas seriam encaminhadas no sentido de "exprimir as grandes aspirações coletivas, a crença no ser humano e nos direitos do indivíduo".

Faulkner foi, naturalmente, a grande atração do evento. Depois de beber em excesso e causar escândalos, o autor de *O som e a fúria* se refez, andou pela cidade, deu entrevistas, provou pratos brasileiros e até visitou uma fazenda de café. Lamentou que não houvesse *corridas* de touros em São Paulo — ao contrário de João Cabral, admirava o famoso toureiro madrilenho Dominguín, cuja delicadeza o fazia lembrar Nijinski. Em sua conferência, disse que o Brasil era um país impressionante e que já se sentia paulista. Naquele mesmo dia, porém, no saguão do hotel, o romancista, de acordo com Lúcio Cardoso, em dado momento abriu os braços, foi até a janela e exclamou: "Como Chicago está diferente!".

A primeira edição do poema *O rio*, financiada pela Comissão do IV Centenário de São Paulo, veio a lume em setembro de 1954, um mês após o encerramento do Congresso Internacional de Escritores. Como a obra poética de João Cabral, até então publicada em pequenas tiragens, era ainda pouco conhecida, o lançamento foi cercado de muita curiosidade nos meios culturais. Nas semanas que o precederam, entre 22 de agosto e 5 de setembro, o suplemento literário do jornal *O Tempo*, de São Paulo, publicou na íntegra, "em primeira mão", os versos que compunham o longo discurso do Capibaribe.

Para João Cabral, além das agitações da vida literária, setembro trouxe ainda um acontecimento decisivo: a vitória judicial no processo administrativo do Itamaraty. O Supremo Tribunal Federal (STF) concedeu o mandado de segurança contra o ato presidencial que o pusera em disponibilidade sob a acusação de atividades comunistas. Dos cinco diplomatas acusados, o poeta foi o último a impetrar o pedido. O primeiro a tomar essa iniciativa, tão logo chegou da Grécia, foi Antônio Houaiss. Em vez de uma ação judicial ordinária, que se arrastaria por anos, Houaiss preferiu o mandado de segurança. Seguiram-no imediatamente Paulo Cotrim e Jatir de Almeida Rodrigues. Os três constituíram como advogados Evandro Lins e Silva, Sobral Pinto e Luís Gonzaga do Nascimento Silva, a quem coube a redação do pedido. Menos de uma semana depois, juntou-se a eles um quarto advogado, Victor Nunes Leal, defensor do diplomata Amaury Banhos Porto de Oliveira. O recurso tramitou no STF por se tratar de um ato arbitrário do presidente da República.

A princípio, João Cabral não quis acompanhar os colegas. Desesperado, preferiu se embrenhar em Pernambuco. Em julho, ao retomar sua vida no Rio, surpreendeu-se com a decisão dos ministros do Supremo, que, por unanimidade, votaram a favor dos quatro diplomatas, alvos de um processo no qual seu nome figurava como o principal acusado. O autor do parecer, Orozimbo Nonato, foi convencido pela argumentação dos advogados a respeito da inconstitucionalidade da pena imposta. A disponibilidade inativa, sem vencimentos, muito aplicada após a Revolução de 1930, era uma punição contrária tanto à Constituição de 1946 como ao Estatuto dos Funcionários Públicos. Ambos garantiam aos servidores a liberdade de manifestação de pensamento e proibiam a privação de direitos por motivo de convicção política, filosófica ou religiosa. O arquivamento do inquérito policial no Dops comprovava a inexistência de acusação. Mas bastaram as falhas do processo, no qual fora desrespeitado até o elementar direito de defesa, para que o Supremo inocentasse os réus e lhes garantisse a reintegração em seus cargos.

Após a vitória dos companheiros de infortúnio, João Cabral se meteu em brios e fez idêntica solicitação ao STF. O recurso foi protocolado em 20 de julho, com a assinatura do advogado Galba Menegale. Este, seguindo os passos dos colegas, contestou a legalidade da pena e argumentou que professar ideologia não poderia ser considerado crime. Disse que seu cliente fora vítima de "meras e cerebrinas ilações", que tomavam por base supostas tentativas de subversão, sem que nenhum ato fosse comprovado. Nas palavras de Menegale, a acusação feita ao réu, de tentar submeter o território nacional a uma potência estrangeira, era tão grandiosa e violenta, exigindo tal esforço bélico, que dificilmente "essa operação infernal, mais que vulcânica", estaria subordinada a um plano que consistia em publicações relativas ao Brasil. Também considerou um disparate supor que um "plano terrificante" como aquele pudesse ser revelado de modo tão displicente, numa carta escrita com boa letra e português claro. Ao final, estampou uma afirmação categórica: "João Cabral de Melo Neto não professa a ideologia comunista". Seu perfil, segundo definiu o advogado, em desacordo com a realidade, era o de um escritor "imaginativo" e "apolítico" — um "poeta desinteressado".

O STF, novamente por unanimidade, concedeu a João Cabral o mandado de segurança. Tomando por base a decisão anterior da corte, o relator, ministro Luís Gallotti, reiterou que o processo administrativo estava cheio de falhas e que a pena aplicada não era prevista em lei. Na expressão de Evandro Lins e Silva, tratava-se de um "pontilhado de ilegalidades", tanto mais inaceitável por ter a acusação se alimentado de uma fonte espúria, ou melhor, de uma criminosa violação de correspondência.

O Itamaraty foi obrigado a engolir de volta os "cinco cavaleiros do Apocalipse", na expressão sarcástica do advogado, mas não o fez de imediato. Apenas no final de novembro, quase três meses depois, saiu o decreto presidencial anulando a "disponibilidade inativa sem vencimento" que vigorava desde março de 1953. Ao todo, foram vinte meses de afastamento.

No artigo "A volta de João Cabral de Melo Neto", escrito para *O Jornal*, José Lins do Rego comemorou a readmissão, afirmando que o amigo "não podia ser o perigoso monstro que ameaçava a integridade do Estado". Tendo sofrido muito com a medida ditatorial, ele se mantivera sempre discreto, segundo o romancista, não se degradando em baixezas e delações.

"O poeta há de ter sangrado com o gesto de tanta repercussão. Não é de seu feitio a notoriedade feita aos gritos e a gestos de drama."

De volta à Secretaria de Estado, João foi mais uma vez lotado na Divisão Cultural. Em 1º de janeiro de 1955, o *Diário de Notícias* publicou uma reportagem intitulada "Escritores e ambições para 1955", com a assinatura de Eneida. Ao participar da enquete, João respondeu curto e grosso: "Quero um bom posto". Começava ali outra espera, uma nova ansiedade.

Além da recondução ao ministério, outra boa notícia, também longamente esperada, foi a publicação dos *Poemas reunidos* pela editora Orfeu, de Fernando Ferreira de Loanda. Organizador do *Panorama da nova poesia brasileira*, o poeta nascido em Angola era também sócio de uma fábrica de sabão, o que lhe dava a posição de integrante mais rico da Geração de 45. João morava ainda em Londres quando Lêdo Ivo, em nome do editor, lhe apresentou o projeto de reunir num único volume todos os seus livros de poesia. A princípio, ele hesitou, perguntando ao amigo se valia a pena publicar aquela "versalhada defunta". Mas logo depois aceitou a proposta. Julgou que fazer o livro e encerrar o tipo de poesia que havia começado a escrever em 1940 equivaleria a "lavar a alma para novas aventuras".

Em novembro de 1951, João enviou pelo correio os originais. Intitulado provisoriamente de *Poesias*, o volume incluía *Os três mal-amados*, ainda não publicado em livro, e introduzia mudanças. De *Pedra do sono*, foram excluídos seis poemas, qualificados como *hopeless*, e todos os títulos "que não ajudavam nada". Na "Fábula de Anfion", o autor acrescentou legendas à margem dos versos; na "Antiode", um subtítulo; e, em *O cão sem plumas*, juntou títulos aos capítulos — tudo isso com o objetivo de esclarecer passagens que haviam recebido interpretações "fabulosas". A carta a Lêdo Ivo continha ainda uma série de recomendações para a impressão, que o poeta chamou de "rabugices de tipógrafo".

Em março de 1952, a imprensa começou a noticiar o projeto da Orfeu de reunir os livros de João Cabral, até então publicados apenas em edições com tiragem limitada e fora do comércio. Em agosto, ao retornar ao Brasil, o poeta disse que a edição seria feita com "certa melancolia", em vista da sua numericamente escassa literatura. A respeito do acréscimo dos títulos à margem dos poemas, o *Diário Carioca* informou que o poeta desejava assinalar, com isso, "o abandono da poesia pura e a consequente passagem para a linha da poesia impura". Entretanto, os originais ficaram parados nas mãos de Fernando Ferreira de Loanda. Apenas em novembro de 1954 o volume apareceu nas livrarias, apresentando nas orelhas fragmentos de textos de Gilberto Freyre, Antonio Candido, Álvaro Lins e Sérgio Buarque de Holanda, entre outros críticos do Brasil e de Portugal. Concebida pelo próprio poeta, a capa não tinha imagens. Trazia apenas o título *Poemas reunidos* e o nome do autor grafados em vermelho, intercalados pelos títulos dos livros, apresentados em cor preta, com fonte menor.

Na ocasião, Rubem Braga publicou na revista *Manchete* o mais completo perfil biográfico de João Cabral até então escrito. "Diremos, para terminar, que o cefalálgico João, magro, pequeno e nariguido, é uma das grandes forças de nossa poesia e quem duvidar leia *Poemas reunidos*, que acabam de sair na Edição Orfeu", pontificou o cronista.

Alguns meses depois, o livro recebeu o prêmio da Academia Brasileira de Letras. A tarefa de anunciá-lo coube a Manuel Bandeira, então secretário-geral da entidade, que também fizera parte da comissão julgadora. Em seu voto, o relator Cassiano Ricardo observou que, contrariamente ao Modernismo ortodoxo, que condenava o poema explicativo, a "minúcia didática" do autor promovia uma "aliança entre o lírico e o lógico, entre o obscuro e o claro". Desde quando morava em Londres, Cabral já sabia, por intermédio de Lêdo Ivo, da verdadeira paixão que por ele nutria Cassiano.

Isabel era o nome de uma célebre fazendeira de Pernambuco que foi amiga do cangaceiro Antônio Silvino. João Cabral, porém, nem se lembrou da tia-avó ao batizar a segunda filha, nascida no Rio em 31 de janeiro de 1955. O que motivou a escolha foi simplesmente a beleza do nome, sua "forma bem portuguesa". Com Isabel, subia para quatro o número de filhos, num período em que a vida estava ainda difícil e desorganizada.

Na data do nascimento, João se encontrava no Recife. A viagem foi um presente do colega Afonso Arinos, que na ocasião trabalhava no gabinete do presidente Café Filho. Frequentador do Palácio do Catete, o governador de Pernambuco, Etelvino Lins, convidara Afonsinho para assistir à posse do seu sucessor, presenteando-o com duas passagens aéreas. Uma delas foi oferecida a João Cabral. O poeta aceitou o convite para acompanhá-lo, mas sob a condição de que o amigo se hospedasse na casa dos seus pais.

Para Afonso, a estadia em Pernambuco — os cafés da manhã com beiju e tapioca, os passeios a Olinda, a Guararapes, ao sítio de Luiz Cabral em Carpina, dos quais também participava Evaldo — foi de puro encantamento.

Na visita ao engenho Massangana, onde Joaquim Nabuco passou a infância, tiveram a companhia de Carlos Pena Filho. Na praia de Gaibu, do alto de um penhasco, o jovem poeta recitou para eles sua "Ode ao Recife". Fizeram ainda uma excursão a João Pessoa, a fim de entregar a José Américo de Almeida, então governador da Paraíba, um exemplar do poema *O rio*. O escritor os recebeu, com a bisneta no colo, na sua casa de praia em Tambaú.

Por conta do livro premiado, João ganhou um jantar em sua homenagem no Iate Clube do Recife. Na volta para casa, caminharam pelas ruas desertas da cidade, acompanhados pelo pintor Aloísio Magalhães, primo de João Cabral. Quando partiram de volta ao Rio, o poeta deu explicações ao visitante sobre a geografia do Recife, cuja vista se ampliava à medida que o avião ganhava altitude. Alguns anos depois, dedicaria a Afonsinho o poema intitulado "De um avião".

Na eleição presidencial de 1955, Etelvino Lins foi o candidato da UDN. A despeito de ter sido alvo da perseguição dos udenistas, João Cabral apoiou publicamente a candidatura, ao lado de José Lins do Rego, Cícero Dias, Lêdo Ivo e outros nordestinos. No meio da campanha, porém, o ex-governador de Pernambuco resolveu sair da disputa, vencida por Juscelino Kubitschek.

Naquele mês de outubro, de férias no Itamaraty, o poeta voltou mais uma vez ao Recife, onde passou um mês. Na ocasião, o pernambucano *Diário da Noite* publicou os versos inéditos do "Pregão turístico do Recife". O poema de João Cabral foi também editado em formato de cartaz, com ilustrações em cores e texto caligráfico de Aloísio Magalhães, que dele fez uma tiragem de vinte exemplares.

Recém-chegado de Paris, Aloísio foi um dos fundadores da oficina artesanal O Gráfico Amador, uma das experiências mais importantes do campo das artes gráficas no Brasil. "Louvados sejam os tipógrafos e impressores de pequena tiragem", escreveu Drummond no *Correio da Manhã*, em maio de 1955, ao receber os primeiros volumes editados: dois livros de poesia — *As conversações noturnas*, de José Laurenio de Melo, e *Ode*, de Ariano Suassuna — e o conto *Macaco branco*, de Gastão de Holanda. A estreia do grupo ocorrera no ano anterior com o livro de Laurenio, que teve cada um dos cem exemplares "decorado a mão" por Aloísio Magalhães. Nas palavras de Drummond, tratava-se de um "desperdício de beleza".

Foi com o objetivo de editar seus próprios projetos literários, sob cuidadosa forma gráfica, que os rapazes de O Gráfico Amador resolveram criar a tipografia manual em maio de 1954. "Estávamos plenos de lirismo mas sem vintém", relatou Gastão de Holanda. Tampouco dispunham, a princípio, de conhecimentos técnicos. Mas tiveram a sorte de aprender com João Cabral, que naquele período vivia no Recife e frequentava as reuniões do grupo. A ele ficaram devendo o primeiro impulso e a iniciação nas técnicas de composição e impressão. João também os aconselhou na compra de máquinas e tipos.

Já no primeiro volume lançado por O Gráfico Amador, ficou patente a influência exercida por João Cabral. *As conversações noturnas* era também um livro inconsútil, a exemplo dos que o poeta confeccionara em Barcelona. Mas as 27 obras impressas pela oficina em seus quase oito anos de existência teriam características bem distintas. Além dos cadernos soltos, havia também capas coladas sobre costura simples, livros sanfonados e volumes sem sequência lógica. Estava aí a graça daquelas edições manuais, de alto valor artístico: cada livro constituía uma experiência diferente.

Fazia tempo que os rapazes de O Gráfico Amador se conheciam e agitavam a vida cultural recifense. A verdadeira origem da oficina tipográfica fora o Teatro do Estudante de Pernambuco, criado em 1946 por alunos da Faculdade de Direito, sob a liderança do dramaturgo Hermilo Borba Filho. O grupo tinha o projeto de apresentar espetáculos para os habitantes dos bairros mais pobres. As peças tratavam de "assuntos do povo" e bebiam na fonte do cancioneiro popular e da literatura de cordel. Aloísio era o responsável pela confecção dos figurinos, dos cenários coloridos e dos bonecos inspirados nos mamulengos. Na época, os estudantes tiveram já uma primeira experiência editorial, publicando livros de Hermilo, Laurenio e Gastão.

Em 1948, o grupo realizou um concurso de peças, vencido por Ariano Suassuna, com o texto *Uma mulher vestida de sol*. Quando visitou o Recife, Murilo Mendes ficou impressionado com o jovem dramaturgo, que descreveu como "um rapaz vivíssimo, de notável capacidade criadora". João e Ariano rapidamente fizeram amizade. O primeiro encontro ocorreu num evento sobre poesia, organizado por Evaldo. O dramaturgo deu uma aula sobre o romanceiro popular e, a certa altura, leu um folheto de cordel no qual havia um fragmento que dizia: "Os ossos do boi Espácio/ dão mil pares de botão". João achou os versos maravilhosos. Sempre que saíam juntos, ele escutava às gargalhadas as histórias contadas por Ariano. Eram, porém, muito diferentes. Enquanto um adorava o improviso e a cena lúdica, o outro não se permitia nenhuma espontaneidade. A música, pela qual Suassuna era apaixonado, em Cabral despertava horror. Um dia o poeta lhe mostrou um poema que possuía dois versos de ritmo quebrado. Ariano apontou o problema, pensando que iria ajudá-lo, e se surpreendeu ao ouvir a resposta: "Quebrei de propósito".

Com efeito, João gostava do verso metrificado, encarando-o como uma motivação para escrever com disciplina. Mas havia assimilado uma lição de Joaquim Cardozo: "A gente não metrifica numa medida, a gente metrifica em volta duma medida". A metrificação em sete sílabas significava, na verdade, criar versos entre seis e oito sílabas. Se a chamada redondilha maior, recorrente no cancioneiro e no cordel, era um verso fácil e espontâneo, o que lhe importava, então, era evitar a todo custo a acentuação interna regular. Era o que estava começando a experimentar na escrita de *Morte e vida severina*, poema dramático que, a exemplo das produções do Teatro do Estudante de Pernambuco, era diretamente inspirado na cultura popular nordestina.

Tudo começou com o convite inusitado de Maria Clara Machado. Depois do sucesso da peça *A sapateira prodigiosa*, a diretora de O Tablado pediu que ele escrevesse para o grupo um auto natalino. João Cabral ficou surpreso. Não sendo católico, como Stella, ou como os "poetas em Cristo", que dele só mereciam desprezo, como poderia atender a tal solicitação?

O Tablado, inicialmente um grupo de teatro adulto, acabou se transformando em renovador do teatro infantil brasileiro. Em 1953, no mesmo ano em que montou o texto de García Lorca, a filha de Aníbal Machado escreveu e encenou sua primeira peça para crianças. *O Boi e o Burro a caminho de Belém* contava a história do nascimento de Jesus do ponto de vista dos animais domésticos, personagens corriqueiros em qualquer presépio. Dois anos depois, a autora escreveria seu maior sucesso no gênero, a peça *Pluft, o fantasminha*. Com a encomenda dirigida a Cabral, parecendo indicar que não ficara satisfeita com seu próprio texto natalino, Maria Clara acabou sendo responsável pelo nascimento de uma das obras mais importantes da dramaturgia brasileira.

Na visão do poeta, o teatro, por atender à necessidade de comunicação com o público, poderia ser um meio de realizar o ideal que ele vinha defendendo em seus artigos e entrevistas. O convite de O Tablado despertou a lembrança do livro *Folk-lore pernambucano*, publicado em 1908 por Francisco Pereira da Costa, que trazia um capítulo sobre os autos de Natal do século XIX em Pernambuco. A representação era chamada de pastoril, termo que posteriormente adquiriu outro significado. Apresentado diante de presépios, o auto encenava a visita dos pastores ao estábulo de Belém. João tomou de empréstimo várias sugestões dos antigos pastoris. *Morte e vida severina* seria sua primeira e única experiência literária com o folclore. Não desejava ser um folclorista, mas acreditava que nas formas da cultura popular nordestina poderia estar a solução para muitos dos problemas então enfrentados pela literatura erudita.

Na primeira parte, composta de treze jornadas, a peça descrevia as atribulações de Severino em sua viagem do sertão até o Recife, paralela ao percurso do Capibaribe, "caminho do mar", narrado em *O rio*. Para o retirante, deixar a terra de origem significava cultivar a esperança de "aumentar a curta braça de vida". Contudo, ao longo de toda a viagem, o que lhe acontecia era uma série de encontros com a morte. Numa das passagens mais importantes, diante do enterro de um trabalhador do eito, o auto expunha a triste realidade dos sertanejos explorados: "— Essa cova em que estás,/ com palmos medida,/ é a conta menor/ que tiraste em vida./ — É de bom tamanho,/ nem largo nem fundo,/ é a parte que te cabe/ deste latifúndio".

Na sucessão das etapas da viagem, a morte, sempre presente, assume formas variadas. Por fim, na chegada ao Recife, Severino ouve o sinistro diálogo dos coveiros a respeito da ilusão dos sertanejos que, sonhando achar moradia e trabalho, encontram na cidade apenas cemitérios: "— Não é viagem o que fazem,/ vindo por essas caatingas, vargens;/ aí está o seu erro:/ vêm é seguindo seu próprio enterro". O retirante percebe que a viagem foi inútil. Pensa em se matar, mas é impedido pela entrada em cena de outro personagem, José, mestre carpina, morador dos mocambos. Começa, então, a segunda parte, o auto natalino propriamente dito, dividida em cinco jornadas. Após a sequência de encontros com a morte, o nascimento do filho de José traz a revelação da vida, mesmo em situação adversa.

Nessa segunda parte, que acompanha a sequência dos pastoris — o nascimento, a louvação, as oferendas, a predição das ciganas, o louvor às belezas do menino —, João Cabral chegou a reproduzir versos citados por Pereira da Costa. Apesar do tom alegórico e da linguagem poética, o auto impressionava por seu realismo. Na fonte dos pastoris, o poeta introduziu o conteúdo e a cor local de Pernambuco, a exemplo do que fazia, com as histórias de Trancoso, a velha Totonha de *Menino de engenho*. Ao mesmo tempo que celebrava a cultura popular, o "auto de Natal pernambucano" subvertia a tradição ao pôr em cena, de modo crítico, a realidade miserável do povo nordestino, tendo por base a literatura regionalista produzida na década de 1930. O que João fazia, conforme lhe disse na época Cassiano Ricardo, era tirar partido em poesia dos temas praticados por José Lins do Rego, Graciliano Ramos e Rachel de Queiroz. Com *Morte e vida severina*, ele acreditava ter fechado em verso uma fase do romance do Nordeste.

O realismo cabralino não representava, contudo, apenas o resgate de um período literário anterior, pois atendia a urgentes solicitações do presente. As temporadas vividas pelo poeta em Pernambuco coincidiram com a explosão de conflitos entre latifundiários e trabalhadores. Em janeiro de 1955, foi criada em Vitória de Santo Antão, na fronteira do Agreste com a Zona da Mata, a primeira liga camponesa do Nordeste. Cento e quarenta famílias ocuparam terras do engenho Galileia, que estava de "fogo morto". Liderado pelo advogado Francisco Julião, esse primeiro núcleo das lutas camponesas se transformou em símbolo da campanha pela reforma agrária. *Morte e vida severina* surgiu, portanto, no momento em que a questão da posse da terra estava na ordem do dia.

Quando o poeta entregou o texto a Maria Clara Machado, não foi pequena a decepção. A princípio, a diretora de O Tablado não disse nada. O tempo foi passando e João não recebia notícia alguma a respeito da montagem. Ao comentar, enfim, o poema, Maria Clara disse não se achar à altura de encenar um texto tão complexo. Alegou também que O Tablado não tinha os recursos técnicos necessários para a montagem. Em face do ousado e bem-sucedido repertório do grupo, tal argumento soava como desculpa esfarrapada. A verdade era que o trabalho não fora considerado um autêntico auto de Natal — não tinha presépio com burrinhos e bois, nem reis magos, nem o menino Jesus, de maçãs rosadas, deitado na manjedoura. Era um auto pernambucano, escrito com uma perspectiva realista e materialista. Aos olhos da dramaturga, parecia uma representação muito cruel da vida nordestina.

Uma das provas da complexidade de *Morte e vida severina* estava no aproveitamento das fontes ibéricas. Com o intuito de homenageá-las, o autor incluiu uma série de transposições e referências. Os monólogos do retirante provinham do romance castelhano. Os cantadores de "incelenças" eram típicos do Nordeste. A cena do enterro na rede foi inspirada na tradição catalã, e a mulher da janela, no folclore português. Da balada do conde Arnau, mito catalão, o poeta extraiu o fragmento "A quem estais carregando,/ irmãos das almas". Já a conversa de Severino com o mestre carpina, que precede o nascimento da criança, seguia o modelo da tenção galega, dialogada sempre com a reiteração dos nomes dos interlocutores. João Cabral considerava um privilégio, para o escritor latino-americano, receber um quinhão da herança ibérica. Era tão fiel a essa tradição que, em vez de construir sua poesia de inspiração popular com os esquemas estróficos e rítmicos do cordel, que achava muito complicados, deu preferência aos versos pareados do *romancero* e da poesia primitiva espanhola.

A aproximação com as letras ibéricas foi um traço significativo da literatura brasileira nos anos 1950. Além do *Romanceiro da Inconfidência*, publicado por Cecília Meireles, as criações do Teatro do Estudante de Pernambuco buscavam as mesmas raízes. Em 1955, ano em que João Cabral terminou seu auto natalino, Ariano Suassuna escreveu seu *Auto da Compadecida*, que o consagraria como a expressão mais viva do novo teatro do Nordeste. João estava ao lado dos integrantes de O Gráfico Amador na primeira audição da peça. Quando Ariano concluiu a leitura, o poeta lançou de chofre a pergunta: "Me diga uma coisa, você se desconverteu?". O amigo correu a explicar que não tivera a intenção de falar mal da religião, mas apenas apontar o que estava errado nas pessoas que faziam parte da Igreja.

Dois autos, duas tentativas de construção de um teatro do povo, ambas baseadas na combinação do folclore nordestino com a literatura ibérica. Fora dessa convergência, no entanto, tudo o mais parecia diferente na comparação entre as obras de Suassuna e Cabral. O sertão de *Morte e vida severina* era a paisagem seca dos romances de 1930, ao passo que as produções do Teatro do Estudante de Pernambuco exibiam um universo mítico, fabuloso. Longe da representação "sociológica" da pobreza nordestina, o que elas buscavam era uma visão "poética" dessa mesma realidade. O trabalho realizado no *Auto da Compadecida* consistia, de acordo com Ariano, em teatralizar as histórias populares dos folhetos de cordel. Já o auto cabralino era um poema dramático, inteiramente baseado na invenção poética do autor. Daí porventura sua maior dificuldade para atingir o povo, algo que a obra de Suassuna fazia muito bem. A despeito dessas diferenças, o poeta reconheceu a importância do contato que estabeleceu no Recife com os jovens autores nordestinos, cujo trabalho estava próximo do que ele começava a procurar.

Numa de suas inúmeras conversas, Ariano mencionou uma frase que ouvira na infância. No sertão, se alguém encontrava na estrada um homem morto, tinha o dever religioso de chamar outras pessoas para o enterro, gritando assim: "Chega, irmão das almas, não fui eu que matei não".

A obrigação era maior ainda se o sujeito tivesse sido assassinado. João gostou tanto da frase que acabou por inseri-la logo na abertura de sua peça, na rubrica da cena em que dois homens carregam um defunto na rede. Nessa mesma passagem, o poeta aproveitou uma anedota ouvida na Espanha. Diziam que Franco mandava fuzilar seus inimigos na cidade de Sória, ao norte do país. Uma vez um condenado se virou para as pessoas que iriam executá-lo e disse: "Puxa, como faz frio neste lugar". Um dos soldados então respondeu: "Sorte tem você, que não precisa fazer o caminho de volta". A frase perversa também foi parar no texto de *Morte e vida severina*: "Mais sorte tem o defunto,/ irmãos das almas,/ pois já não fará na volta/ a caminhada". Essas pitadas de humor ácido, a par de outras crueldades, decerto contribuíram para atemorizar a autora de *O rapto das cebolinhas*.

Com o retorno ao Itamaraty, interrompeu-se a lida no jornalismo, mas não o convívio das redações. Por razões diversas, o nome de João Cabral também estava sempre presente na imprensa. Para os que levavam a sério sua figura de poeta-diplomata, uma aparição surpreendente foi a que se deu na coluna esportiva "As orelhas ardem", que Everardo Guilhon, secretário de redação do *Diário Carioca*, assinava com seu apelido Super XX. Famoso por seu espírito alegre e irreverente, o colunista costumava publicar fotos de mulheres em poses sensuais, acompanhadas de quadrinhas toscas, atribuídas a João Cabral de Melo Neto. Primeiro a brincadeira envolveu a atriz Núcia Miranda, vedete de teatro e de musicais da Atlântida que em 1954 foi eleita Miss Objetiva 54: "Com a camisa do 'Maior',/ estou mostrando minha classe,/ neste concurso pra 'Miss',/ não há ninguém que me passe".

Outro alvo das homenagens, sempre com poemetos "assinados" por João Cabral, foi uma misteriosa "moça de óculos". Em janeiro de 1956, a suposta colaboração rompeu com o modelo da quadra e recuperou um antigo sabor drummondiano: "O telefone./ Atrás, muito atrás, os óculos da moça./ A janela não traz a sua presença./ O contínuo serve café me chamando à vida./ Como está errado este mundo, meu Deus!".

A série de brincadeiras não incluiu apenas o poeta, mas também seu filho Luís, então com cinco anos, que em casa dava sinais de gostar de escrever. A pedido de Everardo Guilhon, nas páginas de outro jornal, o *Diário da Noite*, foi divulgada uma quadra "de autoria do poetinha Luís Cabral de Melo Neto": "Futebol é que é um jogão/ Poesia é com papai/ Eu sou é pelo Guilhão/ Que não cai, não vai, não sai...".

Em março, o *Diário Carioca* noticiou que João Cabral, torcedor do América, chegara correndo à redação. Agitava na mão um recorte da *Última Hora* com a fotografia da torcida do Fluminense empunhando um cartaz com os versos: "Sua bandeira foi queimada./ Não foi de coração./ Temos esperança./ Você ser campeão". De acordo com a nota, João Cabral espumava de raiva, exigindo que o jornal publicasse seu protesto, que seria também o de outros poetas, como Vinicius e Drummond, contra aqueles versos malfeitos. A respeito dos versinhos de igual cepa que lhe foram atribuídos e das brincadeiras que atingiam seu nome, não disse, porém, nenhuma palavra.

Duas águas, a primeira reunião efetiva das obras completas de João Cabral, chegou às livrarias em março de 1956. Fazia dois anos que o editor José Olympio pretendia publicar o livro, a exemplo do que realizara com o conjunto da poesia de Manuel Bandeira e Carlos Drummond de Andrade. "Hoje, nas livrarias, outro grande da poesia", dizia o anúncio publicado na imprensa. Em 270 páginas, o volume *Duas águas* reunia nove livros de poemas. Aos que haviam sido publicados entre 1942 e 1953, foram acrescidos três inéditos: *Paisagens com figuras*, *Uma faca só lâmina* e *Morte e vida severina*. Contrariando a praxe, que era seguir a ordem cronológica, o autor preferiu começar o volume com a produção mais recente, sob a alegação de que "o mais atual é mais presente e mais vívido".

Dos dezoito poemas de *Paisagens com figuras*, escritos entre 1954 e 1955, metade foi dedicada à Espanha. Composições sobre paisagens da Catalunha e de Castela alternam-se com poemas que tratam dos amigos Joan Brossa e Enric Tormo ou de figuras admiradas por Cabral, como o toureiro Manolete e o poeta Miguel Hernández. Conforme já indicavam *O rio* e *Morte e vida severina*, enraizados em formas e ritmos ibéricos, a presença da Espanha aqui se fez também estilisticamente. O uso da rima toante, mais tradicional na poesia espanhola do que na de língua portuguesa, se tornou sistemático. À paisagem pernambucana foram consagrados poemas como "Pregão turístico do Recife", "O vento no canavial" e "Vale do Capibaribe", além de uma série sobre cemitérios pernambucanos. Nesse conjunto multifacetado persistiam a inspiração popular e a inclinação para a denúncia social.

Caso inteiramente distinto foi o do poema *Uma faca só lâmina*, que teve sua primeira publicação no *Jornal de Letras*, em setembro de 1955. Embora sua escrita tenha sido simultânea à do auto de Natal, os dois poemas diferiam pela relação que estabelecem com o leitor. A linguagem denotativa e comunicativa de *Morte e vida severina* guardava uma enorme distância da forma hermética de *Uma faca só lâmina*. "Assim como uma bala/ enterrada no corpo,/ fazendo mais espesso/ um dos lados do morto;// assim como uma bala/ do chumbo mais pesado,/ no músculo de um homem/ pesando--o mais de um lado", escreveu o poeta na abertura da composição. Em sua página no Suplemento Dominical do *Jornal do Brasil*, Mário Faustino considerou o poema incomparável, conhecendo "seus iguais, porém não seus superiores, em língua portuguesa". *Duas águas*, para o jovem poeta, seria o grande momento poético de 1956.

Já o crítico Renato Jobim, do *Diário Carioca*, achou *Uma faca só lâmina* longo e monótono: "Atenuaria o poeta a má impressão que causa o poema se o reduzisse à introdução e ao final em grifo, pois o que lhe fica no meio é apenas o desdobramento circular do seu sentido". Muitos viram na composição o propósito de definir a conduta poética e explicar o estilo de João Cabral. Essa interpretação não foi, contudo, endossada pelo autor. O poema, segundo ele, tratava da obsessão como uma espécie de instrumento da lucidez. A essa obsessão, que podia ter qualquer natureza, se vinculavam, afinal, as metáforas da bala, do relógio e da faca, desdobradas ao longo do poema. Para facilitar a compreensão dos leitores, posteriormente ele tomaria a resolução de acrescentar, entre parênteses, um subtítulo: *Serventia das ideias fixas*.

De acordo com João Cabral, o terceiro livro inédito só entrou na primeira arrumação de suas obras completas porque o volume estava pequeno. Decepcionado com a recusa de Maria Clara Machado, o poeta resolveu engavetar *Morte e vida severina*. Sem dar ouvidos aos elogios de Afonso Arinos, Otto Lara Resende, Ferreira Gullar e outros que chegaram a ler os originais, passou então a acusar reiteradamente os defeitos do texto. Escrito por encomenda, em prazo curto, o auto de Natal, segundo ele, tinha saído às pressas e destoava de seus demais poemas, exaustivamente trabalhados. Era sua obra menos realizada, "a mais escrita na perna", de maneira relaxada. Diria ainda que sua ideia era fazer correções ao longo dos ensaios, que naquela altura não aconteceram. E que estava, afinal, escrevendo para teatro, em busca de uma comunicação imediata, o que exigia uma linguagem mais simples e diluída. Mas a peça resultara tão ruim, segundo o poeta, que nem a diretora de O Tablado quisera encená-la.

Os defeitos de fatura atribuídos a *Morte e vida severina* eram os mesmos que haviam marcado a composição, também apressada, de *O rio*. Se o auto dali por diante seria um eterno objeto de desprezo, sua atitude diante do poema anterior — o segundo da série chamada pelos críticos espanhóis Ángel Crespo e Pilar Gómez Bedate de "tríptico do Capibaribe" — seria, contudo, muito diferente. Em inúmeras ocasiões, o poeta confessaria ter um fraco pelo livro *O rio*, que considerava muito mais inovador. Mesmo "grosseiro" e "mal-acabado" — ao ser incluído em *Duas águas*, sofrera muitas modificações —, *O rio* seria apontado como sua obra favorita. Já *Morte e vida severina* era simplesmente um livro ruim e ponto-final. E só teria sido publicado porque seus mais de 1200 versos ajudaram a engrossar o volume das poesias completas.

Para a inclusão do auto natalino, como poema, em *Duas águas*, foram necessárias adaptações, como a supressão das marcações de falas e movimentos dos atores. A tipografia típica dos textos teatrais, que o poeta julgava muito feia, foi substituída por simples traços, indicando a alternância dos interlocutores, e títulos que apresentavam o assunto e os personagens de cada cena. Compridos e elucidativos, a exemplo dos que eram postos no princípio dos capítulos de livros antigos, como *Dom Quixote*, esses títulos dispensavam o uso repetitivo dos parênteses e das rubricas. Munidos da explicação inicial, os leitores não teriam problemas para identificar a quem pertenciam as falas. Apresentada em forma literária, a peça se tornou ainda mais distante de sua origem cênica. Não era um poema adaptado para o palco, como muitos depois pensariam. No dizer do autor, era "uma peça de teatro desadaptada para o teatro".

O título *Duas águas* foi uma sugestão de Aníbal Machado, a quem João dedicou, em contrapartida, os poemas de *Paisagens com figuras* — além dessa dedicatória, o escritor ficou devendo ao poeta o estímulo para retomar a escrita de *João Ternura*, seu lendário romance de caráter autobiográfico, escrito ao longo de décadas e concluído apenas em seus últimos anos de vida. O revisor contratado por José Olympio pensou que o título fosse uma referência aos dois rios recifenses, o Beberibe e o Capibaribe. Só entendeu o significado ao ler a explicação contida na orelha: "*Duas águas* querem corresponder a duas intenções do autor". O livro reunia, de um lado, "poemas para serem lidos em silêncio", que exigiam concentração e releitura, e, do outro, "poemas para auditório", destinados a uma comunicação múltipla — estes, "menos que lidos, podem ser ouvidos". Em suma, o poeta desejava alternar "o esforço de melhor expressão com o de melhor comunicação". A capa do volume, feita somente com as cores verde e preta, estampava o desenho simplificado de uma casa com telhado de duas vertentes.

À primeira água pertenciam os livros *Uma faca só lâmina*, *Paisagens com figuras*, *O cão sem plumas*, *Psicologia da composição*, *O engenheiro* e *Pedra do sono*, apresentados nessa ordem. Na segunda água foram incluídos *Morte e vida severina*, *O rio* e *Os três mal-amados*. Obviamente, tal oposição não existia de maneira rígida na obra cabralina, conforme observou de imediato a crítica. Poemas da mesma época podiam ser situados ora numa, ora na outra água. E alguns livros, como *Paisagens com figuras* e o próprio *O cão sem plumas*, podiam ser vistos como pertencendo simultaneamente às duas categorias. Se a dimensão social e histórica não estava excluída da primeira vertente, a preocupação metalinguística também não se ausentava da segunda. A resenha do *Diário Carioca*, por exemplo, não engoliu a duplicidade e a hierarquização indicadas pelo poeta. Segundo Renato Jobim, a finalidade de toda arte era comunicar, de modo que não havia sentido em "estimular a existência de departamentos estanques de leitores", destinando a uns uma poesia "difícil" e a outros, menos exigentes, uma poesia "fácil".

Ironicamente, alguns críticos preferiram destacar no volume a qualidade de *Morte e vida severina* — "um poema de grande beleza, simples, musical e cantante", abrindo caminhos para a poesia moderna brasileira com a "redescoberta de nossas forças populares", nas palavras de J. C. de Oliveira Torres, do *Correio da Manhã*. O mesmo entusiasmo com o auto de Natal foi manifestado por Vinicius de Moraes, o que deixou João irritado. "Vinicius, eu não escrevi este livro para você, e sim para o público analfabeto. Para você escrevi *Uma faca só lâmina*", protestou.

A princípio o poeta imaginara que o auto poderia interessar aos ouvintes do cordel, como aqueles trabalhadores do engenho para quem ele lera folhetos na infância. Esse público, porém, não tomaria conhecimento de sua obra. As reações de Vinicius e dos intelectuais da cidade vinham comprovar sua ingenuidade e o fracasso da tentativa. Os poemas que ele produzira com o intento de promover extensão de cultura eram consumidos pela própria elite. Talvez a tarefa de escrever para o povo só fosse possível ao próprio povo, consideraria mais tarde João Cabral. Com *Morte e vida severina*, teria acabado, afinal, sua pretensão de navegar entre duas águas. Como poderia escrever para auditórios um poeta cujo ouvido era ruim? O suposto fracasso criou um obstáculo à construção teórica que o movera naquele período, abalando sua militância em favor de uma poesia coletiva e comunicativa.

"Rosa, você gosta da minha poesia?" Ao ouvir a pergunta, o escritor mineiro titubeou. "Você é um grande poeta, um dos maiores da língua", respondeu. João Cabral insistiu: "Desculpe, não é isso que estou perguntando. Quero saber se você *gosta* da minha poesia".

Desde 1951, quando regressou de Paris, Guimarães Rosa vivia no Rio de Janeiro. A princípio, exerceu o cargo de chefe de gabinete do ministro João Neves da Fontoura. A partir de 1956, passou a trabalhar na Divisão de Fronteiras — a seção mais ociosa em todo o Ministério das Relações Exteriores. Como tinha tempo de sobra, vivia catando pessoas para ouvi-lo. "Essa palavra fui eu que fiz", dizia com orgulho a respeito de suas criações linguísticas. As sete novelas de *Corpo de baile* foram publicadas por José Olympio no final de fevereiro, uma semana antes do volume com as poesias completas de João Cabral. Em julho de 1956, apareceria ainda o romance *Grande sertão: veredas*. Cabral admirava a consciência artesanal e o gosto pela pesquisa manifestados na obra do escritor. A exemplo dessa prosa inventiva, sua poesia também impressionava pela capacidade de revitalizar a linguagem, inclusive com o resgate de palavras extintas. Mas Rosa parecia ter olhos e ouvidos apenas para si mesmo. À pergunta sobre a poesia do amigo, tergiversou e silenciou — não chegou a dizer na ocasião se realmente gostava.

Por diversão, o escritor mineiro dizia que a "faca só lâmina" de João Cabral não possuía nenhum sentido misterioso. Significava apenas a dor de cabeça diária que atormentava o poeta. Ingênua brincadeira, se comparada ao trocadilho que alguns ouviram da boca de Drummond. Este teria atribuído ao poema inserido em *Duas águas* o apelido de "faca salame". Cabral, por sua vez, também à boca pequena, teria feito um comentário venenoso sobre o poema "Elegia", de Drummond. "Ganhei (perdi) meu dia./ E baixa a coisa fria/ também chamada noite...", escrevera o poeta mineiro. "Mas que coisa mais demagógica e estranha", censurou João Cabral.

Um raro encontro dos dois poetas ocorreu no almoço oferecido por José Olympio, em janeiro de 1955, a Drummond e Bandeira, com diversos escritores presentes. Pelo correio, praticamente se encerraram os contatos. Em outubro, João enviou ao mestre um telegrama de aniversário curto e seco — "Parabéns. Felicidades" —, assinado, de maneira formal, com seu nome completo e o de Stella.

Naquele mesmo ano, ele encontrara Maria Julieta, por acaso, numa antessala do Itamaraty. Fazia seis anos que ela residia em Buenos Aires, casada com o advogado e poeta argentino Manuel Graña Etcheverry. Pouco depois do matrimônio, Drummond se queixou, em carta enviada a Cabral, da tristeza causada pela ausência da filha: "Eu e Dolores, muito borocoxôs, na casa vazia, mas consolados com a felicidade dela". Posteriormente o poeta mineiro escreveu ao próprio genro, relatando que a separação era "bastante dura" para um casal sem outros filhos com que se distrair. "Somos bastante misantropos", confessou. No nascimento dos netos Carlos Manuel e Luís Maurício, o poeta viajou a Buenos Aires — a única cidade estrangeira que conheceria em sua vida.

No mesmo dia em que reviu Maria Julieta, João Cabral recebeu um pedido de Teodomiro Tostes, seu chefe na Divisão Cultural do Itamaraty. Deveria produzir uma exposição de motivos, fundamentando a nomeação da jovem sra. Graña Etcheverry para dar aulas no Centro de Estudos Brasileiros, ligado à Embaixada do Brasil na Argentina. João escreveu o documento, e o processo seguiu adiante. O atendimento à solicitação não levaria Julieta a se afastar mais do pai, pois ela já estava instalada, com marido e filhos, em Buenos Aires. A interferência, porém — casual e de caráter puramente administrativo, segundo Cabral —, desagradou a Drummond e decerto contribuiu para separar ainda mais os dois amigos.

O sonho de João Cabral, desde que obtivera a recondução ao Itamaraty, era receber um posto no exterior. Mas a sentença do STF se esgotava na readmissão dos diplomatas, sem obrigar o ministério a enviá-los para um posto diplomático ou consular. Durante quase dois anos, o poeta aguardou ansiosamente sua remoção. Em dezembro de 1955, no artigo "Kafka no Itamaraty", Joel Silveira estranhou que o amigo ainda estivesse no Brasil e denunciou a má vontade do ministério em dar plena reparação aos direitos de seus funcionários. Em vez disso, preferira deixá-los mofando no Rio. "Não é para figurar nas crônicas sociais do Rio que o Brasil tem seus diplomatas", protestou o jornalista.

Após dois anos de dificuldades financeiras, João não via a hora de voltar a receber em dólares. Mas o Itamaraty alegava que nenhum país aceitaria um diplomata que tinha sido afastado sob a acusação de ser comunista. Antônio Houaiss, por exemplo, fora recusado pelo governo sueco e logo compreendeu que, para ele, o retorno à carreira diplomática significava não obter postos no exterior. O caso de João Cabral não parecia diferente. O poeta vivia em permanente estado de tensão. A angústia, que habitualmente sentia, naquele período sofreu um forte agravamento. Era insuportável que se alongasse por quatro anos uma das fases mais aflitivas de sua existência. Vivendo em Paris durante parte desse período, Lêdo Ivo recebeu do amigo cartas atormentadas e contundentes que, mais tarde, para não comprometê-lo, preferiu destruir.

Um padrinho combativo de que dispunha o poeta era o bispo dom Hélder Câmara, um dos responsáveis pela criação da Conferência Nacional dos Bispos do Brasil. O ministro das Relações Exteriores, Raul Fernandes, chamava João Cabral de "o comunistazinho de dom Hélder". Com efeito, o bispo tentou mais de uma vez interceder pessoalmente em seu favor, sem êxito.

Stella trabalhava com dom Hélder. Admiradora do teólogo francês Teilhard de Chardin, que lia com frequência (além dos romances policiais, sua leitura de cabeceira), a esposa de João Cabral faria opção pelo catolicismo de esquerda. Sob a liderança do religioso, participou da organização do XXXVI Congresso Eucarístico Internacional, realizado em julho de 1955 no Rio. Também continuou atuando, como chefe bandeirante, em acampamentos e reuniões mensais. Em agosto, esteve presente na comemoração dos 36 anos da Federação de Bandeirantes do Brasil — um chá oferecido pela presidente da entidade, Maria José Austregésilo de Athayde, em sua residência. Nessas reuniões, uma presença corriqueira era a do monsenhor Leovigildo França, o padre que havia casado Stella e João Cabral.

No final de 1955, o cargo de ministro das Relações Exteriores foi assumido por José Carlos de Macedo Soares, homem de formação católica que seria mais sensível aos apelos de dom Hélder. Mas a situação só mudou realmente alguns meses depois, com a posse do presidente Juscelino Kubitschek. Não era por maldade nem má vontade que o Itamaraty levara tanto tempo para acolher o pedido. O que estava por trás da demora kafkiana era o temor de que a nomeação de João Cabral para um posto no exterior incitasse Carlos Lacerda a mover uma nova campanha enfurecida na *Tribuna da Imprensa*. Convidado para exercer o cargo de subchefe do Gabinete Civil, o diplomata Sete Câmara, colega de turma de João, se dispôs a conversar com Juscelino. Era preciso aquietar Lacerda, disse o presidente. Resolvido esse problema, isto é, obtida a promessa de que ele não iria atacar, a remoção, da parte dele, estaria autorizada.

Lêdo Ivo era redator na *Tribuna da Imprensa*. Um dia, Lacerda o convidou para almoçar em sua granja em Teresópolis. Na subida da serra, aproveitando o bom humor do chefe, Lêdo lhe pediu que acabasse com as hostilidades dirigidas a João Cabral. Alegou, entre outras coisas, que o poeta tinha quatro filhos e que sua mulher era muito católica e parente de Rui Barbosa. Lacerda prometeu não se manifestar sobre sua designação para o exterior. Não deu, porém, o braço a torcer: "Está bem, mas ele é comunista, tenho certeza absoluta".

Ao mesmo tempo, João contou com a ajuda de Afonso Arinos Filho, cujo pai, líder da UDN na Câmara dos Deputados, era muito próximo de Lacerda. "O que posso fazer é levá-lo ao Carlos, e aí vocês se explicam. Topa?", perguntou Afonsinho. João, a contragosto, aceitou a proposta. Se pudesse escolher, teria se entrevistado com Lacerda num terreno neutro, como a residência de Afonso Arinos, mas não houve alternativa. A conversa, marcada desde o início por muita tensão, ocorreu na casa de Lacerda, na rua Tonelero, em Copacabana. Cara a cara com o homem que julgava seu maior inimigo, João não conteve o nervosismo. Desde criança era retraído e inseguro. Sempre que precisava dizer algo importante se atrapalhava, e a sensibilidade podia até fazê-lo chorar. Na entrevista com Lacerda, sua habitual indagação — "compreende?" — irrompia a cada duas ou três palavras, parecendo um tique nervoso. A sorte foi ter entrado na sala, de repente, a filha caçula do jornalista. A garotinha pulou no colo do pai, brincou com os visitantes e, em pouco tempo, transformou o ambiente.

O diretor da *Tribuna da Imprensa* se rendeu à estratégia de Afonsinho. No desenrolar da conversa, agora mais descontraída, Lacerda disse a João Cabral que, sendo ele próprio ex-comunista, não ignorava a diferença entre um militante partidário e um indivíduo apenas impressionado pela miséria, com inclinações de esquerda. Aos ouvidos do poeta, aquilo soou como uma confissão. Era como se seu acusador admitisse, enfim, o desatino de sua campanha persecutória. "Que o cônsul seguisse tranquilo", repetiu o dono da casa no momento da despedida. Cabral nunca mais tornaria a vê-lo. Tampouco voltaria no futuro a se intrometer em política. Pouco tempo depois da visita, pôde deixar o Rio e assumir seu aguardado posto no exterior. A *Tribuna* fez vista grossa e nem sequer noticiou a partida.

12.
Don Juan

Segundo Clarice Lispector, o imponente Hotel Inglaterra, em Sevilha, parecia um cenário do filme *Casablanca*. Ladrilhos, ventiladores, palmeiras, uma claraboia no salão central, tudo isso compunha, na lembrança da escritora, um ambiente de "polidez e calor". A visão que se tinha do terraço era impressionante. A frente dava para a Plaza Nueva. A poucos metros, avistavam-se a catedral, a torre da Giralda e a Maestranza, a praça de touros mais antiga da Espanha, construída no século XVIII. "Parece um cenário de filme passado em Casablanca, sim, mas no princípio do século", emendou João Cabral na resposta enviada à amiga, que então residia em Washington. Depois de dois dias no Inglaterra, o poeta resolveu se mudar para outro hotel no centro histórico, o Madrid, que lhe pareceu mais autenticamente espanhol.

João Cabral chegou à capital da Andaluzia, de automóvel, em 24 de abril de 1956. Era uma chuvosa noite de terça-feira. "Sevilha é uma cidade pequena, porém fabulosa", escreveu a Stella, que permanecera no Rio para organizar a mudança e a viagem da família. Saudoso das touradas, logo na primeira semana o poeta foi até a cidade de Jerez, ao sul da Andaluzia, para ver uma *corrida* da *ganadería* de Pablo Romero, famosa por seus *toros de lidia*. Na ocasião, apresentaram-se Rafael Ortega e Antonio Ordóñez, matadores conhecidos, que não o surpreenderam. Sobre o último, sua opinião, registrada no poema "Alguns toureiros", não era lisonjeira: "perfume de renda velha,/ de flor em livro dormida".

Enquanto se encontrava no Rio, sem dinheiro — "lutando como um desesperado para que me dessem um posto", como escreveu a Lauro Escorel —, João Cabral nem sequer sonhava que o mandariam outra vez para a Espanha. Um posto em Sevilha, cidade que ainda não conhecia, era algo inimaginável. Estava ansioso para sair do Brasil. Quando assinaram a nomeação, não conseguiu esperar mais nada. Entre a publicação do decreto e sua partida, decorreu apenas uma semana. A *Tribuna da Imprensa* ficou em silêncio, mas não faltou quem soltasse uma nota maliciosa. "Finalmente, após vários anos retido no Rio por ser simpático ao credo comunista, foi nomeado para a Espanha o cônsul-poeta João Cabral de Melo Neto: Franco não gosta muito das ideias do seu novo hóspede", comentou no início de abril a revista *O Mundo Ilustrado*.

Em vez de dar destaque à transferência, o jornal de Carlos Lacerda achou mais curioso divulgar uma nota sobre a venda da tipografia de Cabral, motivada pela viagem. Disputada, segundo o jornal, por vários intelectuais e artistas, a prensa acabou indo parar nas mãos da escritora Elza Bebiano, que a doou ao Priorado da Virgem, um mosteiro de monjas beneditinas localizado em Petrópolis. Em Sevilha, ao escrever para o português Alberto de Serpa, com quem tinha editado a revista *O Cavalo de Todas as Cores*, João informou que se desfizera do equipamento por necessidade, após ter ficado longos meses fora do Itamaraty. "Melhor vendê-la do que vender-se", comentou.

O risco de constrangimentos de natureza política, previsto pelo redator de *O Mundo Ilustrado*, de fato existia. Resolvido o problema com Lacerda, o Itamaraty continuou procedendo com cautela. Para evitar uma reação negativa da ditadura franquista, a solução encontrada pelo ministro Macedo Soares, que era historiador, foi lotar tecnicamente João Cabral em Barcelona, como cônsul-adjunto, mas comissioná-lo para fazer pesquisa histórica sobre o Brasil. Dessa maneira, ele ficaria temporariamente afastado da vida consular. "O senhor não vai ser cônsul", disse-lhe o ministro, "o senhor vai morar em Sevilha para fazer pesquisas no Arquivo das Índias." Como Brasília estava prestes a ser construída, o pretexto que se arranjou foi a conveniência de o governo estar preparado para eventuais disputas de fronteira com os países vizinhos. João Cabral recebeu então o encargo de levantar o material sobre o Brasil e a América Latina existente no arquivo de Sevilha, que na época ainda não possuía consulado brasileiro.

O poeta não viajou diretamente para a Espanha. Por sugestão de Otto Lara Resende, desembarcou primeiro em Paris, com o objetivo de comprar um automóvel. Hospedou-se no luxuoso Hôtel Vernet, no bairro de Champs-Elysées. Evaldo Cabral de Mello vivia desde o ano anterior em Madri, com uma bolsa do Instituto de Cultura Hispânica, e foi encontrá-lo na França. Na época também estudavam na Espanha dois companheiros de sua geração literária no Recife, Paulo Fernando Craveiro e Félix de Athayde. Este último se tornaria, a partir de então, um dos amigos mais próximos de João Cabral.

Na madrugada de 13 de abril, os dois irmãos partiram para Barcelona, no sofisticado Chevrolet Bel Air, de cores cinza e branca, adquirido pelo poeta em Paris. A extravagância não lhe custou pouco dinheiro. Em carta a Stella, ele atribuiu a Otto a responsabilidade pelo rombo em suas finanças. Na primeira noite, os viajantes dormiram em Carcassonne, uma cidadela medieval do Sul da França. No dia seguinte, chegaram a Barcelona, a tempo de assistir à *corrida* de touros do domingo, e se hospedaram no hotel Majestic, no Passeig de Gràcia.

O reencontro de João Cabral com Barcelona foi surpreendente. A cidade, em todos os aspectos, lhe pareceu melhor, como se tivesse progredido dez anos em cinco. Joan Miró o convidou para almoçar em sua casa. No ano anterior, ele havia pedido notícias suas a Murilo Mendes, com quem se encontrara em Paris. Tinha planos para novas edições do ensaio escrito pelo poeta. Ao vê-lo no hall do hotel, Evaldo se admirou não só com a simpatia, mas também com a baixa estatura do pintor. O garçom Pepe Martínez tinha se transferido para Madri, levado pelo toureiro Julio Aparicio. Na correspondência com Stella, João também deu notícias a respeito de outros amigos e dos lugares que frequentavam, como a Macarena, tradicional tablado de flamenco, e a taverna El Charco de la Pava, que se transformara num salão de bilhar.

Depois de uma semana em Barcelona, os viajantes seguiram para Madri, onde se despediram. João tomou sozinho a estrada, dirigindo mais 530 quilômetros até Sevilha. Durante todo o percurso, desde Paris, a viagem foi acompanhada pela chuva. O poeta engoliu altas doses de vitamina C e resistiu o quanto pôde ao mau tempo. Entretanto, após a chegada a Sevilha, sentiu-se muito mal e, com 39 graus de febre, foi obrigado a procurar um médico. Também vinha sofrendo de dores de estômago, que a princípio atribuíra ao vinho francês. Seu medo era estar desenvolvendo uma úlcera. Para João, todos esses incômodos eram agravados pela vida de turista, sempre de passagem pelos lugares. "Estou louco para voltar a morar em casa", reiterava sempre à esposa. A hospedagem em hotel, que o deixava irritado, se prolongaria ainda por mais de um mês. Nessas condições, ele nem conseguia ler. A sorte era a cidade ser convidativa para os passeios. "Sevilha é a única cidade do mundo onde me parece agradável trocar pernas pela rua", escreveu.

João Cabral demorou para conhecer a Andaluzia. Quando residia em Barcelona, visitara Madri e o Norte da Espanha, além de percorrer a Catalunha.

Por causa da distância, porém, não tinha se disposto a viajar até Sevilha. Mas sempre fora encantado por sua música popular, o flamenco. O fascínio que sentia era menos pela paisagem andaluza do que por sua riqueza humana e cultural. Outras cidades da região também o atraíam, como Huelva e Cádiz. Embora diferente da capital, a austera Córdoba, visitada logo nos primeiros dias, lhe parecia ter a mesma força andaluza. Nada, porém, suplantava a beleza de Sevilha, para ele a cidade mais encantadora da Espanha — embora a Espanha verdadeira, a seu ver, nada tivesse a ver com Sevilha.

Ao viajar por Castela e pelo Norte do país, partes secas, o poeta pôde se deparar com muito de sua própria terra pernambucana. As regiões da Mancha e de Aragão o fizeram evocar diversas vezes o Nordeste brasileiro — afinidade que passaria a explorar em sua poesia, a partir de *Paisagens com figuras*. João achava que a aridez da *meseta* castelhana, próxima a Madri, poderia ser comparada à que se encontrava no sertão e no Agreste. A Andaluzia, ao contrário, era uma região úmida, a mais fértil do país. Em sua visão, Sevilha era uma cidade profundamente feminina, oposta à aspereza masculina das paisagens secas do Nordeste e da Espanha. Na Andaluzia, via-se diante de uma paisagem realmente estrangeira, que tanto atraía como assustava. Com o tempo, o brilho dessa outra Espanha também o cativaria.

Para João Cabral, Sevilha foi uma revelação — depois do Recife, passou a ser sua cidade preferida. Como não era grande, rapidamente pôde conhecê-la de um extremo a outro. Tinha o hábito de caminhar durante horas a esmo, indo e vindo por suas ruas estreitas. A cidade lhe parecia tão íntima que era como se andasse no corredor de sua casa. A afinidade foi ressaltada já na primeira carta enviada de Sevilha a Lauro Escorel, em maio de 1956:

> É a cidade mais simpática que vi em minha vida. Pequena, *à l'échelle humaine*, toda gente se conhece, anda a pé, todas as mulheres dançam sevilhana e todos os homens entendem de *corrida* de touros. Sinto-me no meu elemento. E com grandes planos literários por cima — evidentemente limitados à poesia porque já não me dispersarei escrevendo ensaio de prosa.

Encontrar casa grande, boa e mobiliada não foi tarefa simples. A primeira que lhe interessou ficava a quatro quilômetros do centro, em Heliópolis, um bairro sossegado, com parques e colégios próximos para as crianças. O problema era o valor cobrado pela dona do imóvel: 7 mil pesetas por mês. "Como não gosto do sete e ela não quis deixar por seis, desisti", contou o poeta. Logo depois, porém, a dificuldade de encontrar outro lugar que lhe agradasse o fez voltar atrás e abrir mão do capricho. O endereço era Calle Bolivia, 29. Cercado de jardins, o chalé de paredes brancas tinha espaço de sobra — dois pavimentos grandes acrescidos, na parte superior, de outros dois menores — e ficava isolado numa esquina, perto de um canal que levava ao rio Guadalquivir.

Arranjada a casa, faltava ainda aguardar a vinda da família. Para que a viagem não fosse adiada, o poeta dava notícias alarmantes a respeito do seu estado de saúde. O estômago, que havia melhorado, voltou a ficar péssimo. Segundo ele, a gastrite se transformara em úlcera e, a continuar a dura vida de hotel, longe do ambiente familiar, temia que a úlcera se tornasse um câncer. Stella ouvia as queixas com a paciência de sempre e seguia desempenhando suas funções. Apenas em 16 de junho, após quase três meses de separação, a família chegou à Espanha.

João estava ansioso para organizar sua vida e voltar a escrever poesia. Em carta a Lauro Escorel, disse que só pretendia fazer poemas por mais nove anos, isto é, até os 45: "Porque em geral, a essa idade, vem a arteriosclerose cerebral e nos transformamos em Gilbertos Freyres". Achava que, depois dos 45, o escritor apenas se repetia, e citava como exemplo Carlos Drummond de Andrade. Também estava curioso para receber recortes dos jornais brasileiros, com a repercussão de *Duas águas*, e manifestou sua alegria ao saber da opinião favorável de Escorel sobre *Morte e vida severina*: "Se você topa também a segunda 'água' — me pareceu sempre que você não havia gostado de *O rio* —, é porque a coisa não é tão somente concessão ao relaxado, como às vezes me ocorre pensar". Relatou ainda estar aproveitando as horas vagas para aprender árabe. Queria ler no original a poesia árabe, que lhe parecia fabulosa, apesar das traduções ruins: "É a poesia mais plástica, visual e objetiva que conheço".

Nesse mês de junho, João escreveu também a Afonso Arinos. Contou que estava gostando daquela cidade "amável e graciosa", e que se sentia animado para escrever poesia. "Tenho trabalhado em novas coisas, com bastante entusiasmo. Creio que de *O rio* para cá é que comecei a escrever poesia." Seu maior desejo era que o Itamaraty o esquecesse em Sevilha.

De início, quase não pôs os pés no Arquivo das Índias. Enquanto a vida esteve de pernas para o ar, não conseguiu se dedicar a nenhum trabalho. Sua única providência foi contratar um auxiliar de pesquisa para fazer um levantamento preliminar. Com o tempo, porém, a paixão por história o deixou cada vez mais interessado na documentação inesgotável que tinha à sua disposição. Durante meses, iria todas as manhãs ao prédio renascentista localizado no centro histórico de Sevilha. Às vezes apareciam logo cedo "enxames de batinas negras", invadindo todas as mesas. Eram os "padres sem paróquia", a quem o poeta dedicaria mais tarde um poema — padres recém-ordenados que ali matavam a manhã, "fingindo pesquisas para nada".

Havia muitas vantagens em poder estar em Sevilha como pesquisador, sem chefes e sem "caceteações" de consulado. Mas a situação também tinha inconvenientes, conforme relatou o poeta a Clarice Lispector. "Posso passar dias sem trabalhar, mas posso também, como nestas últimas semanas, ficar dias e dias mergulhado entre documentos, gastando-me intelectualmente com eles." Em tais circunstâncias, o plano de escrever o máximo de poesia, "quase schmidtianamente", acabou indo para o brejo. A mesma queixa foi feita a Lauro Escorel. A pesquisa no Arquivo das Índias o absorvia mais do que o trabalho mecânico da burocracia consular. Tomava-lhe não apenas o tempo, mas sobretudo sua energia mental. Não fosse isso, Sevilha teria realizado seu ideal como diplomata: "um posto agradável, calmo, onde pudesse somente escrever".

A Semana Santa em Sevilha durava seis dias. De segunda a sábado, dezenas de confrarias chegavam ao centro da cidade. A cada dia, seis procissões percorriam o trajeto da Calle Campana até a catedral. Primeiro vinha o estandarte da confraria; depois os penitentes encapuzados, carregando grandes velas acesas; em seguida o andor de Cristo, seguido por outros encapuzados; finalmente, a apoteose, que era o andor da Virgem, com a banda de música logo atrás. Por último vinha o povo. As procissões tinham início às três horas da tarde e se estendiam até a madrugada. Avesso ao catolicismo, João Cabral dizia que a única coisa capaz de lhe dar um certo sentimento religioso era a Semana Santa em Sevilha. Um detalhe o deixou impressionado: a imagem do Cristo, que todas as confrarias exibiam em tamanho natural, era a de um homem maduro, de quarenta anos, mas a da Virgem era de uma moça, que parecia sua filha. Em sua opinião, o sevilhano, muito mulherengo, tinha um interesse quase sensual na Virgem.

Fundada pelos iberos, conquistada pelos romanos e depois transformada em capital de um reino muçulmano independente, a capital da Andaluzia foi uma das cidades mais ricas do mundo. No tempo das navegações, de lá saíram os conquistadores do Novo Mundo. No porto de Sevilha desembarcavam os galeões com os tesouros que vinham das Américas. As casas mouriscas e sevilhanas tinham uma fachada rústica, sem qualquer interesse arquitetônico. As paredes, quase sem janelas, eram rebocadas e caiadas. Todavia, quando adentrava as casas, João Cabral tinha uma surpresa ao ver o esplendor do pátio interno, todo azulejado. No Recife, o comum era apenas a fachada ser revestida de azulejos. Já em Sevilha — a exemplo do que se via em Tânger, no Marrocos, e em outras cidades do Norte da África, que ele passou a visitar regularmente —, a função do azulejo era refrescar o interior das casas. O árabe, pensou o poeta, vivia "para dentro". Não tinha interesse em mostrar ao público seu harém e suas riquezas.

Pela Calle Sierpes, a principal da cidade, batizada com esse nome por seu traçado serpenteante, em vez de reto, o poeta caminhava todos os dias. No princípio da rua havia o café Los Corales, onde ele gostava de tomar o primeiro chope. Depois seguia em direção ao La Campana, no outro extremo da via. Entre os dois endereços, no meio da Calle Sierpes, se localizava o Real Círculo de Labradores, o clube mais sofisticado de Sevilha, que ele também frequentava. O clube era fechado, mas, por ser diplomata, João foi admitido como sócio.

Foi no Los Corales que ele conheceu Juan Belmonte, o célebre toureiro sevilhano — o primeiro que ousou pisar no terreno do touro, como diziam os espanhóis, renovando completamente o antigo modo de *lidiar*. Famoso desde 1913, Belmonte estava com mais de sessenta anos. Era fazendeiro e, sempre vestido de branco, ia com frequência à Calle Sierpes, para se encontrar com outros matadores aposentados.

Embora a capital andaluza fosse a terra dos toureiros, as *corridas* de touros ali eram menos frequentes que as de Madri e Barcelona. Ocorriam apenas em temporadas especiais. Na Feira de Sevilha, a Plaza Maestranza recebia os matadores mais importantes da Espanha. O toureiro preferido de João Cabral era cordobês, mas tinha sido na praça sevilhana que Manolete obtivera sua consagração. Para compensar a falta de *corridas*, o poeta visitava assiduamente as cidades próximas. Em Córdoba, ele viu tourear seu amigo Julio Aparicio e foi visitá-lo ao final do espetáculo.

A entrada do touro na arena podia ser comparada com uma enchente, disse João Cabral ao poeta Décio Pignatari, que em junho de 1956 se hospedou em sua casa. "A enchente acontece de repente", explicou. "De repente o rio incha e invade a cidade." Assim também era, segundo ele, a entrada do touro: algo previsível e, ao mesmo tempo, sempre novo e emocionante.

Décio estava na Europa desde 1954, vivendo a duras penas, com uma parca mesada paterna. Em Paris, tivera contatos com o músico Pierre Boulez. Em Ulm, conhecera o poeta Eugen Gomringer, secretário de Max Bill, pioneiro da arte concreta que havia participado, em 1951, da I Bienal Internacional de São Paulo. Na Itália, grávida do primeiro filho, sua esposa, Lilla, decidira voltar ao Brasil. Décio tinha permanecido na Europa e, antes de retornar, passou pela Espanha.

Durante os passeios, João falava do seu Chevrolet Bel Air "como se fosse nome secular de alguma nobiliarquia automotiva", escreveu Pignatari. Eram constantes seus elogios ao carro, que ele considerava um Cadillac mais econômico, de menor sofisticação, escolhido para evitar olhares mais críticos em relação ao Itamaraty. Todavia, Décio notou que, para os sevilhanos, se tratava mesmo de um Cadillac. Todos paravam embasbacados diante do enorme rabo de peixe, um dos poucos em circulação em Sevilha.

Embora admirasse o tamanho acanhado da cidade, onde não havia tantos automóveis, João muitas vezes ousava meter sua banheira nas ruas apertadas. Às vezes tinha dificuldade para manobrar o carro ou para introduzi-lo numa via muito estreita. Foi o que aconteceu na presença de Millôr Fernandes, outro visitante em seus primeiros meses em Sevilha. Ao vê-lo naquela agonia, dirigindo aos trancos e barrancos pela cidade, Millôr não perdeu a piada: "É o próprio barbeiro de Sevilha". A mesma brincadeira seria feita pelo diplomata João Augusto de Araújo Castro, que também saiu apavorado de uma aventura automotiva, cheia de barbeiragens, com João Cabral.

No final de 1956, João Cabral enviou a Drummond e Dolores uma mensagem brevíssima, escrita num cartão da Cueva de los Amayas: "Aos caros padrinhos, com os melhores votos para 1957". A famosa casa de flamenco se localizava no bairro Sacromonte, em Granada, a cidade andaluza da qual ele menos gostava porque, a exemplo de Salvador, lhe parecia muito cenográfica. Alguns meses depois, um novo cartão-postal — dessa vez do Concurso de Balcones, que tradicionalmente ocorria durante a Feira de Sevilha — seria enviado, com uma saudação igualmente telegráfica: "Aos caros padrinhos, com o melhor abraço de Stella e João Cabral". Na mesma época, outro bilhete enviado de Sevilha, apresentando Eduardo Portella, encerraria de vez a correspondência entre os dois poetas, mantida desde 1940.

Em junho de 1957, Stella embarcou, sozinha, para o Rio de Janeiro, a fim de participar da XVI Conferência Mundial de Bandeirantes, que seria realizada no Hotel Quitandinha, em Petrópolis. Entre os objetivos da viagem estava também a resolução, no Ipase, de pendências relativas à dívida do apartamento de Botafogo, que fora alugado a Eduardo Portella.

Naquele ano, o verão em Sevilha foi dos mais ardentes. Quase todos os dias, a temperatura ultrapassava os 42 graus. "O calor aqui está com a peste", relatou João à esposa. Do Rio de Janeiro, Stella partiu diretamente para Roma, onde participou, em outubro, de outro congresso de bandeirantes. Nesse ínterim, João fez viagens a Tânger e a Cádiz, que, mesmo cheia na estação mais quente, ele considerava uma delícia de cidade. Além da praia de areia fina, Cádiz possuía museus com telas de Goya e Zurbarán e tabernas onde se ouvia flamenco. Lá ele também gostava de comer mariscos.

Aproveitando as férias escolares, os meninos passaram a frequentar aulas de equitação no Real Club Pineda. As aulas começavam às oito horas da noite, mas, no dia de montar, a ansiedade era tanta que Rodrigo, então com dez anos, e Luís, perto de completar oito, vestiam o uniforme já ao meio-dia. Isabel, com apenas dois anos, também se arriscou a montar. "Eu é que ainda não pude começar", escreveu João.

Para as crianças, além de lembrar os tempos felizes de Carpina, o clube era um alívio para a carga horária puxada do período letivo. No colégio de freiras onde estudava Inez, as aulas tinham início às sete da manhã e se estendiam até as sete da noite. A menina não se dava bem com as religiosas e não perdoava Stella por tê-la matriculado naquela escola. Os desentendimentos entre mãe e filha se tornariam frequentes.

De Sevilha, João Cabral encaminhava à esposa os boletins com as notas das crianças nos exames. Stella era responsável por tudo que dizia respeito à educação dos filhos. Dela dependia, na verdade, todo o funcionamento da casa. Sem a esposa, a existência do poeta desabava. Quando ela voltava, tudo entrava nos eixos.

De manhã, o poeta dava um pulo no Arquivo das Índias. Tinha que supervisionar o trabalho de pessoas contratadas para auxiliá-lo na pesquisa sobre as fronteiras espanholas do Brasil. Mas a maior parte do trabalho ele realizava em casa, onde fazia anotações em numerosas fichas. Além da documentação do Arquivo das Índias, ele também consultava outras fontes. Frequentemente tinha que correr atrás de livros. Quando Lauro Escorel deixou a embaixada do Vaticano, João foi encontrá-lo em Madri, a caminho de Buenos Aires, seu novo posto. Um mês depois, o amigo mal se acostumara à cidade e o poeta não hesitou em incomodá-lo, solicitando os dois tomos do livro *Campaña del Brasil: Antecedentes coloniales* — uma coleção de documentos impossível de encontrar na Espanha.

Enquanto João trabalhava, era preciso que o ambiente doméstico estivesse no mais absoluto silêncio. Como as crianças estudavam em tempo integral, o sossego estava garantido e ele podia se concentrar em suas fichas. Tudo era feito conforme seu gosto e suas preferências. Ainda assim, não era difícil vê-lo com os nervos à flor da pele dentro de casa. Nesses momentos de irritação, mesmo que houvesse visitas, João não controlava os rompantes, conforme puderam observar Décio Pignatari e Evaldo Cabral de Mello.

Antes de retornar ao Brasil, Evaldo esteve um mês em Sevilha, hospedado na casa do irmão. A experiência de testemunhar, mais uma vez, sua permanente inquietação e as tensões que ele criava no convívio doméstico não lhe deixou nenhuma dúvida: Stella, além de ser seu braço direito, tinha com o marido a paciência de uma santa. Na hora das refeições, eram frequentes as reclamações contra a qualidade da comida. O poeta comia pouco e, de ordinário, resmungava diante do que lhe serviam à mesa. "Isso faz mal para o fígado", dizia. Pratos gordurosos, nem pensar. Tinha saudade do que comia no Recife, na casa dos pais. Sentia falta de feijão e farinha — alimentos que Félix de Athayde, o companheiro de geração de Evaldo, sempre prestativo, prometeu lhe arranjar com uma tia pernambucana.

A mania de dizer que tudo era uma porcaria às vezes o conduzia a exageros. Evaldo estava presente no dia em que o poeta, para surpresa de todos, atirou para o alto o prato servido pela copeira. Durante algum tempo, a comida ficou grudada no teto, que era baixo. As crianças, depois do susto, começaram a achar graça, apontando para cima. Ao entrar na sala de jantar, Adela ficou boquiaberta, sem compreender como alguém pudera fazer uma imbecilidade daquelas.

Adela era uma excelente cozinheira, e os visitantes sempre iam cumprimentá-la. Fazia pratos elogiados de culinária portuguesa, como a pescada arrepiada. Quando havia convidados para o jantar, os meninos eram proibidos de comer à mesa. Para consolá-los, ela preparava especialmente para eles "passarinho frito" — bolinho frito em formato de pássaro, moldado com purê de batatas —, dizendo que se tratava de comida de rei. Também lhes contava casos da própria infância, em Évora, quando usava cabelo curto e era chamada de "rapaz com saias". Dizia que sabia atirar pedras, tinha ótima pontaria e não levava desaforo para casa. Na condição de empregada, porém, já com quase sessenta anos, era obrigada a engolir as variações de humor dos patrões.

Outra queixa constante de João Cabral era o frio. O chalé da Calle Bolivia, que a princípio estava disponível apenas no verão, teve seu aluguel prorrogado por vários meses. Mas a casa não tinha calefação, o que, para ele, constituía um grande defeito. No primeiro inverno passado na cidade, a alternativa foi utilizar a *mesa camilla*, aquecida por um braseiro — engenhoca que contribuiu para estimular sua produção literária, conforme relatou a Lauro Escorel. Para resolver de vez o problema, a família se mudou para outro chalé, equipado com aquecimento central. O endereço era bem próximo, Calle Lima, 20. Nessa casa, maior do que a primeira, cada um dos meninos podia dormir em seu próprio quarto.

Foi na Calle Lima que a família ouviu, em junho de 1958, num radinho de pilha, a final da Copa do Mundo na Suécia, a primeira conquistada pelo Brasil. A festa foi tão grande com a vitória da seleção de Pelé, Garrincha e Didi, entre outros craques, que no final da partida, sem saber o placar final — 5 a 2 —, todos apenas pulavam de alegria. Na Espanha, em vez de torcer para os grandes times, como Real Madrid, Atlético ou Barcelona, João preferiu dar seu apoio ao Real Betis, de Sevilha. Conservava-se, assim, fiel ao seu histórico, que alguns consideravam masoquista, de torcedor de times menores. Na verdade, o futebol espanhol estava longe de interessá-lo como o toureio. Por brincadeira, costumava dizer que havia apenas duas coisas na Espanha de que não gostava: futebol e paella.

Nesse novo verão em Sevilha, João compreendeu por que os andaluzes tinham fama de abúlicos e, em carta a Clarice Lispector, disse que se sentia já "irremediavelmente estragado". Com a presença de Stella, a família dessa vez pôde passar as férias em Estepona, uma praia imensa e exuberante situada entre Málaga e Cádiz. "Como vai esse inveterado playboy das águas do *sur*?", perguntou Félix de Athayde ao escrever de Madri a João Cabral.

O descanso veio compensar o exaustivo trabalho de finalização da pesquisa no Arquivo das Índias. Dois anos depois da chegada a Sevilha, o poeta havia concluído o levantamento dos papéis referentes ao Brasil. Um enorme tempo foi consumido na organização do relatório, especialmente nos últimos meses. O inventário, compreendendo documentos de 1493 a 1830, era o maior realizado até então por um brasileiro em um arquivo da Espanha.

"O poeta não é bom apenas no verso, mas no que lhe dê na telha", escreveu Drummond em junho de 1958, em sua crônica no *Correio da Manhã*, ao noticiar brevemente o fim da pesquisa. Durante anos, o Itamaraty não deu bola para o relatório. Apenas em meados da década de 1960 o trabalho seria publicado: um catatau de 779 páginas, intitulado *O Arquivo das Índias e o Brasil*. Na introdução do volume, o historiador José Honório Rodrigues considerou o desempenho de João Cabral "primoroso, no método, na colheita e no resultado". E arriscou dizer que o contato com os documentos históricos, fazendo-o reviver velhas coisas, teria produzido no autor uma emoção romântica: "O mistério da vida, da morte e do tempo deve ter excitado sua imaginação de poeta".

No popular bairro de Triana, todos conheciam Don Juan, frequentador de arenas e cabarés, amante do *cante jondo*, amigo de inúmeros cantores e bailarinos de flamenco. Dono de um deslumbrante Chevrolet, enorme como sua simpatia, que não cabia nas ruas sevilhanas. Era o poeta e cônsul brasileiro João Cabral de Melo Neto. *"Pregunten a Juan"*, era comum que dissessem quando alguém precisava de informações sobre a cidade, que ele estudara de ponta a ponta. Outrora encabulado, em Sevilha João Cabral se transfigurava. Os ternos claros, que então passou a usar, eram um dos sinais da metamorfose. Na capital andaluza, tornava-se um homem alegre e boêmio, adorado por todos.

Depois da Plaza Nueva, atravessando-se a ponte sobre o Guadalquivir, desaparecia a Sevilha monumental do centro histórico, o Casco Antiguo, e tinha início a Sevilha popular de Triana, habitada pelos ciganos. Ali João passava tardes inteiras nas bodegas, tomando *manzanilla* e xerez, os vinhos da Andaluzia. À noite, desfrutava dos cabarés e tablados. Em sua primeira vivência na Espanha, o poeta estivera em *casas de fiestas* e se tornara admirador do flamenco. Os catalães, não muito apreciadores do canto flamenco, estranhavam que ele frequentasse esses lugares. Entretanto, o que de fato havia marcado sua vida naquele período fora a tauromaquia. Em Sevilha, João percebeu que a música e a dança que havia admirado em Barcelona eram coisa para turista. Finalmente poderia conhecer de fato, em seu berço, o flamenco. Diante da oferta abundante e autêntica, sentiu-se como um peixe na água.

Com intelectuais, à exceção dos historiadores que o ajudaram no Arquivo das Índias, João Cabral teve pouco contato nesse período. Não havia grandes escritores morando em Sevilha. O mais importante era Joaquín Romero Murube, que lhe deu permissão para ler nos jardins do Alcázar, do qual era diretor. Também faziam falta boas livrarias, sendo as locais não muito sortidas. A saída foi frequentar as bibliotecas da Casa Americana e do Instituto Britânico. A literatura inglesa, bem mais que a espanhola, preenchia seu tempo de leitura, conforme relatou a Clarice Lispector. Outros livros ingleses eram encomendados às livrarias de Madri, por intermédio de Félix de Athayde.

O escasso contato com letrados e letras da Espanha foi compensado pelo convívio com a graça, o espírito e a verve do andaluz. Quando não estava trabalhando, João Cabral saía pelas ruas em busca dessa Sevilha profundamente popular. Seus amigos eram a gente do flamenco. No meio dos ciganos, que as classes superiores viam como marginais, encontrou sua roda. Após esse intenso convívio, diria que, para ele, Lorca havia perdido um pouco de originalidade.

No ambiente esfumaçado, os músicos emudeciam quando a *bailaora* de olhar ardente batia forte com o salto no estrado de madeira. Ao som de guitarras, palmas e olés da assistência, seu corpo passava a executar a dança sincopada, selvagem — com "o caráter do fogo", "mesmo gosto dos extremos,/ de natureza faminta", diria João Cabral no poema "Estudos para uma bailadora andaluza". No Rio de Janeiro, ao ver pela primeira vez, sentado numa das primeiras filas, um espetáculo de balé, o poeta tivera uma decepção quando ouviu o barulho dos pés da bailarina tocando o chão depois do salto. Compreendera então que no balé clássico todo esforço consistia em negar a lei da gravidade. Pois no flamenco ocorria exatamente o contrário: era uma dança de "patada no chão".

A dança e o canto de origem *gitana* e influência moura constituíam o ponto alto da Feira de Sevilha, cuja tradição vinha da Idade Média. Em abril, no Prado de San Sebastián, os sevilhanos armavam *casetas* de madeira — tendas compostas de uma varanda, uma pequena sala e um bar —, onde recebiam os amigos. João Cabral não apenas frequentava como também promovia festas, especialmente quando tinha hóspedes em casa. Nessas ocasiões, convidava sua roda de amigos — cantores, guitarristas, bailarinas —, para cantar e dançar em sua casa.

No aniversário de dez anos de Inez, que coincidiu com os dias da Feira, a residência da Calle Lima se transformou numa enorme *caseta*, cheia de ciganos e toureiros. O escritor e jornalista Edilberto Coutinho ouviu na casa do poeta um *cantaor* interpretar, em ritmo flamenco, as canções "Casinha pequenina", de Sílvio Caldas, e "Mulher rendeira", gravada em 1957 por Volta Seca, antigo membro do bando de Lampião. As letras foram ensinadas por

Rodrigo. Todos em casa, inclusive João Cabral, apreciavam ouvir os discos trazidos por Stella: Volta Seca, Luiz Gonzaga, Francisco Alves e outras lembranças do Brasil. O poeta dizia que só passara a valorizar certa canção brasileira — em especial o frevo — depois de conhecer o canto andaluz. Se a música, em geral, lhe dava sono, o flamenco, ao contrário, o deixava sempre desperto. Arrepiava-o, ou melhor, era como se esfolasse sua pele.

Depois de estudar a fundo os touros em Barcelona, Cabral adquiriu em Sevilha um conhecimento pormenorizado do canto flamenco. "É realmente algo de fabuloso", escreveu em fevereiro de 1957 a Murilo Mendes, "e não creio que exista em nenhum outro lugar uma manifestação de arte popular da altura do *cante* espanhol." Murilo concordou que o flamenco seria uma das coisas "mais reveladoras da qualidade funda da *España*".

Para João Cabral, a música andaluza, associando-se ao movimento da dança, se tornava visual. O flamenco era uma música que ele conseguia ver, e isso lhe agradava. Estudante aplicado, aprendeu a reconhecer os diversos gêneros: a *sevillana*, a *malagueña*, o *fandanguillo* de Huelva, a *alegría* de Cádiz, a *tullería* de Jerez. Seu preferido era o *cante* sem música, *a palo seco* — como o martinete, dos ciganos ferreiros, que era acompanhado do martelo na bigorna. Quanto às danças flamencas, de olhos fechados poderia distingui-las: as *bulerías*, os *jaleos*, os *soleares*, os *fandangos*, as *seguidillas* e outras variações praticadas nos bairros pobres da Andaluzia. Para os espanhóis — como Rafael Santos Torroella e sua mulher Maite, que também o visitaram em Sevilha —, parecia espantoso que alguém vindo de fora chegasse a conhecer tão profundamente uma cultura que não lhe pertencia.

Para os amigos brasileiros, não poderia haver melhor guia em Sevilha. "Você está notando que aquilo não é flamenco nem aqui, nem na China", diria ele, com didatismo, ao visitante. Estava sempre preocupado em revelar a beleza do autêntico flamenco. Em resposta a uma consulta de Murilo Mendes, foi categórico. As danças jota aragonesa e *paso doble*, para ele, nada tinham a ver com flamenco: "São menos flamenco do que Thiago de Mello é poesia", sentenciou. Uma comparação semelhante foi feita na visita de Afonso Arinos Filho, que na ocasião também vivia em Roma, recém-casado com Beatriz. Quando viajou a Sevilha, o casal se hospedou no chalé de João Cabral e também foi levado a bailes de flamenco. Numa noite, após a aplaudida performance de um bailarino, o poeta segredou a Afonsinho: "Esse aí ainda é o Lêdo Ivo. Espere só até entrar o João Cabral".

Acompanhado de uma bailarina, João assistia certa vez a um espetáculo de flamenco do qual participava um cantor madrilenho. "Você gosta desse cantor?", perguntou à andaluza. A resposta negativa que ouviu foi reveladora: "*No se expone*", explicou a moça. Era preciso cantar no extremo da voz — "fazer no extremo, onde o risco começa", escreveria ele no poema "Coisas de cabeceira, Sevilha". Na visão de Cabral, era isso que aproximava Manolete do canto flamenco. A toureiros e cantadores, atribuía ele os mesmos adjetivos: "deserto", "desperto", "agudo". Em ambos os casos, o sujeito se dispunha a correr o risco máximo, que podia ser o da própria morte. Entre as flores do flamenco, crescia um "punhal oculto", diria mais tarde em outro poema, lembrando-se de Lorca.

Durante a permanência de Stella no Brasil, Aloísio Magalhães, que passara a viver nos Estados Unidos, se abrigou por quase dois meses na casa do poeta. O artista chegou a Sevilha no final de junho de 1957 e permaneceu até meados de agosto. Nesse período, eles fizeram viagens — de saída, passaram uns dias em Tânger — e também conceberam projetos editoriais. Chegaram a planejar uma edição de poemas cabralinos inéditos, com ilustrações que seriam apenas manchas de cor, a ser publicada por O Gráfico Amador. Dos amigos de João, Aloísio foi o que melhor se ambientou nos tablados e cabarés. Numa de suas cartas a Stella, o hábito de tudo relatar fez o poeta cometer uma indiscrição. Disse que ele e Aloísio estavam se divertindo à beça e que, por isso, seu humor havia melhorado. "Mas não tenha ciúmes que se trata de farras secas (secas de mulheres, não de vinhos)", acrescentou. "O Aloísio não é Souza Leão e não tem o sexo na cabeça (aliás, você não tem ciúmes mesmo)."

Não foram poucas as amigas bailarinas de João Cabral em Sevilha. Depois de viver no meio do flamenco, o poeta pôde comprovar que, a exemplo do seu trisavô José Antônio Gonsalves de Mello, que chegara a trabalhar como ponto do Teatro Santa Isabel, no Recife, também ele tinha certa fascinação por atrizes. João considerava a sevilhana, com sua pele morena, elegância e graça natural, a mulher mais bonita que tinha visto na vida. Uma de suas diversões era assistir, na Calle Sierpes, ao desfile das mulheres que andavam com saltos altíssimos, ouvindo com bom humor os *piropos*, tradicionais galanteios dos rapazes.

Na bailarina andaluza, o poeta não admirava apenas a sensualidade. Também o atraíam o humor e a linguagem cheia de expressões vivas e imagens concretas, originais. Uma vez, estava com uma amiga sevilhana, na calçada do bar La Campana, quando passou por perto um mendigo muito sujo.

Comentário da moça: "Esse não toma banho nem debaixo de um guarda-chuva". Em Sevilha, tal como na literatura espanhola primitiva, João encontrou um povo que se expressava com o mesmo vocabulário concreto que ele perseguia em sua poesia. Em outra ocasião, ao elogiar a beleza dessa mesma sevilhana, ouviu a seguinte resposta: "Eu, linda? Se você botar meu retrato numa cédula de quinhentas pesetas, não me pegam nem com uma alça".

Para todas as coisas do mundo, os sevilhanos conheciam provérbios. Também sabiam improvisar com a maior naturalidade, como se estivessem inventando movimentos no palco. Olhar e ouvir tudo aquilo deixava o poeta fascinado. Em carta enviada em março de 1958 a Lêdo Ivo, depois de pedir notícias dos amigos, João observou: "Não conto daqui porque você não conhece os personagens (e *as* personagens) e não haveria de apreciar o que eu contasse". A ênfase entre parênteses valia por uma confissão, não deixando dúvida quanto à natureza das aventuras que não seriam aprovadas.

Numa ocasião, voltando do colégio com a empregada, Inez viu o Chevrolet rabo de peixe cruzar a rua e chamou alto: "Papai!". A criada puxou a menina e pediu que ela calasse a boca. Tarde demais. João freou bruscamente e olhou para a filha. Estava com duas mulheres no automóvel. Em um segundo decidiu mandar embora a empregada e, com naturalidade, pediu que Inez entrasse no carro para participar do passeio, ou melhor, do programa empatado. Sevilha, que todos os visitantes amavam, não por acaso passou a ser uma cidade odiada por Stella.

Numa igreja de Triana, João Cabral contou à poeta portuguesa Sophia de Mello Breyner Andresen a lenda do Cristo Cachorro. Estavam visitando a basílica do Santísimo Cristo de la Expiración, na Calle Castilla. Diante de uma escultura do século XVII, popularmente conhecida como *El Cachorro*, do artista barroco Francisco Ruíz Gijón, João narrou a história que ouvira de um cigano. De acordo com a lenda, o modelo da obra havia sido um indivíduo de apelido El Cachorro, apunhalado pelo próprio escultor. Outra versão dizia que o artista apenas presenciara o assassinato do cigano, de extrema beleza, que toda noite era visto atravessando o Guadalquivir. Na outra margem do rio, habitada pela aristocracia, ele teria se tornado amante da mulher de um fidalgo, que o coseu a facadas.

A obra de Sophia Andresen fora apresentada a João Cabral por um primo da poeta, o historiador Ruben Alfredo Andresen Leitão, com quem tivera contato em Londres. Ela, porém, nunca havia lido nada dele antes de conhecê-lo em Sevilha. Nascida no Porto, Sophia vivia desde 1947 em Lisboa, casada com o jornalista Francisco Sousa Tavares. Em setembro de 1958, recebeu a visita do poeta carioca José Paulo Moreira da Fonseca e de sua mulher, Lígia, que estavam a caminho de Sevilha, convidados por João Cabral. "Por que vocês não vêm também?", perguntaram a Sophia. O convite foi aceito, e os dois casais embarcaram para a Espanha.

O primeiro encontro com Cabral aconteceu na Plaza Mayor. No meio da confusão, Sophia viu se aproximar um homem pequenino, cujo semblante lhe pareceu triste. Jamais esqueceria as primeiras palavras que ele lhe dirigiu: "Gosto muito de sua poesia, tem muito substantivo concreto". Como nada sabia de suas ideias, ela ficou espantada com a declaração. Só pôde entendê-la depois, ao tomar contato com seus poemas. Antes de conhecer a obra, foi a pessoa de João que a deixou encantada.

Naquele mês de setembro, o tempo em Sevilha estava excelente. Todos os dias, o poeta os recebia em casa para o almoço. Durante a tarde, liam versos um do outro. Como João não gostava de ler em voz alta, ela se encarregava de recitar também os dele. À noite, iam ver os bailes flamencos. Sophia logo percebeu que aquele homem triste sabia também ser divertido, o que lhe pareceu uma combinação rara. Passavam horas em discussões animadas sobre ciganos, bailarinas e sílabas, lembraria ela mais tarde. Além dos passeios por Sevilha, o roteiro incluiu visitas a outros pontos turísticos, como a mesquita de Córdoba. De volta a Portugal, Sophia escreveu a João e Stella, agradecendo pela "magnífica hospitalidade". E insistiu para que a visitassem em Lisboa, onde João, além de encontrar poetas portugueses que admiravam sua obra, poderia fazer uma conferência sobre o flamenco.

Após descobrir a Andaluzia em companhia de João Cabral, Sophia de Mello devorou o volume *Duas águas*, que recebera de suas mãos com dedicatória. Apaixonou-se por *Uma faca só lâmina* e elogiou também a poesia ascética de livros como *Paisagens com figuras*. "Você torceu o pescoço da eloquência e da retórica", enfatizou. "Admiro profundamente a sua poesia porque eu sei como é difícil não dizer coisas demais."

Três anos depois, comprovando as marcas profundas que lhe deixaram tanto a obra cabralina como a viagem a Sevilha, Sophia publicaria o volume *O Cristo cigano*, inspirado na lenda andaluza que ouvira em Triana. No poema de abertura, "A palavra faca", a autora deixaria registrada sua homenagem ao amigo, além de fazer alusão à história "por João Cabral contada". O tema do livro — "o encontro com Cristo", nas palavras de

Sophia — destoava, porém, dos que o atraíam e a aproximava de outro poeta brasileiro de sua admiração, Murilo Mendes.

Aproveitando as férias de verão na Universidade de Roma, Murilo Mendes também esteve em Sevilha e por pouco sua estadia não coincidiu com a de Sophia. Desde que soubera, por uma carta de Willy Lewin, que o poeta mineiro estava de mudança para a Itália, João vinha insistindo para que ele e Saudade fossem rever a Andaluzia, "com mais vagar e de automóvel", podendo "enveredar por coisas onde trens não nos levam". Entre 1953 e 1955, contratado pela Divisão Cultural do Itamaraty, Murilo havia atuado como professor visitante em diversas instituições europeias, incluindo a Universidade de Madri, de onde fora retirado a pedido do governo franquista. A exemplo de João Cabral, tinha se tornado um aficionado da Espanha. Em 1957, depois de um ano no Brasil, o adido cultural passara a viver em Roma. Stella chegou a visitá-los, em outubro daquele ano, em seu apartamento na Viale Castro Pretorio.

O disco *Murilo Mendes e João Cabral de Melo Neto*, integrante da coleção de poesia do selo Festa, dirigida por Irineu Garcia, tinha acabado de sair no Brasil. O long-play de dez polegadas trazia dezesseis poemas, oito de cada poeta, gravados em estúdio, sem trilha sonora. Na apresentação, Tristão de Ataíde escreveu que, salvo pela presença de Deus em Murilo, havia uma grande semelhança entre os dois poetas: a sobriedade, a concisão, "a mesma predominância dos metais sobre as cordas". De Sevilha, na mesma carta em que o convidava para excursionar pela Espanha, João disse ao amigo que achara muito inteligente a nota do crítico. Estimulado pela percepção daquele denominador comum, formulou então uma observação que se tornaria famosa a respeito do poeta que tanto o influenciara em *Pedra do sono*:

> Sua poesia me foi sempre mestra, mas por outra coisa: pela plasticidade da imagem, pela novidade da imagem; sobretudo, foi ela quem me ensinou a dar precedência à imagem sobre a mensagem, ao plástico sobre o discursivo.

A revelação de Tristão de Ataíde o entusiasmou. João imaginou que "poetas de cordas" seriam Ribeiro Couto, Verlaine e outros chatos, ao passo que o "canto de metal" seria como o *cante jondo*, o autêntico flamenco, sobre o qual ele já vinha compondo poemas. Ao longo de 1957, Murilo Mendes recebeu em Roma duas importantes composições de João Cabral: "A palo seco", cujos versos lhe deram "uma saudade terrível da cidade de Córdoba", e "Poema(s) da cabra", que considerou uma obra-prima. "Aqui a sua estupenda ideia de unir numa linha ideal Espanha e Pernambuco encontra sua adequação mais perfeita, a medida justa", escreveu Murilo.

A excursão a Sevilha demorou a acontecer, mas não por falta de desejo. Em setembro, o poeta mineiro disse que a viagem seria a realização de um dos sonhos de sua vida: "passear na Espanha com meu amigo João, espanhol como poucos". Quase um ano depois, em agosto de 1958, Cabral voltou ao assunto e cobrou a promessa: "Gostaria muito de ver certas coisas em sua companhia e como brevemente deverei ser removido talvez já não terei a oportunidade". Passadas algumas semanas, Murilo e Saudade enfim chegaram a Sevilha. Por cinco dias, hospedaram-se no chalé da Calle Lima — "conversando poesia de manhã à noite", conforme diria o poeta mineiro em carta a Lêdo Ivo.

Na ocasião, Murilo submeteu ao amigo a versão final do seu novo livro, intitulado *Tempo espanhol*. Ao comentar os poemas meses depois, já transferido de Sevilha, João voltou a traçar um paralelo entre as duas obras, dessa vez a propósito da temática espanhola. Observou que a Espanha de Murilo, com sua "veemência explosiva", nutrida de catolicismo, deixava a dele "humilhada". O que lhe interessava era apenas a Espanha realista, materialista, "a Espanha das coisas". Daí o vezo de amesquinhar até mesmo as manifestações do seu lado "espiritual", como a *corrida* de touros e o *cante* flamenco: "Eu as diminuo às dimensões de uma lição de estética". Sentia-se incapaz de falar da Espanha medieval, gótica. Por essa razão, considerava a Espanha de Murilo mais total e completa.

Conversando mais tarde com Murilo Mendes, Sophia de Mello Breyner Andresen ouviria dele uma história extraordinária. Numa das noites passadas em Sevilha, João Cabral, afundando-se na própria tristeza, anunciou que decidira se matar. Preocupado com a ameaça, o amigo mal conseguiu dormir. De manhã, quando o viu aparecer na sala, quis saber se estava bem e o que havia acontecido. A resposta foi surpreendente. João relatou que desistira do suicídio ao se dar conta de que seria enterrado em Sevilha. O problema, explicou com ar sério, era o cemitério barroco da cidade. Como tinha horror a tudo que vinha do barroco, não poderia suportar tal ideia e descansar em paz.

13.
Bafo de depressão

A carreira de *Morte e vida severina* nos palcos teve um notável começo em 1958, com a premiada montagem do grupo paraense Norte Escola de Teatro, a primeira realizada no país. "Espero que mandem contar a João Cabral de Melo Neto na Espanha o sucesso de sua *Morte e vida severina* nessa Belém do Pará", escreveu Eneida, em junho, em sua coluna no *Diário de Notícias*. O poeta já tinha notícia do espetáculo. Coubera a Mário Faustino, que assinava, como crítico, a prestigiada página "Poesia-Experiência", no Suplemento Dominical do *Jornal do Brasil*, a incumbência de informá-lo a respeito e pedir sua autorização. "Um grupo de amigos meus, de Belém do Pará, gente de alto nível intelectual, sob a orientação de Benedito Nunes", explicou Faustino, estava interessado em encenar "*Vida e morte severina*". As confusões com o título do poema foram, desde sempre, corriqueiras e insolúveis. Um ano antes, por intermédio de Willy Lewin, João Cabral soubera que um dos retrospectos literários divulgados na imprensa havia apontado "o *Auto da vida severina* como o grande — ou o maior — acontecimento poético de 1956".

O grupo de Belém não tinha conhecimento do histórico da peça: "É claro que você não escreveu a obra com a ideia de vê-la representada — ou estou errado?", perguntou Mário Faustino. Antes mesmo da autorização, o numeroso elenco de atores universitários já estava trabalhando. O *Correio da Manhã* noticiou a preparação do espetáculo, adaptado pelo professor de filosofia Benedito Nunes e dirigido por sua mulher, Maria Sylvia. Os ensaios eram feitos na própria residência do casal. Antes da estreia, no Teatro da Paz, também ocorreram ali apresentações fechadas, para amigos íntimos e intelectuais da cidade.

A consagração do espetáculo se deu no I Festival Nacional de Teatros de Estudantes, realizado em julho de 1958, no Recife, sob a direção de Paschoal Carlos Magno. A montagem de *Morte e vida severina*, explorando sutilezas do texto e exibindo uma caracterização autêntica, com cenários e figurinos regionais, foi de longe a que mais impactou o público. Foi tamanho o sucesso que, após a apresentação, o idealizador do festival, comovido, subiu ao palco e ofereceu uma bolsa de estudos no Rio de Janeiro ao intérprete de Severino, o ator Carlos Miranda, que poucos anos depois trabalharia no Centro Popular de Cultura (CPC), associado à União Nacional dos Estudantes, no Rio, e no Teatro de Arena, em São Paulo.

Os jovens paraenses se apresentaram no humilde palco do Cine Teatro do Quartel da Polícia Militar, instalado no Derby para a diversão dos soldados. O espaço, transformado àquela altura num quase pardieiro, era conhecido como "morcegolândia". Segundo o repórter do *Jornal do Commercio*, ao abrir-se o pano ante a poética desolação de um cenário sertanejo, "até os próprios morcegos" se concentraram no espetáculo. Além de revelar o maior ator do festival, *Morte e vida severina* conquistou o prêmio de melhor espetáculo do Norte. João Cabral foi escolhido como melhor autor teatral brasileiro, o que para muitos representou uma surpresa. "Segundo Aderbal Jurema, falta-lhe plantar uma árvore", relatou Félix de Athayde em carta enviada ao poeta. Na entrega do prêmio, no Teatro Santa Isabel, Evaldo, representando o irmão, ouviu ardorosos aplausos.

No Recife, no mesmo ano de 1958, veio à luz uma nova parceria do poeta com Aloísio Magalhães: a edição experimental, com tiragem de trinta exemplares, de *Aniki bóbó*, um raro poema cabralino de caráter abstrato e gênero indefinido entre poesia e prosa, que não seria incluído nas edições de suas obras completas. O enigmático título poderia ser uma referência ao filme homônimo do cineasta português Manoel de Oliveira, lançado em 1942. De acordo com Aloísio, aniki bóbó era o nome de um brinquedo infantil de Pernambuco. João não se lembrava de tê-lo conhecido, mas, a pedido do amigo, compôs um texto para acompanhar os desenhos coloridos que ele lhe mostrara. A impressão foi feita com estêncil e barbante colado em bloco de madeira. Segundo o colofão, tratava-se de um livro de Aloísio Magalhães "ilustrado com texto de João Cabral de Melo Neto".

Ao deixar a Espanha, em agosto de 1957, o artista gráfico também trouxe na bagagem os poemas novíssimos que João Cabral vinha compondo em Sevilha. Os textos desse período de grande criatividade foram reunidos em um volume batizado, de início, de *Vários poemas vários*, que a princípio seria editado no Recife na oficina de O Gráfico Amador. Entre os poemas se incluíam "Estudos para uma bailadora andaluza", "Mulher vestida de gaiola", "Paisagem pelo telefone" e "Poema(s) da cabra". Em setembro,

Murilo Mendes recebeu em Roma uma cópia dos originais: "Fico muito feliz em saber que essas páginas exemplares me serão dedicadas", escreveu o poeta mineiro. Depois foram acrescidos ao conjunto mais dois poemas, "Paisagens com cupim" e "Sevilha". Em fevereiro de 1958, João deu finalmente o "imprima-se", alterando o título do volume para *Quaderna*.

Em maio, o poeta prometeu enviar a Clarice Lispector um exemplar do seu novo livro, que estava sendo ilustrado e impresso por Aloísio Magalhães. Clarice havia conhecido o pintor no ano anterior em Washington e, na correspondência com Cabral, fizera elogios à sua exposição. Relatara ainda as conversas que mantiveram, nas quais João era sempre o principal assunto. "Disse que tinha a impressão de que, se eu tivesse mais contato pessoal com você, minha 'literatura' se aniquilaria", confessou Clarice. A romancista suspeitava que suas "vaguíssimas ideias" não resistiriam ao impacto das firmes ideias cabralinas. Depois mudara de opinião, concluindo que poderia aprender muito com ele. Admirava-o pela limpeza da construção: "Não há um fio solto na sua poesia". Espantava-se ao ver no poeta a capacidade não de achar, mas de inventar a palavra certa. "Tenho até aflição com o modo como você é perfeito."

Na ocasião, a escritora tinha concluído um novo romance, cujo título inicial era *A veia no pulso*, abandonado depois que a advertiram a respeito do cacófato "aveia". Clarice lamentou não ter a opinião do amigo antes da publicação do livro. E aproveitou para se queixar da falta de comentários dele a respeito de seus romances: "O que consigo de você é um tom de brincadeira com que você esconde sua verdadeira opinião, é claro que por gentileza". Em sua resposta, João deu apoio enfático ao título *A veia no pulso*, alegando que não havia som ridículo ou feio, e que a ambiguidade era positiva. Registrou também seu protesto contra a outra observação de Clarice: "Você sabe perfeitamente que escreve a única prosa de autor brasileiro atual que eu gostaria de escrever". A afirmação era simpática, embora contrariasse seus depoimentos anteriores sobre a proliferação do romance psicológico. O novo livro de Clarice só viria a público anos depois, em 1961. Por sugestão de Fernando Sabino, o título seria substituído por *A maçã no escuro*.

Da edição artesanal de O Gráfico Amador, que não foi levada adiante, restou um documento: o boneco do livro, de 1957, ainda com o título *Vários poemas vários* e corrigido à mão pelo poeta. *Quaderna* demoraria uma eternidade para chegar às livrarias. Em compensação, os jornais divulgaram com destaque a nova produção. "O poeta João, de primeira linha desde *O cão sem plumas*, segundo informações diretas, está produzindo belíssimas coisas", adiantou Lúcio Cardoso em janeiro de 1957, nas páginas de *A Noite*. Um mês depois, circulou a notícia de que João Cabral acabara de "vender" ao Suplemento Literário de *O Estado de S. Paulo* quatro poemas, que seriam publicados espaçadamente.

O convite partira de Antonio Candido, criador do suplemento, cujo diretor era Décio de Almeida Prado. A ideia era que Cabral enviasse da Espanha, além de poemas inéditos, artigos mensais sobre literatura inglesa e outros, ocasionais, sobre literatura espanhola. O poeta não aceitou assumir a seção fixa dedicada às letras inglesas. Mas concordou em enviar poemas e, a princípio, se dispôs a escrever eventualmente sobre autores espanhóis. Depois voltou atrás e pulou fora do projeto, alegando que estava obrigado, como diplomata, a tomar cuidado com suas palavras. Se algum escritor porventura fosse atacado, o artigo poderia criar um caso com a Espanha.

"Recebi com grande tristeza a sua carta", respondeu Antonio Candido. Percebendo como Cabral ficara ferido, no processo do Itamaraty, pela "conspiração dos canalhas", o crítico lamentou que um homem de sua estatura moral e intelectual estivesse "à mercê do primeiro energúmeno em neurose de delação". Passados menos de seis meses, Décio de Almeida Prado voltou à carga e propôs outra espécie de colaboração: crônicas impressionistas sobre a Espanha. Mesmo tentado a aceitar, João recusou novamente o convite. Alegou que precisava de paz para se concentrar nos poemas e em sua luta para "quadrar o círculo", isto é, para escrever a nova poesia que passara a produzir em Sevilha.

Algumas dessas novas composições o Suplemento Literário começaria a divulgar em fevereiro de 1957. A série foi aberta com "Mulher vestida de gaiola". Em julho, o jornal publicou a primeira parte de "Estudos para uma bailadora andaluza", inicialmente projetada como um conjunto de quatro poemas, correspondentes aos quatro elementos da natureza, sob o título de "Imitações". O que saiu no jornal foi apenas a primeira parte, que comparava a dançarina com o fogo. Na versão original, os verbos apareciam conjugados na segunda pessoa: "Parece, quando apareces/ dançando por *siguiriyas*,/ que com a imagem do fogo/ inteira te identificas". Depois o autor optaria pelo tratamento na terceira pessoa, mais adequado aos padrões de sua poesia. Entretanto, a segunda pessoa se manteve em outros poemas sobre a temática feminina que causariam grande surpresa aos leitores de João Cabral.

O Suplemento Literário de *O Estado de S. Paulo* divulgou ainda em 1957 o poema "Paisagem pelo telefone". Nos anos seguintes, outras composições foram pipocando: "De um avião", "Rio e/ou poço" e "A palo seco", que se tornaria uma das mais célebres da poesia de Cabral. Antes do aparecimento de *Quaderna*, o suplemento publicou ainda "Imitação da água", que inicialmente fazia parte da série consagrada à bailadora andaluza.

A associação se tornou inevitável: em Sevilha, a incorporação de novas experiências eróticas teria levado o poeta a "redescobrir poeticamente a mulher". A diversificada poesia amorosa parecia dar uma resposta ao dito famoso de Vinicius de Moraes, segundo o qual a obra cabralina era "um longo monólogo masculino", sem espaço para a presença feminina. Entretanto, a crítica não demorou a perceber que o traço essencial dessa poesia erótica era justamente a sobriedade, a ausência de sentimentalismo. O primeiro a observar esse tratamento particular do tema da mulher foi Murilo Mendes: "E você consegue, sem 'cantar', sem dó de peito, alargar a zona da sua poética, conferindo às imagens ligadas à mulher a sua dignidade antiga", escreveu o poeta mineiro em setembro de 1957.

Embora fosse a principal novidade do livro, o motivo feminino também seria contrastado pela recorrência da temática nordestina. O imaginário do sertão, da seca e dos cemitérios também estava presente em *Quaderna*. Composições como "Paisagens com cupim" e "Poema(s) da cabra", produzidas em Sevilha, tiveram igual divulgação na imprensa. Elas davam continuidade, sem cair na monotonia, conforme observou Murilo, ao processo de fusão entre Espanha e Pernambuco, iniciado em *Paisagens com figuras*.

Ao conhecer o original completo de *Quaderna*, que lhe fora enviado por João Cabral, Otto Lara Resende, que estava vivendo em Bruxelas como adido cultural, também cobriria de elogios sua nova performance. "Que grande exemplo você constitui para os brasileiros, tradicionalmente mais retóricos do que poetas", escreveu Otto em março de 1959. Uma poesia tão enxuta que o fazia se sentir gordo — a ele, sempre tão descontente com sua prosa literária, que considerava linear e prolixa, a ponto de rasgar e reescrever inúmeras vezes suas narrativas. "Você obriga até o seu leitor a usar os seus moldes cintados — a gente fica assim como gordo apertado em terno de magro", acrescentou. Semelhante grau de exigência, expulsando de sua paisagem causticante tudo que não era essencial, não poderia ser encontrado, segundo ele, em nenhum outro poeta brasileiro.

Cidade feia, suja e cafajeste. Foi com esses termos ofensivos — acrescidos de outros extraídos da fala andaluza, como *desangelá*, que significa "descuidada", "desagradável" — que João Cabral resumiu suas primeiras impressões de Marselha, em carta enviada a Stella em 17 de novembro de 1958. "É uma Londres pequena e por isso mais feia", resumiu. Cafajeste, explicou, porque o povo vivia com a pretensão de ser aristocracia ou, pelo menos, alta classe média. A quantidade de restaurantes — incluindo, para sua sorte, diversos italianos — também o impressionou. "Não sei é para que essa gente quer se restaurar e não se conforma em morrer de uma vez", praguejou o poeta.

O clima, felizmente, era agradável e seco. Desde sua chegada, o céu estivera sempre azul. Todavia, os bons ares não aliviavam o "bafo de depressão" que, para ele, definia o velho continente. Foi o que disse em carta a Murilo Rubião, que então vivia na Espanha, atuando como adido cultural do Brasil. Entre seus subordinados no escritório em Madri estava Félix de Athayde, que o definia como "metafísico da mineiridade". Na companhia do contista de *O ex-mágico*, João fizera sua primeira viagem à cidade do Porto.

A Europa, insistia o poeta, possuía uma atmosfera de mofo e umidade que se opunha enormemente aos "atributos americanos" que o atraíam — "limpeza, higiene, cimento armado, vidro etc.". Em conversas com Lêdo Ivo, João repetia sempre, para provocá-lo, que Paris era "uma merda". Mas a má vontade contra Marselha não se devia apenas ao desprezo pela França. O que pesava, sobretudo, era a "ausência de Sevilha" — observação recorrente na correspondência enviada no período a diversos interlocutores.

"Embora tenha pedido para vir para Marselha, ter de deixar Sevilha me foi violento", relatou a Lêdo Ivo. Na carta escrita para Clarice Lispector, repetiu-se a lamúria: "O danado é que, para quem vem de Sevilha, Marselha faz o mesmo efeito de Londres a quem vai lá *from* Barcelona". De nada adiantava o entusiasmo de Lêdo ao falar dos filmes de Jean Gabin e da "cidade marcelpagnoliana". Preso ainda à Andaluzia, o poeta se mantinha embirrado e indisposto a descobrir Marselha. Depois de um longo período sem perturbações, vivendo intensamente a experiência sevilhana, voltou a sofrer crises nervosas.

O consulado-geral em Marselha, para o qual fora nomeado como cônsul-adjunto, em decreto de setembro de 1958, ficava na Rue Edmond Rostand. O trabalho era pouco e os colegas lhe pareceram ótimos. Mas João não conseguia aproveitar a folga para se dedicar à poesia. "Como devo ter deixado em Sevilha o prazer de escrever, fico o tempo todo olhando as moscas, sem ânimo nem de ler", relatou a Stella em meados de novembro.

Nos primeiros dias, a procura de casa o ajudou a preencher o tempo. Depois de visitar diversos imóveis, João optou por um com jardim, situado à Rue du Commandant Rolland, número 94, no tranquilo bairro de Saint--Giniez. As vantagens foram enumeradas para Stella: a casa tinha geladeira elétrica, calefação central, móveis bons, "embora barrocos", e estava limpa, "coisa rara nesta cidade porca, isto é, civilizada". A desvantagem era o preço do aluguel, muito mais caro que o de Sevilha. A sorte era terem vendido o Chevrolet: "Se a incivilizada Espanha não nos ajudasse, não teríamos como nos instalar na civilizada França". Em Marselha, a decisão do poeta foi comprar um Borgward, carro alemão de muito prestígio. Não era grande, mas comportaria toda a família nas viagens e idas à praia. No dia a dia, ele preferiria andar a pé de casa ao consulado.

Stella chegou a Marselha com as crianças, Adela e uma nova empregada, já na segunda semana de dezembro. Como a casa estava ainda ocupada — a dona havia entrado com o pedido de despejo, mas a Justiça não permitia que ninguém fosse desalojado no inverno —, a família foi obrigada a se instalar num dos andares da casa vizinha, compartilhada com a proprietária. Ali passaram, a contragosto, o Natal. Depois de três meses, puderam enfim se transferir para o número 94. Uma casa de tamanho monumental, que não precisavam dividir com estranhos. Após a mudança, o ânimo começou a voltar. João Cabral armou uma rede no quintal e ali tirava seus cochilos. O convívio com as crianças, alegres e saudáveis, também ajudava — era "um feliz equilíbrio para o temperamento neurótico do pai", comentou em carta a Clarice Lispector.

Ao escrever para Murilo Mendes, o poeta explicou que um dos motivos para a escolha de Marselha havia sido a educação dos meninos. Na França eles continuariam a frequentar colégios religiosos, mas estariam a salvo dos rigores da Espanha franquista. Antes da viagem, Rodrigo, Inez e Luís tiveram aulas particulares de francês todos os dias. "Vocês têm dois meses para aprender a língua", determinou Stella.

João Cabral também precisou de uma adaptação linguística e se impôs, desde o início, ler apenas francês. "Cada dia falo *más malamente* os idiomas estrangeiros", explicou a Clarice Lispector. Caso se metesse a ler inglês, isso daria "nós nas circunvoluções cerebrais todas". Estar num país pensando em outro lhe parecia inviável. Por essa razão, resolveu aprofundar seu conhecimento da literatura francesa, a primeira que lhe despertara interesse, ainda no Recife. Admirador da "lógica ardente" de Rimbaud, Mallarmé, Baudelaire e Chateaubriand, entre outros "visionários", Lêdo Ivo sugeriu que a guinada seria oportuna: "O seu vitalismo talvez andasse precisando dos ares da França", palpitou.

João se entusiasmou com algumas descobertas, como a do romancista Jean Giono, e a possibilidade de revisitar clássicos. Ficou encantado com o passeio ao Château d'If, um dos cenários do romance *O conde de Monte Cristo*, de Alexandre Dumas, que tinha devorado na infância. O que lhe fazia falta era poder conversar sobre literatura. Em carta a Murilo Mendes, perguntou se haveria alguém em Marselha que valesse a pena conhecer. "Às vezes tenho necessidade de uma conversa literária qualquer e para isso é preciso conhecer algum *literary gentleman*", esclareceu.

Felizmente, continuava a receber amigos. Logo em suas primeiras semanas de Marselha, foi vê-lo Félix de Athayde, que estava prestes a regressar ao Brasil, após três anos de Europa. Apareciam também visitas inesperadas. No início de 1959, a campainha do consulado foi acionada por um brasileiro de 25 anos, que chegou exausto, com mochila rasgada e fisionomia abatida. "Sou um diretor de teatro estudante, não sei o que fazer, estou doente, não sei onde morar, não tenho dinheiro pra nada", queixou-se o jovem. Era Antônio Abujamra, diretor do Teatro Universitário de Porto Alegre, que também fora premiado no Festival Nacional de Teatros de Estudantes, realizado no Recife. Por sua montagem de *A cantora careca*, de Eugène Ionesco, ele havia recebido uma passagem de avião para a Europa e, munido de uma bolsa, fora estudar teatro em Madri. Com o término da bolsa, tinha resolvido viajar pela Andaluzia e o Norte da África, onde acabara de gastar suas economias. Depois de dois meses, com uma passagem obtida na embaixada brasileira no Cairo, desembarcou em Marselha.

"Entre, a casa é sua", respondeu o cônsul. Além de abrir as portas do consulado, João Cabral hospedou o jovem diretor em sua residência durante 28 dias. Estimulou-o a ler Brecht, a conhecer o Berliner Ensemble, e lhe arranjou ainda outra bolsa para estudar em Paris com o diretor Jean Vilar. Abujamra explicou ao poeta a concepção de um espetáculo que havia improvisado em Madri, para cumprir uma das exigências da bolsa. Sua ideia fora montar um recital com textos do próprio João Cabral e de outros poetas brasileiros. Os atores, enfileirados no palco e de costas para a plateia, se viravam para dizer o poema e depois tornavam à posição anterior. João gostou do relato e imaginou que o resultado teria sido de grande dramaticidade. "Fiquei com uma alegria enorme porque te pareceu bem o arriscado do recital", escreveria meses depois o diretor. Nessa carta, Abujamra encorajou o poeta a conceber peças sem o medo da carpintaria teatral. "Tens a oportunidade de começar um teatro nacional. E eu te responsabilizo se não o fazes", ameaçou.

Nos primeiros tempos de Marselha, João fez duas viagens com o mesmo objetivo: buscar uma solução para o antigo mal que o perseguia. Após ler o livro de um médico francês que dizia curar nevralgias com toques no sistema nervoso simpático, através do nariz, o poeta resolveu fazer "a milésima tentativa" de se ver livre da dor de cabeça, conforme relatou a Clarice Lispector e Murilo Mendes. Abalou-se então para Monte Carlo — onde chegou em 9 de janeiro, dia em que completava 39 anos — em busca de tratamento com o tal médico. Ali permaneceu durante três semanas, cumprindo todas as recomendações, mas de nada adiantou. A dor de cabeça não lhe deu trégua nem com as paisagens da Côte d'Azur, que João aproveitou para conhecer minuciosamente. "Delas pelo menos estou livre", comentou com Clarice. A costa da Espanha continuou sendo sua preferida.

Na estada em Monte Carlo, um dos seus planos era voltar a mexer nos poemas de *Quaderna*, mas o nervosismo causado pelo tratamento não favorecia a dedicação ao trabalho. A "histeria" podia ser boa para aumentar a sensibilidade do leitor, mas era prejudicial ao crítico, observou em carta a Murilo Mendes. "Minha poesia é histeria organizada discursivamente", afirmou. Como os detalhes que faltavam eram precisamente "cartilagens discursivas", para ele seria impossível, naquele estado, se desincumbir da tarefa.

Em julho, João se arriscou numa segunda tentativa de cura, viajando dessa vez para Genebra. A cirurgia era delicada. Sua caixa craniana seria aberta para que fosse cortado mais um nervo. O neurocirurgião foi indicado por seu colega Jatir de Almeida Rodrigues, também inocentado no processo do Itamaraty, que na época servia na Suíça. Um mês após a operação, o poeta enviou a Murilo Mendes um relato da doença. As dores, infelizmente, não haviam desaparecido. E ainda estavam inflamados "os arredores do olho esquerdo", que se encontrava "fora do seu eixo". Ele tinha dificuldade em fixar a vista e não podia ler ou escrever. Pela enésima vez, o tratamento parecia ter sido inútil.

A rota do navio *Provence*, que partia de Gênova com destino ao Brasil, incluía uma parada de cinco horas no porto de Marselha. Haroldo de Campos desejava aproveitar a escala para se encontrar com João Cabral, a quem ainda não conhecia pessoalmente. Décio Pignatari estivera com ele em Sevilha. Augusto de Campos — o terceiro integrante do grupo Noigandres, que em 1952 havia iniciado, em São Paulo, o movimento da Poesia Concreta — também tivera a oportunidade de visitá-lo, em seu apartamento no Rio. Haroldo, porém, parecia fadado a não o conhecer. Nessa primeira viagem à Europa, seu principal objetivo era encontrar o poeta suíço Eugen Gomringer e o filósofo alemão Max Bense, além de visitar, em Ulm, a escola de design dirigida por Max Bill, que difundia os princípios da Bauhaus.

"Em todas as partes onde tenho estado, em contato com gente de vanguardas, tenho falado em sua poesia, que segue sendo a mais importante de hoje em dia em língua portuguesa", escreveu o viajante em junho de 1959, em carta enviada de Paris. O último país visitado fora a Itália, onde ele fez, com sua mulher, Carmen, o roteiro do livro *Os cantos*, de Ezra Pound. Em seguida o casal embarcara no vapor que os traria de volta ao Brasil. Por sorte, João Cabral já havia retornado de Genebra e, apesar do forte abatimento causado pela cirurgia, pôde recebê-los na parada em Marselha.

O contato entre Cabral e os poetas concretos teve início antes da criação do movimento que agitaria a poesia brasileira em meados da década de 1950. Quando morava em Londres, ele recebeu os primeiros livros publicados pelo grupo em sua fase inaugural, ainda não concretista. Em 1953, o segundo número da revista *Noigandres* trouxe a série "Poetamenos", de Augusto de Campos, constituída por poemas em cores que abandonavam o verso e a sintaxe em favor da criação de estruturas gráfico-espaciais. A denominação "poesia concreta", que Augusto propôs dois anos depois, foi elogiada por Eugen Gomringer em carta enviada em agosto de 1956 a Décio Pignatari. O movimento foi lançado oficialmente em dezembro daquele ano, na Exposição Nacional de Arte Concreta, realizada no Museu de Arte Moderna de São Paulo.

Dois meses depois, com o maior estardalhaço, a mostra chegou ao Rio de Janeiro, onde foi exibida no saguão do prédio do Ministério da Educação, com a participação de artistas das duas cidades. O poema "O formigueiro", exposto em cavaletes — no qual Ferreira Gullar desintegrava as palavras —, os quadros de Lygia Clark e as esculturas de Franz Weissmann, entre outras obras, causaram muito impacto e discussão. Os poemas concretos, com sua sintaxe visual, dando por encerrado "o ciclo histórico do verso", foram a novidade mais comentada. Em sua página no Suplemento Dominical do *Jornal do Brasil*, Mário Faustino, mesmo sem ser "concretista", comemorou a entrada em cena de um movimento de vanguarda: "Na melhor das hipóteses, poderá salvar a poesia brasileira do marasmo discursivo-sentimental em que se encontra (apesar dos esforços de João Cabral e de alguns outros)". A partir de então, a convite do editor Reynaldo Jardim, os concretos teriam acesso às páginas do Suplemento Dominical, ampliando a repercussão do movimento.

Em carta enviada a João Cabral, em outubro de 1957, Augusto de Campos relatou o sucesso da exposição no Rio, onde o Concretismo recebera alcunhas do tipo "o rock & roll da poesia". Disse que jamais poderia imaginar que, por duas semanas, o assunto iria ocupar as primeiras páginas dos jornais, que o termo "concreto" entraria para a gíria dos colunistas e que um poema seu pudesse ser aproveitado até em fantasia. "É o maior carnaval artístico brasileiro, desde 22, e não exagero", escreveu Augusto. "Isso não fora previsto. Nem metade se deu na austera São Paulo." Ainda que fosse uma propaganda negativa, acrescentou, o fato era que a mostra tinha levado "a revolução (ou a notícia dela) a todos os cantos do país". A carta também registrou as primeiras desavenças com Gullar, que dois anos depois, ao lado de Lygia Clark e Hélio Oiticica, entre outros artistas, lançaria o "Manifesto neoconcreto". Augusto fez ainda uma longa enumeração de rótulos negativos que vinham sendo colados nos concretistas — cretinos, mistificadores, desumanos, cerebrais, neuróticos, ignorantes, primários, entre outros. "E, nesse magro ano de vida, parece que já todo o esterco possível foi lançado sobre nós", concluiu.

Segundo uma das reportagens mencionadas por Augusto, a da *Revista da Semana*, o espanto causado pela poesia concreta se tornou maior com a divulgação da notícia de que Manuel Bandeira aderira ao movimento, compondo um poema batizado de "Analianeliana". A despeito de seus experimentos concretistas, publicados posteriormente no volume *Estrela da tarde*, Bandeira não se entusiasmava com as obras de pintores como Alfredo Volpi. Admirava-as, mas com frieza. "Aliás, é assim que me deixa toda arte concreta: intelectualmente interessado, mas frio", escreveu num artigo publicado em meados de 1957. Nesse mesmo período, em sua correspondência com João Cabral, Bandeira ressaltou o apreço que os jovens paulistanos, tão exigentes em suas escolhas e descolados da tradição nacional, tinham pelo autor de *O engenheiro*: "Seu cartaz continua grande — você é o único poeta legível (brasileiro) para os rapazes da poesia concreta", afirmou.

Com efeito, foi exatamente esse o adjetivo usado por Augusto de Campos na carta que enviou a Sevilha. Para ele, reconhecer a grandeza de um poema como *Uma faca só lâmina* era pouco: "Nós vamos mais além e proclamamos, objetivamente, que você é o único capaz de ainda escrever 'versos' legíveis no Brasil". No artigo "Poesia concreta", publicado em outubro de 1955, Augusto já o havia considerado como um dos precursores brasileiros do movimento: "No Brasil, o primeiro a sentir esses novos problemas, pelo menos em determinados aspectos, é João Cabral de Melo Neto". Na versão carioca da Exposição Nacional de Arte Concreta, Décio Pignatari também ressaltou o pioneirismo em sua conferência no auditório da União Nacional dos Estudantes, destacando, entre outros elementos da poesia cabralina, "a escolha substantiva da palavra, a estrutura ortogonal, arquitetônica e neoplasticista das estrofes". Depois das obras dos poetas modernistas, vistas como "raras e casuais realizações", somente o poeta pernambucano teria colocado problemas de interesse, ao desferir, nas palavras de Décio, "o primeiro ataque lúcido contra o jargão lírico e a peste metafórico-liriferente que assola a poesia nacional e mundial".

No "Plano-piloto para a poesia concreta" — manifesto assinado por Augusto, Décio e Haroldo, publicado em 1958 na revista *Noigandres* —, ao lado de Mallarmé, Pound, Joyce, cummings e Apollinaire, apenas dois poetas brasileiros seriam mencionados como influências: Oswald de Andrade, "em comprimidos, minutos de poesia", e João Cabral de Melo Neto, "linguagem direta, economia e arquitetura funcional do verso". Enquanto os adeptos da poesia participante se inspiravam em *O rio* ou *Morte e vida severina*, os livros que os concretos preferiam eram *O engenheiro* e *Psicologia da composição*. "Você é o poeta que todos reconhecem e reivindicam à sua maneira", afirmou Augusto na carta a João Cabral. "Cada próximo passo seu é medido, compassado e esperado", acrescentou.

Ao regressar ao Brasil, Félix de Athayde decidiu se fixar no Rio. Nas ocasiões em que Augusto de Campos visitava a cidade, como no casamento do poeta e crítico José Lino Grünewald, vinculado ao grupo Noigandres, Félix costumava encontrá-lo e depois fazia relatos na correspondência enviada a Marselha. Estavam todos, segundo ele, na expectativa — "como uma espada pronta a ser desembainhada", escreveu em novembro — dos novos rumos que Cabral daria à poesia brasileira. A aposta dos concretistas era que, depois da publicação de *Quaderna*, ele adiantaria a poesia por mais vinte anos. De fato, as cartas de Augusto e Haroldo manifestavam enfáticos elogios aos novos poemas, especialmente "De um avião" e "A palo seco". Félix informou ainda que os concretos enviavam poemas de Cabral, que eles mesmos traduziam, para todos os vanguardistas da Europa. "Esses rapazes têm lhe divulgado mais que o Itamaraty", afirmaria em abril de 1960, para logo emendar uma solicitação impetuosa: "Ó João, quantas vezes precisamos insistir para que você tome o lugar que é seu na renovação brasileira. Os 'metafísicos' ainda consideram Drummond o melhor poeta, mas a nova geração considera é a você o melhor poeta vivo em língua portuguesa".

Para a Geração de 45, principal alvo do ataque concretista, João Cabral era, na expressão de Félix de Athayde, um "bossa-nova". Os poetas daquele grupo já não o reivindicavam mais. "A essa altura, você já deve saber que a Geração de 45 lhe vota ódio de morte", ressaltou o amigo pernambucano. Dali ele só poderia esperar agressões. Em compensação, além dos concretos, havia uma turma de moços que o cobria de elogios na imprensa — por ironia, especialmente na *Tribuna da Imprensa*, o jornal de Carlos Lacerda. De tudo Félix dava notícia: da vida literária e suas celeumas, da política também agitada, à beira de um golpe, e das fofocas envolvendo amigos: "Carlos Drummond passeia sua Lolita, ostensivamente, pela avenida Graça Aranha, todas as tardes, às 5h30". Referia-se a Lygia Fernandes, a amante do poeta mineiro, 25 anos mais nova, que trabalhava no Sphan.

Com a chegada dos concretos, acirrou-se a disputa pelo título de maior poeta brasileiro. Entre os que faziam parte do grupo, era consenso que Drummond havia sido superado por Cabral. Um dos primeiros artigos a estabelecer uma comparação perspicaz entre os dois poetas foi publicado por Ferreira Gullar, em abril de 1955, no *Diário de Notícias*. "Se o mundo que Drummond encontra é anárquico e vasto ('Mundo, mundo, vasto mundo'), para João Cabral ele já se oferece organizado, como num quadro", escreveu o autor de *A luta corporal*. O poeta pernambucano teria explorado a linguagem drummondiana até esgotá-la, sendo "Antiode" a culminação da crise. "Entendeu-o todo e o superou, em termos de projeto", escreveria anos depois Décio Pignatari. A autobiografia, o passado morto, tudo que importava em Drummond fora eliminado da antilira cabralina. Haroldo e Augusto, por sua vez, não hesitavam em considerar o poeta de *O engenheiro* mais radical e rigoroso. Apesar de sua grandeza, Drummond seria mais concessivo e irregular, ao passo que seu ex-discípulo, altamente criativo em todas as suas obras, sempre conseguia "manter a peteca no ar".

Em maio de 1957, ao apresentar a Drummond, por meio de um cartão de visita, o crítico Eduardo Portella, João fez uma alusão maliciosa às críticas que o mestre vinha sofrendo. Depois de ressaltar que o portador do cartão o admirava, perguntou: "Quem não é seu admirador entre os brasileiros nascidos depois de 1920? Embora muitos não pareçam...". A referência cabia tanto ao grupo Noigandres como ao combativo Mário Faustino, que em fevereiro daquele ano, ao saudar os poetas concretos na sua página "Poesia-Experiência", havia lamentado o fato de Drummond não manifestar interesse pelo progresso da poesia. Segundo Faustino, o poeta mineiro não seria um "inventor": "É, quanto muito, um *master*". Cabral, ao contrário, graças à sua contínua capacidade de renovação, ajudava a "puxar o cordão da poesia brasileira". Pena que fosse tão reservado e também fizesse sua "vanguarda" em casa, a exemplo de Drummond, de quem era continuador "em verso como em atitudes", escreveu o crítico. De qualquer maneira, nele se depositavam todos os anseios: "Todos esperamos tudo do sr. João Cabral".

Ao ler as composições de *Quaderna* publicadas na imprensa, porém, Faustino se decepcionou com o autor — "de quem de tudo se esperava menos isso, depois de *Uma faca só lâmina*", escreveu em janeiro de 1958. Imaginou, então, que Cabral estivesse dando aos suplementos literários o pior de sua produção. Dos concretos também partiram diversas críticas, especialmente à "prosa" de certos poemas que seguiam o esquema de *Morte e vida severina*, "obra boa e simpática, mas ainda abstrata e subjetiva, isto é, 'literária'", afirmaria Décio Pignatari no artigo "A situação atual da poesia no Brasil". Causava estranhamento a adoção de "recursos mais artesanais, primitivistas", por parte de um poeta que começara com plena consciência da era industrial. Em sua correspondência com João Cabral, o mais jovem dos Noigandres chegou a fazer um apelo: "Mas nós gostaríamos de vê-lo, Cabral, 'mais' concreto, mais engenheiro", escreveu Augusto de Campos. "Nesse seu enquadrar-se em quadras, mesmo com esquadro e tudo", explicou, "acho que você corre o perigo do maneirismo, e de uma certa facilidade ou de um certo facilitar-se."

Para João Cabral, o grupo era composto de poetas muito cultos, inteligentes e com extraordinária consciência crítica — "o Brasil de São Paulo", diria mais tarde, numa entrevista em Lisboa. Considerava o papel desempenhado pelos poetas concretos semelhante ao de Mário de Andrade em seu tempo, com a diferença de que eles seriam, em sua opinião, mais informados e atualizados. Se o Modernismo fora lançado com atraso em relação à Europa, o Concretismo teria acontecido antes no Brasil, ou ao menos simultaneamente. Além disso, Cabral se sentia atraído pela atitude construtivista, antirromântica, que eles defendiam com unhas e dentes, esgrimindo contra as antigualhas de 1945.

Apesar de toda a simpatia, o autor de *O cão sem plumas* jamais aderiu aos experimentos concretistas. Se Manuel Bandeira chegou a fazê-lo por brincadeira, outros poetas, como Cassiano Ricardo, realizaram tentativas a sério. João, porém, achava ridícula essa adesão a uma corrente só porque ela estava na moda. "É como pintar o cabelo, compreende?", repetiria ele em suas entrevistas.

A exortação de Augusto de Campos era uma resposta à ressalva feita por João Cabral numa carta enviada de Sevilha, em janeiro de 1957: "Não participo da aversão que vocês sentem pelo verso: isto é, pela frase, pelo discurso", escreveu o poeta. Isso não impedia, segundo ele, que fosse introduzida no discurso a preocupação com a estrutura. Ao assinar a carta, escreveu "João (Cabral de coisa nenhuma)", replicando a dedicatória com que os concretistas lhe haviam enviado as publicações do grupo — "Para João — Cabral da nova poesia brasileira".

O veredito sobre a morte do verso não fazia, para ele, sentido algum. O verso, diria mais tarde, "é um organismo que funciona no tempo". Na década de 1950, em meio a tantas novidades, seu verso, além do mais, ficara tão discursivo a ponto de se confundir com a prosa. Não podia aceitar que a poesia concreta fosse apontada como a única compatível com o mundo moderno. Tampouco concordaria com o entusiasmo desenvolvimentista dos novos poetas, ele, que havia acabado de exprimir, em obras como *O cão sem plumas* e *O rio*, uma nítida consciência do subdesenvolvimento brasileiro.

João se sentia envaidecido com a admiração que os poetas concretos lhe devotavam, considerando-o como uma espécie de trampolim para o salto a ser dado por eles. Mas não via a menor possibilidade de segui-los na aventura. Foi o que disse a Augusto de Campos, acrescentando uma irônica advertência:

Somente, deixem-me dizer-lhes, aos saltadores, que exageram a possibilidade de o trampolim também poder saltar: ele tem uma extremidade solta, que vibra como se fosse capaz de saltar, mas tem uma outra ponta presa à borda da piscina...

No período vivido em Marselha, a dor de cabeça e as crises nervosas de João Cabral foram ampliadas pelas vicissitudes da saga de *Quaderna*. Anunciado diversas vezes na imprensa entre os anos de 1958 e 1960, o volume, entretanto, jamais chegava às livrarias. Depois da malograda edição artesanal de O Gráfico Amador, uma proposta de edição comercial foi apresentada ao editor José Olympio. O portador foi Antônio Houaiss, que, mesmo reconduzido ao Itamaraty, continuava vivendo no Rio, sem posto no exterior. A má notícia foi que José Olympio, após publicar em 1956 *Duas águas*, não se interessou por *Quaderna*. O projeto foi encaminhado, então, à editora Livros de Portugal, estabelecida no Rio desde a década de 1940 pelo editor português Antônio Pedro e especializada em poesia.

A recusa de José Olympio, que pouco tempo antes já havia rejeitado outra proposta de Cabral — uma antologia de poemas de Thomas Hardy, dos quais seria o tradutor —, causou grande depressão ao poeta. Sua primeira reação foi pensar em fazer uma edição mimeografada do livro — "bastante grande para mim, *around* 2 mil versos", relatou em novembro de 1958 a Lêdo Ivo. Enquanto esperava a resposta do novo editor, escreveu também para o tipógrafo Enric Tormo, de Barcelona. A ideia de uma publicação fora de mercado, como revide à indiferença das editoras comerciais, não parou de obcecá-lo nesse período em que se sentia profundamente abatido.

Em janeiro, quando estava em Monte Carlo, João soube que Antônio Pedro acolhera a proposta. Poucas semanas depois, despachou para o Rio o novo original de *Quaderna*. Em sua estadia em Marselha, Félix de Athayde tinha datilografado os poemas. "Ficou um livro bem fornido", informou o poeta, com bom humor, em carta a Murilo Rubião. "Se o Juscelino não fosse presidente e se você não fosse amigo do Juscelino, haveria um poema dedicado a você", brincou.

Os jornais logo anunciaram a novidade: o livro de João Cabral de Melo Neto, "devolvido ao autor pela Livraria José Olympio Editora", seria editado em 1959 pela Livros de Portugal, informou o *Jornal do Brasil*. Ao noticiar a chegada dos originais ao novo editor, a *Última Hora* também tocou na ferida, relembrando que José Olympio, que publicava tantos medalhões, "vacilou em continuar a ser o editor do mesmo poeta". Em carta enviada a Marselha, Lêdo Ivo festejou a solução do impasse: "Venha portanto a sua nova fase!".

Antônio Pedro assumiu o risco, mas não deixou de relatar a João Cabral a crise vivida no meio editorial brasileiro. Escrevendo a Clarice Lispector, João lamentou a dificuldade de fazer literatura no país. "No Brasil, só se entende escrever em jornal. Daí essa coisa superficial, improvisada, fragmentária, que é a literatura nacional", desabafou. Otto Lara Resende também lhe falou sobre a crise editorial, explicando que era causada pela falta de papel.

Entretanto, João começou a dizer que, no seu caso, o problema era a falta de qualidade do livro. "Na verdade, como é que alguém ousa ainda escrever poesia depois de ter lido essas obras-primas que são *Surdina do contemplado*, a *Lenda da rosa* etc.?", ironizou em sua resposta a Lêdo Ivo, aludindo aos livros da diplomata Dora Vasconcellos e do poeta Thiago de Mello, ambos publicados por José Olympio. Ao ressentimento com o ex-editor, juntou-se o constrangimento causado pela divulgação da recusa, que, em sua opinião, deixava numa situação chata a Livros de Portugal. "O que eu devo mesmo fazer é voltar a ser o poeta de antes, de cem exemplares, fora do comércio, editado por conta do autor", resmungou.

Em setembro, Félix de Athayde informou a João Cabral que, de acordo com Houaiss, o livro estava saindo. Na correspondência com Stella, que tinha voltado com a família para o Brasil, o poeta cobrava insistentemente notícias da publicação. "Aliás, o melhor mesmo, talvez, seja desistir dessa edição", ameaçou, novamente, no início de outubro. "O livro nasceu azarado." Em novembro, voltou a falar em ímpetos não realizados de telegrafar a Antônio Pedro. Reclamou também dos silêncios de Stella, do seu cansaço com "a indiferença de todos" e do seu próprio desinteresse pela edição — "última, juro, que farei no Brasil".

Àquela altura, achava-se também à espera de uma edição portuguesa de *Quaderna*, negociada com a casa Guimarães Editores. O convite — "muito *halagueño*", ou lisonjeiro, conforme escreveu a Murilo Mendes — viera em meados daquele ano, por intermédio do poeta Alexandre O'Neill. O livro participaria da coleção Poesia e Verdade. "A coleção é bonita e creio que *Quaderna* está equilibrado de regional e universal suficientemente para o leitor português. Ou não está?", perguntou João. O que lhe ocorreu, então, foi que, saindo a edição lusitana, seria preferível deixar o livro inédito no Brasil. A princípio, o lançamento estava previsto para dezembro.

Quando soube que o poeta viajaria a Portugal, Félix de Athayde insistiu com ele para que viesse também ao Brasil, para se inteirar da nova situação do país. "O Brasil mudou muito e para um escritor brasileiro a situação atual é das mais responsáveis", argumentou. João poderia lançar *Quaderna* em diversas cidades, com a maior cobertura. A recepção seria fabulosa. "Não tenha dúvida de que você é o poeta do Brasil, atualmente.

Há toda uma geração a sua espera", escreveu o amigo. Que ele perdesse o medo de avião e viesse "tomar o seu lugar na literatura". A despeito da gritaria dos concretistas, a poesia cabralina, na visão de Félix, continuava sendo a mais nova. Também lhe parecia injusto que outros, sem seu valor, conseguissem coisas no Brasil, enquanto ele se mantinha à margem. "Tome o pião na unha e venha reclamar o que lhe pertence", exigia Félix. Por intermédio de Stella, João mandou dizer ao amigo que não acreditava na importância a ele atribuída. Se houvesse mesmo tal prestígio, seu livro não estaria, depois de um ano, ainda encalhado no Brasil.

Realizado no segundo semestre de 1959, o concurso para escolha do Príncipe dos Poetas Brasileiros — embora não passasse, no dizer de Félix, de "outra condezada" — contribuiu para aumentar o ressentimento de João Cabral. O vencedor da eleição, promovida pelo *Correio da Manhã* e transmitida pela televisão, foi Guilherme de Almeida, com 263 votos — os jurados eram mil leitores do jornal distribuídos por todo o país. Em seguida, os mais indicados foram Manuel Bandeira, Carlos Drummond de Andrade e Vinicius de Moraes, seguidos por outros nomes de veteranos e novatos. João Cabral, com apenas três votos, ficou em 19º lugar, bem atrás de J. G. de Araújo Jorge.

Em março de 1960, não suportando mais a espera, João tomou a decisão de suspender, "definitiva e irrevogavelmente", a edição brasileira. Após o envio do telegrama, escreveu a Stella, dizendo que nenhum livro seu sairia mais em edição comercial. "Prefiro não escrever mais: merda para esse Brasil de mineiros, brasílias, juscelinos", praguejou. A poesia merecida pelo país, segundo ele, era "samba, Guilherme de Almeida e outras formas de mineirada". O desabafo o deixou tão exaltado que, para concluir a carta, foi obrigado a usar a máquina. Os dedos se crispavam, produzindo garranchos, e ele não conseguia escrever à mão.

No mesmo dia, telegrafou também à casa Guimarães Editores para cancelar a edição portuguesa. Foi quando recebeu a notícia de que o volume, com 114 páginas e dedicado a Murilo Mendes, já se encontrava nas livrarias de Lisboa. Ao contar a novidade a Stella, o poeta disse que mandaria para o Brasil um mínimo de exemplares, pois estava cada vez menos interessado na "literatura catetal, juscelinista e oficial-de-gabinete" que se praticava no país. Reiterou a decisão de anular a edição brasileira e acrescentou que tampouco aceitaria pedidos para publicar poemas em jornais ou revistas. "Peçam, se querem, ao brilhante *team* de escritores que funciona adido ao Faraó e Brasília", ironizou. "A eles é que cabe a obrigação de fazer a literatura avançar cinquenta anos em cinco."

Os livros foram despachados em abril, de avião, para o Rio de Janeiro. "Se alguém pedir o livro emprestado, não empreste", ordenou à esposa. E voltou a reclamar da "safadeza" que lhe haviam feito no Brasil, comprovando que ninguém se importava com sua literatura. "Arrebentei toda minha vida e saúde para poder fazê-la", desabafou.

O lançamento da Guimarães Editores foi um sucesso. Em poucos meses, o livro se esgotou em Portugal, com farta cobertura da imprensa. No Brasil, contrariando a determinação do poeta, a Livros de Portugal conservou *Quaderna* ainda por quase um ano na sua previsão de lançamentos. João Cabral, porém, se manteve inflexível, ameaçando abrir processos em suas cartas a Stella, nas quais grifava, de modo agressivo, o "não" oficialmente comunicado à editora. No final de 1960, pediu que a mulher buscasse de volta os originais. A começar por Antônio Houaiss, considerava todos os seus amigos — os mesmos que, segundo Félix, reclamavam que ele não lhes dava a menor bola — "demitidos" da condição de amigos. Por meio de Stella, enviava constantemente recados enfezados. Queria que todos soubessem da sua mágoa. Edição brasileira de *Quaderna*, jamais, repetiu em novembro. "Que o país da 'bossa nova', do sambista Vinicius de Moraes e do futebol não me interessa."

No Boulevard Michelet, em Marselha, defronte a um espetacular jardim, foi construída a primeira das Unités d'Habitation projetadas por Le Corbusier no final da década de 1940. Foi esse o endereço dos últimos e solitários meses de João Cabral na França. O apartamento era um pequeno duplex: entrava-se pela sala, e o quarto ficava no andar inferior. Sem a companhia da mulher e dos filhos, o enorme espaço de que dispunham no bairro consular de Saint-Giniez já não era necessário. Economizar, aliás, foi um dos objetivos que motivaram o retorno da família ao Brasil. "Faça os meninos me escreverem. Como é que eles estão se adaptando ao Rio?", perguntou João à esposa em outubro de 1959.

Stella imediatamente se engajou nas atividades do Banco da Providência, a instituição filantrópica fundada naquele ano por dom Hélder Câmara. Com seus compromissos no movimento bandeirante e as inúmeras demandas feitas pelo marido — ligadas ao Itamaraty, ao Ipase, à editora Livros de Portugal e a tantas outras necessidades —, mal tinha tempo para estar em casa com os filhos. O que lhe valia, sempre, era a ajuda indispensável de Adela, que em toda parte acompanhava a família.

"Marselha continua a mesma bosta", escreveu João à mulher. A cidade jamais o inspirara poeticamente, nem sequer uma mísera estrofe. De acordo com o plano original, ao término do seu período na França, ele também se transferiria para o Rio. Uma de suas ideias era pedir licença para tratamento de assuntos particulares e voltar a fazer jornalismo. Luiz Cabral, que do Recife acompanhava com preocupação as crises do filho, também era da opinião que ele deveria permanecer em definitivo no Brasil. Entretanto, um dos principais encargos de Stella, conforme determinou João de início na correspondência, era justamente lhe "cavar" um novo posto no exterior. Para isso, ela deveria pressionar Silveirinha (apelido de Antônio Francisco Azeredo da Silveira, chefe do Departamento de Administração) e outros poderosos do Itamaraty. João insistia que, para sair de Marselha, estava disposto a aceitar tudo. "Qualquer coisa, qualquer inferno que não seja esta França maldita", desabafou com Murilo Mendes.

O primeiro posto oferecido foi a turbulenta capital da Argélia. Silveirinha quis saber se interessava ao poeta ser removido para lá "a pedido", isto é, sem direito a ajuda de custo. Em sua resposta telegráfica, João foi categórico: "Impossível por falta de dinheiro. Ex officio aceito qualquer posto. A pedido somente Las Palmas". A cidade espanhola, localizada nas ilhas Canárias, era tão barata e atrasada que compensaria ir "a pedido". Argel, porém, assim como Casablanca, não resolveria a situação econômica da família. Na sequência, foi cogitada sua volta "ex officio" para Sevilha, onde ele daria continuidade ao trabalho no Arquivo das Índias. Era a opção de sua preferência, embora, financeiramente, Las Palmas fosse mais interessante. O que João desejava era sair logo da França, receber o dinheiro da promoção e liquidar sua dívida com o banco da Suíça.

Para descansar de Marselha, João fez uma viagem à Espanha. Passou três dias em Barcelona e depois seguiu para Madri, onde se hospedou na casa de Murilo Rubião. Nesse ínterim, vieram novidades do Itamaraty. Ofereceram-lhe um posto em Buenos Aires, para substituir Lauro Escorel no setor cultural da embaixada. João disse que aceitaria a proposta, mas simplesmente pela "gaita" da remoção e para estar mais perto do Brasil.

Na França, tudo parecia dar errado. Logo que regressou da Espanha, João teve novos aborrecimentos. A proprietária resolveu cobrar dele 60 mil francos, mais da metade do valor do aluguel, como indenização pelas "*dilapidations*" da casa de Saint-Giniez. A cobrança vinha agravar sua difícil situação financeira. Decidiu então entregar o apartamento na Cité Radieuse, de Le Corbusier, e tirar dois meses de férias, para não ter que ficar em Marselha. Foi então que comunicou a Stella a decisão tomada depois de quatro noites de insônia. Não viajaria mais nas férias ao Brasil. Não tinha ânimo para enfrentar o avião, o Itamaraty, o calor, a literatura nacional, "amigos", Ipases e outras chateações. Stella, que havia sugerido a viagem, não esperava que ele roesse a corda e manifestou sua decepção.

No final de novembro, João Cabral foi mais uma vez a Barcelona, agora na companhia do artista Ivan Serpa, que de lá tomaria o navio de volta para o Brasil, depois de viajar pela Europa. Desde que se conheceram, no ano anterior, Serpa e Cabral haviam tido vários contatos. Em artigo para o *Jornal do Brasil*, Ferreira Gullar tinha chegado a informar que ilustrações do artista acompanhariam a edição brasileira de *Quaderna*, que não vingou. Em Barcelona, o poeta o levou em uma visita a Enric Tormo. Sempre que ia à cidade, João também se encontrava com o casal Torroella. Tinha o costume de se hospedar no Hotel Oriente, nas Ramblas, frequentado por toureiros. Às oito horas da noite, já se aprontava para ir aos tablados.

De Barcelona, João seguiu sozinho para Madri, hospedando-se novamente com Murilo Rubião. Em meados de dezembro, soube que fora decidida sua transferência para Buenos Aires. Ele contava ir a Lisboa antes do fim do ano, mas, adiado o lançamento de *Quaderna*, permaneceu todo o tempo em Madri. A noite de Natal foi divertida. Após um jantar com diplomatas, o poeta foi para o tablado El Duende e, acompanhado por pessoas que ali trabalhavam, de lá seguiu ainda para uma festa cigana que durou até as onze horas da manhã. "Havia uma sala de senhoras de preto e colares de pérola e outra de flamencos verdadeiros", contou a Stella. Sua preferência, claro, foi pela segunda. Somente nesse mês de dezembro ele conseguiu terminar as duas últimas partes do poema "Estudos para uma bailadora andaluza", encartadas de última hora na edição portuguesa de *Quaderna*. Quando o editor recebeu os textos, o volume já estava impresso.

No seu aniversário de quarenta anos, João Cabral se encontrava ainda em Madri. Na comemoração, com bolo e velas, os amigos do Itamaraty e do flamenco lhe deram presentes. No dia seguinte, deixou a cidade, após mais de um mês de chuva, e viajou para Sevilha. Durante o percurso até Córdoba, predominou o tempo feio e chuvoso. Em Sevilha, porém, esperava-o a maravilha de sempre, "céu azul, cor por todos os lados", informou a Stella. Definitivamente, era seu lugar preferido no mundo. Precisava se despedir da Espanha antes de se transferir para a Argentina, conforme escreveu a Murilo Mendes: "Quis me despedir do que realmente me importa". Informou então ao amigo o motivo que o fizera atrasar a viagem a Sevilha: "Fiquei em Madri mais tempo do que pensava, fartando-me de flamenco — que no inverno anda melhor por lá do que por aqui".

Nesse mesmo dia, João escreveu também a Lauro Escorel. "Acabo de fazer quarenta anos e ando na maior melancolia", desabafou. Tinha a sensação de ter fracassado em tudo, a começar pela literatura, pois ainda dependia de que algum "editor caridoso" o quisesse publicar. "Que país! Por que fazer propaganda cultural de tal país, e onde está a cultura dele?", perguntou ao amigo. Sabendo que tinha partido de Escorel a sugestão para o convite, João fez questão de reiterar as razões que o faziam aceitar Buenos Aires. Gastara muito dinheiro enviando a família de volta para o Rio (Marselha era absolutamente inviável) e precisava se ressarcir. Desejava também estar perto dos filhos. Todavia, o convívio de embaixada não lhe agradava e tampouco a obrigação de "lidar com confrades e com 'vida' intelectual". Afirmou ainda que o Itamaraty não tinha o direito de usar o "escritor" João Cabral de Melo Neto, devendo exigir dele apenas o esperado de um membro da carreira diplomática. "Uma das coisas que mais faço questão de conservar, hoje em dia, é o rancor, o despeito, a vingança etc. Especialmente em relação ao Itamaraty", escreveu. Não podia esquecer, por exemplo — conforme disse na correspondência com Stella —, o silêncio por ocasião de sua premiação no concurso do IV Centenário de São Paulo. Como estava em disponibilidade, não haviam nem sequer mencionado seu nome no Boletim.

Hospedado no Hotel Madrid, João permaneceu em Sevilha por quase duas semanas. Em meados de janeiro, houve uma reviravolta. A solução antes aventada, de fixá-lo em Madri para dar continuidade ao trabalho de pesquisa em Sevilha, veio novamente à baila e lhe agradou em cheio. "O único senão é ficar longe dos meninos. Mas quando eles foram para o Brasil esta coisa estava prevista", comentou com a esposa, referindo-se à possibilidade do retorno à Espanha. Sugeriu então que Stella fosse sozinha morar com ele em Madri ou que levasse apenas Isabel e Adela. "Você não gosta de Sevilha e aqui se chatearia menos", argumentou. Ele ficaria vivendo entre as duas cidades. Mas sabia do inconveniente de deixar os filhos mais velhos sozinhos no Rio e dava à esposa carta branca para decidir a "arrumação" da família.

À espera da nomeação, João regressou para a França no final de janeiro. De Sevilha ele seguiu para Madri, de lá foi até Barcelona e, finalmente, depois de três dias viajando sozinho, chegou a Marselha. Durante todo esse tempo, não ligou uma única vez o rádio do automóvel. Já estava quase no seu destino quando resolveu jantar em Saint-Rémy-de-Provence, cidade onde nascera Nostradamus, no século XVI. Foi só então que se inteirou, no restaurante, das notícias da Argélia. A guerra de independência, iniciada em 1954, tivera nos dias anteriores uma inflexão decisiva, com o início, em Argel, da "semana das barricadas", a insurreição popular que obrigaria o presidente francês Charles de Gaulle a abrir negociações com a Frente de Libertação Nacional. Era um assunto importante, que a um cônsul vivendo na França interessava acompanhar. Entretanto, por causa de sua aversão à música, nem se lembrara de ligar o rádio.

Duas semanas depois, impaciente com a demora da remoção, o poeta telegrafou a Azeredo da Silveira: "Rogo esclarecer Itamaraty trabalho Sevilha interessa mais Brasil que João Cabral". Ameaçou desistir, caso o decreto não saísse em uma semana. Em vez de Marselha, optou por ficar em Cassis, comuna localizada nas imediações, com fiordes e belas praias mediterrâneas. Embora estivesse num hotel barato, não parava de acumular dívidas. "Depois dos quarenta anos vi que me enganei radicalmente em tudo que fiz na vida", escreveu em fevereiro a Stella. Entretanto, como tinha medo do suicídio, o único jeito era viver espalhando sua maledicência. "Não pense que estou nervoso nem exaltado. Estou com um desespero frio, que tenho quando sozinho", acrescentou.

No dia seguinte, veio a resposta de Silveirinha: "Você já não pode desistir Madri. Acalme-se. Remoção será decidida menos uma semana". O telegrama lhe despertou a vontade de pedir demissão da carreira. Seu receio era completar, ainda em Marselha, quatro anos de trabalho no exterior, o que o obrigaria a ir para a Secretaria de Estado. Mas era melhor não pensar no assunto — "já estou ficando violento e com vontade de quebrar coisas", avisou — e acreditar que a remoção era certa. Com relação ao destino da família, pediu que Stella desse a sentença. "Eu não tenho mais preferência por isso ou por aquilo", reiterou, "depois dos quarenta anos sinto-me apenas capaz de me deitar na cama e esperar que a vida se faça sozinha, até a hora de morrer."

Em março, Silveirinha explicou que seria preciso pedir ao presidente Juscelino a autorização para as despesas com as pesquisas. João ficou revoltado: "O que eles não querem é me dar outro posto. Vantagens no Itamaraty atual, como em todo o Brasil, é para os mineiros", desabafou com Stella. Naquele mesmo dia ele já havia lhe enviado um ríspido telegrama: "Se bandeirantismo impede dar notícias meninos encarregue Adela corresponder-se comigo".

Os últimos dias em Marselha foram particularmente penosos. Com as despesas do hotel, acabaram-se os últimos francos. "Para jantar hoje terei de pedir emprestado", afirmou. Tinha acabado de ler as memórias de Paul Claudel e, embora o julgasse um "fariseu", achou que o poeta francês tinha razão ao falar no "desequilíbrio obrigatório e inevitável de qualquer artista". Depois de dedicar sua vida à literatura, via-se agora "inteiramente desequilibrado, incapaz de ser marido e pai etc.". Disse então que seria melhor que Stella não fosse mais para Madri. Não era possível deixar os meninos desamparados no Rio, em colégios de padre e freira, sem a mãe por perto. "Vão acabar pederastas e lésbicas", escreveu. Sozinho, ele poderia cuidar da saúde, enfurnando-se, durante dois anos, para tratar dos nervos. Achava mais justo pensar nos meninos. "Só, quando não tenho a quem dar espetáculo, sinto-me melhor", argumentou.

A remoção foi confirmada, enfim, em telegrama recebido em meados de março por João Cabral. Na mesma semana, o poeta voltou a Genebra. O médico que o havia operado afirmou que o nervo se recuperara e que não havia solução para sua dor de cabeça. Era melhor desistir da cura. "Não me disse para tocar um tango argentino, mas me aconselhou a continuar tomando aspirina", brincou em carta a Murilo Mendes. No final do mês, João retornaria mais uma vez a Genebra para fazer um checkup completo e ver até que idade seu corpo poderia aguentar a "vida aspirínica" que levava. Contou então a Murilo que, além de doente, estava "mais deprimido do que nunca". Sabia que o amigo também experimentara desgostos e que sobrevivera "a todas as baratezas da vida literária brasileira", mas para ele era difícil suportá-las. Estava aí, a seu ver, mais uma diferença entre os dois. A poesia, que dava sentido à existência de Murilo, no seu caso era fonte de desequilíbrio.

Na primeira semana de abril, de volta da Suíça, João finalmente pôde deixar Marselha. Antes de partir, como não podia carregar todos os seus livros, reuniu os espanhóis, que incluíam dezenas de volumes sobre touros, e os doou a um colégio de padres. Poderia encontrá-los facilmente na Espanha, avaliou. Seriam mais úteis na França. Pegou então seu automóvel — para evitar mais prejuízos, decidira manter a "porcaria de Borgward" — e se arrancou em direção a Madri.

14.
Cemitérios gerais

Numa bela construção do final do século XIX — adquirida com seus antigos móveis e peças decorativas — funcionava, desde 1941, a Embaixada do Brasil em Madri. O edifício se situa no número 6 da Calle Fernando El Santo, no tradicional bairro de Almagro. Perto dali, João Cabral alugou por três meses um pequeno apartamento, enquanto esperava Stella e os filhos chegarem do Rio de Janeiro.

A remoção para Madri foi publicada em março de 1960. No início de abril, o poeta assumiu o posto de segundo secretário. Se no consulado de Marselha não havia o que fazer, a situação agora era oposta. O trabalho pesado, porém, não o incomodou. Enquanto não saísse a verba para a retomada de suas atividades em Sevilha, aquela ocupação serviria para distraí-lo de si mesmo. Fosse por conta das tarefas, dos remédios para a vesícula ou do clima de Madri, o fato era que andava mais calmo e desanuviado. "Já não estou naquele nervosismo furioso em que vivia em Marselha", informou no final de maio à esposa. Persistia, contudo, a "aporrinhação metafísica" que o levava a achar todas as coisas, até a literatura, vazias e sem sentido.

Fazia mais de seis meses que Stella e os meninos estavam vivendo no Rio. Além da dificuldade para manter toda a família em Marselha, outra razão prática para a transferência fora a embrulhada que os inquilinos do apartamento de Botafogo haviam arranjado, deixando de pagar as prestações da Caixa Econômica. O imóvel chegara a ser hipotecado e, para impedir a execução e regularizar o processo, foi preciso que Stella entrasse em ação. Depois de estudar apenas um semestre na França, os meninos foram matriculados no Rio, e Inez foi para um internato de freiras em Petrópolis.

Embora sentisse falta da família, João achava que Stella só deveria voltar quando o assunto do apartamento estivesse definitivamente resolvido. Incomodava-o também deixar os filhos mais velhos no Rio, pois a ideia era que a esposa voltasse à Espanha apenas com Isabel e a governanta. Stella, porém, insinuou que ele não queria seu retorno. "Não se faça *mala sangre*, por favor", retrucou João. Em sua opinião, deveriam mesmo residir em

Madri. Era melhor para Stella e também para o trabalho em Sevilha. A microfilmagem dos documentos do Arquivo das Índias, encomendada pelo Itamaraty, deveria ser feita com a máxima discrição.

Em meados de junho, João Cabral fez a primeira de uma série de viagens curtas a Sevilha. Na embaixada, o serviço no setor econômico, ao qual se dedicava, se tornou cada vez mais volumoso. Em pouco tempo, João confessou a Stella seu arrependimento pela besteira de ter escolhido ficar em Madri. Se tivesse optado por Sevilha, acrescentou, desfrutaria ainda da vantagem de não ser obrigado a conviver com colegas. Àquela altura, porém, não havia mais jeito. Para acolher a família, ele acabara de alugar por um ano, ao custo mensal de 13 mil pesetas, um enorme apartamento na Calle Juan Bravo, uma das vias mais elegantes do bairro de Salamanca. Além da sala de jantar e do hall, o apartamento possuía três salões, três quartos e dois banheiros sociais. À exceção dos quadros, que eram "de amargar", a mobília lhe pareceu totalmente satisfatória.

A viagem de Stella, porém, foi diversas vezes adiada, o que o deixava exasperado. Suas cartas, em número muito maior do que as dela, renovavam sempre as cobranças por informações objetivas e detalhadas a respeito da ida da esposa, da divisão e da arrumação da família, da situação do apartamento adquirido no Ipase, dos cálculos financeiros, entre outros assuntos. "O que eu preciso é saber as coisas com certeza e precisão", escreveu em setembro de 1960, sublinhando, com irritação, os dois últimos vocábulos. "Escreva logo: preciso e definitivo", insistiu.

No início de dezembro, João acusou a esposa de não desejar ir para Madri, de preferir cuidar dos filhos, das bandeirantes e da "Santa Madre Igreja". Lamentou então que, em vez de ir diretamente para Sevilha, tivesse alugado, só para ele, um apartamento grande e caro, onde se sentia perdido. Alegando não ter direito a férias, o poeta também cancelou, pela segunda vez, sua esperada viagem ao Brasil. Na verdade, conforme admitiu na carta a Stella, estava ainda sem a menor disposição para enfrentar "o Rio com seus literatos, seus Itamaratys, seus falsos amigos".

A saudade dos meninos o levou a cobrar inúmeras vezes da esposa o envio de retratos. Passado um ano da separação, o pedido continuava às moscas, o que o deixava também caceteado. No aniversário de onze anos do terceiro filho, a quem chamava de Luisito, João enviou a ele uma carta dando notícias do Tour de France, do futebol de Sevilha, do bairro de Heliópolis, dos ônibus que agora substituíam os bondes da cidade. "Você que é o escritor da família, mande notícias", reclamou.

Em outubro, quando enfim recebeu as fotos, o poeta descreveu em carta à esposa suas impressões sobre aparência dos meninos: "Rodrigo parece de mau humor, Inez está gordíssima, Luiz, *guasón* como sempre, e Isabel magrinha, e com o ar que herdou do pai de quem está no mundo por favor". A situação dos mais velhos o preocupava. Como ficariam distribuídos? Os estudos não seriam prejudicados? Eram as perguntas que endereçava a Stella. No final do ano, os boletins revelaram que eles ainda não haviam se ambientado ao Rio. "As notas deles, e as notícias, não são de deixar nenhum pai eufórico", lastimou.

Não obstante seu desejo de fugir do Rio e das letras nacionais, os brasileiros continuavam lhe escrevendo cartas, e os que passavam pela Espanha não deixavam de procurá-lo. Um dos primeiros com quem se encontrou em Madri foi Augusto Frederico Schmidt. Passearam juntos um dia inteiro em Toledo, o que deixou João cansadíssimo. Schmidt também se arriscou a ver uma tourada. No final do espetáculo, com seu jeito exagerado, teve tanta pena do touro que se desfez em lágrimas. Quando entrou no Hotel Ritz, estava ainda chorando.

Para João Cabral, aquele horror às *corridas* de touros, que também via nos colegas de trabalho, era incompreensível. Embora já não frequentasse tanto as arenas, sua paixão não havia arrefecido. Quando o pintor baiano João Garboggini Quaglia, em temporada de estudos de Madri, o procurou com uma série de litografias de touros, o poeta logo se dispôs a escrever uma apresentação do álbum. Publicado meses depois no *Jornal de Letras*, o texto trazia uma observação curiosa: o ângulo inusitado das gravuras — revelando, segundo Cabral, o assento mais baixo ocupado por Quaglia na arquibancada — destoava do modo automatizado como eram feitas ordinariamente as pinturas sobre touros. Estas não tomavam por base o que os artistas viam na arena, mas repetiam sempre o ângulo dos fotógrafos, que coincidia com o dos próprios toureiros.

As aparições de Murilo Mendes, aproveitando as férias do verão, se tornaram uma prática ritual. Acompanhado de Saudade, o poeta mineiro ia sempre a Portugal visitar a sogra e, no caminho, fazia questão de reservar uma semana para estar com João Cabral. Depois do primeiro encontro em Sevilha, eles voltaram a se ver em 1959, em Marselha. No verão de 1960, o casal passou duas vezes por Madri. Em julho, Murilo lhe contou que, tendo se avistado em Roma com Azeredo da Silveira, obtivera dele a promessa de que Cabral seria promovido antes do fim do ano ao cargo de primeiro secretário. A ascensão de fato aconteceria, mas não por merecimento, como pensava Murilo, e sim por antiguidade. A segunda visita ocorreu em setembro, no caminho de volta para Roma. O tempo foi curto para saciar no amigo "todo o apetite de ver arte e conhecer artistas", conforme relatou João em carta à esposa.

Além das exposições, outro programa obrigatório eram os espetáculos de flamenco. O poeta mineiro se encantou com a arte de Trini España, a bailarina de quem João lhe havia falado meses antes, por carta, solicitando sua ajuda para que ela pudesse fazer apresentações no Teatro Club, em Roma, do qual Murilo era um dos diretores. Nascida em Sevilha, Trini tinha 23 anos e desde 1958 começara a dançar em Madri, no recém-inaugurado tablado Torres Bermejas. Seu estilo passional e audacioso a tornaria uma das bailarinas mais famosas da Espanha. Seduzido por sua beleza, João Cabral acabou se tornando um verdadeiro agente de Trini. Ao lado de Carmen Amaya, ela seria, a seu ver, a pessoa mais apta a dar aos italianos uma boa demonstração do baile flamenco. Foi o que garantiu a Murilo, antes que este pudesse ver com os próprios olhos o talento excepcional da moça.

Trini não foi a primeira bailarina por quem João se desdobrou em diligências. Quando estava em Marselha, seu apoio foi concedido igualmente a Carmen Carrera, que conhecera em Sevilha, antes de sua transferência para Madri, onde ela passou a dançar no famoso Corral de la Morería. A despeito de seu empenho, a viagem de Carmen para Roma não deu certo. A proposta previa apenas a realização de dois espetáculos, o que não compensava financeiramente. "Afinal de contas, para quem vive de sua arte, a vaidade artística não é tão importante como para nós, que vivemos de outras coisas", comentou João com Murilo.

No livro *Agrestes*, o poeta evocaria mais tarde, sem nomeá-la, a bailarina que, passeando com ele de carro por Sevilha, se benzia quando passavam por alguma igreja. Depois, em Madri, a moça criaria o hábito de se persignar em frente a qualquer construção monumental, mesmo que se tratasse de um banco, o que pareceu a ele uma ironia.

Naquele tempo, boatos no Itamaraty davam conta de que João Cabral estava perdidamente enamorado de uma bailarina sevilhana. Stella não desconhecia a existência dessas aventuras. Sabendo do seu controle absoluto sobre os assuntos da família, as más línguas diziam até que ela possuía uma caderneta com os telefones de todas as amizades femininas do marido. Para muitos, essa seria a explicação para sua resistência em deixar o Brasil e voltar a viver com João na Espanha.

A carta de Cacilda Becker, informando que sua companhia levaria ao palco uma encenação, de caráter experimental, de *Morte e vida severina* chegou a Madri no mês de outubro. Fundado em 1957, em São Paulo, o Teatro Cacilda Becker, dissidência do Teatro Brasileiro de Comédia, tinha estreado com *O santo e a porca*, de Ariano Suassuna, com direção de Ziembinski, e a própria atriz assinaria, logo em seguida, uma montagem do *Auto da Compadecida*. Havia, naquele período, grande interesse pelas peças de temática brasileira. Todavia, foi com enorme risco que ela decidiu montar um texto poético de João Cabral, ainda inédito nos palcos do Sul, para inaugurar o Teatro Experimental Cacilda Becker, uma variante do trabalho principal do grupo, espécie de teatro alternativo, com espetáculos apresentados às segundas-feiras. No papel do protagonista estaria o próprio Walmor Chagas, seu marido e parceiro. A direção ficaria a cargo de Clemente Portela, aluno de Ziembinski. Flávio Império, um dos fundadores do Teatro de Arena, foi convidado para fazer a cenografia.

Por seu interesse cultural, a montagem, realizada com baixo orçamento, foi incluída em novembro de 1960 na programação da Quinzena Teatral de São Paulo, uma temporada popular de espetáculos. Como Stella não se resolvia nunca a viajar para Madri, João Cabral sugeriu que ela desse um pulo a São Paulo e que procurasse em seu nome Cacilda e Walmor. Pediu ainda que ela regularizasse sua situação na Sociedade Brasileira de Autores Teatrais (SBAT), para que ele não deixasse de receber os direitos da peça — "pois parece que ela está entrando na moda", advertiu.

Depois do êxito da montagem paraense no Recife, ele mal podia imaginar que a "versão teatral do poema de João Cabral de Melo Neto", conforme anunciavam os jornais, seria um tremendo fracasso. Ao ouvir o poema, muitos espectadores reagiram com estranhamento. Nos cenários e figurinos, Flávio Império procurou recriar, por meio de cores agressivas, as duras condições de existência dos retirantes. A estética realista, dosada com pitadas de Brecht, dava ares de documentário ao espetáculo. Enquanto o texto era dito pelos atores, havia projeção de slides com imagens da pobreza nordestina e dados estatísticos sobre a imigração. Não obstante, a montagem foi considerada muito seca, abstrata e estilizada. O ator principal, oriundo do TBC, rendeu um comentário maldoso do crítico Décio de Almeida Prado: "Walmor Chagas [...] parece alguma personagem clássica perdida entre o agreste e o sertão".

Stella viajou a São Paulo, mas se enganou com a data e perdeu as apresentações da peça na Quinzena Teatral, as únicas que seriam feitas pelo grupo de Cacilda Becker. "Certamente suas múltiplas tarefas pelo bem da humanidade eram mais importantes", ironizou o marido. Quanto às discussões provocadas pela encenação, aludindo à recusa inicial de Maria Clara Machado, João lamentou que a "mentalidade Tablado" estivesse mais espalhada pelo Brasil do que imaginava e fez uma saudação aos pernambucanos, que haviam interrompido com aplausos a representação no Recife. "Viva o Brasil! Cinquenta anos em cinco! Pelo menos na cultura, ele atrasou nesses cinco anos passados", afirmou com desdém em outra carta enviada à esposa.

Uma prova do dissabor causado pelo fracasso da peça foi a rápida inclusão do "público paulista" no seu rol de desafetos, que ele então denominou ironicamente de "Sindicato dos Amigos de João Cabral de Melo Neto", grupo do qual faziam parte "Silveirinha, Antônio Houaiss, Livros de Portugal, Eduardo Portella etc. etc.". Sua "misantropia" — palavra recorrente na correspondência com Stella — já o fizera esbravejar diversas vezes contra a categoria dos amigos, que ameaçava transformar em simples "conhecidos".

A menção a Eduardo Portella tinha relação com a encrenca do apartamento da rua Farani, que fora desocupado por ele pouco antes da chegada de Stella ao Brasil. Desde que a família saíra do Rio, em 1956, o imóvel havia sido emprestado ao jovem crítico — então assistente no gabinete civil da Presidência da República —, que o dividiria depois com outro morador recém-chegado de Pernambuco, Haroldo Carneiro Leão. Entre 1959 e 1960, quando se preparava para o concurso do Itamaraty, Evaldo Cabral de Mello se alojara mais de uma vez no apartamento do irmão. De regresso da Europa, Félix de Athayde também tinha ocupado um dos quartos. O que havia feito estourar a confusão fora a falta de pagamento das prestações, que estava a cargo dos inquilinos. A princípio, a perda do imóvel pareceu inevitável. Depois o caso começou a se arrastar no Ipase. "Esse apartamento é kafkiano", escreveu João Cabral. Por mais que Stella insistisse, os papéis não saíam e jamais ocorria a assinatura definitiva. Com seu habitual pessimismo, o poeta considerou várias vezes o caso perdido.

Em meados de 1960, Evaldo chegou ao Rio para se submeter, pela segunda vez, aos exames do Instituto Rio Branco. "Que passe e tenha sorte no Butantã da rua Larga", escreveu João em carta à esposa. O término do concurso só ocorreu no final do ano. Evaldo foi classificado em primeiro lugar. Ao cumprimentá-lo, o poeta fez uma brincadeira. Em Sevilha, ele havia notado que o irmão gostava de ficar de pijama até tarde do dia, agarrado em seus livros. Por causa desse hábito, mantido mesmo no calor, era alvo de gozação por parte dos sobrinhos. "Agora que você passou, ponha o seu pijama e vá para casa ler", escreveu João no cartão enviado de Madri.

Quanto à novela do apartamento, as informações, embora o envenenassem, tinham, segundo ele, um efeito positivo. Davam-lhe um impulso irrefreável de trabalhar na série de sátiras que começara a escrever. Cada vez que era contrariado por uma má notícia, reencontrava a disposição para "espinafrar mineiros, diplomatas, amigos e outra corja — objetos dessas sátiras", relatou a Stella. As cartas da esposa vinham interromper o estado de "paz com o mundo", desfavorável à escrita, em que o deixava seu tratamento psiquiátrico.

Em Madri, aconselhado pelo médico que o examinara em Genebra, João logo procurara o famoso psiquiatra Juan José López-Ibor. Segundo o médico suíço, o funcionamento ruim de sua vesícula só poderia ter uma causa psíquica. Além dos remédios, tomados duas vezes ao dia, o tratamento com López-Ibor incluía injeções três vezes por semana. O excesso de medicação deixava João mais tranquilo, mas com muita sonolência. "Prefiro sentir-me histérico a sentir-me burro", desabafou. Contudo, mesmo entupido de remédios, não se dava por satisfeito. A mulher de Paulo Paranaguá, seu colega na embaixada, também frequentava o psiquiatra. Quando a encontrava, João não resistia. "O que ele receitou para você?", perguntava sempre a Glorinha.

Depois de três meses, o tratamento de nada adiantara. O poeta continuava com a mesma depressão que o derrubara em Marselha. Tinha a impressão de haver desperdiçado toda a sua vida e lamentava não ter coragem para largar a "sinistra carreira" de diplomata. Passava frequentemente do maior desânimo para a mais extrema excitação. "Ando uns dias mais calmo, mas de repente tudo volta: minhas classes preferidas para agredir são os garçons e os guardas de tráfego", relatou à esposa. Depois concluiu que alguma coisa havia mudado com o tratamento. Graças aos remédios de López-Ibor, ele ficara mais abúlico, sem as "ideias negras, de autodestruição", que o vinham perseguindo.

Àquela altura, também já tinha passado a limpo os dois novos textos, concebidos em Madri, nos quais vinha despejando um bocado da sua fúria. "Pode dizer por aí que meu próximo livro será de sátiras", informou a Stella em agosto de 1960 — "sátiras de dentro para fora: sátiras de mim, de 'amigos', de colegas, confrades. Quando esse livro sair chegarei ao estado ideal de estar de relações cortadas com toda a humanidade."

Como a raiva era grande, o livro, intitulado *Dois parlamentos*, não demorou a sair. Por conta própria, João mandou imprimir duzentos exemplares numa gráfica de Madri. Em janeiro de 1961, Murilo Mendes agradeceu a remessa do folhetim, em edição "cuidadíssima, em elegante formato e ótimo papel". O volume era composto de dois poemas longos — "Congresso no Polígono das Secas" e "Festa na casa-grande" — apresentados com duas opções de leitura: uma dada pela sequência normal dos blocos e outra sugerida por uma estranha ordem numérica, que fazia o leitor ir e voltar pelas páginas. Essas duas partes foram concebidas para serem levadas ao palco, na linha do recital dirigido em Madri por Antônio Abujamra, que tanto o impressionara.

No "Congresso no Polígono das Secas", um grupo de senadores sulistas viaja até o sertão nordestino. "— Cemitérios gerais/ que não exibem restos./ — Tão sem ossos que até parece/ que cachorros passaram perto", observam durante a visita. João imaginou que os personagens poderiam, em cena, ser postos em torno de uma mesa de bar, por exemplo, e que suas falas dariam margem a uma apreensão crítica da realidade: "— Nem mesmo podem ser/ inspiração para os artistas,/ estes cemitérios sem vida,/ frios, de estatística".

Na segunda parte, "Festa na casa-grande", a fala do Sul daria lugar ao sotaque nordestino. A exemplo do poeta, os personagens eram filhos de donos de engenhos e, por meio de suas falas, vinham à tona, de modo também irônico, os sofrimentos do trabalhador do campo: "— O cassaco de engenho/ quando o carregam, morto:/ — É um caixão vazio/ metido dentro de outro". João Cabral tinha um gosto especial pela composição do livro e ressaltaria sempre a presença naqueles versos de um humor ácido típico do Surrealismo, que tinha origem no escritor inglês Jonathan Swift, autor do célebre *Viagens de Gulliver*. As duras condições de vida no sertão e na Zona da Mata — dos "cemitérios gerais" e do "cassaco de engenho" — foram descritas nos dois poemas a partir da imitação satírica dos discursos que olhavam de cima aquela realidade.

A ironia, que já aparecera nos livros do "Tríptico do Capibaribe", em passagens que atacavam a aristocracia pernambucana, nos textos de *Dois parlamentos* se tornou um recurso mais saliente e, a bem dizer, estrutural. Como a intenção era esvaziar a linguagem retórica, a própria dedicatória do volume — oferecido a Augusto Frederico Schmidt e a mulher, Yedda —, apesar do agradecimento que João devia ao editor de *O engenheiro*, não deixava também de soar como tirada de humor.

"Você tocou de perto o trabalhador nordestino. Não o viu de palanque", comentou Murilo Mendes. "Não conheço outro poeta que tenha tocado como você a morte, a morte física, o morto morto", escreveu de Roma. Em vez de uma consideração abstrata da morte, o livro trazia, segundo ele, uma "poesia física", social e materialista, cujo poder de expressão fazia empalidecer as visões espiritualistas.

Na opinião de López-Ibor, a temática dos cemitérios, da morte nordestina ou severina, não passava de um disfarce. Quando soube que seu paciente escrevia poesia, o psiquiatra desejou conhecer a obra que ele havia publicado. O poeta levou então ao consultório um exemplar de *Duas águas*. Na semana seguinte, ouviu um surpreendente comentário: "O que impressiona é a sua obsessão pela morte", disse López-Ibor. João argumentou que a morte presente em seus livros não era a morte individual, católica, de que falava um poeta como Rilke, mas um problema social. "Aí é que o senhor se engana", retrucou o médico. Mesmo sem falar na primeira pessoa, como Rilke, o poeta estaria, segundo sua leitura, tratando sempre da própria morte. "O senhor fala na morte social para exorcizar o seu medo da morte", sentenciou. Com efeito, refletiria o poeta, o que o teria feito escrever sobre a miséria do Nordeste, tendo nascido numa família de senhores de engenho, que exploravam os trabalhadores? A sátira destrutiva de *Dois parlamentos*, conforme havia confessado, tinha entre seus alvos o próprio autor.

Após um ano e três meses da separação, João Cabral esperava ainda por Stella em Madri. Não podia viver sem a segurança que ela lhe proporcionava. Nas numerosas cartas que escrevia, tratando-a com frequência por Stellinha, o assunto da volta estava sempre presente. Como lhe restava apenas mais um ano na Espanha, achava que a esposa deveria ir somente com Adela e Isabel, "o mais escoteiro possível". As recomendações a respeito dos filhos, da viagem, da bagagem, do apartamento de Botafogo, entre outros assuntos, reiteravam-se e, por vezes, confundiam-se. A indecisão, a que o poeta chamou de *quick shifting mood*, fazia-o achar tudo ao mesmo tempo ótimo e péssimo. "Assim, decida você mesma se vem, se não vem, quando vem, como vem, com quem vem, com o que vem", escreveu em janeiro de 1961.

Adela não desejava mais voltar para a Espanha. Sentia já o peso da idade e, por seu gosto, ficaria no Rio, cuidando de Isabel, caso a patroa optasse por viajar sozinha. Stella, porém, resistiu o quanto pôde às instâncias do marido. A exemplo da governanta, tampouco tinha interesse em retornar à Espanha.

Como a decisão estava em suas mãos, impôs o veredito: para que voltassem a viver juntos, João deveria pedir remoção e se transferir para o Rio.

Naquele mês de janeiro, Stella se encontrava no Recife. Sua viagem a Pernambuco atendera a uma convocação urgente do pai de João Cabral. Duas preocupações afligiam então a família: a cirurgia de Carmen, na época doente da vesícula, e o derrame sofrido por Cláudio, o quarto dos irmãos. A despeito dos problemas familiares, Luiz Cabral se mostrava animado e perguntava sempre quando o filho iria passar um ano no Recife, "dando aulas de poética e escrevendo em Carpina". Como um novo governo federal estava sendo implantado, a ocasião era propícia para cavar oportunidades.

Ao saber da articulação política planejada pelo pai, João não revelou muito entusiasmo. Já aceitava a ideia de voltar ao Brasil, mas não acreditava que pudesse receber algum convite. No início de fevereiro, ao escrever para Stella, observou que, no Brasil, a literatura funcionava como escada para se conseguir nome e outras coisas. Na sua visão, porém, a literatura não era nada daquilo. "Para mim não é escada que vai até um ou outro andar. É uma escada que não chega nunca", asseverou.

No dia 31 de janeiro, Jânio Quadros assumiu a presidência da República e deu posse ao novo ministério. Na pasta da Agricultura, graças à intervenção do governo de Pernambuco, foi nomeado um primo de João Cabral, Romero Cabral da Costa, filho do casamento de Maria das Mercês, irmã de seu pai, com o amado tio Costinha. Herdeiro da Usina Pumaty, na Zona da Mata, Romero realizara experiências bem-sucedidas de irrigação de terras e de novas culturas de cana-de-açúcar. Era autor de um livro sobre problemas agrícolas e também de um volume de poemas. Os jornais do Rio informaram que, além de modernizada, a Pumaty era a única usina pernambucana em que os trabalhadores possuíam "certos direitos" e que seu proprietário teria sido escolhido por Jânio para efetuar a reforma agrária prometida na campanha eleitoral.

Quando chegou a Madri o convite para trabalhar com o primo no ministério, João Cabral não entendeu a proposta. Romero disse que não tinha conhecimento do serviço público — era usineiro, não político — e que precisava de uma pessoa experiente na chefia do seu gabinete. "Tenho desconfiança de que Romero não me convidou espontaneamente, mas forçado por você, papai, Evaldo", insinuou João à esposa em meados de fevereiro. Em vez de fornecer detalhes sobre o convite, Stella enviou uma lista de compras. Queria que o marido trouxesse automóvel, geladeira, televisão portátil e vitrola. João vendeu o Borgward pela metade do preço pago em Marselha e encomendou um novo carro.

Nos primeiros dias de março, a imprensa noticiou que o poeta deixaria a embaixada na Espanha para retornar ao Brasil. De volta de Sevilha, onde esteve por mais de uma semana sob o pretexto de encerrar as pesquisas do Arquivo das Índias, João comunicou à esposa sua preferência por morar em Brasília. A cidade era mais pacata, ficava longe do Rio e nela se poderia ganhar mais. O chato era não saber ainda o que iria fazer no Ministério da Agricultura. "Troço melancólico para um escritor se associar ao poder", lamentou. Na véspera, mexendo em seus papéis, o poeta pusera em ordem suas notas para o "Juízo final do usineiro", concebido em Londres. Terminada a arrumação, escreveu na parte externa dos papéis: "Notas para um auto abandonado — por falta de caráter do autor".

Antes da partida, em carta a Murilo Mendes, João voltou a falar em sua crescente misantropia: "Fujo de todo o mundo, passo dias enterrado em casa, nem respondo ao telefone". Acrescentou que a perspectiva de encontrar inúmeros conhecidos esfriava o entusiasmo que deveria estar sentindo pela volta ao Brasil.

No final de março, o poeta entregou o enorme apartamento alugado em Madri. Na mesma semana, quase sucedeu uma reviravolta em Brasília, da qual só saberia mais tarde. Irritado com os "bilhetinhos" de Jânio Quadros, que volta e meia vinham parar em sua mesa, com solicitações descabidas, Romero Cabral da Costa lhe enviou uma carta de demissão. "Presidente, não gosto dos seus bilhetinhos", teria escrito o audacioso ministro. Mas a crise foi logo resolvida e ele permaneceu no governo.

João passou poucos dias no Rio. Em meados de maio, investido na função de secretário particular do ministro da Agricultura, já se achava instalado em Brasília. Inaugurada no ano anterior, a cidade, em cuja construção tiveram papel importante os cálculos de seu amigo Joaquim Cardozo, representava a realização suprema do programa arquitetônico moderno, que o fascinara na juventude. Era natural, portanto, que desde a primeira vista Brasília lhe enchesse os olhos. Mas o que o encantou foi, sobretudo, o horizonte. Era mais alto que o horizonte marinho com o qual estava habituado. Sua impressão, dizia, era a de estar dentro de um prato fundo. O pó vermelho, que impedia o uso da roupa branca, não o incomodava. Stella, porém, não gostou da poeira nem do ar seco. Com a desculpa de que a cidade não oferecia um bom colégio para os filhos, resolveu voltar com Rodrigo e Luís para o Rio. Adela também estranhou o clima de Brasília e preferiu acompanhá-los.

Morando com o pai, ficaram apenas as duas meninas. A educação de Inez, que completara treze anos, e Isabel, que tinha apenas seis, parecia na época menos importante que a dos meninos.

As aulas no colégio de freiras dominicanas começavam às sete da manhã. Todos os dias, João saía de casa sonolento, de pijama, para levar a filha mais velha. O carro era um Oldsmobile automático, de cor preta, do qual não tinha pleno domínio. Durante o trajeto, o motor morria algumas vezes, o que só aumentava sua rabugice. Resolveu então subornar a filha, dando-lhe uns trocados para que ela matasse aula alguns dias. Sem ter o que fazer, Inez ficava o dia inteiro ao telefone, passando trote com a empregada, que acabou sendo demitida. Como consequência, o próprio João teve que ir para a cozinha. Todos os dias, invariavelmente, ele servia para as filhas o mesmo prato: arroz e ovo frito. A situação de improviso e penúria só foi remediada com a volta de Stella, após a matrícula dos meninos no Colégio Santo Inácio, em Botafogo.

Passados apenas três meses, um acontecimento decisivo pegou todos de surpresa: a renúncia de Jânio Quadros, poucas horas depois de haver condecorado seus ministros na celebração do Dia do Soldado. Naquele 25 de agosto, João Cabral foi buscar as meninas no colégio e encontrou Isabel aos prantos por ter perdido sua lancheira cor-de-rosa. Brasília estava de pernas para o ar, alvoroçada com a notícia da renúncia. Em meio ao clima sinistro, ele foi obrigado a percorrer todas as lojas da cidade.

Ato contínuo, Romero se exonerou da pasta da Agricultura e embarcou para o Recife. Com a reviravolta política, João ficou perdido. De repente, não tinha mais o que fazer num gabinete deixado às moscas. Todos os ministérios estavam vazios. Deflagrada a crise, a impressão que se tinha era que a capital do país havia se transferido de volta para o Rio. João passava o tempo em conversas com os colegas do Itamaraty, cuja sede provisória em Brasília funcionava no prédio do Ministério da Saúde.

Em outubro, ainda residindo em Brasília, o poeta ciceroneou o matemático e pensador alemão Max Bense, a pedido de Haroldo de Campos. "Desculpe-me se venho perturbar o seu retiro no planalto brasílico", escreveu Haroldo, que havia sido o responsável pelo convite oficial do governo brasileiro para que Bense viesse ao país. Do Rio de Janeiro, onde se encontrou com os concretistas, o filósofo tomou o avião para a nova capital. O encontro com Cabral resultaria no poema "Acompanhando Max Bense em sua visita a Brasília, 1961", incluído mais tarde no livro *Museu de tudo*. A poesia de Francis Ponge foi um dos tópicos da conversa. Mas o principal assunto veio mesmo da cidade, que entusiasmou o visitante.

No ano seguinte, a revista *Invenção* publicaria, com tradução de Haroldo, o artigo "Max Bense sobre Brasília". Na opinião do filósofo, a cultura tropical, moderna e antiprovinciana, extraía sua potência não do devaneio lírico, mas da aplicação dos princípios racionais da contenção e da medida. Brasília, segundo ele, seria a prova dessa inclinação. João tinha razões de sobra para se identificar com tais ideias. A teoria de Bense, conforme diria em seu poema, constituía para ele uma "filosofia/ mineral, toda esquadrias/ do metal-luz dos meios-dias". Era uma sólida e solar arquitetura.

Uma semana antes da visita de Max Bense, o *Diário de Notícias* divulgou o lançamento, previsto pela Editora do Autor ainda para o ano de 1961, de *Terceira feira*, a nova obra poética de João Cabral. O volume reunia dois livros publicados fora do Brasil — *Quaderna*, editado em Lisboa, e *Dois parlamentos*, impresso em pequena tiragem em Madri — e um inédito, *Serial*, composto de poemas recentes. Fundada por Rubem Braga e Fernando Sabino, associados ao jurista Walter Acosta, a Editora do Autor havia estreado em 1960 com uma ruidosa publicação: *Furacão sobre Cuba*, de Jean-Paul Sartre. Em seguida, os novatos editores, dando lição aos mais experientes, conseguiram emplacar outros sucessos de venda, criando leitores para gêneros considerados difíceis, como a crônica e a poesia.

"Aqui vai o livro. Título: botei *Terceira feira* (no sentido de ser esta a terceira vez em que saem poemas reunidos meus em edições comerciais do tipo 'feira livre') mas não é definitivo", escreveu o autor em bilhete enviado aos editores, reproduzido na orelha do livro. Outras possibilidades foram numeradas: *História natural, Poesia partida em quatro, Segunda mesa, Prosa em poesia, Vários poemas vários*, entre outras. "Se preferir qualquer destes, risque o que já está escrito nos originais e escreva o novo", acrescentou.

A capa — uma superfície quadriculada, num jogo de luz e sombra — foi criada por Aloísio Magalhães. O poeta voltou para a Espanha sem ver o livro pronto. *Terceira feira* foi lançado no final do ano, a duas semanas do Natal. Fazia cinco anos que João Cabral não era editado no Brasil. Daí a curiosidade em torno da nova obra. Os poemas "O automobilista infundioso" e "A cana dos outros" apareceram estampados em duas edições consecutivas do Suplemento Dominical do *Jornal do Brasil*. A revista *Senhor* também chegou a publicar os textos de *Dois parlamentos*.

321

Ao receber *Terceira feira* em Roma, Murilo Mendes fez um elogio à parte inédita do volume, o livro *Serial*. O que o impressionava, reiterou mais uma vez, era a aguda sensibilidade do poeta para captar o universo das formas, mostrando que "o universo físico é tão inesgotável como o outro, o 'espiritual'". Murilo encaminhou um exemplar a Jorge Guillén, com quem convivia em Roma. O poeta espanhol escreveu depois a João Cabral, dizendo-se espantado com a vitalidade de sua poesia.

Nos poemas de *Serial*, um dado importante era a visão próxima, colada às coisas — nas palavras de José Guilherme Merquior, a habilidade de observar de perto, "quando o olho é tato", e a partir de ângulos variados, como um cameraman. Essa "devoção ao objeto", segundo o crítico, teria algo da "visão fenomenológica". Não se limitando à descrição externa das coisas, o poeta terminava por desvendar sua essência e por captar a própria significação do mundo.

Escritos entre 1959 e 1961, os poemas de *Serial* traziam ainda novos confrontos entre o Nordeste e a Espanha. A dedicatória do livro foi oferecida, como homenagem póstuma, a José Lins do Rego. João morava em Sevilha quando recebera, em setembro de 1957, a notícia da morte do escritor. Na ocasião, o poeta estava lendo "pedaços enormes" da literatura de José Lins, conforme relatou em carta a Clarice Lispector. Em Madri, durante a escrita de *Dois parlamentos* e dos poemas pernambucanos de *Serial*, João pediu a Stella que lhe enviasse com urgência o romance *Pureza* e um exemplar do ensaio *Visão do Nordeste*, recém-publicado por Alceu Amoroso Lima.

Não obstante a dedicatória a José Lins, o escritor nordestino a quem *Serial* de fato pagou tributo foi Graciliano Ramos, título de um dos poemas do livro. "Falo somente com o que falo:/ com as mesmas vinte palavras/ girando ao redor do sol/ que as limpa do que não é faca", escreveu o poeta, como se desse voz ao próprio autor de *Vidas secas*, já homenageado em *Quaderna* no poema "A palo seco". Com seu estilo realista e objetivo, o romancista seria, de acordo com João, uma espécie de antídoto contra a linguagem retórica e rebarbativa de tantos letrados do país, que chamou de "abaianada". Mais tarde, numa entrevista em Lisboa, ele se definiria como "o antibaiano por excelência". Em *Serial*, a ironia cabralina se voltava também contra as "couves meditabundas" e as "sentimentais cenouras" — expressões usadas no poema "Generaciones y semblanzas" — com as quais ele identificava a produção recente, a seu ver também retórica, de autores como Vinicius e Drummond.

Em *Terceira feira*, ao lado da intensa percepção visual e sensorial, o que também chamou a atenção foi o Construtivismo. Esboçado em *Quaderna*, o processo da composição em série, que levou Haroldo de Campos a se lembrar da música dodecafônica e da pintura construtivista, se radicalizou em *Serial*. Em comum nos três livros havia ainda um rigoroso esquema matemático. Não por acaso, um dos títulos aventados para o volume, segundo o bilhete do autor ao editor, fora *Poesia partida em quatro*.

No primeiro dos três livros, a obsessão pelo número quatro se revelava já no nome *Quaderna*, que significa quatro quadrados ou a face do dado que tem quatro pontos. Dada a proximidade de Cabral com a poesia espanhola, a escolha também aludia à *"cuaderna via"* de Berceo. Com a exceção de "Jogos frutais", o último poema, *Quaderna* fora todo construído com quadras, e o número total de estrofes, na maioria das composições, é múltiplo de quatro. A mania se repetia em *Dois parlamentos*, no qual a primeira composição traz dezesseis seções, cada uma com dezesseis versos, e a segunda é constituída de vinte blocos, com o mesmo número de versos. Por fim, *Serial*, nas palavras do poeta, era também construído "sob o signo do número 4", cuja predominância se dava de maneiras diversas. Os dezesseis poemas do livro se compunham de quatro partes, todas divididas em quadras, e o número total de estrofes era sempre múltiplo de quatro.

Quando lhe pediam para explicar a obsessão, da qual curiosamente servia de exemplo seu próprio nome, composto de vinte letras, João Cabral respondia que considerava o quatro um número racional por excelência. Para ele, era sinônimo de estabilidade: a mesa tinha quatro pés e neles ficava assentada, assim como qualquer quadrúpede. Seu amor pelo quatro se revelava tanto na preferência pela quadra como no gosto pelo verso de quatro sílabas e pelo octossílabo, que se tornaria um dos seus metros preferidos. Mais tarde, no livro *Museu de tudo*, o poeta refletiria sobre sua mania em dois poemas: "O número quatro" e "A escultura de Mary Vieira". Este último tivera sua primeira publicação no *Correio da Manhã*, em 1957. Composto de quatro quadras, o elogio à artista concretista incluía a seguinte estrofe: "dar ao número ímpar/ o acabamento do par/ então ao número par/ o assentamento do quatro".

No poema "O sim contra o sim", de *Serial*, João prestava homenagem a oito mestres, distribuídos em quatro pares: Marianne Moore e Francis Ponge, Joan Miró e Piet Mondrian, Cesário Verde e Augusto dos Anjos, Juan Gris e Jean Dubuffet. A terceira e a última parte eram dedicadas, respectivamente, a Félix de Athayde e Aloísio Magalhães. Dos oito artistas reverenciados, o poeta extraía lições de disciplina, objetividade, precisão e realismo. Na obra de Francis Ponge, por exemplo — que lamentava ter conhecido tarde, como disse na época a Murilo Mendes —, um dos traços que mais o atraíam era a impessoalidade. Em Marianne Moore, então com mais de setenta anos, achava admirável não só a técnica e a perícia, mas também a disposição para correr riscos. No Brasil, o conformismo costumava vir bem mais cedo, observou ainda na correspondência com Murilo.

Na parte dedicada a Joan Miró, o poeta inventara um dado que não condizia com a realidade. A anedota do pintor que, tendo adquirido pleno domínio da mão direita, passara a usar a esquerda — a fim de ser mais inventivo, aprendendo "cada instante, a recomeçar-se" — não fazia parte da biografia do artista catalão, conforme admitiria mais tarde. Entretanto, não seria impróprio associar o uso da mão esquerda com a espontaneidade do traço singular de Miró, que fazia lembrar a garatuja e o desenho infantil. Depois do reencontro em Barcelona, em 1956, o poeta não voltara a vê-lo. Em Madri, uma vez havia saído rapidamente do trabalho e, ao retornar, encontrara um livro deixado em seu nome. Miró tinha estado na embaixada à sua procura e não conseguiu encontrá-lo.

Depois de passar, discretamente, uma semana no Recife, João Cabral tomou o avião da Panair com destino à Espanha. Em Brasília, restara apenas o terreno comprado a prestações na Companhia Urbanizadora da Nova Capital do Brasil, a Novacap. "Aqui estou em Madri", relatou o poeta à esposa em 22 de novembro de 1961. "Como de costume, não aguentei muito Lisboa. Além da chatura habitual, chuva", acrescentou. O mau tempo persistiu em Madri, deixando-o "desanimado e abúlico". A princípio, não quis alugar apartamento. Preferiu esperar a vinda da família, que só viajaria depois que o preto ficasse no branco, como ele costumava dizer. Com a confusão política instaurada no país, João tinha receio de que pudessem, de uma hora para outra, requisitá-lo de volta. Se houvesse tal contratempo, as despesas seriam ainda maiores. Visando também à diminuição dos gastos, o Borgward comprado em Marselha, que ele tinha levado para o Rio de Janeiro, foi reconduzido à Europa.

Oficialmente nomeado primeiro secretário da embaixada em Madri, o poeta regressou ao país para dar continuidade à tarefa de microfilmar documentos catalogados em sua pesquisa no Arquivo das Índias. O responsável por seu retorno à Espanha foi Lauro Escorel, que havia assumido a chefia do Departamento Cultural e de Informações do Itamaraty. Na primeira carta enviada ao amigo, logo depois do Natal, João relatou que estava levando uma vida rotineira e que se tornara um homem "bastante bem-comportado". Já havia então dado início ao trabalho em Sevilha. Não satisfeito em realizar apenas a cópia do material conhecido, empenhou-se desde o início em descobrir novos papéis referentes às fronteiras do Brasil acima da Bolívia, isto é, do Peru à Guiana Francesa, regiões sobre as quais havia escassa documentação.

A chegada da família ocorreu somente em março de 1962. Rodrigo foi o único a permanecer no Brasil. A preocupação em saber se o filho mais velho — entregue aos cuidados da madrinha, casada com um primo de Stella — ficara chateado com a solução foi manifestada diversas vezes por João Cabral. Stella queria levar do Rio uma empregada, mas o marido a desaconselhou, alegando que a moça, por ser negra, poderia se sentir deslocada na Espanha e preferir voltar para o Brasil. Situado no número 10 da Plaza del Marqués de Salamanca, no sexto andar, o novo apartamento era enorme e totalmente equipado. Quanto ao automóvel, como o governo espanhol anunciara a permissão para que mulheres de diplomatas possuíssem carro, resolveu importar um Chevrolet, sem abrir mão do Borgward.

Todos os meses, o poeta tomava a estrada para Sevilha, onde o aguardavam os documentos históricos. Foi em Madri, porém, naquele primeiro semestre de 1962, que ele concebeu sua grande obra realizada na Espanha: a fundação da *Revista de Cultura Brasileña*, em parceria com Ángel Crespo. Poeta, estudioso da literatura portuguesa e tradutor de Fernando Pessoa, Crespo havia participado, na segunda metade da década de 1940, do movimento denominado Postismo (contração de Postsurrealismo), uma das últimas manifestações da vanguarda espanhola, ao lado do Dau al Set. Quando estava em Barcelona, João Cabral chegara a se corresponder com ele. Depois se conheceram pessoalmente em Madri, em 1960.

Ángel também era aficionado dos touros. Quando jovem, nas fazendas de sua província na Mancha, ele próprio havia sido toureiro, o que era comum na região. Como outras afinidades de ordem estética também o ligavam a Cabral, os dois se entenderam bem desde o princípio. Depois de passar pela "poesia pura" e pelas vanguardas, ambos se esforçavam por unir o compromisso social com a preocupação estética. A poesia cabralina, de forte caráter realista, constituiu uma importante referência tanto para Ángel Crespo como para Gabino-Alejandro Carriedo, outro integrante do grupo postista que se envolveria com a revista.

Como já era lusitanista, Ángel aproveitou a amizade com João Cabral para se inteirar também da literatura brasileira. A diversidade e a importância do que descobriu, instruído pelas lições do poeta, o deixaram assombrado. Passou então a escrever artigos sobre autores do Brasil para um modesto boletim cultural produzido na embaixada. Rapidamente, surgiu a ideia de transformar o boletim em uma revista trimestral, que publicaria não apenas traduções de textos literários para o espanhol, mas também ensaios sobre a cultura do país. Além de estimular a criação do periódico, João se encarregou de negociar as verbas com o Itamaraty. Dele vieram ainda inúmeros conselhos, endereços, informações. Entretanto, não aceitou que seu nome aparecesse na publicação, que teria Crespo como único diretor.

Em junho de 1962, apareceu o primeiro número da *Revista de Cultura Brasileña*, editada pelo Serviço de Propaganda e Expansão Comercial da Embaixada do Brasil em Madri. As páginas de abertura foram ocupadas por poemas de Murilo Mendes, traduzidos por Dámaso Alonso. A publicação também estampou, na versão do próprio Ángel Crespo, seis poemas de João Cabral, extraídos de *Serial*. Distribuída em 35 países, ela atrairia colaboradores do Brasil e da Espanha, tornando-se uma eficiente máquina de divulgação da cultura brasileira. Pelo correio, não paravam de chegar livros, periódicos, cartas e colaborações para a revista. A intensa relação de Ángel com o mundo literário brasileiro também incluía contatos com as gerações mais novas e especialmente com o grupo concretista, que o atraía pela objetivação da poesia praticada em seus experimentos.

Não obstante sua contribuição para o êxito da *Revista de Cultura Brasileña*, João Cabral preferiu se manter à sombra. Não quis fazer alarde em torno do decisivo papel por ele desempenhado. Em Madri, Ángel Crespo e sua mulher, a filóloga e crítica literária Pilar Gómez Bedate, secretária de redação da publicação, se tornaram desde então seus amigos mais próximos. Certa vez, estavam os três bebendo num bar e discutindo poesia com entusiasmo. Como falavam alto, Pilar ficou preocupada: "Cuidado, alguém pode achar inconveniente o que vocês estão dizendo", advertiu. Com efeito, a polícia franquista, que sempre suspeitava de estrangeiros e de pessoas falando em voz alta, apareceu em pouco tempo. Os três foram conduzidos para dar explicações e, mesmo dentro do furgão, a conversa literária continuou inflamada. Quando chegaram à delegacia, Pilar perdeu a paciência: "Parem vocês de falar de poesia porque aí está o comissário da polícia". Pragmática, ela sugeriu que João Cabral dissesse que era cônsul do Brasil. Foi somente então que o poeta caiu em si: "Ah, é verdade, eu sou cônsul". Feito o esclarecimento, puderam voltar livres para casa.

***

Na época em que estavam produzindo o primeiro número da *Revista de Cultura Brasileña*, Cabral e Crespo também escreveram textos para o catálogo de uma exposição de gravuras populares do Nordeste, no Museu de Arte Contemporânea de Madri. A pedido do Serviço de Propaganda e Expansão Comercial da embaixada, João escreveu ainda a apresentação da mostra da pintora primitivista Lucy Calenda, igualmente atraída por temas populares.

Das exposições de arte brasileira apoiadas pela embaixada em Madri, a que mais interessou a João Cabral foi a de Franz Weissmann, expoente do Concretismo que desde 1958 vivia na Europa. O artista havia estado rapidamente com ele em Marselha, ocasião em que lhe dera de presente uma escultura. Quando se reencontraram em Madri, Weissmann, com sérias dificuldades financeiras, ficou hospedado em seu apartamento e, graças à sua ajuda, pôde realizar sua primeira exposição. Ele começara então a se desviar do Construtivismo para aderir à Arte Informal, que, sob o impacto do Tachismo, se espalhava pelo mundo. Quando estava arrumando as esculturas, o dono da galeria apareceu e, sem compreender sua arte perecível, lhe pediu que retirasse da sala todo aquele lixo. Weissmann insistiu e expôs as obras, sem conseguir vender nenhuma delas.

No texto de apresentação da mostra, incluído posteriormente no livro *Museu de tudo*, João Cabral ressaltou a transformação do construtivista em destrutivista "que não só martiriza a matéria mas tenta estraçalhá-la e destruí-la submetendo-a à explosão dessa fúria em que ele habita ou que nele habita nestes dias". No encerramento do texto, o poeta vaticinou: ao cabo dessa explosão, o artista voltaria às construções geométricas que antes irradiavam em torno "o espaço de um mundo de luz limpa e sadia". O tempo não deixaria de lhe dar razão.

"*Serial* não foi muito bem recebido", informou Félix de Athayde em carta enviada a Madri em abril de 1962. Na nova geração de poetas, a maioria pensava que João Cabral havia apenas "apurado" suas últimas conquistas. A exemplo do que sucedera em *Psicologia da composição*, teria chegado outra vez "ao muro", acrescentou o amigo, razão pela qual estavam todos ansiosos pelo "novo salto" que ele por certo daria. A expectativa vinha da própria evolução do Concretismo, que acabara de realizar o que Décio Pignatari, em tese apresentada no ano anterior num congresso em Assis, interior de São Paulo, havia denominado "o pulo da onça".

Naquele período, o problema da participação do artista era o mais urgente e atual. Daí o passo semântico e "conteudístico" do grupo Noigandres, desvio de rota que ficou conhecido ainda como "salto participante". Pignatari defendia que a melhor poesia engajada era a que levava às últimas consequências a investigação da linguagem poética. Como principais modelos, deveriam ser tomados a experiência participante de Drummond e o verso engajado de Cabral. Na opinião de Félix, a guinada consistia, afinal, em dar um passo atrás e preencher o intervalo existente entre a poesia cabralina e o Concretismo, precisamente a orientação que João Cabral lhe dera em Sevilha. Em suas cartas, Félix também pedia textos para o periódico *Invenção*, recém-lançado pelo grupo, reiterando a solicitação feita mais de um ano antes pelos próprios concretos.

Foi João Cabral quem aconselhou Félix de Athayde, quando este retornava ao Brasil, a estabelecer contatos com Décio Pignatari e os irmãos Campos. Outro jovem intelectual de origem pernambucana — embora maranhense — que ele também aproximou dos concretos foi Luiz Costa Lima. Em sua primeira estadia em Madri, João recebeu um dia a visita de um primo do deputado Oswaldo Lima Filho, seu antigo companheiro de futebol no Recife. O rapaz ganhara uma bolsa para estudar na Universidade de Madri, que lhe permitiria viver mais de um ano na Espanha. Durante esse período, tiveram um íntimo convívio. Em certa ocasião, Luiz Costa Lima mostrou ao poeta uma edição inglesa de *O Guesa*, de Sousândrade, que ele acabara de descobrir no Recife. João se interessou pelo poeta, que ainda não conhecia, e comentou dias depois que se dera ao trabalho de consultar as histórias literárias de Sílvio Romero e José Veríssimo. Na opinião desses críticos, da qual discordava, Sousândrade era, na literatura do século XIX, um poeta secundário e menor. Foi então que ele informou ao amigo a existência de uma série de artigos publicada por Augusto e Haroldo de Campos em sua página no *Correio Paulistano*. "Nossa grande preocupação, no momento, é Sousândrade, o extraordinário poeta maranhense (talvez o maior 'caso' da nossa poesia) cuja obra tentamos desenterrar da clandestinidade", escrevera Augusto em carta enviada a Cabral em dezembro de 1960. Ao voltar ao Brasil, Luiz Costa Lima começou a se corresponder com os concretos.

No campo das vanguardas poéticas, uma novidade importante surgida em 1962 foi o livro *Lavra lavra*, no qual o paulista Mário Chamie apresentou seus experimentos com a chamada "poesia-práxis", dissidência do Concretismo.

A crítica apontou de imediato as afinidades do movimento com a poética cabralina. "Parece-me mais discípulo seu do que dos concretos", escreveu Murilo Mendes em maio de 1962 a João Cabral. Em Madri, João também havia recebido *Lavra lavra* e não negou que se tratava de uma obra interessante. Fez, porém, uma ressalva: o livro, a seu ver, continha muita *palabrería* e lhe dava a mesma impressão "de palavras demais" que observava na poesia de Mário de Andrade. "A ideia que se tem é de que as palavras não estão soldadas numa frase e sim soltas: parece que chacoalham", explicou.

Naquele início da década de 1960, formou-se então um consenso: não havia poesia vanguardista ou experimental no Brasil que não dependesse de João Cabral e não tivesse raízes na sua poética, considerada a mais vigorosa surgida no país depois do Modernismo. Era o que dizia o poeta gaúcho Walmir Ayala, organizador da antologia *A novíssima poesia brasileira*, publicada em 1962. Segundo ele, João Cabral teria apaixonado os novos poetas sobretudo pelos pontos de contato com o Concretismo. Se os concretos investiam nos valores gráficos e na "simplificação da sintaxe em favor da imagem viva", João Cabral alertava os jovens para "a dissecação do objeto do poema", escreveu Ayala em julho de 1962, no *Diário de Notícias*. Em sua página no Suplemento Dominical do *Jornal do Brasil*, Mário Faustino, cinco anos antes, já tinha observado: "Depois da publicação de *Uma faca só lâmina* todo jovem poeta brasileiro montou sua cutelaria".

Em 1963, Haroldo de Campos ministrou, na Universidade do Rio Grande do Sul, a conferência "O geômetra engajado", depois reapresentada em Stuttgart, na Alemanha. Em sua opinião, a "poesia de construção" instaurada no Brasil pela obra cabralina se prendia a uma "constante estilística" que vinha desde 1922 e à "poesia-minuto" de Oswald de Andrade, passando por certas produções do primeiro Drummond. Após realizar a empresa de "desmitificação do poema" e de "desalienação da linguagem", o autor de *O engenheiro* passara ao problema da participação poética, compondo uma "poesia-prosa", mais à larga e discursiva do que a "poesia-poesia" dos livros anteriores. Segundo Haroldo, o auto *Morte e vida severina* era sua obra "menos consumada e mais diluída". Já em *Serial*, o livro mais recente, o crítico lamentou o que chamou de distanciamento dos fatos — "um certo tédio dos acontecimentos, roçado já pela curva da alienação", que fazia o poeta, depois de falar, em *Paisagens com figuras*, do trabalhador do campo como "a planta mais franzina/ no ambiente de rapina", passar a contemplar o canavial com nostalgia do "tempo perdido", a partir do alpendre da casa-grande.

Em Belo Horizonte, o grupo da revista *Tendência* realizou, em agosto de 1963, a Semana Nacional de Poesia de Vanguarda. O poeta Affonso Ávila relatou a João Cabral a repercussão do evento, que abalou não só a tradicional família mineira, mas também os poetas vinculados ao CPC, tendo à frente Geir Campos, um dos organizadores da série de livros Violão de Rua, lançada em 1962. Para o poeta mineiro, Cabral era o líder incontestável da nova geração. Sua obra, de múltipla dimensão, teria sido duplamente fecunda para a poesia brasileira, conforme diria alguns anos mais tarde: "É que Cabral abriu ao mesmo tempo duas perspectivas para a nossa jovem poesia", escreveu. Se a primeira investia em pesquisas derivadas do seu poema "objetivante, concretizante", a outra consistia numa adequação da linguagem ao contexto referencial brasileiro.

A tese "Da função moderna da poesia", apresentada por Cabral em 1954, no entender de Affonso Ávila, fora a primeira manifestação convincente no Brasil em favor da captação, pelo discurso poético, da "realidade objetiva moderna". Uma década depois, segundo ele, o que se via era que nenhum intelectual esclarecido era capaz de se desligar do contexto nacional. Se os poetas concretos, a exemplo do próprio Cabral, insistiam em depreciar *Morte e vida severina*, para Ávila, o auto de Natal, além do seu poder de comunicação, reunia outras qualidades — "a grande beleza, a intensidade quase épica e o profundo significado social", escrevera ao resenhar *Duas águas* para o *Correio da Manhã*. Estava ali, segundo ele, o esboço do que deveria ser "a verdadeira linguagem poética nacional".

A segunda temporada de João Cabral em Madri foi quase tão curta como seu período em Brasília. Em maio de 1962, o Ministério das Relações Exteriores elevou à categoria de consulado de carreira o consulado honorário do Brasil em Sevilha, e, no mês seguinte, o poeta foi removido para o posto. Mal podia imaginar então a dor de cabeça que seria a tarefa de criar a nova representação diplomática. Fazia apenas três meses que a família havia chegado a Madri. Stella teve de preparar a mudança contra sua vontade. No final de julho, João assumiu suas novas funções. Dessa vez, a família morou na via mais elegante da Sevilha moderna, a Avenida de la Palmera. Na entrada da nova moradia havia um bosque e uma estradinha de terra que conduzia a um conjunto de casarões. Para chegar ao consulado, na Calle Adolfo Rodríguez Jurado, João levava trinta minutos a pé, atravessando o Parque de María Luisa, a Plaza de España e a Universidade de Sevilha.

Murilo Mendes observou uma vez que Sevilha era "a cidade mais mulher" que havia conhecido. Ao escrever para Roma, no início de agosto, João Cabral endossou suas palavras. "O que sei é que sua imagem me ajudou a ver que na minha simpatia por Sevilha há algo do interesse que se pode ter por uma mulher", confessou. Na mesma carta, relatou que chegara a tempo de ver, dançando na Venta Real, por alguns dias, sua querida e admirada Trini España. "Segue superior, talvez até *más hecha, si puede.*" Nos meses passados em Madri, João havia retomado seu papel de agente da bailarina, despendendo esforços para que ela pudesse se apresentar no Teatro Club, em Roma, com o apoio de Murilo. Mas o contrato não saíra e a moça não podia se alimentar de sonhos, precisava sobreviver. "A poesia é a arte mais feliz de todas, porque a mais independente", reiterou o poeta.

A comparação entre as duas artes não era casual. Para ele, sua poesia posterior a 1956 — ano em que se fixara em Sevilha e a vira dançar pela primeira vez — devia muito à dança de Trini. "Você talvez não compreenda", disse ao amigo, "mas eu sinto que escrevo agora muito mais *por derecho, con los pies más claros, exponiendo más, aguantando más* etc." Desde *Quaderna*, sua poesia lhe parecia "menos cantante" e, portanto, ainda mais afastada da tradicional retórica luso-brasileira. As lições tiradas do convívio íntimo com o flamenco tinham sido decisivas para a definição do ritmo e da sintaxe de seus poemas. Murilo ficou bastante interessado por esse comentário sobre a influência do flamenco, "como doutrina e não como tema", na linguagem cabralina.

Na Andaluzia, João tinha tudo à sua disposição: o sol, as praças de touros, os tablados, as bodegas que tanto apreciava. Entretanto, a impressão que teve, desde o início, foi de estar pagando caro pelo prazer de voltar a viver em Sevilha. A despeito de tudo que a cidade significava para ele, não pôde usufruir dela como da primeira vez. "Instalar o consulado está sendo mais cacete e absorvente do que eu imaginava", desabafou na carta enviada a Murilo. O desgaste foi tão intenso que, dois meses depois da chegada, estava arrependido de ter aceitado a remoção. "Me atrapalhou a vida", disse a Lauro Escorel, "e me obrigou, doente e neurastênico, à luta corporal que é abrir um consulado novo." A princípio, com sua ingenuidade, pensara que o consulado seria transferido de Cádiz para Sevilha com o intuito de facilitar seu trabalho no Arquivo das Índias. Depois, ao perceber que havia outros interesses em jogo, caiu na realidade — "vi que do Itamaraty não posso esperar senão inquéritos e disponibilidade não remunerada", acrescentou.

Até meados de outubro, a vida para ele se resumiu em lutar com operários, casas de móveis e companhia de telefone. Ao término da instalação do pequeno Consulado do Brasil em Sevilha, sentia-se exaurido, irritado e pessimista. Mais uma vez, estava imerso em uma grande crise — "ruim de saúde, mental e física", informou a Escorel. Sofria tanto do estômago que pensava ter uma úlcera ou coisa pior. Mas evitou procurar um médico, temendo a confirmação do diagnóstico, e passou a ingerir remédios por conta própria. "Estou tomando doses próprias aos maníaco-depressivos", confessou. A mania de perseguição também voltou a atormentá-lo. Começou a achar que os colegas na Espanha, depois da renúncia de Jânio Quadros, o estavam tratando de maneira diferente, como se ele tivesse sido um "personagem importante do extinto regime", e não um simples auxiliar do seu primo pernambucano. A doença e a depressão também foram registradas na correspondência com Murilo Mendes. "Minha mão está começando a tremer", escreveu ao poeta mineiro. "Qualquer esforço me deixa com os nervos à flor da pele."

Com relação ao Arquivo das Índias, o descaso do Itamaraty o convenceu de que não deveria prosseguir com as pesquisas. Se a criação do consulado não fora motivada por elas, não havia razão para que ele, o cônsul, trabalhasse também como pesquisador. Foi o que alegou a Lauro Escorel em novembro. Na ocasião, informou que continuava doente e que o último mês fora talvez o mais terrível de sua vida. Sofrera um verdadeiro *nervous breakdown*, que o obrigava a tomar doses cavalares de calmante. O estômago tampouco havia melhorado. "Por isso, já estou datilografando esta carta como quem sobe uma escada", escreveu o poeta. O diabo era não saber no que realmente consistia seu problema. "Fui sempre um sujeito dividido e neurótico e agora vejo que minha dor de cabeça foi o equilíbrio para viver normalmente", escreveu a Lauro na véspera do Natal. Suspeitava, contudo, que essa "chave para o equilíbrio" já estava ficando gasta e que sua neurose tomaria outra forma no futuro.

O lamento pela interrupção das pesquisas no Arquivo das Índias surtiu efeito. Ainda naquele ano, foi enviada pelo Itamaraty nova verba, suficiente "para manter a coisa num ritmo meio bovino", informou João Cabral. Meses depois, em maio de 1963, o extravio de uma carta de Lauro Escorel reacendeu a paranoia. "Fiquei logo vendo inimigos, censura, polícia, inquéritos e outras imagens de meus pesadelos habituais", confessou ao amigo. Estava convicto de que suas crises nervosas ou mentais tinham origem na misantropia. O único remédio, portanto, era estar só, sem ver ninguém. Somente assim, liberado "de ter medo pelos outros", é que podia controlar a ansiedade. "Só uma boa dose de solidão me consegue curar", reiterou. Fazia meses que não escrevia absolutamente nada, o que também lastimava. Era essa, a seu ver, uma das provas de quanto estava ruim da cabeça: "Até na literatura, onde nunca duvidei, cada momento, do que queria fazer, me sinto completamente incapaz de optar por um determinado caminho".

Por fim, João resolveu procurar um médico em Sevilha. O tratamento teve início com a aplicação de testes psicológicos. A primeira coisa que fizeram foi lhe entregar uma folha em branco e um lápis, para que ele escrevesse ou desenhasse o que lhe viesse à cabeça. O poeta, entretanto, se recusou a atender à solicitação, alegando que seu problema era de outra natureza. "A folha está ótima assim, em branco", atreveu-se a dizer. Pediram-lhe então que explicasse sua atitude. Ele não se intimidou e disse que, se pudesse, entrava na Capela Sistina com cal e pincel e pintava suas paredes e tetos de branco. "Cobria de cal toda a obra-prima de Michelangelo, compreende?" O psicólogo não compreendeu coisa alguma. João desistiu do tratamento, mas, a partir daí, decidiu estudar por conta própria a obra de Sigmund Freud.

Em setembro de 1963, João Cabral recebeu, mais uma vez, a visita de Murilo Mendes e Saudade. Por coincidência, também estavam em Sevilha na mesma ocasião o diretor do Sphan, Rodrigo Melo Franco de Andrade, e sua mulher, Graciema. Durante seis dias, tendo João como cicerone, viajaram de automóvel pela Andaluzia. "O João, cada vez mais lúcido. Um monstro de inteligência", escreveu Murilo, depois de retornar a Roma, em carta a Drummond.

Entre os amigos que apareceram em Sevilha, nenhum causou tanto alarde quanto Rubem Braga. Ainda no governo de Jânio Quadros, o cronista e fundador da Editora do Autor fora convidado pelo ministro das Relações Exteriores, Afonso Arinos, para ser embaixador. Depois da confirmação do seu nome pelo presidente João Goulart, passara então a viver em Rabat, no Marrocos. Havia escolhido de propósito o posto periférico para não despertar a sanha dos diplomatas de carreira. No "reino do Marrocos", como dizia, residiria por dois anos. No verão de 1962, alugou uma casa em Tânger, no alto de uma colina de onde se avistava o rochedo de Gibraltar e o encontro do Mediterrâneo com o Atlântico. No ano seguinte, fez uma visita inesperada a João Cabral.

O poeta estava no consulado quando recebeu uma mensagem da guarda costeira informando que um barco, hasteando enorme bandeira do Brasil, amanhecera fundeado no Guadalquivir, sem qualquer aviso prévio de sua chegada. O poeta correu ao porto de Sevilha e mal pôde acreditar quando viu Rubem Braga sair do barco. Depois de uma noitada com amigos, animado pela bebida, o cronista propusera a aventura. O grupo havia tomado um barco em Tânger e, entrando em território espanhol por Jerez de la Frontera, subido o Guadalquivir até Sevilha. Não fosse a intervenção do cônsul, a polícia teria trancafiado aquele bando de pândegos brasileiros.

Com tradução de Elizabeth Bishop, o auto *Morte e vida severina* foi parcialmente publicado em outubro de 1963 pela *Poetry*, de Chicago. Os fragmentos do texto cabralino ocuparam nove páginas da revista. No ano anterior, também saíra nos Estados Unidos o livro *Modern Brazilian Poetry*, a maior antologia de poesia brasileira em inglês a surgir até então. João Cabral estava incluído entre os autores, cada um figurando com dez poemas, traduzidos por John Nist. Àquela altura, a produção do poeta já tinha sido vertida para diversos idiomas — espanhol, italiano, francês, alemão, holandês, tcheco, entre outros. Na União Soviética, seu nome também era conhecido pelos que se dedicavam à literatura brasileira, ao lado de Drummond, Machado de Assis e dos romancistas da década de 1930.

Para Elizabeth Bishop, a poesia de Cabral era, de longe, a que mais lhe interessava no país. Fazia mais de dez anos que ela estava radicada no Brasil. Além de *Morte e vida severina*, também traduziria contos de Clarice Lispector e poemas de Drummond, Bandeira, Vinicius e Joaquim Cardozo. Sua primeira experiência tinha sido a versão de *Minha vida de menina*, de Helena Morley, publicada em 1957 nos Estados Unidos. Para escrever o longo texto introdutório, Bishop passara uma semana em Diamantina, onde o famoso diário era ambientado.

João Cabral elogiou o ensaio em carta enviada de Sevilha à poeta. Disse que considerava sua descrição "a melhor captação que já foi feita da atmosfera de uma cidade colonial brasileira". Em sua opinião, o texto de Bishop revelava a limitação dos brasileiros, que, ao escrever sobre o mesmo tema, ou se esqueciam de que eram poetas — como, segundo ele, no caso de Manuel Bandeira no *Guia de Ouro Preto* —, ou se limitavam a registrar os sentimentos que a atmosfera das cidades lhes despertava. "Seu prefácio dá a coisa, comunica-a, agarra a coisa por dentro", enfatizou. O passo seguinte foi associar à ascendência portuguesa a "incapacidade de pegar o touro pelos chifres", atribuída aos brasileiros. Daí a recomendação feita a Elizabeth: não perder tempo com a literatura portuguesa, pois "é toda ela assim, de descrição do que o autor está sentindo, mesmo nos mais objetivos (se é que há algum português objetivo)", arrematou.

João Cabral gostava de alardear seu desinteresse pela tradição "excessivamente lírica" da poesia portuguesa. Os dois maiores poetas do país, Camões e Fernando Pessoa, eram alvo de constantes reprovações. Com o primeiro, o problema vinha desde a infância. A leitura imposta no Colégio Marista, dizia ele, "dava enjoo de Camões para o resto da vida". Da obra de Pessoa, considerava apenas *Mensagem* um livro bem construído. O resto lhe parecia muito caudaloso e subjetivo. Preferia Cesário Verde, homenageado no poema "O sim contra o sim", de *Serial*. Admirava-o pela ausência de retórica, por seu olhar voltado ao mundo exterior e por considerá-lo, enfim, uma notável exceção no subjetivismo reinante no verso de língua portuguesa. Cesário Verde, a seu ver, era o maior poeta lusitano, o que ele sabia ser quase uma blasfêmia.

Nos anos 1940, quando vivia pela primeira vez no Rio, João aceitou o convite do professor Jaime Cortesão — sogro de Murilo Mendes e então diretor da editora Livros de Portugal — para organizar uma antologia de poemas portugueses, que cobriria da fase de António Nobre ao Saudosismo. Como a editora faliu, o projeto não foi adiante. Mas o poeta concluiu a seleção dos textos e até escreveu um prefácio. Durante as leituras, detestou Teixeira de Pascoais. Em compensação, apontou boas descobertas em carta a Lauro Escorel: António Nobre, António Patrício, Camilo Pessanha e, entre os modernos, Miguel Torga, Carlos Queirós e Vitorino Nemésio — todos, segundo ele, poetas de "encher as medidas". Um desconhecido, chamado António Fróis, também lhe pareceu interessante. João não sabia nada do sujeito, nem a qual geração teria pertencido. Resolveu então comentar a descoberta com Jaime Cortesão. Este, cofiando a barba, respondeu: "O meu caro João Cabral gostou realmente? Então vou-lhe dizer uma coisa. Eu sou António Fróis". O professor confessou então que, dada a natureza satírica do livro, resolvera publicá-lo com pseudônimo, para evitar problemas com Salazar.

No final da década, apareceu na imprensa de Portugal o primeiro texto sobre a obra cabralina: "Poesia engenhosa", de Vitorino Nemésio, publicado no *Diário Popular*, de Lisboa. Tratando do livro *O engenheiro*, o artigo ressaltou a dimensão onírica e o lirismo "intemporal e incondicionado por região ou lugar" que, em sua perspectiva, situava João Cabral no time dos líricos autênticos como Cecília Meireles, Murilo Mendes e Jorge de Lima.

Em Londres, Cabral conheceu o crítico João Gaspar Simões, que também publicou um artigo sobre sua poesia, em 1950, no jornal carioca *A Manhã*. Conheceu ainda Ruben Leitão, que lhe apresentaria diversos poetas portugueses. Em São Paulo, nas comemorações do IV Centenário, travou contato com Adolfo Casais Monteiro, que desde aquela época se fixou no Brasil. O poeta chegou a colaborar no processo de sua naturalização. Por fim, veio a amizade com Sophia de Mello Breyner Andresen, que por sua vez o aproximou do poeta Alexandre O'Neill e do crítico Alexandre Pinheiro Torres.

Enquanto Cabral investia em seus ataques controversos à poesia lusitana, a recepção de sua obra crescia a olhos vistos em Portugal. Dentre todos os países estrangeiros, era ali, por razões óbvias, que ele tinha mais leitores e, a exemplo do que ocorria no Brasil, cada vez mais seguidores de sua poesia. Um acontecimento que fez deslanchar esse processo foi a publicação de *Poemas escolhidos*, sua primeira antologia no país, impressa em setembro de 1963 pela editora Portugália. A seleção ficou a cargo do poeta Alexandre O'Neill, que já havia sido o "curador" da edição de *Quaderna*.

A antologia trazia poemas de todos os livros cabralinos, de *Pedra do sono* a *Serial*. No prefácio, Alexandre Pinheiro Torres afirmou que o poeta abria um "caminho para a poesia do presente e do futuro": uma poesia que, além de "despoetizada", liberta da carga sentimental, era também "prosaica, fiel ao real", profundamente enraizada em seu contexto histórico e geográfico, enfim, "uma poesia realista". As observações iam no sentido contrário ao que havia afirmado Vitorino Nemésio. A comparação poderia mesmo levar a pensar que os críticos se referiam a dois poetas diferentes, o que era uma prova da transformação pela qual a poesia de Cabral passara ao longo dos anos.

Versos em sua homenagem também não cessariam de aparecer em Portugal. A lista dos que o celebraram em verso inclui Alexandre O'Neill, Jorge de Sena, Armando Silva Carvalho, Alonso Féria, Manuel Alegre e José Augusto Seabra, entre outros nomes. Em outubro de 1962, Sophia de Mello Breyner, uma das primeiras pessoas a homageá-lo, enviou uma carta a Sevilha agradecendo o envio de *Terceira feira*. Disse que tinha muitas saudades dele e lhe despachou um recorte de jornal: o artigo de sua autoria sobre *Quaderna*, publicado em 1960 na revista *Encontro*. No texto, a poeta chamava de aguda e terrível a "fome de realidade" que a impressionava em sua obra. "A poesia de João Cabral de Melo está voltada de frente, em seu desejo de lucidez, para a realidade concreta. O seu poema tenta rodeá-la", escreveu Sophia.

A terceira montagem de *Morte e vida severina* ocorreu na Escola de Teatro da Universidade da Bahia, em meio à efervescência cultural e vanguardista do início dos anos 1960 em Salvador. O espetáculo foi apresentado em junho de 1963 no Teatro Santo Antônio. "É um roteiro excelente para peça ou filme: mas é sobretudo poesia", escreveu Glauber Rocha no texto de apresentação. Na mesma semana o cineasta daria início à filmagem de *Deus e o diabo na terra do sol*. O auto cabralino, na opinião de Glauber, era verdadeiramente um teatro popular, uma "lição de método" para todos que se preocupavam com a criação do novo teatro brasileiro. Não por acaso, os jovens diretores do Cinema Novo também haviam desejado filmar o texto.

A Escola de Teatro funcionava sob o comando de Eros Martim Gonçalves, amigo de João Cabral e ex-parceiro de Maria Clara Machado em O Tablado. Quem assinou a direção de *Morte e vida severina* foi Luiz Carlos Maciel, que mais tarde seria chamado de "guru da contracultura". O jovem diretor concebeu um espetáculo de caráter realista e documental. Os alunos que vinham do sertão conheciam narrativas populares, cantigas de cego e toda a realidade figurada no poema, que Maciel se esforçou para trazer à cena. Os diversos quadros da viagem de Severino foram representados nos cenários de Calasans Neto, pintor e cenógrafo que também trabalhou nos primeiros filmes de Glauber Rocha e em *Os fuzis*, de Ruy Guerra.

Nas palavras do crítico David Salles, a montagem foi bem-sucedida ao recriar no palco, com incisivo poder comunicativo, os "versos metálicos e cheios de construções cerebrais" de João Cabral, que, a seu ver, não eram dinâmicos no teatro. A visão de Glauber era bem mais favorável ao texto. "João Cabral, não sendo autor de teatro, dá um baile da palavra: atira a seta no alvo, em descargas precisas e contundentes", escreveu o cineasta.

Antes da encenação do auto de Natal, os estudantes já haviam montado *A sapateira prodigiosa*, a peça de García Lorca traduzida por Cabral. Eros Martim Gonçalves pretendia ainda levar ao palco outro texto espanhol vertido ao português pelo poeta, *Os mistérios da missa*, auto sacramental de Calderón de la Barca. João traduzira a peça em 1955, para ser representada durante o XXXVI Congresso Eucarístico Internacional, realizado no Rio. Ao término do evento, deixara o texto nas mãos de Eros, que o tinha encaminhado, à sua revelia, à editora Civilização Brasileira. A peça foi publicada em 1963, inaugurando uma coleção universitária de teatro. De Sevilha, João escreveu a amigos protestando contra a edição não autorizada. Feita às pressas, a tradução, segundo ele, não merecia sair em livro, a menos que fosse publicada sem sua assinatura.

No caso da adaptação cinematográfica de *Morte e vida severina*, o veto foi incisivo e prevaleceu. O projeto era grandioso: no início de 1962, o Movimento de Cultura Popular, do Recife, criado no governo de Miguel Arraes, convidou um jovem talento do Cinema Novo, Leon Hirszman — responsável por um dos episódios do longa-metragem *Cinco vezes favela* — para dirigir em Pernambuco um filme baseado no auto natalino e no poema *O rio*. "O que se faz de melhor no Brasil atualmente é cinema", escreveu Félix de Athayde, escalado para fazer o roteiro do filme, em carta enviada ao poeta em maio de 1962. Três meses depois, informou que o filme começaria a ser rodado em novembro e que seria apresentado no Festival de Cannes. Faltava apenas a autorização de Cabral. A trupe estava tão empolgada que mal pôde acreditar no telegrama recebido de Sevilha: "Suspenda imediatamente qualquer providência tomada qualquer propaganda ou notícia sobre filme abraços João".

Digerida a frustração, Félix respondeu ao amigo, dizendo que não compreendia sua decisão. "Um escritor da sua estatura não pode se furtar à opção", sentenciou. Até mesmo Lêdo Ivo, relatou, tinha abandonado a metafísica e num dos seus últimos poemas, "A marmita", passara a tratar do cotidiano do operário. Depois de fazer a defesa do CPC, Félix voltou a lembrar que a participação dos artistas e intelectuais era o grande tema do momento no Brasil. Assim, ao menos em carta particular, exigia que João lhe mandasse sua contribuição teórica.

Antes de ser arquivado, o projeto de filmagem de *Morte e vida severina* sofreu uma alteração digna de nota. No lugar de Leon Hirszman, a direção foi assumida por Eduardo Coutinho, que, durante sua temporada de estudos na França, havia se encontrado pessoalmente com Cabral em Marselha. Na volta ao Brasil, o cineasta se juntou aos artistas que atuavam no CPC, sendo escalado para dirigir o longa que viria depois de *Cinco vezes favela*. Com a recusa do poeta, *Morte e vida severina* deu lugar a outro projeto, *Cabra marcado para morrer* — um dos títulos mais importantes do cinema brasileiro, cuja filmagem, iniciada em 1964 no engenho Galileia, ficaria interrompida por vinte anos.

15.
Paz *bernoise*

Deixar Sevilha não foi, dessa vez, uma experiência dolorosa. A depressão, as doenças, os remédios ineficazes, tudo isso manteve João imerso numa tal apatia que sua impressão era a de ter vivido os últimos meses na cidade como se estivesse dormindo. "O desânimo, o pessimismo, a raiva de mim mesmo e o medo de gente ainda estão funcionando a todo vapor", relatou em novembro de 1963 a Lauro Escorel, que acabara de ser removido para Roma. No mês anterior, os jornais noticiaram que João Cabral corria o risco de sair de Sevilha. "Tem alguém de olho em seu cargo e alguém de muita influência", divulgou o *Diário da Noite*. Os recortes dos periódicos chegaram às suas mãos, assim como os boatos de quem seria o empistolado, mas o poeta não deu importância ao caso.

Quanto à sua remoção, a proposta que mais lhe interessou foi a de ir para Zurique. Porém, considerando que Inez e Luís perderiam mais um ano de escola, até que aprendessem alemão, optou por Genebra. Os meninos já falavam francês e tinham mantido contato com a língua. Em dezembro, o Itamaraty assinou sua nomeação para o cargo de primeiro secretário da delegação em Genebra e lhe concedeu ainda o título de conselheiro. No dia 14 de janeiro, o poeta deixou Sevilha com destino a Madri e de lá tomou o avião para a Suíça. Rodrigo e Luís voltaram para o Rio. Em Genebra, ficariam apenas Inez e Isabel. Em breve, porém, a família aumentaria. Pouco tempo após a mudança, Stella descobriu que estava grávida.

No final de janeiro, antes de embarcar para a Alemanha — onde, a convite de Max Bense, ministraria um curso de literatura brasileira na Universidade de Stuttgart —, Haroldo de Campos enviou uma carta a João. "Todos nós desejamos, com sincera amizade, que você se restabeleça logo do esgotamento nervoso em que anda", escreveu, "e que os ares de Genebra sejam propícios à sua saúde, vale dizer, à saúde do *miglior fabbro* da poesia brasileira atual." Em Stuttgart, Haroldo proferiu, em francês, uma série de conferências sobre Oswald de Andrade, Guimarães Rosa, João Cabral e a poesia concreta. Em março, foi acolhido por Cabral em sua casa, na Route de Malagnou, em Genebra. Três meses depois, em entrevista ao *Diário de Notícias*, o poeta concretista afirmou que a literatura brasileira estava no seu momento de exportação: "Um poeta como João Cabral de Melo Neto e um prosador como Guimarães Rosa têm um gabarito raramente encontrado na literatura de hoje em todo o mundo".

A vida em Genebra — cidade que visitara diversas vezes, para tratamento médico, quando morava em Marselha — não agradou a João Cabral. Uma das maiores contrariedades era o frio. No inverno, em geral chuvoso, a temperatura caía abaixo de zero. Por determinação sua, o termostato em casa permanecia sempre regulado para trinta graus. A residência era "território brasileiro", dizia, e um pernambucano como ele não poderia estar bem sem ter o calor nas costas. Dentro de casa, todos usavam roupas de verão e, ao sair, eram forçados a vestir casacos e luvas. O que não teve solução foi o excesso de tarefas. Por insegurança, seu chefe, o embaixador Antônio Correia do Lago, triplicava o trabalho da equipe. Devido a essa sobrecarga, João continuou sem produzir poesia. Durante o ano vivido em Genebra, não escreveu uma linha.

No dia 2 de outubro, nasceu seu quinto e último filho. Durante toda a gravidez, Stella sofrera com a pressão alta. No final do verão, quando a família passeava nos Alpes suíços, ela teve um forte mal-estar em razão da altitude. Retornaram imediatamente para Genebra e Stella foi internada. A semana que precedeu o parto foi ainda marcada por um triste acontecimento: a morte da mãe de João Cabral, ocorrida no Recife no dia 27 de setembro. Carmen estava com 67 anos.

O nascimento de João Cabral de Melo, nome escolhido por Stella, foi prematuro — a gestação não chegara a oito meses — e atravessado por dificuldades. Durante muito tempo, a pressão da parturiente continuou altíssima. Assim como o marido, ela tinha já 44 anos, completados logo após a chegada do filho temporão. Em casa, ele seria chamado de Joãozinho, que era também o modo pelo qual Stella e alguns amigos, como Vinicius de Moraes, carinhosamente tratavam o próprio poeta.

Na Suíça, pela primeira vez, Inez foi matriculada num colégio laico, a Escola Internacional de Genebra, onde estudavam filhos de diplomatas e funcionários estrangeiros. Em Sevilha, a jovem vivia tendo problemas com a repressão das freiras. Certa vez, uma delas afirmou durante a aula que os mártires haviam morrido defendendo suas crenças. "E os que a Santa Inquisição assassinou também não faziam isso?", perguntou a adolescente.

"Saia da sala agora!", ordenou a religiosa. Na opinião de Stella, Inez tinha problemas e precisava se tratar com especialistas. João, porém, ao ouvir o caso, caiu na gargalhada. De todos os filhos, Inez era a que mais tinha puxado a ele. Admirava-a pela sinceridade e pela coragem, que lhe faltava, de exprimir sempre suas opiniões.

Em Genebra, por convencer um grupo de colegas a matar a aula de uma professora de espanhol que, a seu ver, não dominava o idioma, Inez foi expulsa da escola. Dessa vez, não escapou de ser matriculada num estabelecimento religioso, o Colégio Marie-Thérèse. As freiras, porém, não usavam hábito. Outra vantagem era que não havia aula de religião. Stella não gostou da novidade e inscreveu a filha num grupo de bandeirantes.

Em dezembro, Rodrigo e Luís chegaram do Rio para passar as férias. A família vivia então em outro endereço. João tinha alugado uma casa mais espaçosa no número 36 da Avenue Soret, que mais tarde daria lugar a um edifício. Assim como Inez, os meninos acharam a cidade chatíssima. O que salvou as férias foram os passeios à montanha. Os irmãos tomavam o trem em Genebra e, em menos de uma hora, chegavam à cidadezinha de Saint--Cergue, no distrito de Nyon, onde havia uma estação de esqui. Numa das ocasiões, João se dispôs a levá-los de automóvel. O que deveria ser uma viagem divertida resultou, porém, num perrengue que jamais seria esquecido. Como estava nevando, para evitar derrapagens, o poeta foi obrigado a trafegar com correntes nos pneus. "Nunca mais eu dirijo", disse a Stella quando chegou em casa. Desde então, alegando que seguia recomendação médica, já que tomava antidepressivos, não voltou mais a dirigir.

No final de 1964, depois de muita resistência, João Cabral esteve também pela primeira vez na Itália. O que motivou a viagem foi o casamento da filha de Lauro Escorel, Sílvia, com o cineasta Luiz Carlos Saldanha. Desde que se mudara para Roma, Murilo Mendes o convidava insistentemente para visitá-lo. João, porém, nunca se animava a fazer a viagem. Tudo que dizia respeito à Itália lhe causava estranhamento. A repulsa, segundo ele, tinha origem num velho preconceito pernambucano — no Recife, italiano era sinônimo de ladrão. O fato era que ele não dava atenção às indicações de Murilo sobre a literatura daquele país e, em uma de suas cartas, chegou a afirmar que se considerava um "poeta anti-italiano".

Da intransigência de João Cabral, cujos alvos eram os mais diversos, um dos episódios mais lembrados ocorreu em Genebra, por ocasião de uma visita de Vinicius de Moraes. O poeta carioca vivia então em Paris, onde assumira no ano anterior o posto de delegado do Brasil junto à Unesco. Numa reunião cheia de diplomatas, ele sacou o violão e começou a cantar as composições da bossa nova que tinha feito em parceria com Tom Jobim. A sessão musical foi gravada pela filha do anfitrião. Em dado momento, ergueu-se, no fundo da sala, a voz de João Cabral: "Vinicius, todas as suas músicas só falam em coração. Você não tem outra víscera para cantar?". A blague surpreendeu e divertiu a todos. O amigo, porém, não quis ficar atrás: "Lá vem você com seu racionalismo. Joãozinho, ainda hei de pôr música no seu poema da cabra", retrucou com bom humor.

Segundo Cabral, Vinicius era a maior vocação da poesia brasileira. Esse talento, porém, teria sido desperdiçado no momento em que ele descambara para a canção popular. Tal atitude, em sua opinião, se justificava por sua sucessão de casamentos e pela necessidade de dar pensão a diversas mulheres. "Se o Brasil tivesse um poeta com o seu talento e a minha disciplina, então o país teria de fato um grande poeta", disse ele uma vez a Vinicius, que mais tarde relataria o comentário em conversa com Caetano Veloso. No entanto, a sofrer de dores de cabeça, o letrista de "Chega de saudade" disse que preferia continuar com seu violão, as canções e as moças ao redor.

A diferença entre os dois poetas foi resumida de modo curioso por Antônio Maria em março de 1962 — ano em que Vinicius e Tom Jobim lançaram o clássico "Garota de Ipanema" —, em sua coluna em *O Jornal*:

> É fabuloso em João Cabral isto de ele não precisar de mulher para fazer poesia. Nem de mulher, nem dele mesmo. Vinicius, por exemplo, é um grande poeta. Mas toda sua poesia é feita de mulher, de Vinicius e, mais das vezes, de mulher e Vinicius numa cama só.

Dois meses depois, em carta enviada a João Cabral, Félix de Athayde relatou que, num programa de televisão, Antônio Maria perguntara a Vinicius se ele era capaz de escrever um poema sobre o ovo. "Sou não", respondeu de imediato o poeta. "Só o João consegue essas coisas. Ovo eu como estrelado com a mulher amada."

Não fosse a saúde de Stella, João Cabral teria assumido, no início de 1965, seu primeiro posto na América Latina. Quando foi transferido de Roma, Lauro Escorel quis saber se o poeta gostaria de acompanhá-lo em seu novo posto, La Paz. João se animou com a ideia e começou a fazer planos "de leitura e escritura" na Bolívia. Achou que poderiam, ele e Lauro, retomar as conversas de sempre, que contrapesavam seu pessimismo, ajudando-o a se equilibrar. Todavia, o cardiologista de Stella, depois de conferência com outros médicos, concluiu que ela não poderia de maneira alguma ir para um lugar de tamanha altitude.

Ao ouvir a sentença, João caiu em desespero. Não podia mais suportar a vida estafante de Genebra. Caso não pudesse sair dali, preferia tirar licença e voltar para o Brasil. "Se eu fosse um escritor de algum merecimento, iria pleitear um lugar em Paris — onde já estiveram nossos colegas e confrades Guimarães Rosa e Vinicius de Moraes", escreveu a Lauro Escorel. Arrematando a ironia, disse compreender, no entanto, que o Itamaraty guardasse tais coisas para os que tinham "a sorte de não pertencer à subliteratura".

Com a ajuda de Lauro, em março de 1965 foi assinada a remoção de João Cabral da delegação brasileira em Genebra para a embaixada em Berna. Exausto física e mentalmente, o poeta ficou aliviado ao pensar que teria no novo posto um trabalho mais regular, dentro de horários fixos. "Até me vem a ideia de que poderei voltar — quem sabe! — a me interessar por escrever literatura", comentou com o amigo. A ansiedade era tão grande que, antes mesmo da mudança, ele começou a procurar casa. No dia 24 de maio, três dias após o término da Assembleia Mundial da Saúde, seu último compromisso profissional em Genebra, a família já estava bem instalada na capital suíça.

A princípio, a chuva e o frio lhe deram a impressão de que, por aquelas bandas, não existia verão. Mas a tranquilidade de Berna — "a submissa ambiência suíça", como escreveria num pequeno poema de *Museu de tudo* — o deixou encantado. Como não gostava de cidade grande, achou que o lugar era perfeito para viver. Parecia uma "confortável aldeia", diria aos amigos. A beleza da paisagem alpina lhe enchia os olhos. Localizada na rua Kollerweg, à beira do rio Aar, a casa onde moravam oferecia uma vista fabulosa da cidade antiga, com suas pedras douradas, relógios e carrilhões. Na hora certa, mesmo durante a noite, todos tocavam, como se fossem sinos, em perfeita harmonia.

A casa ficava próxima do famoso Fosso dos Ursos. Todo dia o poeta costumava ver os bichos que haviam batizado o lugar. Com cinco minutos de caminhada, chegava à embaixada — um ambiente calmo como a própria cidade. O trabalho, o chefe, os colegas, tudo lhe agradou no posto em Berna. A única preocupação era o dinheiro. A cidade era caríssima, e, mesmo sem

343

sair de casa — depois do passeio a Roma, a única viagem familiar, feita de automóvel, tinha sido para Viena, onde João e Stella se hospedaram na casa do embaixador Mário Gibson —, todos os meses terminavam com déficit. Apesar disso, o posto só merecia elogios, "principalmente depois do inferno lacustre", comentou o poeta com Lauro Escorel.

"Soube pelo Crespo que você já estava instalado em Berna e pensando em recomeçar a trabalhar, agora mais tranquilo do que em Genebra", escreveu Haroldo de Campos, em julho de 1965. Com efeito, logo que se estabeleceu na cidade, João percebeu que chegara a hora de retomar suas composições inacabadas. Renovando os convites da revista *Invenção*, Haroldo reiterou então o interesse do grupo em publicar a nova produção cabralina.

Dois meses depois, enviado pelo Itamaraty, João Cabral participou de um importante evento literário na Bélgica, a sétima edição da Bienal Internacional de Poesia, realizada no balneário de Knokke-le Zoute. Antes da viagem, correu a notícia de que Jean-Paul Sartre seria um dos convidados. Quando soube disso, Inez pediu ao pai que lhe trouxesse um autógrafo do filósofo. João, porém, não se dispôs a atender à filha: "Só pediria um autógrafo a Jean-Paul Sartre se ele soubesse quem é João Cabral de Melo Neto", explicou.

Do evento participaram poetas de cinquenta países. Entre eles estavam o polonês Czesław Miłosz, o francês Pierre Emmanuel e o húngaro Gyula Illyés, que recebeu na ocasião o Grande Prêmio Internacional de Poesia. Durante as discussões, Cabral ficou impressionado com a importância dada à Poesia Concreta de São Paulo por intelectuais ingleses, alemães e de outras nacionalidades europeias. O assunto foi tão debatido que ele imediatamente telegrafou para o Itamaraty, dizendo que, pela primeira vez, autores brasileiros estavam exercendo influência fora do país. Na edição seguinte do evento, o Brasil, a seu ver, deveria ser representado por um poeta concretista.

A distância entre Knokke-le Zoute e Bruges era de apenas vinte quilômetros. Terminado o evento, João foi visitar a cidade medieval, que, a exemplo de Berna, considerou adorável. Se lhe perguntavam em que época gostaria de viver, o poeta sempre respondia que tinha um gosto especial pela Idade Média. Só não sabia se seria capaz de viver naquele tempo. "Sou muito comodista, e na Idade Média não havia luz elétrica", dizia.

Em Bruges, no dia 6 de setembro, ele escreveu num cartão de visitas uma anotação para um futuro poema:

Tema: por que essa sensação de acolhimento, de regaço diante de certas coisas medievais, velhas, gastas, roídas, da Europa? Como se fosse uma redescoberta do útero? E por que, noutros momentos, essa necessidade de simetria, moderno, Brasília, Mondrian, mundo concertado? Estudar essa dualidade de procuras e ver o que é. (E o que pode dar.)

Na mesma página, registrou ainda um segundo tema, intitulado "o tijolo e a pedra". Na catedral e nas ruelas de Bruges, ele havia encontrado um tijolo duríssimo e, em outros lugares, uma pedra roída, macia como um ninho. "Que homem era esse que fazia pedras? E que pedra era essa que se fazia ninho?", perguntou. Foram tão intensas as sensações despertadas pela velha cidade medieval que, ao datar e localizar o registro, o poeta, fazendo uma alusão ao romance simbolista *Bruges-la-Morte*, de Georges Rodenbach, preferiu chamá-la de "Bruges la vivíssima".

Achavam-se todos à mesa da sala de jantar na noite em que João Cabral abriu a carta enviada de São Paulo pelo diretor artístico do Tuca, o grupo de teatro da Pontifícia Universidade Católica (PUC). "Tem um rapaz que quer montar *Morte e vida severina*", comentou o poeta, a princípio com satisfação. Em instantes, porém, a expressão se alterou. Ao pedir a autorização, Roberto Freire comunicou que a peça estava sendo musicada. O responsável pela tarefa, informou o diretor do Tuca, era o filho do crítico Sérgio Buarque de Holanda, o jovem compositor Chico Buarque, que o poeta ainda desconhecia — somente o vira uma vez no Rio, aos seis meses de idade. "Não vou permitir de maneira alguma", esbravejou. Depois, contudo, mudou de ideia.

Em São Paulo, sem esperar autorização, o trabalho seguia a todo vapor. Fundado em maio de 1965 pelo Diretório Central dos Estudantes (DCE), o Tuca desejava atuar nas periferias, articulado à concepção política dos CPCs. Para a realização do primeiro espetáculo, foram contratados pelo DCE o jovem encenador Silnei Siqueira e o cenógrafo José Armando Ferrara. Roberto Freire ficaria responsável pela coordenação geral dos trabalhos. A escolha da primeira peça deu trabalho ao grupo. O texto deveria ter caráter político e popular e, ao mesmo tempo, passar pelo crivo da censura. *Morte e vida severina*, sugerida por Silnei Siqueira, foi inicialmente rejeitada com o argumento de que a peça fora um grande fracasso na encenação da companhia Teatro Cacilda Becker. Silnei tinha visto a montagem, que também achara muito árida. Entretanto, imaginava que, se houvesse o acréscimo da música, o texto ganharia mais força e projeção. O argumento convenceu, e os estudantes votaram em peso pela obra de João Cabral.

Paralelamente, outro grupo recém-fundado no Rio de Janeiro, o Chegança, também escolheu o auto cabralino para seu espetáculo de estreia. Do grupo faziam parte os atores José Wilker, Isabel Ribeiro e Carlos Vereza. Luís Mendonça, oriundo do Movimento de Cultura Popular, do Recife, assinou a direção. O espetáculo era composto de duas peças, *Morte e vida severina* e *A incelença*, do também pernambucano Luís Marinho. Prevista para maio de 1965, a estreia, por causa do texto de João Cabral, foi proibida pela censura do estado do Rio. A saída foi se apresentar num espaço alternativo: a gafieira Elite, na rua Frei Caneca, junto à praça da República. Após as sessões, que começavam às dez horas da noite, havia baile com orquestra. Pouco divulgado, o espetáculo não teve repercussão.

Trechos de *Morte e vida severina* foram também incluídos no roteiro do show *Opinião*, idealizado por artistas vinculados ao CPC, que obteve, ao contrário, um estrondoso sucesso. Marco do teatro de protesto e da resistência à ditadura, o espetáculo, desde sua estreia no Rio, em dezembro de 1964, poucos meses após o golpe militar, vinha contagiando as plateias. Dirigido por Augusto Boal, do Teatro de Arena paulistano, e apresentado por Zé Keti, João do Vale e Nara Leão, o show-manifesto intercalava canções a textos e depoimentos a respeito da problemática social brasileira.

Depois de cantar "Carcará", Nara Leão — logo substituída por Maria Bethânia — subia no tablado e ficava de costas para a plateia. De repente, virava lentamente o corpo e dizia os versos de João Cabral, olhando na direção do público. A canção "Borandá", incluída no show, havia sido composta por Edu Lobo também com base em *Morte e vida severina*. Desde o princípio, o *Opinião* esteve sob a mira da repressão, apontado como subversivo. A mesma perseguição foi imposta às produções seguintes do grupo, *Liberdade, liberdade* e *Brasil pede passagem*. Nesta última, textos de João Cabral, Drummond, Mário de Andrade e Manuel Bandeira, entre outros autores, entraram na lista de vetos da censura.

Como os espetáculos dos grupos Arena e Opinião, a montagem de *Morte e vida severina* feita pelo Tuca se tornaria um dos núcleos da resistência política e cultural, incluindo-se entre os "documentos vivos" da conturbada década de 1960. Ao receber o convite para musicar o poema, Chico Buarque mal tinha iniciado sua carreira. Conhecido na época como "Carioca", o rapaz contava apenas 21 anos e estava indeciso ainda entre a música e o curso de arquitetura. Sua fama se restringia então aos meios estudantis. Na faculdade, ele havia criado um show com amigos, batizado por diversão de *Sambafo*, no qual cantava sempre acompanhado do copo de cerveja. Seu primeiro compacto, com as músicas "Pedro pedreiro" e "Sonho de um Carnaval", foi lançado em maio de 1965. Chico tinha um contrato com a TV Record e já não aguentava mais cantar "Pedro pedreiro" na televisão. Foi quando Roberto Freire, amigo de sua irmã Miúcha, o procurou com a proposta do Tuca, que ele aceitou, como diria mais tarde, por "completa irresponsabilidade".

Os ensaios tomaram quatro meses. De início, o jovem boêmio — identificado posteriormente pelo crítico Yan Michalski, do *Jornal do Brasil*, apenas como "o estudante" Chico Buarque de Holanda — achou que não conseguiria musicar o poema. Só aos poucos foi que peitou o desafio. Feita a pesquisa sobre músicas do Nordeste, deu início ao trabalho de composição. A opinião do poeta, que morava longe, na Europa, não chegou a preocupá-lo. Chico sabia da importância de João Cabral, mas ainda não conhecia sua obra. A partir dali, passou a ler tudo o que ele escrevera.

Na época da publicação de *Morte e vida severina*, alguns leitores, como Antônio Houaiss, chegaram a prever que dali poderia ser extraída uma peça musical. Na opinião de Murilo Mendes, foi na criação do auto natalino que Cabral mais se aproximou "do canto, da musicalidade que sempre quis evitar". Ao trabalhar com a peça, Chico procurou adivinhar qual seria a música interior do poeta quando escreveu o texto. Alguns trechos lhe pareceram impossíveis de ser musicados. A dificuldade o obrigava às vezes a optar por falas do coro. As músicas eram gravadas por suas irmãs Cristina, Ana Maria e Maria do Carmo. Cheio de vergonha, o rapaz mandava a fita feita em casa, onde então ficava escondido. As músicas não raro eram modificadas durante os ensaios, em função do efeito procurado pelo conjunto da montagem.

Na véspera da estreia, estavam todos exaustos e temerosos. Chico teve um sonho terrível. "No meio do espetáculo, o público vaiava a gente. E jogava tomates em você", relatou a Silnei Siqueira, momentos antes da apresentação. "Em mim? Por que só em mim?", perguntou o diretor. "O sonho era meu, né?", brincou Chico, em meio à tremedeira geral. Quando as cortinas foram abertas, ele se escondeu no balcão. Assistiu à peça inteira no fundo, perto da porta de saída.

As limitações financeiras e técnicas — o auditório inaugurado pela universidade não dispunha de iluminação adequada para uma apresentação teatral — foram compensadas com soluções criativas. Daí os spots improvisados com bacias de alumínio, o figurino branco, a construção de um "cenário humano" com os corpos e as sombras dos atores. A cenografia de José Armando Ferrara inovou pelo despojamento. Graças à sobriedade e à simplicidade, o espetáculo adquiriu uma força impressionante.

Ao final da estreia, em 11 de setembro, os aplausos foram longos e entusiasmados. A peça permaneceu em cartaz, três vezes por semana, até 28 de novembro de 1965. Cada apresentação tinha em média seiscentos espectadores — bilheteria então raríssima no teatro brasileiro. Depois das sessões, o elenco permanecia no palco para discussões acaloradas com o público. A PUC editou, sob a forma de um livrinho de cordel, o texto de *Morte e vida severina*. Foi a primeira edição autônoma da peça, precária e cheia de erros, que, no exemplar conservado por João Cabral, seriam pacientemente corrigidos por Stella.

A crítica foi unânime nos elogios à montagem do Tuca, logo recomendada para apresentações no exterior. Décio de Almeida Prado apontou o vulto e a raridade da empresa, "levada a cabo com tanto desprendimento e em tão alto nível artístico". Tristão de Ataíde, cuja neta, Ana Maria, integrava o elenco do Tuca, ressaltou a habilidade em montar um auto intelectualizado, exigente com o leitor, que os estudantes haviam convertido "em uma tragédia clássica, de tipo esquiliano". A forma estilizada da montagem, que transformava o realismo numa quase abstração, foi um dos traços destacados por Anatol Rosenfeld. "O impacto que o espectador recebe é, em primeiro lugar, estético", observou Yan Michalski. Em concordância com Tristão de Ataíde, Michalski aludiu ainda à "essência autenticamente trágica" do espetáculo, não obstante "o sopro de otimismo dado no final do poema por João Cabral de Melo Neto", admiravelmente transposto, a seu ver, na encenação de Silnei Siqueira.

Morte e vida severina, para além de sua importância no contexto político pós-1964, se tornou um dos maiores acontecimentos da história do teatro brasileiro. Na carreira musical de Chico Buarque, constituiu um impulso decisivo. Para João Cabral, trouxe a popularização de sua poesia até então confinada nos meios intelectuais. A exemplo de *Vidas secas*, de Graciliano Ramos, seu auto se tornaria então uma das representações mais emblemáticas da realidade nordestina. Na opinião de Silnei Siqueira, *Morte e vida severina* não era apenas o melhor texto do teatro brasileiro. Era também a melhor peça do século XX — "o século do Terceiro Mundo", dizia. Daí a consagração internacional que em breve seria obtida pela montagem.

Guimarães Rosa levou anos para responder a João Cabral se gostava ou não de sua poesia, mas, quando se dispôs a fazê-lo, em carta enviada em fevereiro de 1964 para a Suíça, comentando a recepção do volume *Poemas escolhidos*, o escritor mineiro foi pródigo em elogios e palavras consagradoras:

> Aproveitei, reli tudo. Muita coisa cresceu e pegou mais luz, para mim, agora; e nada murchou em valor. Você pode estufar peito: é poeta e poesia que vão permanecer e atuar — animando, fecundando, influindo. A gente fica à espera, ávida, do que de Você vem. Você trabalha um metal novo, uma superespécie de platina, mas com elasticidade de coisa modelada à mão, apalpada muito, ou retecida sem vestígios. Você traz fome de pureza, uma fome cutânea e medular, jejuadora, algébrica, anticaos.

Não podia haver melhor resposta: "Você é poeta fortemente", insistiu Rosa. Um poeta capaz de "fazer passar caravanas inteiras por um fundo de agulha", acrescentou. Encerrando a carta, o escritor informou que uma editora de Barcelona, a Seix Barral, mostrara interesse em publicar *Grande sertão: veredas*, mas não tinha conseguido um tradutor. Perguntou então se o amigo teria ideia de alguém, na Espanha, "capaz de amar e tentar a empreitada". João Cabral tinha uma indicação, Ángel Crespo, que imediatamente se incumbiu da tarefa. Quando o poeta espanhol veio ao Brasil, em maio de 1965, como bolsista do Itamaraty, para passar seis meses percorrendo o país, estava fazendo a tradução do romance, que seria publicada dois anos mais tarde.

Depois que Cabral saiu da Espanha, Crespo continuou à frente da *Revista de Cultura Brasileña*. Em 1964, o periódico publicou o ensaio "Realidad y forma en la poesia de João Cabral de Melo", de quase setenta páginas, que ele escrevera em parceria com a mulher, Pilar Gómez Bedate. No mesmo ano, o casal também foi responsável pela tradução e divulgação de uma série de poemas cabralinos de temática espanhola nos *Cuadernos Hispanoamericanos*, revista que já havia estampado, em 1958, uma versão em castelhano do ensaio "Poesia e composição: A inspiração e o trabalho de arte". Na opinião dos dois críticos, a interpretação do popular espanhol oferecida por Cabral em uma composição como "A palo seco", dada sua profundidade, destoava da imagem encontrada em autores do próprio país, mais próxima ao "típico para forasteiros". Em sua visita a São Paulo, acompanhado de Pilar, Crespo falou sobre a poesia de Cabral na Faculdade de

Filosofia da USP — uma "excelente conferência", segundo informou Haroldo de Campos em carta enviada a Berna. No ano seguinte, poemas do autor de *Quaderna* seriam também incluídos na antologia *Ocho poetas brasileños*, dedicada aos autores da Geração de 45, com versões de Ángel Crespo e Gabino-Alejandro Carriedo.

Por conhecer bem a língua espanhola, João preferia não ver as traduções. Pela mesma razão, detestava ler seus poemas traduzidos para o francês e o inglês. A experiência o deixava constrangido e, às vezes, bastante irritado. O que havia escrito originalmente parecia quase sempre mais pobre, decerto por causa do aumento do número de palavras, dilatação inevitável, a seu ver, em qualquer tradução. Foi o que observou, bem antes de sua obra começar a aparecer em outros idiomas, na correspondência com Lauro Escorel. O efeito poético, dizia ele em 1947, vinha do modo como as coisas eram ditas, resultando "de uma novidade de estilo, gramatical, léxica, sintática, o diabo. Se o tradutor vai dissolver esse açúcar, acaba-se tudo". Todavia, o problema para ele desaparecia quando se tratava de idiomas desconhecidos, como o alemão. Olhava o poema traduzido, não entendia uma palavra, e ficava tudo por isso mesmo. Achava até bonito, dizia.

Na Alemanha, o primeiro livro de João Cabral saiu por intermédio de Max Bense. *O cão sem plumas* foi incluído, em abril de 1964, na série de cadernos experimentais *Rot*, publicada pelo filósofo na Escola Superior de Estética de Stuttgart, sob o título *Der Hund ohne Federn*. A tradução, feita no Rio de Janeiro por Willy Keller, chegara às mãos de Bense por iniciativa de Haroldo de Campos. Ao pedir autorização para que o livro fosse editado, o poeta paulista assegurou a Cabral que se ocuparia pessoalmente da revisão. Não fosse a providencial ajuda, "poeta puro" teria sido traduzido por "poeta absoluto", conforme relatou Haroldo em outra carta. Eram os erros de leitura que faziam tremer de raiva o poeta.

A versão alemã de *O cão sem plumas* agradou bastante ao poeta e ensaísta Hans Magnus Enzensberger, responsável pelas edições de poesia da editora Suhrkamp. Hóspede de Haroldo de Campos quando esteve em São Paulo, em dezembro de 1965, Enzensberger levou à casa do poeta concretista o tradutor Curt Meyer-Clason. Na ocasião, os três conversaram sobre a publicação na Alemanha de uma antologia de poemas de João Cabral. O projeto era de Meyer-Clason. Fazia já um ano e meio que ele enviara uma carta ao cônsul brasileiro na Suíça, para solicitar os direitos de tradução. "Como você já traduziu Carlos Drummond de Andrade e Guimarães Rosa, não hesito em lhe confiar meu trabalho", respondera o poeta.

Quando veio ao Brasil para apresentar conferências, a convite do Itamaraty, nos últimos meses de 1965, Meyer-Clason estava a braços com a tradução dos poemas cabralinos, que lhe pareceram quase tão difíceis quanto a prosa do *Grande sertão: veredas*. "Traduzir é conviver", dissera a ele Guimarães Rosa. A máxima guiou também seu esforço de aproximação do universo poético de Cabral. Este, para sua sorte, embora desconhecesse a língua alemã, não se desinteressava dos problemas tradutórios. Uma prova do apoio que concedeu a Meyer-Clason foi a longa carta enviada de Berna em 1966, acompanhada de quinze páginas com respostas a perguntas específicas do tradutor. Com paciência, o poeta esclarecia a distinção entre as regiões de Pernambuco — sertão, Agreste e Zona da Mata —, o significado dos termos "excelências" e "sesmaria" ou de vocábulos espanhóis como *siguirya* e *cante jondo*. Para facilitar o entendimento, enviava também ilustrações de cabras, redes de pesca, casas com telhado de duas águas.

Um dos grandes esforços de Meyer-Clason foi captar o "ritmo interior" de uma poesia que se apresentava como antimusical. O tradutor via naqueles versos uma espécie de música muda, feita mais para ser sentida do que para ser ouvida. "A métrica não é importante para mim, o verso pode ser livre", advertiu o poeta. Não obstante, tinha também a pachorra de escandir certos versos — "en-ter-ra-da-no-cor-po" — para elucidar o número de sílabas. Outras explicações sobre a construção de *Uma faca só lâmina* também foram compartilhadas. Meyer-Clason considerava formidável a capacidade de objetivação que o poeta mantinha em todos os assuntos, não importando a natureza do material contemplado. Se pudera fazer outras traduções em tempo mais curto, no caso de João Cabral o trabalho se estenderia por quase cinco anos. Apenas no final da década seria lançada, pela editora Suhrkamp, a antologia *Ausgewählte Gedichte*, a primeira de uma série produzida por Meyer-Clason. Àquela altura, ele já era aclamado como um dos principais divulgadores da literatura brasileira na Europa.

O Tuca passou o chapéu e fez de tudo para conseguir as passagens aéreas. Era a primeira vez que o Brasil participava do Festival Mundial de Teatro Universitário de Nancy. O festival era um espaço de contestação política, que valorizava as relações entre arte e resistência, com atenção especial aos países oprimidos por ditaduras. Por seu "regionalismo universalista", no dizer de Tristão de Ataíde, pelo retrato da revoltante injustiça social brasileira, pela rara qualidade estética da montagem, entre outras razões, o espetáculo do Tuca parecia excepcionalmente indicado para representar o país.

As passagens, no entanto, custavam uma exorbitância. Artistas da MPB resolveram participar da campanha para arrecadação de fundos. Rendas de espetáculos de elencos profissionais foram revertidas para o Tuca. A dez dias da partida, baixou o desespero e o grupo começou a vender coisas. Chico Buarque passou nos cobres seu fusca de segunda mão. Outros sacrificaram joias de família. O Itamaraty contribuiu com dez passagens e 2 mil dólares. A Comissão Estadual de Teatro de São Paulo avalizou um empréstimo bancário. No dia 21 de abril, o grupo enfim embarcou para a França.

Ao longo da temporada em São Paulo, o elenco recebera diversas ameaças anônimas. Na véspera da partida, policiais do Dops prenderam um dos atores mais empenhados, de apelido Mané, o que produziu um desalento geral. Em Paris, antes de tomar o trem para Nancy, Silnei Siqueira e alguns atores foram se apresentar na Embaixada do Brasil. O diplomata Bilac Pinto, que acabara de assumir o posto, os recebeu com extrema má vontade. Disse que o festival de Nancy não era oficial, que eles não representavam o Brasil, e sim a PUC, e que não esperassem, portanto, nenhum auxílio da embaixada.

Os integrantes do Tuca não imaginavam que, em vez de apoio, levariam um pito daqueles. Mas o pior ainda estava por vir. À noite, quando chegaram, exaustos, a Nancy, um funcionário informou que João Cabral, hospedado em outro hotel, queria conversar com os diretores. Silnei juntou "meia dúzia de severinos" e foi conhecer pessoalmente o autor da peça. Era tarde da noite. João os esperava, acompanhado de Stella, no bar do hotel. Tinha acabado de chegar do teatro, onde assistira aos dois primeiros espetáculos do festival. Quando os membros do Tuca apareceram, já havia tomado alguns uísques. Não estava, porém, descontraído. Ao contrário, era visível o mau humor. Stella procurava acalmá-lo, mas ele, como uma fera, investiu de imediato contra os rapazes. "Vocês nem imaginam onde vieram se meter. O público deste festival é irreverente", disse o poeta, informando que as apresentações do dia haviam recebido vaias da plateia. "Amanhã vocês é que serão vaiados e será o maior vexame", foi a previsão pessimista que lançou, sem meias palavras, na cara assustada dos atores.

"Calma, João, não desanime os meninos", interveio Stella. "Eles precisam estar preparados", retrucou João. "E que história é essa de pôr música na peça? Os versos já têm a sua musicalidade." Chamou-os ainda de irresponsáveis, por terem usado verba do Itamaraty para apresentar *Morte e vida severina*, que não passava de uma porcaria. "Uma peça que nem quem me encomendou quis fazer", resmungou, referindo-se à desistência de Maria Clara Machado. "E agora, vocês vêm nos expor às vaias desses vândalos", acrescentou. Para ele, o sucesso da peça em São Paulo não garantia a aceitação do público da Europa.

Na saída do hotel, Silnei e os companheiros combinaram não relatar a conversa aos demais integrantes do Tuca. Exauridos da viagem, murchos após as broncas recebidas, dormiram enfim sua primeira noite na Europa. No dia seguinte, teriam apenas três horas para montar o cenário e a iluminação do espetáculo.

Naquele domingo, 24 de abril de 1966, às oito da noite, *Morte e vida severina* teve sua estreia internacional. O teatro possuía dimensões e características semelhantes às do Theatro Municipal de São Paulo. Na plateia, havia poucos brasileiros: João, Stella, Inez — que o poeta, contra a vontade da esposa, fizera questão de levar a Nancy —, o superintendente do Tuca, Henrique Suster, a assessora Elza Lobo e a mulher do diretor, Hedy. Silnei e o cenógrafo José Armando Ferrara preferiram ficar nos bastidores.

Durante a apresentação, os versos de João Cabral eram projetados numa tela na parte superior do palco. Já no primeiro monólogo de Severino, feito por Evandro Pimentel, o equipamento com o letreiro deixou de funcionar. O silêncio do público era sepulcral. Chico Buarque, dessa vez, também estava no palco. Não era propriamente um ator, mas conhecia toda a marcação e se portou bem como um Severino tocando violão. No primeiro blecaute, após a ária da Mulher da Janela, interpretada por Ana Lúcia Torre, houve um aplauso prolongado. A partir de então, várias passagens foram aplaudidas em cena aberta. No encerramento, a ovação foi surpreendente. Por mais de doze minutos não pararam os bravos e as palmas. João Cabral, o rosto vermelho, foi se afundando aos poucos. No final, levantou o assento da poltrona, sentou-se no chão e chorou. A consagração em Nancy foi uma das maiores alegrias de sua vida.

Quando foi apresentado a João Cabral, Chico percebeu que ele estava realmente emocionado. A visão do poeta em lágrimas lhe tirou um peso das costas. Ao cumprimentá-lo, João disse: "Eu não conseguirei jamais ler *Morte e vida severina* sem associá-la com sua música". Todo o conjunto do espetáculo o deixou fascinado: a música, a realização plástica, o ritmo do espetáculo. "Fiquei impressionado como o auto deixa o espectador suspenso do princípio até o fim", escreveria depois em carta enviada de Berna a Lauro Escorel. O espetáculo não podia mesmo durar mais de uma hora, pensou. Era tão tenso e compacto que, na sua opinião, os aplausos infindáveis ao término da apresentação deviam ser uma "explosão de alívio". A encenação para ele constituiu de fato uma grande surpresa. Na sua concepção original, o auto era muito mais primário e tradicional, à maneira de Gil Vicente, explicaria em entrevistas. Agora, porém, dificilmente poderia imaginar a peça com outra mise en scène.

Na conversa com Chico Buarque, o poeta disse que tinha gostado do "Funeral de um lavrador". Na opinião do compositor, era a canção mais chata da peça. A bem da verdade, mais um "poema cantado" do que uma música. Entretanto, Chico sabia que ela funcionava bem no espetáculo, sugerindo uma mensagem subliminar na repetição pelo coro do trecho "é a parte que te cabe neste latifúndio". Em São Paulo, a interpretação dessa passagem do enterro do trabalhador como incitação à reforma agrária motivou ameaças e manifestações conservadoras na porta do teatro.

João Cabral receara a princípio que, a exemplo do que via acontecer em experiências do tipo com outros poetas brasileiros, a música fosse uma criação inteiramente arbitrária, com os versos partidos e manipulados a bel-prazer do compositor. O que admirou no trabalho de Chico Buarque foi o respeito integral pelo verso, pelo ritmo de cada parte do poema. "Eu tenho a impressão que é o único caso que eu conheço de uma música que saiu diretamente do poema", diria ele mais tarde, "e não uma coisa sobreposta ao poema." O trabalho do compositor, segundo o poeta, teria sido decisivo para a compreensão da obra pelo público.

Para Chico Buarque, era uma alegria ouvir que tinha sido capaz de extrair e revelar a música escondida na poesia cabralina. Mas ele estava consciente de que o espetáculo "adocicava" uma obra que, em sua origem, era bem mais seca. Alguns trechos lhe pareceram mesmo não conter musicalidade alguma. Foi o caso dos versos "Cada casebre se torna/ no mocambo modelar/ que tanto celebram os/ sociólogos do lugar". João quis saber se a passagem havia sido cortada para poupar Gilberto Freyre. Nada disso, retrucou o compositor. O problema era "sociólogos do lugar" ser um verso "imusicável".

No dia seguinte, todos os jornais que cobriam o festival de Nancy noticiaram o acontecimento em manchetes de primeira página. Nas palavras de Jean-Jacques Gautier, de *Le Figaro*, a competição vinha se desenrolando sem maior interesse quando apareceu o grupo brasileiro, "e de repente nós atingimos o sublime". O crítico classificou o espetáculo como um "pungente oratório" sobre a miséria de uma parte da população, atingindo as "culminâncias da tragédia grega". Em *Le Monde*, Bertrand Poirot-Delpech escreveu que a via-sacra de Severino se tornava o símbolo de uma busca universal. "É toda a humanidade sofredora do Terceiro Mundo, vítima da fome, que parece invadir o palco com seu desespero quase mudo." Em face daquela proeza, os outros doze espetáculos lhe pareceram irrisórios. O desfecho já estava claro. Naquele festival, o teatro brasileiro ganharia pela primeira vez um prêmio internacional de grande repercussão. As críticas publicadas na França seriam reproduzidas em jornais brasileiros e até mesmo nos *Anais da Câmara dos Deputados*.

Após a estreia em Nancy, o diretor do Festival do Teatro das Nações, Jean-Louis Barrault, convidou o Tuca para participar do evento em Paris. Entre as duas apresentações, decorreriam quase três semanas — um longo intervalo para o grupo, que seguia na maior penúria, hospedado num alojamento de desportistas. A situação só melhorou depois que Barrault foi pessoalmente à Embaixada do Brasil fazer o convite oficial ao Tuca para duas apresentações no Théâtre de l'Odéon, àquela altura rebatizado de Théâtre de France. Ato contínuo, o Itamaraty providenciou a remessa de 5 mil dólares. Com esse dinheiro, a duras penas, o grupo conseguiu se manter na França.

Nesse meio-tempo, os convites foram se multiplicando. Em Pont-à-Mousson, cidade próxima de Nancy, *Morte e vida severina* foi apresentada ao ar livre, para uma imensa plateia, numa temperatura de quatro graus. De outros países também chegavam propostas. João Cabral retornou a Berna e, depois da apreensão vivida em Nancy, achou melhor não se arriscar em Paris. Por sugestão do pai, Inez permaneceu com o elenco do Tuca. João achou que a filha deveria aproveitar a oportunidade para conviver com jovens brasileiros. No final da temporada, ele voltaria à França para buscá-la.

A primeira apresentação em Paris ocorreu no dia 12 de maio. Na véspera, todos os lugares do Théâtre de France já haviam sido vendidos. Na programação estavam também The Living Theatre e a companhia de Jerzy Grotowski, entre outros grupos. Mais uma vez, o Tuca recebeu aplausos entusiasmados. No dia seguinte, as entrevistas começaram logo de manhã e se estenderam até as nove da noite. Na segunda apresentação, um grupo de intelectuais franceses pediu licença para assistir à peça em pé, conforme soube depois João Cabral.

Graças à iniciativa do jornalista Odylo Costa Filho, adido cultural em Portugal, *Morte e vida severina* teve ainda temporadas em Lisboa, Coimbra e no Porto. Na véspera da estreia em Portugal, Odylo reclamou a presença do poeta. Depois da ida clandestina a Nancy, João Cabral, devidamente autorizado pelo embaixador Edgar Fraga de Castro, pegou às pressas um avião em Berna. Chegou a tempo de ver a primeira apresentação, no Teatro Avenida, que foi aplaudida de pé por mais de dez minutos. Foram doze espetáculos em Lisboa, sempre com casa lotada. O poeta esteve na plateia em todas as sessões. Duas vezes por noite, o público reclamava sua presença no palco. Apesar da forte emoção, os apelos eram sempre modestamente recusados. Para que aceitasse subir a qualquer palco, "só com dexamyl ou coisas assim encorajadoras", escreveria mais tarde a Lauro Escorel.

Depois dos espetáculos, eram inevitáveis os debates políticos, o que provocou uma redobrada vigilância por parte das autoridades portuguesas encarregadas da censura nos teatros. Policiais e funcionários do governo acompanhavam todas as apresentações. Para provocar o regime de Salazar, o grupo passou a dedicar o espetáculo à classe oprimida em Portugal. Com medo da repressão, as pessoas batiam palmas discretamente, olhando para os lados. Por sorte, não houve nenhuma intervenção.

Para João Cabral, a estadia em Portugal foi inesquecível. O poeta precisou se desdobrar para participar de entrevistas, colóquios, mesas-redondas, conversas e mais conversas. Numa noite de autógrafos, assinou todos os exemplares de sua coletânea publicada pela editora Portugália. O êxito da peça não foi maior do que o obtido em Nancy e Paris, mas em Lisboa ele se sentia tocado de mais perto porque as pessoas entendiam a língua da peça. As perguntas que lhe faziam sobre o significado de certas palavras o deixavam impressionado. Não era fácil suportar tantas demandas e tão fortes emoções. "Resultado: fiquei dez dias dormindo pouco, comendo quase nada, histérico como uma mal-amada lacerdista", brincou com Lauro Escorel.

Por insistência dos integrantes do Tuca, João Cabral adiou sua volta a Berna e os acompanhou na excursão a Coimbra e ao Porto. O grupo era tão bom e lhe dava uma "impressão tão entusiasmadora da atual juventude brasileira", explicava sua carta a Escorel, que ele resolveu prolongar a convivência. João Cabral e Chico Buarque se entenderam bem e estavam sempre contando piadas e propondo brincadeiras. Na linha dos sambafistas, seu grupo universitário, o compositor fundou o grupo dos Bandidos, que reunia os jovens mais alegres e boêmios do Tuca. No final da temporada,

João foi agraciado com a Ordem dos Bandidos. Na "solenidade", além de cantar as músicas de seu poema, obrigaram-no a beber à própria saúde, já que era o único poeta bandido da velha geração. Em outra ocasião, pronunciou a conferência "Como beber respeitando o fígado", que divertiu a rapaziada. "É um monstro esse Chico", dizia João Cabral. Achava impressionante que ele pudesse ser ao mesmo tempo um compositor tão maduro e um sujeito tão moleque.

A despedida se deu em Lisboa. João esteve presente até mesmo no último espetáculo, combinado em cima da hora e apresentado no gigantesco Cine Teatro Europa, poucas horas antes do embarque do Tuca para o Brasil. Em menos de 24 horas, os ingressos se esgotaram. Numa comunicação feita ao Itamaraty, Odylo Costa Filho chamou o êxito de "indescritível e apoteótico", relataria o poeta a Escorel. No aeroporto, havia uma multidão portando bandeirinhas, como se o grupo fosse uma seleção de futebol.

Quando chegaram a São Paulo, no dia 7 de junho, os integrantes do Tuca também foram recebidos como heróis e desfilaram em carro aberto. A dívida contraída com o Banco do Estado os obrigou a permanecer por muito tempo em cartaz, percorrendo diversas cidades. No final do ano, a peça foi apresentada no Theatro Municipal do Rio de Janeiro e no Teatro Amazonas. Naquela altura, segundo os cálculos do grupo, já tinha sido aplaudida por mais de 80 mil pessoas.

Chico Buarque não pôde mais participar das apresentações. Em outubro de 1966, sua canção "A banda", interpretada por ele e Nara Leão, dividiu com "Disparada" o primeiro lugar na segunda edição do Festival de Música Popular Brasileira, organizado pela TV Record. Em uma semana, o disco da música vendeu mais de 100 mil cópias. Em pouco mais de um ano e meio, o jovem de 22 anos deixara o anonimato para se tornar um dos maiores astros da MPB. O primeiro long-play, com o par de fotos que se tornaria célebre, em uma sério, na outra sorrindo, foi lançado logo depois do festival. Na contracapa, o compositor escreveu: "É preciso confessar que à experiência com a música de *Morte e vida severina* devo muito do que aí está. Aquele trabalho garantiu-me que melodia e letra devem e podem formar um só corpo". No mesmo ano, Chico lançou um compacto com canções da peça.

"*Morte e vida severina* salvou o Brasil de um cano absoluto, neste pobre 1966", comentou Silnei Siqueira, em carta enviada a João Cabral. Com efeito, na Copa do Mundo da Inglaterra, o país foi eliminado logo na primeira fase. "Nem futebol, nem cinema, nem tênis, nem boxe, nem salto triplo, nem concurso de beleza", acrescentou o diretor. Naquele ano, o único feito caberia a João Cabral e ao Tuca, responsáveis pela maior vitória alcançada no exterior pelo teatro brasileiro. "Apresse a conclusão da sua nova peça e remeta-a o mais depressa possível", escreveu Silnei ao poeta. "Caso eu não a dirija, como se fosse possível, garanto que O Tablado há de querer montá-la", brincou o diretor.

A educação pela pedra, o 13º livro de João Cabral, foi lançado em 18 de julho, no Teatro Pax, em Ipanema. Em plena segunda-feira, o público, mesmo sem a presença do poeta, ultrapassou quatro centenas de pessoas. A Editora do Autor insistiu por alguns anos na teimosia de que poesia, conto e crônica podiam ser gêneros vendáveis. No ano anterior, tinha publicado a *Antologia poética* de João Cabral de Melo Neto, numa bem-sucedida coleção que incluía Bandeira, Drummond e Vinicius. Concebidas pela designer Bea Feitler, as capas investiam em tipografia, estampando fragmentos de poemas em letras grandes. O volume de João Cabral, com 190 páginas, trazia composições de *Serial* a *Pedra do sono*. Na ocasião, ele aceitou também a incumbência de organizar a antologia que seria dedicada a Murilo Mendes.

No Teatro Pax, das mãos de Odete Lara, Manuel Bandeira recebeu o primeiro exemplar de *A educação pela pedra*. A atriz tinha acabado de lançar, pela gravadora Elenco, seu primeiro compacto simples, no qual interpretava o "Funeral de um lavrador", gravado igualmente por Nara Leão e Chico Buarque. Tanto o livro como o disco tiveram naquela noite seus estoques esgotados.

A presença de Manuel Bandeira, numa posição quase de homenageado, também tinha razão de ser. O poeta havia sido presenteado com a irônica dedicatória de *A educação pela pedra*: "A/ Manuel Bandeira/ esta antilira/ para seus oitent'anos". Sendo o autor do *Itinerário de Pasárgada* uma das principais vozes líricas do país, o que as palavras do autor promoviam, além da deferência, era uma espécie de provocação. Para Bandeira, a obsessiva antilírica cabralina às vezes torrava a paciência. Ao saber, por intermédio de Odylo Costa Filho, que João tinha investido, numa discussão em Lisboa, contra a inspiração, ele ficou zangado. "Viva o poeta inspirado", protestou. Não fosse seu parente, amigo e admirador, disse que teria "ido às do cabo" com João Cabral. "Viva Luís de Camões! Viva Antero de Quental! Viva António Nobre!", ovacionou. Uma das provas de sua admiração ao primo estava na antologia *Poesia do Brasil*, publicada em 1963 pela

Editora do Autor. Dos poetas posteriores ao Modernismo, o único nome incluído por Bandeira foi o de João Cabral.

A educação pela pedra trazia 48 poemas, todos escritos depois de *Serial*, a partir de janeiro de 1962. Graças à tranquilidade de Berna, o poeta conseguira retomar as composições iniciadas em Madri e Sevilha, que tinham sido interrompidas em Genebra. No segundo semestre de 1965, período em que finalizou o livro, João obteve licença na embaixada para se ausentar no expediente da manhã. Mergulhou fundo nos poemas. "A ponto de me esgotar e desesperar. Mas prefiro isso à estupidez estéril de minha vida em Genebra", relatou, em dezembro de 1965, a Lauro Escorel. Uma razão adicional para o esforço foi a pressa do autor em acabar o livro antes de completar 46 anos. Como *A educação pela pedra* era um volume planejado, que seguia um cálculo rigoroso, estava certo de que, ultrapassada aquela idade, não teria forças físicas para a empreitada.

Quando o trabalho estava praticamente pronto, Murilo Mendes apareceu em Berna. Depois de uma longa conversa, João emprestou o manuscrito para que o amigo fizesse, durante a noite, uma primeira leitura. No dia seguinte, ao comentar suas impressões, Murilo disse que tinha encontrado uns poemas estranhos, que escaparam à sua compreensão. "Como assim?", perguntou João. O poeta mineiro localizou uma página estranha e a estendeu ao autor, que logo caiu na gargalhada. "Esse é o índice", retrucou, sem parar de rir. Com efeito, o índice era tão simétrico, dividido em quatro partes iguais, identificadas com as letras "a", "b", "A" e "B", que não era difícil confundi-lo com uma composição poética.

Em *A educação pela pedra*, Cabral desenvolveu a técnica dos poemas permutacionais. De um dos textos, chegou a produzir 48 versões, incluindo apenas duas no livro. Como o princípio da dualidade era a base da estrutura, um dos títulos que cogitou para o volume foi *O duplo ou a metade*. Cada uma das quatro partes da coletânea continha doze poemas, todos constituídos de duas partes, que ora se associavam, ora se repeliam. No volume lançado pela Editora do Autor, as duas partes apareciam lado a lado, uma em cada página. Quando a segunda parte era introduzida pelo número 2, os trechos não poderiam ser lidos separadamente. Já nos poemas em que as partes justapostas conservavam sua independência, a divisão se fazia por meio do asterisco.

Em depoimento ao *Diário de Lisboa*, João explicou ainda outros detalhes da estrutura: dos 48 poemas, metade era sobre Pernambuco, a outra metade, não; metade possuía 24 versos, a outra metade, dezesseis; metade era simétrica, e os demais, assimétricos, entre outras curiosidades. Um bom exemplo do jogo de inversões e permutações era o par formado pelos poemas "O canavial e o mar" e "O mar e o canavial". A visão de todas as coisas se ampliava a cada vez por meio da dupla observação.

"Eis um livro que custa os olhos da cara", escreveu Arnaldo Saraiva na abertura de um artigo publicado em agosto de 1966 no *Correio da Manhã*. O custo, naturalmente, não era o da capa, explicou o crítico português, mas "o preço de atenção, de esforço intelectual, de coragem psíquica e até física" que cobrava ao leitor. "*A educação pela pedra* é, na verdade, um livro duro, áspero, dificílimo de ler."

No poema que dava título ao volume, a pedra aparecia, de fato, como modelo de diversas lições aprendidas pelo poeta: "Uma educação pela pedra: por lições;/ para aprender da pedra, frequentá-la;/ captar sua voz inenfática, impessoal", diziam os primeiros versos. Na segunda parte, o poema contrapôs a ideia de que, no sertão, "não se aprende a pedra: lá a pedra,/ uma pedra de nascença, entranha a alma". Alguns leitores, como Augusto de Campos, leram de forma alterada a conclusão, entendendo que a pedra era "estranha à alma".

O poema "Tecendo a manhã", um dos mais famosos do livro, levou nove anos para ser concluído. A composição teve início em Sevilha, em 1956, mas foi deixada de lado porque não cabia no esquema das quadras, que predominava em *Quaderna*. Nas obras seguintes, o poema também não se encaixava. Quando estava compondo *A educação pela pedra*, João percebeu que os versos sobre os galos que pacientemente cruzam seus gritos, como "fios de sol", para tecer a manhã se adequava ao esquema do livro.

Mais do que por imagens fortes, conforme declarou em Lisboa, desde *Quaderna* e *Serial* o poeta se interessava cada vez mais pela máquina do poema. Naquela altura, porém, já não se curvava sem críticas à admiração por Le Corbusier e sua *machine à émouvoir*. Foi o que mostrou no poema "Fábula de um arquiteto", cuja primeira parte, descrevendo o deslumbramento com a nova arquitetura, era negada em seguida pela decepção com os rumos tomados pelo artista no final da vida. A ideia do poema surgiu durante uma visita à capela projetada por Le Corbusier em Ronchamp, na França, cuja forma cheia de curvas era uma negação do racionalismo. Para alguns leitores, como Lauro Escorel, o poema não deixaria também de atestar, vinte anos depois, "a falência do mito intelectualista do engenheiro". Na mesma direção poderiam ser lidos "Uma mineira em Brasília" e "Mesma mineira em Brasília", que, ao falar da permanência do passado brasileiro na paisagem da nova cidade, em que prédios se confundiam com casas-grandes, apontavam igualmente para a falência (ou falácia) da utopia moderna.

A dificuldade imposta pela leitura de *A educação pela pedra* era uma meta consciente do autor. Em outro poema do livro, dedicado a Alexandre O'Neill, ao comparar o ato de escrever com o trabalho manual de catar feijão, o poeta assinalou uma diferença importante. Se a pedra no meio dos grãos de feijão podia ser imastigável e quebrar dente, no procedimento de catar palavras ocorria o oposto: "a pedra dá à frase seu grão mais vivo:/ obstrui a leitura fluviante, flutual,/ açula a atenção, isca-a com o risco". Os neologismos tiveram origem numa conversa com um funcionário da embaixada, que um dia lhe indagou: "Dr. João, o nome certo é flutual ou fluviante?". O poeta informou a forma correta, "fluvial", mas apreciou e registrou os termos inusitados.

O poema revelava sua obsessão em impedir que a linguagem fluísse, que o leitor lesse os versos como quem canta, deslizando por eles. Não, seu objetivo era mesmo impor dificuldades. Sua linguagem deveria ser áspera como um chão de paralelepípedos, costumava dizer. Se fosse um chão de asfalto, sem sobressaltos, o leitor se distrairia. Daí a recusa do decassílabo camoniano, com cesura na sexta sílaba — verso que, segundo ele, teria viciado o ouvido brasileiro. Evitá-lo a todo custo, assim como ao verso cantante de sete sílabas, era um modo de "esporear" o leitor, de torná-lo mais consciente. Na semana em que *A educação pela pedra* foi lançado no Brasil, João Cabral resumiu suas intenções em carta enviada de Berna a Lauro Escorel:

> É um livro duplamente a contrapelo: não só não há nele esse tipo de linguagem deslizante e harmônica que faz o leitor patinar como não há poemas-trampolim para nenhuma transcendência. Não há nada que bote ninguém em qualquer espécie de órbita. Nem há voo de águia nem de pássaro nenhum. Minha poesia foi sempre uma espécie de voo curto de galinha em chiqueiro. Pois agora ensinei minhas galinhas a andar: já não dão mais sequer aqueles saltos-voos de metro e meio que dão as galinhas.

Dentre os poetas concretos, Augusto de Campos foi o primeiro a ler *A educação pela pedra*. No artigo "Da antiode à antilira", publicado em dezembro de 1966 no *Correio da Manhã*, o poeta paulista comemorou o fato de João Cabral, no exato momento em que subia ao auge, graças a *Morte e vida severina*, não ceder ao caminho fácil do sucesso e preferir mais uma vez o difícil e o indigesto. Dois anos antes, Décio Pignatari havia publicado, na *Revista de Cultura Brasileña*, um artigo no qual lamentava que Cabral, depois da radicalidade de *O engenheiro* e *Psicologia da composição*, houvesse reincidido numa "didática discursiva" e numa espécie de fenomenologia que fazia "o jogo de um prólogo interminável à coisa-em-si". Nas palavras de Pignatari, uma "tediosa fuga do concreto" vinha caracterizando nos últimos anos a produção cabralina. "Estranho fenômeno o deste poeta que, possuindo uma avançada educação visual, permanece preso à linearidade lógico-discursiva", arrematou.

As ressalvas de Décio despertaram em João Cabral o receio de que os poetas de *Noigandres* e *Invenção* não gostassem de *A educação pela pedra*. Augusto de Campos, porém, em carta enviada a Berna antes mesmo do lançamento, garantiu que os concretos não se decepcionariam com o novo livro. E lembrou que Décio, não obstante suas críticas, havia sido o primeiro a fazê-los "ver" João Cabral, quando ainda não o viam. No artigo "Da antiode à antilira", Campos fez então a defesa do itinerário cabralino, que a seu ver não era indiferente "seja às instigações da vanguarda seja 'ao que se passa'". A despeito de manter uma aparência de estrutura formal "poética", sua obra continuava a ser um exercício didático de "antipoesia". Por essa razão, *A educação pela pedra* seria, para ele, um dos raríssimos livros de poesia nova "em verso" que ainda podiam ser lidos.

João Cabral gostou do artigo. Na fase iniciada em Sevilha, com os poemas de *Quaderna*, ele julgava ter conseguido equilibrar as tendências opostas de sua produção — anteriormente referidas como "duas águas" —, sem cair nem no extremo intelectualismo de *Uma faca só lâmina*, nem na textura grosseira e mal-acabada de *O rio* e *Morte e vida severina*. Em sua opinião, *A educação pela pedra* representava o ápice — e talvez também o esgotamento — da fase mais criadora de sua poesia.

Sophia de Mello Breyner Andresen não pôde ver *Morte e vida severina* em Portugal. No período em que o Tuca se apresentou em Lisboa, ela estava, por coincidência, em viagem pelo Brasil. Desencontrou-se de João Cabral, mas procurou estar próxima dele de outra maneira, visitando pela primeira vez Pernambuco. "Numa madrugada roxa de maio pisei religiosamente a terra do Recife", relatou a poeta ao amigo em janeiro de 1967. "Parecia um poema de Lautréamont." Fazia meses que ela queria agradecer a remessa do livro *A educação pela pedra* e lhe dizer, especialmente, quanto ficara envaidecida pelo poema "Elogio da usina e de Sophia de Mello Breyner Andresen". Seu poema preferido, contudo, era "Rios sem discurso", que a fizera pensar sobre o português falado no Brasil. "Aqui a língua está ficando dicionária e perde as vogais. Mas os brasileiros têm um gênio da língua que me maravilha", escreveu. Talvez por isso, por gostar de falar com as sílabas todas, acrescentou, ela se sentia ligada à poesia brasileira.

Sophia definia a própria poesia como uma perseguição do real — "um círculo onde o pássaro do real fica preso" — e se irritava com os críticos portugueses, sempre dizendo que sua obra era irreal e abstrata. "Creio que até hoje você é a única pessoa que viu que a minha poesia é feita com substantivos concretos", observara ela com ênfase, usando várias exclamações, em carta enviada dois anos antes a Genebra. Quanto à evolução da obra cabralina, revelada pelo volume *A educação pela pedra*, a poeta se confessou perplexa. "A linha da sua poesia que prefiro é a *Morte e vida severina*", revelou. "É a linha mais difícil, a que só muito raramente acontece", enfatizou, contrariamente ao que afirmava o próprio autor.

Em dezembro de 1966, a Editora do Autor lançou *Morte e vida severina e outros poemas em voz alta*. Além do auto de Natal, o volume trazia *O rio*, *Dois parlamentos*, "Velório de um comendador", "Jogos frutais" e outras composições que, segundo os editores, poderiam atingir mais facilmente o grande público. Os poemas extraídos de *Serial* e *Quaderna* apareceram com o título "Bailes", um termo usado no antigo teatro espanhol para designar obras dramáticas brevíssimas, representadas entre os atos de uma comédia. Na dedicatória do livro, o poeta escreveu: "A/ Rubem Braga/ e/ Fernando Sabino/ que tiveram a ideia/ deste repertório".

As montagens estrangeiras de *Morte e vida severina* não demoraram a aparecer. A primeira foi exibida em forma de ópera em 1966, na Espanha, pouco antes da excursão europeia do Tuca, com o título *Severino: Auto de Navidad*. A produção marcou a estreia do tenor Plácido Domingo no Teatro Liceu de Barcelona. No mesmo ano, houve apresentações também na Cidade do México. A música era do compositor mexicano Salvador Moreno.

Na Alemanha, como não encontrou editor para sua tradução de *Morte e vida severina*, Curt Meyer-Clason compôs uma peça radiofônica e a ofereceu a estações de Hamburgo e Colônia. A partir de 1967, o poema seria transmitido vários anos seguidos, na época do Natal, sempre com acompanhamento musical de Chico Buarque de Holanda. Emissoras de Estocolmo, Zagreb e Budapeste também chegaram a difundi-lo. O auto cabralino encantava os ouvintes. Para Meyer-Clason, era o maior poema da segunda metade do século.

No final de 1966, o tradutor alemão visitou Cabral em Berna. Durante horas, os dois discutiram a antologia que estava sendo preparada por Meyer-Clason. Sentado na sala de estar, com o corpo curvado para a frente, o rosto contraído, João tentava explicar o sentido de determinadas palavras. Às vezes pegava uma folha de papel, rabiscava desenhos, escrevia sinônimos. De repente, vestida de branco, aparecia Stella — a imagem perfeita da enfermeira e esposa maternal, pensou o tradutor. Discreta, ela chegava com o copo de água, trazendo, em outro pires, um comprimido. Em seguida, sem dizer uma palavra, desaparecia pela porta, silenciosamente fechada.

Para escrever seus treze livros de poesia, calculou Roberto Freire em reportagem publicada pela revista *Realidade*, João Cabral teria consumido um número próximo de 70 mil comprimidos de aspirina. O medicamento não era ingerido apenas para cortar a dor de cabeça, mas servia também para preveni-la. Enquanto esteve na Suíça, o poeta fez consultas no Migräne Chirurgie Zentrum, em Zurique. As visitas à cidade lhe permitiram conhecer os endereços onde viveu e circulou James Joyce, mas não resolveram seu velho problema. O médico de Zurique disse que ele deveria se considerar feliz por obter bons resultados com a aspirina. Em alguns pacientes, o remédio, depois de anos, já não fazia efeito e a dor só passava com morfina.

Na visão de João Cabral, a aspirina se equiparava ao sol. "O mais prático dos sóis", "compacto de sol na lápide sucinta", escreveu num dos textos de *A educação pela pedra* — um sol imune à meteorologia, "que nada limita a funcionar de dia". O poema "Num monumento à aspirina", cuja primeira versão foi publicada em 1963 pela revista *Senhor*, era uma espécie de tributo ao medicamento que, segundo ele, lhe tinha permitido viver.

Na conversa com Meyer-Clason, logo que Stella deixou a sala de estar, João fez uma brincadeira. Seria possível, perguntou a ele, que seu poema fosse utilizado como texto publicitário? Ambos deram risada. O tradutor, porém, não esqueceu o assunto. Ao retornar para Munique, enviou sua versão de "Num monumento à aspirina" para o departamento de publicidade da empresa química Basf, em Ludwigshafen. A resposta da farmacêutica foi simpática, mas, obviamente, negativa. O poema era bom, afirmaram, mas muito sofisticado para servir como slogan de campanha publicitária.

Depois de se submeter a exames delicados, como a arteriografia cerebral que descartou a hipótese de tumor, e uma dezena de cirurgias que deixaram várias cicatrizes — na última delas, realizada na Suíça, havia sido cortado inutilmente o nervo nasal —, João estava convencido de que sua dor de cabeça era de origem nervosa ou psíquica. "O senhor viva com ela e tome as suas aspirinas", aconselhara o médico de Genebra. Em Berna, o poeta procurou um novo psiquiatra. Depois de alguns testes, ouviu o diagnóstico de que tinha uma agressividade monstruosa, voltada contra si mesmo. A dor de cabeça seria uma das manifestações do seu lado negativista. João não discordou do médico.

De resto, tudo seguia na "paz *bernoise*", como costumava dizer o poeta. O trabalho na embaixada, primeiro como encarregado de negócios, depois como conselheiro, não lhe dava motivo para queixas. Sua bela residência, situada no declive à beira do rio, estava sempre cheia de convidados. Era um ponto de encontro para os brasileiros que trabalhavam em Genebra e escapavam nos fins de semana para a capital suíça. Havia também hóspedes, às vezes passando longas temporadas, como foi o caso do poeta Bruno Tolentino. João se dava bem com ele, o que não impedia que tivessem brigas homéricas.

Inez estudava num colégio interno em Friburgo a quarenta quilômetros de Berna. Terminava já o último ano quando uma das freiras — que, segundo a adolescente, havia tentado tocar sua perna — contou à superiora que ela estava fumando na hora do recreio. Inez negou, dizendo que levava cigarros porque fumava no trem. Em casa, Stella recebeu no mesmo dia um telefonema comunicando a expulsão da filha. "O único jeito vai ser mandá-la a um reformatório, eu não aguento mais", reclamou depois com o marido. "Acho que você não está sendo justa, ela nunca foi de mentir para se defender", argumentou João.

Na estação de trem, Inez tinha adquirido uma novidade: um exemplar da série *Asterix*. Luís, que fora passar o Natal com a família, adorou a história em quadrinhos. Stella logo também ficou viciada. João dizia que aquilo era subliteratura, perda de tempo. Um dia, porém, Inez o flagrou saindo do banheiro com a revista na mão. "Ué, pai, lendo subliteratura?", debochou. "A pesquisa histórica é muito bem-feita", safou-se João Cabral. A partir dali, não teve pejo em entrar na disputa para ler primeiro os novos números da série.

Luís, que sempre gostou de escrever — em Sevilha, seus versos de criança foram encadernados por Aloísio Magalhães, com um navio desenhado na capa —, também chegou do Rio com uma novidade. Esta, porém, não deu margem a nenhuma brincadeira. Ao contrário, houve cena pesada. Estudante do primeiro ano do curso clássico no Colégio Santo Inácio, o rapaz tinha publicado, no início de dezembro de 1966, por intermédio de José Condé, dois poemas no *Correio da Manhã*. Ao reproduzir os textos — pastiches da linguagem do pai, intitulados "Águas mortas" e "Vida"—, o jornal apresentou o autor, erroneamente, como "o filho mais velho" de João Cabral.

Quando o rapaz, todo empolgado, mostrou-lhe a publicação, o poeta estava conversando em casa com o crítico José Guilherme Merquior. Sua reação, logo que bateu os olhos no jornal, foi violenta: "Você foi publicado por causa do sobrenome!", gritou. Luís era o único que tinha sobrenome idêntico ao do pai — Cabral de Melo Neto. "Você acha que publicaram porque seus poemas são bons? Você é um Barbosa de Oliveira!", vociferou. "Você nasceu para as ciências exatas, não se meta em coisas para as quais não tem sensibilidade." Merquior, constrangido, ouviu o esporro e procurou conter o amigo. "João, não exagere, o menino tem dezessete anos."

Luís ficou magoado, mas acabou dando razão ao pai. Se quisesse testar seu talento, deveria mesmo assinar os textos com outro sobrenome ou até com pseudônimo. Passada a esculhambação, contudo, os encantos de Berna despertaram novamente sua veia poética. Estava nevando na cidade, mas, dentro de casa, o termostato garantia o calor. Para dormir, ele tinha que abrir a janela, o que também motivava broncas do pai. "Cidade que se ergue mais/ que se espalha", anotou no papel. Era a abertura da nova composição.

Depois daquelas férias, Luís nunca mais voltaria a escrever. O poema "Berna" foi divulgado três anos depois, no *Correio da Manhã*, dessa vez com a observação de que o estudante fazia "uma poesia bem diferente" da que produzia João Cabral. Para evitar outras lambadas, o rapaz jamais mostraria o jornal ao pai.

16.
Severino de fardão

O marechal Humberto de Alencar Castelo Branco foi recebido com vaias quando entrou no Theatro Municipal do Rio para assistir a *Morte e vida severina*, do grupo Tuca, na primeira semana de novembro de 1966. Castelo tinha o hábito de ir ao teatro e gostava de assumir ares de intelectual. Nascido no Ceará — era amigo de Rachel de Queiroz —, manifestava ainda grande interesse pelas coisas do Nordeste. Era natural, portanto, que aceitasse de bom grado a sugestão do seu chefe de protocolo, Paulo Paranaguá — responsável por preencher as noites do presidente viúvo —, para que fossem ver a montagem paulista.

Do ponto de vista político, o êxito internacional de *Morte e vida severina* era visto por João Cabral como inoportuno e inconveniente. Paranaguá sabia dos riscos que sua indicação cultural poderia causar ao poeta, de quem se aproximara em Madri. O resultado da aposta, porém, foi surpreendente. Castelo se entusiasmou e, ao final da apresentação, desejou cumprimentar o elenco nos camarins. Admitiu que o drama encenado no palco ainda existia na realidade, mas disse que o governo dos militares iria resolver o problema.

Para João Cabral, o acontecimento foi providencial. O primeiro benefício foi livrá-lo, ao menos sob Castelo, de ser cassado. Em abril de 1964, o nome do poeta fora incluído numa das primeiras listas de intelectuais que teriam seus direitos políticos suspensos, ao lado de Oscar Niemeyer, Lúcio Costa, Di Cavalcanti, Vinicius de Moraes, entre outros. No dia 16, o jornalista Márcio Moreira Alves publicou no *Correio da Manhã* um artigo intitulado "Perigo do obscurantismo", denunciando a ameaça que pairava sob a inteligência brasileira. "As livrarias estão sendo vasculhadas, à cata de livros subversivos", escreveu. Expressões como "reforma agrária" e "revolução" estavam proibidas.

No Itamaraty, quem era alvo de denúncias foi chamado para conversas com os superiores, e funcionários que residiam no exterior, como João Cabral, receberam comunicações pelo correio. Todos foram obrigados a escrever cartas, protestando sua fidelidade às instituições do novo regime, apontado como "democrático", em oposição à ameaça comunista que fora derrubada. João temeu realmente ser cassado. Nos primeiros meses após o golpe, ficou tomado por grande angústia. Na Suíça, sempre que a situação política do Brasil aparecia nas conversas, fazia silêncio ou procurava mudar de assunto, causando estranhamento aos interlocutores. Mas jamais se manifestou publicamente a favor da "revolução", como fizeram, entre outros, Rachel de Queiroz, Manuel Bandeira, Guimarães Rosa e mesmo Drummond — que depois voltou atrás, ao se dar conta de que os militares não chamariam eleições. Segundo informação obtida por Lêdo Ivo, volta e meia chegavam ao gabinete da Casa Civil pedidos de cassação de João Cabral. Daí a iniciativa, sugerida por ele, de levar às mãos de Castelo Branco a pesquisa feita no Arquivo das Índias, o que teria impedido, na opinião do poeta alagoano, que a ameaça se tornasse realidade.

Outros não contaram com a mesma sorte. Em junho de 1964, Antônio Houaiss e Jatir de Almeida Rodrigues foram incluídos na lista de cassações, o que deixou Cabral ainda mais apavorado. Como ambos haviam sido afastados no mesmo processo em que ele fora acusado de subversão, o fato parecia tornar mais próxima sua própria cassação. Além de perder os direitos políticos, os cassados foram proibidos de ter emprego público. Foi nesse período que Houaiss recebeu do editor da Civilização Brasileira, Ênio Silveira, o convite para traduzir *Ulysses*, de James Joyce. Feita em onze meses, a tradução foi publicada em 1966 e teve boa repercussão. Algum tempo depois, quando indagaram a Castelo Branco o motivo de haver cassado Antônio Houaiss, o presidente se saiu com uma pilhéria: "Cassei para ele ter tempo de fazer a tradução de *Ulysses*".

No caso de João Cabral, a simpatia despertada em Castelo Branco por *Morte e vida severina* rendeu não apenas proteção, mas também promoção. Por causa da perseguição política, até 1967 o poeta não seria promovido por merecimento. Seu cargo era o de conselheiro desde o governo de João Goulart, já tendo portanto condições de ser elevado a ministro de segunda classe, mas nada acontecia. No final de novembro de 1966, poucas semanas após ver o espetáculo, Castelo recebeu uma mensagem do governador de Pernambuco, Paulo Guerra, solicitando a promoção e ressaltando que o poeta dispunha de todas as credenciais para obtê-la. Uma cópia do telegrama foi enviada a Berna pelo pai de João Cabral.

Nos primeiros dias de 1967, ao ver a lista de promoções recomendadas pelo Itamaraty, Castelo estranhou a ausência do nome de Cabral. O secretário-geral do Ministério das Relações Exteriores, Pio Correia, cuja obsessão era perseguir comunistas, justificou o fato dizendo que o candidato, além de ser mais poeta do que diplomata, era desfavorável à "revolução" de

1964. A reação de Castelo foi expressa em outra tirada famosa: "Esse rapaz eu vou promover porque, com esse auto de Natal, ele fez mais pela causa do Nordeste do que toda a Sudene".

Assim, por decisão pessoal do presidente da República, João Cabral passou, em janeiro de 1967, a ocupar o cargo de ministro. Por ironia, a lista de dezessete diplomatas promovidos naquele ano incluía também o nome do seu inimigo Mário Calábria, que servia em Hamburgo, igualmente elevado a ministro de segunda classe, e também por merecimento. Mas o poeta não tinha do que reclamar. Sabendo do seu amor pela Espanha, Castelo lhe concedeu ainda outro presente: a oportunidade de voltar a viver em Barcelona, agora como cônsul-geral, posto que lhe foi oferecido na mesma ocasião. Desprezada pelo Itamaraty seis meses antes na França, a montagem de *Morte e vida severina* agora lhe trazia bons dividendos. "É a primeira e única vez que a poesia tem alguma utilidade em minha carreira", diria ele em entrevista a *Realidade*.

João Cabral assumiu o consulado-geral em Barcelona no final de junho. Na viagem, feita de carro, seguiam juntos o casal e os três filhos. Em Genebra, porém, o caçula teve enjoos. A família se deteve, então, no chalé de Afonso Arinos Filho, que àquela altura servia na cidade. De lá, João e Joãozinho tomaram um avião, enquanto Stella, Inez e Isabel seguiram viagem por terra. De férias na Alemanha, Adela se juntaria mais tarde à família.

O consulado funcionava no quinto andar de um edifício no Carrer de les Jonqueres. O poeta alugou um apart-hotel num grande condomínio em Pedralbes, bairro nobre e afastado da cidade. O endereço era Passeig de Manuel Girona, número 19. O condomínio tinha piscina, bar, restaurante, salão de jogos, creche, lavanderia e outros serviços no subsolo. O apartamento possuía três quartos e um escritório. Era menor, mas bastante satisfatório. O que devia ser uma morada provisória acabou se estendendo por mais tempo.

Barcelona, contudo, foi uma decepção. João ficou triste ao constatar as mudanças causadas pelo crescimento da cidade. Como a Espanha intensificara a produção automobilística, as ruas viviam infestadas de carros. As vias da parte mais antiga tinham sido convertidas em estacionamentos. A paisagem mudara completamente. Vinte anos antes, era possível andar a pé, como em Sevilha. Em 1947, Barcelona era uma "São Paulo de fogo morto", diria o poeta em entrevista a Joel Silveira. Em 1967, porém, estava com todos os fogos acesos, recebendo grupos estrangeiros, como The Living Theatre, e oferecendo todos os inconvenientes de um centro desenvolvido. Enquanto Sevilha tinha nascido para ser sempre a mesma, Barcelona, em sua opinião, passara a ser apenas mais uma grande cidade.

Em setembro, Otto Lara Resende avisou a João Cabral que estava prestes a se transferir para Lisboa, como encarregado de assuntos culturais. "Vou vê-lo em Barcelona e você, certo, virá a Lisboa", propôs. A oportunidade não demorou a aparecer. Poucos meses depois, Otto transmitiu o convite feito ao poeta para que ele estivesse presente na comemoração do aniversário do *Jornal do Fundão*. João se dispôs a fazer a viagem e, ao chegar a Lisboa, encontrou à sua espera um carro da Embaixada do Brasil, conduzido por um funcionário especial, o escritor Ruben Andresen Leitão, primo de Sophia de Mello Breyner Andresen.

Na cidade do Fundão, a sessão celebratória do aniversário do jornal acabou se transformando numa homenagem a João Cabral. Em 27 de janeiro de 1968, uma noite de sábado, mais de quinhentas pessoas lotaram o auditório do Cine Teatro Gardunha. Os poetas Ruy Belo e Arnaldo Saraiva leram trechos da obra cabralina. João Cabral foi "o interlocutor de quem ninguém perdeu uma palavra", de acordo com o *Jornal do Fundão*. O colóquio se estendeu por três horas, "em clima de encantamento de beleza".

No dia seguinte, João Cabral retornou a Lisboa, acompanhado de Ruben e Arnaldo. Antes da homenagem, o poeta não tinha ideia de onde ficava o Fundão. A viagem à região da Beira, conforme relataria mais tarde, foi inesquecível. Além das "falésias a pique entre as quais o Tejo entra em Portugal", impressionou-se com os pequenos povoados serranos, que pareciam abandonados, onde só se viam mulheres vestidas de preto.

A viagem de volta teve uma escala em Coimbra, onde Cabral participou de um colóquio na Faculdade de Letras. Em Lisboa, o poeta se hospedou no Hotel Fênix, na praça Marquês de Pombal. "Apareça mais tarde, para tomarmos uns uísques", disse ele a Arnaldo Saraiva. O convite foi aceito. A conversa, que vinha animada desde Coimbra, seguiu noite adentro. No dia seguinte, João recebeu mais uma homenagem: um almoço na embaixada brasileira, ao qual compareceram Vitorino Nemésio, Maria de Lourdes Belchior e Alexandre O'Neill, entre outras figuras de destaque da literatura portuguesa. Sophia Andresen se sentou ao seu lado. Otto Lara Resende também estava entre os convidados.

As homenagens prestadas no Fundão e em Lisboa constituíram uma amostra significativa do prestígio adquirido por João Cabral entre os portugueses. O êxito da montagem de *Morte e vida severina*, considerada pela imprensa um acontecimento extraordinário, só fizera aumentar sua projeção.

As revistas *Seara Nova*, de Lisboa, e *Plano*, do Porto, publicaram dossiês com artigos e depoimentos sobre o espetáculo. Na opinião de Alexandre Pinheiro Torres, o auto natalino representou uma das maiores influências sobre a poesia portuguesa dos anos 1960.

Meses depois, em carta enviada ao amigo, Otto informou que seu nome havia sido mencionado num colóquio como "a moda atual de Portugal, réplica da moda que há no Brasil, quanto ao Fernando Pessoa". João ficou espantado com a atração que seu nome e sua obra passaram a exercer no país. Ele, um poeta com sotaque pernambucano, a quem nem sempre os portugueses entendiam direito, de uma hora para outra havia se tornado objeto de veneração.

Em depoimento ao *Correio da Manhã*, publicado em fevereiro de 1968, João relatou a surpresa que lhe causara em Lisboa o aparecimento de um sujeito que se postou na sua frente, estatelado, sem pronunciar nenhuma palavra. "Eu não sou digno de falar com vossa excelência", dizia ele. "Só vim aqui lhe contemplar o semblante, a gravata…" Constrangido com a declaração, o poeta quis logo cobrir a gravata com as mãos. "Quero ver a cor das peúgas que vossa excelência usa", acrescentou o admirador. A vergonha chegou a tal ponto que sua reação foi esconder os pés debaixo da mesa.

A eleição do sucessor de Guimarães Rosa na Academia Brasileira de Letras foi realizada em abril de 1968. O romancista Mário Palmério, nascido também em Minas Gerais, venceu a disputa. João Cabral não quis apresentar sua candidatura, que nos últimos anos vinha sendo especulada. Tinha chance de ser eleito com todas as honras, mas guardava distância da confraria da Presidente Wilson — postura bem diversa da assumida por Lêdo Ivo, que, desde a década de 1950, fazia constantes investidas, sem jamais conquistar os votos. "Disseram a Lêdo Ivo que ele estava rindo demais e assim não entraria na Academia. Ele parou de rir", relatou com malícia Félix de Athayde, em carta enviada a João Cabral no final de 1959. Àquela altura, a Geração de 45 estava louca para ser admitida na instituição. "Só esperamos (toda uma geração) que você nunca pense nela", advertiu Félix, já em meados de 1960.

Guimarães Rosa, não obstante seu elevado prestígio, também demorou a entrar na Academia. Em janeiro de 1958, quando ele perdeu para Afonso Arinos de Melo Franco a disputa da vaga deixada por José Lins do Rego, João Cabral fez um comentário áspero, em Madri, numa conversa com Murilo Rubião. Mostrando o jornal, repetia que a entidade era para o canastrão, o sujeito que não tinha mais contribuição a dar, o que não era o caso de

Rosa. Este, em sua opinião, estava sendo ingênuo e se deixava levar por uma vaidade tola. Para Cabral, a Academia representava o fim para o escritor.

Na época, a anedota que corria nos meios literários era que somente uma vaga interessava a João Cabral: a de João Neves da Fontoura, ministro das Relações Exteriores do governo Vargas quando ele sofrera a perseguição no Itamaraty. Era o que ele tinha respondido, por brincadeira, em entrevista a Rubem Braga, quando este perguntara se aceitaria ser candidato à Academia: "Com todo prazer, se for na vaga do João Neves". Braga prometera não publicar, mas a frase acabou saindo na revista *Manchete* e durante anos foi repetida na imprensa.

Por coincidência, quem veio preencher o lugar deixado por Fontoura, falecido em março de 1963, foi Guimarães Rosa, seu ex-chefe de gabinete. Adiada por mais de quatro anos, a posse só ocorreu em novembro de 1967, numa noite de grande festa, três dias antes de sua morte. João não disputou sua sucessão, o que teria sido irônico. Mas em 1968, dez anos depois de criticar a vaidade de Rosa em Madri, ele se candidataria a outra vaga na Academia. Teria ele julgado que sua obra poética estava terminada ou achava que a instituição serviria de trampolim para que se tornasse embaixador? Foi a dúvida, também cheia de malícia, levantada por Murilo Rubião.

Em fevereiro de 1968, poucos dias depois do regresso de Portugal, João deixou novamente a família em Barcelona e tomou o avião com destino ao Brasil. O principal motivo da viagem foi o casamento de Maria de Lourdes, sua única irmã, que seria realizado no Recife. Mas ele pretendia também participar do lançamento de suas *Poesias completas*, publicadas pela editora Sabiá, recém-fundada por Rubem Braga e Fernando Sabino.

No aeroporto do Galeão, Braga aguardava eufórico sua chegada. "*La Academia te saluda*", foram as primeiras palavras do cronista ao recebê-lo. Dali foram para seu apartamento, localizado na rua Barão da Torre, em Ipanema, onde João ficaria hospedado. A cobertura, com seu célebre jardim suspenso projetado por Burle Marx — das árvores imensas, pendiam variadas espécies de frutas, atraindo passarinhos —, estava sempre cheia de visitantes. Esticado em sua rede, quase sempre calado, Rubem Braga ouvia com atenção as conversas. "Aqui vive um solteiro feliz", dizia a inscrição que afixara no banheiro.

Antes que o poeta embarcasse para o Recife, Vinicius de Moraes e Otto Lara Resende foram visitá-lo na cobertura de Braga. Os três amigos se esforçaram então para convencê-lo a se candidatar à vaga do ministro José Carlos Macedo Soares na Academia. A discussão foi longa. Embora tivesse horror ao fardão, Vinicius procurou animar o poeta. João aproveitou a ocasião para voltar à carga nos ataques contra a escolha do amigo, que se bandeara de vez para a música popular. A bronca deu resultado. Passadas duas semanas, Vinicius comentou, em carta enviada a Elizabeth Bishop, que, depois de dez anos, tinha voltado a escrever poesia. A decisão, segundo ele, fora motivada pela conversa com Cabral, que o acusara — "não sem uma grande dose de inveja", observou entre parênteses — de ser mais um compositor do que um poeta, jogando-lhe no rosto "mobília pesada como Eliot, Auden, Mallarmé, Moore e Bishop".

João Cabral voou para o Recife acompanhado do filho mais velho, Rodrigo, e de Ariano Suassuna, que tinha ido ao Rio ver uma encenação do *Auto da Compadecida*. Logo que entraram no avião, que ambos temiam, os amigos pediram o primeiro copo de uísque. Até o fim da viagem, com a desculpa da turbulência, tomaram quatro doses e conversaram animadamente.

Fazia quase sete anos que João não ia a Pernambuco. "Vou rever parentes e amigos e voltar a ouvir a língua, que já não ouço há muito tempo", declarou à revista *Manchete*. Também queria ver a paisagem. "Sou doido por canaviais", enfatizou. Na bagagem, levava apenas dois ternos e as provas tipográficas do volume de *Poesias completas*. No aeroporto, era esperado por dom Hélder Câmara, que desde 1964 ocupava o posto de arcebispo de Olinda e Recife.

Na manhã do dia 11 de fevereiro, na igreja da Boa Vista, o religioso celebrou o casamento de Lourdinha. A irmã do poeta, que já contava 39 anos, se casou com Cláudio Fernandes, dono de uma agência de seguros no Recife. "O noivo de Lourdinha é muito simpático e parece homem sério", relatou ele em carta a Stella. Todos os irmãos foram padrinhos do casamento. Cláudio tinha feito uma operação no tendão de aquiles e estava melhor, com esperança de poder andar de muletas. "Papai está ótimo", informou João. Luiz Cabral tinha um apartamento na rua da Aurora, à beira do rio Capibaribe, mas preferia morar em Carpina. Depois de dois dias, João também escapou para a pequena cidade, cujo clima ambíguo descreveu num poema de *Serial*: "Ele é Agreste em parte/ e Mata a outra metade".

Depois de obter no Itamaraty a autorização para permanecer no Brasil, de férias, até o fim de março, o poeta resolveu alongar sua estadia em Pernambuco e só retornar ao Rio para o lançamento de *Poesias completas*. Uma semana ele passava no Recife, participando de diversas homenagens, e na outra se afundava na rede em Carpina, onde tampouco estava livre de receber visitas. "Aqui ando numa roda-viva. Pior que Portugal", relatou à esposa. O governador Nilo Coelho chegou a dar dois jantares — um íntimo, no palácio, e outro reunindo intelectuais no restaurante O Veleiro, em Boa Viagem, ao qual compareceu o "Magister Apipucorum", expressão jocosa com a qual João se referiu a Gilberto Freyre. Durante o Carnaval, até um baile à fantasia foi oferecido ao poeta, ao qual também apareceu, trajado como um vistoso palhaço, o autor de *Casa-grande & senzala*. Depois, ele próprio deu uma recepção a João Cabral em Apipucos.

O artista Francisco Brennand também ofereceu um jantar, que se estendeu até as duas da madrugada, animado pela presença de Ariano Suassuna. Em Olinda, dom Hélder Câmara organizou uma reunião íntima. Naquele mesmo ano, o arcebispo lançaria, também pela editora Sabiá, o livro *Revolução dentro da paz*. Segundo soube João Cabral, semanalmente ele era atacado por Gilberto Freyre. "Eles que são cristãos que se entendam", brincou João ao escrever para Stella. No Rio, Rubem Braga fez referência à briga ao informar, no *Diário de Notícias*, que o poeta estava sendo homenageadíssimo no Recife, "inclusive por senhores em desavença, como Hélder Câmara e Gilberto Freyre".

Ao deixar sua terra natal, João concluiu que Aloísio Magalhães tinha razão ao dizer que a região, desde a implantação da Superintendência do Desenvolvimento do Nordeste (Sudene) e da indústria, estava completamente mudada. Ninguém mais via nas ruas as pessoas do tempo antigo. Praticamente só havia gente de fora. Em depoimento ao *Diário de Pernambuco*, João confessou sua decepção ao ver a paisagem pernambucana devastada pelo progresso e acrescentou que era difícil "se habituar a não mais encontrar certas coisas que havia antes".

No lançamento de *Poesias completas*, no Clube dos Marimbás, em 8 de abril de 1968, anunciado como a primeira noite de autógrafos de João Cabral no Rio, mais de duzentos exemplares foram vendidos. Uma inovação da Sabiá era convidar mulheres bonitas e famosas para participar dos lançamentos. Naquela noite, as madrinhas foram Odete Lara e Suzana de Moraes. *Poesias completas* reunia, como sempre na ordem invertida, todos os seus livros, de *A educação pela pedra* até *Pedra do sono* — a reiteração de "pedra", palavra-chave da poética cabralina, criando um efeito de unidade e circularidade. Depois da festa no Rio, o autor, acompanhado de Rubem Braga, lançou o livro no Teatro da PUC, em São Paulo. Na ocasião, o elenco do Tuca o homenageou com uma apresentação da peça *O & A*, de Roberto Freire, com música de Chico Buarque. Em seguida, houve o lançamento em Porto Alegre, cidade que João Cabral ainda não conhecia.

Poesias completas foi o grande livro comercial que consolidou o nome de João Cabral. Logo nas primeiras semanas, ele apareceu em segundo lugar entre os mais vendidos no estado da Guanabara, atrás do romance *O prisioneiro*, de Erico Verissimo, e por vários meses permaneceu na lista. Para os editores, o sucesso não se devia apenas à qualidade literária da obra. O poeta só passara a vender depois da encenação de *Morte e vida severina*.

Abril de 1968 trouxe também outra alegria para João: o livro *A educação pela pedra*, que já tinha recebido os prêmios Jabuti e Pen Clube do Brasil, ganhou também o prêmio de poesia do Instituto Nacional do Livro. Desde o ano anterior seu nome aparecia na imprensa qualificado como "o poeta do momento". Considerando os prêmios e o sucesso editorial de João Cabral, o crítico Valdemar Cavalcanti apostou que 1968 tinha tudo para ser um ano de comemorações cabralinas. "Se o vento não mudar de rumo é quase certo que irá parar na Academia Brasileira de Letras", escreveu em *O Jornal*.

Na correspondência com Stella, João Cabral manifestou por um bom tempo sua indecisão com respeito ao "negócio da Academia". Apesar da insistência dos amigos, não se inscreveu na eleição para a vaga do ministro Macedo Soares, conquistada pelo poeta mineiro Abgar Renault. Todavia, em abril outra cadeira foi desocupada com a morte de Assis Chateaubriand. "Chegou a sua vez", disse-lhe, por telefone, o primo Múcio Leão. "E só você se inscrever que será eleito." Dessa vez, João não hesitou e teve uma conversa imediata com Marques Rebelo, secretário-geral da Academia. Investido na condição de padrinho, Rebelo o orientou a respeito das providências a ser tomadas.

Já no dia seguinte à morte de Chateaubriand, o poeta, ao entardecer, foi flagrado numa agência postal de Ipanema, despachando dezenas de telegramas, nos quais comunicava aos acadêmicos sua vontade de pertencer à Academia. Os amigos davam como favas contadas a eleição, informou o *Correio da Manhã*. Manuel Bandeira declarou ao *Diário de Notícias* que "a casa ganharia um dos grandes poetas brasileiros de todos os tempos".

Numa entrevista à TV Rio, pouco antes do embarque para Barcelona, o poeta teve que reagir a uma pergunta incômoda: "O que é que você busca na casa de Machado de Assis, uma aposentadoria provisória ou um jazigo perpétuo?". A resposta contrariava tudo que dissera no passado: "A Academia não prejudica nenhum escritor", declarou. Como prova, citou o nome do jornalista Raimundo Magalhães Júnior, que, em sua opinião, ficara mais fecundo depois de se tornar acadêmico.

"A carta que deixou já foi entregue e sua candidatura sacramentada", informou Marques Rebelo. Como Cabral já havia remetido aos acadêmicos suas *Poesias completas*, Rebelo o aconselhou então a "urgentemente escrever a cada um uma carta amável, mas altaneira". Depois, era só deixar passar o tempo, quatro meses, até a eleição. Um mês antes da votação, recomendou que o poeta viesse ao Brasil, "fazer então uma visitinha aos velhotes e gozar as delícias do dia principal, quando seus ossos não chegarão para os abraços", acrescentou.

Uma semana depois da eleição, o poeta deveria comparecer à casa de Machado de Assis — "cheia de cidadãos que nada têm com Machado de Assis, são aliás o inverso dele", observou o maledicente Rebelo —, para ter a alegria de conhecer o "espírito acadêmico". Regra de ouro: "não abrir o bico antes da eleição sobre a sua escolha". Era um modo de evitar dissabores e sensibilidades feridas, explicou. Por fim, Rebelo expressou sua alegria pela chegada de um companheiro "capaz de engrossar o pequeno grupo da luta renovadora ali naquele seio bem pouco de Abraão".

De Lisboa, Otto Lara Resende escreveu ao poeta no final de junho, dizendo que as informações davam conta de uma grande vitória: "Sua eleição é barbada, unânime!", asseverou. A despeito das previsões otimistas, a depressão se abateu sobre o poeta nas semanas que antecederam a viagem. Foi o que informou, em carta ao tradutor Curt Meyer-Clason: "Estou muito deprimido e tomo 'pilhas' de medicamentos para me animar".

No início de agosto, João voltou ao Rio para dar início à série de visitas protocolares. Como seu apartamento em Botafogo seguia alugado e a casa de Rubem Braga estava em obras, hospedou-se no Ambassador Hotel, a quinhentos metros da Academia. Encontros e recepções foram organizados com o intuito de arregimentar votos. O tempo era curto para as visitas fora do Rio. Felizmente, alguns acadêmicos, como José Américo de Almeida, já se consideravam visitados. Jorge Amado não se achava em Salvador. O problema se resolveu com uma única viagem a São Paulo, onde a maior alegria do poeta foi encontrar não os futuros colegas da Academia, mas seus amigos Antonio Candido e Sérgio Buarque de Holanda.

No dia 15 de agosto, em sessão que durou apenas meia hora, após o chá, os acadêmicos elegeram João Cabral, com o número surpreendente de 35 votos, para a cadeira número 37, cujo patrono era Tomás Antônio Gonzaga e que, antes de pertencer a Assis Chateaubriand, fora ocupada por Getúlio Vargas. A votação foi unânime, feito registrado anteriormente apenas na eleição de quatro membros: Jorge Amado, Álvaro Lins, Maurício de Medeiros e Ataulfo de Paiva. Todavia, a unanimidade no caso de Cabral era perfeita e inédita, como observou Rubem Braga, uma vez que não tinha havido votos em branco nem abstenções. O cronista acrescentou que por nada perderia a posse: "Quero ver o Severino de fardão e espadim", escreveu no *Diário de Notícias*.

Com 48 anos de idade, João Cabral passava a ser o mais jovem "imortal" da casa. Assim que o resultado das urnas foi proclamado, Múcio Leão e outros acadêmicos correram à residência de Lauro Escorel, em Copacabana, onde ele tinha passado a tarde, aguardando a votação. A todo momento, novos convidados adentravam o apartamento. Felicitações chegavam também por telefone. Marques Rebelo arrancou risadas ao dizer que João Cabral era "um homem feliz, já com direito a mausoléu e fardão". Além de acadêmicos, presentes em massa — com a lamentada exceção de Manuel Bandeira, que estava recolhido, bastante adoentado, e morreria dois meses depois —, também apareceram colegas do Itamaraty. Para acompanhar o champanhe, Sarah Escorel, a dona da casa, foi obrigada a improvisar quitutes.

Nas primeiras entrevistas à imprensa, João Cabral afirmou que entrar para a Academia era "aspiração normal na vida de um escritor". Disse que, vivendo longe, não imaginava ser eleito com facilidade e que a votação expressiva o deixara especialmente satisfeito. A previsão de que seria candidato único não se cumprira. O amazonense Petrarca Maranhão, procurador da República e compositor de trovas, tinha arriscado na ocasião sua terceira inscrição, sem obter um único voto. "O Petrarca terá de candidatar-se de novo, pois nessa não deu", comentaram, entre risos, os acadêmicos. Foi o que prometeu o autor de *Ronda de estrelas*, alegando que "o que vale numa peleja é a luta e não o calor das vitórias fáceis".

No dia seguinte à eleição, o *Correio da Manhã* publicou uma carta divertida e inusitada que teria sido dirigida ao poeta, no passado, por Guimarães Rosa. A singularidade da missiva estava no virtuosismo literário do autor. "Cônsul caro colega Cabral", dizia Rosa na abertura. Daí por diante, ao longo de duas páginas, não havia nenhuma palavra que não fosse iniciada com a letra "c". "Concluindo: contentemo-nos com correspondermo-nos, caro Cabral, como coirmãos compreensivos, colaborando com companheiros camaradas, combatendo corja contumaz!", arrematava o escritor. Após a publicação, descobriu-se o óbvio. A carta não era endereçada a João Cabral, mas fora enviada de Hamburgo para Jorge Kirchhofer Cabral, cônsul do Brasil em Frankfurt, em novembro de 1940, época em que o poeta, residindo no Recife, estava longe ainda de se tornar diplomata.

Já em 1952, quando João respondia a processo no Itamaraty, Jorge Cabral manifestara seu incômodo com a mistura dos nomes, pois Carlos Lacerda se referia ao "cônsul comunista" como "cônsul Cabral". A *Tribuna da Imprensa* chegou a publicar um protesto em que ele reclamava para si, funcionário antigo, a prioridade ao sobrenome. "Assim, muito lhe agradeceria a fineza de escrever sempre 'João Cabral de Melo Neto', ou mais simplesmente 'cônsul Melo Neto', quando se referisse a meu colega mais jovem", reivindicou. Graças à reportagem do *Correio da Manhã*, a confusão perduraria ainda por longo tempo.

Depois de descansar quatro dias em Petrópolis, João Cabral compareceu ao chá da Academia, para ser apresentado a todos os confrades. Avisou então que pretendia tomar posse em maio de 1969, quando poderia envergar o fardão sem padecer com o verão carioca. Na mesma semana, o poeta deu um longo depoimento ao Museu da Imagem e do Som. Trechos da entrevista foram reproduzidos pelo *Diário de Notícias* em 22 de agosto. A reportagem, intitulada "A fala do imortal: Cabral depõe para a posteridade", foi republicada com manchetes curiosas: "Poeta João Cabral só para de cantar se a fome acabar", "João Cabral não crê em 'bossa'" e "Um 'imortal' que não crê em Deus", nos jornais *Correio da Manhã*, *O Estado de S. Paulo* e *Folha de S.Paulo*, respectivamente. A ênfase na negatividade cabralina foi mesmo uma tendência dos títulos, como comprovaria ainda o *Correio do Livro*, no mês seguinte, com a reportagem "Um antiacadêmico na Academia".

Da parte dos escritores jovens, a conversão do poeta de vanguarda em literato acadêmico foi deplorada como um verdadeiro desastre. Ocorrendo em seguida ao aparecimento de *Poesias completas* e à consagração com *Morte e vida severina*, a entrada de Cabral na Academia parecia indicar o fim de uma trajetória, o desaparecimento do "inventor" que teria suplantado os "Andrades" Mário, Oswald e Drummond. Em São Paulo, logo que surgiram as primeiras notícias a respeito da candidatura, o grupo dos poetas concretos lançou um veemente apelo para que ele resistisse ao canto da sereia e desistisse do chá das quintas-feiras.

Antes mesmo que a inscrição fosse especulada, Cabral e outros poetas, como Drummond, Bandeira e Jorge de Lima, haviam sido objeto de um protesto dos integrantes do movimento chamado Poema-Processo. Nas escadarias do Theatro Municipal do Rio, os ativistas rasgaram obras de autores apontados como "discursivos". "Fiquei satisfeito porque meus livros estavam na melhor companhia", declarou Cabral à revista *Manchete*. Segundo ele, era bom que os jovens tivessem o direito e a coragem de dizer do que não gostavam. Entretanto, em entrevista ao *Diário de Pernambuco*, o poeta criticou o gosto pela polêmica e a ortodoxia das novas propostas. Acusou então a existência, naquele final dos anos 1960, de "certa mania vanguardista", que decorria da "hipertrofia do espírito crítico em detrimento do espírito criador".

No *Jornal do Brasil*, o colunista José Carlos Oliveira, no artigo "João Cabral no clube do Bolinha", afirmou que não podia imaginar nada mais ridículo e idiota do que "quarenta senhores idosos envergando um fardão verde", num clube da inteligência exclusivo para homens. De quebra, o texto exaltava a "solidão moral" de Drummond, que sempre resistira à corte dos acadêmicos.

João Cabral reclamou que não entendia por que combatiam sua eleição. Em entrevista à revista *O Cruzeiro*, disse que o fato estava longe de representar um coroamento de sua obra. "Tenho pelo menos dez anos mais de produção literária intensa", afiançou. A todo momento retirava do bolso uma lista de acadêmicos considerados progressistas ou que provinham do Modernismo, como Jorge Amado e Cassiano Ricardo, mostrando que continuavam a produzir. Contrariamente ao que andavam dizendo, assegurou que nunca havia sido contra a Academia.

No final de agosto, João Cabral foi homenageado na Assembleia Legislativa, no Recife, pela eleição. O governo do estado lhe concedeu a Medalha do Mérito Joaquim Nabuco. A alegria de receber a medalha, de acordo com o poeta, foi a maior de sua vida, superando a que tivera com o sucesso de *Morte e vida severina*. Antes de retornar à Espanha, João repousou uns dias em Carpina e esteve também em João Pessoa, para convidar José Américo de Almeida a saudá-lo na cerimônia de posse na Academia.

De volta a Barcelona, recebeu a visita de Otto Lara Resende. Logo depois, apareceu, sem aviso, Ferreira Gullar. O poeta maranhense, um dos organizadores da Passeata dos Cem Mil, realizada no final de junho no Rio de Janeiro, não obteve a acolhida que esperava — como diplomata, João Cabral receava ter em sua casa um hóspede procurado pela ditadura —, mas foi convidado para jantar.

Na ocasião, Otto leu uma mensagem do presidente da Academia, Austregésilo de Athayde, dirigida ao novo eleito. Constrangido, João explicou a Gullar que seu pai tinha sido demitido pela ditadura de Getúlio e que essa ameaça o deixava apavorado. Por sua história de homem de esquerda, que já havia enfrentado perseguição política, achava que o regime de direita poderia cismar com ele. Pela mesma razão, sentia-se incomodado com o sucesso de *Morte e vida severina*, que a todo momento era escolhida para montagens. Seu temor era que houvesse uma renovação das denúncias, naquele momento em que os caçadores de bruxas afiavam suas garras. Daí a resolução de buscar abrigo na Academia, embora o deixasse pouco à vontade saber que a instituição se acomodava ao regime ditatorial, contando inclusive com membros militares. "A farda protege o fardão", sintetizou Otto Lara Resende. A sentença espirituosa já tinha sido usada por ele para convencer o amigo a apresentar sua candidatura. Sem prejuízo do sentimento de vaidade por pertencer aos seus quadros, a entidade lhe serviria, sobretudo, como escudo e proteção.

No dia seguinte, João e seus dois convidados almoçaram juntos e depois foram à praça de touros. Gullar foi tomado de horror desde o princípio, quando viu o animal aparecer atordoado na arena luminosa, depois de passar dias na escuridão. Achou o espetáculo um absurdo, um assassinato em praça pública. Ao ouvi-lo mais tarde contar suas impressões, João saiu em defesa da *corrida* de touros. Disse que o espetáculo representava a vitória da inteligência sobre a força bruta. Com um pano invisível, começou a dar explicações, fazendo passos de toureiro na sala. Naquela noite a conversa corria mais solta, e os uísques o deixaram animado para falar de poesia e outros assuntos.

"Você não tem nada a ver com o Concretismo", disse Gullar a certa altura. Aproveitando a deixa, João quis saber por que ele havia rompido com o movimento. Gullar explicou que achava impossível fazer poesia segundo equações matemáticas. "Mas poesia pode ser feita matematicamente", retrucou João, dando como exemplo os cálculos que fizera na composição dos poemas de *A educação pela pedra*. Gullar argumentou que a matemática, no caso, era externa à linguagem. Quando a conversa virou para a política, João voltou a professar sua admiração por Stálin e, na euforia alcoólica, chamou Khruschóv de idiota. "Sou contra esse negócio de ficar colocando panos quentes. O capitalismo é cruel, não vai se render, tem que ser mesmo na marra para acabar com eles", insistia.

Após a partida de Otto e Gullar, fantasmas do passado, como se tivessem sido acordados naquelas longas conversas, voltaram a importunar João Cabral.

Para sua surpresa, entre as felicitações recebidas em Barcelona, um dia ele deparou com o seguinte telegrama: "Parabéns Academia e mil perdões". A mensagem trazia a assinatura de Mário Calábria. No Itamaraty, desde o escândalo da carta interceptada, seu nome se tornara uma espécie de palavrão.

Uma alusão a Calábria foi incluída por João Cabral no poema "Generaciones y semblanzas", de *Serial*, no qual aparece a imagem de uma "flor da delação", furta-cor, "flor de planta que não/ pode florir, e aborta". Quando saíam artigos a respeito de sua obra na Alemanha, Calábria, em busca de reconciliação, os enviava ao poeta, que jamais deu qualquer resposta. Para ele, os atos que resultaram não apenas no seu afastamento como na punição injusta de cinco diplomatas — dois deles tendo sido novamente atingidos, por efeito retardado, após o golpe de 1964 — não mereciam perdão. Por via das dúvidas, João guardou o telegrama. Como disse em carta a Afonso Arinos Filho, era uma precaução para o caso de o delator voltar a manifestar um "acesso de loucura ou mau caráter".

A esperança de curar uma enorme catarata no olho esquerdo, que já o impedia de ler e escrever, ameaçando estragar seu humor, levou Marques Rebelo a procurar tratamento em Barcelona. Depois de transitar por Londres, Paris e Lisboa, ele avisou a João Cabral que chegaria à cidade com Elsa, sua mulher, em 17 de janeiro. "Se você ou *Stella me abriu a porta* puder estar no aeroporto, muito bem", escreveu com a costumeira verve, aludindo ao título de um dos seus livros de contos. Também em janeiro de 1969, Irineu Garcia, diretor do selo Festa, que lançava gravações de poesia e de música brasileira popular e erudita, esteve em Barcelona para produzir um novo disco com João Cabral. Dessa vez, dezoito poemas foram escolhidos e gravados pelo próprio autor. Graças ao poeta, o visitante travou contato com Gabriel García Márquez, que então vivia na Espanha, colhendo o sucesso do recém-lançado romance *Cem anos de solidão*. João Cabral e Stella acompanharam Irineu, Rebelo e Elsa numa animada conversa com o escritor colombiano. No mês seguinte, Irineu Garcia enviou ao poeta um recado de Lisboa, prevendo que o disco *João Cabral por ele mesmo* estaria pronto em maio, por ocasião da sua posse na Academia Brasileira de Letras, e que em junho seria lançado em Portugal.

Em Barcelona, não fosse pelas visitas que o arrancavam de casa, o poeta praticamente não teria vida social. O recolhimento chamou a atenção de Otto Lara Resende. "Outro que está quieto no seu canto, nem de carro pela cidade gosta de sair, tomou automovelfobia, é o João Cabral", escreveu ele em carta a Vinicius de Moraes. A reclusão exagerada destoava da sua intensa participação no meio literário e artístico catalão na década de 1940. A impressão que se tinha era que ele se fartara de tudo e que tinha perdido o interesse pela literatura local. Os poetas e artistas do Dau al Set não chegaram a revê-lo. Anos mais tarde, o pintor Modest Cuixart se espantaria ao ouvir a informação de que João Cabral tinha residido uma segunda vez em Barcelona. Dos amigos e conhecidos dos velhos tempos, um dos poucos que ele chegou a reencontrar foi Pepe Martínez, o garçom *gitano*, que havia presenteado, vinte anos antes, com um livro de García Lorca. Pepe morava no Bairro Gótico, estava aposentado e contou que havia se tornado um leitor apaixonado do poeta andaluz, o que deixou João bastante comovido.

Em certas ocasiões, para agradar aos filhos, João promovia feijoadas em seu apartamento, às quais compareciam estudantes brasileiros que moravam na cidade. Um produto que não faltava na despensa era a farinha de mesa, enviada por Otto regularmente de Portugal. Adela já não cuidava das panelas. Quem preparava a comida era outra cozinheira, de naturalidade espanhola, cujos irmãos haviam morrido na Guerra Civil. Todas as noites, ela só ia para a cama depois de ouvir o discurso do general Franco, transmitido pela TV no final da programação. "Gabriela, vai dormir, amanhã você acorda cedo", dizia Inez. "Nem pensar", respondia a criada. "Seu pai é importante, ele pode encontrar o generalíssimo e dizer que eu não assisto", explicava. Tinha medo de ser presa.

Nos meses que antecederam a posse na Academia, João Cabral ficou ainda mais recluso por conta da escrita do discurso de posse, que o deixou "deprimido e ocupado". Foi o que relatou a Murilo Rubião, no final de janeiro, quando este solicitou colaboração para o *Suplemento Literário de Minas Gerais*.

De volta ao Rio, Marques Rebelo não demorou a dar notícias. A Academia estava sendo reformada, ganhando jardim e fachada novos, para os grandes acontecimentos do ano: as posses dos novos membros, João Cabral e Abgar Renault, e a comemoração do centenário do casamento de Machado de Assis com Carolina Xavier de Novais. "Assim estamos aqui te esperando no quarto com cama de pescoço de cisne, que é apropriado para poetas, cercado de algumas comodidades indispensáveis", acrescentou Rebelo. Cabral ficaria hospedado em seu apartamento nas Laranjeiras. No final de março, para aumentar o nervosismo do afilhado, Rebelo despachou outra carta: "E aproxima-se a data feliz em que a Academia se enfeitará toda para receber o autor de *Vida, paixão e morte de dona Severina*, segundo alguns acadêmicos menos informados das artes literárias". Na ocasião, renovou a promessa da cama e das demais comodidades, incluindo a adega que forneceria "ao novo imortal as três doses diárias e medicinais de uísque".

Uma preocupação que vinha perturbando a mente de Cabral, a ponto de fazê-lo pensar em desistir da viagem, era a reação dos poetas concretos, que ameaçavam fazer um protesto no dia da posse. Otto Lara Resende se ofereceu para investigar o caso e obteve de Rubem Braga uma notícia tranquilizadora, que remeteu a João: "Quanto ao novo acadêmico, não vejo qualquer inconveniente em vir ele tomar posse; não há ameaças nenhumas, o que se terá dito são lérias". Otto era da mesma opinião e tratou de estimular a partida: "Não há razão para você adiar, ou não ir. Céu azul, de brigadeiro, teto máximo: pode decolar e boa viagem".

Entretanto, o *Correio da Manhã* divulgou no fim de abril uma nota assustadora:

> Os amigos de João Cabral de Melo Neto avisaram que vão esperá-lo no boteco em frente à Academia, no dia de sua posse, bebericando umas e outras, por falta de "fatiota" necessária para a festa. Enquanto isso, os concretistas Haroldo de Campos e Décio Pignatari ameaçam vir de São Paulo para comparecer à posse de João com velas acesas para velar a morte da poesia... com Cabral na Academia.

A informação já tinha chegado aos ouvidos do poeta. Décio Pignatari, o mais crítico dos concretos em relação ao percurso da obra cabralina, teria dito que eles iriam à Academia e sentariam na primeira fila, com uma vela na mão. O receio de que a ameaça se concretizasse fez João Cabral, num momento de crise, telefonar de madrugada para Augusto de Campos. "Como é que vocês vão lá de vela?", perguntou. "Eu não. Se pudesse, eu entrava também", teria respondido Augusto. Percebendo a dimensão do transtorno vivido por João, o concretista resolveu não publicar um soneto arrevesado que havia composto para registrar seu protesto.

Desde sua chegada ao Rio, acompanhado da família, em 16 de abril, João viveu dias agitados. Rubem Braga, que tinha acabado de vir da Itália, onde buscara material para uma grande reportagem sobre a campanha da FEB, almoçou com ele no restaurante Nino, no dia seguinte ao desembarque. Na companhia de Austregésilo de Athayde, o poeta fez logo depois uma visita ao Palácio

Laranjeiras, para levar o convite ao presidente Artur da Costa e Silva. A imprensa acompanhava seus menores passos, sempre enfatizando que, aos 49 anos, Cabral tomava posse, sem qualquer cabelo branco, como o benjamim da Academia.

O fardão foi doado pelo governo de Pernambuco. Além da "aurifulgente indumentária", no dizer de Marques Rebelo, o traje incluía casaca de casimira, bordada com fios de ouro, e chapéu de feltro, enfeitado de penas de avestruz. Como a espada era um objeto raro, Rebelo ofereceu de empréstimo a sua, que já havia sido usada por Manuel Bandeira. João Cabral, porém, preferiu adquirir em Toledo — para ter consigo alguma coisa da Espanha — um espadim de ouro, também pago pelo governador Nilo Coelho. "Curioso requinte de um homem de esquerda", ironizou o colunista Sérgio Figueiredo, no *Diário de Notícias*.

No dia 6 de maio, João Cabral, devidamente paramentado, tomou posse da cadeira 37 — cadeira "barulhenta", possuída pelo "demônio", nas palavras de Assis Chateaubriand, seu antecessor, que a chamara de "paiol de pólvora". O salão estava completamente lotado. Vinte e um acadêmicos participaram da cerimônia, todos de fardão, à exceção de Barbosa Lima Sobrinho, o único que vestia casaca. Uma garotada de smoking, composta dos filhos de João Cabral e sua patota de amigos, também circulava pelo prédio da Academia.

Clarice Lispector, que, depois do divórcio, havia se fixado no Rio, resolveu dar o ar da graça. "Hoje fui ao cabeleireiro e me enfeitei toda", escreveu ela em carta a Paulo, seu filho mais novo, ao informar que iria assistir à posse de João Cabral. "O pior, meu caro, são os discursos que terei de ouvir: vai ser o escândalo do século se eu adormecer na frente de todos", acrescentou. O mesmo horror às conferências era amiúde confessado por João Cabral, que se achava incapaz de prestar atenção e compreender o que diziam as pessoas. Adversário intransigente da retórica, odiava igualmente pronunciar discursos. "Meus poemas são todos feitos para serem lidos em voz baixa", declarou dias antes da posse ao *Diário de Pernambuco*. "Quem quiser fazer eloquência com eles, tropeça nas palavras, dá nó na língua."

Sem demonstrar qualquer emoção, o poeta pronunciou seu discurso de posse, com duração de 53 minutos, em homenagem a Assis Chateaubriand. Embora o antecessor de Cabral constituísse um "assunto vasto e perturbador", a falação sobre ele deveria ser sóbria, aconselhou Marques Rebelo. A decisão tomada por João Cabral foi falar não do homem público, mas do jornalista que o impressionara desde a adolescência por seus editoriais no

Diário de Pernambuco. Chateaubriand, para ele, era um "modernista jornalista". Além da "índole da controvérsia", teria praticado em seus textos o informalismo da linguagem falada. "Na verdade, em tudo o que escreveu, sente-se a preponderância do fato acontecido, do dado concreto, da observação de momento", afirmou o poeta em seu discurso. Segundo ele, era impossível que Chateaubriand não tivesse sido marcado, se não pelas teorias, ao menos pela dicção dos modernistas. Na prosa de Chateaubriand, ele também havia descoberto, afinal, as primeiras lições do Modernismo. Disso podia falar sem receios ou constrangimentos. "Acharia horrível substituir um poeta na Academia Brasileira de Letras", confessou ele a *O Jornal*.

A saudação feita por José Américo de Almeida durou metade do tempo, 26 minutos. "Perdemos Manuel Bandeira e vindes, sr. João Cabral de Melo Neto, preencher esse claro com um nome da mesma grandeza", disse o acadêmico. O discurso lembrou o surgimento da "poética diferente" na década de 1940, o "processo racional", a novidade formal representada por essa "estranha poesia" que, tendo iniciado difícil, quase hermética, depois evoluíra para o realismo e a comunicação direta, sem prejuízo do seu papel como precursora de vanguardas. José Américo destacou ainda o enraizamento do poeta nas "terras de Espanha", de onde também provinha sua objetividade, e a "fusão do poema medieval com o cancioneiro nordestino" que se realizara em sua obra.

Ao fim dos discursos, houve a assinatura do livro de posse e a colocação do colar pelo primo Múcio Leão. A cerimônia durou uma hora e quarenta minutos. O novo acadêmico foi então conduzido ao Salão dos Poetas Românticos para receber os cumprimentos. Para alívio de João Cabral, nenhum dos poetas concretos estava presente, de preto como haviam anunciado, para assistir ao ritual.

Em 17 de maio, o poeta retornou, sem a família, para Barcelona. O embarque no aeroporto do Galeão foi concorrido, com muitos jornalistas e estudantes à caça de autógrafos. Quando lhe perguntaram sobre novos poemas e lançamentos futuros, João se limitou a dizer que estava sem tempo para escrever. "A falta de tempo é um problema, porque a inspiração surge de momento e é preciso aproveitá-la logo, pôr tudo no papel, conforme vai sucedendo, senão a Musa nos deixa na mão", declarou, atabalhoadamente, ao *Correio da Manhã*, como se, além do fardão, tivesse vestido a máscara de poeta romântico. Para o *Diário de Pernambuco*, contudo, a resposta concedida uma semana antes havia sido autenticamente cabralina: "Tenho vários poemas na cabeça, que continuam no estaleiro, ainda inacabados".

***

Em meados de 1969, a Companhia Paulo Autran estreou uma nova encenação de *Morte e vida severina*. Dirigida por Silnei Siqueira, a montagem repetia minuciosamente o glorioso espetáculo do Tuca. Da Itália, onde vivia exilado desde a decretação do AI-5, em dezembro de 1968, Chico Buarque enviou autorização para o uso das músicas. A cenografia e os figurinos couberam, mais uma vez, a José Armando Ferrara. Paulo Autran fazia o papel de Mestre Carpina. Para interpretar o retirante, foi convidado Carlos Miranda, o primeiro Severino, de Belém. Assim, a primeira montagem "profissional" do auto cabralino chegava ao palco fortemente ancorada nas produções amadoras que a precederam.

Em quase vinte anos de carreira, inaugurada no TBC, Paulo Autran colecionava atuações de prestígio no teatro e no cinema. Não obstante, achou melhor pedir a Silnei Siqueira que o apresentasse devidamente, citando seus trabalhos, ao solicitar a autorização de João Cabral. O ator estava certo ao desconfiar que o poeta, vivendo fora do país, estivesse desatualizado a respeito da produção artística e cultural brasileira. Acrescia-se a isso sua crescente indisposição para frequentar salas de teatro e cinema. Com o tempo, perdera o hábito de ver filmes. Não gostava de dublagens, comuns na Europa, e, quando se encontrava no Brasil, raramente se animava a ir ao cinema. Por essa razão, dizia que jamais vira um filme de Glauber Rocha ou de Nelson Pereira dos Santos. O cinema experimental de Godard tampouco o atraía. Da produção brasileira recente, destacava apenas *A hora e vez de Augusto Matraga*, de Roberto Santos, que tinha exibido em Barcelona, e os filmes de Joaquim Pedro de Andrade, de quem se tornara amigo.

Na estreia nacional da nova montagem de *Morte e vida severina*, em Curitiba, Paulo Autran explicou as razões que motivaram a escolha da peça. Em sua opinião, o debate sobre o subdesenvolvimento, que crescera nos anos anteriores, tornava ainda maior a atualidade do texto. Por considerar que a montagem do Tuca havia sido pouco vista no Brasil, o ator resolvera levar o espetáculo em todas as capitais brasileiras. Nas apresentações, em vez de oferecer um programa, a companhia vendia ao espectador o volume *Morte e vida severina e outros poemas em voz alta*, editado pela Sabiá. A despeito das boas intenções e do profissionalismo do grupo, a crítica lamentou o fato de a nova produção, tão bem cuidada e empostada, haver perdido a vibração e o impacto emocional da montagem que lhe servira de inspiração.

386

Em Pernambuco, uma encenação de *Morte e vida severina* foi feita por trabalhadores rurais na cidade de Cabo de Santo Agostinho, onde atuavam remanescentes das ligas camponesas. Em março de 1968, quando estava no Recife, João Cabral ficou comovido ao ver seus versos serem ditos, com sotaque local, pelos próprios sertanejos. Dom Hélder Câmara também assistiu à apresentação. No encerramento, em meio aos aplausos, o arcebispo lançou críticas severas ao regime militar e incitou os lavradores a não se intimidarem pela opressão.

A visão otimista que muitos encontraram no encerramento de *Morte e vida severina* não correspondia a uma intenção consciente do autor. Ao escrever a peça, seu propósito, reiterado inúmeras vezes, fora deixar o final ambíguo, em suspenso. Severino se suicida ou não? A pergunta deveria ficar no ar. Se parecia ter inculcado no desfecho uma mensagem de esperança, explicou certa vez em Madri a Luiz Costa Lima, a impressão se devia à influência do flamenco, da *alegría* que sempre estalava ao término do *cante jondo*. Na opinião do poeta, a encenação do Tuca, ao dividir a última fala, do mestre Carpina, atribuindo a outro personagem a conclusão — "E não há melhor resposta/ que o espetáculo da vida" —, teria sido responsável por realçar o conteúdo de esperança. Com efeito, na versão do Tuca, replicada pela Companhia Paulo Autran, a peça ganhou um forte tom de denúncia. À revelia do poeta, admitiu o diretor, o personagem Severino demonstrava, ao final, a consciência de que era preciso lutar por sua vida e pela dos outros nordestinos.

Nos últimos anos da década de 1960, pipocaram em todo o país dezenas de representações de *Morte e vida severina*, conforme acusavam os registros de direitos autorais da SBAT. No exterior, os números também impressionavam. De toda parte, chegavam pedidos de autorização para montagens. Antes mesmo do sucesso internacional do Tuca, o poeta havia percebido um aumento geral das demandas. "Mas eu não sei por que agora deram de chegar cartas de uma porção de gente: gente que quer me traduzir, gente que quer fazer uma tese sobre mim, gente que quer levar o sinistro auto de Natal, gente que quer prosa, gente que quer verso, o diabo", comentara ele, em dezembro de 1965, em carta a Lauro Escorel.

A afirmação de que a peça fora "de longe a pior coisa" se tornaria cada vez mais frequente. Como uma espécie de reação ao interesse despertado por *Morte e vida severina*, que crescia à medida que se aprofundava a ditadura no Brasil, João negaria inúmeras vezes não só a qualidade poética do texto, mas também sua conotação política. "Não sei se *Morte e vida severina* aumenta ou diminui a consciência social", diria em entrevista ao *Jornal do*

Brasil. O que pretendia com sua poesia era simplesmente "dar a ver", explicava, citando o título de um livro de Paul Éluard, *Donner à voir*, de 1939. Outro argumento seria depois acrescentado: para que a obra fosse uma denúncia de estruturas feudais, era preciso que o autor não fosse vinculado aos beneficiários de tais estruturas.

João Cabral dizia ainda que o êxito de *Morte e vida severina* viera tarde demais, numa altura em que ele mesmo já não tinha interesse por aquele caminho, defendido nos anos 1950, de ampliar o público de sua obra. Se o autor negava a intenção política, a nova geração, atuando em plena década de 1960, de outra coisa não cogitava. A peça atendia perfeitamente às expectativas de politização do teatro e da produção cultural. De um lado, soava forte a denúncia do latifúndio. Do outro, ocorria uma identificação imediata entre a resistência nordestina e a oposição ao autoritarismo implantado no país.

Para não opinar a respeito da política nacional ou internacional, João Cabral alegava sempre que, como diplomata, não poderia dar declarações. "Sobre política, nada tenho a declarar", retrucou quando indagado sobre a crise na Tchecoslováquia. "É a favor de alguma ditadura?", perguntaram-lhe, em abril de 1968, no programa *Sinal Vermelho*, da TV Rio. "Já disse, sou diplomata, não posso...", limitou-se a responder. A própria literatura lhe servia de justificativa para a abstenção. Em sua opinião, havia incompatibilidade psicológica entre o escritor e o político. O escritor não deveria falar de política, mas restringir-se ao social — inclinação a que estariam especialmente condenados, segundo ele, os que faziam literatura no Nordeste.

Recusar o engajamento — a contrapelo da irônica consagração do seu auto natalino como peça de resistência — parecia uma questão de vida ou morte. A possibilidade de sofrer uma nova denúncia, ser cassado e perder o emprego lhe causava pavor. A preocupação não era apenas com as declarações públicas. Mesmo nas conversas íntimas, João fazia questão de não dar uma palavra sobre política. Quando o assunto vinha à baila, ficava retraído e arisco. Os amigos o respeitavam e não deixavam de acreditar que, mesmo recusando a participação, tão aguçada entre os artistas e intelectuais do período, sua posição continuava a ser a de um homem de esquerda. As ironias, porém, aqui e ali despontavam: "Espalharam por aí que o poema/ é uma máquina ou um diadema", escreveu Ferreira Gullar numa composição datada de janeiro de 1967. "Como ser neutro, fazer/ um poema neutro/ se há uma ditadura no país/ e eu estou infeliz?"

Uma semana antes da posse de João Cabral na Academia Brasileira de Letras, o *Diário Oficial* publicou a lista dos diplomatas que deveriam ser afastados. Só nos meses de março e abril de 1969, a lista de cassações chegou a duas centenas de pessoas, incluindo parlamentares, professores e jornalistas, entre outras categorias. Nos dias que se seguiram à festa na Academia, a onda de assaltos a bancos, atribuídas a "terroristas", alcançou o clímax no Rio de Janeiro. No Itamaraty, superada a fase de expurgos por razões ideológicas, o que norteou a nova lista foram os chamados "critérios íntimos". A intenção dos militares era punir rebeldes e afrontadores da vida social, especialmente boêmios e homossexuais. Acusado de alcoolismo, Vinicius de Moraes foi expulso do Itamaraty. Antes mesmo do AI-5, ele sabia que corria risco. "Demita-se esse vagabundo", teria ordenado o presidente Costa e Silva. O fato de o poeta não sair dos bares e boates, sempre com um copo de uísque na mão, não era tolerado pelos militares. Conforme dizia João Cabral, Vinicius nunca levara a carreira diplomática a sério. Como detestava o Itamaraty, e já não precisava de dinheiro, jamais voltaria, como Houaiss, a buscar sua reintegração.

Na semana em que João Cabral tomou posse como acadêmico, Stella também recebeu uma homenagem: um almoço só de mulheres, organizado por Maria José Austregésilo de Athayde, dona Jujuca, esposa do presidente da Academia e sua companheira de bandeirantismo. Com o retorno de João Cabral à Espanha, a família novamente se dividiu. O poeta voltou à companhia dos filhos caçulas, Isabel e Joãozinho, que tinham ficado em Barcelona com Adela. Stella e Inez permaneceram no Rio.

Além de se dedicar às atividades do movimento bandeirante, que estava completando cinquenta anos no Brasil — na década de 1960, sofrera uma guinada vista pelos conservadores como influência do comunismo —, Stella comandava ações do Banco da Providência, fundado por dom Hélder Câmara. Quando ia ao Vaticano, o arcebispo de Olinda e Recife sempre visitava a família. Em suas passagens pelo Rio de Janeiro, tinha o hábito de se hospedar no apartamento de Botafogo. Tornara-se tão íntimo que dormia na sala. Apelidado de Dom, era o único religioso com quem João Cabral era capaz de conversar durante horas.

De volta ao Rio, Inez, que acabara de completar 21 anos, se apaixonou por um homem dezesseis anos mais velho, o cenógrafo Régis Monteiro, militante do Movimento Revolucionário 8 de Outubro, o MR-8. "Vou sair de casa amanhã, vou me casar", disparou. Stella insistiu que fizessem um jantar para marcar a data do casamento, que deveria ser aprovado pelo pai. Em resposta à carta enviada por Inez, João despachou um telegrama seco, somente com as palavras "parabéns" e "felicidades".

O casal passou a viver em Santa Teresa, sem a preocupação de oficializar a união. Certo dia, Inez se recusou a acompanhar Régis na visita a um amigo internado no hospital. "Minha filha, onde seu marido for, você tem que ir", opinou Stella. "Mãe, você quer que eu seja feliz do jeito que vocês foram?", perguntou a moça. Stella não prolongou a conversa.

Depois de uma curta viagem aos Estados Unidos em outubro de 1969 — a primeira de sua vida, atendendo a convites para ler poesia em universidades e na Biblioteca do Congresso, em Washington —, João Cabral recebeu em novembro a confirmação de sua transferência, a pedido, do consulado-geral em Barcelona para a embaixada em Assunção. Pela primeira vez, o poeta teria uma experiência diplomática fora da Europa, num país limítrofe com o Brasil. Além de deixá-lo mais perto da família, a principal vantagem, o posto oferecia a oportunidade de realizar um desejo antigo: conviver com o amigo Lauro Escorel, que, tendo assumido o cargo de embaixador, conseguiu que ele também fosse para Assunção como seu ministro-conselheiro. No Brasil, o panorama naquele fim de ano era temerário e sombrio. Em dezembro, uma semana antes do Natal, morria o presidente Costa e Silva. Por decisão da Junta Militar, o general Emílio Garrastazu Médici já havia sido escolhido para assumir a continuidade do governo, adotando uma linha ainda mais dura.

João Cabral deixou Barcelona no dia 1º de janeiro de 1970, desembarcando primeiro no Recife. Dessa vez, a cidade lhe pareceu mais bem cuidada, o que o levou a elogiar em entrevista o slogan "Novo Recife", adotado pelo prefeito Geraldo Magalhães Neto, que havia convidado seu irmão, Maurício Cabral, para comandar o departamento de limpeza urbana. De todos os irmãos, Maurício era o mais simpático e brincalhão. Fora o único a entrar na política, seguindo os passos do pai. Opinando sobre a nova gestão municipal, João Cabral declarou ao *Diário de Pernambuco*: "Não me surpreende que meu irmão se dedique a limpar a cidade, que por sinal está muito limpa; afinal, faço uma poesia limpa".

O irmão mais velho, Virgínio, se tornara alto funcionário do Banco do Brasil, sem jamais abandonar a ligação com o esporte. Lourdinha, recém-casada no Recife, e Evaldo, em seu trajeto de diplomata e historiador, levavam a vida sem preocupações. O que incomodava a todos era a situação de Cláudio, juiz de direito como o pai, que devido ao acidente vascular cerebral não voltara a andar, ficando condenado à cadeira de rodas. Depois da morte de Leda, aos dois anos, essa se tornaria uma das maiores tristezas da família.

Ao completar cinquenta anos, João Cabral já se achava instalado no Rio, com a mulher e os filhos menores, no apartamento da rua Farani. Em 8 de janeiro, véspera do seu aniversário, compareceu à Academia para votar pela primeira vez como membro da instituição, na eleição que consagraria o poeta pernambucano Mauro Mota. Com seu gosto pela pontualidade, foi um dos primeiros a aparecer. Ao entrar no salão, circundou com timidez a mesa posta com refrescos, torradas, bolinhos, chá e café, mas não quis tomar assento. Aos que não esperavam vê-lo, explicou que se encontrava no Rio de passagem, a caminho de Assunção. "Morei seis meses lá, por volta de 1935, após a Guerra do Chaco. Não é mau, não", disse Raimundo Magalhães Júnior. "Há lugares piores", opinou Deolindo Couto. O poeta confessou que estava cansado da Europa e que desejava estar mais perto dos filhos. "Barcelona é ótimo, mas prefiro a América do Sul."

Em seguida, contou que Mauro Mota era seu primo e que um dia chegara à sua casa em Barcelona um curioso telegrama. "Peço seu voto para Mauro, porque quero dois bisnetos na Academia", dizia a mensagem, assinada por "Seu Mello do engenho Tabocas" — Francisco Antônio Cabral de Mello, antigo senhor do engenho localizado em São Lourenço da Mata. João Cabral respondeu a Mauro Mota, dizendo com bom humor que tinha acabado de receber um telegrama do bisavô paterno de ambos. "Como não sei em que círculo do céu, do inferno ou do purgatório posso localizar 'seu' Melo das Tabocas, mando-lhe o voto por seu intermédio."

Mauro Mota foi eleito com 21 votos, contra dezesseis concedidos ao seu adversário, Thiers Martins Moreira, para a vaga deixada por Gilberto Amado. A comemoração da vitória ocorreu no bar do Hotel Flórida, no Catete. "Seu livro *Elegias* é uma obra-prima", declarou João Cabral aos jornalistas, dizendo que tinha vindo do Recife especialmente para participar da festa. Mauro Mota relatou então aos confrades um comentário feito por Manuel Bandeira sobre o parentesco que unia a ele, Mauro e João Cabral: "Sim, meu caro Mauro, somos primos, e dominamos a poesia pernambucana contemporânea, danem-se os desafetos!".

Em janeiro de 1970, o *Correio da Manhã* publicou um "inquérito" respondido por João Cabral, com a ajuda do filho Rodrigo, que o assessorou com a nova gíria carioca. À pergunta "Glauber Rocha está na sua?", o poeta respondeu "grande" — embora dissesse, em outras ocasiões, não conhecer seus filmes. Indagado sobre os Beatles, afirmou que nunca os ouvira. Baden Powell? "Não entendo de samba, mas Vinicius diz que é grande." "Caetano e Gil estão fazendo falta?", quis saber o repórter. "Não entendo de samba, mas tudo faz falta", retrucou o poeta. Por fim, quando lhe perguntaram se considerava sua vida um palco iluminado, ele respondeu: "É um camarim apagado, que por falta de assunto os amigos jornalistas querem transformar em palco".

Antes de embarcar para o Paraguai, João teve um encontro inusitado no restaurante La Fiorentina, no Leme. Estava jantando com Félix de Athayde e outro amigo de Pernambuco, Fernando Pessoa Ferreira. De repente, foi informado de que acabara de adentrar o salão um personagem muito popular da televisão, de nome Chacrinha, que desde os anos 1950 fazia sucesso com seus programas de auditório. João não tinha a menor ideia de quem se tratava. Sua fisionomia mudou, porém, logo que virou os olhos para o apresentador. Após um momento de hesitação, ambos abriram os braços, com alegria. "Alô, Cabral. Vai bem?", cumprimentou o recém-chegado. "Abelardo, meu caro amigo", respondeu João. Os companheiros de jantar ficaram espantados. Depois tudo se esclareceu. Natural de Surubim, no Agreste pernambucano, Abelardo Barbosa tinha estudado como interno no Colégio Marista do Recife, antes de entrar, em 1936, para o curso de medicina. Nem João Cabral sabia que seu antigo companheiro de escola era Chacrinha, nem este podia imaginar que o colega, três anos mais novo e tão tímido, havia se transformado em poeta, diplomata e acadêmico.

João Cabral desembarcou em Assunção em 1º de fevereiro de 1970, um apagado dia de domingo. Como toda cidade pequena, a capital do Paraguai lhe pareceu atraente e agradável. O calor não era intenso como diziam. Na embaixada, onde se hospedou nas primeiras semanas, os colegas se mostraram simpáticos. Tudo indicava que a vida ali seria tranquila, sobretudo pela oportunidade de trabalhar e conviver com Lauro Escorel.

Arranjar residência nunca foi tão fácil. O poeta alugou uma ótima casa, desocupada por um dos funcionários. "Diga aos meninos que tem piscina e a Adela que tem jardim demais para ela enfeitar", relatou à esposa. Também teve a sorte de herdar os empregados que serviam a outro colega da embaixada. Logo se desincumbiu ainda de outras tarefas: comprou geladeira, móveis e um Plymouth Valiant, automóvel pequeno, porém de boa qualidade, informou. Como ministro-conselheiro, teria direito ainda a um carro oficial, com chofer.

Em Assunção, o poeta assistiu aos jogos da Copa do Mundo do México, vencida pela seleção brasileira. Para driblar o tédio das tardes de domingo, costumava também sintonizar o rádio em emissoras do Brasil e ficava ouvindo transmissão de jogos de futebol. Quando estava em Barcelona, Marques Rebelo lhe dava notícias do time idolatrado por ambos, o América, e de sua constante "rubra desgraça", no dizer do romancista carioca. Agora, podia ele mesmo seguir o campeonato e sofrer com as derrotas.

Como Lauro Escorel foi convidado para integrar a delegação brasileira na Assembleia Geral da ONU, João Cabral assumiu no ano seguinte a Encarregatura de Negócios em Assunção. O trabalho era sempre pesado, tanto na parte administrativa como na parte política. Para sua sorte, cabia não à embaixada, mas ao consulado-geral, retirar da cadeia os brasileiros presos pela ditadura do general Alfredo Stroessner, no poder desde 1954.

Apesar da tensão política, Assunção lhe parecia uma cidade tranquila, e o trabalho não impedia sua dedicação à leitura. João estudou a fundo a história do Paraguai, especialmente a guerra que havia dizimado metade de sua população. Quando lhe perguntaram se mantinha algum convívio com os intelectuais do país, João respondeu que isso seria temerário. No Paraguai, de cada dez intelectuais, oito eram historiadores. Conversar com eles sobre história, explicou, não era, por motivos óbvios, muito diplomático.

Em maio de 1971, Marques Rebelo e Elsa passaram uma semana em Assunção. Dias magníficos, afirmaria depois o escritor carioca, ao agradecer a hospedagem do poeta em "terra guarani" e a boa convivência. "Vocês são admiráveis e acho que deverão se agarrar o mais que puderem a Assunção, pois isto aqui está uma chatura, intensamente progressista", escreveu. Disse ainda que, na sua opinião, João estava muito bem — talvez por causa do uísque, brincou.

A língua ferina de Rebelo jamais perdia a chance de fazer piadas, mesmo quando tratava de assuntos sérios, como doenças, não importando se eram as dele ou as do amigo. "Como você gosta de doença, serei o mais minucioso possível", declarou numa das cartas ao falar de seus problemas oculares e cardíacos. "Parabéns pelo glaucoma. Assim você se diverte um pouco sem ser no psiquiatra", escreveu em outra ocasião. Ao saber depois, por intermédio de Stella, que o problema não tinha se agravado, disse que esperava que João fosse logo atingido por "outra nefasta enfermidade", que o enchesse de preocupações e alegrias.

No Recife e no Rio de Janeiro, a fama de hipocondríaco do poeta não parava de crescer. "Há quem diga que ele já leu mais bulas do que poesia", informou, em julho de 1971, o *Diário de Pernambuco*. Em suas andanças pelo mundo, João Cabral não resistia ao cheiro de remédio exalado pelas farmácias. Quando entrava numa delas, agia como se estivesse numa livraria: "Quais os produtos novos que foram lançados?", perguntava. Espalhada por Millôr Fernandes, a anedota corria solta nas rodas literárias e, vira e mexe, aparecia na imprensa. Se lhe indagavam sobre esse interesse por doenças e novidades da indústria farmacêutica, Cabral não hesitava. Sim, gostava muito de ler bulas. Sim, era um hipocondríaco, confirmava aos jornalistas.

A demora de João Cabral em publicar um novo livro — silêncio renitente que se sucedeu ao aparecimento de *A educação pela pedra*, em 1966, prolongando-se por muitos anos — parecia confirmar que a obra do poeta estava encerrada. A partir dos cinquenta anos, dizia sempre, era difícil não se repetir. Em carta enviada a Lauro Escorel, no ano da publicação do seu último livro, João confessou que tinha receio de decepcionar seus leitores, sobretudo os mais jovens, se por conta da idade ou da repressão política passasse a "perpetrar meus claros enigmas". Achava essencial "evitar qualquer sonetismo futuro ou qualquer retórica meditabunda de tipo mineiro-existencialista". A lírica filosofante — ironizada no poema "Sobre o sentar-/estar-no-mundo", de *A educação pela pedra* — tinha sido abandonada pelo poeta mineiro na década de 1960, mas isso não impedia a persistência das alusões depreciativas.

Em suas vindas ao Brasil, João via esporadicamente o antigo mestre. No lançamento de suas *Poesias completas*, enviou para seu endereço um exemplar, mas não chegou a procurá-lo. Por sua vez, Drummond não apareceu num almoço oferecido por Rubem Braga em homenagem a João Cabral, no qual estavam presentes todas as pessoas próximas do poeta pernambucano. Depois se queixou com amigos do silêncio de João e do fato de só tê-lo visto na revista feminina *Joia*, numa foto de página inteira, sentado ao lado de uma bela modelo com a mão pousada em seu ombro. As mulheres deviam ser amadas do mesmo jeito que o poeta amava "o chão duro e seco de sua terra", dizia o anúncio. No verso, o ator Paulo José aparecia abraçado a outra modelo. Drummond recortou a página e a conservou em seus guardados.

João Cabral, sempre que se sentia mais à vontade numa conversa, tinha o hábito de tascar uma pergunta indiscreta no seu interlocutor: "Quem é o maior poeta, eu ou o Carlos Drummond?". As pessoas ficavam surpresas e perdidas, sem saber o que dizer. Uma resposta que ficou famosa foi a do escritor Antônio Carlos Villaça. Ao ser interpelado, numa festa, ele fez uma piada: "Não, não é bem assim, na verdade vocês dois não são homens altos", retrucou.

Em março de 1971, Clarice Lispector escreveu para Assunção uma carta comentando a crônica "Um presente para vocês", publicada no *Jornal do Brasil*, na qual ela afirmava que Carlos Drummond de Andrade era o maior poeta do Brasil de todos os tempos. "Mas não era isso que eu queria dizer", procurou esclarecer Clarice. Sua intenção era observar que havia "poetas Maiores", embora fossem poucos — e que "Carlos Drummond era um Maior, como você é um Maior", frisou a escritora. Preocupada com mal-entendidos, na crônica do sábado seguinte, feita de pequenos textos, Clarice acrescentou ao final uma "Ressalva", em que se explicava melhor. "Mas o *Jornal do Brasil* achou grande demais a crônica e cortou os dois últimos trechos. Ainda hei de escrever sobre você", prometeu.

Em depoimento a Joel Silveira, no final de 1971, João Cabral confirmou que, em quase dois anos de residência no Paraguai, não havia escrito um único poema novo. A causa, segundo ele, não era a modorra de Assunção, mas a necessidade que sentia de um tempo de pausa "para recarregar as baterias". A entrevista foi realizada na cobertura de Rubem Braga. Passada uma hora de conversa, o poeta buscou um copo de água, tirou um envelope do bolso do paletó e engoliu rapidamente um comprimido. Disse que estava tomando aspirinas de quatro em quatro horas — e não de hora em hora, como em anos recentes — e que sua dor de cabeça era de fundo neurótico.

Para Joel Silveira, porém, nada em João Cabral lembrava um neurótico. A fala mansa, os gestos parcos — "vez por outra, um franzir da testa larga" —, a linguagem parcimoniosa, tudo nele compunha "o retrato de um homem excepcionalmente bem-educado, senhor de si, avesso à ênfase e aos tons mais altos". Era a impressão que ele tinha desde o convívio com o poeta na redação dos jornais *Flan* e *A Vanguarda*. No final da tarde, João resolveu tomar a primeira dose do uísque servido por Rubem Braga. Foi quando chegou o fotógrafo, imperativo e diligente, obrigando-o a fazer poses no jardim suspenso. Apenas nesse momento o poeta aceitou tirar o paletó.

17.
Poeta-monumento

O pequeno país situado na ponta da África Ocidental, com área inferior a 200 mil quilômetros quadrados, possuía, no início dos anos 1970, pouco mais de 4 milhões de habitantes. Durante mais de um século estivera sob o domínio da França, cuja presença era ainda muito forte na língua, na moeda e no comércio. A independência política fora conquistada em 1960, depois de uma luta pacífica liderada por Léopold Sédar Senghor, que desde então ocupava o cargo de presidente. Além de poeta renomado — uma coletânea de seus poemas foi traduzida e publicada em 1969 no Brasil pela Grifo Edições —, Senghor era professor e ensaísta, com formação em Paris na área de linguística. Desde 1966, seu nome figurava entre os membros correspondentes da Academia Brasileira de Letras. Era considerado, entre os líderes africanos, o de maior projeção intelectual.

A Embaixada do Brasil no Senegal ficou vaga no final de 1971, com a aposentadoria de Beata Vettori. A respeito do novo titular, logo se cogitou o nome de João Cabral. "Que tal um poeta?", disse, discretamente, uma das figuras de comando do Itamaraty, em entrevista ao *Diário de Notícias*. Depois da promoção obtida no governo de Castelo Branco, Cabral não conseguira mais se elevar na carreira e sair do posto de ministro de segunda classe. Entretanto, em março de 1972, faltando ainda bastante tempo para que se tornasse ministro de primeira classe, ele foi nomeado pelo presidente Médici embaixador comissionado no Senegal. Em artigo na *Folha de S.Paulo*, Nogueira Moutinho celebrou o fato de dois grandes poetas se encontrarem, na "mais ocidental das nações africanas", ocupando postos de relevância no plano internacional.

Antes da transferência, João Cabral foi obrigado a fazer uma operação de vesícula no Paraguai. "É a moléstia da família de Carmen", observou seu pai. Luiz Cabral era de opinião que, antes de ir para o Senegal, o filho deveria descansar uns dias em Carpina. Achava também que seria importante que visitasse Pernambuco na condição de embaixador. João aceitou a sugestão e, no final de maio, desembarcou no Recife. Difícil era conseguir algum repouso em meio às costumeiras homenagens, almoços e cerimônias de recepção de medalhas. O poeta se hospedou na casa de Maurício, em Olinda. Visitou dom Hélder Câmara e a Usina Pumaty, de seu primo Romero. Com Isabel e Joãozinho, que foram em sua companhia visitar o avô, esteve também em Carpina. Antes de retornar ao Rio, ouviu pela primeira vez a orquestra do Movimento Armorial, do qual só conhecia o *Romance d'A Pedra do Reino*, lançado no ano anterior por Ariano Suassuna — um livro "estupendo", declarou ao *Diário de Pernambuco*.

No dia 28 de junho, João finalmente viajou, sozinho, para Dacar — como de praxe, a família iria depois. Na véspera da viagem, o embaixador do Senegal no Brasil, Assane Assirou Diouf, ofereceu em sua homenagem um jantar elegante, black tie. Ao erguer o brinde, desejou-lhe felicidades no novo posto. O poeta agradeceu os votos, fazendo uma pequena correção: "Vou representando Pernambuco, que fica mais próximo do Senegal", brincou.

Dias depois, em papel timbrado da *Ambassade du Brésil*, enviou a Stella suas primeiras notícias. "A viagem foi boa e aqui estou. A cidade é muito agradável e a casa idem. Fica de frente para o mar e está razoavelmente mobiliada", informou. A residência tinha um cachorro e era cercada por um gramado que parecia um campo de futebol, mandou dizer a Joãozinho. Seu desejo era que a esposa chegasse logo, para cuidar dos assuntos domésticos. "Os criados parecem razoáveis, mas precisam de um mínimo de controle", observou. A compra do automóvel, um Volkswagen de quatro portas, último modelo, já estava feita. Depois o carro ficaria com Stella, e ele usaria o veículo oficial da embaixada.

A apresentação das credenciais só ocorreu duas semanas mais tarde — o presidente andava pela Inglaterra, "fazendo propaganda da cultura mandinga", nas palavras de João Cabral. A cerimônia no Palácio da República teve tapete vermelho, guarda presidencial vestida de gala, revista das tropas. Em seu discurso, o presidente Léopold Senghor sublinhou os laços históricos e culturais que uniam os dois países. Disse que o sangue africano, que navegava nas veias da metade dos brasileiros, era acompanhado do dom das formas, cores e ritmos, "o dom plástico e o dom poético". João Cabral acrescentou que a vizinhança geográfica e a história comum haviam criado uma "relação de família". Como Senghor também pertencia aos quadros da Academia Brasileira de Letras, o poeta, em sua homenagem, usou o vistoso fardão.

Três meses depois da chegada ao Senegal, João Cabral teve seu nome indicado para exercer cumulativamente as funções de embaixador em dois países vizinhos, o Mali e a República Islâmica da Mauritânia. No dia da entrega das credenciais diplomáticas em Bamako, capital do Mali, o poeta sofreu um constrangimento. Em seu discurso, o presidente Ahmed Sékou Touré criticou os países que, nas lutas de libertação, enviavam armas para os colonizadores. João engoliu em seco, mas depois fez questão de defender o Brasil. "Presidente, o senhor me desculpe, mas quero lhe dizer que o Brasil nunca enviou armas para lado nenhum. Nunca enviou uma espingarda", disse. O governante do Mali pediu desculpas pelo mal-entendido.

Mais de 1400 quilômetros separavam as cidades de Dacar e Bamako. Nouakchott, capital da Mauritânia, era mais próxima da fronteira do Senegal. Com a independência do país, em 1960, a pequena cidade portuária fora escolhida para ser a sede do governo, o que motivou um ambicioso projeto de expansão, com muitas construções. Apesar de moderna, sua arquitetura, na opinião de Cabral, era de mau gosto — uma espécie de "anti-Brasília".

Em novembro de 1972, o chanceler Mário Gibson Barbosa realizou sua primeira viagem à África Ocidental. Nove países foram visitados. A audiência do ministro com Senghor, no belo palácio presidencial cercado por jardins, contou com a participação de João Cabral. "Saiba, presidente, que o Brasil enviou para a embaixada no Senegal um de seus melhores poetas", disse o chanceler. Além de conversar sobre assuntos econômicos, Senghor e Gibson trataram do problema das colônias portuguesas na África. A proposta de concessão de independência gradual e pacífica, formulada por Senghor, contava com a simpatia do Brasil, comunicou o chanceler.

Desde o princípio, o presidente senegalês distinguiu com especial atenção João Cabral. Estava a par de sua importância literária e apreciava os diálogos que mantinham. Homem refinado, sempre sorridente, nem de longe aparentava seus quase setenta anos. Lia português e se orgulhava de trazer nas veias o sangue lusitano. Seu sobrenome queria dizer "senhor".

Diplomaticamente, João evitava fazer comentários sobre a poesia de Senghor, marcada por intenções políticas e também por influências francesas que não lhe agradavam. As conversas ocorriam muitas vezes quando o presidente estava em trânsito e o chamava à sua sala particular no aeroporto de Dacar, onde resolvia alguns despachos. Havia, porém, um inconveniente. Senghor andava sempre vestido em roupas de lã e fazia questão do ar-condicionado com baixa temperatura. João Cabral penava de frio durante as conversas, enquanto lá fora imperava o calor africano.

Quando Stella chegou a Dacar, com Adela e os filhos menores, João Cabral já tinha passado 45 dias sozinho no Senegal. As cartas enviadas ao marido, a quem tratava ora por João, ora pelos apelidos Jó e Joca, traziam várias explicações para a demora. Além de tomar providências relativas à mudança, Stella teve que tratar com urgência uma infecção dentária e estava à espera de que sua mãe superasse as crises de angina. "Está melhorando. Mas fico aflitíssima de partir sem que ela já esteja levantada", escreveu. Nesse período foi obrigada ainda a viajar às pressas ao Paraguai em busca de documentos escolares de Isabel. Para cursar a universidade em Dacar, a filha mais nova teria que comprovar equivalência com os estudos em francês. João informou que seria difícil obter vaga e sugeriu que ela mudasse de projeto. Seu desejo confesso era que uma das filhas se tornasse catedrática em história pernambucana. Inez não realizara o sonho paterno e tampouco o fez Isabel, que insistiria em estudar medicina no Brasil mesmo, entrando mais tarde na Faculdade Nacional. Quanto a Joãozinho, prestes a completar oito anos, a providência tomada por Stella antes do embarque foi fazê-lo tomar aulas particulares de francês, que eram dadas por Inez, mediante alguns trocados.

Em novembro de 1972, a família voltou ao Brasil para o casamento do filho mais velho. Rodrigo tinha acabado de se formar em direito e trabalhava no departamento jurídico da Bolsa de Valores. Enquanto cursava a faculdade, fez três tentativas de ingressar no Instituto Rio Branco, mas não obteve sucesso. Os jornais informavam que ele era um excelente candidato, mas João Cabral preferia que ele optasse pela advocacia. A princípio, tivera mesmo receio de que ele fosse prejudicado nos exames por causa da "fama negativa do pai". Depois os amigos o tranquilizaram. Após a terceira reprovação, ele mandou pela esposa um recado ao filho. "Diga a Rodrigo que não se preocupe. Saia para outra. Ele tem muito tempo pela frente", aconselhou. O rapaz de fato esqueceu o Itamaraty, animou-se com a advocacia e, às vésperas de completar 26 anos, casou com Cecília. Ao registrar a cerimônia, o *Diário de Notícias* deu uma nota lisonjeira: "João Cabral de Melo Neto ao lado do filho que casava, os dois podiam ser indiferentemente o noivo, tão jovens estavam".

De regresso a Dacar, uma semana depois, o poeta levou na bagagem um presente para Senghor: um exemplar de *Os lusíadas*, editado pela Academia Brasileira de Letras. Stella permaneceu no Rio. Lamentou, contudo, passar longe dos filhos as festas de fim de ano. "Estou aqui imaginando como foi o Natal de vocês, o discurso de Adela, a árvore e o presépio arrumados por Isabel e Joãozinho", escreveu.

***

Em abril de 1973, João e Stella ficaram radiantes ao receber a notícia de que Inez lhes daria o primeiro neto. De Pernambuco, Luiz Cabral enviou os parabéns pela chegada do "vovonato" e manifestou sua alegria com o aumento dos bisnetos. Separado de Nadir, sua companheira depois da morte de Carmen, e com a saúde abalada, Luiz Cabral cobrava sempre a promessa de João de passar férias em Carpina. O orgulho pelo filho também era registrado com frequência. "Tome nota: o futuro governador do estado poderá ser você ou o Gibson", sentenciou em dezembro, pedindo segredo. "Se eu não estiver mais vivo, lembre-se desta carta", acrescentou.

A viagem de João Cabral a Pernambuco só ocorreu no segundo semestre de 1973, adiada por problemas de saúde: uma infecção intestinal contraída em junho, em Dacar, que depois voltou a incomodá-lo, agravada por uma hepatite, já de férias no Rio. O poeta se hospedou mais uma vez em Olinda, na casa de Maurício, situada à avenida Beira-Mar. Foi lá que ele concedeu uma entrevista ao *Diário de Pernambuco*. O repórter Geneton Moraes Neto ficou impressionado ao vê-lo aparecer no portão usando uma camisa de mangas compridas, abotoada até o colarinho. Formalíssimo, nem parecia estar de férias. "Você chegou com uma pontualidade nada britânica", reclamou o poeta.

As novas edições dos livros *Antologia poética* e *Morte e vida severina e outros poemas em voz alta*, publicadas em meados de 1973 — já pela editora José Olympio, que havia comprado a Sabiá —, vinham confirmar sua crescente popularidade. Na entrevista a Geneton, o poeta disse que a fama ainda lhe causava surpresa. "De repente, andando na rua, a gente se sente reconhecido por alguma pessoa", comentou. Para ele, o fato de seus livros serem vendidos só tinha uma explicação: na literatura, como em qualquer carreira, era preciso primeiro que se criasse nome.

Na opinião de Rubem Braga, quem mais adquiria livros, por recomendação dos professores, eram os universitários e alunos de colégios. João Cabral conhecia bem esse público. Durante sua estadia no Brasil, que se alongou por quatro meses, ele participou de eventos com estudantes e professores da PUC do Rio de Janeiro e da Universidade de Brasília. À capital federal, ele voltaria ainda outra vez como convidado do VIII Encontro Nacional de Escritores, ao lado de Fernando Sabino, Lêdo Ivo, Mauro Mota, Adonias Filho e Cyro dos Anjos, entre outros.

No Rio houve dois encontros com universitários, organizados pelo professor e poeta Affonso Romano de Sant'Anna. Por motivos opostos, ambos tiveram repercussão na imprensa. Em setembro, João compareceu ao departamento de Letras da PUC para conversar com os estudantes. Avesso a conferências, preferia sempre o diálogo informal. Os alunos, porém, ficaram tão encabulados que as raras perguntas saíram quase à força, com longos intervalos de silêncio. Segundo a *Tribuna da Imprensa*, João Cabral tampouco falou naquele "diálogo", limitando-se a repetir coisas sabidas, como seu desprezo pela música, que considerava a pior das artes, o menos sofrível dos ruídos. "E, para encerrar, disse que o generalíssimo Franco não é a fera que todos pensam. Síntese da conferência", registrou o repórter.

O segundo encontro, no dia 26 de outubro, pouco antes de seu regresso a Dacar, ocorreu em clima de tensão. Dele também participaram Chico Buarque, Gilberto Gil, Ronaldo Bastos e Jards Macalé, reunidos para discutir as relações entre poesia e música popular no último dia do concorrido evento batizado de Expoesia. Mais de setecentas pessoas se apinharam no auditório da PUC. A ansiedade do público resultou em agressividade e tumulto, e as perguntas passaram a ser feitas por escrito. Chico Buarque se irritou e respondeu com impaciência às questões que lhe foram dirigidas. Apenas João Cabral e Gilberto Gil mantiveram a tranquilidade. O poeta relatou seu encontro com Chico, disse que não conseguia ler seu famoso poema dramático sem que a música do compositor lhe soasse no ouvido. "Hoje, eu estou resignado a tirar das minhas *Poesias completas* o auto de Natal *Morte e vida severina*, pois creio que ele pertence mais ao Chico Buarque do que a mim", exagerou. Segundo ele, a música popular podia dar uma enorme ajuda para aumentar a propagação da poesia. "Se aqui estivessem Carlos Drummond de Andrade, Manuel Bandeira, Murilo Mendes, haveria trinta pessoas, e não essa beleza que eu estou vendo", declarou.

Vinte dias depois, em 15 de novembro, nasceu Dandara, a neta de João Cabral. Na hora do parto, Stella acompanhou a filha, insistindo para que lhe dessem anestesia: "Parir dói muito, não quero vê-la sofrer", dizia. Inez, porém, fazia questão do parto natural. Stella também resmungava contra o nome escolhido para a neta. Na correspondência com o marido, ela relatava sempre as preocupações que Inez lhe dava, especialmente a dificuldade para arranjar trabalho como desenhista. "Inez continua na base da procura de emprego onde não se prostitua", relatara no ano anterior. Com o nascimento de Dandara, estava feliz em ver sua dedicação: "Inez tem bastante leite e está muito compenetrada como mãe", informou três semanas depois do parto.

No Natal, Stella e Joãozinho retornaram ao Senegal, deixando Isabel e Adela no Brasil. A situação da ex-babá e governanta, com a idade, se modificara bastante. "Adela não está em condições de tomar conta de nada", relatou Stella ao marido. "Se se dá responsabilidade a outra pessoa começa a chorar." A decisão foi deixá-la viver seus últimos anos no Rio, embora as leis para a concessão de visto a estrangeiros estivessem complicadíssimas. "Dom João, estas linhas têm por finalidade pedir ao senhor que só mande a minha malinha, ela está cheia de vestidos meus", solicitou a criada em carta a João Cabral. No último parágrafo, antes de reiterar seu respeito e apreço de servidora, informou que a netinha do poeta estava linda, com o cabelinho escuro e um rosto que parecia de porcelana.

Pouco antes do retorno a Dacar, João Cabral recebeu uma convocação para dar um depoimento à Justiça de Brasília. Ao lado de Lúcio Costa e Oscar Niemeyer, seu nome estava arrolado como testemunha de defesa em um processo de enorme repercussão na época, movido contra seu amigo Joaquim Cardozo. Em fevereiro de 1971, um acidente no Pavilhão de Exposições da Gameleira, em Belo Horizonte, quase pôs a perder a reputação de Cardozo como engenheiro. O desabamento de uma parte do edifício, do qual ele fizera os cálculos, causou a morte de 65 operários e deixou dezenas de feridos — a maior catástrofe da construção civil do país.

A exemplo dos demais projetos de Niemeyer, o Pavilhão da Gameleira era uma construção arrojada. Cardozo tinha fama de enfrentar desafios, jamais pedindo água ao arquiteto. Aos 73 anos, seu trabalho pela primeira vez foi posto em dúvida, o que o fez entrar em depressão. No seu apartamento de Copacabana — que continuava praticamente sem móveis, quase todo tomado por livros, dispostos em pilhas pelo chão —, o poeta vivia afundado numa velha poltrona, ao lado da cama. Meses depois do acidente em Belo Horizonte, foram publicadas suas *Poesias completas*. O sucesso nos palcos da sua peça *O coronel de Macambira* era mais um motivo para consolo. Entretanto, a tristeza chegou a tal ponto que ele resolveu deixar o Rio e, depois de mais de trinta anos, voltou a viver no Recife, na companhia das irmãs, solteiras como ele.

Na defesa de Joaquim Cardozo, o advogado Evandro Lins e Silva enfatizou a contribuição dada por ele ao Brasil. Alegou que seria injusto levar ao "pelourinho" um dos homens mais cultos do país, acusando-o de cometer um erro crasso, como se fosse principiante. O principal argumento era que as quedas bruscas, como no caso do Pavilhão da Gameleira, ocorriam por erros nas fundações, e não no cálculo estrutural.

Em seu depoimento em Brasília, solicitado pela Justiça de Belo Horizonte, João Cabral falou pouco. Afirmou que estava no Paraguai na ocasião do desabamento e que soubera do fato através da imprensa. Ressaltou, porém, que sempre ouvira elogios ao trabalho profissional de Cardozo e que o considerava "um dos brasileiros de melhor caráter, cultura e dignidade".

Alguns meses depois, em abril de 1974, saiu a sentença condenando o acusado a quase três anos de detenção. Alegando ter sido vítima de erro judiciário, o engenheiro recorreu. Em maio de 1975, seria enfim absolvido, por unanimidade, no Tribunal de Alçada de Minas Gerais.

O poeta ermitão, tímido e sábio foi o autor brasileiro mais reverenciado na poesia cabralina. Além de lhe dedicar *O cão sem plumas*, João publicou, desde *Pedra do sono*, diversos poemas em sua homenagem. No último, surgido dez anos depois de sua morte, em 1978, ao recuperar cenas da vida de Cardozo ele chegaria a considerá-lo "um novo Frei Caneca". Orgulhava-se de saber que nos seus últimos anos, já de volta ao Recife, o poeta teria dito a um jornalista que os três maiores amigos de sua vida eram Rodrigo Melo Franco de Andrade, Oscar Niemeyer e João Cabral de Melo Neto.

Às treze horas em ponto, o automóvel oficial estacionava na porta. Era o embaixador chegando em casa para o almoço. Os horários tinham que ser cumpridos à risca. Enquanto ele descia do carro, os pratos já estavam indo para a mesa. A embaixada ficava no centro de Dacar, perto de ótimas livrarias, onde ele sempre passava para buscar novidades e encomendar obras que vinham de Paris. Depois de conhecer inúmeras livrarias pelo mundo, João se conformara com o fato de nelas encontrar apenas o que elas tinham, não o que ele desejava que oferecessem. Por essa razão, voltou a ler em francês e chegou a devorar mais de cinquenta romances de Balzac. Eram todos livros de bolso, que ele achava mais cômodos para a leitura do que os volumes da Bibliothèque de la Pléiade, impressos em papel-bíblia. Na embaixada, todos os funcionários falavam francês. Como os negócios do Brasil com o Senegal se limitavam à assistência técnica e ao intercâmbio cultural, a rotina diplomática era tranquila. "Hoje, como embaixador, nunca me senti tão cônsul", dizia. Por essa razão, podia passar as tardes fazendo leituras que frequentemente se alongavam pela noite.

João procurava ainda ler escritores africanos e via espetáculos do Balé Nacional do Senegal, fundado em 1960 pelo presidente Léopold Senghor. Mas seu grande interesse no campo das artes africanas recaiu sobre a escultura, que comprou aos montes. Nelas via uma força e uma singularidade que não percebia na literatura, a seu ver menos autônoma. As peças eram adquiridas ao acaso, sem objetivo de formar uma coleção, e quase todas seriam depois oferecidas a amigos. Um dos presenteados foi Rubem Braga, que ganhou uma escultura de cera preta, com um metro de altura, representando um homem negro nu. Exibida na sala do cronista, a obra despertou a cobiça de Carybé, artista apaixonado pela cultura africana, e inevitáveis brincadeiras por parte dos convidados que apareciam na cobertura de Braga. O "crioulo sem-vergonha", diziam, não podia permanecer à vista das moças e das pessoas mais sérias. Braga não dava importância ao que diziam e, até o fim da vida, manteve em destaque na sala o presente de João Cabral.

Em junho de 1974, o poeta retornou ao Rio com a esposa e o filho caçula, para um novo período de férias. No Senegal, apesar do oceano, sentia-se mais próximo do Brasil do que quando estava no Paraguai — de Dacar ao Rio, o voo direto levava seis horas; de Assunção, tardava mais a chegar, por causa da conexão em São Paulo. Dessa vez, a viagem fora movida por um duplo desejo: ver Dandara e assistir pela televisão à Copa do Mundo da Alemanha. "Sua neta está alegrando a vida de vocês, embora à distância", observou com satisfação Luiz Cabral. "É realmente uma belezinha", diria ele ao receber a primeira fotografia.

Quanto ao futebol, o que estava por vir era uma enorme decepção. "O brasileiro não pode se prestar a esses esquemas táticos que estão lhe impondo", disse o poeta, em entrevista a Fernando Sabino, publicada pelo *Jornal do Brasil*. "Você já imaginou um Jorge Amado escrevendo romance como Robbe-Grillet?", perguntou. Sabino ficou a observá-lo enquanto ele desancava o técnico Zagallo. Continuava o mesmo de trinta anos antes, pensou o escritor mineiro. O tempo não havia desfeito a "combinação de ardor e ceticismo" que o marcara desde a mocidade. A conversa sobre futebol viera logo depois do almoço, oferecido em sua casa por Sabino. Almoço informal, dissera a João, mas este lhe surgiu à porta "lépido e desempenado como um jovem toureiro, elegante no seu terno bem cortado". Ao notar o estranhamento causado ao anfitrião, o poeta comentou que perdera o costume de andar de roupa esporte.

Fernando Sabino era sócio do cineasta David Neves numa produtora de documentários, a Bem-Te-Vi Filmes, que vinha fazendo uma série de curtas-metragens sobre o cotidiano de grandes escritores brasileiros. Coube a Jorge Laclette a direção do documentário *O curso do poeta*, protagonizado por João Cabral. O filme estreou nos cinemas dias antes do início da Copa do Mundo. Era composto de imagens do sertão de Pernambuco e da cidade do Recife, acompanhadas de fragmentos da obra cabralina e comentários gravados pelo poeta no auditório da Cinemateca do Museu de Arte Moderna do Rio de Janeiro. Não havia trilha musical, apenas as imagens e a voz de Cabral em off.

Após a derrota da seleção brasileira, João embarcou para Pernambuco, hospedando-se em Olinda e Carpina. Foram dias calmos, passados com a máxima discrição, sem a aporrinhação dos almoços e das condecorações. Nessa mesma ocasião, porém, o poeta recebeu uma homenagem em São Paulo, motivada pelo lançamento de uma edição de luxo do poema *O rio*, em comemoração do vigésimo aniversário do Prêmio José de Anchieta de Literatura, instituído pela Comissão do IV Centenário da cidade. A edição foi feita por Gastão de Holanda, que desde 1972 residia e trabalhava no Rio com sua mulher, Cecília Jucá. A iniciativa partira do bibliófilo José Mindlin, que também escolheu o papel Fabriano, o tipo Bodoni, preferido por João Cabral, e a ilustradora Fayga Ostrower, que compôs quatro serigrafias para a obra. As ilustrações entusiasmaram o poeta. O fato de saber que a artista havia feito as gravuras sem conhecer a região e que, apenas pela leitura do poema, captara os climas diferentes de cada paisagem o deixou impressionado. João apreciou ainda a sobriedade do livro, "sem nenhuma papagaiada", investindo apenas na beleza dos tipos e na relação das partes impressas com os espaços brancos, exatamente como ele fazia com sua prensa manual em Barcelona.

João Cabral reassumiu seu posto em Dacar no final de agosto. Antes do embarque, teve que ir às pressas a Brasília para conversar com o presidente Ernesto Geisel. O novo ministro das Relações Exteriores, Francisco Azeredo da Silveira, logo também desembarcaria no Senegal. O que movia os interesses do governo brasileiro era o processo de descolonização do continente africano. Tendo apoiado de imediato o novo governo de Portugal, instaurado em abril com a Revolução dos Cravos, o Brasil também se apressou a reconhecer a independência da Guiné-Bissau. O presidente Léopold

Senghor se empenhava igualmente na busca de entendimento entre Portugal e o país vizinho.

"O Brasil deve aprender a entender a África", declarou o chanceler Azeredo da Silveira na reunião realizada em Dacar com os embaixadores e cônsules que serviam no continente. Desejando se tornar "herdeiro" das ex-colônias africanas, o país pretendia apoiar a consolidação dos novos governos, construir outras embaixadas e espalhar missões comerciais pela região. No início de novembro, João Cabral viajou à Guiné-Bissau, dando início aos estudos para a instalação da futura Embaixada do Brasil no país.

Durante a visita do chanceler a Dacar foi inaugurada a nova residência diplomática brasileira. Projetada pelo arquiteto Olavo Redig de Campos, a mansão tinha uma ala inteira de quartos, cada um com jardim interno, separada das outras dependências por um enorme corredor, utilizado para os serviços. Também contava com piscina, varanda e amplos salões. Por sua arquitetura original, acabaria virando uma atração turística. Estava situada numa *corniche*, de frente para o mar. O poeta às vezes fixava uma linha imaginária e pensava: "Ali é Olinda".

A residência era utilizada para recepções dadas a autoridades ou ao corpo diplomático e também para eventos promovidos por Stella, com a finalidade de arrecadar fundos para obras sociais no Senegal. Quando recebia convidados senegaleses, João enfrentava dois embaraços. O primeiro vinha do fato de os muçulmanos não consumirem bebidas alcoólicas. Tal circunstância o impedia de tomar seu uísque, ingrediente que julgava fundamental na vida diplomática — a única maneira de um sujeito tímido se adaptar às pessoas em tantas ocasiões festivas. Outra coisa que também o desorientava entre os senegaleses era a prática da poligamia. Cada homem tinha direito a se casar com quatro mulheres — a razão daquele número, para João tão fascinante, ele jamais pôde entender. A confusão ocorria quando os convidados apareciam em sua residência tendo ao lado mais de uma esposa. O embaixador, todo sem jeito, ficava sem saber qual delas devia cumprimentar primeiro.

Em dezembro, o poeta voltou ao Rio de Janeiro, dessa vez para acompanhar a visita oficial do ministro do Interior do Senegal, Jean Collin. Stella também veio, chegando a tempo de ver pela última vez sua mãe, cuja morte ocorreu no início de janeiro de 1975. A tarefa de arrumar a casa de Baby, de realizar as missas e outras providências práticas a obrigaram a permanecer mais tempo no Rio.

"Joãozinho vai bem. Mas já é o momento de voltar a ser controlado", reclamou o marido em carta enviada de Dacar. Apenas no final de fevereiro Stella retornou ao Senegal. Estava acompanhada de Rodrigo e da nora, Cecília, que lá foram passar as férias. João fez passeios com os visitantes ao litoral sul do Senegal, cruzando o estreito território de Gâmbia, e à capital da Mauritânia, Nouakchott. As viagens ao deserto da Mauritânia, a partir daquele ano, graças à construção da maior rodovia do país, pela empreiteira Mendes Júnior, se tornariam mais frequentes.

Sempre que recebia fotografias da neta, João Cabral se animava a compor versos: "Eis Dandara, alegria da rua,/ que nasceu a assoviar,/ quando virás por aqui/ ver teus avós em Dacar?", dizia uma das estrofes. Os retratos ora lhe lembravam a filha Inez, aos dois anos, em Barcelona, ora o "sangue baiano,/ polêmico e rui-barbosa" de Stella. O ar insolente da menina também o fazia evocar a gente "pernambucana, insubserviente,/ que já foi muito e hoje é *niente*". Por um lado, era a si mesmo que ele descobria na expressão da garota: "o avô feio na neta linda/ reencontrou o passado". Por outro, ao vê-la no jardim público, "natural como em seu mundo", percebia como este se distinguia do mundo do avô, que vivia "se criando muros".

Esses versos, ao lado de outros que relatavam diálogos imaginários, foram anexados às fotos num caderno, que depois seria despachado ao Brasil. Na folha de rosto, o poeta escreveu: "Ilustrações para fotografias de Dandara — Editora do Avô, 1975".

Ao completar 56 anos, depois de quase uma década sem lançar livros, João Cabral finalmente ofereceu ao público uma coletânea inédita de poemas. Nos anos anteriores, as únicas novidades que surgiam eram as reedições, pela José Olympio, dos volumes lançados pela Sabiá: *Antologia poética*, *Poesias completas* e *Morte e vida severina e outros poemas em voz alta*, que em 1975 chegou à sétima edição. Uma legião de leitores da obra cabralina havia sido conquistada por aqueles títulos. A expectativa pelo novo volume, que tardava a chegar, crescia a cada ano.

Desde 1972 circulava na imprensa a notícia do livro, já com o título *Museu de tudo*. Na época, Cabral informou que a arrumação dos poemas, ao contrário de *A educação pela pedra*, não tinha nada de esquematizada. Era simplesmente a reunião de alguns esboços encontrados por ele enquanto arrumava as bagagens de sua mudança para o Senegal. No ano seguinte, em entrevista à *Manchete*, João reclamou do peso da idade e do excesso de trabalho, que diminuíam cada vez mais sua vontade de concluir os poemas. "Creio que já escrevi demais e é bom parar por uns tempos", declarou na ocasião.

Museu de tudo só foi enviado, de Dacar, à editora José Olympio em fevereiro de 1975. "Sugiro que você mande um xerox e guarde o original para mim. É o mínimo, não?", requisitou Stella. Dedicada a Lêdo Ivo, a obra chegou no final do ano às livrarias. A noite de autógrafos ocorreu em 7 de janeiro de 1976, dois dias antes do aniversário do autor. O desfile de personalidades do mundo político e intelectual se estendeu durante horas na Livraria Folhetim, no Leme. Eventos dessa natureza, confessou o poeta, para ele soavam como vulgarização e lhe traziam aborrecimento. Não gostava de se sentir "pão de ló da festa", como diziam em Pernambuco. Por essa razão, evitava estar presente no lançamento dos seus livros.

Nas entrevistas, João Cabral reiterou o que dissera a princípio acerca da composição do volume. Se suas demais obras possuíam unidade, cálculo e arquitetura sólida, esta não passaria de uma coleção de "poemas de circunstância", alguns bastante antigos, que jamais puderam ser encaixados na estrutura de livros anteriores. Os textos eram variados: da filosofia de Max Bense à música da Andaluzia, tudo cabia no livro — notadamente comentários sobre pintura, literatura e futebol. "Este museu de tudo é museu/ como qualquer outro reunido;/ como museu, tanto pode ser/ caixão de lixo ou arquivo", confessava o poeta já no poema de abertura.

O argumento do cansaço serviu de explicação para o fato de o novo livro não exibir inovações técnicas ou temáticas. As tarefas de embaixador, com vida social intensa, não permitiam que ele desligasse a cabeça. "Não tenho mais a lucidez e a acuidade de antes", afirmou ao *Jornal do Brasil*. *Museu de tudo* era "um livro de velho reunindo coisas", sem trazer absolutamente qualquer novidade. "Na minha idade, o sujeito não está mais para ousadias", acrescentou em depoimento à *Folha de S.Paulo*. Sua fase preferida, que ia de *Quaderna* a *A educação pela pedra*, lhe parecia definitivamente esgotada. "Considero minha obra acabada aos 45 anos", declarou a Rubem Braga. Ultrapassada essa fase, pela qual gostaria de ser julgado, disse que não se sentia mais responsável pelos livros que viesse a publicar, "por fraqueza ou por hábito".

O repertório heterogêneo de *Museu de tudo*, graças à retomada do cotidiano e do coloquial, fazia lembrar as primeiras obras cabralinas, vinculadas ainda à influência do Modernismo. Alguns textos eram mesmo datados de meados dos anos 1940, como "O autógrafo" e a primeira versão da "Fábula de Rafael Alberti". Os versos de circunstâncias, trazendo anotações casuais, breves, irônicas, também pareciam se conectar de algum modo à dicção da poesia marginal, que emergira no início dos anos 1970.

Em alguns textos, reapareciam as velhas obsessões de Cabral, como a lucidez, tema de "A insônia de Monsieur Teste", inspirado num personagem de Valéry, e de "Paráfrase de Reverdy". Neste, o poeta fala da "lucidez dos sobressaltos", que só pode ser experimentada por quem evita o "quase-sono" dos chãos de asfalto, que são as frases deslizantes, preferindo a "dicção da frase de pedras".

A morte de amigos como Willy Lewin e Marques Rebelo também serviu de motivação para poemas. Outros companheiros lembrados foram Manuel Bandeira, Vinicius de Moraes e Joaquim Cardozo. Em *"Casa-grande & senzala*, quarenta anos"*, depois de lançar em sua obra algumas indiretas a Gilberto Freyre, das quais este fingia não tomar conhecimento, João resolveu homenageá-lo: "Ninguém escreveu em português/ no brasileiro de sua língua", dizia o poema. Em sua opinião, aquela linguagem, tão diferente da sua, mas cujo ritmo o fascinava desde a juventude, era a maior prosa brasileira. Mesmo no artigo mais insignificante, Freyre sempre exibia "esse à-vontade que é o da rede,/ dos alpendres, da alma mestiça". Para Evaldo Cabral de Mello — que publicou, pouco antes do lançamento de *Museu de tudo*, o livro inaugural do seu projeto historiográfico, *Olinda restaurada* —, em boa hora João havia superado sua alergia intelectual àquele parente generoso e amável, que sempre festejava o primo poeta em suas visitas à casa de Apipucos.

Em *Museu de tudo* também vieram à luz poemas de temática africana: "Em Marrakech", "Impressões da Mauritânia", "O sol no Senegal", "De uma praia do Atlântico", "Viagem ao Sahel" e "Na mesquita de Fez". Após o lançamento do livro, o jornal *Le Soleil*, de Dacar, publicou um artigo elogiando a intimidade do poeta, "senegalês de adoção", com o país onde residia — especialmente a composição em que ele descrevia o sol que, em vez de nascer, vinha ao fim do dia "se enterrar" no oceano, o que para ele era um espetáculo insólito.

Todavia, na opinião de João Cabral, os poemas sobre o Senegal falavam mesmo era de sua terra de origem. A exemplo da Espanha, a África, com suas paisagens descampadas, lhe despertava lembranças do sertão e do Agreste de Pernambuco. Curiosamente, em seu famoso guia do Recife, Gilberto Freyre havia chamado a atenção para a semelhança de certos trechos da capital pernambucana, tomados por mocambos e casas de palha, com localidades do Senegal. Para João, Dacar era uma bela cidade e parecia mesmo próxima de Pernambuco, que ele imaginava bem em frente de sua residência, do outro lado do Atlântico.

"A Carlos Drummond de Andrade, seu sempre discípulo (embora mau), João Cabral de Melo Neto." Com essa dedicatória enviesada, que punha em evidência tanto o reconhecimento do aprendizado quanto a sua superação ou rejeição, um exemplar de *Museu de tudo* foi enviado por João à casa do poeta mineiro. Se o gesto manifestava um desejo de aproximação, também timbrava em acentuar a diferença que afastava os dois poetas, fazendo, mais uma vez, vir à tona a competição. Drummond entendeu o recado e não esperou muitos dias para dar baixa do livro. O exemplar de *Museu de tudo* foi oferecido de presente ao poeta e crítico Gilberto Mendonça Teles, com o acréscimo de uma nova dedicatória: "Ao Gilberto, com o abraço do Drummond".

Outras provocações de João Cabral apareciam por meio da sátira nos próprios poemas. Em *Museu de tudo*, os versos de "Retrato de poeta", aludindo ao sujeito "que só escrevia na latrina" sua "poesia/ meditabunda que/ se quer filosofia", não retomavam apenas o velho combate "contra a poesia dita profunda", iniciado em 1947 com a publicação de "Antiode". A composição também fazia lembrar outra de título semelhante, "Retrato de escritor", incluída em *A educação pela pedra*, cuja ironia se voltava contra o poeta submerso em banho beatífico, que falava "da dor indonésia/ lida no Rio, num telegrama do Egito". Nesse poema, o alvo da sátira, conforme revelou o autor, era o próprio Carlos Drummond de Andrade. Nas conversas íntimas, a implicância era recorrente. João costumava atacar poemas cultuados da obra drummondiana madura, como "Nudez". Não deixava, porém, de admitir seu pasmo diante de outra composição célebre daquele período, "A máquina do mundo".

Com seu outro mestre de juventude, Murilo Mendes, falecido em Lisboa poucos meses antes do lançamento de *Museu de tudo*, a amizade jamais sofreu abalos. Curiosamente, a influência registrada a princípio sofreu uma inversão com o passar das décadas. "Joãocabralizei-me", confessou Murilo num poema do livro *Convergência*, publicado em 1970. No mesmo volume, o autor incluiu ainda um "Murilograma a João Cabral de Melo Neto", evocando traços da obra cabralina — não só a linguagem enxuta e contundente, mas também o poder de "encarnar poesia física", de apreender o real, de "radiografar a miséria".

Em 1976, com dez anos de atraso, finalmente chegou às livrarias a *Antologia poética* de Murilo Mendes, organizada por João Cabral para a Editora do Autor. O volume apareceu graças à parceria da casa editorial Fontana com o Instituto Nacional do Livro, trazendo uma introdução crítica de José Guilherme Merquior. Murilo não chegou a ver o livro, cuja rejeição por parte de Rubem Braga e Fernando Sabino lhe havia trazido tanto desgosto. "Excluíram-me daquela série de poetas, que além de ilustres, são (ou foram, porque alguns já morreram) caríssimos amigos meus", queixou-se no início dos anos 1970, depois de pedir à editora Sabiá a devolução dos originais. A desculpa dada por Braga era que os exemplares de outra antologia de Murilo, publicada em Lisboa, estavam encalhados na Livraria Agir, no Rio. "Se a Agir não vende, que venda a Sabiá", protestava o poeta. Após sua morte, enfim apareceu a obra, com uma observação na contracapa: "A presente antologia é escolha de João Cabral de Melo Neto, o que lhe assegura a precisão e o rigor".

Sob forte chuva e protegido por grande aparato de segurança, o presidente Léopold Senghor desembarcou em Natal em 21 de fevereiro de 1976, procedente da Martinica. Doze anos haviam se passado desde sua primeira visita ao Brasil, no início do governo Castelo Branco. Entre as autoridades que chegaram ao aeroporto antes do amanhecer para recebê-lo estava João Cabral. Na semana anterior, na viagem para as Antilhas, o avião que conduzia Senghor havia feito uma parada no mesmo aeroporto. Não obstante a curta duração da escala, Cabral também fizera questão de estar em Natal, junto à escada da aeronave, para lhe dar as boas-vindas.

Na ocasião, em rápida entrevista coletiva, o presidente senegalês lamentou a guerra civil e a presença de tropas soviéticas e cubanas em Angola. Apesar de sua admiração pelo poeta Agostinho Neto — líder do Movimento Popular de Libertação de Angola (MPLA) e primeiro presidente do país após a independência —, Senghor temia o risco de uma "segunda colonização" da África. Sobre o triunfo do MPLA, João Cabral não quis dar então nenhuma palavra. Segundo ele, declarações sobre política externa cabiam exclusivamente ao chanceler Azeredo da Silveira. A respeito de Senghor, reeleito em 1973 com a quase totalidade dos votos, Cabral fez comentários elogiosos, lembrando que ele havia instituído, na Universidade de Dacar, um departamento de língua portuguesa e que dava grande valor à tradição cultural brasileira, de forte influência na África.

João Cabral estava desde dezembro no Brasil. Após o lançamento de *Museu de tudo*, o poeta seguiu para Pernambuco, onde passaria um mês de férias, o que facilitou as idas a Natal. Quando a comitiva do Senegal voou para a Martinica, o poeta permaneceu na cidade, como hóspede do governo do Rio Grande do Norte. A seguir viajou ao Recife, de onde voltou três dias depois para acompanhar novamente Senghor, que dessa vez programara uma estadia mais longa, de 48 horas.

De sorriso sempre aberto, o presidente do Senegal deixou sua suíte na manhã de domingo para conversar com intelectuais de Natal. Mais uma vez, porém, o dia amanhecera chuvoso e os convidados não compareceram ao hotel. Enquanto os esperava, Senghor, diante dos jornalistas, iniciou um diálogo com João Cabral. "Vinicius de Moraes está na Argentina", informou o embaixador, em resposta a uma pergunta do visitante. "É um grande poeta e se tornou também um grande cantor, como Charles Aznavour." Senghor disse que a canção, na África, era uma verdadeira poesia popular. Cabral observou então que autores de cordel do Nordeste do Brasil se pareciam muito, pela temática social, com os *griots*, os poetas populares do Senegal.

Senghor fez alusões à história do seu país e aos almorávidas provenientes do Saara. Explicou a origem das palavras "mouro" e "etíope", que significavam, respectivamente, "escuro" e "negro". Na Mauritânia, havia mouros ao norte e negros ao sul, informou o presidente. João acrescentou que Senghor havia acabado de criar no Senegal uma revista cultural, de caráter pan-africano, chamada *Éthiopiques*, o mesmo título de um de seus livros de poesia. Senghor teve então a curiosidade de saber por que não havia visto negros em Natal. Cabral explicou que a cidade se situava num planalto, e os negros tinham vindo da África para trabalhar na lavoura de cana-de-açúcar, à margem dos rios. "Então um dia eu volto e o senhor me leva ao Capibaribe", disse o visitante.

João Cabral de Melo Neto foi o último diplomata de sua turma a ser promovido a embaixador. Passados dez anos da última promoção, concedida por Castelo Branco, e após quatro anos de residência em Dacar, sua categoria profissional continuava a ser a de ministro de segunda classe, comissionado para chefiar o corpo diplomático brasileiro em três países da África Ocidental. "Não creio que me promovam nunca a embaixador de verdade e assim prefiro ficar no exterior o tempo que me falta", escreveu o poeta em março de 1974 a Afonso Arinos Filho. Em virtude dessa descrença, planejava então se aposentar em 1980, quando completaria sessenta anos.

O nome de João Cabral foi inserido no Quadro de Acesso divulgado pelo Itamaraty no início de 1975, entre os 24 candidatos a serem elevados ao último posto da carreira — a promoção, nesse caso, era feita exclusivamente "por merecimento". Naquele ano, porém, o cargo de ministro de primeira classe mais uma vez lhe escapou das mãos. Em maio de 1976, a lista de promoções finalmente trouxe seu nome. Só então o poeta se tornou "embaixador de verdade", a exemplo dos escritores Guimarães Rosa, Ribeiro Couto e Graça Aranha. A promoção foi festejada pela Academia Brasileira de Letras. Na condição de ministro de primeira classe, João acabaria por adiar a aposentadoria.

Da relação de novos embaixadores de 1976, também constava, por coincidência, o nome de Paulo Cotrim, um dos diplomatas afastados do Itamaraty, com João Cabral, no governo de Getúlio Vargas. Antes de assinar as promoções, Geisel solicitou ao Serviço Nacional de Informações (SNI) os registros dos dois candidatos. "Consta que foram demitidos por questões de segurança e que retornaram por via judicial", escreveu o presidente em bilhete enviado ao ministro-chefe do órgão, João Batista Figueiredo.

Nos registros do principal órgão de espionagem da ditadura, João Cabral aparecia descrito como "autor de vários livros de poesia e da peça *Morte e vida severina*, na qual explora a situação psicossocial do Nordeste através de uma forte mensagem de incitamento à luta de classes". As denúncias de Carlos Lacerda, estampadas em 1952 na *Tribuna da Imprensa*, também constavam do prontuário, dando conta de que, na ocasião, o diplomata havia reconhecido ter trabalhado para o comunismo, quando era cônsul em Barcelona e Londres. Depois disso, porém, segundo o trecho de um documento transcrito, ao longo de quase duas décadas "o nominado jamais teve qualquer atitude ou comprometimento que pudesse torná-lo suspeito de intenções ou atividades antidemocráticas ou subversivas". A atuação disciplinada de João Cabral como diplomata e sua eleição, por unanimidade, para a Academia Brasileira de Letras foram igualmente destacadas. Na ficha de Paulo Cotrim, que passara a ser visto como elemento bem conceituado na área militar, a conclusão era um simples "nada consta", sem referência ao processo dos anos 1950. Para o caso de João Cabral, o juízo foi menos favorável:

Embora não existam elementos que possam caracterizá-lo como militante comunista, os registros existentes sobre sua atuação e seus trabalhos literários levam-nos a classificá-lo como elemento "simpatizante", ou no mínimo, de tendência esquerdista.

De posse dos relatórios, Geisel resolveu promover os dois candidatos ao cargo de ministro de primeira classe. Tal sorte não tiveram os outros diplomatas acusados em 1952 de integrar a mesma célula comunista. Jatir de Almeida Rodrigues fora cassado após o AI-5. Antônio Houaiss, punido desde 1964, só voltaria ao Itamaraty em 1979, com a anistia política. Além de Cabral e Cotrim, somente Amaury Banhos de Oliveira conseguiria chegar ao topo da carreira, mais tarde ainda, já no governo de José Sarney.

Em junho de 1976, dois meses antes do desastre automobilístico que o matou, Juscelino Kubitschek enviou, por carta, suas felicitações a João Cabral. O ex-presidente era uma das personalidades presentes na concorrida noite de autógrafos do livro *Museu de tudo*. Doze anos depois de sua cassação, esperava ainda voltar à vida política. "Que me diz da candidatura JK? O homem deve estar com arteriosclerose", escreveu João Cabral em carta enviada a Lêdo Ivo, referindo-se à eleição para a Academia Brasileira Letras, disputada em outubro de 1975. Por apenas dois votos, Juscelino perdeu a vaga para o escritor Bernardo Élis. João lhe devia a condução para a Espanha, em 1956, e chegara a recebê-lo em Berna, na década seguinte, quando o ex-presidente vivia exilado na Europa. Na Academia, porém, recusou lhe dar apoio. Preferiu ceder à campanha de Austregésilo de Athayde, enviando, de Dacar, seu voto em favor do outro candidato.

Já pelo sucessor de Kubitschek na presidência, Jânio Quadros, de cujo breve governo participara, o poeta não disfarçava a simpatia. A renúncia de Jânio, para ele, fora sempre incompreensível. Não obstante seus rompantes e desequilíbrios, considerava-o um homem sério e achava que poderia ter feito um bom governo. Na residência em Dacar, o ex-presidente chegou a visitá-lo. Durante a conversa, João se lembrou de um fato ocorrido nos anos 1950, no início de sua carreira meteórica — Jânio era prefeito de São Paulo e decidiu cortar a subvenção concedida ao Clube de Poesia, um dos núcleos da Geração de 45. A curiosidade o levou a perguntar por que havia feito aquilo. Resposta seca do ex-presidente: "Poeta subvencionado é mau poeta".

Museu de tudo foi escolhido, um mês após o lançamento, o melhor livro de 1975 pela Associação Paulista de Críticos de Arte. Animada com as boas vendas, a José Olympio imprimiu, já em 1976, uma segunda tiragem. Entretanto, da parte da crítica especializada, a resposta obtida por Cabral não se mostrou favorável, oscilando entre o estranhamento constrangido, às vezes apenas insinuado, e a explícita reprovação. Para alguns críticos, o volume feito de peças descosidas, catadas em fundo de gaveta, parecia mesmo comprovar o esgotamento da obra cabralina. Nessa fase crepuscular, o autor já não dispunha de forças para "sustentar a sua tensão".

Embora tivesse sido o primeiro a indicar expressamente tal situação — o término de sua obra em *A educação pela pedra* —, João Cabral recebeu de mau humor as ressalvas da crítica. Para defender os poemas de *Museu de tudo*, adotaria atitudes contraditórias. A primeira consistia em lembrar que, no Brasil, eram raros os livros planejados — entre os autores, o mais comum era escrever sem compromisso e, alcançado determinado número de poemas, reuni-los em livro. "Por que todo mundo tem o direito de fazer isso e eu não?", reclamaria. Outra providência foi passar a considerar *Museu de tudo* como uma "coleção de coisas reconstruídas e arrumadas conforme um plano de disposição". Por fim, chegaria a dizer que o livro não era melhor nem pior que o restante de sua obra. Nele haveria mesmo uma experiência nova: o esforço de fazer "poesia crítica". Daí, segundo ele, a grande quantidade de poemas sobre pintores e escritores.

Desde o final dos anos 1960, João Cabral vinha cobrando da crítica literária uma atitude menos impositiva e intransigente. Foi o que ocorreu em depoimento dado em 1968 ao *Diário Popular*, de Lisboa:

Aquilo que me desagrada profundamente na crítica é que se exige do escritor que ele morra se superando. Acho isso uma atitude monstruosa. Conduz a que o escritor só possa parar no dia seguinte ao da morte. Ora, eu gostaria que a crítica brasileira, em vez de se comportar como o público espanhol de touros, adotasse antes a atitude do torcedor de futebol brasileiro.

Por ironia, a orelha do volume mal recebido pelos leitores especializados trazia, sob o título "Cabral e a crítica", uma seleção de fragmentos sobre o autor, escritos por Haroldo de Campos, Luiz Costa Lima, Augusto de Campos, Benedito Nunes, João Alexandre Barbosa e José Guilherme Merquior.

Ao mesmo tempo que valorizava a obra cabralina, a inclusão de tais trechos também servia para atestar, em contrapartida, o apreço do poeta pela crítica que, desde o primeiro livro, o recebera tão bem e pela qual sempre tivera a máxima curiosidade.

Em primeiro lugar, estariam os ensaios dos concretistas — os primeiros, segundo ele, a apresentar uma compreensão real de sua obra. Depois viriam outros críticos, que Cabral conhecera ainda jovens, dos quais os poetas concretos seriam credores, em sua opinião, devido à nova consciência do fenômeno literário que haviam introduzido no Brasil. Um deles era Luiz Costa Lima, autor de *Lira e antilira*, publicado em 1968 pela Civilização Brasileira. Na opinião de João Cabral, o livro abriria o caminho para os estudos que viriam depois, destacando-se não apenas pela análise penetrante, mas "por sua linguagem precisa, embora pareça fazer volutas luminosas sobre versos às vezes pouco acessíveis ao leitor".

O estruturalismo de Lévi-Strauss atraía sua atenção desde meados da década de 1960. "Ando cada dia mais interessado, não como curioso de sociologia, mas como escritor de poesia", relatou, em 1965, em carta a Lauro Escorel. Espécie de imitação da matemática, a corrente servia de reforço para sua convicção a respeito do primado da razão na criação poética. Pela ênfase conferida ao estudo do texto, deixando de lado a parte biográfica, apreciava também a escola norte-americana do *New Criticism*. Em 1975, João Cabral declarou não compreender que um escritor pudesse não conhecer Saussure ou outros teóricos. "Alguns autores, por puro coquetismo, dizem que não entendem a terminologia", criticou. Em sua opinião, todos, no fundo, estudavam teoria. "O poeta não é um iluminado que faz porque faz."

Depois começou a reconhecer, na produção crítica alinhada ao estruturalismo, os riscos do que chamava de "abuso tecnicista". Percebeu que a crítica feita nas universidades — ao contrário da extinta crítica diária de jornal — não tinha utilidade prática para o autor. Doía-lhe constatar que o efeito dos ensaios acadêmicos, que às vezes julgava mesmo incompreensíveis, era tornar a obra mais complicada, criando obstáculos para o leitor. Era como se sua poesia servisse unicamente para que os professores pudessem brilhar sobre ela.

Em 1972, José Guilherme Merquior lançou, pela editora José Olympio, *A astúcia da mímese*. O ensaio mais longo do volume, intitulado "Nuvem civil sonhada", oferecia uma espécie de recriação da obra cabralina, como se pretendesse revelar ao poeta os segredos de sua poesia. O mesmo recurso a fórmulas intelectualizantes, que a seu ver bloqueavam um diálogo mais vivo entre a obra e o leitor, caracterizava o livro *A imitação da forma*, de João Alexandre Barbosa, publicado em 1975 pela editora Duas Cidades. João se sentia incomodado com o excesso de explicações da crítica universitária. Citando Fernando Sabino, dizia que o escritor escreve para ser lido, não para ser explicado. A necessidade de tantos esclarecimentos lhe parecia acusar uma deficiência: a incapacidade do autor de ser mais claro ao escrever os poemas.

Duas exceções seriam abertas pelo poeta: o ensaio *João Cabral de Melo Neto*, de Benedito Nunes — que inaugurou, em 1971, a coleção Poetas Modernos do Brasil, organizada por Affonso Ávila e publicada pela editora Vozes — e o volume *A pedra e o rio*, de Lauro Escorel, editado em 1973 pela Duas Cidades. Este fora escrito ao longo do convívio de dois anos que os dois amigos tiveram no Paraguai. À distância da corrente estruturalista — "sem o rigor técnico do especialista, que não sou", assumiu Escorel —, o ensaio procurava fixar as "metáforas obsessivas" da obra, indicando, por meio delas, alguns processos inconscientes do autor. Apesar de invadir e perscrutar a intimidade — envolvendo, de algum modo, o aspecto biográfico —, o ensaio recebia constantes elogios do poeta.

A ênfase na racionalidade e no hermetismo da poesia cabralina foi predominante na primeira leva de estudos mais alentados, surgidos entre as décadas de 1960 e 1970. "*He is 'difficult'*", afirmou Elizabeth Bishop na introdução ao livro *An Anthology of Twentieth-Century Brazilian Poetry*, publicado em 1972 nos Estados Unidos. Dentre todos os poetas então em atividade no Brasil, João Cabral lhe parecia apresentar "o melhor desenvolvimento e a maior coerência de estilo".

Alguns anos depois, ao comentar a fortuna crítica de Cabral, o poeta Sebastião Uchoa Leite diria que a maior influência exercida por sua obra teria sido não sobre outros poetas, mas sobre a produção da exegese crítica. Por parecer um sistema bem construído e um saber racionalizado, a poesia cabralina exercia sobre a crítica uma "atração quase mítica", como se tudo fosse apenas metapoesia, crítica da linguagem poética, e a poesia não tivesse um caráter transitivo, apontando para as coisas.

Ao final da década de 1970, José Guilherme Merquior também lamentou que as leituras críticas ainda girassem em torno da "celebrada vontade de lucidez do poema cabralino". Destacou além disso a contribuição de Benedito Nunes e Lauro Escorel. A familiaridade dos dois autores com a psicanálise lhes teria permitido revelar que "a superfície cristalina da lírica de João Cabral recobre pulsões e tensões que ultrapassam largamente o estereótipo do poeta cartesiano". Era preciso, na expressão de Uchoa Leite, descobrir "o que não é João Cabral de Melo Neto por-ele-mesmo".

A ênfase posta sobre a lucidez — o rigor geométrico, as estruturas matemáticas, as experimentações serialistas —, em detrimento dos aspectos humanos e sociais, tudo isso contribuiu para que as novas gerações, invertendo a tendência anteriormente verificada, dessem agora sua preferência a outros poetas, como Manuel Bandeira, e se voltassem contra a racionalidade cabralina.

A caminho da Nigéria, Caetano Veloso e Gilberto Gil fizeram uma visita à residência diplomática em Dacar. Os artistas baianos, criadores do colorido e irreverente Tropicalismo, de que Cabral tinha horror, iriam participar em Lagos da segunda edição do Festac, festival pan-africano de arte e cultura programado para os meses de janeiro e fevereiro de 1977. A figura e a personalidade do poeta causaram forte impressão aos visitantes, especialmente em Caetano. Passados muitos anos, este registraria em forma de poema uma lembrança do encontro: o momento em que o poeta informou uma particularidade das belas aves pernaltas que passeavam no gramado. Diante de seres humanos invasores, os grous tinham um comportamento distinto, explicou. A fêmea costumava avançar, enquanto o macho, por timidez, se esquivava. "Ou será o contrário, pergunta-nos/ o poeta sério e buster keaton", escreveu Caetano.

Dos artistas da música popular, o único que João conhecia de verdade era Chico Buarque, a quem devia, como ele mesmo frisava, parte de sua projeção como poeta. Canções como "A banda", do tempo de *Morte e vida severina*, e especialmente "Construção", gravada em 1971, que chegara a escutar por um dia inteiro, agradavam aos seus ouvidos insensíveis à música. De Noel Rosa, ele gostava apenas das letras, que o faziam se lembrar do universo carioca de Marques Rebelo. Por Gilberto Gil, cujas canções evocavam nele a infância pernambucana, João tinha alguma simpatia. Caetano, porém, lhe causava mais estranhamento — o que destoava da intensa admiração pela poesia cabralina, confessada diversas vezes pelo compositor. Em entrevista a Augusto de Campos, publicada no livro *Balanço da bossa e outras bossas*, Caetano relevou que havia lido os poemas de João Cabral tantas vezes quantas tinha ouvido os discos de João Gilberto. "Minha música vem da música da poesia de um poeta João/ que não gosta de música", diria ele mais tarde numa das canções do disco *Estrangeiro*.

A respeito da sua influência sobre a nova poesia brasileira — que alguns amigos, como Otto Lara Resende, diziam continuar imensa —, João Cabral fazia uma ressalva. Sua obra, para ele, tinha apenas sucesso de estima, mas não o poder de influenciar novos poetas. Em conversa com Mário Chamie, que também o visitou em Dacar, João afirmou que não se considerava um poeta "ecumênico" dentro do país. "Um poeta ecumênico, no sentido de influência nacional, é Carlos Drummond de Andrade", explicou. O autor de *A rosa do povo* era quem possuía, a seu ver, a retórica, a ironia e as demais qualidades nacionais. "Seguir Drummond é uma forma de a jovem poesia não negar o Brasil, nem de ser antibrasileira", acrescentou.

Entre os poetas oriundos de movimentos de vanguarda, a influência de João Cabral foi sempre destacada. Tal era o caso de Armando Freitas Filho, do grupo carioca vinculado à Poesia Práxis, que propunha experimentações sem abandonar o discurso e a sintaxe. "Um discurso não derramado, mas contido, de estirpe cabralina", diria ele mais tarde. A partir do final dos anos 1960, João e Armando se tornaram amigos, apesar da diferença de idade de vinte anos. Armando não viu no mestre o homem seco de que tantos falavam. João lhe pareceu tímido, porém amável e até meigo. Era sobretudo conversador, mas sem gostar de estar no meio de muita gente. A exemplo de Drummond, preferia conversar com um interlocutor de cada vez. Anos depois, quando o jovem contou que se encontrava com Ana Cristina Cesar toda quarta-feira, na lanchonete Itahy, na esquina das ruas Porto Alegre e Graça Aranha, João exclamou: "E eu com Carlos Drummond, cem anos atrás!".

Para os estreantes dos anos 1960, João Cabral foi uma espécie de "superego artesanal único", segundo a expressão usada por José Guilherme Merquior ao escrever sobre o primeiro livro de Francisco Alvim, *Sol dos cegos*, de 1968. Em Alvim, porém, a ênfase nas vivências pessoais, em detrimento do "primado do intelectual", já indicava uma inflexão contrária ao rumo indicado pelo mestre. Em junho de 1976, Ana Cristina Cesar publicou um artigo no semanário *Opinião*, "Nove bocas da nova musa", no qual contestava a inclusão de poemas de *Museu de tudo* na edição da revista *Tempo Brasileiro* dedicada à poesia — "anticabralina por excelência", observou a poeta —, surgida no período. Os novos autores, segundo ela, não hesitavam em introduzir no poema "a paixão, a falta de jeito, a gafe, o descabelo", ao lado da indignação política e da "depressão sem elegância".

Dois meses depois, numa conversa sobre o volume *26 poetas hoje* — antologia da chamada "poesia marginal" ou "geração mimeógrafo", lançada em 1975 por Heloisa Buarque de Hollanda —, Sebastião Uchoa Leite declarou: "Me parece que nessa antologia o grande assassinado é Cabral". Ana Cristina disse que estava de acordo: "Há, sim, um traço anticabralino, antiformalista". Para essa geração ligada à contracultura, que se via à margem do sistema, valorizando o cotidiano e a espontaneidade, a poética de João Cabral parecia demasiado rígida, impassível e "sublime". Uma coisa careta, conservadora e neoparnasiana, na contramão do "desbunde", que propunha o desprezo às regras e certa hostilidade à cultura letrada. "Vivo instalado no meu minifúndio/ (o João Cabral é um latifundiário)", escreveu Geraldo Carneiro. Opositores mais agressivos acusavam também a visão "senhorial", a perspectiva da casa-grande insinuada mesmo nos versos cabralinos que tratavam da miséria.

João se sentiu ameaçado pela poesia marginal. Seu temor era que houvesse uma reviravolta e que o movimento viesse a apagar seus méritos. Podia não ler os poemas "marginais", que achava muito confessionais, pobres e relaxados, mas não perdia de vista os autores que estavam aparecendo. Para ele, era importante ser apreciado pelos jovens. Não suportava a ideia de que alguém desgostasse dos seus poemas. Seu desejo era escrever sempre o melhor possível para que todos o admirassem. "Oh, João, não existe todo mundo", advertiu, certa vez, Armando Freitas Filho. "Não, para mim é importante", respondeu ele. "Se um chofer de táxi falar que não gostou de um poema meu, nunca mais esquecerei isso", enfatizou. Na opinião de Armando, toda aquela insegurança tinha, na origem, uma única causa: a rivalidade com Drummond.

Em 1974, Augusto de Campos publicou o soneto satírico em que registrava a decepção dos poetas concretos com a entrada de João Cabral para a Academia Brasileira de Letras. O poema "Soneterapia" apareceu nas páginas de *Navilouca*, a revista mais importante do Pós-Tropicalismo e da contracultura, criada por Torquato Neto e Waly Salomão. Os primeiros versos diziam: "drummond perdeu a pedra: é drummundano/ joão cabral entrou pra academia/ custou mas descobriram que caetano/ era o poeta (como eu já dizia)". O protesto de Augusto, em quem João via uma espécie de extensão do seu trabalho, obviamente não tinha como alvo o "abuso tecnicista" atacado pelos poetas marginais. A esse respeito o soneto incluía, aliás, uma alfinetada: "o concretismo é frio e desumano/ dizem todos (tirando uma fatia)". Augusto estava mais próximo da insatisfação manifestada pelos críticos literários diante do poeta consagrado que, àquela altura, parecia não ter nada de novo a dizer.

No capítulo das reações negativas provocadas pela poesia de João Cabral, um lugar especial caberia à irreverência de Hilda Hilst, cujo desabafo pôs em evidência, também com verve satírica, as famosas "ideias fixas" cabralinas:

Lembrou-se de um poeta que adora facas. Que cara chato, pô. Inventaram o cara. Nada de emoções, ele vive repetindo, sou um intelectual, só rigor, ele vive repetindo. Deve esporrar dentro de uma tábua de logaritmo. Ou dentro de um dodecaedro. Ou no quadrado da hipotenusa. Na elipse. Na tangente. Deve dormir num colchão de facas. Deve ter o pau quadrado. Eta cabra macho rigoroso!

A situação de João Cabral nos anos 1970 destoava da consagração alcançada nas décadas anteriores. Rejeitado pela nova geração de poetas e desacreditado também pelos críticos, ele agora não passava de um "poeta-monumento", cuja obra era vista como esgotada. Embora os ataques e as ressalvas tivessem motivações distintas, de ambos os lados parecia haver uma supervalorização da engenharia poética cabralina, como se apenas esse dado importasse em sua obra e esta fosse sempre, inequivocamente, a poesia clara e simétrica preconizada pelo autor. "É uma poesia que abriga a sombra da morte e a assimetria das sensações", resumiria com precisão Armando Freitas Filho. O rigor poético de Cabral não poderia ser confundido, em sua opinião, com "a rigidez cadavérica de vanguardismos vencidos". Também para José Guilherme Merquior, Cabral seria, ao contrário do que supunham os jovens poetas, "um obstinado dessacralizador da literatura".

Sugestão semelhante poderia ser vista na canção "A palo seco", gravada em 1973 por Belchior. Na explicação do compositor, a letra era uma espécie de autocrítica da nova geração, apontando o esvaziamento cultural dos anos 1970. Belchior teria partido do poema cabralino de *Quaderna* não para aludir à poética do rigor e da assepsia, mas para conotar o drama vivido naquela época em que o desespero assumia proporções gigantescas: "E eu quero é que esse canto torto/ feito faca, corte a carne de vocês".

"João, como é que você, tão engenheiro na sua poesia, é tão manso na vida real?" A pergunta veio de Clarice Lispector, convidada pela revista *Manchete*, entre outros escritores, para entrevistar João Cabral, em edição publicada em agosto de 1976. Em sua resposta, o poeta esclareceu que o fato de procurar construir sua obra de modo frio e calculado, considerando a poesia como "trabalho de arte", não impedia que o ato de escrever fosse, no seu caso, difícil e penoso. "Trabalhar tranquilamente como um engenheiro é, para mim, uma aspiração somente, uma coisa que nunca pude alcançar e que já desisti de alcançar", confessou. De modo análogo, pondo em dúvida a mansidão referida por Clarice, João acrescentou que sua polidez na vida social talvez fosse um modo de equilibrar o esforço despendido na escrita. "Mas os meus próximos, e você mesmo, com quem discuto há tantos anos, sabe que estou longe de ser sempre polido", acrescentou.

A esse respeito, o melhor testemunho era dado por sua relação com Lêdo Ivo, tão próxima e ao mesmo tempo conflituosa. Passadas mais de três décadas, as discussões entre os dois seguiam acirradas e insolúveis. Desde 1971, o amigo era proprietário do sítio São João, na região de Teresópolis. Em suas férias no Rio, acompanhado de Stella, João costumava descansar ali algumas temporadas. Numa delas, se pôs a devorar romances dos portugueses Camilo Castelo Branco e Aquilino Ribeiro. À noite, ele e o amigo se entregavam a intermináveis conversas — João tomando uísque, enquanto Lêdo bebia vinho tinto. O anfitrião ouvia então suas investidas contra os poetas românticos — à efusão destes, preferia a disciplina e o trabalho formal dos parnasianos —, vitupérios contra Camões, Fernando Pessoa e "esse mulato safado chamado Machado de Assis". A despeito do catolicismo de Stella, também se comprazia em proclamar a inexistência de Deus — descrença que Lêdo Ivo tentava, em vão, contestar.

Por que discutiam tanto os dois amigos, se jamais haveriam de chegar a um acordo? Era o que se perguntava o poeta alagoano, ao evocar mais tarde aquele convívio em Teresópolis:

Estou de novo no sítio São João. É noite alta. O vento agita as minhas florestas. Ouço o pio das corujas brancas no caminho entre os cedros. Os meus cachorros sonham de olhos abertos. É uma noite interminável. Diante de um copo de uísque, João Cabral de Melo Neto fala, fala, fala. E, como no dia remoto em que nos conhecemos, pergunta-me sempre: "Compreende?".

Quando a conversa enveredava pela política, João repetia as provocações. Sabendo que Lêdo Ivo era alinhado à direita, timbrava em acentuar sua posição de "materialista-ateu-marxista-leninista-comunista-stalinista". Por Stálin, a quem chamava de "o bigodudo", expressava verdadeira paixão. A verdade era que estavam sempre em campos opostos. Enquanto um dormia bem e passara a vida saudável, o outro fora obrigado a se submeter a dezenas de tratamentos e cirurgias. Dado o enorme contraste, Lêdo às vezes também indagava a si mesmo se alguém poderia ser poeta sem a experiência da insônia, da dor de cabeça e, não menos importante, sem necessitar de uma "ração alcoólica diária".

Uísque com água, sem gelo — era a preferência de João Cabral. Quando percebia que o marido começava a exagerar, Stella advertia: "Joãozinho, você já tomou três". Ao que ele sempre respondia: "Stella, esse é o segundo". A conta subia para cinco ou seis, mas a réplica permanecia a mesma — a dose era sempre a segunda.

O consumo de aspirinas também continuava alto. Embora a dor de cabeça já não o incomodasse tanto, o poeta seguia ingerindo, diariamente, de seis a oito comprimidos. "Houve um tempo em que comia aspirina como pipoca", disse em entrevista a Fernando Sabino. Sua capacidade de leitura, com a idade, havia aumentado. Curioso, devorava livros de toda natureza, notadamente os de história. Mas tinha a impressão de que a memória estava diminuindo, o que o obrigava a tomar notas de tudo. A perda da memória, uma das obsessões de sua poesia na juventude, agora lhe parecia natural após quarenta anos sob o efeito de analgésicos. "Tenho o cérebro domado, algodoado. A aspirina o adormece", declarou na ocasião do lançamento de *Museu de tudo*. A frase contrariava a ode feita dez anos antes, em *A educação pela pedra*, ao "sol de um comprimido de aspirina", imune à noite e às leis da meteorologia.

As outras moléstias tampouco lhe tinham dado uma trégua. "Doenças acumuladas: polineurite, seguida de crises hepáticas, seguidas de alergia", relatou o poeta ao editor Daniel Pereira, da José Olympio. Aos 56 anos, temia já a arteriosclerose. "Medo de fazer besteira pensando que estou fazendo o melhor, que estou sendo genial", declarou ao *Jornal do Brasil*. Quanto à visão da vida, também seguia negativa e pessimista. "Lucidez, angústia, inteligência, é tudo a mesma coisa. Já viu burro angustiado?", declarou.

Em Pernambuco, o pai de João Cabral também acumulava doenças e se queixava da memória fraca. "Não ando com facilidade e não voltarei a fazê-lo mais, como antigamente", relatou em carta enviada ao filho em junho de 1976. Por conta da fragilidade, fora obrigado a se transferir para o Recife e já não podia mais ir sozinho à sua casa no centro de Carpina — o sítio fora vendido, sob protesto dos filhos —, mas somente na companhia de Lourdinha. "Ainda continuo doente. Vou vencendo o tempo", relatou Luiz Cabral em dezembro, ao completar 82 anos. Frequentemente, agradecia ao filho os cheques enviados todos os meses. Em agosto de 1977, os jornais registraram seu falecimento, lembrando sua ficha de advogado, tabelião e político, correligionário de Agamenon Magalhães, e seu passado de plantador de cana no engenho de São Lourenço da Mata. Em Dacar, João recebeu dias depois uma carta de Félix de Athayde, dizendo que guardava do dr. Luiz recordações excelentes, manifestações de simpatia e provas de amizade. "Que lhe seja conforto saber que seus netos estão bem, fortes e sadios e muito bonitos, segundo me disse a tia coruja Isabelita", escreveu o amigo.

Em dezembro, na véspera de completar 57 anos, morreu também Clarice Lispector, em decorrência de um câncer de ovário. Alguns anos depois, num dos poemas do livro *Agrestes*, João, em sua homenagem, contaria a anedota segundo a qual a escritora, numa roda de amigos, relatava casos envolvendo a morte. De repente, chegaram outros amigos e o assunto virou para o futebol, que eles comentavam animados. "Quando o futebol esmorece,/ abre a boca um silêncio enorme/ e ouve-se a voz de Clarice:/ Vamos voltar a falar na morte?"

Por conter "imagens desprimorosas" do país, a versão cinematográfica de *Morte e vida severina*, dirigida por Zelito Viana, teve sua exibição proibida no exterior pela Divisão de Censura de Diversões Públicas. O filme estreou no Rio de Janeiro em abril de 1978, depois de ter sido um dos destaques do X Festival de Brasília do Cinema Brasileiro, no ano anterior. "Este poema lançou sobre mim (e eu tenho o complexo disso) todos os holofotes", disse João Cabral em sua longa conversa com Mário Chamie, em janeiro de 1978, em Dacar. "É como se Marianne Moore tivesse, nos Estados Unidos, escrito um 'show' da Broadway e se consagrasse com ele", desabafou.

A princípio, Zelito Viana recebera um convite da TV Globo para dirigir uma das atrações da série *Caso Especial*, tendo proposto *Morte e vida severina*. A exibição estava prevista para o ano de 1975, juntamente com adaptações de contos de Guimarães Rosa, João Antônio e Osman Lins. Sem qualquer explicação, porém, o programa dedicado a João Cabral foi cancelado. Zelito concebeu então um novo projeto, para o cinema, que recebeu apoio da Embrafilme. Nesse ínterim, a TV Bandeirantes se interessou pela obra. Quando o diretor pensava em como dividir o roteiro em partes, por causa dos intervalos comerciais, um dos diretores da emissora lhe telefonou dizendo que "na TV só depois da Abertura".

Descartada a parceria com a televisão, Zelito e sua equipe viajaram a Pernambuco. As filmagens se estenderam por oito meses. Por sugestão de João Cabral, a adaptação não se restringiu ao auto de Natal, baseando-se também no poema *O rio*. A equipe seguiu o trajeto de Severino, passou pelos lugares descritos nos poemas e verificou as condições em que viviam os retirantes, decorridos mais de vinte anos. A miséria era igual ou pior, mas o que surpreendeu o diretor foi constatar a consciência de classe dos entrevistados.

"Que liberdade é essa que nós temos no Brasil para o trabalhador morrer de fome?", repetia um dos camponeses. Na abertura do filme, um ruído de carro de boi, agudo e insistente, lembrava o início de *Vidas secas*, de Nelson Pereira dos Santos. A parte documental foi intercalada com a encenação de trechos da obra cabralina, interpretados por José Dumont, Stênio Garcia, Jofre Soares, Luís Mendonça, Tania Alves e Elba Ramalho.

O filme foi liberado no Brasil, mas a proibição de exibição em outros países frustrou as expectativas do diretor, que imaginava, com base no sucesso internacional de *Morte e vida severina*, que o longa teria um mercado externo garantido. Durante mais de um ano, a produção permaneceu no índex. No certificado de censura, a proibição era justificada pelo fato de o filme tratar de problemas que podiam "suscitar interpretações errôneas por parte dos estrangeiros". Apenas no final de 1979, por pressão da Embrafilme, seria excluída a restrição "vedada à exportação". O temor da ditadura, conforme disse com todas as letras, antes da liberação, o crítico Carlos Alberto de Mattos, da *Tribuna da Imprensa*, era que o filme pudesse "revelar o que vai por trás da grande potência emergente que é (é?) o Brasil".

Como a Copa do Mundo não chegava à televisão do Senegal, em junho de 1978 João Cabral desembarcou no Rio para assistir aos jogos disputados na

Argentina. Mais uma vez, programara férias de dois meses. Assim, depois de "sofrer o futebol", teria ainda o mês de julho para se restabelecer. Na Academia Brasileira de Letras, o poeta foi logo perguntando ao repórter que iria entrevistá-lo para o *Jornal do Brasil* por que o técnico Cláudio Coutinho não colocava no time "alguém com malícia, bem brasileiro".

Em *Museu de tudo*, o assunto comparecia em quatro poemas. Um deles, "O futebol brasileiro evocado da Europa", celebrava justamente a malícia de quem não via na bola uma inimiga, "como o touro, numa *corrida*", mas sabia tratá-la como bicho de reações próprias — "e que, como bicho, é mister/ (mais que bicho, como mulher)/ usar com malícia e atenção/ dando aos pés astúcias de mão". Os outros poemas foram dedicados ao torcedor do América e aos jogadores Ademir Meneses e Ademir da Guia.

O futebol brasileiro, segundo João Cabral, era um dos principais resultados da mestiçagem cultural. A África teria dado aos sul-americanos a habilidade e o prazer corporal que faltavam aos europeus. Na entrevista ao *Jornal do Brasil*, publicada na véspera da final vencida pela Argentina, João relatou que tinha pensado em apresentar uma tese sobre futebol no Congresso da Negritude em Dacar. Em sua opinião, o negro africano se violentava ao tentar copiar, no futebol, o modelo europeu — daí preferir a corrida desabalada e improdutiva à criatividade do drible. Para ele, também no futebol, era preciso que a África se descolonizasse.

A permanência de João Cabral no Senegal se alongou por sete anos. Por ser o embaixador mais antigo no posto — situação rara para os funcionários do Itamaraty, em geral removidos a cada dois anos —, o poeta ocupava, desde 1977, a posição de decano do corpo diplomático. No mesmo ano recebera do presidente Geisel a designação para responder cumulativamente pela representação do Brasil na República da Guiné, ex-colônia francesa. Os resultados concretos de sua estadia na África foram parcos, admitiria mais tarde. A penetração econômica no Senegal se mostrara praticamente impossível, em virtude da dependência da economia francesa, ainda muito forte no país.

Quando Senghor fez setenta anos, os diplomatas quiseram homenageá-lo com um presente. O embaixador da França, que era então o decano, solicitou a João Cabral, vice-decano, que escolhesse um livro que não fosse de literatura francesa. A pedido do poeta, José Guilherme Merquior, que servia em Londres, comprou uma edição princeps do *Cântico dos cânticos*, em tradução para o latim de Gregório Magno. O livro era uma raridade, porém fininho, e o tamanho decepcionou o embaixador da França, que mal pôde acreditar no entusiasmo de Senghor ao abrir o presente. "Vocês andaram inspirados, porque nesse momento mesmo estou escrevendo um poema sobre a rainha de Sabá", disse o senegalês.

Meses depois haveria a substituição do decano. Para evitar que o embaixador da Rússia assumisse o posto, Senghor pediu a Ernesto Geisel que, enquanto ele fosse presidente do Brasil, não transferisse João Cabral para outro país. Por essa razão, embora desejasse mudar de posto, o poeta permaneceu mais dois anos no Senegal. Em carta enviada em abril de 1979 ao editor Daniel Pereira, o poeta se queixou de cansaço e depressão, "efeitos de sete anos na África negra". Em qualquer posto, uma permanência tão longa seria um exagero. Ali, então, tudo se complicava — "ao tédio do lugar menor se mistura o tédio da monotonia", explicou. Daí sua incapacidade para escrever até mesmo uma carta. "Creio que sete anos de posto igual bloquearia, literariamente, o mais diarreico dos escritores."

O passo seguinte foi lembrar a promessa que ouvira de José Olympio. Em sua última visita ao Brasil, o editor lhe havia dito que poderia fazer alguma coisa para que o removessem. Gostaria agora de receber essa ajuda. Afinal de contas, fazia já dois anos que ele ali estava, "no descanso", para atender a um pedido de Senghor ao presidente Geisel. "Creio que dois anos já é muito favor prestado", escreveu. Ao responder, Daniel Pereira informou que José Olympio tomara imediatamente a providência de mandar ao general Golbery do Couto e Silva, chefe da Casa Civil, o próprio original da carta enviada por João Cabral.

Depois de quase uma década encalhado, o poeta estava disposto a tudo para obter sua transferência. Em conversas com amigos, ele comumente se queixava de estar em postos ruins e sem visibilidade, enquanto seus colegas de turma transitavam pelas embaixadas do chamado circuito Elizabeth Arden. Àquela altura, porém, para sair do Senegal, disse que aceitaria qualquer posto. Podia ser na África do Mediterrâneo, na América Central e até em um dos países da Cortina de Ferro.

18.
Civil geometria

Em apenas três meses, foi confirmada a transferência. Como João Cabral não manifestara altas pretensões, facilmente lhe chegou às mãos a chefia da embaixada no Equador. Se antes era preciso atravessar o oceano, agora lhe bastaria cruzar os Andes para atingir o Planalto Central do Brasil.

Em outubro de 1979, João desembarcou no Rio. Estava com a perna machucada — nos últimos dias em Dacar, sofrera um pequeno acidente. Na mesma semana, viajou a Brasília para ser sabatinado pela Comissão de Relações Exteriores do Senado. Como o Equador havia ingressado no quadro de países-membros da Organização dos Países Exportadores de Petróleo (Opep), o posto em Quito passara a ser visto com menos desprezo. O esforço de caminhar pelos corredores de Brasília agravou a situação da perna. De volta ao Rio, João passou dois dias internado na Casa de Saúde São José e, pouco tempo depois, se submeteu a uma pequena cirurgia. Austregésilo de Athayde foi visitá-lo no hospital. "Você veio ver se eu abri uma vaga, Athayde, mas eu só abri mesmo o meu hematoma", brincou o doente.

Em dezembro, carregando toneladas de livros na bagagem, João Cabral voou para Quito. A expectativa, confessada aos repórteres, era reencontrar duas paixões de sua vida: o idioma espanhol e as *corridas* de touros. O que descobriu da Espanha no Equador foi bem mais do que imaginava. Localizada na cordilheira dos Andes, a 3600 metros de altitude, Quito lhe pareceu uma cidade muito agradável. A exemplo de Sevilha, tivera a sabedoria de crescer nas extremidades, deixando preservado o centro antigo — não por acaso, fora declarada Patrimônio Cultural da Humanidade pela Unesco. A parte velha da cidade parecia um cruzamento de Córboda e Sevilha, com a diferença de que não se situava numa planície, mas na montanha. Os únicos inconvenientes eram o frio e a altitude exagerada. Por precaução, o poeta mantinha sempre à mão um sistema de oxigênio para revigorar os pulmões.

Uma mansão com jardim interno, situada nos arredores da capital, servia de residência ao embaixador. Depois a chancelaria foi transferida para o centro, fazendo o poeta se deslocar todos os dias até a cidade. Da janela do seu escritório, ele podia avistar o vulcão Cotopaxi, "com seu cone perfeito e de neve" — geometria evocada posteriormente no poema "O corredor de vulcões", de *Agrestes*. Perto da cidade, na província de Chimborazo, estava a montanha mais alta do país, que não deixava nem o vento "cantar nos órgãos dela/ ou fazer silvar seu silêncio", escreveria no mesmo livro. Na cordilheira, os cenários eram surpreendentes. O poeta passou a ver o Equador como um dos países mais bonitos do mundo.

A atmosfera espanhola de Quito o agradou profundamente. Uma cidade conventual, onde os fazendeiros construíam casarões e palácios. Em Pernambuco, os senhores de engenho moravam nos engenhos; no Equador, faziam questão de viver na cidade. Outra diferença que chamou sua atenção foi o modo como se produziam as bananas. Enquanto as brasileiras eram anárquicas, davam no fundo do quintal, a impressão que lhe causaram as bananeiras do Equador foi a de um batalhão marchando. Plantavam bananas como os brasileiros cultivavam café, em fileiras. Uma frota de navios-frigoríficos fazia a exportação do produto para os Estados Unidos.

Em abril de 1980, mal curado de uma pneumonia, João Cabral viajou ao Recife para receber homenagens por seu aniversário de sessenta anos, completados em janeiro. No monte dos Guararapes — palco das batalhas travadas no século XVII contra os holandeses —, o governador Marco Maciel lhe entregou a Grã-Cruz da Ordem dos Guararapes. Diante de uma plateia de 3 mil pessoas, o poeta fez um discurso em nome de todos os agraciados. Ao relembrar a ocupação holandesa, disse que não pretendia apresentar uma nova interpretação dos fatos. Para isso, observou que o melhor teria sido convidar o autor de *Olinda restaurada*, seu irmão Evaldo Cabral de Mello, a quem elogiou por suas descobertas e "visão aguda". Em sua opinião, aquelas batalhas significaram a primeira luta "pela afirmação de uma identidade própria da gente que habitava o Brasil".

Em outra parte do discurso, o poeta entrelaçou a história de Pernambuco com a construção de sua própria poesia:

> Eu é que devo a Pernambuco tanto o que me deu e me dá ainda, como matéria de poesia, como, pela insubserviência de sua história, o encorajamento que ele me deu e me dá para tentar a aventura de escrever; do mesmo modo como, por sua paisagem inexcessiva, o modelo de dicção que ele me dá para tentar a textura do que eu gostaria de realizar como poesia.

A outra homenagem foi a abertura, no Palácio do Campo das Princesas, da exposição Vida e Obra de João Cabral de Melo Neto, reunindo todos os seus livros e dezenas de manuscritos, fotografias e objetos de uso pessoal, com curadoria da poeta potiguar, nascida na Paraíba, Zila Mamede. "Pernambuco abriu um parêntese no ano dedicado aos oitenta janeiros de Gilberto Freyre para festejar os meus sessenta", declarou João Cabral.

A comenda dos Guararapes, por vir de Pernambuco, seria considerada pelo poeta como a mais importante distinção recebida em sua carreira — a única que mereceria ser usada em seu fardão da Academia. Sua ligação com o estado natal frequentemente se expandia em exageros. Os amigos se acostumaram a ouvir de sua boca frases provocativas como "nenhum merda do Sul aceita um pernambucano". Também gostava de dizer que, caso Pernambuco declarasse guerra ao Brasil e se tornasse um país independente, algo que assumia como um sonho, seu desejo seria exercer o cargo de embaixador do Brasil em Pernambuco.

Em Olinda, rodeado de amigos, o poeta esteve presente na exibição do filme *Liames, o mundo espanhol de João Cabral de Melo Neto*, dirigido por seu primo Carlos Henrique Maranhão. "Menino, escutava falar do primo de mamãe que era poeta, autor de uns versos que diziam alguma coisa como 'andando de bicicletas comendo regularmente seus relógios'", escreveu o diretor, quando estava exilado em Paris, em carta enviada a João Cabral. Rodado principalmente na Espanha e definido como um "ensaio cinematográfico" sobre a poesia cabralina, o documentário tinha início no Senegal e terminava às margens do Capibaribe. O projeto foi discutido com o próprio poeta, a quem o diretor visitou em Dacar.

A mesma acolhida não teve Curt Meyer-Clason, quando escreveu meses depois, propondo a realização de um filme sobre João Cabral e sua cidade natal. A intenção de Meyer-Clason, discutida com seus amigos da televisão alemã, era que Cabral participasse da produção, talvez conversando com amigos nas ruas locais. A proposta foi muito mal recebida. Além de reprovar a ideia de misturar imagens do Recife com trechos de sua poesia, João desferiu um ataque contra os cineastas europeus, dizendo que seu interesse pelos países subdesenvolvidos se limitava a explorar a miséria, pela qual eram responsáveis, e também o pitoresco que haviam perdido. "Eu me recuso a contribuir para o avanço guloso da Europa altamente desenvolvida", declarou. O poeta rejeitou ainda integrar a coleção intitulada

Lateinamerikaner über Europa (*Latino-americanos na Europa*), da qual participariam Octavio Paz, Julio Cortázar e Haroldo de Campos, entre outros, alegando que o assunto estava fora de suas áreas de interesse.

Antes do retorno ao Equador, em maio de 1980, João Cabral permaneceu alguns dias no Rio de Janeiro. Um dos lugares por onde passou, "muito bem-disposto e queimado do sol", segundo a *Tribuna da Imprensa*, foi a Pérgula do Copacabana Palace, no qual foi visto "drincando com os amigos". As conversas com Vinicius de Moraes — cuja inesperada morte ocorreria dali a dois meses —, Rubem Braga, Otto Lara Resende, Fernando Sabino e outros amigos se estendiam por horas infindas e às vezes deixavam Stella preocupada. Foi o que aconteceu no dia em que, a convite de Gilberto Chateaubriand, Cabral e sua turma foram almoçar no restaurante Nino, também em Copacabana. Às duas horas da madrugada, Luís recebeu o telefonema alarmado da mãe, dizendo que João ainda não tinha voltado para casa. O rapaz pegou o carro às pressas e, ao chegar ao restaurante, viu o pai à cabeceira de uma mesa bastante animada, com dezenas de convidados. "Papai, mamãe está preocupada, você saiu meio-dia para almoçar", disse Luís. O poeta levou um susto. "É verdade, Gilberto, nós nem pedimos o almoço ainda", observou. Em compensação, haviam consumido inúmeras garrafas de uísque.

No Equador, não apenas a arquitetura e a língua evocavam a Espanha. A vida cultural era também intensa e, desde o princípio, chamou a atenção de João Cabral. Apesar da pequena dimensão do país, a produção e a oferta não se concentravam na capital. Em todas as principais cidades havia casas de cultura. No campo literário, Cabral revelou ter feito ótimas descobertas, como a obra do poeta Jorge Carrera Andrade, falecido em 1978. Do Grupo de Guayaquil, destacava dois romancistas, Alfredo Pareja e Edmundo Ribadeneira. Pareja era também historiador e na ocasião exercia o cargo de ministro das Relações Exteriores do Equador. O escritor Osvaldo Hurtado, que em 1981 assumiria a presidência do país, também era, de acordo com Cabral, um intelectual "de primeira água" e aberto ao debate de ideias. Diante da qualidade da cultura equatoriana, fazia pena, segundo ele, que no Brasil fosse traduzido apenas o romance indigenista *Huasipungo*, de Jorge Icaza Coronel, que para ele tinha menos valor.

Quando descia de Quito para Guayaquil, João ficava impressionado com as diferenças entre as duas cidades — uma com arquitetura colonial espanhola, a outra de estilo moderno, com grandes arranha-céus. Quito fora construída no alto da cordilheira, enquanto Guayaquil, cidade tropical, estava situada ao nível do mar. Por ela se tinha acesso às ilhas Galápagos, que o poeta, desinteressado de tartarugas e lagartos pré-históricos, se recusou a conhecer. Quando receberam Rodrigo e Cecília, acompanhados dos três filhos pequenos, João e Stella viajaram de carro até Guayaquil e depois subiram novamente para Cuenca — outra cidade diferente da capital, com sua arquitetura de pedra, lembrando Toledo e a Espanha medieval, enquanto Quito parecia mais próxima da Andaluzia.

Para a parte do Equador situada na Amazônia, o poeta tampouco chegou a ir. Mas o encontro inaugural do Tratado de Cooperação Amazônica, realizado em outubro de 1980, em Belém, contou com sua presença. Todos os embaixadores brasileiros que serviam na região foram convocados a participar, acompanhando os ministros das Relações Exteriores de cada país.

Encerrado o encontro na Amazônia, João Cabral voou até o Rio de Janeiro, onde assistiu, no início de novembro, à posse de José Sarney na Academia Brasileira de Letras. A eleição do senador, ocorrida em julho, foi um episódio polêmico. Em bilhete aberto a Orígenes Lessa, que havia perdido a disputa, publicado pela *Folha de S.Paulo*, o escritor Josué Guimarães lamentou que a Academia queimasse nomes importantes da literatura para dar os sacramentos a um "político governista". Na lista dos votantes, registrou duas "surpresas desagradáveis": Otto Lara Resende e João Cabral de Melo Neto. Bem antes da eleição, o voto de João em Sarney já tinha sido divulgado pela imprensa. Otto era membro da Academia desde o ano anterior, quando arrebatara das mãos do poeta o cetro de benjamim da casa. De ambos, o autor do protesto cobrou coerência.

A princípio, o trabalho como embaixador em Quito envolvia sobretudo negociações para a compra de petróleo equatoriano. Entretanto, um breve confronto militar entre o Equador e o Peru, ocorrido nos meses de janeiro e fevereiro de 1981, tornou a rotina de João Cabral bastante agitada. Na guerra de 1941, o Equador havia perdido para o Peru uma área de duzentos quilômetros quadrados, na bacia do rio Amazonas, rica em jazidas de petróleo e outros minerais. Os equatorianos, porém, jamais se conformaram com a derrota. A zona de conflito, na cordilheira El Condor, ficava a cerca de trezentos quilômetros da capital. Por iniciativa do Itamaraty, uma comissão de cinco países foi instalada para cuidar das negociações de paz. Na chancelaria brasileira em Quito ocorriam diariamente reuniões. "Agora, com essa história de paz, não tenho mais paz", queixava-se João com os amigos. Nas entrevistas, porém, resistia a dar declarações a respeito do Equador ou de política internacional, alegando sempre que não lhe cabia falar desses assuntos. "O diplomata é como o militar", dizia. "Ele é um instrumento, portanto não tem que julgar, tem que fazer o que mandam."

Ainda no calor do conflito, a seleção de futebol do Brasil, que disputava as eliminatórias para a Copa do Mundo da Espanha, fez um jogo amistoso contra os equatorianos no Estádio Olímpico Atahualpa, em Quito. A partida foi vencida pelos brasileiros de goleada, por seis a zero. Após a partida, os jogadores permaneceram em treinamento no Equador. O presidente da Confederação Brasileira de Futebol (CBF), Giulite Coutinho, um dia surpreendeu a todos ao sair do hotel com uma bandeira do América nas mãos. "É um presente para o embaixador", informou. Ex-presidente do time carioca, Coutinho tinha o hábito de viajar com bandeiras na bagagem e queria agradecer a João Cabral pela assistência recebida em Quito. Estabelecida a cumplicidade, pouco tempo depois o presidente da CBF escreveria a João Cabral, pedindo conselhos sobre a Espanha. Por influência do poeta, Sevilha seria a cidade escolhida para sediar o Brasil na Copa.

Das memórias futebolísticas do Equador, uma ficaria registrada no poema "Brasil 4 x Argentina 0 (Guayaquil 1981)", do livro *Crime na Calle Relator*. Os versos evocariam o dia em que os jogadores brasileiros que disputavam o campeonato de juniores, cansados das orientações do técnico, passaram a jogar por conta própria e venceram os argentinos com o futebol típico do país, alegre e criativo. "Quebraram a chave da gaiola/ e os quadros-negros da escola", escreveria o poeta.

A escola das facas, 15º livro de João Cabral, não trouxe novidades do ponto de vista formal, mas surpreendeu os leitores com a introdução de um veio memorialista inédito. Pela primeira vez, a obra cabralina punha em cena algo que sempre ficara escondido: o "eu lírico" e sua experiência particular. Dos 44 poemas, quase metade trazia as marcas da primeira pessoa. O volume chegou às livrarias logo no início de 1981. Em fevereiro, o autor veio rapidamente ao Rio para a noite de autógrafos.

Não fossem as hesitações do poeta, explicadas pelo temor de que as novas composições também fossem vistas como coisas de gaveta, a publicação teria saído bem antes. Os originais haviam sido entregues à editora José Olympio antes da transferência de João para o Equador. Em suas primeiras férias no Brasil, porém, ele decidiu rever todos os poemas, já em fase de provas. Insatisfeito, suspendeu a edição e levou os textos de volta para Quito, convencido de que havia ainda muito que corrigir. "Trabalhei de adoecer para acabá-lo", relatou em carta a Lêdo Ivo. Em agosto, o manuscrito foi novamente enviado ao Brasil. Em carta ao editor Daniel Pereira, o poeta pediu que o livro saísse sem fotografia e biografia. Alegou que fotografias de intelectuais eram sempre ridículas — "mostram-nos trinta anos mais jovens e com ares meditabundos que ninguém pode levar a sério", criticou. "Quanto à biografia, é coisa que não tenho." Curiosamente, o livro estava impregnado de dados autobiográficos.

Para a composição da capa, João sugeriu que contratassem sua filha Inez, que estava trabalhando em televisão e queria enveredar pelo ramo das capas de disco. Aconselhou, porém, que lhe exigissem pressa, pois era "meio descansada", e sobriedade. Informou que, por telefone, já havia dito que queria uma "capa tipográfica, sóbria, sem nada do barroquismo tropicalista da geração dela". Inez atendeu perfeitamente à solicitação do pai, concebendo uma imagem com formas geométricas e texturas que lembravam um canavial.

Pouco antes da impressão, pai e filha fizeram uma visita à editora. Assim que o poeta entrou na sala de Daniel Pereira, circulou o aviso de que, por coincidência, Drummond também estava para chegar. Para evitar que os dois se cruzassem, o poeta mineiro foi conduzido ao setor de design, onde se encontrava Inez. Passeando pelas mesas, Drummond avistou o layout de *A escola das facas*. Para alegria da capista, fez um inesperado elogio, dizendo que finalmente haviam acertado em uma capa de João Cabral.

A princípio, o livro se chamaria *Poemas pernambucanos*. Mas José Olympio julgou o título pouco comercial e recomendou que fosse substituído. Por sugestão de Antonio Candido, o autor adotaria o título de um dos poemas da coletânea, "A escola das facas". De acordo com Cabral, o livro ecoava também o famoso título de Molière *Escola de mulheres*, igualmente imitado por André Gide e Jean Cocteau. O que mais reverberava, porém, eram as ideias fixas de seu próprio universo poético, dando aos leitores a impressão de que sua obra estaria retomando o fio interrompido depois de *A educação pela pedra*.

Após a dedicatória — "A meus irmãos" —, o volume trazia, em itálico, uma espécie de poema-prefácio. "Eis mais um livro (fio que o último)/ de um incurável pernambucano", escreveu o autor na abertura desse texto. Feitas as contas, mais da metade dos seus versos — sem considerar os poemas longos *Morte e vida severina*, *O rio* e *Dois parlamentos* — trazia a temática de Pernambuco. A maioria tratava da Zona da Mata, sendo poucos os textos dedicados ao sertão. Porém, no dizer do poeta, sua forma, árida como a de Graciliano Ramos, era profundamente sertaneja, o que o distanciava de Gilberto Freyre e José Lins do Rego.

A exemplo do autor de *Menino de engenho*, o poeta decidira se entregar às suas reminiscências. "Quando a gente vai ficando velho, começa a lembrar das coisas da infância", declarou. Na literatura brasileira, tão impregnada da memória afetiva dos escritores, o que tornava a obra cabralina original era essa ausência de autobiografia. Agora, porém, a situação se modificava. Além da história de Pernambuco, os poemas escavavam as origens do poeta, alternando explorações genealógicas com evocações da infância. O passado era visto sem nostalgia, reiterando-se a crítica à aristocracia decadente enunciada em livros anteriores. Ao mesmo tempo, *A escola das facas* vinha comprovar a força do vínculo que João mantinha com sua história familiar.

Ao completar sessenta anos, por meio do intimismo da memória, Cabral renovava e enriquecia sua obra, relativizando seus próprios dogmas, como observou o crítico Silviano Santiago. Daí abrir-se até mesmo para o sertão mágico cantado por Ariano Suassuna, a quem dedicou o poema "A pedra do reino": "Foi bom saber-se que o Sertão/ não só fala a língua do *não*", escreveu. A suposição de que o poeta teria pendurado as chuteiras, encerrando sua obra na década de 1960, foi contestada, de modo inequívoco, pela publicação de *A escola das facas*.

Em agosto de 1981, a imprensa noticiou a venda para a televisão dos direitos de *Morte e vida severina*. Depois de seis anos, a TV Globo finalmente exibiria o auto de Natal em sua programação de fim de ano. As gravações tiveram início em novembro, em diversas locações do interior de Pernambuco e da Bahia. Dezenas de figurantes foram recrutados no Recife. Pela segunda vez, Elba Ramalho interpretou a Mulher da Janela, rezadeira de mortos. Do filme de Zelito Viana, o diretor aproveitou também os atores José Dumont e Tania Alves. Como trilha, mais uma vez foi utilizada a música de Chico Buarque.

O especial foi exibido no dia 22 de dezembro. Desde o mês anterior, João Cabral estava de férias no Brasil. A comemoração do aniversário de Stella, no dia 4 de novembro — ocasião em que o casal abriu a amigos e parentes seu imponente apartamento na praia do Flamengo —, foi noticiada pelo colunista Zózimo, no *Jornal do Brasil*. Projetado em estilo parisiense e neoclássico por Joseph Gire, o arquiteto do Copacabana Palace, o edifício

Guinle foi o primeiro a surgir na praia do Flamengo, no número 116, na esquina da rua Correia Dutra. O apartamento, adquirido quando Cabral residia em Dacar, era o 701, com varanda redonda. As portas enormes, o pé-direito alto, a imensa sala de jantar, com piso mosaico, de madeira, as amplas janelas dando para o Aterro, tudo era de encher os olhos. O apartamento tinha cinco quartos e, na mansarda, mais dois quartos para empregados.

Em dezembro, o poeta viajou a Natal para receber o título de doutor honoris causa da Universidade Federal do Rio Grande do Norte. De volta ao Rio, acompanhado da esposa e de parte dos filhos e netos, assistiu à versão televisiva de *Morte e vida severina*. Antes da exibição, ele havia manifestado sua curiosidade em relação ao tratamento visual que seria dado ao texto, pois pertencia a uma "época em que cinema era essencialmente imagem". Depois de ver o especial, disse que ficou muito satisfeito com o trabalho e elogiou o desempenho de José Dumont e Sebastião Vasconcelos.

Em carta enviada um ano depois ao poeta, Silnei Siqueira contou suas impressões sobre a produção da TV Globo. "Não foi fácil enfrentar a minha ciumeira", admitiu o diretor. As premiações obtidas no Brasil e no exterior comprovavam, segundo ele, que ninguém, no século XX, havia escrito "uma peça tão inspirada e tão representativa deste século do Terceiro Mundo". Para descarregar o ciúme, Silnei fez também algumas críticas. "Não vi sentido no espelho de água diante do qual Severino diz seu monólogo em plena seca", reclamou. Embora no passado ele mesmo tivesse produzido roteiros cinematográficos para o texto, Silnei frisou que *Morte e vida severina* era, essencialmente, uma "peça de e para teatro".

Nos palcos de todo o país, multiplicavam-se a cada ano as montagens. Quando ia à SBAT receber seus direitos autorais, João ficava espantado ao saber em que locais a peça era encenada. Em toda cidade onde houvesse um grupo teatral, fatalmente apareceria uma montagem. A respeito dessas produções, Silnei foi impiedoso. "Quanto às montagens teatrais que, vez por outra, assisto da sua obra, devo dedurar: são, quase sempre, lamentáveis", observou o diretor.

Um único motivo levou João Cabral a interromper a estadia em Quito: a altitude de quase 3 mil metros. Um dia, ao observar os pés, que sempre foram magros, percebeu que estavam inchados. Também levou um susto ao acordar certa manhã com o travesseiro manchado de sangue. Apavorado, pegou o telefone e ligou para o ministro das Relações Exteriores. "Guerreiro, você me tira daqui porque assim eu não duro não", advertiu. Naquele mesmo instante, teve início uma nova hemorragia nasal. "Não posso nem continuar falando com você. Vou passar o telefone à minha mulher", disse o poeta. O chanceler Ramiro Saraiva Guerreiro falou com Stella e prometeu que no dia seguinte eles seriam chamados ao Brasil.

Para João Cabral, o posto continuava a ser uma questão indiferente. Podiam mandá-lo para qualquer país, desde que situado ao nível ao mar. Guerreiro ofereceu duas opções: Tunísia, no Norte da África, e Honduras, na América Central. Como Isabel estava casada com um arquiteto hondurenho — Rodolfo, formado no Rio de Janeiro —, não teve dúvida: optou por ficar perto da filha e dos netos. A nomeação saiu em outubro de 1981. João tinha previsão de assumir o posto em janeiro, após seu aniversário de 62 anos — festejado com amigos no apartamento do Flamengo. Mas a remoção esperou ainda alguns meses.

Em fevereiro de 1982, a editora José Olympio lançou uma nova antologia cabralina, *Poesia crítica*, reunindo oitenta poemas que ele escreveu sobre a criação poética, própria e de outros autores, e a obra ou a personalidade de outros escritores e artistas com quem tinha afinidade, como Graciliano Ramos, Mondrian e o toureiro Manolete. "Deve-se advertir, contudo, que nenhum desses poemas, ou mesmo a soma do que neles se diz, pretende ser uma arte poética sistemática ou um sistema crítico", observou o autor em nota introdutória.

O embarque para Tegucigalpa, acompanhado de Stella e Joãozinho, ocorreu no início de abril. Na bagagem, o poeta levou os originais do seu novo livro, ainda inconcluso, dedicado a Frei Caneca, e alguns caixotes com livros novos — *Galo das trevas*, de Pedro Nava, cuja leitura o deleitava, e *Sibilitz*, de Leonardo Fróes, ambos lançados em 1981, estavam entre as obras transportadas. Na véspera da viagem, recebeu de presente *Viva vaia*, o volume de poesias completas de Augusto de Campos.

No aeroporto do Galeão, João declarou aos jornalistas que não estava preocupado com as tensões políticas em curso na América Central, nos países vizinhos a Honduras. Disse que os grandes postos não eram os agradáveis e que tomava sua nomeação como uma prova de confiança do Itamaraty. "Se me mandam para Honduras é porque precisam de alguém como eu numa zona 'quente'", observou. Lembrou ainda sua experiência de viver em climas cercados de tensões, adquirida tanto na África como no Equador.

Ao chegar a Honduras, país pequeno, aberto simultaneamente aos oceanos Atlântico e Pacífico, João Cabral logo se deu por satisfeito. Localizada numa cadeia de montanhas, mas de altitude bem menor que a dos Andes, Tegucigalpa oferecia ainda como vantagem a temperatura amena. Do centro da cidade erguia-se a colina El Picacho. A embaixada ocupava um casarão na elegante Colonia Palmira, com varanda nos fundos e bananeiras espalhadas pelo jardim interno, que o poeta podia contemplar do seu escritório. No piso térreo ficava também a ampla suíte do casal.

Tanto o país como seus habitantes lhe pareceram agradáveis. Em junho, durante a Copa do Mundo da Espanha, o poeta ficou tão animado com a seleção de Honduras quanto os próprios hondurenhos. Com uma derrota e dois empates, o time não passou da primeira fase. Já a seleção brasileira, considerada favorita à conquista do título, acabou em quinto lugar, depois da eliminação pela Itália. Antes do torneio, em depoimento ao poeta Régis Bonvicino, João Cabral havia comentado com reservas as chances do país: "O Brasil é um país que precisa de pessimismo, compreende, de muito pessimismo. O otimismo destrói o Brasil, em qualquer atividade".

Nos últimos meses de 1982, João contraiu hepatite e voltou ao Rio para uma temporada de férias e tratamento. Nas ausências da família, o apartamento na praia do Flamengo ficava aos cuidados de Adela. Lá também moraram por um tempo o filho Luís e sua mulher, Alzira, que andava às turras com a criada. Depois de 35 anos vivendo com os Cabral de Melo, Adela morreu "de velhice", repentinamente. Stella saiu de casa e, quando voltou, horas depois, encontrou-a caída na porta. Nos últimos anos, a patroa insistia sempre para que ela não trabalhasse. "Ah, senhora, não posso estar sem fazer nada", retrucava Adela. Seu corpo foi enterrado no jazigo da família de Stella.

Além do apartamento no Flamengo, a família adquiriu uma casa em Petrópolis, que Cabral considerava seu novo refúgio. Nos fundos da residência, localizada no centro da cidade, erguia-se um morro. A frente dava para o rio Piabanha. No artigo "Um pernambucano em Petrópolis", João manifestou seu apreço pela paisagem. "Apesar de nordestino, avesso aos dois impérios brasileiros, fico horas na janela assistindo à sutileza com que nessa soi-disant cidade imperial a luz se coa através das sapucaias de cada lado do Piabanha", escreveu. Meses depois, informou que seu plano para a aposentadoria próxima era morar em Petrópolis, para ficar perto dos filhos e dos netos. "A minha vontade é a de nunca mais sair de casa, a não ser dentro do caixão, e mesmo assim obrigado, porque é proibido ser enterrado no quintal", disse em entrevista.

"De vez em quando os jornais dão notícias daí e não são boas. Há perigo?", perguntou Félix de Athayde, em carta enviada a Tegucigalpa. Em sua coluna no *Jornal do Commercio*, Joel Silveira, ao evocar o poeta, fez alusão ao "sufoco de Honduras" e ao "explosivo posto" no qual ele se encontrava. João temia sofrer assaltos, mas recusou andar escoltado. Os conflitos nos países vizinhos não deixavam de repercutir em Honduras, que acabara de ter eleições presidenciais após nove anos de regime militar. A despeito das crises divulgadas na imprensa, sua impressão, no entanto, era de estar vivendo num lugar sossegado e acolhedor. Para evitar problemas, optou pelo isolamento.

No período da manhã, trabalhava na embaixada. À tarde, entregava-se aos livros. "Aqui de leituras não se está bem. Traduções espanholas e *pockets* americanos", informou o poeta a Lêdo Ivo, em setembro de 1983, referindo-se ao que podia encontrar nas poucas livrarias da cidade. De Paris, Evaldo de vez em quando lhe mandava obras em francês. Uma literatura pela qual se interessava bastante nessa época era a portuguesa, assunto das longas discussões com Lêdo. Por essa razão, solicitou ao amigo que lhe enviasse o volume *Portugal contemporâneo*, de Oliveira Martins, e os livros da última fase de Camilo Castelo Branco.

As viagens por Honduras também foram limitadas. Na costa do Atlântico, João apreciou Tela, cidade fundada no início da colonização espanhola. Já nos lugares que conheceu na costa do Pacífico, a luz do oceano na hora do crepúsculo lhe causou estranhamento. "A primeira vez que vi o sol se pôr no Pacífico, senti um enorme mal-estar", declarou.

Um novo poema dramático, o *Auto do frade* — "poema para vozes", na definição do autor —, surgido em fevereiro de 1984, marcou a volta de João Cabral, em grande estilo, às livrarias. Foi uma das últimas obras editadas pela José Olympio. Depois de *A escola das facas*, a engenhosa construção desse novo auto, logo qualificado como obra-prima, veio confirmar que o poeta não estava esgotado, em declínio ou entregando os pontos, como muitos haviam dito.

Escrever sobre Joaquim do Amor Divino Rabelo, o Frei Caneca, era um plano antigo. Na primeira vez em que falara dele na imprensa, em 1953, João Cabral tinha dito que gostaria de fazer um poema narrativo, a exemplo de *O rio*. A ideia só foi retomada nos anos 1980 a pedido de Inez. Depois de ouvi-lo falar a vida inteira no projeto de Frei Caneca — e também no desejo de ver um texto seu virar filme —, a filha mais velha sugeriu que ele escrevesse um roteiro cinematográfico, a ser filmado por ela.

No lançamento do *Auto do frade*, o poeta revelou que o desejo inicial era mesmo escrever para o cinema. Ao ler "O suplício de Frei Caneca", artigo publicado em 1924 na *Revista do Instituto Arqueológico, Histórico e Geográfico Pernambucano*, no qual o jornalista Mário Melo descrevia os últimos momentos da vida do sacerdote, ele identificara no texto todos os elementos de um filme: roteiro, cenário e personagens. Ocorreu-lhe então a ideia de enviar cópias do artigo a alguns cineastas, sugerindo a filmagem. Como ninguém havia se interessado, decidiu-se enfim a escrever um auto, mas sem perder de vista o caráter cinematográfico. O *Auto do frade* nasceu, portanto, de maneira tortuosa: "imaginado como um filme, escrito em versos e estruturado como para teatro".

Em suas férias no Brasil, o poeta tomava muitas notas. Em julho de 1981, estava tão obcecado com a investigação que certa vez chegou a telefonar para o irmão Maurício, no Recife, às duas horas da madrugada. Queria saber o horário exato em que o sol nascera no dia da execução de Caneca, no Forte das Cinco Pontas. Logo de manhã, Maurício entrou em ação e conseguiu descobrir a hora precisa: 5h55.

Em Tegucigalpa, a escrita foi concluída. Para narrar a caminhada de Frei Caneca pelas ruas do Recife, da cadeia até o local da execução, o autor pôs em cena, em alternância, o monólogo do frade e as vozes das pessoas dispostas ao longo do caminho, a "gente nas calçadas". Para ele, tratava-se mais de um filme do que de um auto propriamente dito. Na dedicatória, escreveu: "A meus filhos". Ao completar dezesseis livros — um múltiplo de quatro —, João registrou a contabilização dos seus versos. Juntamente com *Quaderna*, o *Auto do frade* era seu livro mais volumoso. Os dois possuíam, respectivamente, 1548 e 1525 versos, quantidade muito superior à dos primeiros livros, que continham poucas centenas. Em quatro décadas, ele havia publicado 13298 versos. Essa totalização e o número correspondente a cada livro foram anotados numa pequena folha, guardada entre seus papéis.

Algo que espantava João Cabral era o desconhecimento de Frei Caneca, tão importante para os nordestinos, entre os habitantes do Sul do país. No Rio, Frei Caneca era apenas o nome de uma rua do bairro do Estácio. Tendo morrido pela liberdade, tivera a "honra de ter/ nome na rua de um cárcere", como ele havia dito num dos poemas de *Museu de tudo*.

Herói dos movimentos revolucionários de 1817 e 1824, de caráter republicano e separatista, Frei Caneca deveria ter sido enforcado. Entretanto, no dia da execução, a 13 de janeiro de 1825, nenhum carrasco, mesmo sob ameaças, teve coragem de fazê-lo. Nem mesmo os presos que ganhariam em troca a liberdade. Acabou sendo fuzilado, honra que cabia apenas aos militares, o que deixou furioso o imperador. Intelectual de erudição impressionante, Frei Caneca fora professor de geometria no convento do Carmo. A caminho da morte, uma de suas falas resumia a aspiração por uma sociedade justa, "solar", ecoando os valores da poética cabralina: "Debaixo dessa luz crua,/ sob um sol que cai de cima/ e é justo até com talvezes/ e até mesmo todavias,/quem sabe um dia ainda virá/ uma civil geometria?".

Por meio de Frei Caneca, João Cabral de um só golpe teria expressado, segundo o crítico Arnaldo Saraiva, não apenas sua indisfarçada "aversão às cidades do Sul", que jamais celebrou em sua obra poética, mas também a distância em relação ao poder autoritário instalado no Brasil. Este, a exemplo de d. Pedro I, também havia rasgado a Constituição. Ao longo da ditadura, Frei Caneca não por acaso chamou a atenção de vários dramaturgos, que viram na sua história uma oportunidade para discutir fatos do presente. Entretanto, ao publicar o *Auto do frade*, o autor enfatizou que não se tratava de um poema político ou didático. Mais tarde, insistiria que não havia mesmo pensado na atualidade política brasileira. Embora rejeitasse a ditadura, não podia ignorar que era embaixador daquele regime político.

O fato de a obra não chegar ao cinema foi uma decepção para Cabral. Depois da publicação, dois diretores se interessaram em adaptá-la: Joaquim Pedro de Andrade, que já havia filmado a história de Tiradentes, e Walter Avancini, da TV Globo. As duas propostas foram bem recebidas, mas, devido à oposição de Inez, que já tinha pronto um roteiro, nenhuma delas vingou. Depois de passar anos tentando, inutilmente, arranjar apoio financeiro, a filha do poeta acabaria desistindo da produção.

Nos palcos, a primeira montagem estreou em São Paulo, em junho de 1985, com direção de Carlos Meceni e protagonizada por Elias Andreato. Considerada por seus criadores como "o espetáculo da Constituinte", a peça procurou mimetizar a linguagem cinematográfica, utilizando closes e fazendo as ações transcorrerem simultaneamente. Durante os ensaios, ocorreu a doença e a morte de Tancredo Neves. Para o grupo, foram inevitáveis as comparações do cortejo que seguiu o corpo do presidente em São Paulo com o trajeto de Frei Caneca até ser "fuzilado na forca". A resposta do público e da crítica, porém, não foi positiva.

"É ridículo estar editando poesia aos 63 anos", disse o poeta de cabelos grisalhos — que confessou jamais haver pintado — à repórter do *Jornal do Brasil* que foi entrevistá-lo em seu apartamento no Flamengo. Em poucas semanas, completaria 64. Para proteger os olhos, que sofriam de fotofobia, da luz que entrava pelas janelas, sentou-se numa poltrona ao fundo da sala, de costas para a baía de Guanabara. "Poesia é coisa de jovem", continuou João Cabral. "Não se pode pintar os cabelos da imaginação", gracejou.

Em meio às festas natalinas, chegou a notícia da morte de Joan Miró, aos noventa anos, em Palma de Mallorca, que o deixou bastante comovido. Uma semana depois, já no início de 1984, João se submeteu a uma cirurgia de catarata no olho direito. No ano seguinte, seria operado o esquerdo. A recuperação foi rápida, animando-o a viajar a Pernambuco. Em 14 de fevereiro, desembarcou no Recife. Como já não podia ficar mais em Olinda com Maurício, recém-falecido, hospedou-se no Grande Hotel, no centro da cidade. No dia seguinte, pôs o pé na estrada, acompanhado por Francisco Bandeira de Melo, secretário de Turismo, Cultura e Esportes com o objetivo de cumprir um longo roteiro pelo interior do estado. Em sete dias, percorreriam 2500 quilômetros.

Depois de passar por Arcoverde e pernoitar em Serra Talhada, os viajantes chegaram a Triunfo, na fronteira com a Paraíba. Visitaram o engenho Boa Esperança, transformado em fábrica de rapadura, e passaram por casas e caminhos totalmente de pedras. Depois foram a Petrolina, onde conheceram uma igreja do século XVII e a catedral neogótica. À noite, Cabral foi homenageado com um show cultural à beira do rio São Francisco, com bandas de música e rabeca sertaneja. No dia seguinte, na cidade paraibana de Livramento, João conheceu artistas de uma quadrilha de coco e juntos visitaram os remanescentes de um quilombo no pico do Papagaio. Em Petrolândia, foram à reserva dos índios pankararus. Nesse local, uma nova cidade estava sendo construída para acolher os habitantes que teriam suas casas cobertas por uma barragem. O roteiro incluiu ainda as cidades de Salgueiro, Santa Maria da Boa Vista, Belém do São Francisco e Garanhuns. De volta ao Recife, João se confessou arrasado com a seca e a miséria que vira no Agreste e no sertão. Para ele, a realidade nordestina era a mesma de trinta anos antes. "Se tivesse que reescrever hoje *Morte e vida severina*, não mudaria uma só palavra", diria mais tarde à *Folha de S.Paulo*.

Já o passeio pelo Capibaribe, feito, logo em seguida, também pela primeira vez em três décadas, trouxe revelações distintas e contraditórias. A viagem a bordo de um velho rebocador, tendo como companhia, além de Bandeira de Melo, o prefeito do Recife, Joaquim Francisco, se estendeu por duas horas e meia. A prefeitura queria mostrar ao poeta um projeto de construção de habitações para a população ribeirinha.

Quando o barco passou pelo bairro da Casa Forte, João contou que havia nascido ali perto, em Santana. Os arrabaldes da região, todos antigos engenhos de açúcar, guardavam marcas do passado: os casarões coloniais e as imponentes capelinhas. Misteriosos e acolhedores, os quintais ainda existiam. Das ruas era difícil notá-los. Do rio, surgiam a cada curva. João ficou contente ao verificar que a "cultura do rio" não se acabara. Areais, olarias, pescadores e catadores de caranguejos sobreviviam nas margens, encobertas por frondosos coqueiros, mangueiras e sapotizeiros. Vista do Capibaribe, a cidade lhe pareceu bem conservada. "A paisagem do Recife ainda é a mesma. Estou alegre. Se não fosse assim, meus livros não teriam mais eco", declarou.

Por outro lado, as mudanças foram ressaltadas como positivas. Na opinião do poeta, a qualidade das casas — algumas eram construções de alvenaria e telhas — indicava que a miséria havia diminuído. "O homem hoje está menos andrajoso", disse aos jornalistas. "Acredito que um poeta novo, ao percorrer o rio, agora, fará o 'cão com plumas' e não 'sem' como eu escrevi", acrescentou, visando também agradar às autoridades presentes. Em meados da década de 1980, os dados indicavam que 37% dos habitantes da região metropolitana do Recife viviam na pobreza absoluta. Segundo a reportagem do *Jornal do Brasil*, bastaria um pequeno desvio no percurso do barco em direção a certas áreas para que se vissem ainda milhares de pessoas anfíbias, vivendo em casas de palha, no meio da lama, tal como o poeta descrevera.

Naquele mesmo ano de 1984, chegou às livrarias uma edição de *O cão sem plumas* com fotografias em preto e branco de Maureen Bisilliat. As imagens haviam sido produzidas originalmente para uma reportagem da revista *Realidade*, publicada em 1970, sobre a região de Livramento. Na ocasião, a fotógrafa tinha entrado na lama do rio e registrado as mulheres que vivam da pesca do caranguejo. Foi depois dessa reportagem que Maureen descobriu *O cão sem plumas*. A edição do livro ficou a cargo da Nova Fronteira. Na quarta capa havia um texto sobre João Cabral no qual se dizia que ele era o autor de "Vida e morte severina". Por conta do erro, eternamente repetido na imprensa, mil capas tiveram que ser refeitas.

Stella cuidava bem da saúde e sempre fizera exames médicos com regularidade. Após os cinquenta anos, porém, relaxou nos cuidados. Em

Tegucigalpa, foi surpreendida com uma dolorosa notícia: estava com câncer no colo do útero, em estágio avançado, e não lhe restariam mais do que cinco anos de vida. A princípio, João quis poupá-la e chegou a forjar um laudo diferente, recortando as linhas que apontavam a gravidade da doença. Não havia, porém, como ignorar a realidade.

Como o médico hondurenho disse que não tinha condições de fazer o tratamento, Stella voltou para o Rio de Janeiro. Realizados novos exames, ouviu o mesmo diagnóstico e a mesma previsão. "Aqui vou eu me aguentando a duras penas", escreveu em maio de 1984 a João Cabral. Estava tomando remédios para cólicas na bexiga e no intestino, mas a melhora era incerta, dependia das reações do organismo. Nas cartas, Stella mencionou ainda o choque e a comoção provocados pelo trágico desfecho de Pedro Nava, que naquele mês se matara com um tiro na cabeça, aos oitenta anos. Sobre o assunto, enviou diversos recortes de jornais e revistas ao marido, a quem confessava sentir saudades, tratando-o sempre por Joca.

Para ficar mais perto de Paris, onde havia um grande centro de cancerologia, o poeta reivindicou sua remoção para Portugal. Em novembro, encerrava-se seu período hondurenho — um tempo de tranquilidade e silêncio, a despeito das tensões políticas, no qual pudera se dedicar à escrita e às leituras, além de desfrutar do convívio de Isabel e dos três netos. No último dia em Tegucigalpa, quando a secretária veio avisá-lo de que toda a equipe da embaixada o esperava na sala para as despedidas, João se encontrava no chão do escritório, brincando com uma das crianças. Pediu então que os funcionários aguardassem mais tempo, pois estava se despedindo do neto. "Foi para estar com Isabel e com meus netos que aceitei o cargo em Honduras", justificou.

O último posto da carreira de Cabral não foi ocupado numa embaixada. Por decisão do governo, a representação diplomática na cidade do Porto foi elevada à categoria dos consulados-gerais de primeira classe, que podiam ser dirigidos apenas por embaixadores. Tradicionalmente, o Consulado do Porto, considerado um lugar de repouso, já era destinado a diplomatas em fim de carreira. Para João Cabral, acostumado desde Dacar a embaixadas com pouco trabalho e movimento, assumir um cargo de cônsul, livre de encontros presidenciais e aporrinhações políticas — num posto em que só havia serviço burocrático, que outros faziam —, era um verdadeiro presente. No dizer de Arnaldo Saraiva, sua vida no Porto seria a de um aposentado da diplomacia.

Quando o poeta desembarcou na cidade, em 9 de janeiro de 1985 — data do seu aniversário de 65 anos —, Arnaldo foi uma das pessoas a recebê-lo no aeroporto. Pelo portão de desembarque, logo apareceu o poeta com seu corpo franzino, transportando duas ou três malas, ligeiramente resfriado. Depois de avistá-lo, caminhou em direção a ele, sorrindo, e repetiu a frase com que o crítico iniciara seu artigo sobre *A educação pela pedra*: "Eis um livro que custa os olhos da cara". Abraçaram-se. João disse que era bom rever o amigo em sua cidade. "Eu e a cidade sentimo-nos muito honrados com a sua presença", respondeu Arnaldo.

A chegada de João Cabral foi destacada pelos jornais do Porto. Tudo no novo cônsul causou surpresa aos repórteres: a "serenidade contagiante", a despreocupação com o protocolo diplomático e, sobretudo, suas opiniões pouco ortodoxas sobre a poesia lusitana e a amizade entre portugueses e brasileiros. João Cabral de Melo Neto não era um nome desconhecido no Porto, onde tinha amigos e admiradores. "Confesso que me senti aqui um pouco como se estivesse no Recife", comentou o poeta.

Cidade das mais antigas da Europa, erguida numa encosta, com ladeiras e ruas estreitas, o Porto conservou bastante o tradicional estilo arquitetônico português, que tivera reflexos na arquitetura colonial brasileira. Para um pernambucano, podia mesmo lembrar o Recife, por causa dos casarões construídos no século XVIII, à margem do rio Douro. Em sua primeira visita ao Porto, em 1956, João Cabral estivera acompanhado de Murilo Rubião. Num restaurante da rua de Santa Catarina, logo que experimentou o almoço, tinha tido um estalo: "Mas esta é comida lá de Pernambuco, é a da casa de minha avó e do meu avô materno", contou a Murilo. Com efeito, Maria Olindina, esposa do avô Virgínio, descendia de portugueses do Porto.

Em conversa com Arnaldo Saraiva, o poeta disse que, para um diplomata brasileiro, era natural pensar em servir em Portugal. No seu caso, porém, enquanto o poder estivera nas mãos de Salazar, suas relações com intelectuais portugueses certamente lhe traiam embaraços. Por essa razão, nunca tinha se esforçado por isso. Na Espanha de Franco, não havia, segundo ele, essa perseguição contra os intelectuais.

A bela residência diplomática tinha o nome de Villa Adriano e estava situada nos arredores da cidade, nas imediações da avenida Marechal Gomes da Costa, perto a um só tempo do rio e do mar. Era uma típica "casa de brasileiro", construída em 1925 por um português enriquecido no Brasil e doada ao governo brasileiro para servir de residência consular. O sobrado ficava no meio de um extenso jardim, com muitas árvores, cercado por muros altos, e possuía uma escadaria exterior. Havia, porém, um preço a pagar. Como era antiga, a casa tinha, entre outros problemas, um péssimo sistema de calefação e diversos cômodos precisavam de reforma.

O consulado estava localizado no centro, na rua de Sá de Bandeira, que num futuro poema, intitulado "Na cidade do Porto", seria definida como "comercial, consular e triste". Na opinião de Arnaldo Saraiva, triste não era a rua, mas o gabinete de onde o poeta a via, pela janela, aborrecido com a vida. "Estou agora a atravessar uma fase em que não me apetece sair de casa", confessou pouco tempo depois da chegada ao Porto. Uma das razões do enclausuramento era a doença da mulher, que se agravava com rapidez. Logo começariam as viagens para consultas e tratamentos com especialistas em Paris.

Os poemas sobre a morte logo chamaram a atenção dos leitores quando foi lançada, em dezembro de 1985, a coletânea *Agrestes*, que João Cabral terminou de escrever no Porto, no convívio com a doença de Stella. O livro saiu num momento de euforia do mercado editorial brasileiro, após longa recessão. Logo de saída, a Nova Fronteira imprimiu 10 mil exemplares — tiragem inédita para João Cabral. Outra prova do apreço da editora pela obra do poeta recém-contratado foi a rapidez com que mandou para as livrarias a segunda edição do *Auto do frade* — menos de três meses após a publicação do livro pela extinta José Olympio. Fundada nos anos 1960 por Carlos Lacerda, para vender best-sellers estrangeiros, a Nova Fronteira mudara seus objetivos e resolvera investir pesado em autores nacionais. Em janeiro de 1984, já havia abocanhado do espólio da José Olympio as obras de Guimarães Rosa, Manuel Bandeira, José Lins do Rego, Pedro Nava e Lygia Fagundes Telles — ao todo, 22 autores, numa só tacada.

João Cabral estava descansando em sua casa de Petrópolis quando recebeu o telefonema de Sérgio Lacerda. "Quero que você venha editar seus livros comigo", disse o editor, que, após a morte do pai, em 1977, passara a administrar, com o irmão Sebastião, a Nova Fronteira. "Não sei se você se lembra, mas eu tive sérios problemas com seu pai", disse o poeta. Sérgio afirmou que Lacerda, mais tarde, admitira o erro, e que a empresa não tinha nada a ver com aquela história. Fechado o acordo, João ficou felicíssimo. Não podia acreditar que uma editora de prestígio desejasse investir em sua obra. "Eu sei que poesia só dá prejuízo", diria a Sebastião Lacerda. Os editores, porém, estavam convictos de que, no caso dele, o investimento não era nada desvantajoso.

Como os volumes da coleção da Nova Fronteira dedicada a poetas brasileiros tinham tamanho menor, 11×18 cm, logo surgiu uma questão: João Cabral, depois de tantos livros publicados, sairia também comprimido naquele formatinho? "Nenhum problema", respondeu o autor, para surpresa geral, em carta enviada do Porto. Mais tarde, porém, para que a poesia brasileira não ficasse muito diminuída na comparação com a universal — as edições bilíngues de Baudelaire, T.S. Eliot e Ezra Pound, publicadas pela Nova Fronteira com toda a pompa —, os livros passariam a ser impressos em tamanho maior.

O que João Cabral não aceitou de modo algum foi a quebra de um dos poemas de *Agrestes*, motivada pela limitação do formato, que ele notou ao receber a diagramação. O protesto foi imediato. "Desculpe, embaixador, a gente vai rever. É porque a mancha é menor", justificou a editora Marília Pessoa. A resposta veio ainda mais furiosa: "Perca-se a mancha, mas não se perca o meu poema". Se uma de suas quadras fosse dividida ao meio, ficando dois versos numa página e dois na outra, ele até que não se zangaria. "Mas se você dividir um troço de seis, de sete, é uma ofensa pessoal", disse em outra ocasião o poeta. O horror aos números ímpares era tão grande que, para se livrar deles, João tinha vontade de reescrever certos poemas já publicados.

Agrestes veio confirmar a tendência à reunião de "poemas soltos", com unidade mínima, que, à exceção do *Auto do frade*, predominava desde os anos 1970 na produção cabralina. "Todo mundo faz livro com poemas soltos, por que só eu não tenho esse direito?", voltou a protestar o poeta. Mas a nova coletânea foi bem recebida pela crítica — talvez por sua divisão em partes, aparentando um planejamento maior, ironizou ele na ocasião do lançamento. Disse então considerar absurdo o juízo assentado pela crítica segundo o qual seus livros recentes seriam mais fracos do que *A educação pela pedra*. Ao mesmo tempo, reiterava o peso da idade e o cansaço, que o impediam de estruturar livros ou poemas longos. Na última composição do volume, afirmava que, "agora aos sessenta e mais anos,/ quarenta e três de andar em livro", teria chegado a hora de "fechar o postigo" — despedida que, cinco anos antes, já havia estampado na abertura de *A escola das facas*.

Um dos livros mais volumosos de Cabral — 160 páginas na edição da Nova Fronteira —, *Agrestes* foi dividido em seis partes: "Do Recife, de Pernambuco", "Ainda, ou sempre, Sevilha", "Linguagens alheias", "Do outro lado da rua", "Viver nos Andes" e "A 'indesejada das gentes'".

O título *Agrestes*, de ampla conotação, ia além da alusão ao espaço nordestino. Pela primeira vez apareciam no mesmo livro, ao lado da terra natal, um número diversificado de paisagens estrangeiras: Espanha, Senegal, Mali, Guiné-Bissau e Equador. O livro também trazia homenagens a poetas de língua inglesa, como Marianne Moore, Thomas Hardy, W. H. Auden e Elizabeth Bishop, e a vários artistas e escritores do Brasil, da França e de Portugal.

O principal homenageado foi Augusto de Campos, a quem o autor ofereceu um poema-dedicatória, que também servia de prólogo ao livro. O tributo se explicava pelo fato de considerá-lo um "leitor contra", "leitor malgrado/ e intolerante", que, por sua experiência em "fazer/catar o novo", era capaz de ver no "defunto" — o poeta antilírico — "coisas não mortas de todo". Como agradecimento à dedicatória, Augusto compôs o poema "joão/agrestes", mais tarde inserido em *Despoesia*. "Uma fala tão faca/ fratura tão ex posta/ tão ácida tão aço/ osso tão osso só", escreveu o autor na abertura do poema. A conclusão trazia uma emenda à dedicatória de *Agrestes*: "nunca houve um leitor/ contra mais a favor".

Na parte dedicada a Pernambuco, João Cabral reuniu mais um conjunto de rememorações do Recife. Ao mesmo tempo, no poema "The Return of the Native", lamentou a impossibilidade de reencontrar os espaços da infância e da juventude. Sua obra insistia em dar a ver, "como se ainda lá estivesse", escreveu o poeta, "um Pernambuco que nenhum/ pernambucano reconhece". Por fim, a última parte de *Agrestes*, evocando "a indesejada das gentes" de Manuel Bandeira, reiterava o caráter autobiográfico do livro, ecoando diretamente a vivência da morte, que se tornara mais próxima com o agravamento, em Portugal, do câncer de sua mulher.

Vítima de afogamento, Zila Mamede, a poeta e bibliotecária potiguar a quem João Cabral dedicara a primeira parte de *Agrestes*, foi encontrada morta na praia da Redinha, em Natal, em dezembro de 1985, dias antes do lançamento do livro. Logo circularam rumores de suicídio, que jamais foram confirmados. A morte trágica deixou inconclusa a enorme tarefa à qual ela consagrara os últimos anos de sua vida: o extenso levantamento da bibliografia crítica de João Cabral, reunindo informações sobre tudo o que fora escrito em quatro décadas a respeito de sua obra no Brasil e no exterior.

Quando soube, em 1976, em Natal, dessa ambiciosa proposta de pesquisa bibliográfica, o poeta teve uma reação desanimadora: "Impossível!", sentenciou. Como tinha vivido em muitos países, achava que não haveria jeito de reunir todo o material. Zila insistiu. Meses depois, ele enviou de Dacar seu próprio arquivo pessoal — quinze pastas de documentos, incluindo fotografias e inúmeros recortes de jornais e revistas, pacientemente organizados pela esposa.

A bibliotecária expediu mais de quinhentas cartas, solicitando informações. Entre os principais colaboradores estava José Mindlin. Em carta enviada em novembro de 1976 ao bibliófilo, Zila agradeceu os elogios ao seu volume de poemas *Exercício da palavra*, editado no ano anterior, mas disse que publicar livro, no Brasil, era coisa para poeta federal. "Poeta municipal deve ficar em seu lugar: calado. E cuidar da obra dos poetas federais: é o que estou me propondo a fazer", observou.

Com efeito, muitos achavam que ela havia renunciado à sua obra para se dedicar à de outro poeta. No entanto, estimulada pelo próprio Cabral, que elogiava publicamente sua poesia, Zila tocava, paralelamente, outro livro de poemas: "João me obrigou a trabalhar na frente dele e a retrabalhar *Exercício da palavra*. Ele deu as costas ao Brasil e eu engavetei tudo", escreveu ela na carta a Mindlin. Intitulado *Corpo a corpo*, o livro foi lançado em 1978.

O plano de Zila Mamede era realizar em quatro anos a pesquisa bibliográfica e publicá-la em 1980, em homenagem aos sessenta anos do poeta. Ao fim desse prazo, porém, não havia conseguido sequer o financiamento da obra. Após sua morte, as bibliotecárias que a auxiliavam, seguindo as instruções da autora, concluíram a revisão do trabalho, que seria publicado em 1987, graças ao apoio de José Mindlin.

O livro de 524 páginas, contendo mais de 1600 verbetes, foi batizado de *Civil geometria*, título escolhido por Zila em acordo com o poeta, tendo como subtítulo *Bibliografia crítica, analítica e anotada de João Cabral de Melo Neto — 1942-1982*. Ao percorrer o alentado volume, João encontrou um único defeito. No afã de reunir absolutamente tudo que encontrara pela frente, Zila fizera a inclusão indevida da velha "Carta com C", de Guimarães Rosa, que se supunha erroneamente ter sido a ele endereçada.

O tempo não estava para passeios. Além da doença de Stella, pesava em João Cabral o cansaço das viagens, após quatro décadas de carreira diplomática. Entretanto, o poeta tinha interesse em conhecer o Norte de Portugal e um dia expressou a Arnaldo Saraiva seu desejo de visitar a casa onde vivera e morrera Camilo Castelo Branco. Arnaldo se dispôs a levá-lo, de carro, à freguesia de São Miguel de Seide, quarenta quilômetros ao norte do Porto. Como a viagem era curta, Stella decidiu acompanhá-los.

A casa de Seide era também uma típica "casa de brasileiro", com escadaria e um pequeno jardim. Naquela atmosfera campesina, após receber a visita do médico que o desenganara quanto à visão — o problema da cegueira tinha piorado a tal ponto que ele não poderia mais ler e escrever —, Camilo havia disparado um tiro de revólver na cabeça. João não fez perguntas nem comentários enquanto estavam na casa, mas a visita suscitaria a escrita de dois poemas inseridos em *Agrestes*: "A Camilo Castelo Branco" e "Visita a São Miguel de Seide". Nos versos finais deste último, escreveu: "Ficaste cego? Foi a última/ gota de água desse suicida/ que matando-se deu à fala,/ com os mesmos metais, outra liga".

Em outra ocasião, Arnaldo Saraiva acompanhou o poeta a um encontro cultural em Tormes, no interior de Portugal, à margem direita do rio Douro. No retorno, dispôs-se a subir a estrada que conduzia à casa de Eça de Queirós, mas João não se interessou pela visita. Com Stella, o poeta conheceu também a pitoresca serra do Buçaco, perto de Coimbra. Em várias ocasiões manifestou a vontade de ir a Melo, aldeia da Beira Alta de onde era natural um de seus ancestrais. Outro desejo não realizado foi a viagem a Belmonte, terra da Beira Baixa onde nascera Pedro Álvares Cabral — ele mesmo, o célebre navegante, a quem o poeta, segundo Arnaldo, evocava como se fosse alguém da família.

No Porto, João levou sempre uma vida retirada, sem contatos com intelectuais e artistas, dedicando-se apenas à leitura e à escrita. A cidade oferecia belíssimas livrarias, uma intensa vida cultural e boêmia. Salvo uma boa livraria inglesa, onde comprava semanalmente sua "ração" de livros para devorar em casa, nada despertou sua curiosidade. Eugénio de Andrade, o poeta de mais prestígio em atividade no Porto, que ele conhecera em um encontro literário no México, convidou-o, por intermédio de Arnaldo, para um encontro em sua casa. O convite foi aceito, mas o diálogo entre os dois poetas transcorreu cordial e cerimonioso.

Ao ler uma biografia de T.S. Eliot, João achou curiosa uma declaração feita pelo poeta, já famoso, a estudantes: "Não se metam a escrever poesia que isso só lhes dará aporrinhações". Reproduziu a frase numa carta enviada ao editor Daniel Pereira, nos últimos tempos da José Olympio. "Pois é esse meu estado de espírito atual", desabafou. Para ele, a poesia, por todos os lados da vida literária, só lhe tinha dado aborrecimentos. Aos 65 anos, queria ter o direito de levar vida mais sossegada. "Isto é, gostaria que a gente de hoje antecipasse o esquecimento que virá para minha poesia dentro de breves anos", choramingou. As queixas se repetiriam depois, em entrevistas no Brasil, nas quais admitia seu desgosto por gente e a crescente impaciência com o ser humano. "Mais que três é multidão", declarou ao *Jornal do Brasil*. Confessava também seu conservadorismo — avesso a mudanças, mesmo sabendo que elas teriam de vir — e outros defeitos do seu temperamento. "Neurótico, sim, chato, jamais", fez questão de distinguir.

A situação deplorável de Stella era o que mais o angustiava. Muitas vezes nem ia ao consulado, ficava em casa, esperando que os funcionários trouxessem papéis para ele assinar. À medida que Stella fraquejava, crescia seu pânico. "Eu sem a Stella não faço nada, não sei preencher um cheque", dizia a Arnaldo Saraiva. A atmosfera em Villa Adriano estava sempre pesada. Além do útero, o câncer atingiria também os intestinos e pulmões de Stella. As viagens para tratamento na França — nas quais Isabel, por ser médica, também acompanhava a mãe — de nada adiantaram. Em novembro de 1985, o casal retornou ao Rio de Janeiro. Stella não queria morrer no Porto.

Logo que desembarcaram no Rio, a família, já abalada, levou um susto. João teve uma hemorragia gástrica e foi internado às pressas na Casa de Saúde São José, em Botafogo, para ser operado. Do seu leito de doente, Stella ainda conseguiu salvar o marido, que tinha caído desmaiado na porta do banheiro. Sem sair da cama, ela pegou o telefone e chamou a ambulância. A úlcera no piloro estava perfurada. Nos anos anteriores, João havia diminuído o consumo de aspirinas. Mas o volume exorbitante ingerido ao longo de toda a vida reduzira pela metade seu número de glóbulos vermelhos. Daí a hemorragia, que quase o matou. Por sorte, não houve necessidade de operação. Após dez dias de hospital, pôde voltar para casa, com a ordem expressa de nunca mais engolir aspirinas. Passaria então a tomar gotas de Novalgina, duas vezes por dia. A princípio, temeu a mudança. Talvez o inferno, que desde criança tanto o apavorava, fosse, mesmo depois da morte, "ficar com dor de cabeça e ser proibido de tomar aspirina", brincou em entrevista à *Tribuna da Imprensa*, em janeiro de 1986.

Paralelamente, novos problemas haviam aparecido, como o medo de levar um tombo durante o banho, registrado na última parte de *Agrestes*: "Temer quedas sobremaneira/ (não as do abismo, da banheira)". O tempo era dividido entre o apartamento do Flamengo e a casa de Petrópolis. À noite,

João gostava de ver na televisão os programas de Chico Anísio e Jô Soares. "O que falta no mundo é humorismo", pensava. No horário das novelas, deixava o aparelho sem som e ficava observando só as imagens.

Certa vez, durante uma visita do crítico Antonio Carlos Secchin, Stella passou pela sala e rapidamente se afastou. "É minha mulher", disse João. "Ela vai morrer em breve, está muito doente, e não sei o que vai ser da minha vida", desabafou. Com efeito, durante quarenta anos Stella cuidara de absolutamente tudo. A pungente declaração dava a pensar que, mais que um grande amor, o que ele lamentava perder era a pessoa que punha ordem em sua existência.

Stella morreu em 4 de maio de 1986, antes de completar 66 anos. Atendendo ao chamado de João Cabral, Isabel tinha vindo rapidamente de Honduras. Todos notaram a alegria de Stella ao abraçar a filha. Na mesma noite, faleceu, em casa. O poeta não deixou que ela fosse para o hospital. A imagem de Nossa Senhora do Carmo, que ele herdara da mãe e usava regularmente por baixo da roupa — segundo uma velha crença, quem morresse com Nossa Senhora do Carmo iria direto para o céu, sem passar pelo purgatório —, nos últimos dias estava junto ao corpo de Stella. Antes do enterro, o poeta recuperou a santinha e a pendurou de volta em seu pescoço.

O obituário divulgado nos jornais resumiu a biografia da esposa de João Cabral, lembrando que ela havia chefiado a Federação de Bandeirantes do Brasil e trabalhado como arquivista do Dasp. Deixava cinco filhos e dez netos. A missa de sétimo dia ocorreu na igreja de Santa Teresinha, onde haviam se casado. Sentado ao lado dos filhos, João estava seríssimo. Quando Inez ousou se encostar nele, para não cair em pranto, o pai se afastou para trás.

Com a morte de Stella, o poeta perdia por completo o rumo. Em seus últimos dias, a esposa, demonstrando sempre coragem, chegou a recomendar que ele voltasse a residir em Sevilha, onde o vira tão feliz, comentou João em conversa com Afonso Arinos Filho. Os filhos achavam que ele deveria voltar para o Recife, hipótese que negava terminantemente. Para ele, o passado havia morrido e não lhe interessava. No futuro, ficaria mesmo em Petrópolis, sem sair de casa. Seria caseiro como a mãe, a quem, segundo ele, havia puxado. Carmen nunca saía de casa. Não se dispunha sequer a ir até os filhos, que eram obrigados a visitá-la. Assim o poeta imaginava sua aposentadoria.

19.
A suave pantera

Em conversa com Rachel de Queiroz, Lêdo Ivo relatou uma visita que havia feito ao apartamento do Flamengo, quando Stella estava em seus dias finais. Na ocasião, João Cabral o chamou até a varanda e confidenciou que, de volta do enterro, se mataria, jogando-se daquele exato ponto onde se encontravam. A observação de Rachel foi sensível e premonitória. "Lêdo, tranquilize-se, se ele disse isso é porque, pouco tempo depois, terá arranjado outra mulher. Eu conheço o coração humano", afiançou.

Quatro dias após a missa na igreja de Santa Teresinha, ocorrida em 9 de maio, Armando Freitas Filho, a convite do poeta, também esteve em sua casa. Quando ele e Cristina, sua mulher, chegaram ao apartamento, deram com a presença de outra visitante, tentando consolar o viúvo: a poeta Marly de Oliveira. Aos 48 anos, Marly continuava uma mulher exuberante — não apenas bonita, mas inteligente, falante e atenciosa, sem deixar de ser também etérea. Para João Cabral, os olhos e cabelos pretos, a estatura pequena, o quadril largo, o jeito vaidoso, tudo lembrava o perfil de uma sevilhana.

Naquela noite no Flamengo, o perfume e a voz suave de Marly encheram a sala. O que era para ser uma visita de pêsames se transformou em alegre noitada. "Vamos abrir uma vodca?", sugeriu o poeta. Armando achava curioso ver a metamorfose que lhe causavam algumas doses de bebida. No início, parecia um diplomata perfeito, recebendo de terno e gravata os convidados. Depois, sem perder a finura dos gestos, João se soltava e ficava engraçado. Quando deram pela falta do abridor de garrafas, Armando o acompanhou até a cozinha e, de repente, se admirou ao ver que estavam os dois agachados, escarafunchando gavetas e armários. "Estou perdido na vida, não encontro na minha casa um reles abridor", confessou João Cabral, ainda de cócoras. "Fui abandonado na vida", insistiu. "Stella me abandonou." Era como se a esposa não tivesse simplesmente morrido, compreendeu Armando. As palavras vinham confirmar a aflição do amigo com a hipótese de ficar sozinho. Estava claro que ele pretendia se casar de novo — e rapidamente.

Nas semanas que sucederam o enterro, João permaneceu no Rio de Janeiro, o que despertou a desconfiança dos filhos. Por que tanta demora para regressar ao seu posto diplomático? No final de junho, o *Jornal do Brasil* divulgou uma nota elucidativa: "Marly de Oliveira e João Cabral de Melo Neto, ambos poetas, vão passar um ano em Portugal entregues às pesquisas literárias, ele, evidentemente, sediado no Porto, onde é cônsul-geral". Duas semanas depois, o *Correio Braziliense* noticiou que Marly fora convidada pelo poeta para organizarem juntos uma antologia de literatura luso-brasileira, o que motivaria sua mudança para o Porto.

Antes de voltar a Portugal, em almoço na casa de Lauro Escorel, do qual também participou Alberto da Costa e Silva, nomeado embaixador em Lisboa, João subitamente declarou: "Vou me casar com a Marly de Oliveira". Alberto caiu para trás: "Você está maluco?", perguntou. Marly, segundo ele, era incapaz de passar uma camisa, não sabia fritar um ovo, sempre dependera do ex-marido, que fazia tudo para ela. "Vocês juntaram duas incapacidades. Dois excelentes poetas, mas como é que vão viver juntos?" A surpresa foi generalizada. Para os amigos, a relação parecia frágil e pouco promissora. A comparação com Stella era inevitável. Na opinião dos filhos, João cometia um grande equívoco em achar que Marly poderia substituir a mãe, que sempre cuidara dele como se fosse um filho mais velho.

Fazia mais de vinte anos que João e Marly tinham se conhecido, num jantar na casa de Clarice Lispector, no qual também estavam presentes Lauro Escorel, Eduardo Portella e Lauro Moreira, o jovem diplomata com quem ela acabara de se casar. Depois, João voltara a esbarrar com Marly em recepções em Brasília, onde ela morava. Em certa ocasião, chegaram a ter um bate-boca. Marly fazia elogios a alguns escritores — Cláudio Manuel da Costa, Padre Antônio Vieira, Machado de Assis — e se irritou ao perceber que o poeta não gostava de nenhum deles.

Nascida em Cachoeiro de Itapemirim, no Espírito Santo, e criada na cidade fluminense de Campos, Marly de Oliveira contava apenas dezenove anos quando publicou, em 1957, o primeiro livro, *Cerco da primavera*. Mário Faustino elogiou a "boa melopeia" e o "padrão de execução invejável" da discípula assumida de Cecília Meireles. "Setembro de espigas claras/ que as mãos colhiam no vento!/ O azul acendia pássaros/ para o nosso alumbramento", citou com entusiasmo o crítico. Outros poemas seriam reproduzidos no Suplemento Dominical do *Jornal do Brasil*.

"Pequenina, morena, com um grande riso claro", escreveu Eneida, no *Diário de Notícias*, ao apresentar a estreante, que tinha diploma em letras neolatinas pela PUC do Rio. Ganhadora do prêmio de poesia do Instituto Nacional do Livro, Marly foi estudar em Roma. Ali conheceu Giuseppe Ungaretti, que descreveu como um "milagre" os versos de sua autoria escritos em "italiano luminoso". Elogiados por Cecília e Bandeira, os livros seguintes, *Explicação de Narciso* e *A suave pantera*, fixaram seu nome entre os novos autores. Uma "poesia marcadamente lírica", que também primava pela "economia da dicção", escreveu José Guilherme Merquior.

Marly de Oliveira mandava seus livros para João Cabral no exterior. "Mas eu, mal-educado, nunca escrevi para agradecer", confessaria o poeta. Por sugestão de Merquior, ela procurou objetivar mais sua lírica, acolhendo como modelo a obra de Cabral. "Quando terminei a leitura de *A suave pantera*, senti uma inveja enorme", diria também João. "Ali estava uma poetisa que usava a minha linguagem visual, mas sem a minha gagueira."

Em janeiro de 1964, Marly se casou com Lauro Moreira, que conhecera fazendo teatro experimental na PUC. Sob a direção de Leo Gilson Ribeiro, o rapaz havia interpretado no palco o personagem Lalino Salãthiel, de um dos contos de *Sagarana*. Por essa razão, era chamado de Lalino pelo próprio Guimarães Rosa. Naquele ano, estava para terminar o treinamento no Instituto Rio Branco. Os padrinhos do casamento, na igreja da Glória, eram da mais alta reputação literária: Clarice Lispector e Manuel Bandeira. Com Clarice, a quem chamava de Claricinha, Marly estreitara amizade no ano anterior. *A paixão segundo G. H.*, prestes a ser lançado, fora escrito a partir das frases que a romancista lhe ditara durante horas de conversa em Teresópolis. "Além de poeta, faz críticas da maior erudição, agudeza e sensibilidade", afirmou Clarice em depoimento sobre a amiga.

Marly e Lauro viveram juntos no Rio, em Buenos Aires, Genebra e Brasília. Tiveram duas filhas, Mônica e Patrícia, o que a obrigou a abandonar seu trabalho de professora universitária de língua e literatura italiana. Na Argentina, em parceria com a filha de Drummond, Maria Julieta, Marly traduziu o primeiro livro de Jorge Luis Borges editado no Brasil, *Nova antologia pessoal*, que saiu pela Sabiá. Drummond a admirava muito, a ponto de comparecer, em 1975, ao lançamento do seu livro *Contacto* — ele que era figura rara em noites de autógrafos.

Em Brasília, com o dinheiro de uma herança, Lauro Moreira construiu uma mansão à beira do lago Paranoá, cuja decoração era muito elogiada. O casal mantinha uma agenda movimentada, sempre recebendo convidados.

Em 1981, porém, o casamento foi desfeito. Marly ficou sozinha em Brasília e depois voltou para o Rio, onde viria a perder, em investimentos errados, quase tudo que lhe coubera na separação. Morando num apartamento alugado na avenida Atlântica, confessava sentir falta da vida social. Tinha saudade também da casa de Brasília, sobre a qual mais tarde escreveria poemas.

Na dedicatória do exemplar de *Contacto* oferecido a João Cabral, em julho de 1975, a autora escreveu: "A João Cabral de Melo Neto, ao poeta entre poetas, este *Contacto* e a enorme admiração de Marly de Oliveira". Onze anos depois, em maio de 1986, logo após a morte de Stella, a dedicatória anotada no livro *Retrato* revelou a conquista de uma intimidade bem maior: "A João Cabral de Melo Neto — *tra tutti il primo* — dedico os poemas das páginas 63, 151 e 179. Com a admiração e a certeza do afeto da sua Marly". Em contrapartida, a terceira parte do livro *Agrestes*, intitulada "Linguagens alheias", havia sido dedicada a ela por João Cabral.

Ainda quando Stella era viva, Sebastião Lacerda, que havia herdado também a editora Nova Aguilar, propôs ao poeta a edição do volume dedicado à sua obra. Quando lhe pediu que sugerisse um organizador, João respondeu: "Ah, sim, pode ser a Marly de Oliveira". Mais tarde, segundo relatos da família, a nova mulher de João Cabral revelaria que Stella, em seu leito de doente, teria juntado suas mãos às do marido e dito: "Marly, toma conta dele". Totalmente contrários ao casamento, nenhum dos filhos deu ouvidos à história. Entretanto, o próprio João depois contou a amigos que, na hora de morrer, Stella lhe dissera: "Você trate de se casar de novo".

De volta ao seu posto em Portugal, sozinho, em agosto de 1986, João Cabral parecia um adolescente apaixonado. Aos 66 anos, algo renascera nele, um desejo impetuoso, que não sabia conter. Se era capaz de fazer ressalvas à lírica de Marly, a ela, como mulher, estava completamente rendido. Do Porto, telefonava todos os dias, ansioso por sua chegada. Queria que fosse sem demora se juntar a ele em Villa Adriano. Quando não era atendido, ligava para Inez e lhe pedia que procurasse Marly. Esta, sob inúmeros pretextos, adiava sempre o embarque. Já tinha em mãos um passaporte diplomático, que, mesmo sem estarem oficialmente casados, João lhe providenciara. Gostava dele, mas hesitava diante dos problemas que haveria de enfrentar aquela união repentina entre uma mulher divorciada e um homem mais velho e enviuvado. Para não viajar, alegava doenças, problemas pessoais ou dificuldades com as filhas. Uma vez chegou a dizer que havia perdido o avião.

Nas palavras de Arnaldo Saraiva, "João Cabral vivia por esses dias entre a depressão e a exasperação". Um dia chamou-o à sua casa, e era tanta a ansiedade que resolveu esperá-lo na escadaria exterior. Enquanto o visitante subia os degraus, o poeta começou a agitar um livro — sua *Poesia completa*, editada em Portugal pela Imprensa Nacional e pela Casa da Moeda. "Será que isto presta para alguma coisa?", perguntou. Arnaldo quis brincar, arriscou um sorriso. "Isto não pesa nada", repeliu o poeta. O outro fingiu desentender: "Não sabia que a sua poesia agora se mede ao quilo". Acostumado a brincar com o amigo, insistiu nas ironias: "Seria melhor atirar o volume ao jardim, pois sempre poderia servir de alimento a bichos e árvores". João o olhou com expressão séria: "Arnaldo, isto não presta para nada, e no entanto está aqui toda a minha vida".

Nos dias seguintes, fechou-se na residência. Era perceptível que andava bebendo mais do que de costume. Um dia Arnaldo recebeu o telefonema de uma das empregadas. "Senhor doutor, não sei que fazer. O senhor embaixador diz que morreu", informou. Quando o amigo chegou a Villa Adriano, a empregada, muito aflita, disse que ele estava sem comer e que se recusara a sair da cama. "Arnaldo, eu morri", confirmou o poeta, ao vê-lo entrar no quarto. Contou então que brigara com Marly e que já não desejava que ela fosse ao seu encontro. "Chegou mesmo a dizer 'quero que ela morra'", relataria mais tarde Arnaldo, "e pelo meio praguejou contra as mulheres ('são a pior merda do universo') e rebaixou-se a si próprio ('eu também sou o lixo da brasilidade', 'ninguém gosta de mim')."

Arnaldo tentou animá-lo. O poeta escreveu um número de telefone e fez um pedido: "Ligue a Marly; diga-lhe que ou vem já ou não vem mais". Depois de alguma resistência, o amigo telefonou. Marly admitiu que estava atemorizada, pois João fora muito agressivo com ela. Por essa razão, queria saber se ele desejava mesmo que ela viajasse. "Claro que quero", repetiu o poeta. Arnaldo lhe passou o telefone e, com firmeza, ele disse: "Se você vem hoje, tudo bem; se não, não venha mais. Case com o Francisco de Assis Barbosa, que eu também casarei com outra mulher". Marly ficou assustada e voltou a se queixar com Arnaldo: "O avião sai daqui a duas horas". O mediador explicou então que João queria dizer "no primeiro avião possível".

Encerrado o telefonema, João continuou irritado. Houve um momento em que Arnaldo não conteve a risada. "Você sabe onde é o bairro das putas? Eu quero ir lá buscar uma para me casar com ela", disse João. Seu interlocutor mal podia acreditar que um homem daquela envergadura estivesse assim tão fragilizado, infantilizado pela paixão. Infeliz "amor de velho", dizia o próprio poeta.

No dia 5 de setembro de 1986, o *Correio Braziliense* divulgou a seguinte nota: "Sendo anunciada no Itamaraty e entre os imortais da Academia Brasileira de Letras a formação de um novo casal, bem poético: João Cabral de Melo Neto e a poetisa Marly de Oliveira, que tantas saudades deixou em Brasília".

Em Villa Adriano a todo momento estouravam problemas — vazamentos, rachaduras, paredes que descascavam. Para sorte de João e Marly, logo chegava alguém do consulado para providenciar os reparos. Mas a casa era bonita e inspiradora. O esplendor das escadas brancas seria evocado em verso por Marly de Oliveira: "Villa Adriano: nenhum fausto,/ alguns rebocos, cristal, calor/ de paisagens que as janelas/ em quadros de alto valor/ transformavam, circundando-as,/ impedindo que invadissem/ as salas, os corredores".

Como Marly de Oliveira não era conhecida em Portugal, João pediu que Arnaldo a entrevistasse para algum suplemento literário. O crítico estranhou a solicitação, vinda de alguém que não tinha o hábito de mendigar nada à imprensa, mas fez a entrevista, que seria publicada no prestigioso *Jornal de Letras, Artes e Ideias*.

Com a chegada de Marly, o sofrimento não havia passado. Íntimo da casa, Arnaldo Saraiva percebeu não só certa insatisfação em João Cabral, mas também uma distância cerimoniosa por parte de Marly, que não dava espaço para manifestações afetivas. Por escolha dela, dormiam em quartos separados. Passados alguns dias, contudo, o poeta se esforçou por demonstrar a Arnaldo que as coisas haviam mudado e que ele se encontrava em boa disposição. Nesse período assistiu a shows de Gal Costa e Maria Bethânia no Coliseu do Porto. Conduzido por Arnaldo, Caetano Veloso foi recebido em Villa Adriano. Como em Dacar, o encontro lhe deixaria uma lembrança intensa, dada pela "presença toda cheia de vida" do poeta.

Em outubro de 1986, Sebastião Lacerda esteve no Porto, visitando João Cabral. Na primeira noite, quando voltaram do jantar, no carro dirigido por chofer, o anfitrião se apertou na hora de usar a chave. "Eu sou incompetente mesmo, não sei abrir esse portão. Stella fazia tudo isso", confessou. Era uma chave velha, que custou a se encaixar na fechadura. João também relatou ao editor o estranhamento que lhe causara a residência, em seu retorno do Brasil. "Essa casa me pareceu vazia, nada em cima das mesas. Eu me lembro que havia umas coisas — castiçal, sopeira, centro de mesa..." Stella tinha embalado e guardado tudo nos armários, que a ele não ocorrera abrir.

As visitas, no entanto, se tornaram raras. Só excepcionalmente João acolhia convidados ou hóspedes em casa. A filha mais nova de Marly, Patrícia, de doze anos, morava em Villa Adriano. A mais velha, Mônica, e os filhos de João também passaram ali curtas temporadas. Por insistência de Marly, o casal recebeu para jantar a escritora Agustina Bessa-Luís e seu marido, Alberto Luís. Arnaldo também participou do encontro. Naquela noite, com a língua solta depois de algumas doses de uísque, João chegou a ponto de provocar a visitante, "falando pouco diplomaticamente", segundo o amigo, do seu compromisso com um político da direita, Diogo Freitas do Amaral, que acabara de perder a eleição presidencial para Mário Soares.

Não fossem os graves problemas de saúde, os últimos tempos no Porto teriam sido mais aprazíveis. No entanto, por causa da úlcera estomacal, João voltou a ter crises frequentes. Alberto da Costa e Silva mais de uma vez deixou a embaixada em Lisboa para ir ao Porto acudi-lo nas tarefas do consulado. "O seu amigo tem de decidir: ou ele para de beber ou morre", disse-lhe o médico. João bebia, sozinho, todas as noites. Vivia com o estômago arrebentado e não raro punha sangue pela boca. Em 4 de abril de 1987, sofreu uma hemorragia digestiva. Imediatamente foi internado e submetido a uma cirurgia. Desesperada, Marly enviou uma carta aos filhos do poeta. Isabel e Rodrigo viajaram ao Porto.

Foram duas operações seguidas. Complicações do período pós-operatório determinaram uma nova intervenção, ocorrida após uma semana. João chegou a ser desenganado pelos médicos. Mas a segunda cirurgia foi bem-sucedida. Quando já podia receber visitas, Arnaldo Saraiva foi vê-lo no hospital. Encontrou-o prostrado, "de olhos fechados e fala entaramelada". A internação se estendeu até 9 de maio. Como tinha horror a hospital e doenças, Marly preferia dormir em casa.

A segunda operação a que se submeteu João Cabral — uma laparotomia exploratória — obteve tanto êxito que, além de curá-lo da úlcera, também o livrou da enxaqueca crônica. Misteriosamente, a dor de cabeça também desapareceu. Teriam os nervos transmissores da dor se cansado, a exemplo do que ocorre com o nervo óptico, enfraquecendo a visão dos mais idosos? Era a pergunta que se fazia o poeta. Havia, porém, uma explicação: na cirurgia, cortaram o nervo vago simpático. "Era o que eu devia ter feito desde o início. Comprimidos não cortam nervos", diria mais tarde. "Mas por que vocês não descobriram isso há cinquenta anos?", perguntou ao médico.

Ainda na fase de convalescença das operações, o poeta Bruno Tolentino, vindo de Londres, chegou a Villa Adriano, convidado por Marly. "Instalou-se em sua casa e quase parecia dono dela", nas palavras de Arnaldo Saraiva. Não demorou, porém, a deixar enfurecido o anfitrião, que acabou por mandá-lo embora.

Quem nunca apareceu no Porto foi Evaldo Cabral de Mello, que era cônsul-geral em Lisboa. Não visitou o irmão nem quando este sofreu as cirurgias, limitando-se a pedir informações por telefone. O motivo do distanciamento não era segredo para ninguém. Evaldo não vira com bons olhos a relação de João com Marly, que ele conhecera no início dos anos 1970, quando servia em Genebra. Achava que, num ato de pânico, movido pela incapacidade de viver sozinho, o irmão havia escolhido a mulher errada.

Dos filhos de João Cabral, outro que o visitou no Porto, em circunstâncias também dramáticas, foi Luís. Um dia ele recebeu um telefonema de uma funcionária do consulado informando que seu pai havia decidido se internar num manicômio público da cidade. Imediatamente, tomou o avião para Portugal. No aeroporto, a funcionária o esperava. Ao chegar ao hospital psiquiátrico, Luís ficou espantado. Deparou com um salão enorme, onde havia dezenas de leitos. Num deles estava João Cabral, que logo o reconheceu: "Meu filho, o que você está fazendo aqui?". Luís respondeu que havia acabado de chegar. E teve uma surpresa quando o pai lhe apresentou o vizinho da cama do lado. "Você conhece o Carlos Drummond de Andrade?", perguntou. "Conheço, claro. Como vai?", respondeu Luís. "Papai, vamos embora", acrescentou. E na mesma hora tirou João do hospital. Nos dias seguintes tudo voltou aos eixos e, na companhia de Marly e sua filha, foram passear em Braga.

Drummond morreria pouco tempo depois, em 17 de agosto de 1987 — doze dias após o falecimento da filha, Maria Julieta, a pessoa que mais amava no mundo, vítima de um carcinoma. Estava perto de completar 85 anos. Quando uma médica veio lhe receitar medicamentos, o poeta não se conteve: "Então, me receite um enfarte fulminante".

No dia seguinte, João Cabral deu entrevista do Porto, por telefone, à *Folha de S.Paulo*. "Ele foi o poeta que maior influência exerceu sobre mim", declarou. "Passei a encontrá-lo esporadicamente nas minhas vindas ao Brasil." Disse ainda que considerava um equívoco qualquer comparação entre suas obras: "A poesia dele é muito melhor". Por fim, lamentou também a morte de Gilberto Freyre, ocorrida no mês anterior.

Em entrevista ao *Jornal do Fundão*, publicada em 1988, João Cabral também comentou o afastamento, dizendo que ele e Drummond eram muito parecidos no orgulho. Afirmou que era impossível ter uma conversa frontal com Drummond e fez referência à derradeira carta que dele havia recebido: "Sobre o último livro que publiquei em vida dele, *Agrestes*, ele até me mandou uma carta bonita. Mas era mais fácil fazer isso do que enfrentar-me".

Datada de 23 de abril de 1984, a carta, na verdade, fora escrita como agradecimento pelo envio, com dedicatória, de um exemplar especial do *Auto do frade* — a segunda edição, produzida pela Nova Fronteira, em papel vergê, com apenas cem exemplares. Além de elogiar a "criação engenhosa" do livro, "que entrelaça habilmente história e poesia", Drummond registrou ali — não em declaração pública, mas no diálogo íntimo e reservado — seu último comentário sobre a dissensão entre os dois poetas:

> Recebi-o com alegria, pois quebra um silêncio de muitos anos, para o qual não encontro explicação senão... a falta de explicação. Sempre estranhei e lamentei o afastamento a que nos vimos submetidos, e que não foi motivado por qualquer desentendimento ou desavença entre nós. Ainda bem que as coisas voltam ao natural, e podemos restaurar aquele velho e bom contato, do qual conservo as melhores recordações de amizade e confiança mútua.

À boca pequena, porém, o que Drummond teria dito a respeito do mesmo *Auto do frade* não era muito lisonjeiro: "Ele tanto fez que acabou criando poemas sem poesia". João Cabral, por sua vez, comentou com Arnaldo Saraiva que, entre suas leituras no Porto — Camilo, a história de Portugal, romancistas ingleses —, se incluía o último livro de poemas de Drummond, *Amar se aprende amando*, "que dizia ler como antídoto, para nunca escrever assim".

Uma prova de que a discordância perdurou até o fim foi a entrevista de Drummond publicada nove dias antes de sua morte pelo *Jornal do Brasil*. Quando lhe perguntaram sua opinião sobre a popularidade, se achava, como Cabral, que ela corrompia o poeta, Drummond respondeu que a popularidade era casual, não tinha nada a ver com a poesia. Invertendo a questão, citou como exemplo Dante Milano, que, apesar de desconhecido, era um grande poeta. "A popularidade, então, não tem a menor importância", arrematou.

Quatro meses depois, em entrevista à *Tribuna da Imprensa*, João Cabral voltou a dizer que a fama atrapalhava o artista, impedindo-o de se desenvolver.

O repórter argumentou que Drummond fora um poeta famoso. "Sim, mas [...] muitos anos antes de acabar sua obra não se renovava mais", retrucou João.

Depois de afirmar, por ocasião da morte de Drummond, que sua poesia era a mais importante da literatura brasileira de todos os tempos, João Cabral relativizou esse juízo em seu depoimento a Geneton Moraes Neto, inserido no livro *Dossiê Drummond*. Criticou então o "espírito monarquista" do brasileiro, sempre preocupado em eleger o "maior poeta". Afirmou que, tendo Drummond sobrevivido a uma geração de poetas importantes — Bandeira, Murilo, Vinicius, Schmidt, Cardozo, entre outros —, era natural que todos se voltassem para ele como "o grande poeta nacional que era". Em outras palavras, "ele era o indiscutível porque era o sobrevivente, mais velho que todos nós".

No *Dossiê Drummond*, outras opiniões foram recolhidas a respeito da habitual comparação entre os dois poetas. "Drummond nunca deixou de ser aquela coisa toda", afirmou Caetano Veloso. "É como se Cabral fosse uma coisa só — e Drummond fosse tudo." De acordo com Antonio Callado, Drummond conteria as mil facetas de um país complexo: "É um poeta vário, um poeta que tem a faculdade de ser múltiplo, um poeta de várias regiões geográficas". João Cabral, por sua vez, sendo também um poeta importante, estaria mais limitado a certo universo. De modo semelhante, Glauber Rocha afirmara, pouco antes de morrer, em 1981, que João Cabral, apesar de grande poeta, seria mais estático do que Drummond, que havia escrito em todos os estilos: "Mesmo quando ele muda de temática está sempre dentro do mesmo rigor linguístico, estrutural e formal".

Às vésperas de deixar o consulado-geral do Porto, João Cabral falou por telefone à estação Antena 1, da Radiodifusão Portuguesa. "Apesar de tudo o que me aconteceu aqui nesses dois anos e meio, deixo a cidade com saudade", declarou. No meio da ligação, ouviram-se estranhos ruídos. "Caiu o estuque", explicou o poeta, informando que a casa era antiga e precisava de uma completa reforma. Em outra entrevista, disse estar contente com a aposentadoria: "Você não imagina o alívio que sinto em não ter de pensar na Guerra do Golfo".

A partida ocorreu em 6 de setembro de 1987. João e Marly tomaram o trem com destino a Lisboa, de onde embarcariam, no dia seguinte, para o Rio. Arnaldo Saraiva os conduziu à estação de Campanhã e os achou bem-dispostos. Durante a travessia, Marly fez elogios à beleza do Porto, que, afinal, pouco conhecera. Nos últimos dias, ambos falavam que gostariam de voltar e lá fixar residência. Para João, estar ali era como estar na sua cidade natal. A despeito dos sofrimentos, tivera no Porto uma fase de muitas leituras e literariamente fecunda.

O retorno definitivo do embaixador ao Brasil, no dia 9 de setembro, foi noticiado pela imprensa. Na verdade, não se tratava ainda da aposentadoria, que só viria aos setenta anos. A explicação para a volta era a inclusão do seu nome, em junho daquele ano, no "quadro especial" instituído dois anos antes pela chamada Reforma Setúbal. Em resposta a críticas sofridas pelo Itamaraty, o chanceler Olavo Setúbal executara um plano de corte de mordomias, redução do número de embaixadas e extinção dos consulados de primeira classe criados na gestão anterior. O consulado no Porto seria poupado, entre outros motivos, pela decisão do Itamaraty de preservar a histórica Villa Adriano. De toda maneira, João Cabral passou a integrar o quadro especial que visava ao "arquivo" de velhos embaixadores.

"Agora pretendo esquecer que fui diplomata, e pretendo ler bastante, evitando a vida social intensa", declarou o poeta em outubro ao *Jornal do Brasil*. À Academia, disse que iria apenas quando não chovesse, para manter o convívio com os companheiros. No final do mês, porém, participou em Brasília do Encontro Nacional de Escritores, que prestou uma homenagem a Drummond. Marly de Oliveira também estava entre os convidados do painel intitulado "Pois ia, ainda vai? Pois ia pra onde?", ao lado de poetas como Francisco Alvim, Moacyr Félix e o próprio João Cabral.

Em dezembro, os jornais confirmaram a união de João e Marly, que a partir da primeira semana de 1988 passariam a viver juntos no apartamento da praia do Flamengo. O assunto foi manchete do *Jornal do Brasil*, que estampou na primeira página uma fotografia do casal, informando que, no Natal, as famílias fariam juntas a primeira ceia. Assinada por José Castello, a reportagem, não obstante o título "Amor de poetas", acabou por dar ênfase às preferências que os distinguiam. Enquanto Marly gostava de teatro, ópera e música erudita, João não suportava nenhuma dessas coisas.

Outras desavenças foram destacadas na imprensa, como as opiniões que ambos manifestavam a respeito da Itália. Descendente de italianos, Marly adorava o país, decisivo em sua formação, pelo qual João tinha horror. Um diálogo do casal foi reproduzido na *Tribuna da Imprensa*. Quando João disse que sua concepção de poesia se alinhava à visão de Leonardo da Vinci sobre a pintura — "*la pittura è cosa mentale*" —, Marly estranhou a alusão ao renascentista. "Ele não gosta da Itália, nem da arte italiana", disse ao repórter Sérgio Augusto. João declarou então que apreciava Dante por ser um poeta visual: "Ele faz você ver as coisas". Marly não deixou por menos: "Mas Dante tem partes retóricas e foi influenciado por Aristóteles e São Tomás de Aquino, de quem você não gosta". O poeta concordou: "A parte retórica não me interessa".

Alguns meses depois, até o *Jornal dos Sports* comentou a paixão do poeta, já com 68 anos completos, por sua nova mulher. "O amor vale em qualquer idade, porque os olhos nunca envelhecem", teria dito João Cabral.

"Achas que matei minha avó?", pergunta a personagem de "Crime na Calle Relator", poema-título do livro lançado em dezembro de 1987 por João Cabral. A história, autêntica como todas do volume, foi contada por uma bailarina de flamenco. Quando tinha apenas dezesseis anos, a avó de noventa, enferma na cama, lhe pediu *"una poquita de aguardiente"*. Na manhã seguinte "acordou já morta" e, desde então, a mocinha vivia atormentada. Um dia se confessou ao poeta, querendo saber sua opinião, se achava que ela tinha matado a avó.

Desde o final do ano anterior, João anunciava a existência de um novo livro, o 18º, no qual aproveitaria um conjunto de anotações feitas na cidade do Porto. Em setembro de 1987, logo após regressar ao Brasil, entregou os originais à editora. Quando foi lembrado de que havia se despedido duas vezes em livros anteriores, dizendo que não mais escreveria poemas, o autor confirmou que dera adeus a tudo. De volta ao Brasil, porém, sentia-se reencontrando a língua, tinha umas coisas começadas e, ao abrir a gaveta, não resistiu a compor o livro, declarou ao *Jornal do Brasil*. "Não tenho coragem de rasgar, compreende?"

Quando foi entregue à Nova Fronteira, o manuscrito tinha apenas catorze poemas. No Rio de Janeiro, já na última hora, outros dois foram terminados: "O 'bicho'" e "História de mau caráter". Posteriormente, o volume ganharia ainda o acréscimo de mais dez composições, como "Numa sessão do Grêmio", sobre o poeta inglês W. H. Auden, que figurava também na epígrafe.

Em *Crime na Calle Relator*, João Cabral deu prosseguimento ao veio memorialístico, apresentando histórias e anedotas ambientadas, na maior parte das vezes, na Espanha e em Pernambuco. Nesses poemas narrativos, envolvendo casos acontecidos com o autor ou a ele relatados, a posição assumida foi, portanto, a do contador de histórias, às vezes pondo diretamente em cena as personagens, conforme o modelo do monólogo dramático adotado pelo poeta inglês Robert Browning. Em boa parte dos poemas, emergia a afirmação da identidade popular, a perspectiva dos ciganos e do povo marginalizado.

Depois de mais de quatro décadas, o processo de criação continuava penoso e atormentado. Lembrando Jean Cocteau, Cabral dizia que o poema era como um balão de gás atado ao chão: à medida que era trabalhado, ia se soltando. "Até que fica pronto, você rompe a última corda e, então, o balão sobe", dissera no início da década, em entrevista ao *Diário de Pernambuco*. A imagem fazia lembrar os versos finais de "Tecendo a manhã". Para ele, acabado mesmo só quando estivesse no prelo. Com o livro editado, parava de mexer. Até lá, porém, a escrita parecia nunca chegar ao término. Primeiro, escrevia à mão, depois passava à máquina, corrigia, cortava, tomava notas. No passado, Stella se incumbira de datilografar as sucessivas versões, sempre levando broncas quando cometia erros. Também fazia emendas à mão, com caligrafia perfeita, nas provas tipográficas.

Para João Cabral, a entrega dos originais era um ato solene e marcado pela tensão. Por duas vezes, Marília Pessoa, da Nova Fronteira, foi convocada a buscar os papéis na praia do Flamengo. João se sentava sempre na mesma poltrona, e a editora no sofá. No silêncio absoluto da sala, começava então a leitura em voz alta dos poemas. O poeta não tolerava ruídos nem interrupções. Mostrava impaciência também quando não era entendido. A tensão transparecia na fala, nos trejeitos com a boca e na testa sempre franzida. Enquanto lia os versos para a editora, João conferia também a métrica. Contava as sílabas batendo com a mão na perna. Numa dessas ocasiões, houve um momento em que a leitura empacou. "Está certo?", perguntou. Marília notara a confusão na contagem e foi sincera: "Não". O poeta parou, voltou atrás e corrigiu o verso. Até a última hora, queria arrumar todos os detalhes, com máximo rigor.

"Provas de livro, então, prefiro não ver, porque senão vou dar enorme prejuízo para o editor", disse João em conversa com Ferreira Gullar, publicada em *O Globo* antes do lançamento de *Crime na Calle Relator*. Na verdade, embora tivesse pena do tipógrafo, não resistia às emendas. A insegurança quanto à qualidade dos poemas persistia até a última hora. Seu maior pavor era que, depois de morto, encontrassem baús com textos seus não publicados. "Espero que dê tempo de queimar todos os meus papéis inacabados", declarou em depoimento ao cineasta Ivan Cardoso, divulgado pela *Folha de S.Paulo*. Não admitia a exposição de coisas inacabadas: "É como se eu aparecesse nu no meio da rua".

Ao receber a visita de Ferreira Gullar, encarregado de entrevistá-lo, João Cabral advertiu que a imprensa estava dando importância demais ao novo livro. "Você é um mito no Brasil, rapaz", explicou o visitante. Desde o encontro em Barcelona, era a primeira vez que voltavam a conversar. Na opinião de Gullar, o afastamento fora causado por haver Cabral tomado partido em favor dos poetas concretos, que o exaltavam. A respeito dos quadros concretistas, que ocupavam boa parte das paredes do apartamento, arriscou então uma brincadeira, dizendo que aquela arte estava ultrapassada. "Já tenho confusão demais dentro da minha cabeça. Preciso ter ordem em algum lugar", retrucou João. Para Gullar, a observação servia como esclarecimento da poética cabralina: o que parecia mania formalista resultava, na verdade, de uma grande inquietação interior. Ao buscar a ordem, o controle absoluto do poema, o "poeta tumultuado" se inventava o contrário do que era.

"Você nunca teve vergonha de ser poeta não?", perguntou o entrevistador. "Tive e tenho ainda. Nunca andei num bonde ou num ônibus com um livro de poesia lendo", admitiu Cabral. Quando carregava livros de poesia, preferia esconder o título debaixo do braço. Receber envelopes endereçados ao "poeta João Cabral de Melo Neto" o deixavam na maior irritação. Sua impressão era que o contínuo, ao trazer a correspondência, vinha com certa ironia. "Se um sujeito quiser me ofender é se dirigir a mim me chamando de poeta. Até prefiro que me chamem de embaixador", confessou a Gullar.

Tudo isso o fazia evocar uma história contada por Vinicius de Moraes, do tempo em que este, ainda rapazinho, começava a escrever poesia. Um dia seus amigos de Copacabana, com quem fazia ginástica na praia, o chamaram para uma conversa. "Estão dizendo por aí que você é poeta, isso é verdade?", um deles perguntou. Temendo ser desmoralizado, Vinicius negou: "Não, é um cara que tem o mesmo nome que eu". Aliviado, o sujeito explicou: "Ah, bom, que esse negócio de poeta é para maricas".

Era o que pensava João Cabral. Ao ser chamado de poeta, a primeira imagem que lhe ocorria era "aquele cara com uma cabeleira grande, uma gravata Cavaliere, um sujeito irresponsável, talvez até homossexual", descreveria em outra ocasião. No seu caso, jamais deixava os cabelos encobrirem as orelhas. E estava sempre bem penteado, o que motivou uma observação de Armando Freitas Filho: "João, você penteia até o córtex". Ao repartir o cabelo na cabeça, desenhava uma reta fina, feita com perfeição.

Na conversa com Gullar, João acrescentou ainda outro motivo para estranhar a categoria dos poetas. Os artistas plásticos, quando se reuniam, preferiam falar de telas, tintas e coisas concretas do seu trabalho. "Já os poetas, quando se encontram, falam de quê? Ou da existência de Deus ou da salvação do mundo", desabafou.

João Cabral ganharia dois prêmios em 1988: o da Bienal Nestlé, pelo conjunto da obra, e o da União Brasileira de Escritores, por *Crime na Calle Relator*. Na primeira premiação, recebeu uma estátua representando Calíope, musa da literatura. Na descrição do poeta, "uma mulher possuída por alguma coisa, agitada pela ventania". A exemplo dos cabelos desgrenhados, essa ideia profundamente romântica, mais do que aborrecido, o deixava atormentado.

As obras de reforma do apartamento do Flamengo, que deveriam ficar prontas antes da mudança de Marly, se estenderam mais do que o previsto. João andava meio deprimido desde a chegada ao Brasil. Intoxicado pelas tintas, irritado com o barulho e a poeira, sofreu uma crise nervosa. Por decisão da família, foi internado para repouso, em fevereiro de 1988, na Clínica Botafogo. Ao receber alta, instalou-se provisoriamente no apartamento de Marly, na avenida Atlântica, em Copacabana. No início de março, finalmente as reformas tiveram um fim. "Nunca vi gente mais despreocupada que o operário brasileiro", resmungou.

Os jornais haviam anunciado sua ida aos Estados Unidos, para participar de leituras em universidades na companhia de Adélia Prado. Por conta da mudança e de todos os contratempos, João desistiu da viagem. Pouco tempo antes, porém, havia declarado à *Tribuna da Imprensa* seu juízo negativo sobre a poeta mineira. Para ele, Adélia não sabia bem o valor das palavras. "Nem sei o que ela chama de poesia. Se ela chama de poesia a poesia dela, eu não chamo."

Dois meses depois, João foi convidado para falar em um seminário na Universidade Federal do Rio de Janeiro. O poeta norte-americano Galway Kinnell, vencedor de um prêmio Pulitzer, também participava do evento. Foi noticiado que ele poderia receber no Rio uma retribuição por ter feito a tradução de poemas cabralinos para uma antologia publicada nos anos 1970. O presente seria a tradução feita por Cabral de um de seus poemas. Na véspera, porém, Marly avisou por telefone que seu marido não poderia comparecer, pois estava com febre e indisposição gastrointestinal. A ausência causou enorme frustração ao visitante estrangeiro.

No final do ano, por causa de uma gripe que se arrastou por três meses, João também abriu mão de uma excursão por cidades da Alemanha. Em suas entrevistas, eram comuns as queixas de que não o deixavam em paz. Se antes imaginara que estar aposentado significava não trabalhar, agora vivia cansado e aborrecido com o telefone que não parava de tocar. "Aposentar significa mandar para os aposentos", dizia. Seu desejo era não sair de casa, viver nos seus aposentos, seguir uma rotina: dormir oito horas, levantar, tomar café, se irritar com os jornais, entregar-se às leituras e à composição de seus poemas.

Pesava-lhe sobretudo viver no Rio de Janeiro, cidade que nunca fora do seu agrado. As distâncias, o tráfego, o transporte caótico, o calor abafado, sem brisa, tudo era inconveniente. Sentia-se preso ao Rio por causa das filhas de Marly, ainda em idade escolar, e dos próprios filhos que ali viviam. Se pudesse, porém, migraria para Pernambuco — não para o Recife, onde tudo havia mudado, segundo o poeta, mas para uma cidade do interior. "Não gosto de viver na cidade, meu ideal seria viver num engenho de açúcar", declarou na ocasião. Os jornais também chegaram a divulgar projetos seus de viver em Campos ou de adquirir uma casa nos arredores do Porto.

Em julho de 1988, João Cabral gravou depoimento para o programa *Certas Palavras*, exibido pela Rádio Eldorado, de São Paulo. Como entrevistados, atuaram também Augusto de Campos e Lêdo Ivo. Este aproveitou a oportunidade para reclamar da reclusão do amigo. Desde que se fixara no Rio, ainda não pudera vê-lo. "Por que esse sumiço, João? Por que você não aparece na Academia Brasileira de Letras?", perguntou. Depois de amargar oito derrotas, o obstinado Lêdo finalmente havia passado a fazer parte da instituição. Em 1986, fora eleito, por unanimidade, na disputa pela vaga de Orígenes Lessa. "Deus exagerou desta vez", comentou na ocasião com Rachel de Queiroz, seu cabo eleitoral. "A ABL é uma instituição caprichosa", dizia aos colegas que foram abraçá-lo, preferindo não se lembrar de eleições anteriores.

"Não há sumiço nenhum", respondeu João à pergunta feita por Lêdo. Explicou que desde a volta se sentia deprimido, vivendo o que alguém chamara de "síndrome do aposentado". Não procurava os amigos por achar que sua companhia não lhes seria agradável. "Muitas vezes tenho vontade de ir à sua casa bater um papo […], mas a verdade é que me sinto inteiramente incapaz de tomar a iniciativa, de dar um telefonema", confessou. E se antes reclamara do excesso de convites e importunações, agora o que o incomodava, ao contrário, era acordar de manhã e ver à sua frente o dia vazio, sem obrigações. Livre para fazer o que bem entendia, acabava por não fazer nada. "Eu escrevia sempre nas horas vagas, e agora que todas as minhas horas são vagas não tenho estímulo", acrescentou.

Na mesma entrevista, João descartou a ideia de que, após a morte de Drummond, caberia a ele o lugar de "primeiro poeta". Insistiu que, por ser um "poeta pernambucano", fora da corrente geral da tradição poética brasileira — cuja obra, ademais, sofrera infiltração de temas estrangeiros —, achava impossível ser considerado, como Drummond, um grande poeta nacional. "Para ser um poeta nacional é preciso ser épico, o que Carlos Drummond de Andrade era, e eu confesso que não sou", concluiu.

No mês seguinte, a editora Nova Fronteira publicou o volume *Museu de tudo e depois*, reunião dos últimos cinco livros do poeta, tendo como subtítulo *Poesias completas II*. Na capa, foi estampado o detalhe de uma pintura de Joan Miró. Por sugestão do autor, Armando Freitas Filho escreveu o texto da orelha. A sessão de autógrafos ocorreu no início de outubro, no Paço Imperial.

Ainda em 1988 foi lançado o livro *Pernambuco: Imagens do Nordeste*, com fotografias de Walter Firmo e composições de diversos autores. Além de colaborar como poeta, João foi o autor do prefácio. Em dezembro, a poesia cabralina também virou brinde de Natal de usineiros. Suas composições de temática nordestina foram reunidas numa edição especial, ilustrada com fotos, que recebeu o título anteriormente descartado pela José Olympio — *Poemas pernambucanos*. "Quem mudou de 1966 para cá, João Cabral ou os usineiros?", perguntaram no Recife, no lançamento do livro, a seu amigo Francisco Bandeira de Melo. Este afirmou que o poeta não poderia ser definido ideologicamente: "Ele está acima desses conceitos".

Nos tempos em que a vista era boa, João Cabral gostava de ir ao estádio de futebol. Depois passou a reclamar: "Com este Maracanã a gente vê o jogo tão longe que perdi o gosto. Bom era antigamente, quando se ouvia o barulho da chuteira na bola", disse em entrevista à *Manchete*. "Agora, parece que tudo acontece em outro planeta."

O poeta deplorava também a violência dos jogadores. "O futebol virou um ringue", declarou ao *Jornal dos Sports*. Em sua opinião, os jogadores tinham se tornado fantoches, amarrados aos ditames do técnico. "Porque o técnico vê o futebol como um jogo de xadrez entre ele e o outro técnico", argumentou. Em campo, porém, havia 22 jogadores, que deveriam descobrir sozinhos a melhor maneira de vencer a partida. Ocorreu-lhe então a lembrança de Vicente Feola, técnico da seleção em 1958, que, segundo a lenda, dormia no banco enquanto Pelé, Didi e Garrincha brilhavam no gramado. Acordava apenas para comemorar os gols e a vitória.

De acordo com João Cabral, a "poesia do futebol", que o tornava um esporte apaixonante, consistia no fato de os torcedores não serem apenas observadores, participando até fisicamente do espetáculo. "Quando o Renato dispara com a bola, o torcedor dispara com o Renato", explicou. Enquanto torcedor do América, sempre frustrado com derrotas, construía também seus argumentos. Era adepto do que chamava de "economia de emoções": "O América não ganha sempre. Quando ganha, dá uma alegria maior", dissera em outra entrevista.

A perseguição ao escritor indiano Salman Rushdie, condenado à morte pelo aiatolá Khomeini, líder do Irã, por causa do livro *Os versos satânicos*, movimentou os meios literários em fevereiro de 1989. Quando pediram sua opinião sobre o assunto, João Cabral se declarou cético quanto à eficácia de um movimento de intelectuais: "As pressões internacionais podem, ao contrário, acirrar os ânimos dos religiosos fundamentalistas", declarou. Sobre manter ou não relações diplomáticas com governos autoritários, achava desnecessário manter escrúpulos. "É tolice esse negócio de ser palmatória do mundo", declarou à *Tribuna da Imprensa*. Nessa entrevista, veiculada em setembro de 1988, o poeta também negou que tivesse tido participação política ativa na Espanha. "A oposição ao regime estava completamente esmagada e meus amigos eram artistas, intelectuais", afirmou.

O ano de 1989 entrou para a história como marco da queda do comunismo. João Cabral sofreu uma grande decepção. "Quando o Muro de Berlim caiu, meu mundo ideológico veio abaixo", diria mais tarde. Naquele período, se algum amigo aparecia no Flamengo para visitá-lo, Marly recomendava que o assunto fosse evitado: "Por favor, não fale o que está se passando com a Rússia não, ele fica muito deprimido".

A eleição presidencial de 1989, a primeira realizada no Brasil após a ditadura, foi saudada pelo poeta: "Acho que eleição é uma coisa boa. Afinal, há tanto tempo não tínhamos uma". Entre os candidatos, porém, pensava que qualquer um teria dificuldade para governar o país. "José Sarney é um bom presidente, mas já pegou o Brasil numa época difícil. Está sendo injustiçado", declarou ao *Jornal do Brasil*. Quanto ao seu voto na eleição, preferiu ficar em silêncio, alegando não poder, como diplomata, dar opinião sobre política interna. No segundo turno, porém, quando lhe perguntaram se Fernando Collor de Mello estaria preparado para ser presidente, sua resposta foi afirmativa. "Quando era embaixador em Dacar, Collor passou um dia hospedado comigo e me pareceu um rapaz muito inteligente. Tenho a melhor impressão dele", comentou. Suspeitava até que eram parentes. "Mas isto não quer dizer que eu vá votar nele. Lula é um Severino que deu certo." Em conversas com amigos, apontaria ainda como razão para votar em Lula o fato de o candidato ser pernambucano.

Miguel Arraes, contudo, era sempre criticado como mito da esquerda. "Ele nunca fez nada. Arraes foi um dos piores parlamentares da história da República", declarou logo após sua posse, em 1987, como governador de Pernambuco. Antonio Callado, que sempre tivera ligação com Arraes, desconfiava desse sentimento negativo, que, a seu ver, era gratuito ou só poderia ter uma razão particular. "O João é uma pessoa esquisita, curiosa", disse Callado em entrevista ao *Correio Braziliense*. Achava engraçado que ele condenasse não só o político pernambucano, mas também o auto natalino que o tornara conhecido. "Ele picha tanto este poema quanto o Arraes", frisou o escritor. "Vejam a ligação: é o Pernambuco de *Morte e vida severina*. E sobre os dois recaem as críticas do João."

Chegando à casa dos setenta, João Cabral voltou poeticamente a Sevilha e à temática amorosa, experimentada trinta anos antes em *Quaderna*. Dedicado a Marly de Oliveira, *Sevilha andando*, seu 19º volume de poesia, chegou às livrarias em janeiro de 1990. "Tem uma certa estrutura. Não é um amontoado de poemas soltos", informou o poeta ao jornal *O Estado de S. Paulo*, ao entregar os originais à Nova Fronteira. O livro se dividia em duas partes. Na primeira, "Sevilha andando", compunha-se o retrato de uma mulher, Marly, identificada com a capital andaluza. Já a segunda parte, "Andando Sevilha", trazia poemas sobre a própria cidade. Depois de viver em tantos lugares, João chegara à conclusão de que, tendo sido "a única cidade/ que soube crescer sem matar-se", Sevilha deveria servir de modelo para o planeta inteiro. Na impossibilidade de "civilizar toda a terra", achava que seria desejável "sevilhizar o mundo", conforme escreveu num dos poemas do livro.

Na ausência de Stella, coube a Inez a tarefa de datilografar e ordenar os poemas. Um deles foi apresentado, ainda em forma de rascunho, a Armando Freitas Filho. Intitulado "Meu álcool atual", o poema fazia referência não ao álcool tóxico, que o bêbado toma "porque triste quer ser alegre", ou aos álcoois variados que desde sempre o poeta consumira e os quais não renegava — "nem das úlceras que eles legam/ nem da intestina hemorragia/ em hospitais ao fio da vida". O álcool de que se tratava era "a convivência/

de mulher, com a nua presença/ de mulher", esclarecia a última estrofe. Ao ver a folha com o poema escrito à mão, Armando arriscou propor uma mudança: "João, tira a palavra 'atual', assim você evita a repetição do som, esse 'al-al'. Deixa só 'Meu álcool'", sugeriu. "É verdade, fica melhor", concordou João. E riscou o "atual". Armando pensou: "Meu deus do céu, estou corrigindo poema de João Cabral, que coisa fantástica".

Sevilha andando veio confirmar, de modo entusiasmado e intenso, a paixão de João por Marly. A admiração pela mulher, com sua sensualidade e beleza, o levava também a elogiar publicamente a poeta, a despeito de tudo que os distinguia, e com tal insistência que dava margem a desconfianças. No final de 1988, respondendo a uma enquete do *Jornal do Brasil*, João não hesitou em dar sua recomendação de leitura: "*O banquete*, de Marly de Oliveira, pela precisão expressiva e pelo concreto da linguagem, é o que há de mais sério na poesia meditativa que se faz atualmente no Brasil". Um ano depois, ao participar novamente da mesma enquete, indicou *Obra poética reunida*, da editora Massao Ohno — volume que trazia catorze livros escritos por Marly em trinta anos de carreira, com prefácio de Antônio Houaiss. Em outra entrevista, apesar do seu conhecido ódio aos decassílabos, declarou sem pejo: "Até hoje o único decassílabo moderno que eu consigo ler com prazer é o verso de Marly de Oliveira".

Da última fase de João Cabral, *Sevilha andando* foi o livro que obteve uma das piores recepções. Para alguns críticos, o volume soou repetitivo, sobretudo por trazer de volta um tema, Sevilha, já bastante explorado em sua obra. Em resenha publicada na *Folha de S.Paulo*, Nelson Ascher reclamou ainda da temática amorosa, afirmando que em alguns momentos, contra todos os seus princípios, o poeta ficava "à beira da pieguice". Em sua opinião, a imitação e a diluição de si mesmo haviam chegado a tal ponto que o livro parecia não uma obra da maturidade, mas "obra da velhice".

Já o crítico João Alexandre Barbosa, em artigo para o *Jornal do Brasil*, destacou a conexão entre a experiência espanhola e a abertura da poesia de Cabral para o lirismo amoroso e erótico. Não fez ressalvas à construção do livro ou ao domínio da linguagem poética. A "te(n)são é a mesma dos quarenta anos, quando escreveu *Quaderna*", afirmou.

Depois de meio século, também vieram a lume, em 1990, os versos escritos por João Cabral no Recife, ao final da adolescência. O lançamento ocorreu em 14 de setembro, data em que a Faculdade de Letras da Universidade Federal do Rio de Janeiro (UFRJ), responsável pela edição, lhe concedeu o título de doutor honoris causa. As duas iniciativas couberam ao professor e crítico Antonio Carlos Secchin, autor do livro *João Cabral: A poesia do menos*, lançado em 1985, que entrou para a lista dos principais estudos do conjunto da obra cabralina. Em conversa no apartamento do Flamengo, o poeta havia lhe mostrado um caderno vermelho, no qual estavam registrados seus poemas anteriores a *Pedra do sono*. Os originais, rasgados por ele em Barcelona, tinham sido apanhados do lixo e transcritos por Stella. Depois ela lhe mostrara o caderninho, que motivou a escrita de uma nova composição, "Poesia", datada de 1947 e mais tarde incluída em *Museu de tudo*. "Trouxe o sol à poesia/ mas como trazê-lo ao dia?", perguntava João na abertura do poema. Secchin propôs então que a UFRJ editasse o material. Daí o aparecimento, em pequena tiragem, de quinhentos exemplares, do "livro arqueológico" intitulado *Primeiros poemas*.

Por sugestão de Cabral, Secchin fora também o organizador do volume a ele dedicado na coleção Melhores Poemas, da editora Global. Um dia, de supetão, o poeta lhe perguntou: "Você acha que a minha poesia vai resistir?". O crítico respondeu logo "sim", acrescentando que, em sua opinião, a obra só iria crescer. Achou estranho, porém, ouvir justamente dele aquela pergunta. A verdade é que Cabral se ressentia de ter obtido, na fase tardia de sua obra, uma receptividade crítica mais atenuada. Seu desejo era que os críticos mostrassem que ele persistira, até o fim da vida, um poeta de alto nível.

Setembro de 1990 trouxe ainda uma grande notícia: a escolha do seu nome, por unanimidade, para receber o Prêmio Camões de Literatura, criado dois anos antes pelos governos do Brasil e de Portugal. Depois de Miguel Torga, João Cabral foi o segundo vencedor. A entrega do prêmio, calculado na época em 70 mil dólares, foi marcada para o mês seguinte, em Lisboa. A ideia era aproveitar a viagem a Portugal do presidente eleito Fernando Collor, que lá divulgaria "a modernidade perseguida pelo projeto Brasil Novo", do qual, àquela altura, todos já começavam a desconfiar.

Acompanhado de Marly, o poeta cruzou o Atlântico. Em 23 de outubro, ocorreu a cerimônia no Palácio de Queluz. Naquela noite, porém, para surpresa de todos, o vencedor do galardão não saiu do hotel. Encarregada de receber o prêmio, Marly leu o discurso de agradecimento — texto que, diria mais tarde, havia ajudado também a escrever. A justificativa para a ausência de João Cabral foi uma bronquite. Houve também quem falasse em ressaca. Antes de retornar ao Brasil, o poeta passaria ainda algumas semanas, de cama, em Lisboa.

20.
Picasso cego

"Escurece, e não me seduz/ tatear sequer uma lâmpada", escreveu Drummond na abertura do livro *Claro enigma*. Os versos descreveriam bem a rotina do seu antigo discípulo, agora septuagenário, fechado em seu amplo e escuro apartamento, cada vez menos visitado pelos amigos. Rotina que o poeta relatou em entrevista a Augusto Massi e Alcino Leite Neto, publicada em março de 1991 pela *Folha de S.Paulo*:

Acordo por volta de nove e meia. Tomo o café e leio os jornais, que acho tão essencial como o café da manhã. Leio os jornais até onze e meia, meio-dia, e começo a ler livros. Depois do almoço, tenho que descansar uma hora, por ordem médica. Depois que eu descanso, volto a ler. Minha cadeira de leitura é muito confortável, mas hoje, quando é seis horas, já não tem luz para ler. E com este calor do Rio, é impossível botar um desses abajures perto porque o calor aumenta. Eu fico muito irritado porque depois das seis eu não posso ler mais.

Para não sair de casa, João enumerava diversas razões: os problemas de saúde, o medo de assaltos, o tráfego, a agitação da cidade. Felizmente, o hábito de ficar em casa não interferia no casamento. Como Marly também lia o tempo todo, entre os dois não havia, segundo ele, desentendimentos.

As dores de cabeça nunca mais voltaram. Em contrapartida, dois problemas graves o afligiam: os sintomas de uma degeneração da retina, fazendo-o enxergar com dificuldade, e um quadro de forte depressão, que os medicamentos não resolviam. Nessa ocasião o jornalista José Castello iniciou a gravação de uma série de entrevistas, que serviram de base para o livro *João Cabral de Melo Neto: O homem sem alma*. Ao todo, foram 21 encontros no apartamento do Flamengo, na penumbra da sala, enquanto anoitecia. Após as conversas, o jornalista descia para o bar Cabana's, vizinho ao edifício Guinle, onde ele sabia que o poeta costumava tomar, às escondidas, suas doses de vodca. Ali fixava, no calor da hora, as impressões deixadas a cada encontro, diálogos de João e Marly, queixas e desabafos não registrados pelo gravador.

"Ando na rua como um bêbado que não bebeu", contou-lhe o poeta. Os medicamentos contra a depressão causavam ainda problemas com a fala, tornando-a enrolada. Andava sempre com medo de tropeçar e cair. Sem nenhum desejo de escrever, passou também a enfrentar dificuldades para ler e já não sabia como preencher o tempo. Não havia nada que lhe fizesse falta, especificamente — Marly achava que ele tinha necessidade de uma rotina —, mas a sensação era de um enorme vazio. "Nem sei se é vazio. É mais uma pressão no peito", emendou o poeta. "Velhice deprime e é o que estou sentindo: depressão de velho."

Em abril de 1991, João comentou que gostaria de viajar ao Recife para tomar posse na Academia Pernambucana de Letras, para a qual fora eleito no ano anterior. Não se dispunha, porém, a ir sozinho. Tinha receio de não suportar a solidão e terminar bebendo naqueles bares de hotel, abertos até tarde da noite. Sabia que não podia misturar álcool com a medicação receitada pelos psiquiatras. Para evitar tentações, ele mesmo havia encarregado as empregadas de tirar da casa todas as garrafas. Se bebesse, o risco de quedas aumentava. Por essa razão se via também impedido de receber convidados. Abstêmio, ele teria dificuldade para se descontrair e a conversa ficaria prejudicada.

Naquele ano, Marly publicou, pela Nova Fronteira, o livro *O deserto jardim*, dedicado ao marido, em retribuição ao volume *Sevilha andando*, que lhe fora consagrado. Prestes a completar cinco anos de relacionamento, João parecia ainda fascinado pela sua "sevilhana". Não fosse a paixão, não teria insistido no casamento, a contragosto dos filhos, que jamais aceitaram a madrasta. Os amigos viam uma nítida diferença no comportamento do poeta. Já não se encontravam como antes e, na opinião deles, Marly era a responsável pelo afastamento. Ao mesmo tempo, calculavam que ela teria sofrido uma grande decepção após o casamento, por haver talvez imaginado que o embaixador aposentado lhe abriria portas na vida social e que teriam um cotidiano feliz e agitado, "frequentando o *grand monde*", nas palavras de Lêdo Ivo. Logo ela perceberia, porém, que João era "bicho do mato", avesso à vida mundana, e que estavam condenados a viver isolados.

Marly também tinha suas manias e complicações. Era uma pessoa sociável, polida e charmosa, mas se perdia em dificuldades práticas, vivia desmarcando compromissos e, mesmo sozinha, pouco saía de casa. Entretanto, não deixava de se cuidar. Estava sempre com as unhas pintadas e passava um longo tempo penteando os cabelos, ainda que não saísse do quarto. Quando João recebia visitas ou dava entrevistas, era raro que aparecesse na sala. Daí outra desconfiança dos amigos: ela provavelmente teria ciúmes do prestígio literário de Cabral e se ressentia ao verificar que era somente ele que todos procuravam.

Em uma das visitas de José Castello, Marly aproveitou a ausência do marido para se queixar da solidão. Disse, porém, que o Rio de Janeiro não lhe despertava entusiasmo. Sua vontade era que João melhorasse logo, para que pudessem voltar a viajar. "Não vejo a hora", enfatizou. Todavia, João passaria ainda alguns meses com o olhar triste e o corpo abatido pelos efeitos dos medicamentos, inseguro para falar e se movimentar. Na hora da sesta, ficava estirado na cama, em silêncio, de olhos fechados, mas sem dormir. Não achava que seu mal fosse depressão, pois não sentia desânimo e sonolência. Em sua opinião, sofria de angústia, que não podia ser tratada com remédios. "A angústia é uma dor horrível no peito", disse a Castello. Uma semana depois, propôs uma correção: "Talvez a palavra certa seja melancolia".

Sempre que podia, Marly relatava ao visitante suas dificuldades. Estava desorientada e não sabia como ajudar o marido. "Eu não imaginava que João pudesse ser tão frágil", confessou. Ao se casar com ele, percebera sua melancolia, mas achava que fosse efeito da viuvez recente. Tivera receios de que o problema afetasse a relação. Porém, convencida pela paixão que ele sentia, tomara a decisão de correr o risco.

No final do 1991, depois de meses sem sair, nem mesmo para curtas caminhadas no Flamengo — passadas as crises de labirintite e a preocupação com as quedas, persistia o medo da violência —, João Cabral se aventurou um pouco pelas ruas do Rio. Em conversa com José Castello, contou que estivera no chá da Academia, saída que classificou de "desastrosa". O infortúnio se deu por conta da morte de Francisco de Assis Barbosa. Uma urna com as cinzas do acadêmico estava no centro do salão onde seria rezada uma missa. "Não gosto de olhar os mortos", confessou João ao jornalista. Por sorte, Otto Lara Resende o descobrira no salão de chá, àquela hora deserto. Ao percebê-lo desalentado e pálido, desistiu de ver a cerimônia, tirou-o dali às pressas e o deixou em casa.

Na véspera do Natal, morreu também seu editor Sérgio Lacerda, de câncer, aos 52 anos. Apesar do desconforto, João esteve presente entre as centenas de pessoas que assistiram à missa de sétimo dia na igreja Santa Margarida Maria, às margens da lagoa Rodrigo de Freitas. Além de Sérgio Lacerda e Francisco de Assis Barbosa, outras perdas o entristeceram naquele período, especialmente as mortes de Rubem Braga e José Guilherme Merquior. Sempre que morria um acadêmico, João dizia que seria o próximo. Não via mais sentido em viver, confessava a Marly e ao psiquiatra Marco Antonio Alves Brasil, que passara a visitá-lo.

Sua experiência com sessões de psicanálise, mantidas em segredo por Marly, sem que ele soubesse que estava conversando com um profissional do ramo, também não haviam prosperado. Admirador da teoria de Freud, ele não acreditava, porém, em sua eficácia terapêutica. "João só acredita em coisas concretas, como remédios e aspirinas", dizia Marly. "Ficar dez anos diante de um chato, falando de minha vida... Eu não teria paciência", confirmava o poeta. Ademais, achava impossível ser analisado em outra língua que não fosse o português. "A língua estrangeira é aprendida de fora para dentro, e em análise a linguagem obedece o rumo inverso", dissera, em 1970, em entrevista ao *Jornal do Brasil*. Entretanto, em todos os seus postos no exterior, sempre gostava de "ter à mão" um psiquiatra.

Nem angústia, nem melancolia. Segundo o diagnóstico do novo psiquiatra, João sofria de distimia, uma depressão crônica, caracterizada não só pelo desânimo, mas também por irritabilidade, mau humor constante, baixa autoestima, elevada autocrítica. Marco Antonio assumiu a posição de escuta e, aos poucos, as conversas fluíram. Às vezes era perceptível a ansiedade do paciente para que o médico chegasse.

Em outras ocasiões, contudo, estabelecer diálogo, sobretudo com interlocutores desconhecidos, parecia impossível. O jornalista José Maria Cançado, que por esses tempos preparava sua biografia de Carlos Drummond de Andrade, *Os sapatos de Orfeu*, veio de Belo Horizonte especialmente para entrevistá-lo. A experiência foi decepcionante. Retraído e pouco à vontade, o poeta fez questão de que Armando Freitas Filho, o intermediador da conversa, estivesse presente. Armando correu ao Flamengo e, mesmo após sua chegada, João se manteve lacônico. Durante a tarde inteira, que estava chuvosa e escura, não disse nada além do que já que era conhecido. Armando insistia: "João, fala para ele, você foi uma das poucas pessoas que conheceu bem Drummond, na sua mocidade". O poeta titubeava e falava outras coisas. Além de triste, parecia intimidado e praticamente não olhava para o entrevistador. "Se não fosse Drummond, eu não seria nada", limitou-se a dizer, com voz quase inaudível, na penumbra do apartamento, onde nenhuma luz foi acesa.

Uma viagem o livrou, por quase dois meses, do apartamento e da rotina que o sufocava. No início de 1992, João Cabral voltou a Honduras. Na casa de Isabel, que tinha um amplo jardim, passava as horas lendo e brincando com os netos. Entre os volumes devorados estava uma biografia de Wittgenstein, que admirava por ser um "filósofo da matemática". Depois de muitos anos sem ver pela frente uma tela grande, foi também ao cinema, acompanhado da filha, para assistir ao filme *O príncipe das marés*, estrelado e dirigido por Barbra Streisand. "Achei a fita uma beleza", diria depois no Brasil. Mas a boa impressão, conforme admitiu, talvez fosse causada pelo tempo que passara vendo filmes apenas pela televisão.

Em Tegucigalpa, um funcionário da embaixada o surpreendeu com a notícia de que havia sido o ganhador de um dos prêmios literários mais prestigiosos do mundo, o Neustadt, concedido pela Universidade de Oklahoma, nos Estados Unidos. Depois de Giuseppe Ungaretti, Francis Ponge, Elizabeth Bishop, Gabriel García Márquez e Octavio Paz, pela primeira vez um escritor de língua portuguesa era escolhido. Os ganhadores do Neustadt eram vistos em geral como fortes candidatos ao Nobel.

O responsável pela indicação de João Cabral foi o crítico Silviano Santiago. Diante de um júri formado por onze scholars de diferentes nacionalidades, cada um responsável por defender, em trinta minutos, seu candidato, Silviano fez a apresentação da obra cabralina. Até então, o poeta não tinha nenhum livro completo traduzido para o inglês. Silviano dispunha de um número limitado de poemas, publicados de modo disperso em revistas, o que incluía um trecho de *Morte e vida severina* vertido por Elizabeth Bishop. "A sorte é que a poesia de Cabral fica perfeita em inglês", observou o crítico. Não foi difícil convencer os demais jurados convocados pela revista *World Literature Today*.

Na carta enviada ao poeta, os organizadores do prêmio informaram que seu nome já havia sido cogitado em 1988. Na primeira vez, Nélida Piñon fora a responsável por indicar e defender a obra cabralina. Um ano depois, quando foi eleita pela Academia Brasileira de Letras, a escritora, que era muito amiga de Marly, amargou uma decepção. Seu desejo era ser saudada por João Cabral. O convite foi aceito e divulgado pela imprensa. Às vésperas da posse, contudo, João não havia escrito uma única linha. A solução, sugerida por Rachel de Queiroz, foi substituí-lo às pressas por Lêdo Ivo, prolífico e veloz escrevedor de textos.

Em maio, quando estava em Campos, com Marly, descansando numa fazenda, a imprensa divulgou uma nova distinção, ainda mais valiosa: o Prêmio Estado de São Paulo, concedido pelo Memorial da América Latina. Por unanimidade, o júri formado por Jorge Amado, Lygia Fagundes Telles e Rubem Fonseca escolhera seu nome. No final de agosto, João Cabral viajou a São Paulo para a premiação. Para os jornalistas, disse estar "muito honrado", mas mostrou preocupação com o fato de o valor do prêmio, 100 mil dólares, ser divulgado. Disse que o dinheiro acabaria sendo usado para pagar o resgate de seu sequestro.

Poucos dias depois, na Academia Brasileira de Letras, foi realizada a cerimônia de premiação do Neustadt. João deveria ter ido a Oklahoma, como se exigia de todos os agraciados. Todavia, ao saber dos problemas de saúde do poeta, os organizadores, em caráter excepcional, decidiram vir ao Rio de Janeiro para lhe entregar o prêmio. Foi uma noite de gala. Quase quinhentos convidados compareceram à festa, organizada por Marly, nos salões da Academia. Em seu discurso de agradecimento, João Cabral lembrou que, entre os vencedores do Neustadt, Francis Ponge e Elizabeth Bishop foram poetas cuja visão da poesia não tinha nada a ver com o lirismo confessional — o mesmo valendo para Marianne Moore, que morrera sem receber o prêmio. Enfatizou então sua eterna recusa a entrar "no exclusivo 'clube de líricos' que hoje constitui quase inteiramente a poesia escrita em nosso mundo".

Depois da exaustiva solenidade, correram todos em direção às bebidas e aos canapés. João estava contente de ver a família reunida, mas posava passivamente para as fotografias. Para surpresa geral, quem não compareceu foi Marly, que tanto havia se empenhado nos preparativos. Disseram que, por estar com tonturas, ficara em casa por recomendação médica. Entre os familiares, circulou a informação de que ela não teria gostado do discurso preparado por João Cabral, atacando a poesia lírica de que a poeta era representante.

O poeta não foi a Oklahoma, mas, passada apenas uma semana da premiação na Academia, no dia 6 de setembro, desembarcou em Sevilha, onde estava aberta a Exposição Internacional em comemoração aos quinhentos anos da viagem de Cristóvão Colombo à América. Desde 1964, João não voltava a Sevilha. Antes de sua chegada, foram distribuídos exemplares do livro *Poemas sevilhanos*, uma reunião de tudo que ele escrevera sobre a capital andaluza. Na apresentação da antologia, organizada por Marly, Celso Lafer, ministro das Relações Exteriores, afirmou que o país trazia à festa do V Centenário "seu maior poeta vivo" e que, também por seu amor à Espanha, ninguém poderia representar melhor o Brasil nessas comemorações. Mais tarde, "por seu amor à Sevilha", o poeta receberia também uma placa da Câmara dos Deputados da Andaluzia.

Um novo hábito adquirido, contra todas as indicações, aos setenta anos: fumar. "Estava gripado, sentindo uma friagem tremenda, aí eu me perguntei: será que se eu fumar um cigarro passa esse frio de dentro? Fumei e o frio passou", relatou João Cabral em entrevista à revista *Veja*. Para Armando Freitas Filho, admitiu que fumava mesmo pelo tédio: "Eu já não estou vendo televisão, futebol, isso aqui pelo menos diverte". "Diverte e faz mal, João", retrucou o amigo. João vivia com os dedos amarelados, mas não tragava. Um dia Inez ofereceu ao pai um cigarro de maconha. "Pai, para com esses remédios, um fumo vai deixar você relaxado", disse. Ele fumou e não achou ruim, mas evitou repetir. Disse que tinha medo de perder o controle e, sem motivo, começar a dar gargalhadas. O consumo de cigarros também desapareceria em pouco tempo.

Naquele período, houve outras internações. Na mais longa, João ficou setenta dias na UTI da Clínica Bambina, em Botafogo, depois de se submeter a uma nova operação para úlcera. O médico Marco Antonio Brasil o acompanhou em outras duas ocasiões, depois de acudi-lo em casa. Numa das vezes, estava com febre alta, devido a uma pneumonia. Na outra, sofreu uma paralisia muscular, e depois precisou de fisioterapia e fonoaudiologia para recuperar a fala. Nas conversas com o psiquiatra, voltava sempre a falar da morte. Quando passaram de carro pela rua em que morou Carlos Drummond de Andrade, comentou: "Ali esteve Drummond e não está mais. O próximo sou eu".

Em 1993, João Cabral surpreendeu a todos com duas aparições públicas em grande estilo, que não voltariam a acontecer. A primeira foi num curso de pós-graduação sobre poesia brasileira contemporânea, organizado por Antonio Carlos Secchin na UFRJ e aberto ao público externo. Para a última aula, em 29 de junho, fora convidada Marly de Oliveira. Na véspera, porém, o professor ouviu um surpreendente recado na secretária eletrônica:

"Secchin, aqui é o João. A Marly está com dor de cabeça, diz que amanhã não poderá ir. Será que eu poderia substituí-la?". Rapidamente se fez a mudança e a divulgação do novo convidado. João falou de improviso, para um auditório lotado. Depois respondeu, de bom humor, a inúmeras perguntas.

No final de outubro, o poeta também brilhou num badalado evento internacional organizado pelos poetas Antonio Cicero e Waly Salomão, a Enciclopédia da Virada do Século/ Milênio. Para a abertura, três poetas foram convidados: João Cabral, o catalão Joan Brossa e o estadunidense John Ashbery. "Atualmente meu *megastar* se chama João Cabral de Melo Neto", disse Waly na ocasião. Foi depois de escolher João que tiveram a ideia de convidar Joan Brossa, seu velho amigo de Barcelona, que nos anos 1970 saíra do anonimato, tornando-se um dos poetas mais importantes da Catalunha, um dos primeiros a fazer poesia visual. Em seguida, os curadores se lembraram do terceiro "João", o Ashbery, que atendeu ao convite sem conhecer seus companheiros de mesa.

Joan Brossa deu enorme trabalho aos organizadores. Em Barcelona, aonde foram pessoalmente para convidá-lo, Waly e Cicero tocaram a campainha várias vezes e não foram atendidos. Na vizinhança, não encontraram ninguém que soubesse quem era Joan Brossa. Os garçons de um bar disseram apenas que teria vivido por ali, anos antes, um poeta que já morrera. "Sentimo-nos mergulhados em pleno Surrealismo catalão", evocaria mais tarde Antonio Cicero. Na última tentativa, Waly deixou um apelo dramático na secretária eletrônica. De repente, à porta do edifício, apareceu a esposa do poeta. Seu marido se arrependera, mas ela o obrigara a recebê-los. Brossa foi cordial, disse que não aceitaria viajar para o Brasil, mas conversou por duas horas com os visitantes. Logo que puseram os pés no hotel, tocou o telefone. Era o poeta catalão, dizendo que estava de malas prontas para viajar com eles. Felicíssimos, Waly e Cicero explicaram que o encontro ocorreria em três meses.

A imprensa acompanhou o reencontro de João Cabral com Joan Brossa, no Hotel Rio Palace. O catalão disse estar muito emocionado em vê-lo depois de quatro décadas. "Guardo o Cabral na memória", declarou aos jornalistas. "Brossa morava com os tios", contou João. "Ele, que era admirado como um sujeito inteligentíssimo, se comportava diante dos tios como um débil mental para não ter que trabalhar", acrescentou, dando risada.

À noite, os poetas conversaram com intimidade no auditório do MAM, diante da plateia lotada. Quando lhe perguntaram o que o levava a considerar um poema acabado, João voltou a citar Jean Cocteau: "O poema é igual a um estojo aberto. Quando eu ouço um clic eu sei que ele está fechado". Em outro momento, arrancou risos ao defender o Construtivismo usando a piada que fizera com Vinicius de Moraes: "Não tenho nenhuma víscera que cante, de preferência". Após a conversa, a impressão de espectadores como Caetano Veloso e Arnaldo Jabor era que João Cabral havia provado ser "o maior poeta do mundo".

Joan Brossa não deixou por menos e encantou a todos com uma performance. Depois de sair de cena várias vezes, molhando ostensivamente uma pena de avestruz num tinteiro, o poeta trouxe dos bastidores um envelope fechado e o deixou nas mãos de uma espectadora, a atriz Renata Sorrah, pedindo que o abrisse dali a três minutos. Segundo Antonio Cicero, os três minutos pareceram três horas. Ansiosa, Renata abriu a carta e caiu na gargalhada. Havia uma única palavra escrita: "FIM".

A editora Nova Aguilar publicou em junho de 1994 o volume *Obra completa*, de João Cabral de Melo Neto, com 836 páginas, em papel-bíblia. Quando o livro saiu da gráfica, o autor não conteve a ansiedade. Ficou plantado à noite, diante da porta do edifício Guinle, esperando a chegada de Sebastião Lacerda. Ao passar de automóvel, o editor o viu, aflito, na calçada. "Muito obrigado", disse ele, emocionado, ao folhear o livro. Ao se despedir, comentou que iria ao botequim da esquina comprar cigarro. Na verdade, tomaria duas doses de uísque antes de retornar à sua caverna no sétimo andar. A descida para ver o livro também tinha como objetivo dar um drible na vigilância de Marly.

A edição da Nova Aguilar foi produzida entre 1992 e 1993. Chegou às livrarias no mesmo ano em que apareceram os volumes dedicados a Murilo Mendes, Guimarães Rosa e Augusto dos Anjos. A organização coube a Marly, autora do artigo introdutório. Por decisão de João Cabral, não foram incluídos outros escritos, que tradicionalmente compunham, em cada edição, uma fortuna crítica do autor. O motivo, segundo ele, teria sido a dificuldade de selecionar os textos, em razão da grande quantidade. Fora isso, não fez nenhuma imposição. Era um autor humilde, na opinião de Sebastião Lacerda.

Se dependesse de sua vontade, o volume não apresentaria seus próprios ensaios — nisso teve o voto vencido —, trazendo apenas a produção poética, contabilizada em vinte livros. Na realidade, eram dezenove. O número redondo, múltiplo de quatro, sua obsessão, foi atingido graças a um artifício: a divisão do conteúdo da última obra, que sofreu acréscimos, em dois livros, *Sevilha andando* e *Andando Sevilha*. Em um apêndice, foram adicionados os *Primeiros poemas* de João Cabral. O êxito superou as expectativas: em apenas um ano, a editora faria mais duas reimpressões.

O lançamento da *Obra completa*, em três capitais — Rio de Janeiro, São Paulo e Recife —, ganhou mais uma vez um sentido de consagração. No Rio, a noite de autógrafos, em 10 de junho, se transformou em homenagem na Academia Brasileira de Letras. Uma mesa-redonda reuniu o presidente da instituição, Josué Montello, Marly de Oliveira, Antonio Carlos Secchin e o próprio João Cabral. Entre os amigos presentes à festa estava Armando Freitas Filho. Haviam adquirido tanta intimidade que, ao posarem para uma foto, Armando cometeu um novo ato de coragem: segurou a cabeça do poeta e lhe tascou um beijo na testa.

Naquela semana, João dissera à *Tribuna da Imprensa* que estava cansado das homenagens e entrevistas. "Aqui não é original. Todo mundo tira deste ângulo", avisou ao fotógrafo, que o colocou de pé na varanda, com o Pão de Açúcar ao fundo. Fotos na rua ele não admitia, por temer a onda de sequestros. Reclamava também das perguntas dos repórteres, que não variavam, suscitando sempre as mesmas respostas. Ao responder, às vezes partia para a brincadeira. "Não tenho livros, mas vários remédios de cabeceira", dissera certa vez. Difícil era superar a resposta dada anos antes a Arnaldo Jabor, ao comentar o encerramento de *Uma faca só lâmina*. Os versos "realidade,/ prima, e tão violenta/ que ao tentar apreendê-la/ toda imagem rebenta", segundo ele, faziam alusão a uma prima que conhecera no Recife. "'Prima' ali não é a primeva ou 'originária' não… É minha prima mesmo, uma moça linda que não quis dar para mim", explicou. "Ela é a razão do poema. É um poema de amor."

Em São Paulo, a sessão de autógrafos da *Obra completa*, em 13 de junho, na Livraria Pedro Corrêa do Lago, no Itaim, movimentou trezentas pessoas e uma fila de mais de dez metros. Era segunda-feira e fazia muito frio. Antes do lançamento, o poeta tomara os dois primeiros uísques da noite na casa de Lygia Fagundes Telles. A fila só foi interrompida para que houvesse a mesa-redonda presidida por José Mindlin. "Diante deste público que está esperando autógrafo, seria crueldade falar as coisas que eu preparei", disse Antonio Candido. O crítico observou apenas o traço singular da obra cabralina reproduzir a experiência da criação, "a fábrica inteira do próprio poema". Também lembrou que tinha sido o autor da primeira crítica sobre o autor publicada na grande imprensa. O crítico João Alexandre Barbosa, por sua vez, ressaltou o antilirismo e a dificuldade de "ser poeta como João Cabral no Brasil, dentro da poesia brasileira".

No seu rápido discurso — "não tenho prática de falar, compreende?" —, o homenageado agradeceu a receptividade paulista. "Eu sou o *enfant gaté* de São Paulo", brincou. Disse que ficava comovido porque no Nordeste se pensava que paulista só tinha interesse em São Paulo. As premiações, contudo, mostravam o contrário. Com efeito, ali ele havia conseguido os maiores feitos de sua carreira: o prêmio do IV Centenário e a histórica montagem de *Morte e vida severina*.

No Recife, o lançamento ocorreu dois dias depois, na Academia Pernambucana de Letras, da qual o poeta era membro ainda não empossado. Por essa razão, muitos acadêmicos o consideravam ingrato. João, porém, se recusou a tomar posse na ocasião, para não ter que preparar discurso. A viagem foi feita com Sebastião Lacerda. No avião, sem mover um músculo, antes mesmo da decolagem ele pedira à aeromoça um uísque duplo sem gelo. No hotel, em Boa Viagem, tomou mais duas doses e desceu para falar com os jornalistas. No dia seguinte, a mistura da ressaca com a depressão o levou a querer cancelar a sessão de autógrafos. Convenceram-no a manter o compromisso.

Na Academia, os discursos foram longos. O poeta, porém, falou brevemente. Estava sendo celebrado por todos, como grande personalidade pernambucana, à altura de Gilberto Freyre, mas parecia não dar importância a nada daquilo. Após a cerimônia, levaram-no para um bar de terra batida e cobertura de palha, famoso pelos caranguejos, no bairro do Pina. Chovia muito e, naquele lugar humilde, o encontro do bando de engravatados se estendeu pela madrugada. João pouco comia, mas não parava de beber.

Foi sua última viagem ao Recife. "Fico triste quando vou lá e vejo aquilo tudo mudado", disse aos jornalistas. "Nossa família era patriarcal, bastante unida. Fazíamos um grande grupo de irmãos e primos", lembrou. "Agora, muitos morreram, inclusive dois dos meus seis irmãos. Pernambuco está ficando triste." Circulando de carro pela cidade, chegou a apontar alguns lugares, como o grupo escolar João Barbalho, que lhe trouxe lembranças de Clarice Lispector. A visita durou apenas dois dias. Cumpridas as obrigações, o poeta tomou o avião de volta para o Rio.

O susto quando se abria a porta de madeira, grande e maciça, era inevitável: detrás dela, surgia a figura pequena, frágil e, invariavelmente, triste do dono da casa. Em meados de 1994, o entra e sai de jornalistas no apartamento do Flamengo foi motivado pela conquista de uma nova láurea internacional: o Prêmio Rainha Sofia de Poesia Ibero-Americana, no valor de 43 mil dólares.

O próprio poeta costumava receber os visitantes. No salão à direita da entrada, onde ficava o piano de cauda de Marly, pedia que o interlocutor se sentasse de costas para a janela, para que pudesse vê-lo contra a luz. Às vezes acendia o abajur perto da pessoa, e assim conseguia enxergá-la com a visão periférica que lhe restara. À sua volta, dizia ver apenas vultos, "formas borradas". Era como se uma nuvem lhe encobrisse os olhos, que durante a conversa procuravam com esforço o interlocutor. Segundo ele, tudo começara depois da operação da úlcera, em 1992. Após a longa internação na UTI, teria perdido o centro da visão direita — a esquerda, embora menos, também estava afetada. Desconfiava que suas retinas haviam sido expostas, durante a cirurgia, a uma luz fortíssima, que ele suportara por estar inconsciente.

Curado da dor de cabeça, enfrentava agora um mal pior, que o impedia de ler e escrever. Marly se esforçava para ajudá-lo, fazendo leituras em voz alta, mas João reclamava da dificuldade de concentração. "No dia em que eu ficar surdo, terei uma alegria. Se ficasse cego, no entanto, seria uma desgraça", dissera em 1973, em entrevista a Geneton Moraes Neto. Para passar o tempo, via-se agora obrigado a ouvir notícias o dia inteiro — e até mesmo jogos de futebol — num rádio de pilha. Apenas pela audição era que podia ter algum entretenimento. Essencialmente visual, estava entregue ao sentido que menos lhe interessava.

Em suas visitas ao Flamengo, Inez percebia, porém, que ele enxergava mais do que dizia. "Papai, você não vale nada", brincava a filha. Pelas mãos dela, João iria pela última vez ao cinema: o título escolhido foi *Lanternas vermelhas*, do diretor chinês Zhang Yimou. O poeta gostou da beleza plástica do filme.

Em Madri, no final de outubro, o poeta recebeu das mãos da própria rainha Sofia o prêmio que lhe fora atribuído por, entre outros jurados, José Saramago. Ao deparar com o escritor português, João lhe contou de imediato que havia perdido a visão central. "Estou cego", disse. Saramago lhe deu um abraço e, mais tarde, pensando nos personagens de *Ensaio sobre a cegueira*, que publicaria no ano seguinte, achou-os "insignificantes diante da realidade pungente daqueles olhos perdidos. Cego, João Cabral, o maior poeta de língua portuguesa vivo", escreveria depois o romancista. Não obstante, o discurso de agradecimento lhe pareceu "de uma serenidade profunda", como se o poeta, apesar dos sofrimentos, estivesse "em paz consigo mesmo".

Com José Saramago e Jorge Amado, João Cabral disputaria, ao longo de toda a década de 1990, as especulações e apostas para o Nobel de Literatura, jamais concedido a um autor de língua portuguesa. No início de 1994, a Academia Brasileira de Letras decidiu enviar à Academia Sueca tanto o nome do escritor baiano, considerado um candidato natural pelo seu trânsito no exterior, como o nome de João Cabral, que tinha em seu favor um prêmio internacional de prestígio, o Neustadt. Nenhum dos dois foi escolhido. Na ocasião, quando lhe perguntaram o que achava da aposta, feita por Antônio Houaiss, de que o Nobel seria atribuído a ele ou ao poeta brasileiro, Saramago disse que seria justo que o prêmio fosse dado a um português, "porque, na verdade, vai para novecentos anos que estamos à espera dele, enquanto vocês nem sequer dois séculos de esperanças frustradas levam".

Jorge Amado, depois de duas décadas, aparentemente se cansou da espera. João, porém, continuaria a sofrer as angústias do mês de outubro, aguardando todos os anos o anúncio que confirmaria seu prestígio internacional. Em 1998, sairia, enfim, para Portugal, o esperado primeiro Nobel. "Agora que foi concedido a Saramago, certamente levará outro século para que se lembrem novamente de nossa língua", comentaria o poeta, resignado.

Em junho de 1995, Arnaldo Saraiva o visitou no Rio. Um mês antes, havia participado, com Haroldo de Campos e Ángel Crespo, de uma homenagem a João Cabral na Universidade de Salamanca, motivada pelo Prêmio Rainha Sofia. Arnaldo lhe pediu então um poema inédito para uma revista que pretendia lançar no Porto. João respondeu que havia muito não escrevia por causa dos seus problemas de visão. No final de setembro, porém, o crítico português recebeu um fax com um poema inédito, manuscrito por Marly, trazendo, ao final, a assinatura trêmula "João Cabral de Melo Neto".

"Pedem-me um poema,/ um poema que seja inédito,/ poema é coisa que se faz vendo,/ como imaginar Picasso cego?", diziam os primeiros versos. "Poema é composição,/ mesmo da coisa vivida,/ um poema é o que se arruma,/ dentro da desarrumada vida." Arnaldo publicaria o texto em abril de 1998, no primeiro número da revista *Terceira Margem*, junto com outra composição posteriormente descoberta pelo poeta em seus papéis, "Poucos sabem, mas existe um baobá no Recife". Daquela visita ao Flamengo, o crítico guardaria ainda a lembrança da alusão de João Cabral à visita feita dez anos antes à casa de Camilo Castelo Branco em São Miguel de Seide: "É, Arnaldo, Camilo teve a coragem de se suicidar", comentou o poeta.

As rádios francesas, todos os anos, ao anunciar as inscrições para o festival de teatro de Nancy, usavam como trilha a música de Chico Buarque. Em comemoração dos trinta anos da premiação do Tuca, *Morte e vida severina* foi encenada duas vezes em São Paulo, ambas com direção de Silnei Siqueira. No cartaz de divulgação da primeira montagem, feita em 1994 pelo grupo do Teatro-Escola Célia Helena, a peça foi qualificada como "tragicamente atual". A segunda produção estreou no ano seguinte, a cargo do grupo Tapa. Em vez do tom esperançoso do passado, as encenações se revestiram de um caráter mais pessimista. Uma imagem impactante era a morte dos severinos que caíam ao chão, empunhando suas enxadas.

No Rio de Janeiro, a escola de samba Império Serrano, no Carnaval de 1996, lembrou a luta contra a fome e em favor da reforma agrária apresentando o enredo "E verás que um filho teu não foge à luta". Uma ala era composta de integrantes do Movimento dos Trabalhadores Rurais Sem Terra, portando foices e machados. A atriz Tania Alves, um dos destaques, representou um trecho do auto cabralino. Dez anos antes, em entrevista à *Tribuna da Imprensa*, João Cabral, fazendo uma de suas provocações, dissera não ver a menor graça no Carnaval carioca. O samba, para ele, era uma coisa monótona. "E o desfile das escolas de samba, que horror, aquelas fantasias são de um mau gosto! O que o Brasil tem de negativo está nas escolas de samba."

O que o deixou revoltado, porém, foi a montagem alegórica e "barroca" apresentada em outubro de 1997 no Teatro Glória, no Rio, com direção de Gabriel Villela. O que mais chamava a atenção era a exuberância visual, com ossos e caixões espalhados pelo palco, sertanejos embebidos em barro de tons coloridos e figurinos inspirados em festas populares. Uma das referências eram as fotografias do livro *Terra*, de Sebastião Salgado. Transformada em personagem, a Terra aparecia repleta de ouros e joias, parindo esqueletos. As ciganas que liam a sorte do recém-nascido surgiam como extravagantes drag queens. O espetáculo recebeu críticas pelo excesso de simbologias e de ritualização, que soterravam o texto.

"Uma coisa de louco", "um negócio completamente sem sentido", comentaria depois João Cabral. Por causa da dificuldade de enxergar, o poeta se sentou perto do palco e se espantou com a profusão de cores. Felizmente, o diretor não estava presente, o que o desobrigou de fazer comentários. Na véspera, Chico Buarque tinha visto a encenação. Na saída, quando lhe perguntaram sua opinião, o compositor achou um jeito de se esquivar: "O texto é muito bom", respondeu.

Apenas uma coisa ajudava João Cabral a esquecer os avanços da cegueira e enfrentar o tédio e a depressão: a bebida. Marly tentava impedir, dando sumiço nas garrafas, mas o poeta encontrava maneiras de escapar para o bar vizinho ao prédio, onde comprava vodca. Os expedientes para burlar as regras variavam sempre. Um deles era esconder uísque em garrafas de guaraná na geladeira. Também ocultava bebida no quarto. Marly era obrigada às vezes a fazer vista grossa. Sabia quanto era difícil para ele, que passava os dias sem poder ler nem escrever, acabrunhado e triste, viver ainda privado da bebida.

Alguns amigos perderam a coragem de vê-lo, sabendo a intensidade do seu sofrimento. Quem se atrevia voltava desolado. Diretor dos últimos números da *Revista de Cultura Brasileña*, criada por iniciativa de João Cabral em Madri, o crítico e professor Antonio Maura foi ao Flamengo visitar o casal e receber um exemplar da *Obra completa*, que o poeta queria lhe dedicar. Era meio-dia, com sol radiante. Ao ser recebido, o que mais o impressionou não foi a casa maravilhosa, com vistas do mar e do aterro do Flamengo, mas o contraste entre a luz exterior, de onde ele vinha, e a escuridão interna, na qual, como um personagem de Clarice Lispector, passara a estar. Nenhum abajur aceso. As cortinas brancas, sempre fechadas. A baía de Guanabara, o Pão de Açúcar, o Aterro, o sol carioca, nada interessava ao poeta. A única paisagem que, dizia, lhe agradava e da qual tinha saudade era o canavial pernambucano sob a ação do vento.

Escuridão e silêncio. Muito ao longe, ouvia-se no Aterro o ruído dos carros. Antonio Maura entendeu que, sendo cego, tanto lhe fazia se a ausência de luz fosse total. Com efeito, João escreveu e assinou, no escuro, a dedicatória. Marly trouxe então uma lanterna para que o visitante pudesse ver o livro dedicado.

Em dezembro de 1997, a Nova Fronteira publicou a *Antologia poética* de Marly de Oliveira, com poemas selecionados por João Cabral. "Ele só não teve coragem de botar os poemas dedicados a ele. Então, eu tirei os que homenageavam outros, como Carlos Drummond de Andrade e Manuel Bandeira", disse Marly à época do lançamento. O volume estava pronto desde o início da década, quando João ainda enxergava. Dele era também o prefácio, no qual elogiava a "materialidade da linguagem", a objetividade, a influência espanhola, o domínio da estrutura, o "alto nível intelectual" — enfim, traços da obra de Marly que exprimiam seus próprios valores e referências no campo da poesia.

Além da *Antologia poética*, a Nova Fronteira também publicou em 1997 o 17º livro de Marly, *Mar de permeio*. O tema da ausência, constante em sua obra, na nova produção se referia à saudade das filhas, que haviam decidido morar fora, na Holanda e em Portugal. "Quando terminei, falei que este livro era a minha despedida. Estou numa exaustão", declarou a autora, então com 59 anos. O cansaço se devia em grande parte ao trabalho e às preocupações que lhe dava João Cabral. De um lado, os cuidados com a obra cabralina, que envolviam não só as revisões dos volumes preparados pela Nova Fronteira, mas também o auxílio na elaboração de prefácios e no envio por escrito de respostas a jornalistas. De outro, o convívio diário com os problemas de saúde e a mente angustiada do marido, que bebia cada vez mais.

"Felizmente minha mulher me ajuda muito", dizia o poeta aos que iam visitá-lo no Flamengo. Nunca deixou de achá-la bonita e exuberante, a despeito do papel repressor que afinal ela teve de assumir, para controlar seus excessos no consumo de álcool. Todos os dias, Marly reservava um tempo para as sessões de leitura. Era comum que os textos lidos fossem do próprio poeta, mas ela às vezes se arriscava a ler Fernando Pessoa e autores clássicos que não eram de sua preferência. Inez também passou a visitá-lo pelas manhãs e se dispunha a ler em voz alta o que ele pedisse. A verdade, porém, era que João não gostava que lessem para ele.

Da parte dos filhos de João, multiplicavam-se as queixas contra a madrasta. Entre as duas famílias, jamais foi possível o entendimento. Desde que Marly passara a residir no apartamento do Flamengo — de onde mandou trocar as fechaduras, controlando depois a entrada dos próprios enteados —, o clima foi sempre de animosidade e tensão. Inez dizia que ela passava o dia inteiro fechada no quarto, lendo literatura clássica, e que seu pai fora abandonado às traças. Numa ocasião em que Marly desabafou com a enteada e fez reclamações contra João, Inez respondeu: "A porta da rua é serventia da casa". Ela e seus irmãos saberiam cuidar do pai, acrescentou.

A insatisfação vinha de todos os lados. As filhas de Marly, Mônica e, especialmente, Patrícia, se davam bem com João. Reclamavam, contudo, que sua mãe havia se tornado uma enfermeira, anulando sua vida e carreira para cuidar dele e, por consequência, se enterrando como ele em depressão. Enquanto muitos achavam que Marly pretendia tirar proveito literário de sua união com o poeta, outros tinham a certeza de que sua obra nada usufruíra daquele consórcio, desvantajoso para ela, na medida em que passaria a ser vista, ela, que sempre fora um desastre para divulgar sua própria poesia, simplesmente como a mulher de João Cabral — mera personagem biográfica, no dizer do jornalista Marcelo Coelho, "apêndice sentimental na história da poesia brasileira". Em sua visita ao Flamengo, Antonio Maura se convenceu de que Marly havia realmente se apaixonado por João. Do contrário, não teria aceitado mergulhar na escuridão total, como se passasse também a viver a cegueira do marido.

Em dezembro de 1997, o fotógrafo Eder Chiodetto esteve no Flamengo para registrar o poeta em seu ambiente de trabalho, assim como faria com outras 35 pessoas — projeto que resultaria no livro *O lugar do escritor*. "Não sou mais um escritor. Estou cego", disse-lhe João Cabral assim que abriu a porta. "Sou um ex-escritor." Explicou que não conseguia ditar seus poemas, porque precisava ver a letra construindo os versos: "Eu escrevo como quem constrói uma casa". Quando Eder manifestou o desejo de fotografá-lo no escritório, protestou mais uma vez: "Aqui não tem escritório, escritório pra quê? Eu não escrevo mais". Disse ainda que estava barbado e que o barbeiro só chegaria mais tarde. No final, sentou-se numa cadeira da própria sala, onde foram feitos os registros.

Uma nova reunião da obra cabralina foi publicada pela Nova Fronteira em junho de 1998. Dessa vez, os livros foram agrupados em dois volumes: *Serial e antes* e *A educação pela pedra e depois*. Na ocasião, foi lançado também o livro *Prosa*, uma coletânea de seus artigos e ensaios.

Alguns meses depois, vindo de Barcelona, o poeta João Bandeira lhe fez uma visita, levando-lhe um livro enviado por Joan Brossa. O anfitrião recebeu o livro de Brossa e o colocou de lado, sem sequer folheá-lo. Durante a conversa, os silêncios foram longos e aflitivos. O olhar perdido e os grandes vazios na fala compunham o quadro de uma pessoa totalmente deprimida. João tinha 78 anos, mas aparentava já estar com noventa.

No final do ano, foi a vez de o poeta e tradutor Ivo Barroso entrevistá-lo para o suplemento literário de *O Globo*. No meio de uma das conversas, João perguntou se seria lembrado depois de morto. Ivo reiterou que sua obra era um divisor de águas, separando a poesia brasileira em duas fases: A. C. e D. C., antes e depois de Cabral. João gostou de ouvir isso, mas depois fez uma careta quando o visitante lhe disse que era considerado "o nosso Ezra Pound".

"Parabéns e mais 79 abraços a João Cabral de Melo Neto, poeta maior, pelo seu 79º aniversário", escreveu Joel Silveira em janeiro de 1999 no *Jornal do Commercio*. O jornalista reclamou do longo tempo que não o via. Na

Academia Brasileira de Letras, também sentiam sua falta. Nos últimos anos, raras vezes estivera entre os confrades, sentando-se sempre ao lado de Lêdo Ivo. Durante todo o tempo, permanecia em silêncio e às vezes cochilava. Dos trabalhos acadêmicos, sempre se recusara a participar. Em junho de 1999, seu nome figurou entre os membros da comissão julgadora do prêmio de poesia da entidade. Segundo Lêdo Ivo, limitara-se a assinar o parecer. Conferências jamais aceitou fazer. Na ocasião de uma homenagem prestada a Aurélio Buarque de Holanda, estava escalado para falar. Quando chegou sua vez, disse apenas essas breves palavras: "Concordo com Lêdo Ivo".

Entre julho e setembro de 1999, João recebeu o diretor Bebeto Abrantes e a equipe do documentário *Recife/Sevilha*. Em seis encontros, totalizando cinco horas de depoimentos, o poeta falou de suas viagens, da Espanha, de touradas, de arquitetura e literatura, entre outros assuntos. Foi o último registro do escritor, após duas produções realizadas nos anos anteriores: *Duas águas*, produção da TV Cultura, de São Paulo, e do Canal Sur, da Espanha, exibida em 1997, com direção de Cristina Fonseca, e *Recife de dentro para fora*, curta-metragem realizado no mesmo ano por Katia Mesel. Em sua homenagem, o Instituto Moreira Salles também lhe dedicara, no ano anterior, o primeiro número da série *Cadernos de Literatura Brasileira*.

"Muito magro, mal se tendo de pé, a sua voz, reduzida a um frágil fio, tornara-se quase imperceptível" — assim Arnaldo Saraiva encontrou João Cabral, em sua última ida ao Flamengo. Durante o encontro, que não chegou a 45 minutos, Marly não apareceu na sala. Ao final da conversa, sem insistir, como de hábito, para que ficasse mais tempo, o poeta, mesmo cambaleante, fez questão de acompanhá-lo ao elevador. No dia seguinte, Arnaldo estaria em Pernambuco para participar de um colóquio em sua homenagem. "Boa viagem para o Recife", disse-lhe João.

Às onze horas e trinta minutos de sábado, 9 de outubro de 1999, duas horas após o café da manhã, Marly de Oliveira o chamou para rezar. Apesar de ateu, João Cabral nos últimos dois meses fazia orações diárias. Marly estava planejando levá-lo à Suécia. Ouvira falar numa nova técnica cirúrgica que poderia reconstituir a visão do marido, o que tinha dado a ambos uma esperança. O problema era enfrentar a longa viagem, para a qual João não tinha forças.

Depois que rezavam o terço, ele invariavelmente dormia. Naquela manhã, estavam ainda de mãos dadas quando a cabeça do poeta pendeu para o lado. A esposa pensou que ele tinha adormecido. "Foi um momento de beatitude.

Foi tão sereno que eu tive, naquele instante, vontade de ir junto", diria ela à noite, durante o velório, na Academia Brasileira de Letras. "Uma morte tranquila, serena. A morte que João gostaria de ter", repetiria aos jornalistas. João Cabral falecera subitamente, num sopro, após uma parada cardíaca. As primeiras pessoas a ver o corpo em casa foram Moacyr Félix e Antônio Olinto. "Quando chegamos, ele parecia um menino dormindo", confirmou Moacyr.

O velório se estendeu por toda a noite no Salão dos Poetas Românticos. Sobre o caixão foram colocadas as bandeiras de Pernambuco e do América, o time do Rio. Dez anos antes, João Cabral falara em entrevista sobre o medo de morrer — não de deixar de viver, mas, segundo ele, o medo do momento da morte, que devia ser terrível. O que também o inquietava era o aparato que havia em volta do morto, convertido em centro das atenções. Por essa razão se angustiava quando morriam colegas da Academia. Era como se tivesse uma visão prévia de como seria sua própria morte. "Vou morrer, vou ser velado na Academia", lamentou. "Já ensaiei demais o ritual da minha morte."

Na manhã seguinte, foi rezada a missa de corpo presente. Antes da celebração, telefonaram para Marly, perguntando se ela iria ou não. "Vai começar ao meio-dia, com ela ou sem ela", protestou o filho mais velho de João. Quando Marly chegou ao prédio da Academia, a missa já estava quase no fim. Após receber os cumprimentos no velório, ela voltou para casa. "Estou cansada e sentindo dores", justificou. Às treze horas e trinta minutos, o corpo foi sepultado no mausoléu da Academia, no cemitério São João Batista. Os filhos estavam todos presentes, até mesmo Isabel, que viera de Honduras.

Durante o velório e o enterro, tanto as conversas como os discursos de despedida foram permeados por alusões ao inesperado contato de João Cabral com a religião nos seus últimos dias de vida. "Seus olhos se fecharam quando começaram a ver Deus face a face", afirmou o padre Fernando Bastos de Ávila, recém-eleito para a Academia. "Sem poder ler, começou a pensar em sua vida e assim se aproximou da religião", comentou o caçula Joãozinho. Para Marly, outra razão não explicaria sua passagem tranquila, "sem pânico" — ele, que desde criança temera a morte, apavorado por terríveis visões do inferno.

Muitos amigos puseram em dúvida a versão da "morte cristã" de João Cabral. Não era segredo para ninguém que o poeta trazia desde muito tempo no pescoço, por baixo da camisa, a medalha de Nossa Senhora do Carmo, padroeira do Recife. Mas essa pequena superstição não bastava para que se desse crédito à hipótese de uma real conversão religiosa, experimentada no último minuto de vida.

Apesar de católico, e tendo discutido tantas vezes com o amigo a respeito de religião, Lêdo Ivo foi um dos amigos que viram com estranhamento a informação dada por Marly. Lembrava-se de João lhe ter assegurado que, entre seus papéis de disposição testamentária, incluíra uma declaração enfática de seu materialismo e consequente postura antirreligiosa. Não acreditava na existência de Deus nem na imortalidade da alma. "Qualquer posição contrária assumida no seu momento final deveria ser atribuída à senilidade e à 'ausência de si mesmo'", evocaria Lêdo Ivo. Ateu, materialista, comunista — essa teria sido, desde a juventude, sua posição filosófica e moral, da qual não arredava um milímetro, repetia João ao amigo.

O ateísmo, porém, a exemplo do suicídio, exigia uma coragem que o poeta não possuía. Daí, segundo Armando Freitas Filho, sua tendência para apelar em horas difíceis para um Deus *part-time*. "Era um homem de fibra, mas a gente sentia certa fragilidade nele, era uma faca só lâmina, mas uma lâmina que podia quebrar", diria Armando.

Nos dias seguintes, a repercussão da morte de João Cabral nos jornais apontou o encerramento de um longo período da poesia brasileira. "É o fim do que está sendo chamado de 'alta modernidade'", declarou o crítico Silviano Santiago. Nas palavras de Benedito Nunes, Cabral fora a principal "fonte propulsora e remodeladora da poesia brasileira". Sua morte, vindo após o desaparecimento de Drummond, Bandeira e Murilo Mendes, parecia indicar que "a poesia acabou no Brasil", comentou o crítico Modesto Carone. Em editorial, a *Folha de S.Paulo* afirmou que, com a partida do poeta, se perdia o último elo com o Brasil que, no passado, acreditara na possibilidade de ter um destino próprio e um pensamento original.

> João Cabral teve sucesso naquilo em que a vida brasileira dá mais sinais de impotência, na cultura, na economia e mesmo nas ideias políticas: atingir um padrão de invenção e criatividade competente sem descaso para com o problema nacional, sem descurar do especificamente brasileiro. O poeta levou o Modernismo a um ápice no país, mas de modo peculiar. [...] Criou poesia nova sem o artifício de importar matrizes prontas; pela força do que escreveu, quase ajudou a suscitar, ainda que involuntariamente, uma ilusão sobre a autonomia do desenvolvimento brasileiro.

"Não acredito em Bossa Nova, nem talento, nem modernizações absurdas, mas acredito no trabalho." A declaração foi dada por João Cabral em 1968 — ano difícil para o país, mas decisivo em sua consagração como grande poeta brasileiro —, em entrevista ao *Diário de Notícias*. O trabalho de arte, como tantas modalidades de trabalho manual, fora sempre valorizado em sua poesia. Sobre trabalho, no caso o dos carregadores e raspadores de mandioca em Pernambuco, versava ainda um de seus textos inéditos, *A casa de farinha*, auto concebido nos tempos da montagem do Tuca, retomado nos anos 1980, mas nunca concluído. As quarenta folhas manuscritas, guardadas num fichário escolar, onde registrara suas anotações, foram entregues por ele a Inez, pouco antes de morrer, e seriam postumamente publicadas. A peça propunha uma discussão sobre a voracidade do progresso. Um dos personagens, o dr. Sudene, que nada tinha de beckettiano, segundo o autor, era o responsável pelo desaparecimento da casa de farinha.

Outro projeto antigo, concebido no início dos anos 1970, mas nunca levado adiante, foi *Memórias prévias de Jerônimo de Albuquerque*. A exemplo de *O rio*, poema geográfico no qual João descreveu as diversas regiões de Pernambuco, esse poema histórico percorreria sua terra natal ao longo do tempo. Cunhado de Duarte Coelho, o primeiro donatário da capitania, Jerônimo era conhecido como o Adão pernambucano, por ter deixado incontáveis descendentes.

"Olhe, eu tenho 64 mil trisavós e todos são Albuquerque", dizia João. "Acho até mesmo que o estado deveria ser Albuquerque." Sua ideia era que esse Jerônimo narrasse com antecipação todos os acontecimentos, revoluções e perseguições que se dariam em Pernambuco nos séculos vindouros, desconhecidos do resto do país. "Nesse livro ele contaria todas as injustiças e todas as monstruosidades que o Brasil vai fazer com Pernambuco", disse em entrevista a Felipe Fortuna, publicada em 1987 no *Jornal do Brasil*. Para realizar o projeto, contudo, teria que fazer muita pesquisa. Com a perda de visão nos últimos anos, foi obrigado a abandonar de vez a homenagem que faria a Pernambuco e a seu 15º avô. "Era o Jerônimo de Albuquerque no alto de Olinda olhando para o Recife, que ainda não existia, e prevendo toda a história", detalhou já no fim da vida, em janeiro de 1998, em depoimento à pesquisadora Níobe Peixoto.

Na serra do engenho Trapuá, em Tracunhaém, cidade encravada na Zona da Mata, João Cabral desejou um dia "morar definitivamente". Do Alto do

Trapuá, como dissera em um poema do livro *Paisagens com figuras*, o observador podia divisar inúmeras plantações e, sobretudo, belíssimos canaviais. "Só canaviais e suas crinas/ e as canas longilíneas/ de cores claras e ácidas,/ femininas, aristocráticas", escrevera o poeta. Por toda parte, enxergava-se ainda outra espécie indigente, "sempre a mesma" — "é a planta mais franzina/ no ambiente de rapina".

No final dos anos 1960, atendendo a amigos de João Cabral, o dono das terras decidiu doar ao poeta um pedaço de chão naquela serra, onde poderia ser enterrado, conforme era de sua vontade. Em agradecimento ao doador, o poeta escreveu que considerava um privilégio ser sepultado num lugar daqueles, de onde se tinha "a impressão de descortinar toda a paisagem pernambucana". No final da carta, deplorando o progresso que devastava Pernambuco, fez votos para que o tempo jamais desfigurasse "a beleza que se podia contemplar do Alto do Trapuá".

Quando essas notícias foram publicadas, houve quem estranhasse, no poeta materialista, a preocupação consigo próprio após a morte. Mas ele não seria enterrado em Pernambuco ou no Trapuá. No seu lugar, por ironia, seriam plantados na serra, já em meados dos anos 1970, antenas e equipamentos de telecomunicação. Era o progresso inexorável, destruindo o mundo afetivo de João Cabral. Bem antes de sua morte, o Alto do Trapuá perdera o encanto.

Agradecimentos

"Um galo sozinho não tece uma manhã", escreveu João Cabral em um de seus poemas mais famosos. Para que este livro se tornasse realidade, muitos fios tiveram que ser cruzados e lançados. Gostaria de assinalar meu agradecimento a todos os amigos, familiares, colegas e alunos que acompanharam de perto todo o processo. Sou especialmente grato às pessoas, abaixo enumeradas, que me ajudaram fornecendo depoimentos, livros, informações, conselhos, indicações, ouvidos atentos, conversas estimulantes, entre tantas valiosas contribuições.

Adilson Miguel
Alberto da Costa e Silva
Alcides Villaça
Antonio Carlos Secchin
Antonio Lino Pinto Júnior
Antonio Maura
Armando Freitas Filho
Arnaldo Saraiva
Augusto de Campos
Carlos Mendes de Sousa
Claudia Cavalcanti
Edneia Rodrigues Ribeiro
Edson Cruz
Eduardo Jardim
Eduardo Marinho
Eliane Robert Moraes
Evaldo Cabral de Mello
Fernando Paixão
Flávio Moura
Glorinha Paranaguá
Guilherme Tauil

Hélio Guimarães
Heloísa Starling
Humberto Werneck
Inez Cabral
Ivana Diniz
Jaime Ginzburg
João Bandeira
Katiane Prazim
Lauro Moreira
Leandro Sarmatz
Luís Cabral de Melo Neto
Luiz Costa Lima
Marcelino Freire
Maria Augusta Fonseca
Marcelo Bortoloti
Marcos Antonio de Moraes
Maria Esther Maciel
Maria Viana
Marília Pessoa
Mario Helio Gomes de Lima
Maureen Bisilliat

Noemi Jaffe
Paulo Antônio Paranaguá
Paulo Ferraz
Renan Nuernberger
Rodrigo Cabral
Rodrigo Lacerda
Roniere Menezes
Sebastião Lacerda

Sérgio Marin de Oliveira
Sidney Rocha
Simone Paulino
Tarcísio Costa
Valéria Lamego
Valéria Veras
Yudith Rosenbaum

Notas

O leitor encontra a seguir, agrupadas por capítulo, as principais fontes utilizadas na composição do livro, cujas indicações completas estão registradas nas referências bibliográficas.

Este conjunto de notas não inclui alusões às cartas escritas e recebidas por João Cabral ou às fontes jornalísticas identificadas no próprio texto. Ao final das referências bibliográficas, há uma enumeração das entrevistas feitas ao longo da pesquisa e da correspondência inédita consultada pelo autor na Fundação Casa de Rui Barbosa, no Rio de Janeiro, bem como da que foi publicada em livros e periódicos.

1. Poeta novo [pp. 11-21]

— A correspondência mantida por João Cabral e Carlos Drummond de Andrade foi reunida e comentada por Flora Süssekind (2001). O primeiro encontro dos dois poetas foi relatado por João Cabral em entrevistas a Augusto Massi e Alcino Leite Neto (1991), Ivo Barroso (1999), José Maria Cançado (2006) e Geneton Moraes Neto (2007a).

— A observação sobre o encurtamento do sobrenome Mello foi feita por Evaldo Cabral de Mello em entrevista a Éverton Barbosa Correia (2007).

— As informações sobre Murilo Mendes podem ser encontradas no diário de Carlos Drummond de Andrade (1985); na crônica "Encontros", de Vinicius de Moraes (2004a); no volume de memórias de Lêdo Ivo (1979) e no trabalho de Maria Elisa Thompson (2009). A principal fonte para a evocação de Jorge de Lima foi a crônica "A túnica inconsútil", de Mário de Andrade (1997).

— Sobre a poesia drummondiana do período, ver a tese de Marcelo Bortoloti (2017). A respeito dos primeiros poemas de Cabral, foram consultados os estudos de Régis Bonvicino (1990), Rodrigo Leite Caldeira (2010), Antonio Carlos Secchin (2014) e Cristina Costa (2014).

2. Menino de engenho [pp. 22-36]

— Relatos sobre a infância em Pernambuco aparecem nas entrevistas concedidas a Roberto Freire (1968), Maria Ignez Barbosa (1968), Edla van Steen (1981), Valéria Rodrigues (1986), Marli Berg (1987), Augusto Massi e Alcino Leite Neto (1991) e Bebeto Abrantes (2009), entre outros, além das que foram compiladas no volume organizado por Félix de Athayde (1998). Outra fonte importante foi o longo depoimento do poeta ao Museu da Imagem e do Som de Pernambuco, o Misp (gravado em 1968, publicado em 1979), do qual Luiz Cabral, seu pai, participou como um dos entrevistadores.

— Os dados sobre a família e os antepassados de João Cabral foram extraídos dos trabalhos de Éverton Barbosa Correia (2007) e Selma Vasconcelos (2009), que traz também depoimentos de familiares, como Maria de Lourdes Cabral de Mello, irmã do poeta. Também serviram de apoio ao capítulo os artigos de Gilberto Freyre (1973, 1983) e Mauro Mota (1966, 1984), bem como os perfis biográficos escritos por Rubem Braga (1954) e Félix de Athayde (1990).

— A respeito da história de Pernambuco e da civilização do açúcar, além dos clássicos de José Lins do Rego (1970) e Gilberto Freyre (1989), foram consultados os trabalhos de Antonio Paulo Rezende (2002) e Teresa Sales (2014).

— Outras fontes utilizadas foram os estudos de Antonio Carlos Secchin (2014), Silviano Santiago (1982), Waltencir Alves de Oliveira (2008), Roniere Menezes (2011) e Cristina Costa (2014). O que possibilitou a consideração dos poemas como fontes documentais foi seu caráter assumidamente autobiográfico, corroborado pelos dados que aparecem nos depoimentos.

— O poema "O papel em branco", não incluído no volume *O engenheiro*, veio a público no suplemento Autores e Livros do jornal *A Manhã*, em 3 de outubro de 1943.

3. O futuro grande atleta [pp. 37-56]

— Comentários sobre o impacto da Revolução de 1930 foram feitos por Cabral na entrevista a Bebeto Abrantes (2009) e nos depoimentos reunidos no volume organizado por Félix de Athayde (1998). O artigo de Rubem Braga (1954) e os trabalhos de Éverton Barbosa Correia (2007), Waltencir Alves de Oliveira (2008) e Selma Vasconcelos (2009) também trazem informações sobre o assunto. A respeito da Revolução de 1930 no Nordeste, serviram de apoio os trabalhos de Antonio Paulo Rezende (2002) e Martinho Santos Neto (2014). Outras informações foram levantadas no acervo de dados do Centro de Pesquisa e Documentação de História Contemporânea do Brasil (CPDOC), da Fundação Getúlio Vargas.

— A adolescência, os anos passados no Colégio Marista e os primeiros empregos de João Cabral no Recife foram abordados em entrevistas do poeta a Vinicius de Moraes (1953), Roberto Freire (1968), Erialdo Pereira (1969), Fábio Freixieiro (1971), Fernando Sabino (1974), Mário Chamie (1979), Geneton Moraes Neto (2007b), Ivan Cardoso (1987), Bebeto Abrantes (2009) e Augusto Massi e Alcino Leite Neto (1991), entre outros, além dos depoimentos compilados por Félix de Athayde (1998).

— Para as informações sobre a capital pernambucana nas décadas de 1920 e 1930, foram utilizados, além do célebre *Guia* de Gilberto Freyre (2007), os trabalhos de Susana Vernieri (1999), Lucila Nogueira (2001), Rostand Paraíso (2001), Antonio Paulo Rezende (2002) e Teresa Sales (2014). Ver também o depoimento de Evaldo Cabral de Mello a Claudio Garon (1997).

— A experiência de João Cabral como jogador de futebol foi relatada em entrevistas concedidas a Roberto Freire (1968), Geneton Moraes Neto (2007b), Vânia de Almeida (1988), *Cadernos de Literatura Brasileira* (1996) e Fabio Victor (1999a), entre outras.

— A respeito das primeiras leituras do poeta e da Academia de Letras do Colégio Marista, as informações foram extraídas dos depoimentos a Vinicius de Moraes (1953), Jeová Franklin (1969), Fábio Freixieiro (1971), Misp (1979), Edla van Steen (1981), Ivan Cardoso (1987), Mario Cesar Carvalho (1988), Augusto Massi e Alcino Leite Neto (1991), *Cadernos de Literatura Brasileira* (1996) e Suênio Campos de Lucena (2001), além dos que foram recolhidos por Félix de Athayde (1998). A obra do crítico Agripino Grieco foi estudada por João Luiz Lafetá (2000).

4. Jardins enfurecidos [pp. 57-82]

— A vida literária boêmia do Recife foi evocada no texto "Encontro com a década de 20", incluído na obra completa de Joaquim Cardozo (2007) e também em artigos e livros de Mauro Mota (1983), Rostand Paraíso (2001), Joaquim Cardozo (2007), Antonio Paulo Rezende (2002) e

Everardo Norões (2007). Sobre Willy Lewin, ver os artigos de Tadeu Rocha (1949), Mauro Mota (1971), Edson Nery da Fonseca (1971) e Lêdo Ivo (2009) e o livro de Ieda Lebensztayn (2010).

— A amizade de João Cabral com Lewin foi abordada nas entrevistas do poeta a Fábio Freixieiro (1971), Misp (1979), Mário Pontes (1980), Edla van Steen (1981) e Mauro Trindade (1988) e nos depoimentos recolhidos na compilação de Félix de Athayde (1998).

— As informações sobre Vicente do Rego Monteiro foram extraídas de artigos escritos por Antônio Bento (1970) e Walmir Ayala (1971), bem como do estudo publicado por Maria Luiza Atik (2004). A respeito desse grupo católico do Recife, foram consultados ainda os artigos de Tristão de Ataíde (1936), Jorge de Lima (1937) e Antônio Rangel Bandeira (1937).

— Sobre a relação de Cabral com Monteiro, os dados foram extraídos das entrevistas do poeta a *Cadernos de Literatura Brasileira* (1996), Marcos Linhares (2013) e Bebeto Abrantes (2009), além das que foram reunidas por Félix de Athayde (1998).

— João Cabral comentou os primeiros poemas escritos no Recife em entrevistas a Vinicius de Moraes (1953), Erialdo Pereira (1969), Fábio Freixieiro (1971), Edla van Steen (1981), Rinaldo Gama (1986), Ivan Cardoso (1987) e Augusto Massi e Alcino Leite Neto (1991). Sobre essa produção, ver os estudos de Régis Bonvicino (1990), Antonio Carlos Secchin (2014) e Cristina Costa (2014). Dados sobre as publicações em jornais podem ser localizados no livro organizado por Zila Mamede (1987).

— A respeito de *Renovação* e do I Congresso de Poesia, dados foram encontrados nos artigos de Gilberto Freyre (1941) e Edson Nery da Fonseca (1971) e nos trabalhos de Maria Luiza Atik (2004) e Marcelo dos Santos (2011a). Sobre a tese apresentada por João Cabral, ver os estudos críticos de Marta Peixoto (1983) e John Gledson (2003).

— Sobre Gilberto Freyre e sua relação com os jovens escritores, ver os livros de José Aderaldo Castello (1961), Neroaldo Pontes de Azevedo (1984) e Antonio Paulo Rezende (2002), bem como os depoimentos de João Cabral a Bebeto Abrantes (2009) e Suênio Campos de Lucena (2001), além dos que se encontram na coletânea de Félix de Athayde (1998).

— Informações sobre o grupo literário do Recife estão disponíveis nos livros de Lêdo Ivo (1979, 2007) e nos depoimentos do poeta alagoano a Selma Vasconcelos (2009), Geneton Moraes Neto (2012) e Claudio Leal (2013). Artigos sobre Breno Accioly escritos por Gilberto Freyre (1947) e Willy Lewin (1949) também foram utilizados, assim como texto sobre Otávio de Freitas Júnior escrito por João Cabral (1942) e a reportagem sobre Antônio Rangel Bandeira assinada por Renard Perez (1957).

— Os poemas de *Pedra do sono* e a influência do Surrealismo foram comentados por Cabral em entrevistas a Vinicius de Moraes (1953), Fábio Freixieiro (1971), Mário Chamie (1979), Misp (1979), Edla van Steen (1981), Rinaldo Gama (1986), Mario Cesar Carvalho (1988), *Cadernos de Literatura Brasileira* (1996) e Bebeto Abrantes (2009), além das que foram recolhidas por Félix de Athayde (1998). Dentre os estudos sobre o livro, destacam-se os de Lauro Escorel (1973), Marta de Senna (1980), Marta Peixoto (1983), Sebastião Uchoa Leite (1986), Luiz Costa Lima (1995), John Gledson (2003), Benedito Nunes (2007) e Antonio Carlos Secchin (2014). Acerca das pinturas de João Cabral, ver as reportagens de José de Arimateia (1995) e Vandeck Santiago (1995).

— Informações sobre a internação de João Cabral no Sanatório Recife foram encontradas na tese de Lucila Nogueira (2001), no depoimento do poeta a Augusto Massi e Alcino Leite Neto (1991) e no artigo de Lêdo Ivo (2009). A descrição do perfil de Ulysses Pernambucano de Mello teve como apoio o depoimento de Evaldo Cabral de Mello a Éverton Barbosa Correia (2007) e os artigos de José Lins do Rego (1943) e Gilberto Freyre (1945, 1958).

— A descrição do perfil do jovem Cabral feita por Vinicius de Moraes foi localizada na entrevista feita pelo poeta carioca (1953).

5. Poesia ao norte [pp. 83-98]

— O relato da viagem de Pernambuco ao Rio de Janeiro pelo interior do país foi feito por João Cabral em entrevistas a Misp (1979), Fernando Paiva (1990) e Augusto Massi e Alcino Leite Neto (1991). O encontro entre o poeta e Eustáquio Duarte foi evocado por Lêdo Ivo (1958).

— A história de Dirceu Buck foi relatada no artigo de Antonio Candido (2000) e na entrevista do crítico a Selma Vasconcelos (2009). Depoimentos do poeta sobre o artigo de "Poesia ao norte", de Antonio Candido, podem ser consultados nas entrevistas concedidas a Solena Benevides Viana (1946), Mário Chamie (1979), Misp (1979), *Cadernos de Literatura Brasileira* (1996), Bebeto Abrantes (2009) e ainda em depoimentos recolhidos por Zila Mamede (1987) e Félix de Athayde (1998). Também serviram de apoio ao capítulo outros ensaios da década de 1940, recolhidos em livros de Antonio Candido (1992, 2002).

— A respeito da amizade com Drummond, informações foram extraídas dos depoimentos de João Cabral a Augusto Massi e Alcino Leite Neto (1991), Geneton Moraes Neto (2007a), Bebeto Abrantes (2009) e Marcos Linhares (2013).

— Também serviram de apoio a biografia de Drummond escrita por José Maria Cançado (2006), o volume de memórias de Mário Calábria (2003), os artigos de Affonso Romano de Sant'Anna (2011, 2014) e Antonio Carlos Secchin (2012). Foram consultados ainda o diário de Drummond (1985) e os estudos de Rodrigo Leite Caldeira (2010) e Marcelo Bortoloti (2017).

— Para a parte relativa a *Os três mal-amados*, serviram de apoio as entrevistas de Cabral a Vinicius de Moraes (1953), Edla van Steen (1981) e Felipe Fortuna (1987), além dos dados e depoimentos recolhidos por Zila Mamede (1987) e Félix de Athayde (1998). Foram consultados ainda os estudos de Lauro Escorel (1973), João Alexandre Barbosa (1975), Marta de Senna (1980), Marta Peixoto (1983), Luiz Costa Lima (1995), Homero Araújo (1999), Benedito Nunes (2007) e Antonio Carlos Secchin (2014).

— Com relação à vida literária carioca nos anos 1940, foram consultados os artigos de Lêdo Ivo (1946), Fernando Sabino (1974) e Félix de Athayde (1990); a reportagem "Os escritores preferem morar perto do mar" (não assinada, 1948); os livros de Ricardo Maranhão (2003) e Lucila Soares (2006); e os depoimentos de João Cabral a Mario Cesar Carvalho (1988), Augusto Massi e Alcino Leite Neto (1991) e Bebeto Abrantes (2009). Também foram utilizados a biografia de Vinicius de Moraes escrita por José Castello (1994), a reportagem sobre Aníbal Machado de João Domenech Oneto (1994b), o ensaio de Júlio Castañon Guimarães (1996) e o estudo de Maria Elisa Thompson (2009) sobre Murilo Mendes. Ver ainda as recordações de Lêdo Ivo (1979, 2007) e suas entrevistas a Otto Lara Resende (1948), Geneton Moraes Neto (2012) e Selma Vasconcelos (2009), bem como os artigos de Álvaro Lins (1946) e Fausto Cunha (1969).

— Sobre Antônio Rangel Bandeira, Breno Accioly e Benedito Coutinho, serviram de base os artigos de Gilberto Freyre (1943) e Willy Lewin (1949), e as reportagens de Renard Perez (1957) e Marcos Otoni (1978). A frase de Aníbal Machado que encerra o capítulo foi extraída do livro de Murilo Marcondes de Moura (1995) sobre Murilo Mendes.

6. *Machine à émouvoir* [pp. 99-124]

— A escrita e a publicação do livro *O engenheiro* foram assunto das entrevistas de João Cabral a Solena Benevides Vianna (1946), Fábio Freixieiro (1971), Oswaldo Amorim (1972), Mario Cesar Carvalho (1988), *Cadernos de Literatura Brasileira* (1996), Bebeto Abrantes (2009) e outras que integram o livro de Félix de Athayde (1998). Dados sobre a publicação dos poemas em jornais e sua recepção crítica estão disponíveis na compilação organizada por Zila Mamede (1987). Ver também os artigos de Lêdo Ivo (1945), Antônio Rangel Bandeira (1945), Genolino Amado (1945), José Augusto Guerra (1945) e Sérgio Milliet (1946).

— Evocações de Augusto Frederico Schmidt podem ser lidas nos livros de Lêdo Ivo (1979) e Vinicius de Moraes (2009).

— A vinculação com Le Corbusier e a arquitetura moderna foi comentada pelo poeta em entrevistas a Fábio Freixieiro (1971), Oswaldo Amorim (1972), Mario Cesar Carvalho (1988), Nicolás Tapia (1993), Bebeto Abrantes (2009) e *Cadernos de Literatura Brasileira* (1996), além de outras recolhidas por Félix de Athayde (1998).

— A respeito de Joaquim Cardozo, cabe destacar o texto "Honras à amizade", de João Cabral, e os artigos e depoimentos de Oscar Niemeyer, Jorge Amado, Luís Carlos Monteiro, Mário Barata e Everardo Norões, entre outros, incluídos no volume da obra completa de Cardozo (2007).

— Sobre os poemas de *O engenheiro*, foram consultados os estudos de Lauro Escorel (1973), João Alexandre Barbosa (1975), Marta de Senna (1980), Marta Peixoto (1983), Luiz Costa Lima (1995), Benedito Nunes (2007) e Antonio Carlos Secchin (2014), entre outros.

— As relações de João Cabral e Lêdo Ivo com Graciliano Ramos são tratadas no livro de memórias de Lêdo Ivo (1979) e em seus depoimentos a Geneton Moraes Neto (2012) e Selma Vasconcelos (2009).

— Com relação a Mário de Andrade e Oswald de Andrade, comentários de João Cabral foram registrados nas entrevistas ao Misp (1979), Ivan Cardoso (1987), Augusto Massi e Alcino Leite Neto (1991) e Bebeto Abrantes (2009). Mário também aparece nas evocações de Vinicius de Moraes (2009) e na entrevista de Autran Dourado a Suênio Campos de Lucena (2001). A carta de Mário de Andrade a Lêdo Ivo pode ser lida no volume da correspondência passiva do poeta alagoano (2007).

— Sobre a nova geração literária surgida em meados da década de 1940, ver o livro de Benedito Nunes (2007) e os artigos de Lúcio Cardoso (1944), Álvaro Lins (1946), Fausto Cunha (1969) e Antônio Olinto (1995). A carta de Fernando Sabino a Hélio Pellegrino está disponível no site do Instituto Moreira Salles: <correioims.com.br/?s=fernando+sabino>.

— A respeito de Drummond, sua obra e atuação política em meados dos anos 1940, ver o diário do poeta (1985) e os estudos de Lucila Nogueira (2001) e Marcelo Bortoloti (2017). Já a conversão de João Cabral à ideologia comunista foi comentada na entrevista do poeta a Augusto Massi e Alcino Leite Neto (1991) e nos depoimentos de Lêdo Ivo e Armando Freitas Filho a Selma Vasconcelos (2009).

— Sobre o Itamaraty, além das entrevistas do poeta a Edla van Steen (1981), Marli Berg (1987) e Bebeto Abrantes (2009), serviram de apoio as entrevistas de Antônio Houaiss a Beatriz Marinho (1986) e a Marília Martins e Paulo Roberto Abrantes (1993), a biografia de Vinicius de Moraes escrita por José Castello (1994), o livro de memórias de Mário Calábria (2003) e o depoimento de Ramiro Saraiva Guerreiro (2009).

— O casamento de João Cabral com Stella e os primeiros tempos do casal foram abordados na entrevista do poeta a Augusto Massi e Alcino Leite Neto (1991) e nos depoimentos de Maria Luiza Barbosa de Oliveira e Armando Freitas Filho a Selma Vasconcelos (2009).

7. *Riguroso horizonte* [pp. 125-51]

— As informações sobre a viagem de João Cabral para a Espanha e a cidade de Barcelona estão em cartas enviadas a Lauro Escorel, Lêdo Ivo, Manuel Bandeira e Clarice Lispector. Outras fontes foram a reportagem "João Cabral de Melo Neto: Vida e arte em Barcelona" (1968) e as entrevistas do poeta a Fernando Paiva (1990) e Bebeto Abrantes (2009).

— Com relação a Joan Miró e às *corridas* de touros, além dos depoimentos compilados por Félix de Athayde (1998), foram consultados os que o poeta concedeu a Fernando Paiva (1990), Nicolás Tapia (1993), *Cadernos de Literatura Brasileira* (1996), Bebeto Abrantes (2009) e Conchita Borrell (2012). Também foram aproveitados a reportagem de Louis Wiznitzer (1950) sobre Miró; o perfil biográfico escrito por Rubem Braga (1954); o depoimento de Arnau Puig (2017) a *Sibila*; os estudos de Ricardo Souza de Carvalho (2011), Antonio Maura (2013) e Basilio Losada Castro (2013); e os depoimentos de Enric Tormo e Maite Torroella concedidos a Alessandra Vargas de Carvalho (2013).

— Além da correspondência de João Cabral, as principais fontes a respeito da prensa manual e da série O Livro Inconsútil foram o livro de Ricardo Souza de Carvalho (2011); os dados e depoimentos reunidos por Zila Mamede (1987); as anotações na correspondência de Cabral feitas por Flora Süssekind (2001); as reportagens de Luiz Santa Cruz (1947) e Danusia Barbara (1981) sobre Joaquim Cardozo e os artigos reunidos em *Poesia completa e prosa* (2007), do poeta pernambucano; as entrevistas de João Cabral a *Cadernos de Literatura Brasileira* (1996) e Suênio Campos de Lucena (2001); o depoimento concedido por Antonio Candido a Selma Vasconcelos (2009); e a biografia de Clarice Lispector escrita por Benjamin Moser (2009). Ver também a nota "O epitáfio de Lêdo Ivo por João Cabral de Melo Neto" (1950), publicada pelo jornal *A Manhã*.

— Sobre o livro *Psicologia da composição*, além das resenhas de Sérgio Milliet (1948), Domingos Carvalho da Silva (1948) e José Paulo Moreira da Fonseca (1948), foram consultados os estudos de José Guilherme Merquior (1972), Sebastião Uchoa Leite (1986), Haroldo de Campos (1992), Homero Araújo (1999) e Antonio Carlos Secchin (2014).

— Na parte relativa a Drummond, serviram de apoio os artigos de Edson Nery da Fonseca (1948), Antonio Carlos Secchin (2012) e Affonso Romano de Sant'Anna (2014); o depoimento de Armando Freitas Filho a Selma Vasconcelos (2009); o estudo de Marcelo Bortoloti (2017); e o livro de Geneton Moraes Neto (2007a).

8. Sarampão marxista [pp. 152-74]

— Nas partes sobre Miró, a língua e a paisagem espanholas, além da correspondência escrita no período por João Cabral, as principais fontes foram as entrevistas do poeta a Maria Ignez Barbosa (1968), Oswaldo Amorim (1972), Fernando Paiva (1990), Nicolás Tapia (1993), Bebeto Abrantes (2009) e Conchita Borrell (2012); os dados e depoimentos compilados por Zila Mamede (1987) e Félix de Athayde (1998); os estudos de Ricardo Souza de Carvalho (2011), Antonio Maura (2013), Basilio Losada Castro (2013) e Antonio Carlos Secchin (2014); e os depoimentos de Enric Tormo, Arnau Puig e Maite Torroella concedidos a Alessandra Vargas de Carvalho (2013). As cartas referentes ao nascimento de Inez foram extraídas da obra de Selma Vasconcelos (2009).

— A respeito das relações de João Cabral com a literatura espanhola, foram consultadas as seguintes fontes: as entrevistas de João Cabral a Fábio Freixieiro (1971), Mário Chamie (1979), Mario Cesar Carvalho (1988), Mário Pontes (1980), Nicolás Tapia (1993), Bebeto Abrantes (2009) e Conchita Borrell (2012); o artigo de Flora Süssekind sobre as traduções de Cabral (1996) e suas anotações na correspondência de João Cabral (2001); os estudos de Ricardo Souza de Carvalho (2011) e Basilio Losada Castro (2013); e o depoimento concedido por Joan Brossa a *Cadernos de Literatura Brasileira* (1996).

— A correspondência mantida com Alberto de Serpa foi apresentada e comentada por Priscila Moreira e Manaíra Aires Athayde (2017) e Solange Fiuza (2019a). Ver também o artigo de Ricardo Souza de Carvalho (2007) sobre *O Cavalo de Todas as Cores*.

— Sobre o grupo Dau al Set, além das entrevistas e estudos acima mencionados, cabe destacar os depoimentos de Joan Brossa e Antoni Tàpies a *Cadernos de Literatura Brasileira* (1996); os artigos de Odorico Tavares (1961), Marília Martins (1992a), Edmundo Barreiros (1993) e George Iso (1997); as entrevistas de Enric Tormo, Arnau Puig e Maite Torroella a Alessandra Vargas de Carvalho (2013); e o depoimento de Arnau Puig a *Sibila* (2017).

9. Abridor de caminho [pp. 175-200]

— Além do que ficou registrado em sua correspondência acerca da concepção e da escrita de *O cão sem plumas*, João Cabral fez comentários nas entrevistas concedidas a Jorge Laclette (1953), Fábio Freixieiro (1971) e Giovanni Ricciardi (1991), no depoimento "Por que escrevi *O cão sem plumas* e *O rio*" (1994) e nos coligidos por Félix de Athayde (1998). Ver também os estudos de Sebastião Uchoa Leite (1986), Ferreira Gullar (2002), Alexandre Shiguehara (2010), Marcelo dos Santos (2011b), Antonio Maura (2013), Antonio Carlos Secchin (2014) e Cristina Costa (2014).

— Informações sobre a vida do poeta em Londres foram extraídas das entrevistas a Geneton Moraes Neto (1973) e Fernando Paiva (1990) e do livro de Roniere Menezes (2011). As principais fontes a respeito do cinema e da cinefilia foram os depoimentos concedidos a Vinicius de Moraes (1953), Fernando Sabino (1972), Oswaldo Amorim (1972), Misp (1979), Sérgio Augusto (1988), Níobe Peixoto (2001) e Bebeto Abrantes (2009), além dos que estão na coletânea Félix de Athayde (1998).

— A visita de Zélia Gattai a Londres foi narrada pela escritora em *Jardim de inverno* (1988). A respeito da passagem de Clarice Lispector por Londres, serviram de apoio a entrevista da romancista a Edilberto Coutinho (1980), as biografias de autoria de Nádia Battella Gotlib (2008) e Benjamin Moser (2009) e o depoimento de João Cabral a Suênio Campos de Lucena (2001).

— As principais fontes relacionadas à literatura inglesa foram as entrevistas do poeta a Fábio Freixieiro (1971), Oswaldo Amorim (1972), Mário Chamie (1979), Misp (1979), Edla van Steen (1981), Fernando Paiva (1990), *Cadernos de Literatura Brasileira* (1996) e Bebeto Abrantes (2009).

— As informações relativas ao livro *Em va fer Joan Brossa*, prefaciado por Cabral, foram extraídas dos estudos de Ricardo Souza de Carvalho (2011), Antonio Maura (2013) e Joelma Santana Siqueira (2018). Acerca de *O Cavalo de Todas as Cores*, ver os estudos de Ricardo Souza de Carvalho (2011), Priscila Moreira e Manaíra Aires Athayde (2017) e Solange Fiuza (2019b).

— Entre as fontes que tratam da Geração de 45, cabe destacar os depoimentos de João Cabral reunidos por Félix de Athayde (1998); os textos de Álvaro Lins (1946), Carlos Drummond de Andrade (1948), Edson Nery da Fonseca (1948), Sérgio Milliet (1948), José Geraldo Vieira (1949), Cyro Pimentel (1951), Domingos Carvalho da Silva (1953) e Fausto Cunha (1969); os artigos publicados em 1950 e 1951 por Sérgio Buarque de Holanda (1992); e os estudos de Benedito Nunes (2007) e Wladimir Saldanha dos Santos (2012).

— Sobre a denúncia sofrida por João Cabral e o processo instaurado no Itamaraty, além das reportagens divulgadas na *Tribuna da Imprensa*, as principais fontes foram os depoimentos de Antônio Houaiss a Beatriz Marinho (1986) e a Marília Martins e Paulo Roberto Abrantes (1993); a introdução à correspondência passiva de Lêdo Ivo (2007) e seu depoimento a Selma Vasconcelos (2009); os livros de memórias de Afonso Arinos Filho (2006, 2013); o livro de Mário Calábria (2003); e os artigos de Argemiro Ferreira (1993), Evandro Lins e Silva (1995), Humberto Werneck (1999) e Joelma Santana Siqueira (2018).

10. Kafka no Itamaraty [pp. 201-40]

— O retorno de João Cabral ao Brasil e o processo do Itamaraty foram abordados nas fontes mencionadas ao final da nota anterior e também no artigo de Joel Silveira (1955), no livro de José Castello (2006) e nas evocações de Inez Cabral (2016). A carta de Rubem Braga está disponível no volume *Correspondências*, de Clarice Lispector (2002).

— A respeito das relações de Cabral com os poetas da Geração de 45, além dos artigos de Sérgio Buarque de Holanda publicados em 1952, as principais fontes foram a entrevista feita por Domingos Carvalho da Silva (1952a) e a reportagem intitulada "Os escritores se afastaram do público porque se afastaram dos seus assuntos" (1953); os depoimentos a Vinicius de Moraes (1953), Misp (1979), *Manchete* (reportagem "O poeta não vive em órbita. É um ser social"), Mário Chamie (1979) e Mario Cesar Carvalho (1988), além dos presentes na reunião de Félix de Athayde (1998); e os estudos de Benedito Nunes (2007), Wladimir Saldanha dos Santos (2012) e Joelma Santana Siqueira (2018).

— As principais fontes relativas à experiência jornalística do poeta no jornal *A Vanguarda* foram os artigos reunidos no livro de Joel Silveira (2003). Ver também a biografia de Vinicius de Moraes escrita por José Castello (1994).

— A parceria de Cabral com o grupo O Tablado é detalhada no livro de Zila Mamede (1987) e nas reportagens de Luiz Alípio de Barros e Accioly Netto, publicadas em 1953.

— A parte sobre o livro *O rio* teve como principais fontes as entrevistas do poeta a Jorge Laclette (1953), Vinicius de Moraes (1953) e Fábio Freixieiro (1971); e os estudos de João Alexandre Barbosa (1975), Marta Peixoto (1983), Sebastião Uchoa Leite (1986), Homero Araújo (1999), Benedito Nunes (2007), Alexandre Shiguehara (2010), Antonio Carlos Secchin (2014) e Cristina Costa (2014).

— As relações com Drummond foram abordadas na correspondência do poeta mineiro com Cyro dos Anjos (2012); no depoimento de Cabral a Geneton Moraes Neto (2007b); na entrevista ao *Jornal do Fundão*, divulgada por Arnaldo Saraiva (2014); nos artigos de Ferreira Gullar (1955), Sérgio Sá Leitão e Humberto Werneck (1990) e Affonso Romano de Sant'Anna (2011, 2014); e no depoimento de Armando Freitas Filho a Selma Vasconcelos (2009).

— As informações referentes a Evaldo Cabral de Mello foram extraídas das reportagens de Rafael Cariello (2015) e Ricardo Bonalume Neto (1998) e dos artigos de Murilo Mendes (1949), Edson Nery da Fonseca (1951), Evaldo Cabral de Mello (1970) e Gilberto Freyre (1975).

— Sobre a chegada de João Cabral ao Recife em 1953, ver o depoimento de Maria de Lourdes Cabral de Mello a Selma Vasconcelos (2009).

11. Duas águas [pp. 241-65]

— A experiência de João Cabral na redação de *Última Hora* teve como principais fontes as entrevistas do poeta recolhidas por Félix de Athayde (1998), a reportagem de Mauritonio Meira (1995), o depoimento de Ferreira Gullar (1999) e os dados fornecidos por Lêdo Ivo (2007). A informação sobre a tradução do livro de Thomas Merton, fornecida por Luiz Costa Lima, está no volume organizado por Dau Bastos (2010).

— Na parte relativa ao desfecho do processo do Itamaraty, foram consultados os artigos de José Lins do Rego (1954), Evandro Lins e Silva (1995), Humberto Werneck (1999), Rubens Ricupero (1999) e Arnaldo Godoy (2007); as entrevistas de Antônio Houaiss a Beatriz Marinho (1986) e a Marília Martins e Paulo Roberto Abrantes (1993); as evocações de Afonso Arinos Filho (2006, 2013); o livro de Lêdo Ivo (2007) e o depoimento deste a Selma Vasconcelos (2009).

— O Congresso Internacional de Escritores foi tratado no artigo de Lúcio Cardoso (1954). Com relação à edição de *Poemas reunidos*, foram consultados os dados e depoimentos reunidos por Zila Mamede (1987) e Félix de Athayde (1998).

— A narração da viagem ao Recife teve como fonte as memórias de Afonso Arinos Filho (2006). Sobre o movimento teatral em Pernambuco, ver o artigo de Murilo Mendes (1949) e os estudos de Lucila Nogueira (2001) e Antonio Paulo Rezende (2002).

— As informações referentes à oficina O Gráfico Amador aparecem no livro de Guilherme Cunha Lima (1997), nos artigos de Carlos Drummond de Andrade (1955) e Marques Rebelo (2010) e nas reportagens de Angela Delouche (1957) e Letícia Lins (1984).

— *Morte e vida severina* é abordada nas seguintes fontes: os depoimentos do poeta a Roberto Freire (1968), Maria Ignez Barbosa (1968), Fábio Freixieiro (1971), Misp (1979), Geneton Moraes Neto (2007b), Nicolás Tapia (1993), *Cadernos de Literatura Brasileira* (1996) e Níobe Peixoto (2001), além da compilação de Félix de Athayde (1998); os artigos de Eduardo Portella (1956) e Affonso Ávila (1956, 1957); e os estudos de Lauro Escorel (1973), Sebastião Uchoa Leite (1986), Homero Araújo (1999), Marlyse Meyer (2001), Lucila Nogueira (2001), Benedito Nunes (2007), Alexandre Shiguehara (2010) e Waltencir Alves de Oliveira (2014).

— A relação do poeta com Ariano Suassuna foi discutida na reportagem de Gerson Camarotti (2005) e no depoimento do dramaturgo paraibano a *Cadernos de Literatura Brasileira* (2000).

— Sobre *Duas águas*, ver os depoimentos do poeta ao Misp (1979), a Geneton Moraes Neto (2007b), a Augusto Massi e Alcino Leite Neto (1991) e os que foram coletados por Félix de Athayde (1998). Também cabe destacar os estudos de João Alexandre Barbosa (1975), Marta Peixoto (1983), Sebastião Uchoa Leite (1986), Haroldo de Campos (1992), Ricardo Souza de Carvalho (2011, 2013) e Antonio Carlos Secchin (2014).

— As partes referentes a Guimarães Rosa e Drummond tiveram como base os depoimentos de Cabral a Félix de Athayde (1998), a entrevista de Antônio Houaiss a Marília Martins e Paulo Roberto Abrantes (1993) e o depoimento de Lauro Moreira concedido para este livro. O livro de José Maria Cançado (2006) e a reportagem de Lucas Ferraz (2012) serviram de apoio para as informações sobre Drummond e Maria Julieta.

12. Don Juan [pp. 266-84]

— Dentre os principais depoimentos de João Cabral sobre Sevilha e a Andaluzia, destacam-se o artigo escrito pelo poeta (1988) e os depoimentos concedidos a Oswaldo Amorim (1972), Fernando Paiva (1990), Nicolás Tapia (1993) e Bebeto Abrantes (2009), além dos presentes nos livros de Félix de Athayde (1998) e Arnaldo Saraiva (2014). Ver também o artigo de Basilio Losada Castro (2013) e, a respeito do Arquivo das Índias, o depoimento concedido pelo poeta a Bebeto Abrantes (2009) e os dados reunidos por Zila Mamede (1987).

— A parte relativa ao flamenco tomou por base as entrevistas acima mencionadas e também a que foi concedida pelo poeta a Mario Cesar Carvalho (1988). Ver ainda o artigo de Nicolás Tapia (2011), as evocações de Afonso Arinos Filho (2006) e o depoimento de Maite Torroella a Alessandra Vargas de Carvalho (2013).

— A anedota de Millôr Fernandes foi divulgada por Félix de Athayde (1990). A respeito do poeta em Sevilha, ver também as lembranças de Décio Pignatari (1971, 2000) e o depoimento de Sophia de Mello Breyner Andresen a Alexandra Coelho (1999). Sobre Sophia e o livro *O Cristo cigano*, as principais fontes foram os artigos de Bruno da Costa e Silva (2011) e Solange Fiuza (2019b).

— A correspondência de João Cabral com Murilo Mendes foi apresentada e comentada por Carlos Mendes de Sousa (2019). A carta de Murilo a Lêdo Ivo pode ser lida no volume que reúne a correspondência passiva do poeta alagoano (2007).

13. Bafo de depressão [pp. 285-308]

— A montagem paraense da peça de João Cabral foi assunto da reportagem "Morte e vida severina" (1958) e da coluna de Eneida (1958).

— Sobre *Aniki bóbó*, foram consultados os dados reunidos por Zila Mamede (1987) e os livros de Guilherme Cunha Lima (1997) e Arnaldo Saraiva (2014).

— A correspondência de João Cabral e Murilo Mendes foi apresentada e comentada por Carlos Mendes de Sousa (2019). As cartas de Cabral a Murilo Rubião estão disponíveis no site do escritor mineiro: <www.murilorubiao.com.br/correspcabral2.aspx>.

— A respeito de *Quaderna*, ver o livro de Zila Mamede (1987), o artigo de Ferreira Gullar (1959) e os estudos de Lauro Escorel (1973), João Alexandre Barbosa (1975), Sebastião Uchoa Leite (1986), Haroldo de Campos (1992), José Guilherme Merquior (1996), Ricardo Souza de Carvalho (2011), Nicolás Tapia (2011), Arnaldo Saraiva (2014) e Antonio Carlos Secchin (2014).

— A colaboração de João Cabral com o Suplemento Literário de *O Estado de S. Paulo* foi comentada por Antonio Candido em seu depoimento a Selma Vasconcelos (2009).

— As principais fontes acerca de Marselha são o mencionado artigo de Carlos Mendes de Sousa (2019), a entrevista de Maite Torroella a Alessandra Vargas de Carvalho (2013) e os depoimentos de João Cabral a Matinas Suzuki Jr. (1987) e Conchita Borrell (2012). Dados sobre a visita de Antônio Abujamra a Marselha foram extraídos do livro de Roniere Menezes (2011) e da reportagem de Eduardo Graça (1997).

— A parte relativa à poesia concreta teve como base os artigos de Mário Faustino (1957a), Haroldo de Campos (1992, 2000) e Décio Pignatari (2004); os depoimentos de João Cabral ao Misp (1979), a Rinaldo Gama (1986) e os recolhidos por Zila Mamede (1987) e Félix de Athayde (1998); e os estudos de Sebastião Uchoa Leite (1986), Homero Araújo (1999) e Solange Fiuza (2015b).

— Com relação às comparações entre João Cabral e Drummond, ver os artigos de Ferreira Gullar (1955) e Italo Moriconi (2002) e o livro de José Maria Cançado (2006).

14. Cemitérios gerais [pp. 309-38]

— As informações sobre Madri e a relação de Cabral com a bailarina Trini España têm como base a correspondência com Murilo Mendes, divulgada por Carlos Mendes de Sousa (2019). A experiência do poeta com o psiquiatra López-Ibor foi comentada nas entrevistas a Maria Ignez Barbosa (1968), Ferreira Gullar (2020) e *Jornal de Letras, Artes e Ideias*, reproduzida por Arnaldo Saraiva (2014), e nos depoimentos recolhidos por Félix de Athayde (1998).

— Com relação à *Revista de Cultura Brasileña*, ver o livro de Ricardo Souza de Carvalho (2011) e a entrevista de Pilar Gómez Bedate a Alessandra Vargas de Carvalho (2013). A exposição de Franz Weissmann foi comentada na entrevista do poeta a Felipe Fortuna (1987) e no artigo de Ferreira Gullar (1962).

— As fontes utilizadas na parte referente a Brasília foram as evocações de Inez Cabral (2018), o artigo de Rubens Ricupero (1999) e, no que diz respeito aos poemas sobre a cidade, os estudos de Lauro Escorel (1973) e Roniere Menezes (2011). Sobre Max Bense, ver o artigo de Elisabeth Walther-Bense (2013).

— A respeito de *Terceira feira*, foram utilizados os depoimentos do poeta a Maria Ignez Barbosa (1968), Mário Chamie (1979), Misp (1979), Bebeto Abrantes (2009), Marcos Linhares (2013) e os que foram recolhidos por Zila Mamede (1987) e Félix de Athayde (1998). Também foram consultados os estudos de João Alexandre Barbosa (1975), Marta Peixoto (1983), Sebastião Uchoa Leite (1986, 1994), José Guilherme Merquior (1996), Homero Araújo (1999), Benedito Nunes (2007) e Arnaldo Saraiva (2014), bem como a correspondência de Cabral com Murilo Mendes, divulgada por Carlos Mendes de Sousa (2019). Sobre a Editora do Autor, serviram de apoio o depoimento de Fernando Sabino (1999) e o artigo de Humberto Werneck (2019).

— As relações dos poetas de vanguarda com João Cabral são discutidas nos artigos de Affonso Ávila (1956, 1957), Mário Faustino (1957b), Walmir Ayala (1962), Augusto de Campos (1978), Haroldo de Campos (1992) e Luiz Costa Lima (1999). A carta de Affonso Ávila a João Cabral foi publicada no volume organizado por Silviano Santiago (2003).

— A parte referente a Sevilha se apoiou na correspondência com Murilo Mendes estudada por Carlos Mendes de Sousa (2019), nos artigos de João Cabral (1988) e Júlio Castañon Guimarães (1996) e no depoimento do poeta a Roberto Freire (1968). A anedota de Rubem Braga foi relatada por Afonso Arinos Filho (2013) e Inez Cabral (2016). Dados também foram extraídos da biografia do cronista escrita por Marco Antonio de Carvalho (2007).

— A carta de João Cabral a Elizabeth Bishop foi extraída da tese de Armando Olivetti Ferreira (2008). As relações de João Cabral com a literatura portuguesa são descritas nos depoimentos reunidos por Félix de Athayde (1998), nos concedidos pelo poeta a Felipe Fortuna (1987) e Nicolás Tapia (1993) e nos estudos de Arnaldo Saraiva (2014) e Solange Fiuza (2015a).

— Os dados sobre a encenação de *Morte e vida severina* pelo grupo de Cacilda Becker foram extraídos da reportagem de J. J. de Barros Bella (1960). O depoimento de Flávio Império está no site do artista: <www.flavioimperio.com.br/galeria/507079/507093>. Com relação à montagem baiana, cabe destacar o artigo de Glauber Rocha (1959) e os depoimentos reunidos por Zila Mamede (1987).

15. Paz *bernoise* [pp. 339-66]

— Os depoimentos de João Cabral a Níobe Peixoto (2001) e Bebeto Abrantes (2009), os relatos apresentados por Inez Cabral (2016, 2018), o depoimento de Solange Magalhães a Selma Vasconcelos (2009) e a reportagem de Andréia Azevedo Soares (2018) foram fontes utilizadas na parte relativa a Genebra e Berna. As anotações feitas pelo poeta em Bruges foram reproduzidas no livro de Inez Cabral (2016).

— As informações acerca da montagem de *Morte e vida severina* pelo Tuca tiveram como principais fontes os depoimentos do poeta a Fábio Freixieiro (1971), Luiz Ricardo Leitão (1973), Mário Chamie (1979) e os coletados por Félix de Athayde (1998); os artigos de Tristão de Ataíde (1965, 1966) e Yan Michalski (1965a, 1965b, 1966); o depoimento de Silnei Siqueira (1980); os livros de Ieda de Abreu (2009) e Inez Cabral (2016); a conferência "Encontro com os escritores: Os poetas" (apresentada em 1993 por João Cabral de Melo Neto), incluída no volume *Poesia completa e prosa* (2008); e os estudos de Homero Araújo (1999), Carla Fernanda da Silva (2014) e Waltencir Alves de Oliveira (2014).

— Com relação a Chico Buarque e sua participação no espetáculo, foram consultados o depoimento do compositor (1980), os livros de Affonso Romano de Sant'Anna (1977) e Fernando de Barros e Silva (2004) e as reportagens de Armando Aflalo (1966) e Roberto Freire (1966).

508

— As principais fontes da parte referente aos tradutores da poesia de Cabral foram o artigo de Curt Meyer-Clason (1992); o volume de memórias de Mário Calábria (2003); a entrevista de Pilar Gómez Bedate a Alessandra Vargas de Carvalho (2013); e o depoimento do poeta a Nicolás Tapia (1993) e os compilados por Félix de Athayde (1998).

— Sobre *A educação pela pedra*, foram consultados os depoimentos do poeta a Oswaldo Amorim (1972), Edla van Steen (1981), Sérgio Augusto (1988), Mario Cesar Carvalho (1988), Nicolás Tapia (1993), Níobe Peixoto (2001), Ferreira Gullar (2020) e os que integram o livro de Félix de Athayde (1998); os dados reunidos na obra de Zila Mamede (1987); os artigos de Augusto de Campos (1978) e Armando Freitas Filho (1987); e os estudos de Lauro Escorel (1973), Marta Peixoto (1983), Sebastião Uchoa Leite (1986), Homero Araújo (1999), Roniere Menezes (2011) e Arnaldo Saraiva (2014).

— A dor de cabeça sofrida pelo poeta foi assunto dos depoimentos a Roberto Freire (1968), Maria Ignez Barbosa (1968), Oswaldo Amorim (1972) e Ivan Cardoso (1987); e dos livros de José Castello (2006) e Inez Cabral (2016).

— Os poemas de Luís Cabral de Melo Neto foram publicados no *Correio da Manhã*, nas edições de 2 de dezembro de 1966 e 1º de junho de 1969.

16. Severino de fardão [pp. 367-95]

— Informações sobre a situação política de João Cabral após o golpe militar de 1964 foram extraídas do depoimento de Lêdo Ivo a Selma Vasconcelos (2009), dos artigos de Evandro Lins e Silva (1995) e Rubens Ricupero (1999), do livro de Elio Gaspari (2004) e da ficha do poeta no Serviço Nacional de Informações (SNI), disponível em <arquivosdaditadura.com.br/documento/galeria/ficha-joao-cabral-melo-neto-sni>. Foram consultados também os depoimentos sobre arte e política concedidos pelo poeta a Roberto Freire (1968), Homero Homem (1968), José Condé (1968) e Oswaldo Amorim (1972), além dos que foram reunidos por Félix de Athayde (1998) e da reportagem "O poeta não vive em órbita. É um ser social" (1976). Ver ainda o depoimento de Silnei Siqueira (1980), a matéria de Geneton Moraes Neto (1978) sobre Antonio Callado e as entrevistas de Antônio Houaiss a Beatriz Marinho (1986) e a Marília Martins e Paulo Roberto Abrantes (1993). A respeito de Vinicius de Moraes, foram consultados o livro de José Castello (1994) e o artigo de Marcelo Bortoloti (2013). A carta de Vinicius para Elizabeth Bishop está disponível no volume que reúne a correspondência do poeta carioca (2003).

— A viagem de João Cabral a Portugal foi evocada por Arnaldo Saraiva (2020). Também foi consultado o artigo de Solange Fiuza (2017).

— A segunda experiência de Cabral em Barcelona foi descrita em entrevistas a Geneton Moraes Neto (2007b), Joel Silveira (2003) e Bebeto Abrantes (2009). Outros dados foram extraídos dos livros de Afonso Arinos Filho (2006) e Inez Cabral (2016, 2018). Ver ainda o artigo de Ferreira Gullar (1999) e seu depoimento a Selma Vasconcelos (2009).

— A respeito da eleição de João Cabral para a Academia Brasileira de Letras, foram consultados os depoimentos do poeta a Roberto Freire (1968), Ivan Cardoso (1987), Fernando Paiva (1990) e *Cadernos de Literatura Brasileira* (1996); os artigos de Rubem Braga (1968), Homero Homem (1968) e José Carlos Oliveira (1968); as memórias de Afonso Arinos Filho (2006) e Lêdo Ivo (2007); o depoimento de Vinicius de Moraes a Araújo Neto (1971); a entrevista de Murilo Rubião a Elizabeth Lowe (sem data); e os discursos de João Cabral de Melo Neto e José Américo de Almeida, disponíveis no site da Academia Brasileira de Letras: <www.academia.org.br/academicos/joao-cabral-de-melo-neto>.

— Sobre a publicação de *Poesias completas* e as conexões de João Cabral com o meio literário, ver os dados reunidos por Zila Mamede (1987), os artigos de José Condé (1967) e José Lino Grünewald (1968) e as reportagens "'Mania vanguardista é hipertrofia do espírito crítico', diz João Cabral" (1968) e "Academia elege Mauro Mota na vaga de Gilberto Amado" (1970). A respeito da relação com Drummond, foram aproveitados o depoimento de Cabral a Mário Chamie (1979), a reportagem de Sérgio Sá Leitão e Humberto Werneck (1990) e os fatos narrados por José Maria Cançado (2006).

— Informações sobre a experiência no Paraguai e a vida do poeta no início dos anos 1970 podem ser encontradas nas entrevistas a Macksen Luiz (1970), Joel Silveira (2003) e Conchita Borrell (2012).

— A montagem de *Morte e vida severina* produzida por Paulo Autran foi comentada por Yan Michalski (1969). O encontro de Cabral com Chacrinha foi divulgado na nota "Alô, Cabral! Vai bem?" (não assinada, 1970) e evocado na coluna de Ruy Castro (2009).

17. Poeta-monumento [pp. 396-427]

— O relato sobre a longa estadia de João Cabral em Dacar se baseou nas seguintes fontes: as entrevistas do poeta a Fernando Paiva (1990), *Cadernos de Literatura Brasileira* (1996) e Conchita Borrell (2012); os livros de José Castello (2006) e Inez Cabral (2016); as obras de Zila Mamede (1987) e Selma Vasconcelos (2009); e os artigos de Nogueira Moutinho (1972) e Éverton Barbosa Correia (2014). Acerca da visita de Léopold Sédar Senghor ao Brasil, cabe destacar as reportagens "Presidente do Senegal diz que a África caminha para uma segunda colonização" (1976) e "Poesia popular e Vinicius no 'papo' com João Cabral" (1976).

— Informações relativas à promoção de João Cabral a embaixador foram obtidas nos livros de Elio Gaspari (2004) e Afonso Arinos Filho (2006), na ficha do poeta no SNI (ver nota anterior), na introdução ao volume de correspondência de Lêdo Ivo (2007) e no depoimento do poeta alagoano a Selma Vasconcelos (2009). A carta de Juscelino Kubitschek a João Cabral foi reproduzida por Roniere Menezes (2011).

— A respeito do nascimento da primeira neta, ver os livros de João Cabral (2011) e Inez Cabral (2018). As temporadas no sítio São João foram evocadas por Lêdo Ivo (2007). A rotina e os problemas de saúde do poeta foram assunto das entrevistas a Geneton Moraes Neto (1973), Luiz Ricardo Leitão (1973) e Danusia Barbara (1975). Ver ainda a reportagem de Marcelo Bortoloti (2014). O futebol foi explorado nas entrevistas a Fernando Sabino (1974), Edilberto Coutinho (1978) e Jacinto de Thormes (1978).

— Sobre *Museu de tudo*, foram aproveitados o depoimento do poeta a Danusia Barbara (1975) e os compilados por Félix de Athayde (1998), bem como os dados reunidos por Zila Mamede (1987) e os estudos de Sebastião Uchoa Leite (1986, 1994) e Antonio Carlos Secchin (2014).

— Na parte referente a Murilo Mendes, foram utilizados o artigo de Carlos Mendes de Sousa (2019) e a tese de Maria Elisa Thompson (2009). Com relação a Joaquim Cardozo, as principais fontes foram as reportagens "Este homem pode ser acusado pela morte de 68 pessoas?" (1971) e "Joaquim Cardozo afirma que cálculo não derruba obras" (1972). Ver ainda o artigo de Felipe Fortuna (2009).

— A contribuição dos críticos e a recepção da obra cabralina foram discutidas nos depoimentos compilados por Zila Mamede (1987) e Félix de Athayde (1998) e nos que foram concedidos a Giovanni Ricciardi (1991) e Níobe Peixoto (2001). Outras fontes foram a entrevista de Mário Chamie a Alberto Beuttenmüller (1978) e os artigos de José Guilherme Merquior (1980), Sebastião Uchoa Leite (1986) e Régis Bonvicino (2013).

18. Civil geometria [pp. 428-52]

— As principais fontes acerca das temporadas de João Cabral em Quito e Tegucigalpa foram as entrevistas a Mário Pontes (1980), Fernando Paiva (1990) e Bebeto Abrantes (2009), bem como os livros de José Castello (2006) e Inez Cabral (2016). A respeito da passagem por Honduras, ver ainda a reportagem de Fabiano Maisonnave (2009).

— Sobre *A escola das facas*, além dos dados e depoimentos reunidos por Zila Mamede (1987) e Félix de Athayde (1998), foram consultados a reportagem "A brisa é uma faca" (1980), as entrevistas do poeta a Geneton Moraes Neto (2007b) e Giovanni Ricciardi (1991) e os estudos de Luiz Costa Lima (1981), Silviano Santiago (1982), Sebastião Uchoa Leite (1986), Antonio Carlos Secchin (2014) e Cristina Costa (2014).

— As partes relativas a Pernambuco tiveram como principais fontes o artigo de Éverton Barbosa Correia (2018) e a reportagem "João Cabral e o Capibaribe: O poeta volta ao Rio que o inspirou" (1984). Acerca da proposta alemã de um filme sobre João Cabral e o Recife, ver o artigo de Curt-Meyer Clason (1992).

— O relato sobre as estadias no Rio de Janeiro e em Petrópolis se apoiou principalmente nas entrevistas do poeta a Luciana Villas-Boas (1985), Valéria Rodrigues (1986) e Geneton Moraes Neto (2007b). Ver ainda a reportagem "Morador de Petrópolis comunica a poeta que sua casa foi preservada" (1982) e a nota veiculada por Joel Silveira (1983). Os palpites sobre futebol foram extraídos das conversas do poeta com Cleusa Maria (1983) e Valéria Rodrigues (1986) e do relato de Régis Bonvicino (2013).

— Com relação ao *Auto do frade*, além dos depoimentos recolhidos por Félix de Athayde (1998), ver os livros de Níobe Peixoto (2001) e Arnaldo Saraiva (2014), os artigos de Alfredo Bosi (1988) e Régis Bonvicino (2019) e a reportagem de Ricardo Soares (1985). A reportagem de Mara Caballero (1984) foi um dos apoios para a descrição da crise da editora José Olympio.

— A respeito de Zila Mamede e da compilação da fortuna crítica cabralina, ver os depoimentos do poeta a Sérgio Augusto (1988) e Bebeto Abrantes (2009) e o artigo de Gustavo Sobral (2016).

— Na seção referente a *Agrestes*, foram utilizados os estudos de Arnaldo Saraiva (2014) e Antonio Carlos Secchin (2014) e os artigos de Felipe Fortuna (1985), Armando Freitas Filho (1987), Haroldo de Campos (2000) e Solange Fiuza (2015b).

— O livro de Arnaldo Saraiva (2014) foi a principal fonte do relato sobre a doença de Stella e a vida de João Cabral na cidade do Porto. Ver ainda o artigo de Márcio Souza (1987) e os depoimentos do poeta a Ivan Cardoso (1987), Felipe Fortuna (1987) e Níobe Peixoto (2001).

19. A suave pantera [pp. 453-73]

— Arnaldo Saraiva (2014) foi a principal fonte acerca da relação de João Cabral com Marly de Oliveira. Outras referências importantes foram as reportagens de José Castello (1987) e Sérgio Augusto (1988) e o depoimento de Lêdo Ivo a Selma Vasconcelos (2009).

— A parte relativa à obra e à biografia de Marly se baseou principalmente nos artigos de Mário Faustino (1957c), Eneida (1957), Felipe Fortuna (1990) e Antônio Olinto (2007, 2008). Sobre a relação de Marly com Clarice Lispector, ver o livro de Nádia Battella Gotlib (2008), as cartas incluídas na correspondência da romancista (2002) e o artigo de Marly de Oliveira (1963). Os depoimentos de Clarice Lispector, Antônio Houaiss e Giuseppe Ungaretti foram recolhidos por Elfi Kürten Fenske (2015).

— A respeito da vida de João Cabral e Stella no Porto, além das informações de Arnaldo Saraiva (2014), foram consultados os livros de José Castello (2006) e Afonso Arinos Filho (2013), o depoimento do poeta a Ferreira Gullar (2020) e o artigo de Caetano Veloso (2020).

— As principais fontes do relato sobre a morte de Drummond e os últimos anos da relação entre os dois poetas foram a reportagem "'A poesia dele é melhor que a minha', diz Cabral" (1987); a entrevista de Cabral divulgada por Jorge Vasconcellos e Claudiney Ferreira (1990); o depoimento do poeta ao *Jornal do Fundão*, reproduzido por Arnaldo Saraiva (2014), e os concedidos a Denira Rozário (1987), Marli Berg (1987), Suênio Campos de Lucena (2001) e Ferreira Gullar (2020); e a entrevista de Drummond a Geneton Moraes Neto (1987). As declarações de Caetano Veloso e Antonio Callado estão disponíveis no livro de Geneton Moraes Neto (2007a). A de Glauber Rocha foi veiculada em artigo de Manoel Carlos (1987).

— Com relação à aposentadoria do poeta, aos problemas de saúde e à rotina no Rio, foram consultadas as entrevistas a Valéria Rodrigues (1986), Geneton Moraes Neto (2007b), Sérgio Augusto (1988), Mauro Trindade (1988), Giovanni Ricciardi (1991) e Susana Schild (1990), além da divulgada por Jorge Vasconcellos e Claudiney Ferreira (1990). Ver ainda o artigo de Ferreira Gullar (1999) e o depoimento de Lêdo Ivo a Selma Vasconcelos (2009).

— As declarações de Cabral sobre política podem ser encontradas nas entrevistas a Ivan Cardoso (1987), Mauro Trindade (1988) e *Cadernos de Literatura Brasileira* (1996). Ver ainda a reportagem "O que eles estão pensando: Collor está preparado para ser presidente?" (1989) e, a respeito da polêmica com Miguel Arraes, a entrevista de Antonio Callado a Maria do Rosário Caetano (1989). As opiniões sobre futebol podem ser encontradas nos depoimentos a Marli Berg (1987), Vânia de Almeida (1988) e Mauro Trindade (1988).

— Os desabafos acerca da imagem do poeta foram extraídos dos depoimentos a Marli Berg (1987) e Ferreira Gullar (2020), além dos que foram compilados por Félix de Athayde (1998).

— A parte referente ao livro *Crime na Calle Relator* teve como apoio as entrevistas do poeta a Rinaldo Gama (1986), Felipe Fortuna (1987), Marli Berg (1987), Ivan Cardoso (1987), Sérgio Augusto (1988) e Ferreira Gullar (2020). Também foram consultados o artigo de Júlio Carlos Duarte (1987), os depoimentos reunidos por Félix de Athayde (1998) e o livro de Antonio Carlos Secchin (2014).

— Sobre *Sevilha andando*, além do livro de Secchin (2014), ver os artigos de Nelson Ascher (1990) e João Alexandre Barbosa (1990), bem como a entrevista do poeta a Nicolás Tapia (1993).

— Informações sobre o Prêmio Camões e a viagem a Portugal podem ser encontradas no livro de Arnaldo Saraiva (2014) e nas reportagens de Susana Schild (1990) e Norma Couri (1990).

20. Picasso cego [pp. 474-95]

— As crises experimentadas por João Cabral no final da vida foram descritas nos livros de José Castello (2006), Afonso Arinos Filho (2013) e Arnaldo Saraiva (2014). Também foram aproveitadas as entrevistas do poeta a Augusto Massi e Alcino Leite Neto (1991), Paulo França (1994), João Domenech Oneto (1994a) e André Luiz Barros (1994); o prefácio de Armando Freitas Filho ao livro de José Maria Cançado (2006); e o depoimento de Marco Antonio Alves Brasil a Selma Vasconcelos (2009).

— Sobre o prêmio Neustadt, foram utilizadas as reportagens de Marcelo Della Nina (1992), Marília Martins (1992b) e Marcia Cezimbra (1992). Já o Prêmio Rainha Sofia foi objeto das entrevistas de Paulo França (1994), João Domenech Oneto (1994a) e André Luiz Barros (1994). Outra fonte foi o relato de José Saramago (1997), de onde também foram extraídas informações sobre a espera de João Cabral pelo Nobel. A esse respeito, cabe destacar ainda a entrevista do poeta a Ivo Barroso (1999) e as evocações de Lêdo Ivo (2007).

— O evento Enciclopédia da Virada do Século/ Milênio e o reencontro com Joan Brossa foram abordados na reportagem de Hugo Sukman (1993) e no artigo de Antonio Cicero (2009). O lançamento da *Obra completa* de João Cabral em São Paulo foi relatado por Alcino Leite Neto (1994).

— O depoimento do poeta a Arnaldo Jabor foi incluído no livro de Félix de Athayde (1998).

— Em relação a *Mar de permeio*, de Marly de Oliveira, ver as reportagens de Anabela Paiva (1997) e o artigo de Marcelo Coelho (1998).

— As últimas montagens de *Morte e vida severina* realizadas em vida de João Cabral foram estudadas por Waltencir Alves de Oliveira (2014). O espetáculo dirigido por Gabriel Villela foi assunto dos artigos de Macksen Luiz (1997) e Lionel Fischer (1997), bem como dos depoimentos do poeta a Níobe Peixoto (2001) e Marcos Linhares (2013).

— A respeito dos últimos anos de João Cabral, foram consultadas as seguintes fontes: os depoimentos do poeta a Gerson Camarotti (1998), Ivo Barroso (1999) e Níobe Peixoto (2001); as reportagens de Eder Chiodetto (1999), Fabio Victor (1999b) e Marcelo Bortoloti (2014); os depoimentos de Lêdo Ivo e Armando Freitas Filho a Selma Vasconcelos (2009); e o livro de Arnaldo Saraiva (2014).

— O relato acerca da morte e do velório do poeta teve como base os cadernos especiais intitulados "Morre o maior poeta brasileiro" (1999) e "A despedida de João Cabral" (1999). Informações também foram extraídas dos livros de Lêdo Ivo (2007) e Arnaldo Saraiva (2014) e do depoimento de Armando Freitas Filho a Selma Vasconcelos (2009). Outras fontes foram o artigo "João Cabral de Melo Neto" (1999) e a reportagem de Maurício Santana Dias (1999).

— Os dados sobre o poema que seria dedicado a Jerônimo de Albuquerque foram extraídos dos depoimentos do poeta a Fernando Sabino (1972), Danusia Barbara (1975), Felipe Fortuna (1987), Marília Martins (1992b), Níobe Peixoto (2001) e Bebeto Abrantes (2009).

— Sobre *A casa de farinha*, foram consultados os depoimentos a Maria Ignez Barbosa (1968) e Níobe Peixoto (2001), a reportagem de Fabio Victor (2011) e o artigo de Armando Freitas Filho (2013). Quanto à proibição de publicar inéditos, ver a entrevista de João Cabral ao *Jornal de Letras, Artes e Ideias*, reproduzida por Arnaldo Saraiva (2014). O desejo manifestado pelo poeta de ser enterrado no Alto do Trapuá foi assunto da reportagem de Jeová Franklin (1969).

Referências bibliográficas

"A BRISA é uma faca". *Jornal do Brasil*, 1 nov. 1980.

"A DESPEDIDA de João Cabral". *Jornal do Brasil*, 11 out. 1999. Caderno Especial.

"'A POESIA dele é melhor que a minha', diz Cabral". *Folha de S.Paulo*, 19 ago. 1987.

ABRANTES, Bebeto. "Conversa com João Cabral de Melo Neto". *Sibila*, ago. 2009.

ABREU, Ieda de. *Silnei Siqueira: A palavra em cena*. São Paulo: Imprensa Oficial, 2009.

ABREU, Marcelo (Org.). *Casa-grande severina: 120 anos de Gilberto Freyre, 100 anos de João Cabral de Melo Neto*. Recife: Fundação Joaquim Nabuco; Massangana, 2020.

"ACADEMIA elege Mauro Mota na vaga de Gilberto Amado". *Jornal do Brasil*, 9 jan. 1970.

ACCIOLY NETTO, Antonio. "A sapateirinha prodigiosa, pelo Teatro Tablado". *O Cruzeiro*, 29 ago. 1953.

_____. "O grupo do Tablado e sua influência na criação de uma nova geração de artistas e educação das plateias". *A Cigarra*, nov. 1953.

AFLALO, Armando. "Chico Buarque, a canção de quem venceu". *Jornal do Brasil*, 5 maio 1966.

AGUILAR, Gonzalo. *Poesia concreta brasileira: As vanguardas na encruzilhada moderna*. São Paulo: Edusp, 2005.

ALMEIDA, Vânia de. "Poeta do futebol vê jogador como fantoche". *Jornal dos Sports*, 15 maio 1988.

"ALÔ, Cabral! Vai bem?". *Intervalo*, abr. 1970.

AMADO, Genolino. "O engenheiro". *Vamos Ler!*, 26 jul. 1945.

AMORIM, Oswaldo. "João Cabral de Melo Neto: A arquitetura do verso". *Veja*, 28 jun. 1972.

ANDRADE, Carlos Drummond de. "Novíssimos". *Joaquim*, 1948.

_____. "Fora da vitrina". *Correio da Manhã*, 29 maio 1955.

_____. *O observador no escritório: Páginas de diário*. Rio de Janeiro: Record, 1985.

_____; ANJOS, Cyro dos. *Cyro & Drummond: Correspondência de Cyro dos Anjos & Carlos Drummond de Andrade*. Org. de Wander Melo Miranda e Roberto Said. São Paulo: Globo, 2012.

ANDRADE, Mário de. "A túnica inconsútil". In: LIMA, Jorge de. *Poesia completa*. Rio de Janeiro: Nova Aguilar, 1997, p. 88.

ARAÚJO, Homero José Vizeu. *O poema no sistema: A peculiaridade do antilírico João Cabral na poesia brasileira*. Porto Alegre: Ed. da UFRGS, 1999.

ARIMATEIA, José de. "O pintor escondido atrás do poeta". *Jornal do Brasil*, 16 fev. 1995.

ARINOS FILHO, Afonso. *Mirante*. Rio de Janeiro: Topbooks, 2006.

_____. *Tramonto*. Rio de Janeiro: Objetiva, 2013.

ASCHER, Nelson. "Pouco encanto na nova obra do maior poeta brasileiro vivo". *Folha de S.Paulo*, 6 jan. 1990.

ATAÍDE, Tristão de. "Gente do Norte". *Diário de Pernambuco*, 28 fev. 1936.

_____. "Tuca". *Jornal do Brasil*, 26 nov. 1965.

_____. "Regionalismo universalista". *Jornal do Brasil*, 17 jun. 1966.

ATHAYDE, Félix de. "O poeta diamante (os 70 anos de João Cabral)". *Jornal do Brasil*, 8 jan. 1990.

_____. *Ideias fixas de João Cabral de Melo Neto*. Rio de Janeiro: Nova Fronteira, 1998.

ATIK, Maria Luiza Guarnieri. *Vicente do Rego Monteiro: Um brasileiro da França*. São Paulo: Ed. Mackenzie, 2004.

AUGUSTO, Sérgio. "Amor pela rotina, ódio ao Rio". *Tribuna da Imprensa*, 10 mar. 1988.

ÁVILA, Affonso. "Canto necessário". *Correio da Manhã*, 8 dez. 1956.

_____. "Aspectos da poesia pós-modernista". *Correio da Manhã*, 12 jan. 1957.

AYALA, Walmir. "A novíssima poesia brasileira: Uma seleção". *Diário de Notícias*, 29 jul. 1962.

_____. "Vicente do Rego Monteiro: A dedicação à pesquisa". *Jornal do Brasil*, 28 ago. 1971.

AZEVEDO, Neroaldo Pontes de. *Modernismo e regionalismo: Os anos 20 em Pernambuco*. João Pessoa: Secretaria de Educação e Cultura da Paraíba, 1984.

BANDEIRA, Antônio Rangel. "Notícia sobre a independência: Catolicismo, integralismo, comunismo". *Diário de Pernambuco*, 24 out. 1937.

_____. "A poesia como uma conquista da razão". *A Manhã*, 22 jul. 1945.

BARBARA, Danusia. "João Cabral de Melo Neto: 'Lucidez, angústia, inteligência, é tudo a mesma coisa. Já viu burro angustiado?'". *Jornal do Brasil*, 11 dez. 1975.

_____. "De memória como Homero". *Jornal do Brasil*, 28 nov. 1981.

BARBOSA, João Alexandre. *A imitação da forma: Uma leitura de João Cabral de Melo Neto*. São Paulo: Duas Cidades, 1975.

_____. "A poesia andando". *Jornal do Brasil*, 13 jan. 1990.

BARBOSA, Maria Ignez Corrêa da Costa. "Um poeta só João". *Jornal do Brasil*, 6 abr. 1968.

BARREIROS, Edmundo. "Joan Brossa". *Jornal do Brasil*, 18 out. 1993.

BARROS, André Luiz. "O sucesso e a dor do poeta". *Jornal do Brasil*, 23 out. 1994.

BARROS, Luiz Alípio de. "A sapateira prodigiosa". *Última Hora*, 14 ago. 1953.

BARROS E SILVA, Fernando de. *Chico Buarque*. São Paulo: Publifolha, 2004.

BARROSO, Ivo. "A poesia é um trabalho, um ofício". *O Globo*, 9 jan. 1999.

BASTOS, Dau (Org.). *Luiz Costa Lima: Uma obra em questão*. Rio de Janeiro: Garamond, 2010.

BELLA, J. J. de Barros. "O Nordeste brasileiro em *Morte e vida severina*". *Folha de S.Paulo*, 6 nov. 1960.

BENTO, Antônio. "Vicente do Rego Monteiro". *Jornal do Brasil*, 7 ago. 1970.

BERG, Marli. "Não me chamem de poeta!". *Manchete*, 26 dez. 1987.

BEUTTENMÜLLER, Alberto. "Mário Chamie: A crítica universitária bloqueia o contato vivo entre o leitor e o texto". *Jornal do Brasil*, 15 jul. 1978.

BONALUME NETO, Ricardo. "Cabral de Mello discute Brasil como negócio". *Folha de S.Paulo*, 5 dez. 1998.

BONVICINO, Régis. "A primeira obra do engenheiro". *Jornal do Brasil*, 6 abr. 1990.

_____. "Um encontro com João Cabral". *Folha de S.Paulo*, 14 jul. 2013.

_____. "Uma brasileira em Honduras, onde viveu João Cabral". *Sibila*, 31 jul. 2019.

BORRELL, Conchita Domingo. *Influência da cultura hispânica no Brasil*. Rio de Janeiro: Nonoar, 2012.

BORTOLOTI, Marcelo. "O poeta e a revolução". Blog do IMS, 7 maio 2013. Disponível em: <blogdoims.com.br/o-poeta-e-a-revolucao-por-marcelo-bortoloti>. Acesso em: 15 fev. 2020.

_____. "Como a doença influenciou a obra final do poeta João Cabral". *Época*, 11 out. 2014.

_____. *O poeta e a revolução: Drummond e o comunismo internacional (anos 1930-1940)*. Rio de Janeiro: PPGLEV-UFRJ, 2017. Tese (Doutorado em Literatura Brasileira).

BOSI, Alfredo. "O Auto do frade: As vozes e a geometria". In: _____. *Céu, inferno*. São Paulo: Ática, 1988, pp. 96-102.

BRAGA, Mauro. "Os 'concretos' explodem com estardalhaço". *Revista da Semana*, 23 fev. 1957.

BRAGA, Rubem. "João Cabral, poeta". *Manchete*, 27 nov. 1954.

BRAGA, Rubem. "Uma coisa e outra". *Diário de Notícias*, 17 ago. 1968.

BRITTO, Paulo Henriques. "Poesia: Criação e tradução". *Ipotesi*, v. 12, n. 2, pp. 11-7, jul./dez. 2008.

CABALLERO, Mara. "Editora José Olympio: Um patrimônio cultural em busca de um dono". *Jornal do Brasil*, 21 jan. 1984.

CABRAL, Inez. *A literatura como turismo*. Rio de Janeiro: Alfaguara, 2016.

_____. *O que vem ao caso*. Rio de Janeiro: Alfaguara, 2018.

CADERNOS de Literatura Brasileira: João Cabral de Melo Neto. São Paulo: Instituto Moreira Salles, 1996.

CADERNOS de Literatura Brasileira: Ariano Suassuna. São Paulo: Instituto Moreira Salles, 2000.

CAETANO, Maria do Rosário. "Antonio Callado: 'O Brasil não se interessa pelo Brasil'". *Correio Braziliense*, 5 fev. 1989.

CALÁBRIA, Mário. *Memórias: De Corumbá a Berlim*. Rio de Janeiro: Record, 2003.

CALDEIRA, Rodrigo Leite. *Cabral: Drummond, à sua maneira*. Vitória: PPGL-Ufes, 2010. Dissertação (Mestrado em Letras).

CAMAROTTI, Gerson. "Exílio do poeta da vida severina". *Jornal do Commercio*, 19 jan. 1998.

_____. "Encontro decisivo com João Cabral". *O Globo*, 11 jun. 2005.

CAMPOS, Augusto de. "Da antiode à antilira". In: _____. *Poesia, antipoesia, antropofagia*. São Paulo: Cortez & Moraes, 1978, pp. 49-54.

CAMPOS, Haroldo de. "O geômetra engajado". In: _____. *Metalinguagem e outras metas*. São Paulo: Perspectiva, 1992, pp. 77-88.

_____. "Os 'poetas concretos' e João Cabral de Melo Neto: Um testemunho". *Colóquio Letras*, n. 157/158, pp. 27-32, jul./dez. 2000.

CAMPOS, Paulo Mendes. "Mafuá do Malungo". *Cultura*, v. 1, n. 1, p. 251, set./dez. 1948.

CANÇADO, José Maria. *Os sapatos de Orfeu: Biografia de Carlos Drummond de Andrade*. São Paulo: Globo, 2006.

CANDIDO, Antonio. "Surrealismo no Brasil". In: _____. *Brigada ligeira e outros escritos*. São Paulo: Ed. Unesp, 1992, pp. 87-92.

_____. "Um velho artigo". *Colóquio Letras*, n. 157/158, pp. 13-20, jul./dez. 2000.

_____. "Poesia ao norte"; "Sobre poesia"; "Duas notas de poética". In: _____. *Textos de intervenção*. Org. de Vinicius Dantas. São Paulo: Duas Cidades; Ed. 34, 2002, pp. 129-42.

CARDOSO, Ivan. "Entrevista com João Cabral de Melo Neto". *Folha de S.Paulo*, 24 abr. 1987.

CARDOSO, Lúcio. "Perto do coração selvagem". *Diário Carioca*, 12 mar. 1944.

_____. "Mais festa que literatura no congresso de escritores". *Revista da Semana*, 28 ago. 1954.

CARDOZO, Joaquim. *Poesia completa e prosa*. Rio de Janeiro: Nova Aguilar, 2007.

CARIELLO, Rafael. "O casmurro: O entusiasmo pela narrativa e o tédio existencial de Evaldo Cabral de Mello, o historiador pernambucano que reinterpretou o Brasil". *piauí*, maio 2015.

CARLOS, Manoel. "Glauber". *Tribuna da Imprensa*, 2 fev. 1987.

CARVALHO, Alessandra Vargas de. *Presença do poeta João Cabral de Melo Neto na Espanha: Relações literárias e em outros âmbitos da cultura*. Barcelona: Universidade de Barcelona, 2013. Tese (Doutorado em Filologia).

CARVALHO, Marco Antonio de. *Rubem Braga: Um cigano fazendeiro do ar*. São Paulo: Globo, 2007.

CARVALHO, Mario Cesar. "João Cabral explica como construir poemas". *Folha de S.Paulo*, 24 maio 1988.

CARVALHO, Ricardo Souza de. "*O Cavalo de Todas as Cores*: Uma revista editada por João Cabral de Melo Neto". *Revista USP*, n. 73, pp. 113-6, 2007.

_____. "João Cabral de Melo Neto e a tradição do romance de 30". *Estudos Avançados*, n. 67, pp. 269-78, 2009.

_____. *A Espanha de João Cabral e Murilo Mendes*. São Paulo: Ed. 34, 2011.

_____. "Encontro com o poeta Miguel Hernández". In: _____ et al. *João Cabral de Melo Neto: Um autor em perspectiva*. São Paulo: Global, 2013.

CASTELLO, José. "Amor de poetas". *Jornal do Brasil*, 23 dez. 1987.

_____. *Vinicius de Moraes, o poeta da paixão: Uma biografia*. São Paulo: Companhia das Letras, 1994.

_____. *João Cabral de Melo Neto: O homem sem alma & Diário de tudo*. Rio de Janeiro: Bertrand Brasil, 2006.

CASTELLO, José Aderaldo. *José Lins do Rego: Modernismo e regionalismo*. São Paulo: Edart, 1961.

CASTRO, Basilio Losada. "Espanha na poesia de Cabral de Melo Neto". In: CARVALHO, Ricardo Souza de et al. *João Cabral de Melo Neto: Um autor em perspectiva*. São Paulo: Global, 2013, pp. 17-27.

CASTRO, Ruy. "Paisagem com figuras". *Folha de S.Paulo*, 4 maio 2009.

CEZIMBRA, Marcia. "João Cabral 'Neustadt' de Melo". *Jornal do Brasil*, 2 set. 1992.

CHAMIE, Mário. "Desleitura da poesia de João Cabral". In: _____. *Casa da época*. São Paulo: Conselho Estadual de Artes e Ciências Humanas, 1979, pp. 39-59.

CHIODETTO, Eder. "'Sou um ex-escritor', disse o poeta depois de ficar cego". *Folha de S.Paulo*, 10 out. 1999.

CICERO, Antonio. "O poeta Joan Brossa no Brasil". *Folha de S.Paulo*, 10 jan. 2009.

COELHO, Alexandra Lucas. "Que diz Sophia um dia". *Público*, out. 1999.

COELHO, Marcelo. "Lírica da separação". *Folha de S.Paulo*, 8 mar. 1998.

CONDÉ, José. "Poetas de vanguarda". *Correio da Manhã*, 20 jul. 1967.

_____. "Encontro com João Cabral de Melo Neto". *Correio da Manhã*, 5 mar. 1968.

CORREIA, Éverton Barbosa. *A poética do engenho: A obra de João Cabral sob a perspectiva canavieira*. São Paulo: FFLCH-USP, 2007. Tese (Doutorado em Letras).

_____. "Um baobá no Recife e o baobá do Senegal". *Via Atlântica*, n. 25, pp. 215-29, jul. 2014.

_____. "O discurso de posse de um poeta-diplomata na Academia Brasileira de Letras e outros opúsculos". *Remate de Males*, v. 38, n. 1, pp. 283-304,jan./jun. 2018.

COSTA, Cecília. *Diário Carioca: O jornal que mudou a imprensa brasileira*. Rio de Janeiro: Fundação Biblioteca Nacional, 2011. (Cadernos da Biblioteca Nacional, 9.)

COSTA, Cristina Henrique da. *Imaginando João Cabral imaginando*. Campinas: Ed. da Unicamp, 2014.

COSTA E SILVA, Bruno da. "Sophia de Mello Breyner Andresen e a história por João Cabral contada". *Revista do Centro de Estudos Portugueses*, v. 31, n. 46, pp. 109-21. 2011.

COURI, Norma. "Collor renega colonialismo em Portugal". *Jornal do Brasil*, 24 out. 1990.

COUTINHO, Edilberto. "Literatos & futebol". *Correio da Manhã*, 3 abr. 1970.

_____. "A bola e o poeta, juntos mais uma vez". *Tribuna da Imprensa*, 17 jun. 1978.

_____. "Três mulheres e uma constante". In: _____. *Criaturas de papel*. Rio de Janeiro: Civilização Brasileira, 1980, pp. 155-70.

CRUZ, Estêvão. *Antologia da língua portuguesa*. Porto Alegre: Livraria do Globo, 1934.

CUNHA, Fausto. "Lêdo Ivo". *Jornal do Brasil*, 1 mar. 1969.

"DEBATE tenso com músicos e poetas no auditório da PUC encerra Expoesia 1". *Jornal do Brasil*, 27 out. 1973.

DELOUCHE, Angela. "Artesanato poético no atelier 415". *Jornal do Brasil*, 8 set. 1957. Suplemento Dominical.

DIAS, Maurício Santana. "Poesia pós-cabralina". *Folha de S.Paulo*, 17 out. 1999.

DUARTE, Júlio Carlos. "A narração pelo verso". *Jornal do Brasil*, 12 dez. 1987.

ENEIDA. "Surge uma poetisa". *Diário de Notícias*, 4 ago. 1957.

ENEIDA. "Festival de estudantes". *Diário de Notícias*, 6 ago. 1958.

ESCOREL, Lauro. *A pedra e o rio: Uma interpretação da poesia de João Cabral de Melo Neto*. São Paulo: Duas Cidades, 1973.

"ESTE homem pode ser acusado pela morte de 68 pessoas?". *Realidade*, jul. 1971.

FAUSTINO, Mário. "A poesia 'concreta' e o momento poético brasileiro". *Jornal do Brasil*, 10 fev. 1957a. Suplemento Dominical.

_____. "Pressa em publicar". *Jornal do Brasil*, 2 jun. 1957b. Suplemento Dominical.

_____. "Cerco da primavera". *Jornal do Brasil*, 21 jul. 1957c. Suplemento Dominical.

FENSKE, Elfi Kürten. "Marly de Oliveira — A poeta". Templo Cultural Delfos, jul. 2015. Disponível em: <www.elfikurten.com.br/2015/07/marly-de-oliveira.html>. Acesso em: 20 maio 2021.

FERRAZ, Eucanaã; LAMEGO, Valéria (Orgs.). *João Cabral de Melo Neto: Fotobiografia*. Rio de Janeiro: Verso Brasil, 2021.

FERRAZ, Lucas. "O genro e o poeta: Como Manolo conheceu Drummond". *Folha de S.Paulo*, 26 dez. 2012.

FERREIRA, Argemiro. "Houaiss, o dedo-duro e o velho macartismo". *Tribuna da Imprensa*, 5 mar. 1993.

FERREIRA, Armando Olivetti. *Recortes na paisagem: Uma leitura de* Brazil *e outros textos de Elizabeth Bishop*. São Paulo: FFLCH/USP, 2008. Tese (Doutorado em Letras).

FISCHER, Lionel. "Uma estética gabiru". *Manchete*, 8 nov. 1997.

FIUZA, Solange. "João Cabral de Melo Neto e a tradição poética portuguesa". *Abril*, n. 15, pp. 127-41, 2015a.

_____. "O controverso legado cabralino em alguns poetas brasileiros contemporâneos". *Polifonia*, n. 32, pp. 206-25, jul./dez. 2015b.

_____. "O processo de canonização de João Cabral em Portugal". *Signótica*, v. 29, n. 1, pp. 127-44, 2017.

_____. "Uma obsessão leitora: João Cabral de Melo Neto por Sophia de Mello Breyner Andresen". *Remate de Males*, v. 39, n. 1, pp. 278-300, jan./jun. 2019b.

FONSECA, Edson Nery da. "Um poeta puro". *Diário de Pernambuco*, 16 ago. 1948.

_____. "Gilberto e seu discípulo". *Diário de Pernambuco*, 2 set. 1951.

_____. "Epitáfio para Willy Lewin". *Diário de Pernambuco*, 16 dez. 1971.

FONSECA, José Paulo Moreira da. "Um aspecto na 'Psicologia da composição'". *A Manhã*, 15 ago. 1948.

FORTUNA, Felipe. "Contínua descoberta". *Jornal do Brasil*, 15 dez. 1985.

_____. "O engenheiro do verso". *Jornal do Brasil*, 3 out. 1987.

_____. "Lavoura Arcaica (sobre a poesia de Marly de Oliveira)". *Verve*, n. 33, mar. 1990. Disponível em: <www.felipefortuna.com/lavoura-arcaica-sobre-a-poesia-de-marly-de-oliveira/>. Acesso em: 20 maio 2021.

_____. "Conversa entre João e Joaquim". *Jornal do Brasil*, 9 out. 2009.

FRANÇA, Paulo. "O violinista de palavras". *Tribuna da Imprensa*, 3 jun. 1994.

FRANKLIN, Jeová. "Um imortal em busca da sepultura". *Diário de Pernambuco*, 4 maio 1969.

FREIRE, Roberto. "Chico dá samba". *Realidade*, dez. 1966.

_____. "O norte de João". *Realidade*, fev. 1968.

FREITAS FILHO, Armando. "Um poeta indomável". *Jornal do Brasil*, 3 out. 1987.

_____. "O caso da casa de farinha". *Folha de S.Paulo*, 8 set. 2013.

FREIXIEIRO, Fábio. "Depoimento de João Cabral de Melo Neto". In: _____. *Da razão à emoção II*. Rio de Janeiro: Tempo Brasileiro, 1971, pp. 179-92.

FREYRE, Gilberto. "Um grupo novo". *Correio da Manhã*, 25 out. 1941.

_____. "Cícero Dias e seu nonsense". *A Manhã*, 7 nov. 1942.

_____. "Um promotor à procura da 'rua lírica'". *A Manhã*, 31 jul. 1943.

_____. "Saiam, caudilhos". *Diário de Pernambuco*, 11 abr. 1945.

_____. "Breno Accioly". *Diário de Notícias*, 24 ago. 1947.

_____. "Homenagem à memória de Ulysses Pernambucano". *Diário de Pernambuco*, 19 jun. 1958.

_____. "Os Mello de Pernambuco". *Diário de Pernambuco*, 27 maio 1973.

_____. "A propósito de um jovem mestre". *Diário de Pernambuco*, 2 nov. 1975.

_____. "Minha querida Esther". *Diário de Pernambuco*, 28 abr. 1983.

_____. *Casa-grande & senzala*. Rio de Janeiro: Record, 1989.

_____. *Guia prático, histórico e sentimental da cidade do Recife*. São Paulo: Global, 2007.

GAMA, Rinaldo. "A fidelidade da palavra concreta de João Cabral". *Folha de S.Paulo*, 10 dez. 1986.

GARON, Claudio. "Historiador passeia pelo Recife de outrora". *Folha de S.Paulo*, 6 out. 1997.

GASPARI, Elio. *A ditadura encurralada*. São Paulo: Companhia das Letras, 2004.

GATTAI, Zélia. *Jardim de inverno*. Rio de Janeiro: Record, 1988.

GLEDSON, John. "Sono, poesia e o 'livro falso' de João Cabral de Melo Neto: Uma reavaliação de *Pedra do sono*". In: _____. *Influências e impasses: Drummond e alguns contemporâneos*. São Paulo: Companhia das Letras, 2003, pp. 170-200.

GODOY, Arnaldo Sampaio de Moraes. "Direito e literatura: O poeta João Cabral de Melo Neto no Supremo Tribunal Federal — O mandado de segurança nº 2.264". *Revista Jus Navigandi*, 6 jul. 2007. Disponível em: <jus.com.br/artigos/10072>. Acesso em: 15 fev. 2020.

GOTLIB, Nádia Battella. *Clarice: Fotobiografia*. São Paulo: Edusp; Imprensa Oficial, 2008.

GRAÇA, Eduardo. "Abujamra comanda a festa em torno dos cem anos de Bertolt Brecht com montagens, palestras, leituras e vídeos". *Jornal do Brasil*, 18 dez. 1997.

GRÜNEWALD, José Lino. "Cabral: A ira por um fio". *Correio da Manhã*, 14 abr. 1968.

GUERRA, José Augusto. "Poesia e personalidade". *A Manhã*, 16 dez. 1945.

GUERREIRO, Ramiro Saraiva. *Ramiro Saraiva Guerreiro (depoimento, 1985/1991)*. Rio de Janeiro: CPDOC, 2009. Disponível em: <www.fgv.br/cpdoc/historal/arq/entrevista841.pdf>. Acesso em: 20 jan. 2020.

GUIMARÃES, Júlio Castañon. *Distribuição de papéis: Murilo Mendes escreve a Carlos Drummond de Andrade e a Lúcio Cardoso*. Rio de Janeiro: Fundação Casa de Rui Barbosa, 1996.

GULLAR, Ferreira. "Poeta × linguagem". *Diário de Notícias*, 24 abr. 1955.

_____. "Serpa ilustra novo livro de J. C. de Melo Neto". *Jornal do Brasil*, 26 maio 1959.

_____. "A nova forma de Weissmann". *Jornal do Brasil*, 15 mar. 1962.

_____. "O poeta tumultuado". *Folha de S.Paulo*, 17 out. 1999.

_____. *Cultura posta em questão/ Vanguarda e subdesenvolvimento: Ensaios sobre arte*. Rio de Janeiro: José Olympio, 2002.

_____. "'Não me considero um poeta brasileiro': Uma entrevista com João Cabral de Melo Neto feita por Ferreira Gullar". *O Globo*, 9 jan. 2020.

HOLANDA, Chico Buarque de. "O gênio nasce". *Porandubas — Boletim Interno da PUC-SP*, 11 set. 1980.

HOLANDA, Sérgio Buarque de. "João Cabral de Melo Neto". *Diário Carioca*, 3 ago. 1952.

_____. "Branco sobre branco". *Diário Carioca*, 10 ago. 1952.

_____. "Equilíbrio e invenção". *Diário Carioca*, 17 ago. 1952.

_____. "Pássaro neutro"; "Os três reinos"; "Poética e poesia"; "Restauração do poético?"; "A difícil alvorada", "Ainda a labareda"; "Invenção ou convenção?". In: _____. *O espírito e a letra: Estudos de crítica literária*. Org. de Antonio Arnoni Prado. São Paulo: Companhia das Letras, 1992. v. II: *1948-1959*.

HOMEM, Homero. "Um poeta de corpo inteiro". *Manchete*, 24 fev. 1968.

ISO, George. "A arte anarquista do guerrilheiro mágico". *Jornal do Brasil*, 9 nov. 1997.

IVO, Lêdo. "O engenheiro". *A Manhã*, 8 jul. 1945.

_____. "O clube dos escritores de Ipanema". *O Jornal*, 3 fev. 1946.

_____. "Eustáquio Duarte: Uma obra na ventania". *Jornal do Brasil*, 28 jun. 1958.

_____. *Confissões de um poeta*. São Paulo: Difel; Rio de Janeiro: Instituto Nacional do Livro, 1979.

_____. "Os jardins enfurecidos". In: MELO NETO, João Cabral de. *Museu de tudo*. Rio de Janeiro: Objetiva, 2009. Disponível em: <www.jornaldepoesia.jor.br/blbljoaocabraldeme-loneto02.htm>. Acesso em: 10 dez. 2019.

"JOÃO Cabral de Melo Neto". *Folha de S.Paulo*, 12 out. 1999.

"JOÃO Cabral de Melo Neto: 'América tem muita tradição'". *Jornal dos Sports*, 4 out. 1989.

"JOÃO Cabral de Melo Neto: Vida e arte em Barcelona". *Correio da Manhã*, 13 fev. 1968.

"JOÃO Cabral e o Capibaribe: O poeta volta ao Rio que o inspirou". *Jornal do Brasil*, 22 fev. 1984.

"JOAQUIM Cardozo afirma que cálculo não derruba obras". *Jornal do Brasil*, 15 mar. 1972.

LACLETTE, Jorge. "JCMN e sua autobiografia do Capibaribe". *Diário Carioca*, 21 jun. 1953.

LAFETÁ, João Luiz. *1930: A crítica e o Modernismo*. São Paulo: Duas Cidades; Ed. 34, 2000.

LEAL, Claudio. "Chá com veneno: Uma tarde de histórias e intrigas ao lado de Lêdo Ivo". *piauí*, fev. 2013.

LEBENSZTAYN, Ieda. *Graciliano Ramos e a Novidade: O astrônomo do inferno e os meninos impossíveis*. São Paulo: Hedra, 2010.

LEITÃO, Luiz Ricardo. "João Cabral de Melo Neto: Uma poesia construída". *Manchete*, 10 nov. 1973.

LEITÃO, Sérgio Sá; WERNECK, Humberto. "Perfil de um poeta em plena forma". *Jornal do Brasil*, 13 jan. 1990.

LEITE, Sebastião Uchoa. "Máquina sem mistério: A poesia de João Cabral de Melo Neto". In: _____. *Crítica clandestina*. Rio de Janeiro: Taurus, 1986, pp. 108-48.

_____. "João Cabral prefere a ironia ao humor". *Folha de S.Paulo*, 22 maio 1994.

LEITE NETO, Alcino. "Cabral diz que é o 'menino mimado' de São Paulo". *Folha de S.Paulo*, 15 jun. 1994.

LEWIN, Willy. "O contista Breno Accioly". *Diário Carioca*, 16 out. 1949.

LIMA, Guilherme Cunha. *O Gráfico Amador: As origens da moderna tipografia brasileira*. Rio de Janeiro: Ed. UFRJ, 1997.

LIMA, Jorge de. "Poesia em Cristo". *Diário de Pernambuco*, 17 jun. 1937.

LIMA, Luiz Costa. "Pernambuco e o mapa-múndi". In: _____. *Dispersa demanda*. Rio de Janeiro: Francisco Alves, 1981, pp. 176-89.

_____. *Lira e antilira: Mário, Drummond, Cabral*. Rio de Janeiro: Topbooks, 1995.

_____. "Um poeta inexistente: Sousândrade". *Jornal do Brasil*, 17 jul. 1999.

LIMA, Ricardo Vieira de. *Signos incógnitos: Marcas da poética de João Cabral na obra de Ana Cristina Cesar*. Rio de Janeiro: PPGL-UERJ, 2015. Dissertação (Mestrado em Letras).

LINHARES, Marcos. *Cartas ao poeta dormindo: João Cabral de Melo Neto*. Brasília: Thesaurus, 2013.

LINS, Álvaro. "A propósito da nova poesia". *Folha da Manhã*, 21 fev. 1946.

LINS, Letícia. "O Gráfico Amador: Um momento da criatividade brasileira é lembrado em Recife". *Jornal do Brasil*, 26 out. 1984.

LOWE, Elizabeth. "Entrevista com Murilo Rubião". Murilianas, [s.d.]. Disponível em: <www.murilorubiao.com.br/entlowe.aspx>. Acesso em: 10 fev. 2020.

LUCENA, Suênio Campos de. "João Cabral de Melo Neto". In: _____. *21 escritores brasileiros: Uma viagem entre mitos e motes*. São Paulo: Escrituras, 2001, pp. 39-47.

LUIZ, Macksen. "João Cabral: Por tudo, poesia". *Jornal do Brasil*, 20 nov. 1970.

_____. "A celebração da cenografia". *Jornal do Brasil*, 20 out. 1997.

MAISONNAVE, Fabiano. "Anos em Tegucigalpa não inspiraram embaixador João Cabral de Melo Neto". *Folha de S.Paulo*, 13 out. 2009.

MAMEDE, Zila. *Civil geometria: Bibliografia crítica, analítica e anotada de João Cabral de Melo Neto — 1942-1982*. São Paulo: Nobel, 1987.

"'MANIA vanguardista é hipertrofia do espírito crítico', diz João Cabral". *Diário de Pernambuco*, 24 fev. 1968.

MARANHÃO, Ricardo. *Cinelândia: Retorno ao fascínio do passado*. Rio de Janeiro: Letra Capital, 2003.

MARIA, Cleusa. "João Cabral de Melo Neto, aos 63 anos: 'Eu já devia ter me calado há muito tempo'". *Jornal do Brasil*, 9 dez. 1983.

MARINHO, Beatriz. "Antonio Houaiss: O itinerário da filologia à culinária". *O Estado de S. Paulo*, 20 set. 1986. Suplemento Literário.

MARQUES, Raphael Peixoto de Paula. *Entre impunidade e repressão: A anistia de 1961 na história constitucional republicana*. Brasília: PPGD-UnB, 2017. Tese (Doutorado em Direito).

MARTINS, Marília. "João Cabral de Melo Neto na memória de Antoni Tàpies". *Jornal do Brasil*, 4 jan. 1992a.

_____. "Festa para o poeta do agreste". *Jornal do Brasil*, 31 ago. 1992b.

_____; ABRANTES, Paulo Roberto (Orgs.). *3 Antônios 1 Jobim: Histórias de uma geração — O encontro de Antonio Callado, Antonio Candido, Antônio Houaiss, Antonio Carlos Jobim*. Rio de Janeiro: Relume-Dumará, 1993.

MASSI, Augusto; LEITE NETO, Alcino. "João Cabral de Melo Neto". *Folha de S.Paulo*, 30 mar. 1991.

MAURA, Antonio. "Pinturas, livros e poemas: João Cabral em Barcelona (1947-1950)". In: MACHADO, Ana Maria (Org.). *João Cabral de Melo Neto: Um autor em perspectiva*. São Paulo: Global, 2013, pp. 59-72.

MEIRA, Mauritonio. "Onde se conta a história do poeta que só deixou de criticar o crítico ao saber quem era ele". *Jornal do Commercio*, 31 dez. 1995.

MELLO, Evaldo Cabral de. "Poço". *Diário de Pernambuco*, 26 set. 1948. Coluna dos Novos.

_____. "O mestre setentão". *Jornal do Brasil*, 15 abr. 1970.

MELO NETO, João Cabral de. "Os ensaios de crítica de poesia". *Diário de Pernambuco*, 8 fev. 1942.

_____. "Sobre a Exposição Portinari". *Diário de Pernambuco*, 18 jul. 1943.

_____. "As imaginações". *A Manhã*, 5 mar. 1944.

_____. "Nota sobre a poesia taurina de Rafael Alberti". *Diário de Pernambuco*, 14 dez. 1952.

_____. "Notas sobre os livros de poesia". *Última Hora*, 7 ago. 1954.

_____. "Corridas de touros". *Jornal de Letras*, jun. 1961.

_____. *O Arquivo das Índias e o Brasil: Documentos para a história do Brasil existentes no Arquivo das Índias de Sevilha*. Rio de Janeiro: Ministério das Relações Exteriores, 1966.

_____. "Sevilha". *Jornal do Brasil*, 27 abr. 1988.

_____. "Por que escrevi *O cão sem plumas* e *O rio*". *Poesia Sempre*, ano 2, n. 3, fev. 1994.

_____. *Obra completa*. Org. de Marly de Oliveira, com assistência do autor. Rio de Janeiro: Nova Aguilar, 1995.

_____. *Poesia completa e prosa*. Org. de Antonio Carlos Secchin. Rio de Janeiro: Nova Aguilar, 2008.

_____. *Ilustrações para fotografias de Dandara*. Rio de Janeiro: Objetiva, 2011.

MENDES, Murilo. "Poeta novo". *Dom Casmurro*, 2 mar. 1940.

_____. "Viagem ao Recife". *Letras e Artes*, 3 abr. 1949.

MENEZES, Roniere. *O traço, a letra e a bossa: Literatura e diplomacia em Cabral, Rosa e Vinicius*. Belo Horizonte: Ed. UFMG, 2011.

MERQUIOR, José Guilherme. "Nuvem civil sonhada: Ensaio sobre a poética de João Cabral de Melo Neto". In: _____. *A astúcia da mimese*. Rio de Janeiro: José Olympio, 1972, pp. 69-172.

_____. "Nosso poeta exemplar". *Jornal do Brasil*, 9 fev. 1980.

_____. "Serial"; "Onda mulher, onde a mulher". In: _____. *Razão do poema*. Rio de Janeiro: Topbooks, 1996, pp. 114-29.

MEYER, Marlyse. "Mortes severinas". In: _____. *Caminhos do imaginário no Brasil*. São Paulo: Edusp, 2001, pp. 109-38.

MEYER-CLASON, Curt. "João Cabral de Melo Neto: Yesterday, Today, Tomorrow". *World Literature Today*, v. 66, n. 4, pp. 674-8, 1992.

MICHALSKI, Yan. "O Nordeste levado a sério". *Jornal do Brasil*, 17 dez. 1965a.

_____. "'Morte e vida' traz vida nova". *Jornal do Brasil*, 28 dez. 1965b.

_____. "Tuca conquista a França". *Jornal do Brasil*, 3 maio 1966.

_____. "Anotações à margem de 'Morte e vida'". *Jornal do Brasil*, 17 jul. 1969.

MILLIET, Sérgio. "A máquina de comover". *Diário de Notícias*, 27 jan. 1946.

_____. "Psicologia da composição". *Diário Carioca*, 25 abr. 1948.

"MORADOR de Petrópolis comunica a poeta que sua casa foi preservada". *Jornal do Brasil*, 29 abr. 1982.

MORAES, Vinicius de. "Um poeta ganha 100 mil cruzeiros". *Manchete*, 27 jun. 1953.

_____. *Querido poeta: Correspondência de Vinicius de Moraes*. Org. de Ruy Castro. São Paulo: Companhia das Letras, 2003.

_____. "Encontros". In: _____. *Poesia completa e prosa*. Rio de Janeiro: Nova Aguilar, 2004a, pp. 733-9.

_____. "O amigo exemplar". In: _____. *Poesia completa e prosa*. Rio de Janeiro: Nova Aguilar, 2004b, pp. 839-42.

_____. *Para uma menina com uma flor*. São Paulo: Companhia das Letras, 2009.

MORAES NETO, Geneton. "João Cabral de Melo Neto: No futebol ou na poesia, sempre a lei do esforço". *Diário de Pernambuco*, 8 out. 1973.

_____. "Antônio Callado: Porque somos um país de 10 milhões de habitantes". *Diário de Pernambuco*, 27 ago. 1978.

_____. "Caetano Veloso, segundo ele próprio". *Diário de Pernambuco*, 16 set. 1979.

_____. "O repouso do poeta". *Jornal do Brasil*, 8 ago. 1987.

_____. *Dossiê Drummond*. São Paulo: Globo, 2007a.

_____. "Uma aula do poeta que combatia a 'emoção fácil' na poesia". Entrevista com João Cabral de Melo Neto realizada em 1986. Geneton.com.br, 10 jun. 2007b. Disponível em: <www.geneton.com.br/archives/000210.html>. Acesso em: 30 nov. 2019.

_____. "E o grande poeta João Cabral deu de presente ao amigo Lêdo Ivo um epitáfio 'prévio'. Entrevista com Lêdo Ivo realizada em 2002. Geneton.com.br, 23 dez. 2012. Disponível em: <www.geneton.com.br/archives/000362.html>. Acesso em: 15 dez. 2019.

MORICONI, Italo. "*A rosa do povo* e *Claro enigma*: Duas faces, duas fases". *Poesia Sempre*, out. 2002.

"MORRE o maior poeta brasileiro". *Folha de S.Paulo*, 10 out. 1999. Caderno Especial.

"MORTE e vida severina". *Jornal do Commercio*, 5 ago. 1958.

MOSER, Benjamin. *Clarice, uma biografia*. São Paulo: Cosac Naify, 2009.

MOTA, Mauro. "Recife morto". *Diário de Pernambuco*, 21 mar. 1948.

_____. "O bisavô". *Diário de Pernambuco*, 3 nov. 1966.

_____. "Willy Lewin". *Diário de Pernambuco*, 22 out. 1971.

_____. "Rótulos de cigarros III". *Diário de Pernambuco*, 24 jul. 1983.

_____. "O bisavô Melo Azevedo". *Diário de Pernambuco*, 5 fev. 1984.

MOURA, Murilo Marcondes de. *Murilo Mendes: A poesia como totalidade*. São Paulo: Edusp; Giordano, 1995.

MOUTINHO, Nogueira. "João Cabral no Senegal". *Folha de S.Paulo*, 23 abr. 1972.

MUSEU DA IMAGEM E DO SOM DE PERNAMBUCO (Misp). Entrevista com João Cabral de Melo Neto (gravada em 14 mar. 1968). *Diário de Pernambuco*, 21 out. 1979.

NETO, Araújo. "Vinicius: A busca da simplicidade". *Jornal do Brasil*, 1 jul. 1971.

NINA, Marcelo Della. "Passaporte para o Nobel". *Jornal do Brasil*, 11 abr. 1992.

NOGUEIRA, Lucila. *O cordão encarnado: Uma leitura severina*. Recife: PPGLL-UFPE, 2001. Tese (Doutorado em Letras).

NORÕES, Everardo. "Notícia biográfica". In: CARDOZO, Joaquim. *Poesia completa e prosa*. Rio de Janeiro: Nova Aguilar, 2007, pp. 103-17.

NUNES, Benedito. *João Cabral: A máquina do poema*. Brasília: Ed. UnB, 2007.

"O EPITÁFIO de Lêdo Ivo por João Cabral de Melo Neto". *A Manhã*, 13 ago. 1950.

OLINTO, Antônio. "A geração de 45". *Jornal do Commercio*, 30 abr. 1995.

_____. "Marly e a poesia brasileira". *Tribuna da Imprensa*, 19 jun. 2007.

_____. "Um instante entre dois nadas". *Tribuna da Imprensa*, 22 jul. 2008.

OLIVEIRA, José Carlos. "João Cabral no clube do Bolinha". *Jornal do Brasil*, 18 ago. 1968.

OLIVEIRA, Marly de. "Sobre Clarice Lispector". *Correio da Manhã*, 27 jun. 1963.

OLIVEIRA, Waltencir Alves de. *O gosto dos extremos: Tensão e dualidade na poesia de João Cabral de Melo Neto, de Pedra do sono a Andando Sevilha*. São Paulo: FFLCH-USP, 2008. Tese (Doutorado em Letras).

_____. *A "leitura" da leitura de Morte e vida severina — Auto de Natal pernambucano, de João Cabral de Melo Neto, na década de 60*. São Paulo: Ed. Unesp, 2014.

ONETO, João Domenech. "Poeta da modéstia". *Jornal do Brasil*, 28 maio 1994a.

_____. "O mineiro que adotou o Rio". *Jornal do Brasil*, 1 ago. 1994b.

"O POETA não vive em órbita. É um ser social". Entrevista feita por diversos escritores. *Manchete*, 14 ago. 1976.

"O QUE eles estão pensando: Collor está preparado para ser presidente?". *Jornal do Brasil*, 2 dez. 1989.

"OS ESCRITORES preferem morar perto do mar". *O Jornal*, 13 jun. 1948.

"OS ESCRITORES se afastaram do público porque se afastaram dos seus assuntos". *Diário de Natal*, 25 out. 1953.

OTONI, Marcos. "À memória de Benedito Coutinho". *Correio Braziliense*, 17 nov. 1978.

PAIVA, Anabela. "Poetisa lança 17º livro e antologia selecionada pelo marido João Cabral". *Jornal do Brasil*, 9 dez. 1997.

PAIVA, Fernando. "Para João Cabral, viajar é sinônimo de ficar". *Folha de S.Paulo*, 13 set. 1990.

PARAÍSO, Rostand. *A esquina do Lafayette e outros tempos do Recife*. Recife: Ed. do Autor, 2001.

PÉCORA, Alcir. "Hilda Hilst: Call for Papers". *Germina*, v. 1, n. 3, ago. 2005.

PEIXOTO, Marta. *Poesia com coisas: Uma leitura de João Cabral de Melo Neto*. São Paulo: Perspectiva, 1983.

PEIXOTO, Níobe Abreu. *João Cabral e o poema dramático: Auto do frade (poema para vozes)*. São Paulo: Annablume; Fapesp, 2001.

PEREIRA, Erialdo. "Novo imortal da cadeira de Chateaubriand é 'um tímido'". *O Jornal*, 4 maio 1969.

PEREZ, Renard. "Antônio Rangel Bandeira". *Correio da Manhã*, 9 mar. 1957.

PIGNATARI, Décio. "Até que chega um dia e a sociedade descobre o novo". *Correio da Manhã*, 1 jan. 1971.

_____. "João Cabral". In: _____. *Errâncias*. São Paulo: Ed. Senac, 2000, pp. 55-9.

_____. "A situação atual da poesia no Brasil". In: _____. *Contracomunicação*. São Paulo: Ateliê, 2004, pp. 99-120.

PIMENTEL, Cyro. "Três poetas". *A Manhã*, 11 nov. 1951.

"POESIA popular e Vinicius no 'papo' com João Cabral". *Diário de Natal*, 22 fev. 1976.

PONTES, Helena. *Destinos mistos: Os críticos do Grupo Clima em São Paulo (1940-68)*. São Paulo: Companhia das Letras, 1998.

PONTES, Mário. "Sessenta anos e um novo museu". *Jornal do Brasil*, 3 maio 1980.

PORTELLA, Eduardo. "Duas águas". *Correio da Manhã*, 9 jun. 1956.

"PRESIDENTE do Senegal diz que a África caminha para uma segunda colonização". *Diário de Natal*, 14 fev. 1976.

PUIG, Arnau. "Cabral e o marxismo". *Sibila*, 3 abr. 2017. Disponível em: <sibila.com.br/cultura/o-marxismo-a-maneira-de-cabral/13051>. Acesso em: 15 mar. 2020.

RAMOS, Guerreiro. "O Dasp e o poeta". *A Manhã*, 2 set. 1945.

REBELO, Marques. "Recife". In: _____. *Cenas da vida brasileira*. Rio de Janeiro: José Olympio, 2010. pp. 207-19

REGO, José Lins do. "O mestre Ulysses Pernambucano". *A Manhã*, 8 dez. 1943.

_____. "Mafuá do malungo". *O Jornal*, 29 jun. 1948.

_____. "A volta de João Cabral de Melo Neto". *O Jornal*, 10 dez. 1954.

_____. *Menino de engenho*. Rio de Janeiro: José Olympio, 1970.

RESENDE, Otto Lara. "Conversas de Otto Lara Resende: Lêdo Ivo está cansado". *Diário de Natal*, 12 dez. 1948.

REZENDE, Antonio Paulo. *O Recife: Histórias de uma cidade*. Recife: Fundação de Cultura Cidade do Recife, 2002.

RIBEIRO NETO, Amador. "Poesia marginal em questão". In: _____. *Poesia marginal: Antologia poética*. João Pessoa: UFPB, 2018, pp. 3-5.

RICCIARDI, Giovanni. *Auto-retratos*. São Paulo: Martins Fontes, 1991.

RICUPERO, Rubens. "João Cabral: O particular contra o geral". *Folha de S.Paulo*, 17 out. 1999.

ROCHA, Glauber. "Escola de Teatro da Universidade da Bahia". *Módulo — Revista de Arquitetura e Artes Visuais no Brasil*, n. 15, pp. 32-3, out. 1959.

ROCHA, Tadeu. "Registro bibliográfico". *Diário de Pernambuco*, 18 fev. 1949.

RODRIGUES, Valéria. "No inferno não tem aspirina". *Tribuna da Imprensa*, 7 jan. 1986.

ROZÁRIO, Denira. "A fala de João Cabral de Melo Neto". *Tribuna da Imprensa*, 8 dez. 1987.

SABINO, Fernando. "João Cabral em tom menor". *Manchete*, 8 jul. 1972.

_____. "O poeta entre duas águas". *Jornal do Brasil*, 24 jun. 1974.

_____. "Sabino é o último dos mosqueteiros". *Jornal do Commercio*, 15 ago. 1999.

SALES, Teresa. *João Cabral & Josué de Castro conversam sobre o Recife*. São Paulo: Cortez, 2014.

SANTA CRUZ, Luiz. "O cinquentenário de Joaquim Cardoso". *Diário de Notícias*, 24 ago. 1947.

SANT'ANNA, Affonso Romano de. *Música popular e moderna poesia brasileira*. Petrópolis: Vozes, 1977.

_____. "Uma relação tão delicada". *O Estado de S. Paulo*, 29 out. 2011.

_____. "Drummond e Cabral: Pedras e caminhos". In: _____. *Entre Drummond e Cabral*. São Paulo: Ed. Unesp, 2014, pp. 9-35.

SANTIAGO, Silviano. "As incertezas do sim". In: _____. *Vale quanto pesa: Ensaios sobre questões político-culturais*. Rio de Janeiro: Paz e Terra, 1982, pp. 41-5.

_____ (Org.). *A república das letras*. Rio de Janeiro: SNEL, 2003.

SANTIAGO, Vandeck. "João Cabral fez primeiro abstrato do Brasil". *Folha de S.Paulo*, 18 fev. 1995.

SANTOS, Marcelo dos. "Paratextos cabralinos: Uma sugestão de leitura da obra de João Cabral de Melo Neto". *Boletim de Pesquisa NELIC*, v. 4, pp. 82-93, 2011a.

_____. "'O amador de poemas e o poeta': A correspondência entre Lauro Escorel e João Cabral". *Verbo de Minas*, v. 11, n. 19, pp. 143-53, jan./jul. 2011b.

SANTOS, Wladimir Saldanha dos. "A geração de 45: Uma 'quimera de origem' — Lêdo Ivo, João Cabral de Melo Neto e o discurso geracional". *REEL — Revista Eletrônica de Estudos Literários*, ano 8, n. 11, 2012.

SANTOS NETO, Martinho Guedes dos. *Nos domínios da política estatal: O poder desterritorializado e as bases de sustentação política de Getúlio Vargas (1930-1934)*. Recife: CFCH-UFPE, 2014. Tese (Doutorado em História).

SARAIVA, Arnaldo. *Dar a ver e a se ver no extremo: O poeta e a poesia de João Cabral de Melo Neto*. Porto: CITCEM, 2014.

_____. "Memória de uma grande homenagem no Fundão a um grande poeta". *Jornal do Fundão*, 14 out. 2020.

SARAMAGO, José. *Cadernos de Lanzarote*. São Paulo: Companhia das Letras, 1997.

SCHILD, Susana. "Um prêmio para o poeta: João Cabral é premiado aos 70 anos". *Jornal do Brasil*, 7 set. 1990.

SECCHIN, Antonio Carlos. "João Cabral e a arte da dedicatória". *Valor Econômico*, 1 jun. 2012.

_____. *João Cabral: Uma fala só lâmina*. São Paulo: Cosac Naify, 2014.

SENNA, Marta de. *João Cabral: Tempo e memória*. Rio de Janeiro: Antares; Brasília: INL, 1980.

SHIGUEHARA, Alexandre Koji. *Ao longo do rio: João Cabral e três poemas do Capibaribe*. São Paulo: Hedra, 2010.

SILVA, Carla Fernanda da. "*Morte e vida severina* na ditadura militar: O anarquista Roberto Freire e o teatro como resistência". In: XV Encontro Estadual de História da ANPUH-SC: "1964-2014: Memórias, Testemunhos e Estado", 2014, Florianópolis. *Anais do XV Encontro Estadual de História da ANPUH-SC: "1964-2014: Memórias, Testemunhos e Estado"*. Florianópolis: UFSC, 2014.

SILVA, Domingos Carvalho da. "Psicologia da composição". *Revista Brasileira de Poesia*, v. 1, n. 2, pp. 79-80, abr. 1948.

_____. "O cônsul poeta". *Correio Paulistano*, 5 jul. 1952a.

_____. "Preponderância da poesia sobre a poesia na literatura brasileira na hora atual". *Correio Paulistano*, 16 nov. 1952b.

_____. "A geração de 45". *A Manhã*, 8 mar. 1953.

SILVA, Evandro Lins e. "Punições por convicção política?". In: MARIZ, Vasco (Org.). *Antônio Houaiss: Uma vida — Homenagem de amigos e admiradores em comemoração de seus 80 anos*. Rio de Janeiro: Civilização Brasileira, 1995, pp. 197-206.

SILVEIRA, Emília. "'Morte e vida severina': A fome do sertão vem de novo ao litoral". *Jornal do Brasil*, 28 abr. 1978.

SILVEIRA, Joel. "Kafka no Itamarati". *Diário de Notícias*, 28 dez. 1955.

_____. "No quintal". *Jornal do Commercio*, 31 dez. 1983.

_____. "Dois instantes de João Cabral de Melo Neto". In: _____. *A milésima segunda noite da avenida Paulista e outras reportagens*. São Paulo: Companhia das Letras, 2003, pp. 131-44. (Textos publicados inicialmente no *Diário de Notícias*, 6 abr. 1969 e 13 abr. 1969.)

SIQUEIRA, Joelma Santana. "João Cabral de Melo Neto na imprensa brasileira nos anos 1950". *Texto Poético*, v. 14, n. 25, pp. 410-29, 2018.

SIQUEIRA, Silnei. "O sucesso inesperado". *Porandubas — Boletim Interno da PUC-SP*, 11 set. 1980.

SOARES, Andréia Azevedo. "A Suíça dos Cabral de Melo: Pedras, aspirinas e muito frio". *Swissinfo*, 23 out. 2018.

SOARES, Lucila. *Rua do Ouvidor 110: Uma história da Livraria José Olympio*. Rio de Janeiro: José Olympio; FBN, 2006.

SOARES, Ricardo. "Frei Caneca volta com a Constituinte". *Jornal do Brasil*, 11 jul. 1985.

SOBRAL, Gustavo. "Zila Mamede e José Mindlin, breve relato da correspondência e de amizade". *Revista da Academia Norte-Rio-Grandense de Letras*, v. 46, pp. 36-50,2016.

SOUZA, Márcio. "Porto". *Jornal do Brasil*, 5 ago. 1987.

SUKMAN, Hugo. "Noite do poeta João". *Jornal do Brasil*, 27 out. 1993.

SÜSSEKIND, Flora. "As traduções de Cabral". *Jornal do Brasil*, 16 out. 1996.

SUZUKI JR., Matinas. "João Cabral volta para ficar". *Folha de S.Paulo*, 20 set. 1987.

TAPIA, Nicolás Extremera. "Conversa em casa do poeta João Cabral de Melo Neto", 1993. Disponível em: <www.omarrare.uerj.br/numero15/pdf/NICOLAS%20TAPIA.pdf>. Acesso em: 20 jan. 2020.

_____. "El cante flamenco en la poética de João Cabral de Melo Neto". *Limite*, n. 5, pp. 177-91, 2011.

TAVARES, Odorico. "Barroco baiano seduz pintor espanhol". *A Cigarra*, nov. 1961.

THOMPSON, Maria Elisa Escobar. *Minha irmã epistolar: Cartas do poeta visionário Murilo Mendes a Virgínia Mendes Torres*. São Paulo: FFLCH-USP, 2009. Tese (Doutorado em Letras).

THORMES, Jacinto de. "João Cabral de Melo Neto: 'Nós apenas festejamos'". *Jornal do Brasil*, 24 jun. 1978.

TRIGO, Luciano. "Poesia em carne viva". Entrevista com Armando Freitas Filho. *Poesia Sempre*, n. 22, jan./mar. 2006.

TRINDADE, Mauro. "Este Neto bate um bolão". *Tribuna da Imprensa*, 5 set. 1988.

VAN STEEN, Edla. "João Cabral de Melo Neto". In: _____. *Viver e escrever*. Porto Alegre: L&PM, 1981. v. 1, pp. 11-7.

VASCONCELLOS, Jorge; FERREIRA, Claudiney. "João Cabral de Melo Neto". In: _____. *Certas palavras*. São Paulo: Estação Liberdade; Secretaria de Estado da Cultura, 1990, pp. 175-80.

VASCONCELOS, Selma. *João Cabral de Melo Neto: Retrato falado do poeta*. Recife: Ed. do Autor, 2009.

VELOSO, Caetano. "Leia poema de Caetano Veloso em homenagem a João Cabral". *Folha de S.Paulo*, 4 jan. 2020.

VERNIERI, Susana. *O Capibaribe de João Cabral em O cão sem plumas e O rio: Duas águas?* São Paulo: Annablume, 1999.

VIANNA, Luiz Fernando. "O golpe trágico de 24 de agosto de 1954". *Folha de S.Paulo*, 22 ago. 2004.

VIANNA, Solena Benevides. "O triângulo da novíssima poesia brasileira: Lêdo Ivo, Bueno de Rivera, João Cabral. Vida, obra, opiniões e tendências". *O Jornal*, 24 fev. 1946.

VICTOR, Fabio. "'O futebol me tomava tempo', diz em sua última entrevista". *Folha de S.Paulo*, 10 out. 1999a.

_____. "Cabral tinha esperança de voltar a enxergar". *Folha de S.Paulo*, 11 out. 1999b.

_____. "João Cabral inédito". *Folha de S.Paulo*, 8 jun. 2011.

VIDIGAL, Geraldo. "O corte gráfico dos versos de Cabral de Melo Neto". *Correio da Manhã*, 5 dez. 1948.

VIEIRA, José Geraldo. "Poesia, cronologicamente...". *Jornal de Notícias*, 20 nov. 1949.

VILLAS-BOAS, Luciana. "João Cabral: A mesma beleza, novas manias". *Jornal do Brasil*, 18 dez. 1985.

WALTHER-BENSE, Elisabeth. "A relação de Haroldo de Campos com a poesia concreta alemã, em especial com Max Bense". *Transluminura*, n. 1, pp. 65-80, 2013.

WERNECK, Humberto. "Intrigas no Itamaraty". *Folha de S.Paulo*, 17 out. 1999.

_____. "Furacão em Copacabana". *O Estado de S. Paulo*, 5 fev. 2019.

WIZNITZER, Louis. "Juan Miró fala a Letras e Artes". *A Manhã*, 2 jul. 1950.

Correspondência publicada

FIUZA, Solange. "Cartas inéditas de João Cabral a Alberto de Serpa: O planejamento de *O Cavalo de Todas as Cores*". *Alea — Estudos Neolatinos*, v. 21, n. 1, pp. 157-74, 2019a.

IVO, Lêdo. *E agora adeus: Correspondência para Lêdo Ivo*. São Paulo: Instituto Moreira Salles, 2007.

LISPECTOR, Clarice. *Correspondências*. Org. de Teresa Montero. Rio de Janeiro: Rocco, 2002.

MOREIRA, Priscila Oliveira Monteiro; ATHAYDE, Manaíra Aires. "*O Cavalo de Todas as Cores* de João Cabral e Alberto de Serpa: Uma revista trimestral de um número só". *Via Atlântica*, n. 31, pp. 41-58, jun. 2017.

SOUSA, Carlos Mendes de. "Conversar-escrevendo: João Cabral e Murilo Mendes". *Colóquio Letras*, n. 200, pp. 123-65, jan. 2019.

SÜSSEKIND, Flora (Org.). *Correspondência de Cabral com Bandeira e Drummond*. Rio de Janeiro: Nova Fronteira; Fundação Casa de Rui Barbosa, 2001.

Correspondência inédita
(Acervo da Fundação Casa de Rui Barbosa)

Cartas para João Cabral:
Alberto da Costa e Silva
Antonio Candido
Arnaldo Saraiva
Augusto de Campos
Clarice Lispector
Félix de Athayde
Guimarães Rosa
Haroldo de Campos
Lêdo Ivo
Luiz Antonio Cabral de Mello
Mário Faustino

Marques Rebelo
Otto Lara Resende
Silnei Siqueira
Sophia de Mello Breyner Andresen
Stella Cabral de Mello
Willy Lewin

Cartas de João Cabral:
Daniel Pereira
Lauro Escorel
Stella Cabral de Mello

Filmes e documentários

O curso do poeta. Direção de Jorge Laclette, 1973.

Morte e vida severina. Direção de Zelito Viana, 1977.

Liames, o mundo espanhol de João Cabral de Melo Neto. Direção de Carlos Henrique Maranhão, 1979.

Morte e vida severina. Direção de Walter Avancini, 1981.
Duas águas. Direção de Cristina Fonseca, 1997.
Recife de dentro para fora. Direção de Katia Mesel, 1997.
Recife/Sevilha: João Cabral de Melo Neto. Direção de Bebeto Abrantes, 2003.

Jornais e periódicos

A Cigarra
A Manhã
A Noite
Anuário do Pessoal do Ministério das Relações Exteriores
Correio Braziliense
Correio da Manhã
Correio Paulistano
Diário Carioca
Diário da Noite
Diário de Natal
Diário de Notícias
Diário de Pernambuco
Dom Casmurro
Flan
Folha de S.Paulo
Jornal do Brasil

Jornal do Commercio (RJ)
Jornal do Recife
Jornal dos Sports
Jornal Pequeno
Manchete
O Cruzeiro
O Jornal
O Mundo Ilustrado
Poesia Sempre
Realidade
Revista da Semana
Revista de Cultura Brasileña
Revista do Livro
Suplemento Literário de *O Estado de S. Paulo*
Tribuna da Imprensa
Última Hora

Sites

Academia Brasileira de Letras (ABL)
Biblioteca Nacional (Hemeroteca Digital)
Centro de Pesquisa e Documentação de História Contemporânea do Brasil (CPDOC), da Fundação Getúlio Vargas
Enciclopédia Itaú Cultural
Fundação Joaquim Nabuco
Instituto Moreira Salles

Entrevistas

Alberto da Costa e Silva
Antonio Carlos Secchin
Antonio Maura
Armando Freitas Filho
Arnaldo Saraiva
Augusto de Campos
Evaldo Cabral de Mello
Glorinha Paranaguá
Inez Cabral

João Bandeira
Lauro Moreira
Luís Cabral de Melo Neto
Luiz Costa Lima
Mário Hélio Gomes de Lima
Maureen Bisilliat
Marília Pessoa
Rodrigo Cabral
Sebastião Lacerda

Índice remissivo

Números de páginas em *itálico* referem-se a imagens

I Congresso de Poesia do Recife (1941), 65-6, 68-71, 75, 80
I Festival Nacional de Teatros de Estudantes (Recife, 1958), 285, 292
I Congresso da Associação Brasileira de Escritores (ABDE, São Paulo, 1945), 111
II Congresso de Poesia do Recife (1945), 96
II Congresso Mundial da Paz (Sheffield, Inglaterra, 1950), 189
IV Centenário da cidade de São Paulo (1954), 213-7, 220, 224, 243, 244, 247, 306, 336, 405, 484
X Festival de Brasília do Cinema Brasileiro (1977), 424
26 poetas hoje (org. Heloísa Buarque de Hollanda), 420
XXXVI Congresso Eucarístico Internacional (Rio de Janeiro, 1955), 264, 337

A

"A André Masson" (João Cabral), 76, 99
"A Camilo Castelo Branco" (João Cabral), 450
"A Carlos Drummond de Andrade" (João Cabral), 92
"A palo seco" (canção), 421
"A palo seco" (João Cabral), 284, 289, 297, 322, 349
Abrantes, Bebeto, 491
Abujamra, Antônio, 292-3, 316
Academia Brasileira de Letras, 17, 55, 69, 71, 91, 138, *236*, 250, 371, 375, 381, 385, 389, 396-7, 399, 413-4, 420, 426, 432, 458, 468, 478-9, 483, 486, 491-2
Academia Pernambucana de Letras, 70, 475, 484
Academia Sueca, 486; *ver também* Nobel, prêmio
Ação Educacional Proletária, 66

Ação Integralista Brasileira, *64*; *ver também* integralismo
Ação Monarquista Brasileira, 63
Accioly, Breno, 57, 69, 80-2, 95, 97, 99, 109, 112, 114
Accioly, Hildebrando, 199
"Acompanhando Max Bense em sua visita a Brasília, 1961" (João Cabral), 320
Acontecimento do soneto (Ivo), 145
Açores, 26
Acosta, Walter, 321
"Acudam, senhores, acudam a pobre poesia" (Gonçalves), 67
Adonias Filho, 80, 112, 209, 400
África, 39, 272, 292, 396, 398, 406, 409, 411-2, 426-7, 437
Agir (editora), 99, 144, 411
Agostinho Neto, 411
Agrestes (João Cabral), 27, 32, 43-4, 312, 424, 429, 446-8, 450-1, 456, 461
"Águas mortas" (Luís Cabral de Melo Neto), 366
AI-5 (Ato Institucional nº 5), 386, 389, 414
Alagoas, 17, 57, 84
Alberti, Rafael, 133, 141, 160-1, 170, 216, 409
Albuquerque, Ângela Felícia Lins de (bisavó paterna de João Cabral), 26-7
Albuquerque, Jerônimo de, 494
Alegre, Manuel, 336
Aleixandre, Vicente, 164
Alemanha, 112, 194, 200, 208, 329, 339, 350, 363, 369, 381, 404, 467
Alemanha Oriental, 198
Alencar, José de, 175
Alexandre, o Grande, 162
Algol (revista), 167, 169
Alguma poesia (Drummond), 13, 20, 60, 81, 89
"Alguns toureiros" (João Cabral), 135, 266
Aliança Liberal, 38
Alighieri, Dante, 463-4

Alma a la luna (Ruiz Calonja), 165

Almeida, Guilherme de, 302

Almeida, José Américo de, 39, 246, 251, 376, 379, 385

Almeida, Paulo Mendes de, 213

Alonso, Dámaso, 164, 326

Alves, Francisco, 279

Alves, Márcio Moreira, 367

Alves, Tania, 425, 435, 487

Alvim, Francisco, 419, 463

Alzira (mulher de Luís Cabral de Melo Neto), 438

Amado, Genolino, 106

Amado, Gilberto, 391

Amado, Jorge, 16, 18, 65, 100, 112, 114, 189, 246, 376-7, 379, 404, 479, 485-6

Amar se aprende amando (Drummond), 461

Amaral, Tarsila do, 63

Amarelinho (bar carioca), 14, 16, 97

Amaya, Carmen, 312

Amazonas, 357

Amazonas, rio, 432

Amazônia, 74, 432

América Central, 427, 437

América do Recife (time de futebol), 48-50, 258, 393, 426, 433, 470, 492

América Latina, 120, 196, 267, 342, 391, 479

"América" (Drummond), 92

"América vista pela Europa, A" (João Cabral), 246

Américas, 479

Amigos da Poesia (editora), 100

Amphion (Valéry), 140-1

"Analianeliana" (Bandeira), 295

Andaluzia, 132, 134, 266, 268-9, 271, 277, 279, 282-3, 290, 292, 331, 333, 408, 432, 480

Andando Sevilha (João Cabral), 482

Andes, 428, 438

Andrade, Eugénio de, 450

Andrade, Joaquim Pedro de, 386, 441

Andrade, Mário de, 13, 17, 56, 72, 74, 81, 84, 94, 100, 109-13, 146, 161, 193, 204-5, 245, 298, 329, 346, 378

Andrade, Oswald de, 63, 87, 109, 126, 151, 245, 296, 329, 339, 378

Andrade, Rodrigo Melo Franco de, 103, 124, 333, 403

Andreato, Elias, 441

Andresen, Sophia de Mello Breyner, 3, 7, 281-4, 336, 362-3, 370

Anfion (personagem mitológico), 143

Angola, 249, 411

Aniki bóbó (João Cabral e Magalhães), 286

Anistia (1979), 414

Anjos, Augusto dos, 13, 323, 482

Anjos, Cyro dos, 202, 217, 400

Anthology of Twentieth-Century Brazilian Poetry, An (org. Bishop), 417

antilírica cabralina, 13, 33, 142, 358, 362, 410, 416, 448

"Antiode" (João Cabral), 141-2, 150, 153, 176, 188, 249, 297, 410

Antologia (revista), 146

Antologia da língua portuguesa (Cruz), 56

Antologia de poetas brasileiros bissextos contemporâneos (org. Bandeira), 144

Antología de poetas brasileños de ahora (org. João Cabral), 166

Antología de poetas españoles contemporáneos en lengua castellana (org. González-Ruano), 164

Antologia poética (João Cabral; Editora do Autor), 358

Antologia poética (Mendes, org. João Cabral), 411

Antologia poética (Moraes), 168

Antologia poética (Oliveira, ed. Nova Fronteira), 488-9

Antônio Maria, 42, 52, 82, 220, 342

Antropofagia, 63

Aparicio, Julio, 134, 268, 272

Apollinaire, Guillaume, 59, 63, 159, 243, 296

Aquino, Flávio de, 209

Aragon, Louis, 59, 131, 197

Aranha, Graça, 54, 56, 72, 89, 297, 413, 419

Araraquara (navio), 14

Araújo Jorge, J. G. de, 302

Araújo, José Guimarães de, 65

Argélia, 304, 307

Argentina, 59, 263, 306, 412, 426, 455

Argentina Star (navio), 201

Ariel (revista), 166

Arinos, Afonso, 206, 250, 259, 265, 270, 279, 333, 369, 371, 381, 413, 452

Aristóteles, 464

Arquivo das Índias (Sevilha), 267, 270-1, 274, 276-7, 304, 310, 319, 324, 331-2, 368

Arquivo das Índias e o Brasil, O (João Cabral), 277

Arraes, Miguel, 338, 471

Arranha-céu engolido, O (Tostes), 146

Arte Informal, 327
"Asa, A" (João Cabral), 62
Ascher, Nelson, 472
Ashbery, John, 481
Aspectos da descaracterização do Recife (Evaldo Cabral), 222
aspirina, 12, 77, 112, 157, 159, 170, 206, 212, 308, 364-5, 395, 423, 451, 477
Assembleia Legislativa do Recife, 379
Assis, Machado de, 54, 334, 375-6, 382, 422, 454
Associação Comercial de Pernambuco, 14, 51-3, 81, 223
Associação Paulista de Críticos de Arte, 415
Assunção (Paraguai), 390, 391-3, 395, 404
Asterix (quadrinhos), 365
Astrida (navio), 62
Astúcia da mímese, A (Merquior), 416
Ataíde, Tristão de (pseudônimo de Alceu Amoroso Lima), 55, 64, 99, 107, 113, 122, 283, 348, 352
ateísmo, 23, 44, 491, 493
Athayde, Austregésilo de, 380, 383, 389, 414, 428
Athayde, Félix de, 220, 222, 267, 275-6, 278, 286, 290, 292, 296-7, 300, 301, 314, 323, 327-8, 338, 342, 371, 392, 424, 439
Athayde, Maria José Austregésilo de, 264, 389
Auden, W. H., 191, 373, 448, 464
Ausgewählte Gedichte (antologia alemã), 351
Austro-Costa, 66
Auto da Compadecida (Suassuna), 256, 313, 373
Auto do frade (João Cabral), 439-41, 446-7, 461
"Autobiografia de um só dia" (João Cabral), 24
"Autógrafo, O" (João Cabral), 409
"Automobilista infundioso, O" (João Cabral), 321
Autran, Paulo, 386
Avancini, Walter, 441
"Aventura sem caça ou pesca" (João Cabral), 47
Ávila, Affonso, 330, 417
Ávila, Fernando Bastos de, 492
Ayala, Walmir, 329
Azevedo, João de Mello, 26
Aznavour, Charles, 412

B

Baby (mãe de Stella), 119, 156, 406
Bach, Johann Sebastian, 98
Báez, Miguel, 135

Bahia, 39, 52, 121, 337, 435
bailaoras, 133, 278, 312
"Bailarina, A" (João Cabral), 100, 170
Bairro Gótico (Barcelona), 126, 131, 382
Balanço da bossa e outras bossas (Augusto de Campos), 418
Balé Nacional do Senegal, 404
Baltar, Antonio B., 102-3
Balzac, Honoré de, 403
Bamako (Mali), 398
bananeiras do Equador, 429
Banco da Providência, 303, 389
Banco do Brasil, 390
"Banco Turístico do 1º Congresso de Poesia do Recife" (Rego Monteiro), 68
"Banda, A" (canção), 357, 418
Bandeira, Antônio Rangel (Bandeirinha), 57, 69, 95, 97, 114-5, 122, 137, 149, 205
Bandeira, Manoel (pintor), 72
Bandeira, Manuel, 12-3, 17, 23, 25-6, 35, 45, 54, 56, 59, 68, 73, 90-1, 100, 110, 114, 126-8, 130, 132, 137-9, 142-6, 149, 155, 158-9, 162, 164-6, 170, 176, 178-80, 182, 186-8, 192-3, 205, 208, 210, 215, 219-20, 237, 250, 258, 262, 295, 299, 302, 334, 346, 358-9, 368, 375, 377, 379, 384-5, 391, 401, 409, 418, 446, 448, 455, 488, 493
banguês (engenhos), 31
Banquete, O (Oliveira), 472
Barbosa, Francisco de Assis, 457, 476-7
Barbosa, João Alexandre, 415, 417, 472, 483
Barbosa, Rui, 42, 55, 120, 265
Barcelona, 125-38, 141, 143-7, 149-50, 152, 155, 157-8, 160-1, 164-6, 168-9, 171-2, 174-6, 179-80, 182-6, 192, 197, 200, 206, 208-9, 217, 243, 252, 267-8, 272, 277, 279, 290, 300, 304-5, 307, 324-5, 349, 363, 369-70, 372, 375, 379, 381, 385-6, 389, 390-1, 393, 405, 407, 413, 466, 473, 481, 490
Barrault, Jean-Louis, 355
barroco, 162, 215, 281, 284, 487
Barros, Manoel de, 117
Barroso, Ivo, 490
Barruco, Donato, padre, 27
Basf (empresa química alemã), 364-5
Bastide, Roger, 246
Bastos, Ronaldo, 401
Baudelaire, Charles, 59, 68, 70, 145, 292, 447
Bauhaus, 294
Beatles, The, 392

Beberibe, rio, 46, 260

Bebiano, Elza, 267

Becker, Cacilda, 224, 313-4, 345

Belchior, 421

Belchior, Maria de Lourdes, 370

Belém (PA), 53, 285, 432

Bélgica, 344

Bello Filho, José Maria, 198, 200

Belmonte, Juan, 134, 143, 272

Belo belo (Bandeira), 192

Belo Horizonte (MG), 13, 39, 56, 85, 103, 330, 402-3, 477

Belo, Ruy, 370

Bem-Te-Vi Filmes, 405

Bense, Max, 294, 320-1, 339, 350, 408

Berceo, Gonzalo de, 162-3, 179, 216, 323

Berna (Suíça), 147, 343-4, 350-1, 354-6, 359, 361-2, 364-6, 368, 414

"Berna" (Luís Cabral de Melo Neto), 366

Bernanos, Georges, 59, 210

Bessa-Luís, Agustina, 459

Biblioteca do Congresso (Washington), 390

Biblioteca Municipal de São Paulo, 204, 224, 244

Biblioteca Nacional (Rio de Janeiro), 92

Bibliothèque de la Pléiade, 403

"Bicho" (Bandeira), 168, 192

"Bicho, O" (João Cabral), 464

Bienal Internacional de Poesia (Knokke-le Zoute, Bélgica), 344

Bienal Nestlé, prêmio da, 467

Bilac, Olavo, 56

Bill, Max, 273, 294

Bishop, Elizabeth, 334, 373, 417, 448, 478-9

Bisilliat, Maureen, 443

Blake, William, 70

Boal, Augusto, 346

Bodoni (papel de linho), 144

Boi e o Burro a caminho de Belém, O (Maria Clara Machado), 253

Boletim de Ariel (periódico), 55

"Bolívar" (célula comunista), 198

Bolívia, 325, 343

"Bomba atômica, A" (Moraes), 168

"Boneca de pano" (Lima), 56

Bonn (Alemanha), 198, 200

Bonnard, Pierre, 128

Bonvicino, Régis, 438

Bopp, Raul, 142, 185, 200

"Borandá" (canção), 346

Borba, José César, 74

Borba Filho, Hermilo, 252

Borges, Jorge Luis, 455

Borges, Severino, 35

Bossa Nova, 220, 303, 342, 494

Boston (EUA), 119, 140-1, 161, 177

Boulez, Pierre, 273

Braga, Edgard, 205

Braga, Rubem, 39, 77, 97, 159, 169, 175, 178, 203, 207, 209, 243, 250, 321, 333-4, 363, 372, 374, 376-7, 383, 394-5, 400, 404, 408, 411, 431, 477

Braque, Georges, 76

"Brasil 4 x Argentina 0 (Guayaquil 1981)" (João Cabral), 433

Brasil pede passagem (show), 346

Brasil, Marco Antonio Alves, 477, 480

Brasília, 103, 267, 302, 319-21, 324, 330, 345, 361, 398, 400, 402-3, 405, 424, 428, 454-5, 458, 463

Brecht, Bertolt, 292, 313

Brejo das almas (Drummond), 13, 60, 74, 85, 101

Brejo das Almas (MG), 74, 85

Brennand, Francisco, 374

Breton, André, 59, 70, 131

Brito, Mário da Silva, 224, 245-6

Brossa, Joan, 169, 170, 172, 174, 184, 258, 481-2, 490

Browning, Robert, 464

Bruges (Bélgica), 344-5

Buarque, Chico, 345-8, 352-4, 356-8, 364, 375, 386, 401, 418, 435, 487

Buck, Dirceu, 84-6

Buenos Aires, 161, 262-3, 274, 304-6, 455

Burle Marx, Roberto, 102, 202, 372

Busca, A (Oliveira), 120

C

"C. D. A." (João Cabral), 12-3, 18

Cabra marcado para morrer (filme), 338

Cabral, Jorge Kirchhofer, 378

Cabral, Pedro Álvares, 450

Cabral de Mello, Carmen Carneiro Leão (mãe de João Cabral), 14-5, 22-4, 28-30, 32, 36, 39, 43-4, 46, 49-50, 53, 83, 124, 221, 224, 294, 318, 340, 396, 400, 452

Cabral de Mello, Cláudio (irmão de João Cabral), 14, 30, 201, 318, 390

532

Cabral de Mello, Diogo (tio-avô de João Cabral), 20, 85, 119

Cabral de Mello, Evaldo (irmão de João Cabral), 14-5, 26-7, 30, 46, 77, 198-9, 206, 220-2, 243, 250, 252, 267-8, 275, 286, 314, 318, 390, 409, 429, 439, 460

Cabral de Mello, família, 25, 26

Cabral de Mello, Francisco Antonio (bisavô paterno de João Cabral), 26-8, 34, 391

Cabral de Mello, Inez (filha de João Cabral), 156-8, 181, 194, 223, *228-1*, 274, 278, 281, 291, 309, 311, 320, 339-41, 344, 353, 355, 365, 369, 382, 389-90, 399-401, 407, 434, 439, 441, 452, 456, 471, 480, 485, 489, 494

Cabral de Mello, Isabel (filha de João Cabral), 229, 250, 274, 306, 309, 311, 317, 320, 339, 369, 389, 397, 399, 402, 437, 444, 451-2, 459, 478, 492

Cabral de Mello, João (avô paterno de João Cabral), 27-8

Cabral de Mello, Leda (irmã de João Cabral), 30-1, 391

Cabral de Mello, Luiz Antonio (pai de João Cabral), 14-5, 22, 24, 26, 28-30, 32, 35-40, 42-4, 48-9, 51-6, 72, 77, 81, 83, 85-6, 124, 174, 199, 220-1, 223-4, 250, 304, 318, 368, 373, 396, 400, 404, 424

Cabral de Mello, Maria de Lourdes (irmã de João Cabral), 14, 30, 44, 46-7, 76, 79, 83, 372-3, 390, 424

Cabral de Mello, Maria Rita (avó paterna de João Cabral), 27-29, 50

Cabral de Mello, Marita (prima de João Cabral), 50

Cabral de Mello, Maurício (irmão de João Cabral), 14, 30, 221, 390, 397, 400, 440, 442

Cabral de Mello, Rodrigo (filho de João Cabral), 124-5, 128, 156-7, *228-9*, 274, 279, 291, 311, 319, 325, 339, 341, 373, 391, 399, 407, 432, 459

Cabral de Mello, Tomás (senhor de engenho), 26

Cabral de Mello, Virgínio (irmão de João Cabral), 14-5, 19, 22, 29-30, 34, 36, 39, 42-4, 49, 55, 72, 222, 224, 390

Cabral de Mello Filho, João Cabral de (tio paterno de João Cabral), 29, 39-40, 50

Cabral de Melo, João (filho de João Cabral), 340, 342, 369, 389, 397, 399, 402, 407, 423, 437, 492

Cabral de Melo Neto, João, *225-31, 236-40*

Cabral de Melo Neto, Luís (filho de João Cabral), 157, 180, *228-9*, 257, 274, 291, 310-1, 319, 339, 341, 365-6, 431, 438, 460

Cabré, Mario, 135

Cachorro, El (escultura de Ruíz Gijón), 281

Cadernos de Literatura Brasileira (Instituto Moreira Salles), 491

Café Lafayette *ver* Lafayette (café do Recife)

Calábria, Mário, 92-3, 117-8, 139, 194-5, 197-8, 200, 207, 369, 381

Caldas, Sílvio, 278

Calder, Alexander, 130

Calderón de la Barca, Pedro, 337

Callado, Antonio, 462, 471

Câmara, dom Hélder, 264, 303, 373-4, 387, 389, 397

Camões, Luís de, 23, 54, 125, 162, 335, 358, 422

Campaña del Brasil, antecedentes coloniales (coleção de documentos), 275

"Campo de Tarragona" (João Cabral), 131

Campos, Augusto de, 294-9, 328, 360-2, 383, 415, 418, 420, 437, 448, 468

Campos, Francisco, 42

Campos, Geir, 186, *237*, 330

Campos, Haroldo de, 189, 294, 297, 320-1, 323, 328-9, 339, 344, 350, 383, 415, 431, 486

Campos, Olavo Redig de, 406

Campos, Paulo Mendes, 139

"Cana dos outros, A" (João Cabral), 321

"Canavial e o mar, O" (João Cabral), 360

Cançado, José Maria, 477

Candido, Antonio, 84, 86-9, 100, 106, 116, 146-7, 213, *239*, 250, 288, 376, 434, 483

candomblé, 82

Caneca, Frei, 45, 242, 346, 403, 437, 439, 440-1

Canet, Mariano, 132

Cannes, Festival de, 338

Cantar de Mio Cid (poema épico medieval), 146, 162-3, 216

cante jondo, 277, 283, 351, 387

Cántico (Guillén), 161

Cântico dos cânticos (livro bíblico), 426

Cantora careca, A (Ionesco), 292

Cantos, Os (Pound), 294

Cão sem plumas, O (João Cabral), 175-9, 184, 187-9, 192, 203, 213, 215-6, 218, 222, 249, 261, 288, 299, 350, 403, 443

Capanema, Gustavo, 11-2, 84, 111

Capiba (compositor), 47

Capibaribe, rio, 22, 28, 31, 33, 46, 53, 175, 178, 215, 217, 222, 373, 412, 430, 442

capitalismo, 18, 179, 194, 380

"Carcará" (canção), 346

Cardoso, Ivan, 465

Cardoso, Lúcio, 14, 16, 64, 80, 97, 100, 112, 245-6, 288

Cardoso, Newton, 50, 105

Cardozo, Joaquim, 51, 58, 85, 101-5, 124, 136, 142, 144-5, 176-7, 215, 220, 253, 319, 334, 402-3, 409

Carioca (revista), 68

Carlos Cachaça (sambista), 14

Carlos Magno, Paschoal, 285

Carnaval, 17, 46-7, 83, 374, 487

"Carnaval" (Graça Aranha), 56

Carneiro Leão, Albertina, 23, 32, 77

Carneiro Leão, Esther, 23, 29, 50

Carneiro Leão, família, 25

Carneiro Leão, Haroldo, 223, 314

Carneiro Leão, Josias, 129

Carneiro Leão, Maria de Mello (avó materna de João Cabral), 25, 32, 51, 445

Carneiro Leão, Virgínio Marques (avô materno de João Cabral), 23-5, 29, 31-3, 39, 51, 445

Carneiro Leão, Waldemar, 115

Carone, Modesto, 493

Carpeaux, Otto Maria, 96, 164

Carpina (PE), 53, 60, 221, 224, 250, 274, 318, 373-4, 379, 386-7, 396-7, 400, 405, 424

Carreño, Pedro, 132

Carrera Andrade, Jorge, 431

Carrera, Carmen, 312

Carriedo, Gabino-Alejandro, 325, 350

"Carta com C" (Guimarães Rosa), 449

Cartório do Protesto de Letras (Recife), 223

Carvalho, Armando Silva, 336

Carvalho, Ronald de, 62

Carybé, 404

Casa de farinha, A (João Cabral), 494

Casablanca (filme), 266

Casa-grande & senzala (Freyre), 25, 63, 67, 100, 374, 409

casas-grandes, 24, 40, 361

"Casinha pequenina" (canção), 278

Caso Especial (série de TV), 425

Castela (Espanha), 160, 258, 269

Castelldefels (Espanha), 158, 172-3, 181, 194

Castelo Branco, Humberto de Alencar, 367-9, 396, 411-2

Castello, José, 463, 474, 476

Castelo Branco, Camilo, 422, 439, 449-50, 461, 486

Castro, Edgar Fraga de, 356

Castro, João Augusto de Araújo, 273

Catalunha, 131, 133, 156, 160, 164, 166, 169, 172, 183, 258, 268, 481

Catimbó (Ferreira), 58

catolicismo, 17, 43, 57-8, 64-5, 93, 99, 109, 120, 122, 253, 264, 271, 284, 422, 493; *ver também* Igreja católica

Cavalcanti, Alberto, 183

Cavalcanti, Carlos de Lima, 40

Cavalcanti, Valdemar, 375

Cavalo de Todas as Cores, O (revista), 167-9, 185-6, 267

Caymmi, Dorival, 209

CBF (Confederação Brasileira de Futebol), 433

Ceará, 188, 367

Cem anos de solidão (García Márquez), 381

Cemitério Novo de Maceió, 82

Cemitério São João Batista (Rio de Janeiro), 492

censura, 18, 56, 113, 168, 170, 174, 332, 345-6, 356, 424-5

Centro de Estudos Brasileiros (Embaixada do Brasil na Argentina), 263

Cerco da primavera (Oliveira), 454

Cernuda, Luis, 160, 170

Certas Palavras (programa de rádio), 468

Cervantes, Miguel de, 162-3, 179

Cesar, Ana Cristina, 419

Cézanne, Paul, 128

Chacrinha (Abelardo Barbosa), 392

Chagas, Walmor, 313

Chamie, Mário, 328, 419, 424

Chaplin, Charlie, 92, 183

Chardin, Teilhard de, 264

Chateaubriand, Assis, 53, 115-6, 375, 377, 384-5

Chateaubriand, Gilberto, 431

Chaucer, Geoffrey, 190

"Chega de saudade" (canção), 342

Cheganças (grupo teatral), 346

Chicago (EUA), 246, 334

Chico Buarque de Hollanda (LP de 1966), 357

Chiodetto, Eder, 490

CIA (Central Intelligence Agency), 197

534

Cicero, Antonio, 481-2

Cidade do México, *238*, 363

Cidade sitiada, A (Lispector), 148

Cinco vezes favela (filme), 338

Cine Teatro do Quartel da Polícia Militar (Belém), 286

Cine Teatro Europa (Lisboa), 357

Cine Teatro Gardunha (Fundão, Portugal), 370

Cinelândia (Rio de Janeiro), 11, 14, 16, 18, 20, 92, 97, 109, 243

Cinema Novo, 337-8

Cirici Pellicer, Alexandre, 154

Cirlot, Juan-Eduardo, 154, 165, 172

Civil geometria: Bibliografia crítica, analítica e anotada de João Cabral de Melo Neto — 1942-1982 (Mamede), 449

Civilização Brasileira (editora), 338, 368, 416

Clark, Lygia, 294-5

Claro enigma (Drummond), 186, 218-9, 474

"Claros varones" (João Cabral), 35

Claudel, Paul, 59, 65, 308

Clima (revista), 71, 87-8, 116

Clube de Poesia de São Paulo, 189, 204-5, 414

Clube dos Marimbás (Rio de Janeiro), 374

Cobalto (revista), 171-2

Cobra Norato e outros poemas (Bopp), 185

Cocteau, Jean, 59, 210, 434, 465, 481

Coelho, Duarte, 25, 494

Coelho, Marcelo, 490

Coelho, Nilo, 374, 384

Coimbra, 167, 356, 370, 450

Coimbra, Décio Martins, 179

Coimbra, Estácio, 38-9

Colégio Marie-Thérèse (Genebra), 341

Colégio Marista (Recife), 41-2, 44, 48, 51-2, 54-5, 104, 335, 392

Colégio Pedro II (Rio de Janeiro), 42

Colégio Santo Inácio (Rio de Janeiro), 320, 366

Coliseu do Porto (Portugal), 458

Collor de Mello, Fernando, 470, 473

Colombo, Cristóvão, 479

Comício (semanário), 203, 209-10

Comissão Estadual de Teatro de São Paulo, 352

Companhia do Sagrado Coração de Jesus, 121

Companhia Editora Nacional, 54

Companhia Paulo Autran, 386-7

Companhia Urbanizadora da Nova Capital do Brasil (Novacap), 324

comunismo, 51, 64, 107, 114, 147, 169, 174-5, 183, 194, 196-9, 201, 206-8, 219, 247-8, 263-5, 267, 367-8, 378, 389, 413-4, 423, 470, 493; *ver também* Partido Comunista do Brasil (PCB)

Concretismo, 294-6, 298-9, 327-30, 339, 344, 361, 378, 380, 383, 385, 416, 420-1, 466

Conde de Monte Cristo, O (Dumas), 292

Condé, João, 223

Condé, José, 366

Condenação dos usineiros (aquarela de Cícero Dias), 192

Conferência Nacional dos Bispos do Brasil (CNBB), 264

Congresso Internacional de Escritores (São Paulo, 1954), 244, 247

"Congresso no Polígono das Secas" (João Cabral), 316

"Considerações sobre o poeta dormindo" (João Cabral), 69

Constituição brasileira (1946), 247

"Construção" (canção), 418

Contacto (Oliveira), 455-6

contracultura, 337, 420

Convergência (Mendes), 410

Conversações noturnas, As (Laurenio de Melo), 251-2

Copa do Mundo de 1950 (Brasil), 50

Copa do Mundo de 1958 (Suécia), 276, 469

Copa do Mundo de 1966 (Inglaterra), 357

Copa do Mundo de 1970 (México), 393

Copa do Mundo de 1974 (Alemanha), 404-5

Copa do Mundo de 1978 (Argentina), 425

Copa do Mundo de 1982 (Espanha), 433, 438

Copacabana Palace, 212-3, 431, 435

Corazón en la tierra (Pintó), 166

cordel, literatura de, 36, 192, 252-3, 256, 261, 348, 412

Cordélia e o peregrino (Moraes), 146

Córdoba (Espanha), 269, 272, 282, 284, 305

Cores, perfumes e sons: Poemas de Baudelaire (trad. Dutra), 145

"Coro de anjos" (Lispector), 148

Coronel de Macambira, O (Cardozo), 402

Corpo a corpo (Mamede), 449

Corpo de baile (Guimarães Rosa), 262

"Corredor de vulcões, O" (João Cabral), 429

Correia, Raimundo, 56

Correio Braziliense (jornal), 454, 458, 471

Correio da Manhã (jornal), 71, 111, 147, 159, 211,
218, 221, 251, 261, 276, 285, 302, 323, 330, 360,
362, 366-7, 371, 375, 377-8, 383, 385, 391
Correio do Livro (jornal), 378
Correio Paulistano (jornal), 197, 213, 224, 328
Cortázar, Julio, 431
Cortesão, Jaime, 335
Cortesão, Maria da Saudade, 98
Cortina de Ferro, 427
"Corvo, O" (Poe), 142
Cossío, José Maria de, 159
Costa Brava (Espanha), 158
Costa, Cláudio Manuel da, 454
Costa, Gal, 458
Costa, Lúcio, 11, 90-1, 101-2, 367, 402
Costa, Pereira da, 253-4
Costa, Romero Cabral da, 318-20
Costa e Silva, Arthur da, 384, 389-90, 454, 459
Costa Filho, Manuel José da, 40, 318
Costa Filho, Odylo, 356-8
Costa Lima, Luiz, 328, 387, 415-6
Costallat, Benjamim, 54
Cotopaxi, vulcão (Equador), 429
Cotrim, Paulo, 195, 198, 200, 202, 206-7, 247, 413
Coutinho, Benedito, 57, 95
Coutinho, Cláudio, 426
Coutinho, Edilberto, 190, 278
Coutinho, Eduardo, 338
Coutinho, Evaldo, 144
Coutinho, Giulite, 433
Couto e Silva, Golbery do, 427
Couto, Deolindo, 391
Couto, Ribeiro, 99, 283, 413
CPC (Centro Popular de Cultura, Rio de Janeiro),
286, 330, 338, 346
Crespo, Ángel, 260, 325-6, 349-50, 486
Crime na Calle Relator (João Cabral), 46, 79, 433,
464-5, 467
"Crime na Calle Relator" (João Cabral), 464
Cristo cigano, O (Andresen), 282
Cristo *ver* Jesus Cristo; "poesia em Cristo"
Cruz, Estêvão, 56, 128
Cruzeiro, O (revista), 209, 211, 379
Cuadernos Hispanoamericanos (revista), 349
"Cuatro poetas" (Santos Torroella), 169
Cuba, 121, 321
Cubismo, 62, 72, 76, 80, 88, 100, 102, 106, 153
Cuixart, Modest, 169, 171, 382

cummings, e. e., 296
Cunha, Euclides da, 54-5
Curitiba (PR), 386
Curso do poeta, O (documentário), 405

D

"Da antiode à antilira" (Augusto de Campos),
361-2
"Da função moderna da poesia" (João Cabral),
245-6, 330
Dacar (Senegal), 397-414, 418-9, 424, 426, 428,
430, 436, 444, 449, 458, 470
Dadaísmo, 173
Dalí, Salvador, 126, 132
Dandara (neta de João Cabral), 401, 404, 407
Darel (ilustrador), 210, 212
"Daring Young Man on the Flying Trapeze, The"
(Saroyan), 190
Dasp (Departamento Administrativo do Serviço
Público), 86, 89, 91-2, 97, 104, 106, 114-7, 120,
124, 452
Dau al Set (revista), 129, 136, 169-74, 180, 185,
325, 382
De Baudelaire au Surréalisme (Raymond), 59
De Chirico, Giorgio, 76
"De um avião" (João Cabral), 251, 289, 297
"De uma praia do Atlântico" (João Cabral), 409
decassílabos (versos), 60, 219, 472
"Declaração de princípios" (João Cabral et al.),
246
Degas, Edgar, 128
"Descoberta da literatura" (João Cabral), 36
Deserto jardim, O (Oliveira), 475
Desnos, Robert, 59
Deus e o diabo na terra do sol (filme), 337
Di Cavalcanti, 367
Diamantina (MG), 334
Diário Carioca (jornal), 109, 111-2, 117, 143,
186-8, 193, 203, 205-6, 211, 213-4, 245, 249,
257-9, 261
Diário da Manhã (jornal), 70
Diário da Noite (jornal), 251, 257, 339
Diário da Tarde (jornal), 57
Diário de Notícias (jornal), 94, 107, 144, 188, 208,
210, 249, 285, 297, 321, 329, 340, 374-5, 377-8,
384, 396, 399, 455, 494

Diário de Pernambuco (jornal), 14, 25, 29, 43, 46, 52-3, 55, 64, 69, 74, 79, 102, 106, 134, 176, 216, 221, 245, 374, 379, 384-5, 390, 394, 397, 400, 465

Diário de S. Paulo (jornal), 106

Diário Oficial, 199, 207, 389

Diário Popular (jornal lisboeta), 335, 415

Diários Associados, 53, 55, 84, 115-6, 209

Dias, Cícero, 58, 86, 102, 167, 192, 215, 251

Dias, Reinaldo (pseudônimo de Houaiss), 244

Dicionário corográfico da província de Pernambuco (Galvão), 215

Dicionário de símbolos (Cirlot), 165

Dicionário Moraes, 26

Didi (jogador de futebol), 276, 469

Diouf, Assane Assirou, 397

"Disparada" (canção), 357

ditadura militar (1964-85), 367, 387, 389, 425, 470

Divisão de Censura de Diversões Públicas, 424

Dois Irmãos (engenho pernambucano), 29, 31, 35, 37, 40, 42

Dois parlamentos (João Cabral), 316, 317, 321-3, 363, 434

Dom Casmurro (Machado de Assis), 55

Dom Casmurro (periódico literário), 18-9, 66-7, 72

Dom Quixote (Cervantes), 162, 260

Domingo, Plácido, 363

Dominguín (toureiro), 133, 246

Donne, John, 191

Donner à voir (Éluard), 388

Dops (Departamento de Ordem Política e Social), 208, 247, 352

Dossiê Drummond (Moraes Neto), 462

Drummond de Andrade, Carlos, 11-4, 17-21, 55, 60, 62, 65-75, 80-1, 83-5, 88-93, 95-7, 99-102, 105, 107-14, 119-20, 122-5, 136, 139, 144, 147-52, 156, 164-6, 172, 175, 177, 182, 185-7, 193, 204-5, 207, 210, 213-4, 216-20, 251, 258, 262-3, 270, 273, 276, 297-8, 302, 322, 328-9, 333-4, 346, 351, 358, 368, 378-9, 394-5, 401, 410, 419-20, 434, 455, 460-3, 468-9, 474, 477, 480, 488, 493

Drummond de Andrade, Dolores Morais, 123, 263, 273

Drummond de Andrade, Maria Julieta, 99, 120, 262, 263, 455, 460

Duarte, Eustáquio, 85, 95, 144, 202

Duas águas (João Cabral), 241, 258-60, 262, 270, 282, 300, 317, 330

Duas águas (produção da TV Cultura), 491

Dubuffet, Jean, 323

Dumas, Alexandre, 292

Dumont, José, 425, 435-6

Dutra, Eurico Gaspar, 174

Dutra, Osório, 122, 125, 127, 138, 141, 145, 156, 174

E

Eaton, Charles Edward, 190

Edicions de l'Oc, 155

Edifício Guinle (Rio de Janeiro), 435-6, 474, 482

Editora do Autor, 321, 333, 358-9, 363, 411

Editora Schmidt, 100

Educação pela pedra, A (João Cabral), 358-64, 374-5, 380, 394, 407-8, 410, 415, 423, 434, 445, 447

Educação pela pedra e depois, A (João Cabral), 490

Egito, O (Eça de Queirós), 54

Einstein, Albert, 60

Eisenstein, Serguei, 183

"Elegia" (Drummond), 262

"Elegia 1938" (Drummond), 18

Elegias (Mota), 391

eleição presidencial (1989), 470

Eliot, T.S., 106, 113, 191, 373, 447, 450

Élis, Bernardo, 414

"Elogio da usina e de Sophia de Mello Breyner Andresen" (João Cabral), 363

Els Hostalets de Balenyà (Catalunha), 141, 155, 160, 165, 200

Éluard, Paul, 131, 154, 388

"Em Marrakech" (João Cabral), 409

Embrafilme, 425

Emmanuel, Pierre, 344

Enciclopédia da Virada do Século (evento internacional de 1993), 481

Encontro (revista), 336

Eneida *ver* Moraes, Eneida de

Engels, Friedrich, 114

Engenheiro, O (João Cabral), 50, 92, 94, 99-109, 115, 121, 140, 146, 150, 170, 261, 296-7, 316, 329, 335, 362

"Engenheiro, O" (João Cabral), 102, 105

Ensaios de crítica de poesia (Freitas Júnior), 69

Enzensberger, Hans Magnus, 350

"Episódios para cinema" (João Cabral), 61

Epstein, Jean, 57

Equador, 428-9, 431-3, 437, 448

"Esboço de panorama" (João Cabral), 246

Escola das facas, A (João Cabral), 24, 30-1, 33, 48, 433-5, 439, 447

"Escola das facas, A" (João Cabral), 434

Escola de mulheres (Molière), 434

Escola de Teatro da Universidade da Bahia, 337

Escola Edna Gama (Rio de Janeiro), 203

Escorel, Lauro, 61, 100, 105, 112, 116, 119, 123-4, 127-9, 133-4, 136-43, 146-7, 149-50, 152-4, 156-8, 160-3, 167, 171, 174-5, 177, 182-3, 187, 190, 192-3, *238*, 266, 269-71, 274, 276, 304, 306, 324, 331-2, 335, 339, 341-4, 350, 354, 356-7, 359-61, 377, 387, 390, 392-4, 416-7, 454

Escorpiões, Os (Gastão de Holanda), 214

"Escritores e ambições para 1955" (Eneida), 249

"Escultura de Mary Vieira, A" (João Cabral), 323

"Espaço jornal" (João Cabral), 76, 99

España, Trini (bailarina), 312, 331

Espanha, 64, 126, 128-30, 132, 134-7, 143-4, 154-7, 160-5, 167, 169-72, 174, 179-80, 185, 191-2, 195, 202, 206, 210, 216, 257-8, 266-70, 272-3, 275-8, 282-6, 288-91, 293, 304, 306, 308-9, 311-2, 317, 319, 321-2, 324-6, 328, 330, 332, 349, 363, 369, 379, 381, 384-5, 389, 409, 414, 428, 430-3, 438, 445, 448, 464, 470, 480, 491

espiritualismo, 65

esquerda política, 82, 97, 114, 147, 194, 196, 199, 202, 264-5, 380, 384, 388, 471

"Essa negra Fulô" (Lima), 56

Estado de S. Paulo, O (jornal), 288-9, 378, 471

Estado Novo, 51, 61, 64, 66, 93, 99, 102-3, 111-2, 177, 241

Estados Unidos, 15, 101, 119, 129-30, 152, 154, 190-1, 197, 199, 280, 334, 390, 417, 424, 429, 467, 478

Estatuto dos Funcionários Públicos, 247

Estética (revista), 13, 350

Estrangeiro (disco de Caetano Veloso), 419

"Estranhos suicídios pelos instrumentos de ótica e seus sucedâneos na poesia, Os" (João Cabral), 69

Estrela da manhã (Bandeira), 139, 187, 193

Estrela da tarde (Bandeira), 295

estruturalismo, 416, 417

"Estudos para uma bailadora andaluza" (João Cabral), 278, 286, 288, 305

Éthiopiques (revista senegalesa), 412

Euclydes (revista), 72

"Eugenia" (Riba), 165

Eunice (tia materna de João Cabral), 32

Europa, 57, 63, 112, 183, 193, 198, 200, 246, 273, 290, 292, 294, 297, 299, 305, 314, 324, 327, 345, 347, 351, 353, 386, 390-1, 414, 426, 430, 445

"Evocação do Recife" (Bandeira), 176

Evolução da poesia brasileira (Grieco), 55

Evolução da prosa brasileira (Grieco), 55

Exercício da palavra (Mamede), 449

Explicação de Narciso (Oliveira), 455

Exposição Nacional de Arte Concreta (São Paulo, 1956), 294

expressionismo, 62, 68, 130

F

"Fábula de Anfion" (João Cabral), 141, 176, 178, 249

"Fábula de Rafael Alberti" (João Cabral), 161, 409

"Fábula de um arquiteto" (João Cabral), 360

Faca só lâmina, Uma (João Cabral), 258-9, 261-2, 282, 296, 298, 329, 351, 362, 483, 493

Faculdade de Direito do Recife, 23, 27, 51, 54, 57, 252

Faculdade de Filosofia e Letras da Universidade de Barcelona, 128

Faculdade de Filosofia, Ciências e Letras da USP, 87, 349-50

Faculdade de Medicina do Recife, 44

Falam os Críticos (programa de rádio), 209

Falecido Mattia Pascal, O (Pirandello), 60

Faria, Octávio de, 64, 65, 97

Farias, Esdras, 67

Farpas, As (Eça de Queirós), 54

fascismo, 63-5, 109, 114, 129, 199

Faulkner, William, 245-6

Faustino, Mário, 259, 285, 295, 298, 329, 454

FEB (Força Expedicionária Brasileira), 97, 383

Federação Anarquista Ibérica, 126

Federação de Bandeirantes do Brasil, 120, 264, 452

Federação Pernambucana dos Desportos, 52

Feitler, Bea, 358

Félix, Moacyr, 463, 492

Feola, Vicente, 469

Féria, Alonso, 336

Fernandes, Aníbal, 52, 74

Fernandes, Cláudio, 373

Fernandes, Lygia, 297

Fernandes, Millôr, 273, 394

Fernandes, Raul, 264

Ferrara, José Armando, 345, 348, 353, 386

Ferreira, Ascenso, 45, 58

Ferreira, Fernando Pessoa, 392

Festa (selo fonográfico), 283, 381

"Festa na casa-grande" (João Cabral), 316

Festac (festival pan-africano de arte e cultura em Lagos, Nigéria, 1977), 418

Festival de Música Popular Brasileira (TV Record), 357

Festival do Teatro das Nações (Paris), 355

Festival Mundial de Teatro Universitário de Nancy (França), 235, 351

Figaro, Le (jornal), 354

Figueiredo, Jackson de, 63-4

Figueiredo, João Batista, 413

Figueiredo, Sérgio, 384

Figura, A (revista), 193

"Fim do mundo, O" (Rangel Bandeira), 69

Firmo, Walter, 469

flamenco, 125, 133, 135, 183, 268-9, 273-4, 277-80, 282-4, 305, 312, 331, 387, 464

Flan (semanário), 209, 211, 214, 245-6, 395

Flor e a náusea, A (Drummond), 92, 113; *ver também Rosa do povo, A* (Drummond)

Floripes, Siá, 35

Fluminense (time de futebol), 258

Fogo morto (Lins do Rego), 26, 112, 221

folclore, 146, 254-6

Folha da Manhã (jornal), 84, 87, 107

Folha de S.Paulo (jornal), 204, 378, 396, 408, 432, 442, 460, 465, 472, 474, 493

Folk-lore pernambucano (Pereira da Costa), 253

Fonseca, Cristina, 491

Fonseca, Israel, 66

Fonseca, José Paulo Moreira da, 143, 213, 245, 282

Fonseca, Rubem, 479

Fontoura, João Neves da, 196, 198, 199, 262, 372

"Formigueiro, O" (Ferreira Gullar), 294

Fortuna, Felipe, 494

Fosso dos Ursos (Berna), 343

"Fotografia do engenho Timbó" (João Cabral), 31

França, 59, 62, 66, 98, 129-30, 152, 154-5, 157, 160-1, 179, 246, 267-8, 290, 292, 303-4, 307-9, 338, 352, 355, 360, 369, 396, 426-7, 448, 451

França, Leovigildo, padre, 123, 264

France, Anatole, 145

Franco, Francisco, 129, 132, 160, 165, 169, 283, 401, 445

Frank, Waldo, 82

Frankfurt (Alemanha), 194, 198, 378

Freire, Roberto, 345, 347, 364, 375

Freitas Filho, Armando, 419-21, 453, 466, 469, 471, 477, 480, 483, 493

Freitas Júnior, Otávio de, 57, 68-9, 81, 96

Freud, Sigmund, 60, 69, 333, 477

frevo, 46-7, 279

Freyre, Gilberto, 23-5, 29, 38-40, 45, 50-1, 58, 63-4, 67, 71, 73, 78, 86, 90, 95, 100, 108, 110, 222, 250, 354, 374, 409, 430, 435, 460, 484

Fribourg (Suíça), 365

Fróes, Leonardo, 437

Fróis, António (pseudônimo de Jaime Cortesão), 335

Fronteiras (revista católica), 63-4, 66

Frost, Robert, 245

Fundão (Portugal), 370

"Funeral de um lavrador" (canção), 354, 358

Furacão sobre Cuba (Sartre), 321

futebol, 30-1, 41-2, 47-50, 52-3, 276, 303, 310, 328, 357, 393, 397, 404, 408, 415, 424, 426, 433, 469-70, 480, 485

Fuzis, Os (filme), 337

G

Gabin, Jean, 290

Galápagos, ilhas, 432

Galerie Maeght (Paris), 131, 155

Galileia (engenho pernambucano), 255, 338

Gallotti, Luiz, 248

Galo das trevas (Nava), 437

Galo, O (tela de Miró), 130

Galvão, Sebastião, 215, 220

Gama, Vasco da, 125

García Lorca, Federico, 129, 133, 160-1, 163, 169, 210-1, 253, 278, 280, 337, 382

García Márquez, Gabriel, 381, 478

García Serrano, Rafael, 159

García Vilella, Francesc, 145, 168, 171

Garcia, Irineu, 283, 381

Garcia, Stênio, 425

Garcilaso (revista), 167

"Garota de Ipanema" (canção), 342

Garrincha (jogador de futebol), 276, 469

Gattai, Zélia, 189

Gaudí, Antoni, 126-7

Gautier, Jean-Jacques, 354

Geisel, Ernesto, 405, 413-4, 426-7

Genebra, 154, 293-4, 308, 315, 339-41, 343-4, 359, 363, 365, 369, 455, 460

"Generaciones y semblanzas" (João Cabral), 322, 381

"Geômetra engajado, O" (Haroldo de Campos), 329

Geração de 45, 186-9, 193, 205, 206, 219, 245, 249, 297, 350, 371, 414

Gibson, Mário, 344, 398

Gide, André, 434

Gil, Gilberto, 392, 401, 418

Gilberto, João, 418

Ginásio Pernambucano (Recife), 28, 38, 51, 64

Giraudoux, Jean, 59

Gire, Joseph, 435

Girl Guides ou Girl Scouts (escoteiras), 120

Globo, O (jornal), 198, 465, 490

Globo, Rede, 425, 435-6, 441

Goiânia (GO), 117

golpe militar (1964), 346, 368, 381

Gómez Bedate, Pilar, 260, 326, 349

Gomringer, Eugen, 273, 294

Gonçalves, Álvaro, 67

Gonçalves, Eros Martim, 95, 99, 210-1, 337

Góngora, Luis de, 136, 160, 162-3, 179

Gonzaga, Luiz, 279

Gonzaga, Tomás Antônio, 377

Gonzáles, Manolo, 135

González-Ruano, César, 164

Goulart, João, 333, 368

Governo Central Provisório do Norte do Brasil (1930), 39; *ver também* Revolução de 1930

Governo Provisório (anos 1930), 51

"Graciliano Ramos" (João Cabral), 322

Grã-Cruz da Ordem dos Guararapes, 429-30

Gráfico Amador, O (oficina artesanal), 251-2, 256, 280, 286-7, 300

Graña Drummond, Carlos Manuel, 263

Graña Drummond, Luis Maurício, 263

Graña Etcheverry, Manuel, 262-3

Grande sertão: veredas (Guimarães Rosa), 262, 349, 351

Grécia, 142, 247

Green, Julien, 59

Greenberg, Clement, 154

Grieco, Agripino, 55-6, 179

Grifo Edições, 396

griots (poetas populares do Senegal), 412

Gris, Juan, 128, 323

Grotowski, Jerzy, 355

Grünewald, José Lino, 296

Grupo de Guayaquil, 431

Grupo Escolar João Barbalho (Recife), 42

"Grupo novo, Um" (Freyre), 71

Guararapes, monte dos (PE), 429

Guayaquil (Equador), 431, 432

"Guerra" (João Cabral), 18

Guerra Civil Espanhola (1936-9), 126, 129-30, 132, 164-6, 170, 172, 382

Guerra Fria, 174, 197

Guerra, Paulo, 368

Guerra, Ruy, 337

Guesa, O (Sousândrade), 328

Guia de Ouro Preto (Bandeira), 334

Guia prático, histórico e sentimental da cidade do Recife (Freyre), 45, 222

Guia, Ademir da, 426

Guiana Francesa, 325

Guillén, Jorge, 113, 141, 160-1, 322

Guimaraens Filho, Alphonsus de, 149, 167, 218

Guimarães Editores, 301-3

Guimarães, Josué, 432

Guiné, República da, 426

Guiné-Bissau, 405-6, 448

Gullar, Ferreira, 213, 239, 243, 259, 294, 297, 305, 379, 380, 388, 465-6

Gurgel Valente, Maury, 147, 190

Gurgel Valente, Paulo, 384

H

"Hambre, El" (Hernández), 165

Hamburgo (Alemanha), 195, 198, 364, 369, 378

Hardy, Thomas, 203, 300, 448

hermetismo, 72, 87-9, 107, 417

Hernandez, Miguel, 129

Hernández, Miguel, 165, 169, 258

Hikmet, Nazim, 184

Hilst, Hilda, 224, 245, 421

Hipocampo (editora), 186

Hirszman, Leon, 338

"Histoire d'Amphion" (Valéry), 142

Historia de la literatura española (Valbuena Prat), 162
"História de mau caráter" (João Cabral), 464
"História de pontes" (João Cabral), 46, 79
Hita, Arcipreste de, 162
Hitler, Adolf, 16, 129
Holanda, 489
Holanda, Aurélio Buarque de, 491
Holanda, Gastão de, 214, 251-2, 405
Holanda, Nestor de, 48-9
Holanda, Sérgio Buarque de, 188-9, 203-4, 250, 345, 376
Hollanda, Heloísa Buarque de, 420
Homem de Mello, Pedro, 168
"Homem falando no escuro" (João Cabral), 19, 75
Homem pulando no escuro, Um (João Cabral), 71
"Homem, Um" (João Cabral), 241
"Homenagem a Picasso" (João Cabral), 76
"Homenagem a Rimbaud" (Lewin), 68
Honduras, 437-9, 444, 452, 478, 492
Hora e vez de Augusto Matraga, A (filme), 386
Horácio (passarinheiro), 34
Hotel Inglaterra (Sevilha), 266
Houaiss, Antônio, 116-9, 142, 147, 156-7, 177, 199, 207, 244, 247, 263, 300, 303, 314, 347, 368, 389, 414, 472, 486
Houaiss, Ruth, 156
Huasipungo (Icaza Coronel), 431
Hugo, Vitor, 197
Hund ohne Federn, Der (trad. alemã de *O cão sem plumas*, de João Cabral), 350
Hurtado, Osvaldo, 431

I

Iate Clube do Recife, 251
Icaza Coronel, Jorge, 431
Idade Média, 70, 162, 190, 268, 278, 284, 344-5, 385, 432
"ideias fixas" cabralinas, 259, 421, 434
Igreja católica, 43, 57, 78, 256, 264, 310; *ver também* catolicismo
Illyés, Gyula, 344
Ilustre casa de Ramires, A (Eça de Queirós), 54
Imaginações, As (Ivo), 94, 108, 110
"Imaginações, As" (João Cabral), 110
imagismo inglês e americano, 191
"Imitação da água" (João Cabral), 289

Imitação da forma, A (Barbosa), 417
"Imitações" (João Cabral), 288
Império Serrano (escola de samba), 487
Império, Flávio, 313
"Impressões da Mauritânia" (João Cabral), 409
Incelença, A (Marinho), 346
Índia, 176, 183
"Infância perdida" (Evaldo Cabral), 221
Inglaterra, 120, 158, 179-80, 183, 185, 189-90, 192, 194-5, 199, 203, 208, 246, 357, 397
"Insônia de Monsieur Teste, A" (João Cabral), 409
Instituto de Estudos Brasileiros da USP, 110
Instituto Francês (Barcelona), 171
Instituto Moreira Salles, 491
Instituto Nacional do Livro, 375, 411, 455
Instituto Pernambucano (Recife), 23
Instituto Rio Branco, 116, 314, 399, 455
integralismo, 19, 64, 211
Introdução ao estudo do marxismo (Engels), 114
Invenção (revista), 321, 344, 362
Ionesco, Eugène, 292
Ipase (Instituto de Previdência e Assistência dos Servidores do Estado, Rio de Janeiro), 202, 274, 303, 310, 314
Irã, 470
Isabel (fazendeira pernambucana), 250
Iseb (Instituto Superior de Estudos Brasileiros), 106
Islero (touro), 132-3, 135, 159
Itália, 63, 97, 147, 273, 283, 294, 341, 383, 386, 438, 463
Itamaraty (Ministério das Relações Exteriores), 20, 86, 92, 114-9, 123-5, 139, 147, 169, 174, 190, 194-5, 197-203, 206-8, 214-5, 217, 242, 244-5, 247-8, 251, 257, 262-4, 267, 270, 273, 277, 283, 288, 293, 297, 300, 303-7, 310, 312, 314, 320, 324, 326, 330-2, 339, 343-4, 349, 351-3, 355, 357, 367-9, 372-3, 377-8, 381, 389, 396, 399, 413-4, 426, 432, 437, 458, 463
Ivo, Lêdo, 57, 65, 68, 79-81, 94-7, 99-100, 107-10, 112-4, 122, 126-8, 143, 145-6, 149, 153-4, 157, 159, 164-5, 167, 169, 175, 179, 182-3, 186-8, 191-2, 195, 201-3, 206-7, 218-9, 222, 237, 249, 250-1, 264, 279, 281, 284, 290, 292, 300-1, 338, 368, 371, 400, 408, 414, 422-3, 434, 439, 453, 468, 475, 479, 491, 493

J

Jabor, Arnaldo, 482-3
Jabuti (prêmio), 375
"Jardim da minha avó, O" (João Cabral), 32
Jardim, Luís, 58, 99, 102, 144
Jardim, Reynaldo, 209, 295
Jards Macalé, 401
Jesus Cristo, 16, 65, 98, 114, 137, 164-5, 177, 253, 255, 271, 282
Joan Miró (Greenberg), 154, 155
Joan Mirò ou le poète préhistorique (Queneau), 154
João Antônio, 425
João Cabral: A poesia do menos (Secchin), 473
João Cabral por ele mesmo (disco de poemas), 381
João Cabral de Melo Neto (Nunes), 417
João Cabral de Melo Neto: O homem sem alma (Castello), 474
João Urso (Accioly), 95
Joaquim Francisco, *236*, 443
Jobim, Renato, 259, 261
Jobim, Tom, 214, 342
"Jogos frutais" (João Cabral), 323, 363
Joia (revista feminina), 394
Jornal de Letras, 258, 311
Jornal de Letras, Artes e Ideias, 458
Jornal do Brasil, 259, 285, 295, 300, 305, 321, 329, 347, 379, 387, 395, 404, 408, 423, 426, 435, 442-3, 451, 454, 461, 463-4, 470, 472, 477, 494
Jornal do Commercio, 286, 439, 490
Jornal do Fundão (Portugal), 370, 461
Jornal dos Sports, 464, 469
Jornal Pequeno, 52, 70
Jornal, O, 74, 88, 106, 111, 115, 147, 199, 222, 223, 248, 342, 375, 385
José (Drummond), 136
José Olympio (editora), 81, 96, 114, 300, 400, 407-8, 415-6, 423, 433, 437, 439, 446, 450, 469; *ver também* Olympio, José
Joyce, James, 59, 296, 364, 368
Juan de la Cruz, San, 131-2, 163
Jucá, Cecília, 405
judeus, 45
"Juízo final do usineiro" (João Cabral), 192, 319
"Junto a ti esquecerei" (João Cabral), 60-1
Jurema, Aderbal, 221, 286

K

"Kafka no Itamaraty" (Silveira), 208, 263
Kafka, Franz, 59, 210
Keller, Willy, 350
Khomeini, aiatolá, 470
Khruschóv, Nikita, 380
Kinnell, americano Galway, 467
Klee, Paul, 171
Knokke-le Zoute (Bélgica), 344
Kubitschek, Juscelino, 251, 264, 307, 414

L

La Paz (Bolívia), 343
Lacerda, Carlos, 195, 198-200, 206-9, 242, 243, 264-5, 267, 297, 378, 413, 446
Lacerda, Sebastião, 446, 456, 458, 482, 484
Lacerda, Sérgio, 446, 476-7
Laclette, Jorge, 214, 405
Lafayette (café do Recife), 57-9, 62, 69, 73, 76, 80, 85, 94, 102
Lafer, Celso, 480
Lago, Antônio Correia do, 340
Lagos (Nigéria), 418
Lampião (cangaceiro), 38, 278
Lance de dados, Um (Mallarmé), 243
Lanternas vermelhas (filme), 485
Lara Resende, Otto, 95, 97, 208-9, 243, 259, 267, 289, 301, 370, 372, 376, 379-81, 383, 419, 431-2, 476
Lara, Odete, 358, 374
Lateinamerikaner über Europa (*Latino-americanos na Europa*, coleção editorial), 431
Lautréamont, Conde de, 70, 363
Lavra lavra (Chamie), 328-9
Lawrence, D. H., 59
Lazarillo de Tormes (novela picaresca), 162
Le Corbusier, 59, 89, 101-3, 105, 107, 120, 303, 305, 360
Leaf, Munro, 15
Leal, Simeão, 185
Leal, Vítor Nunes, 247
Leão, Felipe de Souza, 27
Leão, Maria Rita de Souza *ver* Cabral de Mello, Maria Rita (avó paterna de João Cabral)
Leão, Múcio, 25, 55, 99, 116, 375, 377, 385

Leão, Nara, 346, 357-8

Legião estrangeira, A (Lispector), 148

Leitão, Ruben, 336

Leite, Sebastião Uchoa, 417, 420

Leite Neto, Alcino, 474

Lenda da rosa (Thiago de Mello), 301

Leonardo da Vinci, 463

Lessa, Orígenes, 432, 468

Lessing, Doris, 191

Lévi-Strauss, Claude, 416

Lewin, Willy, 13, 15, 17, 57-65, 68, 70, 72-4, 76, 85-6, 93-6, 103, 111, 283, 285, 409

Liames, o mundo espanhol de João Cabral de Melo Neto (filme), 430

Liberdade, liberdade (show), 346

Libertinagem (Bandeira), 17, 26, 90, 138, 176, 186

"Lição de desenho, A" (João Cabral), 99

"Lição de poesia, A" (João Cabral), 105

Lima, Alceu Amoroso, 99, 322; ver também Ataíde, Tristão de (pseudônimo de Alceu Amoroso Lima)

Lima, Jorge de, 13, 16, 55-6, 58, 65, 68, 94, 98, 132, 336, 379

Lima, Matheos de, 17

Lima Filho, Oswaldo, 328

Lima Sobrinho, Barbosa, 384

Limoeiro (PE), 74

língua portuguesa, 16, 26, 43, 56, 60, 67, 92, 153, 155, 163, 190, 258, 259, 294, 297, 335, 363, 398, 409, 411, 478, 485-6

Lins do Rego, José, 18, 26, 28-9, 31, 35, 54, 78, 86, 95-6, 108, 110, 112, 139, 202, 221, 246, 248, 251, 255, 322, 371, 435, 446

Lins e Silva, Evandro, 247-8, 402

Lins, Álvaro, 96, 107, 113, 122, 250, 377

Lins, Etelvino, 250-1

Lins, Osman, 425

Lira e antilira (Costa Lima), 416

Lira paulistana (Mário de Andrade), 110

Lisboa, 125, 167, 282, 298, 302, 305, 321-2, 324, 335, 356-60, 362, 370-1, 376, 381, 410-1, 415, 454, 459-60, 462, 473

Lispector, Clarice, 42, 109, 112, 128, 138, 142, 144, 147-8, 153, 166, 190, 195, 207, 246, 266, 271, 276, 278, 287, 290-1, 293, 300, 322, 334, 384, 395, 422, 424, 454-5, 484, 488

literatura brasileira, 56, 99-100, 108, 116, 128, 132, 142, 149, 165, 172, 188, 193, 203-5, 245-6, 256, 294-5, 297, 298-9, 325, 330, 334, 339, 342, 351, 363, 419, 435, 447, 462, 480, 483, 490, 493

literatura catalã, 164-6, 168

literatura espanhola, 134, 161-4, 177, 183, 192, 256, 281, 288

literatura francesa, 54, 58, 67, 157, 292, 426

literatura inglesa, 190-1, 278, 288

literatura italiana, 341, 463

literatura portuguesa, 56, 325, 335-6, 370-1

litografias, 136, 311

Living Theatre, The (companhia norte-americana), 355, 369

Livraria José Olympio (Rio de Janeiro), 96, 109

Livraria Pedro Corrêa do Lago (São Paulo), 483

Livro Inconsútil, O (selo editorial), 137, 144, 148, 161, 166, 175

"Livros assassinados" (Drummond), 113

Livros de Portugal (editora), 300-1, 303, 314, 335

Loanda, Fernando Ferreira de, 188, 249-50

Lobato, Monteiro, 54

Lobo, Edu, 346

Lobo, Elza, 353

Londres, 175, 179-85, 187-98, 200, 202, 206, 215, 218, 223, 249-50, 281, 290, 294, 319, 336, 381, 413, 426, 460

Lope de Vega, Félix, 162

Lopes, José Leite, 43

López-Ibor, Juan José, 315, 317

Los Angeles (EUA), 119, 146, 155, 176

Lubambo, Manoel, 63-4

Lugar do escritor, O (Chiodetto), 490

Luis de León, Frei, 163

Luís de Orléans e Bragança, príncipe, 63-4

Lula da Silva, Luiz Inácio, 471

Lusíadas, Os (Camões), 23, 125, 399

Lustre, O (Lispector), 166

Luta corporal, A (Ferreira Gullar), 243-4, 297

M

Maçã no escuro, A (Lispector), 287

Macaco branco (Gastão de Holanda), 251

Maceió (AL), 57, 68, 81-2, 84

Machado, Aníbal, 18, 98, 109, 210, 253, 260

Machado, Antonio, 129, 169

Machado, Lourival Gomes, 224

Machado, Maria Clara, 210-1, 253, 255, 259, 314, 337, 353

Maciel, Luiz Carlos, 337

Maciel, Marco, 429

maconha, 480

Macunaíma (Mário de Andrade), 56, 109

Mademoiselle Cinema (Costallat), 54

Madri, 133-4, 147, 160, 162, 173, 185, 267-9, 272, 274, 276, 278, 283, 290, 292, 304-13, 315-9, 321-2, 324-31, 339, 359, 367, 371-2, 387, 485, 488

Maeght, Aimé, 155

Mafuá do malungo (Bandeira), 137, 139, 144

Magalhães Júnior, Raimundo, 376, 391

Magalhães, Agamenon, 51, 64, 201, 424

Magalhães, Aloísio, 251-2, 280, 286-7, 321, 323, 366, 374

Magalhães Neto, Geraldo, 390

Malho, O (revista), 55

Mali, 398, 448

Mallarmé, Stéphane, 59, 73, 101, 124, 145, 161, 243-4, 292, 296, 373

Mallorca, ilha de, 156, 442

Mamede, Zila, 430, 448-9

Manchete (revista), 213, 250, 372-3, 379, 408, 422, 469

maneirismo, 298

Mangueira (escola de samba), 14

Manhã, A (jornal), 86, 95, 99, 106, 108, 111, 116, 123, 142, 150, 175, 186, 192, 336

"Manifesto aos artistas do Brasil pró-Restauração Monárquica" (Ação Monarquista Brasileira), 63

"Manifesto neoconcreto" (Ferreira Gullar et al.), 295

Mar de permeio (Oliveira), 489

"Mar e o canavial, O" (João Cabral), 360

Maranhão, 328

Maranhão, Carlos Henrique, 430

Maranhão, Petrarca, 377

Maria Bethânia, 346, 458

Maria das Mercês (tia paterna de João Cabral), 40, 318

Mariano, Olegário, 25

Marinheiro e a noiva, O (Silveira), 210

Marinho, Luís, 346

"Marmita, A" (Ivo), 338

Marques, Manoel, 23

Marques, Pedro Augusto, 23

Marrocos, 272, 333

Marselha (França), 19, 290, 291-4, 296, 300, 303-9, 311-2, 315, 319, 324, 327, 338, 340

Martínez, Pepe, 133, 268, 382

Martins, Oliveira, 439

Marxismo e problemas de linguística (atribuído a Stálin), 220

marxismo/marxistas, 70, 114, 152, 173-4, 177, 202, 423

Massi, Augusto, 474

Matarazzo, Ciccillo, 136

materialismo, 163, 177, 192-3, 493

Mattos, Carlos Alberto de, 425

Maura, Antonio, 488, 490

Mauriac, François, 59

Mauritânia, República Islâmica da, 398, 407, 412

"Max Bense sobre Brasília" (Bense), 321

McCarthy, Joseph, 197

Meceni, Carlos, 441

Medeiros, Maurício de, 377

Médici, Emílio Garrastazu, 390, 396

Meireles, Cecília, 91, 166, 193, 210, 213, 256, 336, 454-5

Melhores poesias brasileiras, As (org. Serpa), 167

Mello, José Antonio Gonsalves de (primo de João Cabral), 215, 222

Mello, José Antônio Gonsalves de (trisavô de João Cabral), 25, 32, 280

Mello, José Gomes de (senhor de engenho), 25

Mello, Maria Olindina Gonsalves de *ver* Carneiro Leão, Maria de Mello (avó materna de João Cabral)

Mello, origens do sobrenome, 25

Mello, seu *ver* Cabral de Mello, Francisco Antonio (bisavô paterno de João Cabral)

Mello, Thiago de, 186, 279, 301

Mello, Ulysses Pernambucano de (tio de João Cabral), 32, 39, 51, 77-9, 81, 83, 95, 215

Melo, Francisco Bandeira de, 442, 469

Melo, José Laurenio de, 251

Melo, José Maria de Albuquerque, 58, 93, 136

Melo, Mário, 70, 440

Memorial da América Latina, 479

Memórias prévias de Jerônimo de Albuquerque (projeto de João Cabral), 494

Mendes Júnior (empreiteira), 407

Mendes, Murilo, 11-2, 15-9, 55, 57-8, 65-6, 68, 72, 75, 85, 91, 94, 96-8, 111-2, 115, 142, 166, 193, 202, 205, 210, 221, 252, 268, 279, 283-4, 287,

544

289, 291-3, 301-2, 304, 306, 308, 311, 316-7, 319, 322, 324, 326, 329, 331-3, 335-6, 341, 347, 358-9, 401, 410-1, 482, 493

Mendonça, Luís, 346, 425

Menegale, Galba, 248

Menéndez Pidal, Ramón, 162

Menezes, Ademir, 50, 426

"Menino de três engenhos" (João Cabral), 30-1, 37-8

Mensagem (Pessoa), 335

Merquior, José Guilherme, 322, 366, 411, 415-7, 419, 421, 426, 455, 477

Merton, Thomas, 243

Mesel, Katia, 491

"Mesma mineira em Brasília" (João Cabral), 361

mestiçagem cultural, 426

metafísica, 13, 76, 165, 167-8, 177, 191, 309, 338

Metamorfose, A (Kafka), 59

Metamorfoses, As (Mendes), 98

metapoesia, 417

"Meu álcool atual" (João Cabral), 471

México, 363, 393, 450

Meyer-Clason, Curt, 350-1, 363-4, 376, 430

Michalski, Yan, 347-8

Migräne Chirurgie Zentrum (Zurique, Suíça), 364

Milano, Dante, 461

Milliet, Sérgio, 107, 143, 185

Miłosz, Czesław, 344

Minas Gerais, 74, 85, 371, 382, 403

Mindlin, José, 405, 449, 483

"Mineira em Brasília, Uma" (João Cabral), 361

Minerva (máquina tipográfica), 136

Minha vida de menina (Morley), 334

Ministério da Agricultura, 318-20

Ministério da Educação e Saúde, 11, 84, 89, 92, 103, 111, 113, 185

Ministério da Fazenda, 89, 116, 207

Ministério das Relações Exteriores *ver* Itamaraty

Miranda, Carlos, 286, 386

Miranda, Núcia, 257

Miró, Joan, 128-32, 135-6, 152-5, 158, 166, 170-1, 175, 178, 185, 268, 323, 324, 442, 469

misantropia, 314, 319, 332

Mistérios da missa, Os (Calderón de la Barca), 337

Miúcha, 347

Miura Fernández, Don Eduardo, 133

"Mobiliário interior da poesia, estilo e quadricromia" (Rego Monteiro), 68

"Moça e o trem, A" (João Cabral), 100

Modern Brazilian Poetry (antologia norte--americana), 334

Modernismo, 13, 20, 55-8, 61-2, 72, 89, 109-10, 112-3, 126, 128, 150, 161, 167, 187-9, 202, 205-6, 244, 250, 299, 329, 359, 379, 385, 408, 493

Modigliani, Amedeo, 128

Molière, 210, 434

"Momento sem direção, O" (João Cabral), 18-9

monarquistas, 63-4, 462

Monde, Le (jornal), 355

Mondrian, Piet, 323, 345, 437

Mônica (filha de Marly de Oliveira), *231*, 455, 459, 489

Montanha dos sete patamares, A (Merton), 243

Monte Carlo (Mônaco), 293, 300

Monteiro, Adolfo Casais, 244, 336

Monteiro, Benedito, 58

Monteiro, Régis, 389

Monteiro, Vicente do Rego, 57, 62-8, 70-2, 76, 96, 104-5, 136

Montes Claros (MG), 84-5

Moore, Marianne, 191, 323-4, 373, 424, 448, 479

Moraes, Eneida de, 210, 249, 285, 455

Moraes, Ermelinda de, 27

Moraes, Suzana de, 374

Moraes, Tati de, 111, 119, 212

Moraes, Vinicius de, 14, 17, 64, 82, 97, 110-1, 114, 116, 119, 137, 142, 146, 155, 159, 166, 168, 176, 183, 206, 209-10, 212-4, 219-20, 243, 261, 289, 302-3, 322, 334, 340, 342-3, 358, 367, 372-3, 382, 389, 392, 409, 412, 431, 466, 482

Moraes Neto, Geneton, 400, 462, 485

Morais Neto, Prudente de, 109, 140, 186, 203

Moreau, Henri, 155

Moreira, Juliano, 78

Moreira, Lauro, 454-5

Moreira, Thiers Martins, 391

Moreno, Salvador, 363

Moreyra, Álvaro, 16, 54

Morley, Helena, 334

Morte e vida severina (João Cabral), 63, *234-5*, 253-61, 270, 285-6, 296, 298, 313, 329-30, 334, 337-8, 345-8, 353, 355-7, 362-3, 367-70, 375, 378-80, 386-8, 401, 413, 418, 434, 436, 442, 471, 478, 484, 487

Morte e vida severina (projeto de filmagem), 338

Morte e vida severina (especial de TV), 435

545

Morte e vida severina (filme de Zelito Viana), 424-5
Morte e vida severina e outros poemas em voz alta (João Cabral, Editora do Autor), 363, 386, 400, 407
Moscou, 197, 199
Mota, Mauro, 25, 27, 28, 391, 400
Moura, Emílio, 244-5
Moutinho, Nogueira, 396
Movimento Armorial, 397
Movimento Bandeirante, 120
Movimento de Cultura Popular (Recife), 338, 346
Movimento dos Trabalhadores Rurais Sem Terra, 487
Movimento Popular de Libertação de Angola (MPLA), 411
Mozart, Wolfgang Amadeus, 16-7, 98
MPB (música popular brasileira), 352, 357
MR-8 (Movimento Revolucionário 8 de Outubro), 389
"Mulher rendeira" (canção), 278
"Mulher vestida de gaiola" (João Cabral), 286, 289
Mulher vestida de sol, Uma (Suassuna), 252
Mundo enigma (Mendes), 98, 112
Mundo Ilustrado, O (revista), 267
Murilo Mendes e João Cabral de Melo Neto (disco de poemas), 283
"Murilograma a João Cabral de Melo Neto" (Mendes), 410
Muro de Berlim, queda do (1989), 470
Museu Britânico (Londres), 182
Museu de Arte Contemporânea de Madri, 327
Museu de Arte Moderna de São Paulo, 294
Museu de Arte Moderna do Rio de Janeiro, 405
Museu de poesia (Lewin), 73, 93
Museu de tudo (João Cabral), 49-50, 78, 95, 161, 320, 323, 327, 343, 407-10, 412, 414-5, 419, 423, 426, 440, 473
Museu de tudo e depois: Poesias completas II (João Cabral), 469
Museu Nacional de Arte da Catalunha (Barcelona), 131
Museu Nacional de Belas Artes (Rio de Janeiro), 102
música/musicalidade, 46, 69, 184, 193, 252, 269, 277, 279, 307, 323, 342, 345-7, 351-4, 357, 373, 381, 386, 401, 418-9, 435, 463, 487
Mussolini, Benito, 200

N

"Na mesquita de Fez" (João Cabral), 409
Nabuco, Joaquim, 25, 220, 251
Nadir (companheira de Luiz Cabral), 400
Nancy (França), *235*, 351-6, 487
"Não sei dançar" (Bandeira), 56
"Nascentes de *O rio*, As" (Reinaldo Dias, pseudônimo de Houaiss), 244
Nascimento, Luís do, 66
Nassau, Maurício de, 45-6
Natal (RN), 411, 412, 448
Natália, dona (professora), 36
Nava, Pedro, 111, 437, 444, 446
Navilouca (revista), 420
nazismo, 112, 129
Negreiros, Almada, 167
Nemésio, Vitorino, 167, 335-6, 370
Neruda, Academia Brasileira de Letras, 105, 113, 219
Nery, Ismael, 76
Neufville (fundição alemã), 136
Neustadt (prêmio literário), 478-9, 486
Neves, David, 405
Neves, Tancredo, 441
new criticism, 416
Niemeyer, Oscar, 11, 97, 101, 103, 367, 402-3
Nigéria, 418
Nijinsky, Vaslav, 246
"El Niño da la Palma" (Alberti), 161
Nobel, prêmio, 245, 478, 485-6
Nobre, António, 335, 358
Noções de história das literaturas (Bandeira), 164
Noigandres (grupo), 294, 296, 298, 328
Noigandres (revista), 294, 296, 362
Noite, A (jornal), 66, 288
Nonato, Orozimbo, 247
Nordeste brasileiro, 12, 22, 38-9, 59, 64, 82, 87, 142, 177, 195, 216, 255-6, 269, 317, 322, 327, 347, 367, 369, 374, 388, 413, 442, 469, 484
Norte-americanos, Os (antologia poética), 190
Nossa Senhora do Carmo, imagem de, 452, 492
"Notas sobre o fenômeno poético" (Freitas Júnior), 69
"Noturno de Belo Horizonte" (Mário de Andrade), 56
Nouakchott (Mauritânia), 398, 407
Nova Aguilar (editora), 456, 482
Nova antologia pessoal (Borges), 455

Nova Fronteira (editora), 443, 446-7, 461, 464-5, 469, 471, 475, 488-90

Nova York, 130, 154, 182

Novacap (Companhia Urbanizadora da Nova Capital do Brasil), 324

Novais, Carolina Xavier de, 382

"Nove bocas da nova musa" (Ana Cristina Cesar), 419

"Nove canções católicas" (Homem de Mello), 168

Novidade (revista), 57

Novíssima poesia brasileira, A (org. Ayala), 329

Novos poemas (Drummond), 93, 136

"Nudez" (João Cabral), 410

"Num monumento à aspirina" (João Cabral), 364

"Numa sessão do Grêmio" (João Cabral), 464

"Número quatro, O" (João Cabral), 323

Nunes, Benedito, 285, 415, 417, 493

Nunes, Luís, 102

Nunes, Maria Sylvia, 285

"Nuvem civil sonhada" (Merquior), 416

"Nuvens, As" (João Cabral), 100, 170

O

O & A (Freire), 375

O'Neill, Alexandre, 301, 336, 361, 370

Obra completa (João Cabral, ed. Nova Aguilar), 482-3, 488

Obra poética reunida (Oliveira), 472

Observador Econômico e Financeiro, O (revista), 176

Ocho poetas brasileños (antologia espanhola), 350

octossílabos (versos), 12, 323

Ode (Suassuna), 251

"Ode ao Recife" (Pena Filho), 251

"Oficina irritada" (Drummond), 219

Oficinas Gráficas de Dreschsler & Cia., 72

Oiticica, Hélio, 295

Oklahoma (EUA), 479

Olinda (PE), 32, 45-7, 73, 83, 250, 373-4, 389, 397, 400, 405-6, 430, 442, 494

Olinda restaurada (Evaldo Cabral), 409, 429

Olinto, Antônio, 492

Oliveira, Alberto de, 56

Oliveira, Amaury Banhos Porto de, 207, 247, 414

Oliveira, Antônio Américo Barbosa de, 207

Oliveira, José Carlos, 379

Oliveira, Manoel de, 286

Oliveira, Marly de, *231*, 453-60, 462-4, 467-8, 470-83, 485-6, 488-93

Oliveira, Stella Maria Barbosa de, 86, 114-5, 119-28, 133, 140, 148, 156-9, 173, 179-81, 194, 198, 201-2, 204, 207, 218, 223-4, *227*, 228-30, *237*, *238*, 253, 262, 264, 266, 268, 270, 273-6, 279-83, 290-1, 301-15, 317-20, 322, 325, 330, 339-44, 348, 352-3, 364-5, 369, 373-5, 381, 389-90, 394, 397, 399-402, 406-8, 422-3, 431-2, 435, 437-8, 443-4, 446, 449-54, 456, 458, 465, 471, 473

Olympio, José, 258, 260, 262, 300, 301, 427, 434; *ver também* José Olympio (editora)

Opep (Organização dos Países Exportadores de Petróleo), 428

Opinião (show), 346, 419

Opus 10 (Bandeira), 186

Ordem do Mérito Pernambucano, 379

Ordem, A (jornal), 64, 69

Ordem, A (revista católica), 63

Ordóñez, Antonio, 135, 266

Ordóñez, Cayetano, 161

Orfeu (revista), 187, 189, 193

Orfeu da Conceição (Moraes), 214

"Orgasmograma" (Dalí), 126

Ortega y Gasset, José, 173

Ortega, Rafael, 266

Ostrower, Fayga, 405

"Ousado rapaz do trapézio suspenso, O" (Saroyan; trad. João Cabral), 190

Owen, Wilfred, 191

P

Pacoval (engenho pernambucano), 29-31, 35-6

"Paisagem pelo telefone" (João Cabral), 286, 289

"Paisagem zero, A" (João Cabral), 100, 104, 170

"Paisagens com cupim" (João Cabral), 287, 289

Paisagens com figuras (João Cabral), 258, 260-1, 269, 282, 289, 329, 495

Paiva, Ataulfo de, 377

Paixão segundo G. H., A (Lispector), 455

Palácio das Princesas (Recife), 430

Palácio de Queluz (Portugal), 473

Palácio do Catete (Rio de Janeiro), 100, 241, 243, 250

Palácio Laranjeiras (Rio de Janeiro), 383-4

"Palavra faca, A" (Andresen), 282

Palmério, Mário, 371

Panero, Leopoldo, 165
pankararus, índios, 442
Panorama da nova poesia brasileira (org. Loanda), 188, 193, 249
"Papel em branco, O" (João Cabral), 34, 99, 142
"Paráfrase de Reverdy" (João Cabral), 409
Paraguai, 120-1, 392-3, 395-6, 399, 403-4, 417
Paraíba, 26, 38-9, 93, 251, 442
Paranaguá, Paulo, 315, 367
Parc de Monterols (Barcelona), 127
Pareja, Alfredo, 431
Paris, 62, 96, 129, 152, 154-5, 157, 159, 174, 179, 185, 195, 251, 262, 264, 267-8, 273, 290, 292, 294, 342-3, 352, 355-6, 381, 396, 403, 430, 439, 444, 446
Parnasianismo, 56, 110
Paroles (Prévert), 132
Partido Comunista do Brasil (PCB), 108, 113, 196-7, 202, 207-8, 217
Pascoais, Teixeira de, 335
Pássaro cego (Schmidt), 100
Pátria minha (Moraes), 146
Patrícia (filha de Marly de Oliveira), *231*, 455, 459, 489
Patrício, António, 335
Paulhan, Jean, 154
Paulo José, 394
Pavilhão de Exposições da Gameleira (Belo Horizonte), 402-3
Paz, Octavio, 431, 478
"Pecadora queimada e os anjos harmoniosos, A" (Lispector), 148
Pederneiras, Mário, 119
Pederneiras, Regina, 119
Pedra do sono (João Cabral), 19, 71-3, 75-7, 79, 83, 85-8, 90, 94, 98-9, 101, 104-7, 109-10, 131, 171, 223, 249, 261, 283, 336, 358, 374, 403, 473
Pedra do Sono (PE), 74-5
Pedra e o rio, A (Escorel), 417
Pedro Abade (frade espanhol), 162, 216
Pedro Abade (pseudônimo de João Cabral), 213, 216
Pedro I, d., 441
"Pedro pedreiro" (canção), 347
Pedro, Antônio, 300-1
Peixoto, Níobe, 494
Pelé (jogador de futebol), 276, 469
Pellegrino, Hélio, 112, 209, 213

Pen Clube do Brasil (prêmio), 375
Pena Filho, Carlos, 220, 222, 251
Penna, Cornélio, 64
Penteado, Darcy, 212
Pepete (toureiro), 132
Pequena antologia pernambucana (org. João Cabral), 144
"Pequena ode mineral" (João Cabral), 105
Pereira, Astrojildo, 114
Pereira, Daniel, 423, 427, 434, 450
Pereira, Eros Gonçalves, 73
"Perigo do obscurantismo" (Alves), 367
"Pernambucano em Petrópolis, Um" (João Cabral), 438
Pernambucano, Jarbas, 78-9
Pernambucano, Ulysses *ver* Mello, Ulysses Pernambucano de (tio de João Cabral)
Pernambuco, 14, 17, 20, 22, 25-7, 38-41, 43, 45, 49, 51-3, 57, 63-5, 69, 71-2, 74, 82-3, 93-5, 102-3, 121, 124, 160, 163, 171, 174, 176-7, 192, 207, 215, 221, 223-4, 247, 250-6, 284, 286, 289, 314, 318, 338, 351, 359, 362, 368, 373, 384, 387, 392, 396-7, 400, 405, 408-9, 412, 424-5, 429-30, 435, 442, 445, 448, 464, 468, 471, 484, 491-2, 494-5
Pernambuco: Imagens do Nordeste (Firmo et al.), 469
Perto do coração selvagem (Lispector), 112, 147-8
Peru, 325, 432
Pessanha, Camilo, 335
Pessoa, Fernando, 113, 325, 335, 371, 422, 489
Pessoa, João, 38
Pessoa, Marília, 447, 465
petróleo equatoriano, 432
Petrópolis (RJ), 17, 118, 267, 274, 309, 378, 438, 446, 451-2
Philosophy of Composition, The (Poe), 142
Piabanha, rio, 438
Picasso, Pablo, 76, 117, 126, 128-9, 131, 486
Pignatari, Décio, 189, 272-3, 275, 294, 296-8, 327, 328, 362, 383
Pimentel, Cyro, 205
Pimentel, Evandro, 353
Piñon, Nélida, 478
Pintó, Alfonso, 166, 185
Pinto, Bilac, 352
Pinto, Sobral, 247
pintura moderna, 76, 117, 128-9, 153, 171, 193, 295, 323
Pirandello, Luigi, 60

Plano (revista portuguesa), 371
"Plano-piloto para a poesia concreta" (Pignatari e irmãos Campos), 296
Pluft, o fantasminha (Maria Clara Machado), 253
"Poço" (Evaldo Cabral), 221
Poço do Aleixo (engenho pernambucano), 24, 28-9, 36, 42, 215
Poe, Edgar Allan, 70, 142
"Poema de desintoxicação" (João Cabral), 75, 79-80
Poema de Fernán Gonzáles (épico medieval), 162
"Poema de março de 45" (Drummond), 112
Poema del cante jondo (García Lorca), 161
"Poema dos olhos da amada" (Moraes), 220
"Poema" (João Cabral), 19
"Poema(s) da cabra" (João Cabral), 284, 286, 289
Poema-Processo (movimento), 379
Poemas (antologia da editora Agir), 144
Poemas (antologia espanhola de Drummond), 185
Poemas antigos (org. João Cabral), 144
Poemas de bolso (Rego Monteiro), 71-2
Poemas escolhidos (antologia portuguesa de João Cabral), 336, 349
Poemas reunidos (Loanda), 249-50
Poemas sevilhanos (antologia de João Cabral), 480
"Poesia ao norte" (Candido), 87
Poesia Concreta *ver* Concretismo
"Poesia concreta" (Augusto de Campos), 296
Poesia crítica (antologia de João Cabral), 437
"Poesia da noite, A" (João Cabral), 61
Poesia do Brasil (antologia da Editora do Autor), 358
"Poesia e composição: A inspiração e o trabalho de arte" (João Cabral), 204, 219, 349
Poesia e Verdade (coleção da Guimarães Editores), 301
"poesia em Cristo", 16-7, 65, 98, 114, 137, 164-5, 177
"Poesia engenhosa" (Nemésio), 335
poesia marginal, 409, 420
poesia metafísica, 13, 165, 167-8, 177, 191, 309, 338
poesia popular, 163, 192, 216, 412
Poesia Práxis, 419
poesia social, 18, 89, 113-4, 184, 317, 328, 338, 388
"Poesia" (João Cabral), 79-80, 473
"Poesia" (Régio), 168
Poesia-Experiência" (página de Faustino), 285, 298
"poesia-minuto", 329

"poesia-práxis", 328-9
Poesias (Drummond), 136
Poesias completas (Cardozo), 402
Poesias completas (João Cabral), 372-6, 378, 394, 401, 407, 457
Poeta en la calle, El (Alberti), 161
"Poeta hermético, Um" (Policarpo Quaresma Neto, pseudônimo de Drummond), 150
"Poeta novo" (Mendes), 19
"Poetamenos" (Augusto de Campos), 294
Poirot-Delpech, Bertrand, 355
Policarpo Quaresma Neto (pseudônimo de Drummond), 150
Politzer, Georges, 173
Ponç, Joan, 169-71
Ponge, Francis, 105, 321, 323, 478-9
Pont-à-Mousson (França), 355
Pontes, Elói, 142
Portela, Clemente, 313
Portella, Eduardo, 220, 245, 273-4, 298, 314, 454
Portinari, Candido, 90, 102
Porto (Portugal), 167, 356, 371, 444-7, 450-1, 454, 456, 458-64, 468, 486
Porto Alegre (RS), 39, 89, 97, 292, 375, 419
"Porto dos Cavalos" (João Cabral), 33
Porto, Sérgio, 210
Portugal, 39, 54, 160, 163, 167-8, 181, 185-6, 250, 282, 301, 303, 311, 335-6, 356, 362, 370-2, 374, 381-2, 405-6, 444-5, 448-50, 454, 456-8, 460-1, 473, 486, 489
Portugal contemporâneo (Oliveira Martins), 439
Portugália (editora), 336, 356
Pós-Modernismo, 189
"Poucos sabem, mas existe um baobá no Recife" (João Cabral), 486
Pound, Ezra, 191, 294, 447, 490
Powell, Baden, 392
Prado, Adélia, 467
Prado, Décio de Almeida, 288, 313, 348
"Prantos, pretos e poetas" (samba-enredo), 14
Prats, Joan, 130-1, 152, 155, 171
Pravda (jornal), 220
"Pregão turístico do Recife" (João Cabral), 251, 258
Prêmio Camões de Literatura, 473
Prêmio Estado de São Paulo (Memorial da América Latina), 479
Prêmio Graça Aranha, 149

Prêmio José de Anchieta de Literatura, 213, 405
Prêmio Rainha Sofia de Poesia Ibero-americana, 484, 486
Presença (revista), 167-8
"Presente para vocês, Um" (Lispector), 395
Prestes, Luís Carlos, 113, 196, 198
"Prestígio do rodapé" (Reinaldo Dias, pseudônimo de Houaiss), 244
Prévert, Jacques, 132
Primeira Guerra Mundial, 62
Primeiros poemas (João Cabral), 473, 483
Príncipe das marés, O (filme), 478
Príncipe dos Poetas Brasileiros (concurso de 1959), 302
Priorado da Virgem (Petrópolis), 267
Prisioneiro, O (Verissimo), 375
Processo, O (Kafka), 208
"Procura da poesia" (Drummond), 219
"Propriedades gerais do subsolo poético e as inculturas fecundas" (Ivo), 68
Prosa (coletânea de artigos e ensaios de João Cabral), 490
"Prosas da maré na Jaqueira" (João Cabral), 33
Proust, Marcel, 60, 85
Provence (navio), 294
Prudêncio, João, 34-5, 52
psicanálise, 159, 418, 477
Psicologia da composição (João Cabral), 99, 137-8, 140-3, 149-50, 161, 167, 176, 177-8, 188, 213, 261, 296, 327, 362
"Psicologia da composição" (João Cabral), 141
"Psicologia da composição" (vestido de Darcy Penteado), 212
psiquiatria no Brasil, 78
PUC (Pontifícia Universidade Católica), 345, 348, 352, 374, 400-1, 455; *ver também* Tuca (grupo teatral da PUC)
Puig, Arnau, 169, 172, 174, 185
Pumaty (usina pernambucana), 40, 318, 397
Pureza (Lins do Rego), 322

Q

Quaderna (João Cabral), 287, 289, 293, 297-8, 300-1, 303, 305, 321-3, 331, 336, 350, 360, 362-3, 408, 421, 440, 471-2
quadras (versos), 298, 323, 360, 447

"Quadrilha" (Drummond), 89-90, 94
Quadros, Jânio, 318-20, 332-3, 414
Quaglia, João Garboggini, 311
Quand les Cathédrales étaient blanches (Le Corbusier), 101
Quatro quartetos (Eliot), 191
Queirós, Eça de, 15, 54, 158, 450
Queiroz, Carlos, 335
Queiroz, Dinah Silveira de, 224
Queiroz, Rachel de, 96, 111, 139, 255, 367-8, 453, 468, 479
Queneau, Raymond, 154
Quental, Antero de, 358
Quevedo, Francisco de, 162-3
Quinze poemas (Lewin), 58
"Quinze poetas catalães" (série da *Revista Brasileira de Poesia*), 166
Quito (Equador), 428-9, 431-4, 436
Quixote (revista), 187

R

Rabat (Marrocos), 333
Ramalho, Elba, 425, 435
Ramos, Graciliano, 18, 68, 96, 100, 108, 110, 114, 207, 255, 322, 348, 435, 437
Ramos, Guerreiro, 106
Ramos, Heloísa, 109
Ramos, Péricles Eugênio da Silva, 166, 187, 205, 246
Rangel, Godofredo, 54
Rangel, Orlando, 200
Raymond, Marcel, 59
"Realidad y forma en la poesia de João Cabral de Melo" (Crespo e Gómez Bedate), 349
Realidade (revista), 364, 369, 443
realismo, 134, 162, 173, 183-4, 254-5, 323, 348, 385
Rebelo, Marques, 18, 100, 146, 187, 209, 243-5, 375-7, 381-2, 384, 393, 409, 418
Recife (PE), 13-4, 17, 19-31, 34, 36-42, 44-48, 51-4, 57-8, 60, 62-8, 70-2, 76-9, 81-2, 84-6, 91, 93, 95-6, 101-7, 109-10, 115, 121, 124, 128, 136, 147, 149, 152, 174, 176, 178, 198, 201, 209, 214-6, 220-4, 242, 250-2, 254, 256, 267, 269, 272, 275, 280, 285-6, 292, 304, 313-4, 318, 320, 324, 328, 338, 340-1, 346, 363, 372-4, 378-9, 387, 389-92, 394, 396, 402-3, 405, 409, 412, 424,

429-30, 435, 440, 442-3, 445, 448, 452, 468-9, 472, 475, 483-4, 486, 491-2, 494
Recife de dentro para fora (curta-metragem), 491
Recife/Sevilha (documentário), 491
Recife: Uma introdução ao estudo das suas formas e das suas cores (Evaldo Cabral), 222
redondilha maior, 253
reforma agrária, 255, 318, 354, 367, 487
Régio, José, 168, 186
regionalismo, 58, 177, 222, 246, 255, 351-2
Relíquias de casa velha (Machado de Assis), 54
Remate de males (Mário de Andrade), 74, 101
Renan, Ernest, 54
Renascimento, 153, 463
Renault, Abgar, 375, 382
Renoir, Jean, 183
Renovação (revista), 66, 68-74, 94, 96, 100
República Velha, 38
"Retrato de escritor" (João Cabral), 410
"Retrato de poeta" (João Cabral), 410
"Return of the Native, The" (João Cabral), 448
Reverdy, Pierre, 59, 75-6, 409
Revista Acadêmica, 18, 110
Revista Brasileira (Academia Brasileira de Letras), 71
Revista Brasileira de Poesia, 166, 187
Revista da Semana, 245, 295
Revista de Cultura Brasileña (Madri), 325-7, 349, 362, 488
Revista de Portugal, 167
Revista do Brasil, 69, 81, 90, 113
Revista do Instituto Arqueológico, Histórico e Geográfico Pernambucano, 440
Revista do Norte, 58, 93, 136
Revolução de 1930, 38-9, 51, 64, 247
Revolução dentro da paz (Hélder Câmara), 374
Revolução dos Cravos (Portugal, 1974), 405
Riba, Carles, 147, 164-6
Ribadeneira, Edmundo, 431
Ribeiro, Aquilino, 422
Ribeiro, Isabel, 346
Ribeiro, Leo Gilson, 455
Ribeiro, Orlando Leite, 198-9
Ricardo, Cassiano, 99, 218, 250, 255, 299, 379
Rilke, Rainer Maria, 113, 213, 317
Rimbaud, Arthur, 59, 68-70, 100, 102, 107, 131, 141, 146, 292
Rio de Janeiro, 11, 15-6, 18, 42, 50, 52, 55, 62-6, 78, 81, 83, 85, 96, 98, 102-3, 108, 115, 120-1, 125,

140, 147, 175, 202-3, 211, 214, 262, 273-4, 278, 286, 294, 296, 303, 309, 320, 324, 346, 350, 357, 376, 379, 384, 389, 394, 400, 404-6, 424, 428, 431-2, 437-8, 444, 451, 454, 464, 467-8, 472, 476, 479, 483, 487
"Rio e/ou poço" (João Cabral), 289
Rio Grande do Norte, 412, 436
Rio Grande do Sul, 27, 329
Rio Magazine (revista), 107
Rio ou relação da viagem que faz o Capibaribe de sua nascente à cidade do Recife, O (João Cabral), 213-6, 219-20, 222, 244, 247, 251, 254, 259, 270, 296, 299, 338, 362-3, 405, 425, 434, 439, 494
Rio sagrado, O (filme), 183
"Rios sem discurso" (João Cabral), 363
ritmos ibéricos, 216, 258
Robbe-Grillet, Alain, 404
Rocha, Glauber, 337, 386, 392, 462
Rocha, Maria de Lourdes Lima, 121, 123
Rodrigues, Dália de Almeida, 198, 207
Rodrigues, Itajuba de Almeida, 198, 207
Rodrigues, Jatir de Almeida, 189, 199, 207, 247, 293, 368, 414
Rodrigues, Nelson, 112, 209
Rodríguez Sánchez, Manuel (Manolete), 132-5, 159, 258, 272, 280, 437
Rogent, Ramón, 130
Roma, 194, 207, 274, 279, 283-4, 287, 311-2, 317, 322, 331, 333, 339, 341-2, 344-5
Romance d'a Pedra do Reino (Suassuna), 397
"romance psicológico", 65
Romanceiro da Inconfidência (Meireles), 256
romancero, 192, 256
Romancero gitano (García Lorca), 161
Romero Murube, Joaquín, 277
Romero, Pablo, 266
Romero, Sílvio, 328
Ronchamp (França), 360
Ronda de estrelas (Petrarca Maranhão), 377
Rosa do povo, A (Drummond), 91-2, 105, 112-4, 122, 150, 178, 217, 219, 419
Rosa, Guimarães, 112, 115, 118, 159, 185, 190, 194, 262, 339, 340, 343, 349, 351, 368, 371-2, 377, 413, 425, 446, 449, 455
Rosa, Noel, 418
Rosales, Luis, 165
Rosenfeld, Anatol, 348

Rot (cadernos experimentais), 350

Rubião, Murilo, 110, 246, 290, 300, 304-5, 371-2, 382, 445

Ruiz Calonja, Juan, 165

Ruíz Gijón, Francisco, 281

Rushdie, Salman, 470

Rússia, 174, 196, 198, 427, 470; *ver também* União Soviética

S

Sá, Francisco, 85

Sabá, rainha de, 427

Sabiá (editora), 372, 374, 386, 400, 407, 411, 455

Sabino, Fernando, 97, 111-2, 287, 321, 363, 372, 400, 404-5, 411, 417, 423, 431

Sagarana (Guimarães Rosa), 112, 118, 159, 455

Sagrada Família (igreja de Barcelona), 127

"Saint Louis Blues" (canção), 57

Saint-Cergue (Suíça), 341

Sala de leitura (programa de rádio), 209

Salamanca (Espanha), 134, 310, 486

Salão dos Poetas Românticos (Academia Brasileira de Letras), 385, 492

Salazar, António de Oliveira, 335, 356, 445

Saldanha, Luiz Carlos, 341

Salgado, Sebastião, 487

Salinas, Pedro, 160

Salles, David, 337

Salomão, Waly, 420, 481

"Salut" (Mallarmé), 73

Salvador (BA), 39, 45, 84, 121, 126, 132, 273, 337, 376

samba, 14, 302, 392, 487

Sambafo (show), 347

Sanatório Recife, 77-9, 81, 95

Sánchez, Adela, 157, 180-2, 194, 201, 220, 223, 275, 291, 303, 306, 308, 317, 319, 369, 382, 389, 392, 399, 402, 438

Sansom, William, 191

Sant'Anna, Affonso Romano de, 400

Santa Cruz (time de futebol), 48-50

Santa Rosa, Tomás, 144, 209

Santiago, Silviano, 435, 478, 493

Santo e a porca, O (Suassuna), 313

Santos (SP), 71

Santos Torroella, Rafael, 169, 172, 180, 185, 217, 279

Santos, Felipe dos, 242

Santos, Nelson Pereira dos, 386, 425

Santos, Roberto, 386

São Bernardo (Graciliano Ramos), 108

São João, sítio (RJ), 422

São Lourenço da Mata (PE), 26-30, 52, 391, 424

São Paulo, 27, 62, 65, 71, 79, 84, 86, 106, 111, 116, 156, 166, 189, 204-5, 212-4, 219-20, 224, 244-7, 273, 286, 294-5, 298, 306, 313-4, 327, 336, 344-5, 349-50, 352-4, 357, 369, 374, 376, 378, 383, 404-5, 414, 441, 468, 479, 483-4, 487, 491

Sapateira prodigiosa, A (García Lorca), 210-1, 253, 337

Sapatos de Orfeu, Os (Cançado), 477

Saraiva Guerreiro, Ramiro, 118, 437

Saraiva, Arnaldo, 360, 370, 441, 444-6, 449-51, 457, 458-62, 486, 491

Saramago, José, 485-6

Sarney, José, 414, 432, 470

Saroyan, William, 190

Sartre, Jean-Paul, 321, 344

sátira, 54, 176, 315, 317, 410

Schmidt, Augusto Frederico, 58, 61, 91, 96, 100, 166, 193, 311, 316

Schmidt, Yedda, 316

Seabra, José Augusto, 336

Seara Nova (revista), 371

Secchin, Antonio Carlos, 452, 473, 480, 483

Segall, Lasar, 110

Segunda Guerra Mundial, 61, 84, 98, 112, 118, 132

Seixas, Artur, 212

Semana de Arte Moderna (1922), 62, 65

Semana Nacional de Poesia de Vanguarda (Belo Horizonte, 1963), 330

Sena, Jorge de, 336

Senegal, 396-9, 402-7, 409, 412, 425-7, 430, 448

Senghor, Léopold Sédar, 396-9, 404-6, 411-2, 426-7

Senhor (revista), 321, 364

senhores de engenho, 22, 25, 27, 31, 35, 317, 429

"Sentimental" (Drummond), 13, 81

Sentimento do mundo (Drummond), 18, 67, 69, 88, 91

Sérgio Augusto (repórter), 463

Serial (João Cabral), 35, 321-3, 326-7, 329, 335-6, 358-60, 363, 373, 381

Serial e antes (João Cabral), 490

Serpa, Alberto de, 167-9, 185-6, 267

Sertões, Os (Cunha), 54

Sete Câmara, José, 264

Setúbal, Olavo, 463

"Seu Melo, do engenho Tabocas" (João Cabral), 27
Severino: Auto de Navidad (ópera espanhola), 363
Sevilha, 133, 266-91, 294, 296, 299, 304-7, 309-12, 314, 319, 322, 325, 328, 330-4, 336, 338-40, 359-60, 362, 366, 369, 428, 433, 452, 471, 479
Sevilha andando (João Cabral), 471-2, 475, 482
"Sevilha" (João Cabral), 273, 280, 287, 290, 471, 480
"Sevilha andando" (João Cabral), 471
Shakespeare, William, 191
Sheffield (Inglaterra), 189
Siá Teresa, Antônio de, 35
Sibilitz (Fróes), 437
Silos, Geraldo de, 114, 115
Silva, Antonio de Moraes, 26-7, 42
Silva, Domingos Carvalho da, 166, 187, 189, 197, 204-5, 224
Silva, Luiz Gonzaga do Nascimento, 247
Silva, Maria Helena Vieira da, 97-8, 115
Silveira Júnior, Alarico, 117
Silveira, Antônio Francisco Azeredo da, 304, 307, 314
Silveira, Azeredo da, 307, 311, 405-6, 411
Silveira, Ênio, 368
Silveira, Joel, 19, 97, 203, 208-9, 210-2, 241-2, 263, 369, 395, 439, 490
Silveira, Paulo, 241
Silvino, Antônio, 38, 250
"Sim contra o sim, O" (João Cabral), 323, 335
simbolismo, 70, 75, 106, 151
Simões, João Gaspar, 186, 336
"Simples apresentação" (Mendes), 94
Sinal Vermelho (programa de TV), 388
"Sinos, Os" (Bandeira), 56
Siqueira, Silnei, 345, 347-8, 352-3, 357-8, 386, 436, 487
"Situação atual da poesia no Brasil" (Pignatari), 298
SNI (Serviço Nacional de Informações), 413
Soares, Jofre, 425
Soares, José Carlos de Macedo, 264, 267, 373, 375
Soares, Sérgio, 67
Sociedade Brasileira de Autores Teatrais (SBAT), 313, 387, 436
Sociedade de Etnografia e Folclore, 84
sociologia, 67, 223, 416
Sofia, rainha consorte da Espanha, 485
Sol dos cegos (Alvim), 419
"Sol no Senegal, O" (João Cabral), 409
Soleil, Le (jornal de Dacar), 409

Som e a fúria, O (Faulkner), 246
Sombra (revista), 150
"Soneterapia" (Augusto de Campos), 420
sonetos, 54, 59, 145-6, 193, 210, 219, 383, 420-1
Sonets de Caruixa (Brossa), 170
"Sonho de um Carnaval" (canção), 347
Sorrah, Renata, 482
Sousa, Afonso Félix de, 187
Sousa, Otávio Tarquínio de, 55
Sousândrade, 328
Souvenirs d'enfance et de jeunesse (Renan), 54
Sphan (Serviço do Patrimônio Histórico e Artístico Nacional), 103, 124, 220, 297, 333
Stálin,Ióssif, 173, 194, 220-1, 380, 423
Stela me abriu a porta (Marques Rebelo), 381
Stevens, Wallace, 191
Streisand, Barbra, 478
Stuttgart (Alemanha), 329, 339, 350
Suassuna, Ariano, 34, 251-2, 256, 313, 373-4, 397, 435
Suave pantera, A (Oliveira), 453, 455
Sudene (Superintendência do Desenvolvimento do Nordeste), 369, 374, 494
Suécia, 276, 491
Sued, Ibrahim, 212
"Sugestões de Pirandello" (João Cabral), 60
Suhrkamp (editora alemã), 350-1
Suíça, 138, 147-8, 157, 293, 304, 308, 339-40, 349-50, 364-5, 368
Suíte barbacenense (Rebelo), 146
Super-8 (câmera), 181
Suplemento 1946 (Drummond), 136, 149
"Suplício de Frei Caneca, O" (Mário Melo), 440
Supremo Tribunal Federal (STF), 247-8, 263
Surdina do contemplado (Vasconcellos), 301
Surrealismo, 59, 61, 69-70, 75-6, 80, 88-9, 100-1, 106, 129, 131, 160, 171, 173, 316, 481
Suster, Henrique, 353
Swift, Jonathan, 316
Szenes, Arpad, 98, 115

T

Tablado, O (grupo teatral), 210-1, 253, 255, 259, 314, 337, 358
Tabocas (engenho pernambucano), 27-8, 34, 391
Tachismo, 327
Tambor, sítio do (PE), 221, 224

Tapa (grupo teatral), 487

Tàpies, Antoni, 169, 171, 173

Tarragona (Catalunha), 131

Tavares, Odorico, 84

Távora, Juarez, 39

Tchecoslováquia, 189, 388

Teatro Amazonas (Manaus), 357

Teatro Brasileiro de Comédia (TBC, São Paulo), 212, 313, 386

Teatro Cacilda Becker (São Paulo), 313-4

Teatro Club (Roma), 312, 331

Teatro da Paz (Belém), 285

Teatro de Arena (grupo teatral), 286, 313, 346

Teatro do Estudante de Pernambuco (grupo teatral), 252-3, 256

Teatro Glória (Rio de Janeiro), 487

Teatro Liceu (Barcelona), 363

Teatro Santa Isabel (Recife), 25, 280, 286

Teatro Santo Antônio (Salvador), 337

Teatro Universitário de Porto Alegre, 292

Teatro-Escola Célia Helena (São Paulo), 487

"Tecendo a manhã" (João Cabral), 360, 465

Tegucigalpa (Honduras), 437-40, 444, 478

Teixeira, Maria de Lourdes, 204

Tela (Honduras), 439

Teles, Gilberto Mendonça, 410

Telles, Lygia Fagundes, 245, 446, 479, 483

Tempo Brasileiro (revista), 419

Tempo dos flamengos (Gonsalves de Mello), 25, 222

Tempo, O (jornal), 247

Tendência (revista), 330

"Teologia marista" (João Cabral), 43

Terceira feira (João Cabral), 321-2, 336

Terceira Margem (revista), 486

Terceiro Mundo, 348, 436

Teresópolis (RJ), 264, 422, 455

Terra (Salgado), 487

Terra desolada, A (Eliot), 191

Terras do sem fim (Jorge Amado), 112

Tharrats, Joan-Josep, 169, 171

Théâtre de France (Théâtre de l'Odéon), 355

Theatro Municipal de São Paulo, 353

Theatro Municipal do Rio de Janeiro, 14, 214, 357, 367, 379

Thomas, Gwyn, 191

tipografia, 66, 136-7, 139, 144-8, 156-8, 166, 170, 185, 197, 243, 251, 260, 267, 358

Tiradentes (Joaquim José da Silva Xavier), 242, 441

Toledo (Espanha), 311, 384, 432

Tolentino, Bruno, 365, 460

Tolstói, Liev, 15

Tomás de Aquino, São, 464

"Torcedor do América F. C., O" (João Cabral), 49

Torga, Miguel, 335, 473

Tormo, Enric, 136, 155, 158, 169-71, 173-4, 258, 300, 305

Toros de Iberia, Los (García Serrano), 159

Toros en la poesía, Los (antologia espanhola), 133

Toros: Tratado técnico e histórico, Los (Cossío), 159

Torquato Neto, 420

Torre de marfim (projeto de revista), 147

Torre, Ana Lúcia, 353

Torres, Alexandre Pinheiro, 336, 371

Torres, J. C. de Oliveira, 261

Tostes, Teodomiro, 146, 263

Totonha, velha, 35

Toulouse-Lautrec, Henri de, 193

touradas, 128, 132-5, 159, 266, 272, 278, 280, 305, 311, 325, 491

Touré, Sékou, 398

Touro Ferdinando, O (Leaf), 15

Tracunhaém (PE), 26, 494

Trapuá (engenho pernambucano), 494-5

Tratado de Cooperação Amazônica (1980), 432

Três mal-amados, Os (João Cabral), 47, 89-90, 92, 109, 176, 249, 261

Triana, Gitanillo de, 133

Tribuna da Imprensa (jornal), 195-201, 206, 208, 210, 242, 264-6, 297, 378, 401, 413, 425, 431, 451, 461, 463, 467, 470, 483, 487

Tribuna Popular (jornal), 107, 113-4

Tropicalismo, 418

tuberculose, 98, 165

Tuca (grupo teatral da PUC), 235, 345-8, 351-3, 355-8, 362-3, 367, 374-5, 386-7, 487, 494

Tunísia, 437

TV Bandeirantes, 425

TV Cultura, 491

TV Globo *ver* Globo, Rede

TV Record, 347, 357

TV Rio, 375, 388

U

UDN (União Democrática Nacional), 242, 251, 265
Última Hora (jornal), 209, 211, 221, 241-4, 258, 300
Ulysses (Joyce), 368
Unamuno, Miguel de, 169
UNE (União Nacional dos Estudantes), 286, 296
Unesco (Organização das Nações Unidas para a Educação, a Ciência e a Cultura), 125, 342, 428
Ungaretti, Giuseppe, 455, 478
União Brasileira de Escritores, 467
União Soviética, 174, 207, 334; *ver também* Rússia
Unités d'Habitation (Marselha), 303
Universidade da Bahia, 337
Universidade de Barcelona, 128, 165
Universidade de Dacar, 411
Universidade de Madri, 283, 328
Universidade de Oklahoma, 478
Universidade de São Paulo (USP), 85, 87, 110, 349-50
Universidade de Stuttgart, 339
Universidade Federal do Rio de Janeiro, 467, 472
Universidade Federal do Rio Grande do Norte, 436
Usina Tiúma (engenho pernambucano), 29

V

Valbuena Prat, Angel, 162
"Vale do Capibaribe" (João Cabral), 258
Vale, João do, 346
Valéry, Paul, 59, 65, 73, 82, 101, 105, 107, 113, 121, 132, 141, 145, 153-4, 161, 197, 203, 409
Vamos Ler! (revista), 66, 67
Van Gogh, Vincent, 128
Vanguarda, A (jornal), 211-2, 395
vanguardas europeias, 68, 76
Vargas, Getúlio, 38, 40, 51, 112, 198-9, 207, 212, 241-2, 372, 377, 380, 413
Vários poemas vários (João Cabral), 286-7, 321
Vasco da Gama (time de futebol), 50
Vasconcellos, Dora, 301
Vasconcelos, Tereza Cabral de, 26
Vaticano, 274, 389
Veia no pulso, A ver *Maçã no escuro, A* (Lispector)

Veja (revista), 480
Velas e os Ventos, As (editora), 186
Velázquez, Diego, 182
"Velório de um comendador" (João Cabral), 363
Veloso, Caetano, 342, 392, 418, 458, 462, 482
"Vento no canavial, O" (João Cabral), 258
Vênus ao espelho (tela de Velázquez), 182
Vera Cruz (companhia cinematográfica), 183
Verde, Cesário, 323, 335
Vereza, Carlos, 346
Verissimo, Erico, 375
Veríssimo, José, 328
Verlaine, Paul, 68, 283
Vermelhinho (bar carioca), 97, 121-2, 243
verso de arte mayor (métrica espanhola), 216
Versos satânicos, Os (Rushdie), 470
Vestido de noiva (Lispector), 112
Vettori, Beata, 179, 182, 191, 214, 396
"Viagem ao Sahel" (João Cabral), 409
"Viagem na família" (Drummond), 81
Viagens de Gulliver (Swift), 316
Viana, Zelito, 424-5, 435
Vicente, Gil, 210, 354
Vida de santa Oria (Berceo), 163
Vida e Obra de João Cabral de Melo Neto (exposição no Recife, 1980), 430
"Vida" (Luís Cabral de Melo Neto), 366
Vidas secas (Graciliano Ramos), 68, 322, 348, 425
Vidigal, Geraldo, 205
Vieira, Antônio, padre, 454
Vieira, José Geraldo, 243, 245
Vieira, Mary, 323
Viento del pueblo (Hernández), 165
Villaça, Antônio Carlos, 395
Villela, Gabriel, 487
Virgem Maria, 271
Visão do Nordeste (Amoroso Lima), 322
"Visita a São Miguel de Seide" (João Cabral), 450
Vitória de Santo Antão (PE), 255
Viva vaia (Augusto de Campos), 437
Vivanco, Luis Felipe, 165
Volpi, Alfredo, 295
"Volta de João Cabral de Melo Neto, A" (Lins do Rego), 248
Volta Seca (cangaceiro), 278-9

W

Wainer, Samuel, 209, 211, 241-4
Warchavchik, Gregori, 224, 244
Washington, D.C., 266, 287, 390
Weissmann, Franz, 294, 327
Welch, Denton, 191
Wilker, José, 346
Williams, William Carlos, 191
Willy Lewin e Suas Girls (grupo musical), 57
Wittgenstein, Ludwig, 478
Woolf, Virginia, 59
World Literature Today (revista), 478

X

"Xilografía popular en Cataluña" (Tormo), 169

Y

Yimou, Zhang, 485

Z

Zagallo (futebolista), 404
Zé Keti, 346
Zeppelin (dirigível), 45
Ziembinski, Zbigniew, 112, 313
Zona da Mata (PE), 28-30, 34, 41, 53, 215-6, 221, 255, 316, 318, 351, 435, 494
Zurique (Suíça), 339, 364
Zweig, Stefan, 137

Créditos das imagens

p. 225: Orlando Brito/ Agência O Globo
p. 226: [acima] Acervo Stella Maria Barbosa de Oliveira;
[abaixo] Acervo da família
p. 227: Folhapress
p. 228: Acervo Stella Maria Barbosa de Oliveira
p. 229: [acima] Acervo pessoal / CB/ D.A. Press;
[abaixo] Acervo Stella Maria Barbosa de Oliveira
p. 230: [acima] Acervo pessoal/ CB/ D.A. Press;
[abaixo] Acervo Maria Tereza Cabral de Mello
p. 231: Cristina Bocayuva/ Agência O Globo
pp. 232-3: Reprodução Antonio Carlos Secchin
p. 235: Arquivo/ Estadão Conteúdo
p. 236: [acima] Arquivo/ Agência O Globo;
[abaixo] Ayron Santos/ DP/ *Diário de Pernambuco*
p. 237: Fotógrafo não identificado/ Arquivo
Lêdo Ivo/ Instituto Moreira Salles
p. 238: Lauro Escorel
p. 239: [acima] Alexandre França/ Agência O Globo;
[abaixo] Renata Jubran/ Estadão Conteúdo
p. 240: Cristina Bocayuva/ Folhapress

© Ivan Marques, 2021

Todos os direitos desta edição reservados à Todavia.

Grafia atualizada segundo o Acordo Ortográfico da Língua Portuguesa de 1990, que entrou em vigor no Brasil em 2009.

capa
Renata Mein
imagem de capa
Arquivo ABL © Manchete
tratamento de imagens
Carlos Mesquita
pesquisa iconográfica
Cassiana Der Haroutiounian
preparação
Cacilda Guerra
checagem
Érico Melo
índice remissivo
Luciano Marchiori
revisão
Huendel Viana
Ana Maria Barbosa

Dados Internacionais de Catalogação na Publicação (CIP)

Marques, Ivan
João Cabral de Melo Neto : Uma biografia / Ivan Marques. — 1. ed. — São Paulo : Todavia, 2021.

ISBN 978-65-5692-211-9

1. Biografia. 2. Perfil. I. Melo Neto, João Cabral de. II. Título.

CDD 928

Índice para catálogo sistemático:
1. Biografia : Perfil biográfico 928

Bruna Heller — Bibliotecária — CRB 10/2348

todavia
Rua Luís Anhaia, 44
05433.020 São Paulo SP
T. 55 11. 3094 0500
www.todavialivros.com.br

fonte
Register*
papel
Pólen soft 80 g/m²
impressão
Geográfica